POUR EN FINIR AVEC VICHY

Henri
Amouroux

DE L'INSTITUT

# Pour en finir avec
# VICHY

## 1. Les oublis de la mémoire
## 1940

FRANCE LOISIRS
123, boulevard de Grenelle, Paris

Édition du Club France Loisirs, Paris
réalisée avec l'autorisation des Éditions Robert Laffont


ISBN : 2-7441-1591-6

# SOMMAIRE

*Pour Colette*

*Nés entre 1943 et 1951, mes quatre enfants ont, ou vont avoir, cinquante ans ; mes petits-enfants abordent ou ont dépassé la vingtième année ; Lottie, mon arrière-petite-fille, a cinq ans.*

*Lorsque mes enfants auront plus de soixante ans, mes petits-enfants près de quarante ans, et lorsque Lottie aura vingt ans, lorsque, avec eux, des dizaines de millions de Français n'ayant pas vécu les années 40 évolueront dans un monde aux techniques aujourd'hui insoupçonnées et dont nous ignorons comment, politiquement, socialement, démographiquement, il aura été remodelé, Vichy obsédera-t-il toujours la conscience française ? Quels rapports la France, tournée vers son passé, entretiendra-t-elle alors avec de très anciennes blessures ? De combien de lignes le régime de Vichy disposera-t-il dans les manuels ? Le présentera-t-on comme un « bloc » ou se donnera-t-on le temps d'étudier ses évolutions ? Le condamnera-t-on uniquement pour les persécutions antisémites, alors que ses responsabilités sont infiniment plus étendues ?*

*Saura-t-on encore que Vichy est né de la plus cruelle et de la plus totale défaite de toute l'histoire de France ; que l'on ne peut — comme on commence à le faire, en inventant un Vichy sans les Allemands — l'étudier détaché non seulement des brutales et quotidiennes exigences de l'occupant, mais encore de la quotidienne inquisition des « collaborateurs » parisiens, pour lesquels la zone non occupée était, aussi surprenant que cela paraisse, terrain d'opération préféré des « gaullistes », refuge des juifs ?*

*Ces interrogations — et quelques autres — sont à l'origine de ce livre, consacré aux trois mois essentiels, livre que j'ai voulu presque testamentaire. Quarante années de travail, la publication de treize ouvrages* [1]

1. Les dix volumes de *La Grande Histoire des Français sous* (et après) *l'Occupation* (1976-1993), mais aussi *La Vie des Français sous l'Occupation* (1961), *Le 18 juin 1940* (1964), *Pétain avant Vichy* (1967).

*sur les années 40-45, par moi mieux comprises dans leur fascinante complexité grâce aux témoignages écrits de milliers de mes lecteurs, m'ont donné, me semble-t-il, le droit, et peut-être le devoir, de l'écrire.*

*Et de l'écrire comme je le souhaite, en ne reprenant pas plus qu'il ne le faut pour la compréhension de l'histoire ce qu'après d'autres, et avec d'autres, j'ai écrit ; en faisant donc des impasses, ici immédiatement avouées ; en insistant, en revanche, sur certains points trop négligés et dont la connaissance permettrait un jugement moins manichéen, ce qui ne veut pas dire indulgent, car, sur Vichy, je tiens pour valable ce que Germaine de Staël, se souvenant de la Terreur, écrivait en 1810 : « Se permettre de mauvais moyens pour un but que l'on croit bon, c'est une maxime de conduite singulièrement vicieuse dans son principe... »*

*Je sais, et je dirai dans ce livre, et plus encore dans ceux qui suivront, ce que l'on peut reprocher à Vichy, les compromissions, les complicités, les initiatives, et j'oublie d'autant moins les victimes des persécutions antisémites — ces 76 000 morts dont le régime et les hommes de Vichy sont, en partie, responsables puisque, ayant pu dire « non », trop souvent ils ont dit « oui » — que je conserve, avec les photos de mes enfants, la photo de Régine Ajdelson, petite juive de huit ans, revenue de zone libre une semaine avant la rafle du Vél'd'hiv', déportée vers Auschwitz dans le convoi du 17 août 1942.*

*S'il ne s'agit nullement d'un plaidoyer, il s'agit d'une nécessaire tentative d'explication, en rupture avec des récits dans lesquels les évolutions populaires sont généralement escamotées au bénéfice de raisonnements politiques élaborés longtemps après l'événement lorsqu'il est possible de le reconstruire, et de l'imposer, tel qu'il aurait « pu » ou « dû » être et non tel qu'il fut, tentative d'explication que je souhaite ouvrir par un chapitre consacré à cet « autre monde » dans lequel évoluaient les hommes et les femmes de 1940, un « autre monde », proche encore du* XIX*e siècle, auquel, par leurs racines familiales, leur éducation, leur morale, presque tous les Français appartenaient alors.*

*H. A.*

---

On trouvera à la fin de cet ouvrage, en annexes, les conditions d'armistice, ainsi que les premiers discours du maréchal Pétain et du général de Gaulle, pour la période allant du 17 juin au 11 juillet 1940.

# 1.

# UN AUTRE MONDE

Il m'arrive assez souvent de parler devant des adolescents. Pour faire comprendre à mon auditoire la distance qui sépare leur monde du monde de 1940 — un autre monde —, je dis : « Le transistor n'existait pas[1]. »

La télévision, l'avion à réaction, le TGV, les satellites, Internet, qui permet de transmettre, à l'autre bout du monde, en temps réel, textes, sons, images, n'existaient pas davantage, mais il me semble que le transistor, compagnon de tous les instants, de tous les lieux, de tous les milieux, véhicule bon marché de l'information immédiate, constitue le plus parfait des symboles.

Volumineux, encombrants et lourds, 5 200 000 postes de TSF diffusaient bien, avant la guerre, les émissions de Jean Nohain, les chansons de Tino Rossi et les réclames célébrant les vertus de robustesse d'un meuble « signé Lévitan », mais ils étaient tributaires d'une prise de courant[2]. Ils ne figureront pas au nombre de ces trésors que les Français, fuyant l'avance allemande, entasseront dans leurs voitures ou sur leurs charrettes. Sur ces 5 200 000 postes, combien resteront, muets, dans les maisons abandonnées ? On l'ignore. Mais, sur les routes de la défaite, les fuyards, lorsqu'ils voudront entendre les communiqués militaires français, s'agglutineront devant une fenêtre laissée volontairement

---

1. La découverte est de 1947 ; le mot de 1952.
2. À l'exception de quelques postes à galène, le plus souvent fabriqués par des bricoleurs.

ouverte, se regrouperont en silence dans un café, autour du poste d'où tombent les mots qui désespèrent. Pagnol se souviendra de ces images de juin 1940. Dans *La Fille du puisatier*, elles lui ont inspiré l'une des scènes les plus poignantes : ces paysans rassemblés, le 17 juin, pour écouter, dans un silence coupé de sanglots, le maréchal Pétain annoncer qu'il a demandé l'armistice [1].

Il est important de prendre immédiatement conscience de la non-information (plus encore que de la sous-information) des Français au long des années 1940-1944.

Non-information dont ne sont pas seulement responsables les censures : censure militaire avant la défaite, censure à Vichy, censure allemande à Paris et dans toute la zone occupée, censure à Londres où, dans les jours tristes, la BBC diffuse avant tout de l'espoir [2], mais dont sont également responsables les difficultés de circulation des hommes et des idées.

Des hommes : tandis que le carburant est sauvagement rationné, les Allemands, en traçant la ligne de démarcation, ont installé, en France, une presque hermétique frontière.

Des idées de résistance, s'agissant de ce que nous appelons pompeusement aujourd'hui « journaux clandestins », où il n'y avait que feuilles de papier à lettre, imprimées d'abord à l'aide de caractères-jouets, tirées initialement — la photocopieuse, telle que nous la connaissons, restant à inventer — à quelques centaines d'exemplaires.

Même si, aujourd'hui, la télévision occulte, même s'il s'agit de ce que Raymond Polin appelle une « sous-culture [3] », puisque, pour ne retenir qu'un seul exemple, la Somalie existe lorsque ses équipes sont présentes et la Somalie cesse d'exister, bien que les problèmes demeu-

1. L'allocution, le 17 juin, du maréchal Pétain devait, après la Libération, être remplacée, dans la même scène, par l'appel du 18 juin du général de Gaulle, ce qui rendait le film incompréhensible.

2. C'est ainsi que Churchill interdit la publication du bombardement et du naufrage du *Lancastria*, paquebot de 20 000 tonnes, bombardé et incendié le 17 juin, alors qu'il était mouillé en rade des Charpentiers à proximité de Saint-Nazaire. Sur les 5 000 soldats transportés, plus de 3 000 trouvèrent la mort. Apprenant la nouvelle, Churchill décréta que « les journaux avaient bien assez de désastres en pâture, du moins pour ce jour-là ». Ce n'est qu'avec un retard de plusieurs années que l'information fut connue. Le remorqueur français l'*Ursus* avait recueilli 500 naufragés.

3. *La République : entre démocratie sociale et démocratie aristocratique.*

rent, lorsque ses équipes se retirent, elle est une prodigieuse machine à faire voir, comme la radio est une prodigieuse machine à dire. Télévisions, radios, presse quotidienne, hebdomadaire, mensuelle, contribuent à la sur-information d'hommes et de femmes dont la plus grande difficulté est, non de connaître, mais de choisir, s'il est vrai, comme l'écrit Henri Pigeat[1], qu'au cours des trente dernières années nous avons accumulé et diffusé plus d'informations que toute l'humanité depuis l'homme de Cro-Magnon.

Mais entre 1940 et 1944, quoi ?

De considérables lenteurs dans la transmission de nombre d'informations, de considérables lenteurs dans leur décryptage avant leur utilisation politique.

J'écris, vous lisez, nous imaginons les premiers mois de l'Occupation vécus, sinon au rythme actuel, du moins au rythme fiévreux des premiers mois de 1944, lorsque tout laissait comprendre que la conclusion était proche. Il n'en a rien été.

Pour pouvoir transmettre un message à l'Empire, le maréchal Pétain devra attendre le 3 septembre 1940, plus de deux mois après l'armistice[2].

Nous imaginons les résistants se retrouvant rapidement sur le nom de de Gaulle. Il n'en a rien été.

La première photo et la première biographie du général de Gaulle ont paru, dans le clandestin *Libération*, le 18 mai 1942 — deux ans exactement après ce jour où de Gaulle, engagé avec sa division blindée dans la bataille, mais saisi de fureur devant le désordre des troupes et l'exode du peuple, a pris en son cœur la décision d'en appeler de la défaite. Et c'est seulement le *18 août 1942* que *Combat*, l'une des premières feuilles clandestines, celle qu'anime Henri Frenay, a publié un extrait du discours prononcé, en *avril*, donc quatre mois plus tôt, par de Gaulle ; quant à *Défense de la France*, clandestin, qui doit beaucoup au courage de Philippe Viannay, il ne *citera* le nom de De Gaulle que dans son numéro 25..., celui de janvier 1943.

Nous imaginons que les exécutions d'otages, immédiatement connues par les affiches apposées sur ordre allemand sur les murs de Paris[3], par les placards bordés de noir, dont l'occupant imposait la publication dans les journaux de zone occupée, étaient très vite dénoncées avec des mots

---

1. *Médias et déontologie, Règles du jeu ou jeu sans règles.*
2. La station à ondes courtes qui retransmettra le message se trouve en zone occupée.
3. Jusqu'au moment où les Allemands renonceront à cette « publicité » dont ils découvriront qu'elle exaspère les passions et fait moins peur qu'horreur et révolte.

capables de soulever indignation et colère. Pour *L'Humanité*, et les autres feuilles clandestines communistes, l'émotion et les mots ont bien été au rendez-vous du drame. Mais les journaux de la résistance non communiste, paraissant en zone libre, n'évoquent ces exécutions qu'avec un immense retard : cinq mois pour *Combat* qui, d'ailleurs — puisqu'il s'agit des représailles qui, en octobre 1941, ont suivi, à Nantes, l'attentat contre le feld-kommandant Holtz —, évoque uniquement les 27 otages communistes fusillés dans le voisinage du camp de Châteaubriant, alors que 48 Français étaient tombés.

Quant à « Ici Londres », c'est *quatre mois* après leur mort que la radio gaulliste parlera de l'exécution des résistants du musée de l'Homme, citera les noms de Boris Vildé, d'Anatole Lewitsky, et c'est seulement le 23 avril 1942 que sera lue, pour la première fois sur la BBC, la lettre d'un otage juif, fusillé le 15 décembre 1941, alors que déjà juifs, communistes, gaullistes, de nombreux otages avaient fait face aux pelotons d'exécution.

Enfin, puisque nous savons tout de ces camps d'extermination dont Auschwitz est devenu, pour l'histoire de l'abominable, le modèle achevé, le camp dont le souvenir persistera jusqu'à la fin des temps, qui incarnera seul, un jour lointain, la déportation et le génocide, nous imaginons que de nombreuses voix se sont élevées pour dénoncer le crime. On verra combien elles furent rares, timides, paralysées sur l'essentiel. Parce que les Allemands protégeaient sévèrement leurs effrayants mystères ? Sans doute, mais aussi parce que la froide mécanique qui allait permettre l'anéantissement de millions d'hommes, de femmes et d'enfants semblait inimaginable, impensable, incroyable, tous mots portant leur négation, à ces Français, dont beaucoup avaient vécu la Grande Guerre — une terrible guerre d'hommes — et qui, face à l'horreur absolue, appartenaient toujours à un autre siècle, à un autre monde.

Et je trouve symptomatique — mais combien intelligemment utile — que Pierre Laborie ait consacré 200 des 400 pages de son livre *L'Opinion française sous Vichy* ; François-Georges Dreyfus, 170 des 779 pages de son *Histoire de Vichy*, à tout ce qui a précédé Vichy, à tout ce qui permet d'aller toujours plus profond dans la connaissance des crises françaises qui, de *La Décadence*, devaient fatalement — les deux titres sont du grand Jean-Baptiste Duroselle — conduire à *L'Abîme*.

La France de 1940 ? Combien différente de la France dans laquelle nous vivons.

En 1921, la population rurale — celle des communes de moins de deux mille habitants — représentait 53,60 % de la population totale. Dix ans plus tard, ce chiffre était tombé à 48,80 %.

En 1940, sans doute était-il de 44 %, mais les hommes et les femmes venus de la terre pour travailler en usine, ou s'engager dans la grande armée des fonctionnaires, ont conservé les mentalités et les traditions de leurs jeunes années. Leurs racines ne sont pas coupées. Dada, Picabia, André Breton, Picasso, Darius Milhaud, l'écriture automatique, « Le Bœuf sur le toit », la « Revue nègre », Cocteau, Diaghilev, tout cela et tous ceux-là existent, mais, faute de diffusion, demeurent captifs d'un monde restreint : celui d'une vie parisienne qui a ses codes, ses coteries, ses étroites frontières.

Ainsi ce quasi-équilibre entre villes et campagne sauvera-t-il bien des foyers lorsque sera venu le temps des restrictions. Alors les « colis familiaux » et les visites intéressées à des cousins, perdus parfois de vue, mais rapidement et providentiellement redécouverts, permettront de compléter les maigres rations du ravitaillement officiel.

« Ma mère, écrit Jacques Rigaud [1], se fit gloire, en 1942, pour ma première communion, de régaler de douze poulets venus de la Nièvre et de l'Yonne les trente convives du repas qu'achevèrent en fanfare les saint-honoré confectionnés avec cérémonie par l'oncle Georges, alors chef cuisinier, à Esclimont, d'un duc de La Rochefoucauld. »

Ceux qui n'avaient pas de parenté paysanne, mais disposaient de quelque argent, ou s'embrigadaient dans les bataillons du marché noir, découvrirent assez rapidement le train des haricots, le train des lentilles, le train des pommes de terre, le train du beurre. Ces trains qui conduisaient à des fermes qui avaient toutes une étable, une porcherie, un poulailler, des clapiers, une mare, aux abords boueux, comme il se doit, vers laquelle se dirigeait maman canard avec, comme autant de succulentes promesses, sa ribambelle de petits. Si bien que, « de la campagne », nul ne rentrait bredouille, même si les paysans, qui voyaient venir les citadins de loin et avaient quelque revanche d'orgueil blessé à prendre, se faisaient prier avant de lâcher la douzaine d'œufs ou le jambon convoités et se faisaient payer en liasses qui pourriront parfois — c'est du moins ce que dit la légende — dans les lessiveuses de l'après-Libération lorsqu'un gouvernement, désireux de diminuer la masse monétaire, décidera l'échange des billets.

Dans une situation identique à celle de 1940-1944 — occupation accompagnée d'importantes réquisitions du vainqueur, blocus des côtes françaises contrariant, voire empêchant, l'arrivée des produits d'outre-

1. *Le Bénéfice de l'âge*, Grasset.

mer —, comment subsisterions-nous aujourd'hui alors qu'avec les survivants d'une agriculture, transformée en industrie, il n'existe plus aucun lien familial, que la campagne n'est qu'une halte de quelques heures dans une maison qui n'est porteuse ni de mémoire ni de référence tribale, halte abrégée par l'anxiété d'un retour qu'il faut « programmer » toujours plus tôt afin d'« éviter les encombrements » qui feraient du repos une insupportable fatigue ?

## Le monde de la campagne

1939... Un autre monde. La campagne, par tous les jardins, s'infiltrait dans les petites villes. À la mesure du pas des citadins, et des enfants eux-mêmes, elle était le but de promenade dominicale. L'apparition des premiers champs, des premiers prés, des premières fleurettes libérait les gosses qui recevaient permission de s'égailler à condition de « faire attention aux habits du dimanche », habits, orgueil des mères, orgueil des enfants qui n'imaginaient pas que, trente ou quarante ans plus tard, l'habit du dimanche serait, de tous, le moins coûteux, le plus « décontracté », le plus volontairement salissant.

L'habit ne faisait pas le moine..., mais on croisait des moines en froc, des prêtres en soutane, des religieuses aux vastes cornettes, des officiers en uniforme, des soldats de toutes les armes et des facteurs habillés en facteur, des receveurs d'autobus en receveur d'autobus, des ouvriers reconnaissables à la casquette, des bourgeois au gilet et au chapeau.

Toute modification dans le vêtement était signe d'une modification d'état social. La phrase par laquelle, en 1830, Stendhal décrit la joie de Julien Sorel, à qui M. de Rênal vient d'acheter l'habit noir, convenant à son rôle de précepteur, et ce « sentiment d'orgueil qui le mettait tellement hors de lui-même [...] que tous ses mouvements avaient quelque chose de brusque et de fou », demeure valable un siècle plus tard..., lorsque le vêtement tient, pour la promotion visible, la place que tiendra, entre 1950 et 1970, l'automobile.

La mer existait..., mais réservée à des privilégiés qui, en 1936, et surtout en 1937, n'avaient pas vu sans irritation l'arrivée des « trains de plaisir » déversant les « congés payés » du Front populaire, ces hommes et ces femmes qui envahissaient leur domaine et, jupes, pantalons relevés, avançaient à petits pas et grands cris jusqu'aux frissons des premières vaguelettes.

Aux grandes vacances, la campagne.

Il était entendu que l'on y prenait, avec « le bon air », des couleurs. D'année en année, l'on retrouvait les joies du battage, grande fête collective qui durait des jours, la batteuse allant de ferme en ferme, les hommes, au labeur réparti presque militairement, suivant la machine, cependant que la fermière, chez qui « l'on battait », mettait la dernière main à un repas dont l'abondance avait pour ambition de surpasser l'abondance des fermes « battues » la veille ou l'avant-veille ; repas où le petit monsieur de la ville, saoul de bruit, de soleil et d'une lumineuse poussière de paille, avait le droit de participer à condition de quitter la longue table, faite de planches posées sur une kyrielle de tréteaux, avant les premières chansons grivoises, les dernières bouteilles, les gloussements des filles tripotées.

Un autre monde. L'eau à aller chercher au puits ; le seau balancé au bout de la corde, heurtant une paroi puis l'autre, jusqu'à l'instant où, assez d'eau avalée, il plongeait ; les « petits coins » au fond du potager avec — cela faisait de la lecture, malheureusement sans suite — des journaux découpés en carré et retenus par une ficelle ; la charrette pour, d'un champ modèle réduit, aller à quelques rangs de vigne ; les lampes à pétrole qui trouaient les mystères des chambres obscures ; les pétales de rose de la Fête-Dieu et le signe de la croix, le soir, sur le front ; le vélo, cadeau de première communion ou de réussite à l'examen, grâce auquel on empruntait des chemins à silex agressifs, pour aller retrouver une cousine à qui l'on écrirait plus tard des lettres forcément sublimes.

## Le monde de la famille

Un autre monde.

« Famille, je vous hais ! » La phrase d'André Gide — écho puritain du cri de Flaubert : « Oh ! la famille ! quel emmerdement ! quel bourbier, quelle entrave ! » — est trop souvent citée sans les mots qui l'expliquent et la justifient : « Foyers clos, portes refermées, possessions jalouses du bonheur. » Oui, la famille vivait repliée sur elle-même, dissimulant ses drames par orgueil autant que par pudeur, cachant ses joies par crainte des jalousies et peur de quelque revanche céleste.

On vivait « entre soi ». Chacun, écrit Jacques Rigaud, avait « sa place assignée dans le corps social et il convenait d'y rester, en se gardant autant de monter trop vite que de déchoir. "Des gens comme nous", disait ma mère en entonnant avec application la litanie de ce qui, selon elle, était convenable et, au sens du mot, déplacé [...]. Il fallait assurer sa condition, quelle qu'elle fût, en marquant avec soin ses distances à l'égard des inférieurs comme des supérieurs [1] ».

Venant, elle aussi, d'un autre monde, Annie Kriegel peint, dans *Ce que je crois savoir*, la façon dont les jeunes de sa génération marquaient, « avec soin », pour reprendre les mots de Rigaud, « leurs distances ». Sur le trottoir de gauche de la rue de Sévigné, conduisant à l'école communale, les filles allaient mains, jambes et tête nues tandis que, sur le trottoir de droite, les élèves du lycée Victor-Hugo portaient réglementairement gants, bonnet ou béret, bas, chaussettes et socquettes. D'un trottoir à l'autre, les traversées étaient rares, les regards plus rares encore.

Évoquant son appartenance au monde juif, Annie Kriegel, après avoir délimité un territoire qui, pour sa famille, était « repères et repaires », ajoute :

« La famille au sens large était l'horizon indépassable de l'apprentissage de la vie sociale. Indépassable : il est de fait que mes parents, qui recevaient au demeurant fort peu, n'ont jamais reçu à l'impromptu, à la fortune du pot ou bien, pour un dîner prié, quelque personne que ce soit qui n'appartienne pas à la famille et, par voie de conséquence, qui ne fût pas juive... Il faudrait vérifier que cette carence de relations sociales intimes n'était pas un trait de la petite bourgeoisie dans son ensemble, chrétienne ou juive, à une époque où la vie était moins large. Et la famille plus vaste. »

Familles où, bien souvent, les enfants « ne parlent pas à table » ; au sein desquelles l'autorité — celle du père, mais aussi celle du maître — n'est que rarement contestée ; où la ligne de démarcation entre « ce qui se fait et ce qui ne se fait pas, ce qui se dit et ce qui ne se dit pas », n'a nul besoin d'être précisée pour exister ; où le pain ne se gaspille pas, où il faut éteindre la lumière en quittant une pièce ; économiser les « restes » qui peuvent « toujours servir », ou même ces « choses qui ne peuvent pas servir » auxquelles un tiroir est destiné — et, des bouts de

1. *Le Bénéfice de l'âge*, *op. cit.*

ficelle aux chutes de tissu, on verra, pendant la guerre [1], combien cette discipline avait été prémonitoire ; où le téléphone, rare, n'a pas encore remplacé la lettre hebdomadaire, bihebdomadaire, voire quotidienne aux amis et parents ; où l'argent n'est pas encore l'étoile polaire [2] ; où l'on lit *Le Petit Parisien*, *La Petite Gironde*, *Le Petit Provençal* (j'ai relevé 54 titres précédés du mot « petit [3] ») et où — est-ce la marque de l'esprit malthusien ou des réalités économiques du temps — de grands magasins s'appellent « Au gagne-petit » ; où la faillite et le divorce — 14 273 en 1942, 109 300 en 1992 —, au même titre que la syphilis, sont des maladies honteuses ; où les sacrifices consentis pour l'éducation — « c'est pour ton bien... nous nous tuons pour toi » — doivent être remboursés en bonnes notes et bonnes mœurs, le fils « perdu », celui qui a de « mauvaises fréquentations », et la « fille perdue », celle qui, infiniment plus grave encore, a abandonné sa virginité à quelque vaurien, déshonorant la famille, cette famille dont le cours de morale de Thomas et Touchelet enseignait qu'elle était la source de « toutes les vertus individuelles » et de « toutes les vertus sociales et civiques ».

La visite du médecin était rare, les remboursements de la Sécurité sociale restant à inventer. Pour lui, on préparait la serviette blanche qu'il étalerait sur la poitrine du patient avant d'y coller l'oreille et, lorsque, avec gravité, il avait demandé de dire « 33, 33 », son verdict était attendu avec un respect inquiet.

C'était le « médecin de famille ». On se l'appropriait. « Notre » médecin. Il avait accouché, à domicile bien sûr, la mère, « suivi » les enfants, ordonné les remèdes aux formules déchiffrables par le seul

---

1. Même après la guerre, les bonnes habitudes ne se perdront pas. En 1951, Robert Schuman, président du Conseil, s'indignera lorsqu'un membre de son entourage coupera les ficelles des paquets qu'il reçoit au lieu de les dénouer et de les ranger dans le tiroir destiné à cet usage.

2. Songeant à l'explosion de l'argent dans le sport, j'ai demandé à mon confrère Bernard Destremau, six fois premier joueur de France, cinquante-trois fois international, membre de l'équipe de France de coupe Davis de 1936 à 1953, ce qu'il en était « avant ». Voici sa réponse : « Jusqu'en 1939, les champions sont invités dans des conditions souvent luxueuses : traversées sur le *Normandie*, première classe et wagon-lit en train, hôtels de première catégorie, les prix, jamais en espèces, consistant en un bon pour un objet d'art, raquette ou balles [...]. À partir de 1945, les participants demandèrent des "dessous-de-table". Une campagne se développe pour des prix en espèces. Elle aboutit. Cependant "amateurs" et professionnels n'avaient pas le droit de s'affronter. À partir de 1968, le tournoi "open" est ouvert à tous. Aujourd'hui, en raison de leur audience télévisée, les vedettes voient leurs ressources atteindre des niveaux considérables, provenant moins des prix que des contrats signés avec des marques de toutes sortes. »

3. Claude Bellanger, *Histoire générale de la presse française*.

pharmacien et qui venaient prendre place à côté de l'élixir parégorique, de l'huile de ricin, de la détestée huile de foie de morue, des ventouses, de la farine de moutarde, des sinapismes du docteur Rigollot, de la ouate thermogène à la publicité, comme toutes les publicités du temps, réaliste, des gros cachets Calmine, des poires à lavement et de ce « bock » bleu, dont les enfants cherchaient, mais ne devinaient pas, l'usage.

Le médecin était là pour la naissance qui emplissait l'appartement, d'où les enfants avaient été éloignés, dans l'attente du « petit frère » ou de la « petite sœur » (nul alors ne savait), de gémissements, de soupirs, de prières, avant que ne jaillisse, dans le silence de l'épuisement et de la délivrance, le cri vainqueur du nouveau-né.

Le médecin était là pour la mort. Le deuil faisait partie de la vie quotidienne. Les enfants étaient conduits « voir » le grand-père ou la grand-mère sur son lit de mort. Parfois, ils étaient invités, à côté des « grandes personnes », à assurer une heure de cette veille pieuse, puis décontractée, que la nuit n'arrêtait pas. La mort n'était pas escamotée, mais exhibée. Aux portes, de lourdes tentures, posées par les employés des pompes funèbres avec, tout en haut, lettre d'argent sur le noir, l'initiale du patronyme du défunt. Le corbillard, ses chevaux à plumets, les messieurs graves tenant les cordons du poêle, le salut des hommes dans les rues menant au cimetière, le signe de croix des femmes, les dernières prières, les vêtements noirs de toute la famille qui s'était précipitée, à l'annonce du décès, dans les boutiques affichant « Deuil en 24 heures », les visites de condoléances, les messes anniversaires, tout donnait à la mort une importance sociale et morale qui lui est, aujourd'hui, retirée.

Dans un témoignage envoyé, en 1993, à l'occasion de l'exposition 1919-1939, la Mémoire de Paris[1], Mme Orsat écrivait : « Les femmes portaient un chapeau — tout le monde portait un chapeau avec un voile qui leur masquait le visage. Elles portaient cela pendant au moins six mois. Les hommes, en plus de leur cravate noire, portaient un crêpe, un brassard à leur vêtement, veston ou manteau. Quand, dans une famille, commençait à décéder un père, un beau-père, une belle-mère..., c'était le début du noir. On avait trente-cinq-trente-huit ans, on se mettait en noir et cela durait jusqu'à la fin de sa propre vie. »

Derrière son voile noir, la femme n'était plus tout à fait une femme. Elle avait « perdu quelqu'un de sa famille ». La mort la protégeait relativement, l'isolait. La sexualité était, d'ailleurs, sinon un sujet tabou, du moins un sujet réservé.

---

1. Exposition organisée par la mairie de Paris.

## Le monde de l'amour

Si, dans la presse féminine d'avant 1940, l'amour est un thème constamment abordé, il s'agit de l'amour légitime, de l'amour conjugal. Au mot « bonheur » sont liés les mots « mariage », « mari », « femme », jamais les mots « amant », « maîtresse », bien rarement le mot « plaisir ». Ce n'est pas sur la couverture des hebdomadaires ou des mensuels d'avant-guerre — même les plus libertins — que l'on aurait pu lire : « 20 trucs pour doper vos orgasmes [1] », « L'ex et la nouvelle parlent du même homme », « Supplément sexualité : retrouvez l'animal qui est en vous [2] », titres aperçus sur les couvertures récentes d'un hebdomadaire et d'un mensuel, qui sont loin d'être les plus « chauds ».

Sur les cartes postales qu'échangent, à partir de 1925, Kléber et Marie-Louise, les rimes des poèmes sont riches, mais nullement osées. Une seule fois sur soixante-dix cartes, le mot « amant », une seule fois le mot « étreinte », alors que le mot « amour » est vingt-cinq fois à l'honneur, le mot « cœur » vingt-quatre fois [3]...

Et comme l'on étonnerait nos contemporain(e)s en rappelant qu'en 1922 *La Garçonne*, roman de Victor Margueritte, qui racontait l'histoire d'une jeune fille « de la bonne société » s'abandonnant à la débauche et à la drogue, après avoir découvert, la veille de son mariage, son fiancé dans les bras d'une autre, valut à son auteur, accusé d'avoir injurié la femme française, et à travers elle la France, d'être rayé des cadres de la Légion d'honneur [4].

Avant 1939, aux femmes malheureuses, ou trompées, les conseillères du cœur, et les lectrices, recommandent *toujours* la patience et l'obstination. « Revenez au foyer », disent-elles aux épouses qui, lassées de l'inconduite du mari, sont retournées chez leur mère. « Ne fréquentez pas les hommes mariés quelle que soit la force de la passion qui vous entraîne », ordonne-t-on à celles qui sont sur le point de succomber et peut-être de divorcer, ce qui conduit souvent la femme à l'exclusion sociale (les divorcées ne sont pas « reçues ») et parfois à la misère.

1. *Elle*.
2. *Marie-Claire*.
3. Jean-Marie Lhôte, *Kléber et Marie-Louise*.
4. Le scandale « valut » aussi à Victor Margueritte un tirage de sept cent cinquante mille exemplaires et quinze traductions. La mode créa la coiffure « à la garçonne » : cheveux courts et plaqués, nuque et aisselles rasées.

S'interrogeant, en 1932, dans *Le Nœud de vipères* : « Quand on songe à la quantité de ménages où deux êtres s'exaspérent, se dégoûtent autour de la même table, du même lavabo, sous la même couverture, c'est extraordinaire comme on divorce peu », François Mauriac n'ignorait rien des raisons d'argent et de convenance qui maintenaient jusqu'au dernier jour des unions d'apparence.

Afin de rester « dans le droit chemin », mot d'ordre donné par *Confidences*, dans son numéro du 15 septembre 1939, il est préférable de ne pas se parfumer, de ne pas abuser du maquillage, de ne jamais rire aux éclats, de ne pas chercher à attirer les regards « par une mise trop élégante » ; il est défendu de « céder » au garçon trop entreprenant, voire au fiancé qui, pour arracher un consentement, parlera de son prochain départ aux armées, des périls qui l'attendent. « Si Gérard vous aime autant que vous le croyez, il doit comprendre votre refus et même ne vous en estimer que davantage. [...] Seul le mariage peut vous assurer le bonheur auquel vous aspirez tous les deux. »

La jeune fille qui « se donne » avant le mariage, qui a perdu sa fleur, est souvent considérée comme une « moins que rien », comme une « traînée », comme une « fille perdue » (« Hors de la maison, fille perdue !... » n'est pas seulement une phrase des romans populaires), sauf si le coupable, en la demandant en mariage, « répare » et « régularise ».

Dans *Nos vingt ans*, Clara Goldschmidt raconte qu'annonçant son mariage imminent avec André Malraux à la caissière de l'hôtel où logeait le très jeune écrivain, elle n'obtint, pour tout compliment, que cette phrase : « Tiens ! C'est vous la petite qui va tous les matins chez ce garçon ? Alors, on régularise ? » Oui, Clara et André « régularisaient ».

Ils lisaient *Le B... de Venise*, illustré par Derain ; se passionnaient pour l'avant-garde de l'immédiate après-guerre : Chirico, Duffy, Matisse ; découvraient Marcel Arland ; Malraux rêvait au destin qu'il aurait, Clara écrivait : « L'ordre de nos parents avait abouti au pire massacre que l'humanité ait connu. Nous ne voulions plus d'eux qui ne savaient aimer ni un livre, ni un film, ni une peinture nouvelle, ni un poème nouveau », et, cependant, à la caissière qui leur demandait s'ils régularisaient... comme tant d'autres : ouvriers, paysans, jeunes bourgeois, ces rêveurs d'anarchie répondaient tous les deux : « Oui. »

De nombreuses jeunes filles [1] devaient, plus tard, « entrer en résistance »,

1. Particulièrement nombreuses au parti communiste.

ce qui n'alla pas sans poser des problèmes familiaux n'ayant rien à voir avec l'action patriotique insoupçonnée, tout avec des soupçons de « manque de sérieux », de « mauvaises fréquentations », ou de « dévergondage ».

Brigitte Friang, qui fut une résistante d'un indomptable courage, raconte qu'engagée à dix-neuf ans dans le réseau ayant en charge la responsabilité des parachutages pour quatorze départements, engagée également, vis-à-vis des siens, dans un réseau de mensonges, elle fut découverte par son père alors qu'elle rangeait dans sa chambre le trésor de guerre — 40 millions de 1943 — destiné aux agents permanents du Bureau des opérations aériennes de la zone Nord...

La scène entre père et fille relève du théâtre du début du siècle :

— Ma petite fille, il se passe quelque chose. Tes histoires de cours de 8 heures du matin à minuit, dimanche compris, permets-moi de te dire que je n'en crois pas un mot. Tu restes éveillée la moitié de la nuit. Tu as une mine épouvantable. Tout cela n'est pas clair. Je ne te demande qu'une chose, me dire s'il s'agit d'une affaire, disons... personnelle ou bien d'une affaire politique.

— C'est une affaire politique, papa.

Sur le visage de M. Friang, c'est le soulagement qui se peint. Il avait imaginé une liaison. Il s'agit de liaisons... qui conduiront Brigitte Friang aux tortures de la Gestapo, puis à la déportation.

Revenant dans son livre, *Regarde-toi qui meurs*, sur ses relations quotidiennes avec son chef, François Clouet des Pesruches, un grand gaillard de vingt-six ans et quatre-vingts kilos, qui a intensément vécu, Brigitte Friang écrira : « Amitié amoureuse. Sans doute. Nous étions garçons et filles et pas déplaisants. Mon extrême jeunesse sentimentale, le grand respect que nous avions l'un de l'autre, une conception fort vivace de ce que devaient être les relations entre jeunes hommes et jeunes filles nous protégèrent néanmoins des errements. »

Quant à Odile de Vasselot, qui appartint au réseau Comète, dont le rôle consistait à escorter, à travers la France occupée et jusqu'en Espagne, des aviateurs alliés tombés en Belgique ou dans le Nord, il lui fallut bien expliquer, un jour, à sa mère qu'elle n'allait pas, comme elle l'affirmait depuis plusieurs semaines, installer chaque vendredi matin une bibliothèque à l'hôpital de Versailles..., ce qui l'obligeait à découcher le vendredi et le samedi.

Informée de l'activité d'Odile — que les remords étouffaient —, sa mère aura la même réaction que M. Friang :

— Ah bon ! Alors je comprends mieux tes absences, mais sois prudente. Et j'espère qu'à Versailles tu loges tout de même chez « des gens bien [1] ».

— Oui, oui, ne vous inquiétez pas. C'est une famille parfaite... D'ailleurs, je ne vois jamais de garçons

— Ah bon, cela me rassure !...

Autant de remords, d'aveux, de sentiments qui peuvent, aujourd'hui, paraître ridicules, mais qui, chez Brigitte Friang comme chez Odile de Vasselot, correspondaient assez exactement au climat moral de l'époque.

## Éducation sexuelle : un mot choquant

Il est vrai que, dans les journaux féminins d'avant 1940, il n'y avait rien à apprendre sur la sexualité.

« Éducation sexuelle, le mot peut paraître choquant. » La phrase n'est pas écrite dans un journal au catholicisme étroit, mais dans *Marianne*, hebdomadaire de gauche, dont le numéro du 15 février 1939 annonce, sur l'éducation sexuelle, une enquête qui sera menée « dans un esprit rigoureusement scientifique et éducatif ».

Répondant aux questions d'un journaliste de *Marianne*, Jean Zay, franc-maçon, ministre de l'Éducation nationale depuis le ministère Blum de juin 1936, Jean Zay, l'un des hommes les plus haïs par la droite, affirme, en totale contradiction avec l'image de corrupteur de la jeunesse que donnent de lui ses adversaires, qu'en matière sexuelle l'école « ne peut guère, sans excéder son rôle, qu'aider les parents dans leur tâche avec leur consentement et sur leur demande, en éclairant prudemment les jeunes esprits qui lui sont confiés ».

« Aider les parents », « consentement », « prudemment », autant de mots qui, aujourd'hui, seraient tenus pour réactionnaires.

Revenons à *Confidences*. Dans les questions adressées par les lectrices au médecin de l'hebdomadaire, il est souvent fait mention de règles douloureuses, d'affections gynécologiques, de stérilité, mais, dans toute l'année 1939, je n'ai découvert que deux allusions à la vie sexuelle. Sans un mot de commentaire, le responsable de la rubrique se contente

1. Odile avait eu l'intention de tout dire : que Versailles n'était pas Versailles mais, hier, Toulouse, mais désormais la Belgique. Mais Versailles paraissait moins dangereux « et surtout moins inconvenant pour une jeune fille bien élevée ». Témoignage inédit.

de recommander la lecture d'un livre de Baudry de Saunier, *Le Mécanisme sexuel*[1], dans lequel rien ne laisse croire que l'amour puisse être aussi un plaisir. L'auteur, il est vrai, était l'un des meilleurs spécialistes du mécanisme des moteurs et des bicyclettes !

Le « tu feras attention », qui réclame un retrait précoce, précède souvent l'étreinte. Dans une France qui se dépeuple — 612 248 naissances en 1938 pour 647 498 décès — et dont la population — 41 millions d'habitants — est deux fois moins importante que celle de l'ennemi allemand, cette recommandation, chuchotée avant l'amour, traduit la peur de cet « accident » : la grossesse.

Peur des célibataires — il y a environ, chaque année, 38 000 naissances illégitimes —, mais aussi peur des couples légitimes. Les mesures en faveur de la famille, enfin prises par le gouvernement Daladier — Vichy les amplifiera —, ne provoquent que lentement une évolution des mentalités.

Peur des familles pauvres pour lesquelles les enfants constituent une trop lourde charge. Se rendant en 1936, pour *Marianne*, d'usine occupée en usine occupée, Emmanuel Berl, après la victoire du Front populaire, a entendu la plainte de certains ouvriers.

« J'aimerais avoir un enfant, j'y pense beaucoup. Comment faire ? Ma femme ne pourrait plus travailler et je n'arrive pas à les nourrir tous (il y a également à charge un père "trop vieux" et un beau-père dont la "boîte" a fermé). Vous savez, en banlieue, dans les pavillons comme le nôtre, les murs sont de carton et chacun entend ce qui se passe chez les voisins. Au début du mois, j'entends le mien qui joue avec son enfant. Alors, j'ai le cœur un peu gros, j'hésite. À la fin du mois, j'entends les disputes, la mauvaise humeur, les gifles, et je me dis que j'ai eu raison de me retenir. Pourtant, j'aimerais bien avoir un enfant. »

## Le monde du travail

Un autre monde. La peur du chômage n'est pas de même nature qu'aujourd'hui. Que représente, en 1938, l'allocation de chômage ? Douze francs par jour, dans la Seine, moins encore en province ; douze francs, ce qui permet l'achat d'une douzaine d'œufs (11,70 F) ou de

1. 1937, réactualisé en 1939.

quatre kilos de pain (2,80 F le kilo). Le chiffre officiel des chômeurs est certes beaucoup moins élevé que le chiffre actuel : 405 000 dont 105 000 pour Paris, au 31 décembre 1938, mais, à droite comme à gauche, on le dit faux.

Enquêtant sur la misère pour *L'Humanité*, Pierre Sémard[1] cite le cas d'une famille de neuf personnes ne disposant que de 41,60 F par jour, soit 4,62 F par personne, et qui vient cependant d'être privée de l'assistance médicale gratuite !

Ce n'est pas dans *L'Humanité*, mais dans *Le Temps*, journal de la grande bourgeoisie, que l'on trouve, en janvier 1939, cette réaliste description de l'univers dans lequel travaillent « les bonnes » souvent surexploitées. « Ces paradis aux carreaux rougeâtres et rongés, aux parois de pénitencier, s'ouvrent sur des puisards. On y accède par des escaliers en vrille, obscurs, glissants, escarpés, on reconnaît leurs fenêtres à ce qu'elles dominent des protubérances noirâtres et grillagées. En langage courant, cela s'appelle la cuisine. »

La condition des vieux travailleurs qui font le plus souvent, il est vrai, et jusqu'à leur mort partie de la famille aurait pu être modifiée à la suite du vote, le 7 mars 1939, de la Chambre des députés accordant une retraite de 2 200 F aux célibataires, de 3 200 F aux ménages mais, le Sénat ayant repoussé cette modeste mesure, il faudra attendre Vichy pour que soit amorcée une œuvre de justice.

La condition ouvrière a été modifiée par la victoire électorale de la gauche en 1936. Modifiée par les fortes augmentations des salaires dont, bientôt, de fortes augmentations de prix annuleront en majeure partie les effets[2] ; modifiée par la loi des quarante heures ; modifiée par l'avènement de ces « congés payés » qui donnent aux chroniqueurs, aux dessinateurs, aux photographes occasion de décrire le peuple des villes, sur vélos et tandems — il y en a 8 millions pour seulement 2 500 000 voitures particulières —, se lançant à l'assaut des routes de France et des bonheurs de l'étape.

La condition ouvrière a surtout été modifiée psychologiquement. Dans ce livre essentiel, *L'Étrange Défaite*, Marc Bloch montre bien que « les valeurs d'ordre, de docile bonhomie, de hiérarchie solide complaisamment acceptée » avaient été, sinon balayées, du moins fortement remises en question.

---

1. Enquête publiée en mai 1938.
2. Selon Alfred Sauvy (*La Nature sociale*, 1957), si, en deux ans de Front populaire, les salaires horaires ont bien augmenté de 80 %, les augmentations de coût de la vie (44 %) et la diminution des horaires de travail, qui passeront de 45,7 heures à 38,9, ont finalement réduit l'augmentation du pouvoir d'achat à + 5%.

Plus de 16 907 grèves affectant soudain, en 1936, deux millions et demi de travailleurs ; 72 députés communistes [1], dont 32 dans le département de la Seine ; les vainqueurs quittant les banlieues, où ils se cantonnaient jadis, pour défiler, le poing levé, dans des avenues où ne se déplaçaient traditionnellement que de paisibles familles bourgeoises ; Maurice Thorez faisant allusion à l'instauration, en France, d'une « république soviétique » ; un juif, Léon Blum, pour la première fois de notre histoire à la tête du gouvernement ; la constante dépréciation du franc et les scandales financiers auxquels restait lié le souvenir de la tragédie de février 1934 ; l'angoissant écho de la guerre civile espagnole qui se déroule à l'une de nos frontières et que des loueurs de longue-vue permettent d'observer depuis la falaise de Socoa ou de la Croix des Bouquets, guerre civile dont l'importance dans la division de la France en deux camps est trop oubliée aujourd'hui [2], comment tant d'événements précipités n'auraient-ils pas été compris par beaucoup comme l'avènement d'un autre monde : joyeux pour les uns, traumatisant pour les autres, cet autre monde ressuscité par Édouard Bonnefous, dans *Avant l'oubli* [3] ?

Soudain, une moitié de la France a peur de l'autre moitié. Pour écrire le premier volume de *La Grande Histoire des Français sous l'Occupation*, j'ai eu entre les mains certains des documents réunis à l'occasion de ce procès de Riom, intenté par Vichy à qui, sottement, il fallait absolument des responsables de l'impréparation à la guerre et de la défaite. Déposition de généraux, mais également de chefs d'entreprise qui prennent leur revanche sur les grandes peurs de 1936 en dénonçant les « gréviculteurs appointés », les « commissaires du peuple » de quelques jours de mai 36, les « propagandistes acharnés pour le parti communiste » et même les « vendeurs de journaux révolutionnaires dans les rues de la ville en dehors des heures de travail ».

Après la défaite, Lucien Rebatet tracera dans *Les Décombres*, livre affreux dans sa caricature du véridique, livre dont on ignore qu'il fut interdit en zone non occupée, un portrait des « garces en cheveux » et de leurs compagnons, prolétaires « bien nourri(s), rouge(s), frais et

---

1. Il y en avait 11 avant les élections de 1936.

2. Pour donner une idée de l'importance de la guerre civile espagnole dans l'opinion française je rappellerai que, dans *L'Illustration* (hebdomadaire marqué à droite) du 15 août 1936, 34 photos étaient consacrées à l'événement, 30 dans le numéro du 12 septembre. La photo qui suscita, alors, l'indignation la plus vive fut celle des squelettes de dix-neuf sœurs salésiennes arrachées à leur cercueil et exposées sur le parvis d'une église de Barcelone.

3. É. Bonnefous, *Avant l'oubli. La vie de 1900 à 1940*, Robert Laffont/Nathan.

dodu(s) dans une chemisette de soie », qui reflète les passions et les haines de Français politiquement et farouchement — clans contre clans, cortèges contre cortèges — divisés et, ce qui est de plus d'importance pour l'avenir proche, séduits, les uns avec quelque discrétion, par l'Allemagne nazie ; ouvertement par l'Italie fasciste ; les autres, presque amoureusement, par la Russie stalinienne ; les plus conformistes se rangeant, sans passion, derrière une Grande-Bretagne dont la politique égoïste avait longtemps favorisé le redressement allemand avant, en s'engageant pour la Pologne, d'entraîner la France dans une guerre qu'oublieuse des leçons de la guerre précédente elle n'avait que mollement préparée.

## Le monde de la Grande Guerre

Un autre monde.

L'ombre de la Grande Guerre, partout, en France, demeurait présente. Les anciens combattants n'étaient pas, comme on le croit, et comme on l'écrit parfois aujourd'hui, des vieux bonshommes à cheveux blancs et démarche hésitante ou, s'ils béquillaient, c'était pour avoir perdu une jambe à Charleroi, à Morhange, à Laffaux, à Perthes, à Vauquois, aux Éparges, dont le nom disait toujours quelque chose ; à Verdun, dont le nom dit encore quelque chose, ou dans un autre enfer.

Ayant vécu la guerre à dix-neuf, vingt ou vingt et un ans, une guerre qui n'était vieille, alors, que de vingt-deux ans, et la prise en compte de cette faible épaisseur de temps devrait servir à l'intelligence de bien des réactions de 1940, beaucoup d'anciens combattants n'avaient pas atteint la quarante-cinquième année.

Joseph Darnand, qui sera l'un des premiers responsables de la Légion des combattants et, pour son malheur, comme pour celui de bien d'autres, le chef de la Milice, a quarante-deux ans en 1939.

À la veille de la Seconde Guerre mondiale, les survivants de la Première étaient, en France, plus de cinq millions. Comment n'auraient-ils pas été liés à Pétain, vainqueur de Verdun ?

Verdun, très coûteuse victoire, mais victoire, et ce sera la dernière de toute son histoire, arrachée par l'armée française combattant seule ; victoire qui a fait « le tour du monde », qui ennoblit ceux qui y ont pris part.

Verdun n'est plus aujourd'hui qu'un événement historique. Entre 1916 et 1940 — vingt-quatre ans —, ce fut l'hostie patriotique des Français qui, athées ou croyants, communiaient dans les souvenirs d'une bataille dont il restait assez de témoins pour dire quel martyre elle avait été.

En mai 1940, lorsque la défaite se dessine, mais qu'à l'intention d'un peuple ignorant il faut entretenir l'espoir, c'est à Verdun qu'hommes politiques, généraux, journalistes font référence comme au symbole d'une résistance sur laquelle s'étaient brisées les offensives allemandes. Le 22 mai, lorsque Pétain, rappelé, par Reynaud, d'Espagne où Daladier l'avait envoyé quelques mois plus tôt, avec le titre d'ambassadeur et la mission de tenter un rapprochement avec les nationalistes vainqueurs, qui n'en finissaient pas de nous reprocher nos faveurs pour le Frente popular, va s'asseoir, au Sénat, au banc du gouvernement — il est, depuis le 18, vice-président du Conseil — c'est le souvenir de Verdun, immédiatement évoqué par Reynaud, que les sénateurs acclament ; ce sont les grandes heures de Verdun qu'exaltent les journaux ; que répètent les anciens combattants dans tous ces villages de France où, sur la place, entre église, mairie et café, le tout neuf monument aux morts, encadré de canons pris à l'ennemi, rappelle les sacrifices des jours passés.

Sans doute le pacifisme — plus que l'antimilitarisme — avait-il, à droite comme à gauche, chez les paysans comme chez les intellectuels, fait des progrès [1] dans un pays qui avait trop souffert de la guerre pour l'aimer, et qui faisait désormais confiance à la ligne Maginot plus qu'aux charges à la baïonnette et à l'attente dans la boue des tranchées, mais Pétain-de-Verdun n'était-il pas également Pétain-de-1917, le général qui, réprimant les mutineries, tout en comprenant les revendications des mutins, et en satisfaisant bon nombre, avait ramené l'ordre au prix de moins de soixante exécutions, épargné à la France les troubles révolutionnaires qui bouleversaient la Russie et permis à nos armées d'attendre, en résistant, l'arrivée des Américains ?

---

1. Le pacifisme est « multiforme », fait remarquer Laborie *(L'Opinion française sous Vichy)* qui cite aussi bien la phrase de Jean Mathé, responsable syndical des postiers, prononcée en 1936 au Congrès de la CGT à Toulouse : « Puisqu'il faut, entre deux maux, choisir le moindre, plutôt la servitude que la guerre, car de la servitude on en sort », que des phrases inspirées par le néo-pacifisme de droite surtout lorsque — et c'est vrai pour des hebdomadaires comme *Je suis partout* — il est possible de dénoncer la guerre future comme une « guerre juive ».

## Pétain : un homme de la terre

Sur une France qui appartient à un autre monde que le nôtre, va donc régner un homme né dans un autre monde, en 1856, dans une ferme de Cauchy-à-la-Tour : 400 habitants, presque tous paysans, car les terrils ne pousseront que deux ans plus tard, dans le Pas-de-Calais.

Sur son acte de naissance, le mot « cultivateur » revient à trois reprises. Cultivateur son père Omer, cultivateurs les deux témoins. Cultivateur — mot « endimanché » pour paysan — et, jusqu'à la fin, Philippe Pétain demeurera fidèle à cette origine. Du paysan, il aura la santé, une santé qui fera illusion en 1940 et dont les thuriféraires du régime, exagérant la constance, feront qu'il portera le fardeau de responsabilités, de faiblesses, de fautes, que l'âge aurait pu excuser.

Du paysan, il aura l'équilibre moral, le mépris des beaux parleurs, le sens du sou qui est un sou, une apparente absence de nerfs ainsi qu'une certaine dose de fatalisme. Son ascendance paysanne a tourné à son avantage en 1914-1918 lorsqu'il s'est agi de conduire à la bataille des fantassins (paysan de naissance et d'éducation, il est fantassin de formation) venus de toutes nos campagnes, on s'en rend compte en méditant sur les monuments aux morts de ces villages français dont le dépeuplement a commencé avec les premiers engagements d'août 1914.

À l'instant de la défaite de 1940, ses racines paysannes le retiendront à la terre de France. Même si la phrase célèbre a été écrite par Emmanuel Berl, juif et homme de gauche, il en épouse l'esprit lorsqu'il affirme, le 25 juin : « La terre, elle, ne ment pas. Elle demeure notre recours. Elle est la patrie elle-même. Un champ qui tombe en friche, c'est une portion de France qui meurt. Une jachère à nouveau emblavée, c'est une portion de France qui renaît. »

Mais, dès le 23 juin, répondant à Churchill qui, la veille, après avoir appris, et interprété de la façon la plus nuisible à la cause anglaise, les clauses de l'armistice[1], venait d'attaquer la France, Pétain avait déjà parlé des paysans, avec des mots symboles qui, aujourd'hui, où la paysannerie a pratiquement disparu, ne seraient plus employés puisqu'ils ne

1. L'armistice n'est pas signé le 22 juin, mais les conditions en sont connues. Churchill cependant a cru pouvoir affirmer que « toutes les ressources de l'Empire français et de la marine française passeraient rapidement entre les mains de l'adversaire et lui serviraient à réaliser ses desseins », ce qui est absolument faux.

seraient plus compris [1]. « La terre de France, avait dit alors le Maréchal, n'est pas moins riche de promesses que de gloire. Il arrive qu'un paysan de chez nous voie son champ dévasté par la grêle. Il ne désespère pas de la moisson prochaine. Il creuse avec la même foi, le même sillon pour le grain futur. »

Quant à l'appel aux paysans de France, du 20 avril 1941, s'il s'agit d'un très long texte, consacré aux difficultés du ravitaillement, faisant appel aux agriculteurs pour qu'ils livrent « exactement leurs produits à la consommation », annonçant un nouveau statut social de la paysannerie afin qu'elle ait, dans la nation, la place qui lui a longtemps été refusée, évoquant les femmes de prisonniers qui, à leur labeur habituel, ajoutent « des travaux particulièrement pénibles », c'est également un extraordinaire hommage au paysan qui, selon Pétain, a par « son héroïque patience » fait surgir et maintenu la France, « nation laborieuse, économe, attachée à la liberté ».

Lorsque Pétain affirme : « Le prodigieux développement des forces matérielles n'a pas atteint [chez le paysan] la source des forces morales. Celles-ci marquent le cœur du paysan d'une empreinte d'autant plus forte qu'il les puise à même le sol de la patrie » ; lorsqu'il demande que « le paysan soit hautement honoré, car il constitue *avec le soldat* les garanties essentielles de l'existence et de la sauvegarde du pays », il n'y a pas trucage de la pensée dans un discours..., qui n'a sans doute que le défaut de dater. Car les paysans de 1940 — et surtout de 1942-1943 — ne sont plus les paysans-soldats de 1914-1918, ceux qu'il a eus sous ses ordres.

À leur tour, ils seront sensibles aux petites et grandes fortunes que permet le marché noir et, chez beaucoup, comme dans d'autres classes sociales, l'égoïsme l'emportera alors sur la solidarité, mais le Maréchal idéalisera toujours les paysans, et c'est d'eux qu'il se sentira le plus proche.

Lorsqu'il prêchera — par nécessité — le retour à la terre, il voit, dans ce retour, non seulement la possibilité d'une amélioration du ravitaillement, mais la chance de ce relèvement moral dont, parlant, le 20 décembre 1938, à l'occasion du départ de M. Philippe Roy, ministre du Canada à Paris, il avait proclamé la nécessité. « Si [le paysan], avait-il déclaré, accepte de fuir la ville encombrée et de revenir à la terre désertée, il y fera refleurir les vertus séculaires et prospérer les belles familles qui permettent en France les constructions harmonieuses et

1. Il y a toujours, aujourd'hui, des catastrophes provoquées par le temps. Elles sont évoquées dans la presse ; elles n'inspirent rien aux hommes politiques.

durables. La France a besoin de paysans heureux pour retrouver la source de sa vitalité et de son équilibre. »

Et l'on voit bien, par la date de ce discours — décembre 1938 —, que l'attachement de Pétain à la paysannerie, si fort célébrée après 1940, ne doit rien aux difficultés du ravitaillement, liées aux rigueurs du blocus anglais et aux prélèvements des Allemands.

J'ajoute — et les centaines de lettres que, le premier [1], j'ai eues sous les yeux m'en ont apporté la preuve — qu'entre 1919 et 1940 il n'avait pas été, dans sa propriété de Villeneuve-Loubet, un paysan d'opérette. S'intéressant à tout — aussi bien aux feuilles de ponte qu'à la construction du parc aux lapins et aux vendanges —, il s'occupait de tout avec une passion sans feinte et avec un goût sourcilleux du rapport financier, car il n'aimait pas plus être volé que pris pour dupe...

Il se passera plus d'un quart de siècle avant qu'Henri Mandras annonce, en 1967 — encore ne sera-t-il pas cru [2] — avec *La Fin des paysans*, la disparition de « l'âme paysanne éternelle » — celle à laquelle Pétain faisait si souvent référence — emportée parce que « le domaine familial et patriarcal fondé sur une polyculture vivrière, n'ayant plus de rentabilité, n'avait plus de chances de survie ».

En novembre 1942, le départ de Pétain pour l'Afrique du Nord où venaient de débarquer les Américains aurait, après (et malgré ?) les lois antisémites de 1940, Montoire, les rafles de juillet 1942 en zone occupée et celles de septembre 1942 en zone non occupée, sans doute profondément modifié son visage devant l'Histoire. De Gaulle, en tout cas, le pensait. Il le dira à Claude Guy, à Rémy, à bien d'autres encore. « Imaginez, non mais imaginez ce qui serait arrivé par la suite, si Pétain [...] avait atterri en Afrique du Nord pour s'emparer du glaive ! Imaginez notre situation : nous n'aurions pu que l'approuver et nous placer sous son commandement. Quel spectacle ! Dorénavant son nom eût été célébré comme celui d'un homme qui avait préparé la reprise du combat depuis la première minute [3]... »

Plus difficile, en novembre 1942, que ne l'imaginent aujourd'hui les tenants du « il n'y avait qu'à », l'entreprise était impossible, puisque inconcevable, Pétain se voulant lié à la terre-patrie.

---

1. Grâce à l'amitié de M. Pierre de Hérain, beau-fils du Maréchal, mais aussi de Mme de Hérain.

2. Publié en 1967 aux éditions de la Sedeis, dans la collection « Futuribles », le livre de Mandras fut tiré à deux mille exemplaires. Il fallut deux ans pour épuiser le tirage. *Cf. Le Monde*, 22-23 juin 1997, p. 14.

3. À Claude Guy, le 4 août 1946, *in* Claude Guy, *En écoutant le général de Gaulle,* p. 91.

Un autre monde. Naître en avril 1856, cela signifie naître quelques mois après la fin de la guerre de Crimée, en un temps où les fusils français portaient à mille deux cents pas. Une guerre de professionnels avec, certes, beaucoup de morts[1], mais peu de haine. Le maréchal Pélissier, qui avait commandé en chef les opérations du siège de Sébastopol, n'informe-t-il pas le ministre de la Guerre que les Russes, nos ennemis de la veille, s'étaient associés, par des illuminations, « à la joie » des armées françaises, apprenant la naissance[2] du prince impérial Napoléon Eugène ?

Naître en 1856, cela signifie — et ce n'est pas sans influence sur la culture historique et politique — naître *quarante et un ans seulement après Waterloo, mais quatre-vingt-quatre ans avant juin 1940 ; quarante-neuf ans après la rencontre, en juin 1807, de Napoléon et d'Alexandre sur le radeau empanaché maintenu au milieu du Niémen, mais quatre-vingt-quatre ans avant la rencontre de Montoire avec Hitler*, le 24 octobre 1940, dans une petite gare qui a dû à son tunnel, assez robuste pour supporter un bombardement aérien, de passer à l'Histoire.

Lorsque, en juin 1940, Paul Reynaud dira à Pétain, qui bientôt va lui succéder : « Vous prenez Hitler pour Guillaume Ier, vieux gentleman qui nous a pris l'Alsace-Lorraine, et tout était dit : or, Hitler, c'est Gengis Khan », il a raison et voit juste.

Mais une génération sépare les deux hommes — Reynaud étant né en 1878 — et, plus qu'une génération, la profession et le caractère.

## Paul Reynaud : attachant et irritant

Brillant avocat d'affaires, homme politique au style éblouissant plus que convaincant, la parole coupante, le ton saccadé, l'intelligence vive, Reynaud a été ministre des Finances de Tardieu en 1930, ministre des Colonies et de la Justice de Laval. Mais, ne bénéficiant pas de l'appui de son parti — l'Alliance démocratique —, qui n'a d'yeux que pour

1. Surtout par épidémie de choléra et de typhus, plus meurtriers que les balles et les obus.

2. Le 16 mars 1856.

Pierre-Étienne Flandin, et s'opposera, en mars 1938, à la formation d'un gouvernement Blum qui serait allé de « Thorez à Reynaud », il a rapidement compris qu'il lui fallait, pour satisfaire ses ambitions, trouver ailleurs qu'en France les indispensables alliés.

En un temps où les États-Unis sont toujours à distance de paquebot, c'est vers l'Angleterre que se tournent les hommes politiques français modérés et c'est de l'Angleterre qu'ils suivent, non certes les consignes, mais, bien souvent, les avis. Encore faut-il savoir qu'il existe deux clans chez les conservateurs britanniques, alors au pouvoir : celui des pacifistes, opposés à toute nouvelle guerre européenne, appelée à devenir guerre mondiale ; avec Churchill, avec Eden, celui des intransigeants face à la montée des fascismes.

Pierre-Étienne Flandin s'étant rangé du côté des premiers, Reynaud se trouvera naturellement du côté des seconds, dont l'attitude et les prises de position correspondent, il faut l'écrire, à sa vision de l'histoire, à son tempérament nerveux et offensif.

À ses ambitions, également.

Bien avant la guerre, il avait eu des contacts fréquents avec Churchill et, plus ou moins à l'instigation de l'homme d'État britannique, était ainsi devenu « le centre de ralliement » d'hommes politiques — Mandel, Blum, Campinchi, Champetier de Ribes —, de journalistes, d'hommes d'affaires, venus d'horizons différents, mais également hostiles à l'Allemagne hitlérienne dont ils mesuraient mal la force, ce qui explique qu'ils aient dénoncé « la politique de démission de la France [1] » sans se soucier assez de son réarmement.

Churchill a-t-il vraiment inspiré le violent discours prononcé par Reynaud, le 27 septembre 1937, contre l'Italie mussolinienne (et contre Laval) au moment de l'affaire d'Éthiopie ? A-t-il, en 1938, soutenu à l'occasion d'un voyage à Paris l'idée du ministère Blum de « Thorez à Reynaud » ? Accompagné du général Spears, s'est-il rendu en France, le 21 juillet 1938, pour rechercher, avec Reynaud, le meilleur moyen d'évincer et Georges Bonnet, ministre des Affaires étrangères, et Daladier, président du Conseil [2] ? A-t-il enfin, Spears manœuvrant en son nom des hommes politiques français qu'il connaît bien, a-t-il agi pour achever Daladier, ébranlé par l'affaire de Finlande, et faire que son « ami » Reynaud devienne, à sa place, président du Conseil ?

Il y a davantage de soupçons et de coïncidences que de preuves.

Quoi qu'il en soit, ignorer des rencontres et des conversations, impos-

1. Le mot est de Reynaud, le 28 février 1938.
2. Donc quelques jours avant Munich.

sibles à nier, même si le contenu en demeure mal connu, c'est se priver de comprendre la place tenue par l'Angleterre, par Churchill, par Spears, dans les débats franco-français à partir de mars 1940, lorsque Reynaud devient président du Conseil et, plus encore, à partir de l'instant où se posera la question de l'armistice.

Personnage attachant et irritant qui, s'il n'a pas « découvert » de Gaulle, a eu l'immense mérite de croire, l'un des premiers, à sa théorie des blindés ; de l'appeler auprès de lui ; de le mettre en situation, en le nommant sous-secrétaire d'État à la Guerre et à la Défense nationale, de devenir de Gaulle, Reynaud a toujours souffert d'une défaite dont il n'était nullement responsable.

Aussi, pris dans le maelström des événements, s'est-il immédiatement mis en quête de boucs émissaires : le général Corap, chef de cette IX^e^ armée dont le recul en désordre, le 14 mai, a ouvert, aux Panzers, la route de Péronne, de Cambrai, des ports de la Manche ; Léopold III, roi des Belges qui, devant la supériorité allemande, s'est résigné à capituler le 24 mai [1].

Lorsque sera venu le temps des *Mémoires*, Reynaud, de livre en livre, ne cessera d'améliorer sa statue. Reçu, place du Palais-Bourbon, à son domicile, je me souviens de lui avoir demandé quelle était, sur le même événement, l'explication — il y en avait quatre — que l'Histoire devait retenir.

C'était la plus récente.

La chose est humaine.

Pétain est soldat... presque dès l'enfance, un prêtre qui avait fait la campagne d'Italie de 1797 dans l'armée de Bonaparte lui ayant donné ses premières leçons de latin ; soldat encore lorsque, en 1934, ministre

---

1. Il est juste de signaler que, le 6 juin, Paul Reynaud — écoutant peut-être Pétain et Weygand qui lui ont fait remarquer qu'accuser les généraux ne pouvait que démoraliser l'armée — a modifié son style. « Nous ne perdrons pas notre temps, quand la patrie est en danger, déclare-t-il, à des débats de responsabilités. Les responsabilités, nous en portons tous, autant que nous sommes, chacun de nous, chacun de vous, chaque élu, chaque électeur. »

On peut faire remarquer que la responsabilité des électeurs était infiniment moins grande que celle des élus, mais aussi que Paul Reynaud, arrivé au pouvoir tardivement, ayant depuis longtemps, sur les finances du pays comme sur le rôle de son armée et les moyens qui lui permettraient de jouer ce rôle, des idées saines que sa solitude politique l'avait empêché d'imposer, était moins « coupable » que bien d'autres élus.

dans le cabinet Doumergue, il se frotte à la politique. Il acceptera alors le ministère de la Guerre, mais il avait souhaité celui de l'Éducation nationale pour « s'occuper, dira-t-il un jour, des instituteurs communistes » ; phrase qui, modifiée, deviendra : « pour une préparation de l'adolescent à ses tâches d'homme et surtout de soldat ».

En juin 1940, il conduira le général Spears, envoyé personnel de Churchill auprès de Reynaud, devant le bronze qui le représente, à cheval, « penché vers deux poilus qui le regardaient avec un profond mais souriant respect ». Il semble que le geste de Pétain n'ait rien à voir avec les malheurs de la France. C'est faux. Et Spears le perçoit d'ailleurs très vite. « Ces petits personnages symbolisaient le lien qui l'avait attaché si étroitement à l'armée de cette époque et qui l'unissait aux chefs de famille de la France d'aujourd'hui. »

Homme de guerre, ne croyant qu'au réel, rejetant « illusions » et « spéculations », fuyant, écrira-t-il le 25 février 1919 à Mme de Hérain, sa maîtresse, « les exagérations, les exaltations qui font qu'on retombe de plus haut et accusent plus fortement les aveux d'impuissance », il avait été ainsi, pendant toute la Grande Guerre, « excellant à saisir en tout l'essentiel, le pratique — les mots sont de Charles de Gaulle dans un texte qui vaut citation —, domin[ant] sa tâche par l'esprit. En outre, par le caractère [la] marqu[ant] de son empreinte ».

Mais il existe une sclérose des qualités.

Le Pétain de 1940-1944 n'est plus celui de 1914-1918, contrairement à ce que trop de vrais et faux amis s'efforceront de faire penser.

Le vieux Maréchal, qui ne croit qu'au réel même lorsque, isolé à Vichy, le réel d'un conflit devenu mondial lui échappe ; le chef d'un État croupion placé sous haute surveillance par le vainqueur ; d'un peuple accablé par le désastre, mais qui s'éveillera lentement à la résistance, ne devinera pas et ne saisira pas la modification du rapport des forces militaires et morales.

Personnage d'un autre monde, peuple d'un autre monde.

Lorsque, après le fracas des batailles perdues, l'armistice signé, le silence se fait, ce n'est pas vers l'avant que ce personnage et ce peuple d'un autre monde vont regarder, mais en direction d'un passé dont les leçons ont été, à leurs yeux, trop oubliées et dans lequel, quelque peu paradoxalement, ils placent leurs espoirs pour l'avenir.

PREMIÈRE PARTIE

# LE PEUPLE ABUSÉ

# 2.

# LA PLUS GRANDE DÉFAITE DE LA FRANCE

Des années 1940-1944, une mémoire collective sélective, fortement influencée par les médias, retient les rafles de juillet 1942 à Paris (sans donner aux rafles de septembre, en zone non occupée, l'importance qui doit être la leur dans la mise en cause de Vichy), le débarquement allié du 6 juin et la libération de Paris.

L'usure des ans ayant gommé les autres événements, c'est un Vichy hors du temps, détaché d'un dramatique contexte, que l'on bâtit aujourd'hui.

L'oubli de la défaite rapide et totale de nos armées ; l'oubli des quatre-vingt-cinq mille morts de mai et juin ; l'oubli de la capture de près de deux millions de soldats français ; l'oubli de l'impuissance dans laquelle l'armée se trouve de renouveler le matériel pris ou détruit ; l'oubli du refus de Churchill d'engager la majeure partie d'une aviation qu'il réservait, avec raison — mais on ne le découvrira qu'en septembre —, pour la défense de son île ; l'oubli de la phrase par laquelle, le 16 mai, Roosevelt, soumis à réélection en novembre, promet au Congrès de ne pas entraîner les Américains « dans le conflit armé qui s'est abattu sur l'Europe » ; l'oubli de l'éclatement de la France, non pas en deux, mais en six zones au statut différent ; l'oubli des premières et considérables exigences de l'occupant, exigences frappant l'État, mais atteignant également les Français dans leur vie quotidienne ; l'oubli du discrédit qui enveloppait des hommes politiques tenus, à tort ou à raison, pour responsables de la défaite et qui, libres de poursuivre la guerre depuis l'Afrique du Nord, avaient abandonné le pouvoir au maréchal Pétain dont ils savaient parfaitement qu'il demanderait l'armistice ; l'oubli du faible écho rencontré par l'appel du 18 juin, en un temps où le peuple n'était pas à l'écoute de Londres ; l'oubli du massacre, à Mers el-Kébir, de 1 297 marins français, tués par leurs alliés de la veille, massacre qui freinera les ralliements à la France libre ; l'oubli, surtout, des souffrances et des inquiétudes de millions de Françaises et de Français, dispersés par l'exode, ignorants du sort de leur atelier, de leur foyer, de leur famille ; tous ces oublis, et quelques autres, dont l'oubli — important il me semble — que quarante millions de Français ont dû faire face à quatre-vingts millions d'Allemands qui, plus efficacement qu'eux, avaient préparé la guerre, ne permettent pas de comprendre aujourd'hui les raisons pour lesquelles les Français, accablés sous le choc du désastre, vont, pendant plusieurs mois, non seulement accepter Vichy, mais adhérer à Vichy.

## Aucune troupe pour barrer la route de Paris

La France avait connu bien d'autres heures noires. Mais jamais heures plus noires puisque, en quelques jours de mai, l'édifice militaire et politique s'écroule et, avec lui, toutes les illusions.

La prise de conscience de l'absolu de la défaite débute le 15 mai — cinq jours seulement après l'attaque allemande — lorsque, à 19 h 45, Daladier, ministre de la Guerre, apprend du généralissime Gamelin, avec la foudroyante avance d'une colonne blindée allemande entre Laon et Rethel, la rupture de notre front et surtout l'absence de troupes capables de barrer la route de Paris, Paris où les Allemands, s'ils n'avaient pas orienté leur offensive vers Calais, auraient pu défiler le 18 ou le 19 mai.

Encore Gamelin, enfermé dans son PC souterrain de Vincennes, ne dit-il pas tout, parce qu'il ne sait pas tout : la destruction, en trois jours de mai, les 13, 14, 15, de nos trois seules divisions cuirassées (la 4e, celle que commandera de Gaulle, n'étant pas encore constituée), la panique qui, sous le bombardement des stukas, s'est emparée des unités défendant la région de Sedan, fantassins mais aussi artilleurs, artilleurs parfois avant les fantassins, puisque, à Flabas, à Bulson, des officiers d'artillerie ont donné l'ordre d'abandon alors que, devant eux, à dix, à cinq kilomètres, des fantassins résistaient toujours.

L'absolu de la défaite, cet officier, dont nous possédons le rapport, en prend conscience lorsque, arrivé à Compiègne le 19 mai avec, pour mission, de regrouper et de réorganiser les fuyards de Sedan, il se trouve en présence d'un « troupeau abruti et hagard, mélange complet de numéros, troupes et services », et, sur soixante-dix mille hommes, ne peut en rassembler deux cents en armes pour la défense d'un pont !

À Compiègne, toujours, c'est la compagnie muletière 179/18 qui reçut l'ordre d'arrêter « le personnel débandé, mission qu'elle exécuta pendant quatre jours remettant plusieurs centaines de fuyards à la Prévôté ».

Alors, on songe à *La Débâcle*, aux mots de Zola : « Ils avaient fui, et la panique les ramenait ensanglantés, hagards, à demi fous, bouleversant leurs camarades de leur épouvante. » On songe aux paniques d'août 1914, presque sur les mêmes champs de bataille, à ce rapport sur la défaite de Morhange : « Point de compagnies. Tous mélangés. Et, parmi eux, des paysans qui suivent aussi, en voiture, à pied, des vieillards, des femmes avec leurs enfants [...]. Les conducteurs hurlent, frappent leurs chevaux, bousculent les voitures, écrasent les piétons pour aller plus vite... »

Dans son livre, excellent, *La Grande Guerre*, Pierre Miquel a consacré de très nombreuses pages aux jours de défaite qui ont précédé la victoire de la Marne. Et il a eu raison. La Marne a fait, en effet, oublier les désastres en chaîne qui, sans le rétablissement « miraculeux » de la période du 7 au 11 septembre 1914, auraient pu conduire au désastre absolu. Pierre Miquel a dit les Français battus, alors même qu'ils possédaient (huit contre trois à Anloy) une immense supériorité numérique ; l'effondrement des généraux [1] (« J'étais dans un état de fatigue cérébrale, avouera le général Auger, commandant la 10e division, qui ne me permettait pas d'exercer mon commandement ») ; les journaux du 24 août accusant crûment les troupes du Midi de s'être débandées au premier choc ; 130 000 Français hors de combat dans les seules journées des 20, 21 et 22 août ; la panique à Nancy, où les trains pour Paris sont pris d'assaut, la panique à Paris où les trains pour Bordeaux sont envahis.

Mais, en 1870 et en 1914, sous le même soleil, fantassins français et allemands allaient du même pas fatigué. En mai 1940, une fois la percée réussie, fantassins portés, canons autotractés, blindés des armées de choc allemandes — celles qui précèdent les divisions piétonnes et l'artillerie hippomobile — vont cinq ou six fois plus vite que les Français ; submer-

1. Les limogeages furent, en 1914, particulièrement importants : 9 généraux de corps d'armée, 33 divisionnaires (sur 72) ainsi que la moitié des chefs de division de cavalerie, privés de leur commandement.

gent les défenses improvisées plus facilement qu'ils n'ont fracassé les défenses installées depuis des années, ou des mois, pour les arrêter ; dispersent ou saisissent les états-majors aux liaisons détruites ; mettent en fuite la population de villes dont ils sont encore éloignés de cent kilomètres. Mais cent kilomètres, ce seront bientôt, pour les avant-gardes blindées allemandes, l'affaire de quelques heures.

La prise de conscience de l'absolu de la défaite est totale dans la matinée du 16 mai lorsque plusieurs ministres et généraux, réunis au Quai d'Orsay par Paul Reynaud, ministre des Affaires étrangères et président du Conseil, entendent la lecture du message par lequel le général Héring, gouverneur militaire de Paris, « suggère » l'évacuation de la Chambre des députés et du Sénat « sur les zones de repli prévues ». De quels moyens les parlementaires — et, avec eux, les Parisiens — disposent-ils pour l'évacuation ? À Reynaud qui l'interroge, Monzie, ministre des Transports, répond qu'il n'a aucun train et fort peu de camions, tout ce qui roule étant réservé aux troupes.

Comme si la panique, comme si le désordre ne suffisaient pas au malheur de la France, Daladier, présent à la réunion, invente la rébellion des troupes, contre lesquelles il aurait fallu employer le 75. Jeanneney, président du Sénat, rapporte ses paroles dans son *Journal politique* et, sans doute, amplifiées, déformées, sont-elles à l'origine du télégramme que Bullitt, ambassadeur des États-Unis, envoie, le 17 mai, au président Roosevelt, télégramme annonçant une mutinerie parmi les équipages de blindés, la révolte d'« un régiment de chasseurs composé de communistes de la banlieue parisienne » et l'attaque prochaine « par des forces aériennes et des chars » de ces dix-huit mille hommes qui se seraient emparés du « centre vital de Compiègne [1] ».

Comment la prise de conscience de l'absolu de la défaite ne serait-elle pas renforcée à la vue des flammes et des fumées qui montent des pelouses du Quai d'Orsay sur lesquelles se consument, sur l'ordre de Reynaud, les plus secrètes de nos archives politiques ?

La prise de conscience de l'absolu de la défaite est totale dès l'instant où l'on apprend, le 16 mai encore, que Reynaud a demandé au général Pujo de gagner rapidement Madrid, d'en ramener le maréchal Pétain, alors ambassadeur de France.

— Dites-lui qu'il prendra les fonctions qu'il voudra, mais que sa présence immédiate est indispensable, qu'on a besoin de lui.

---

1. Les rapports journaliers de la 2e région militaire pour la période 13-16 mai sont d'un silence total sur cette occupation du « centre vital de Compiègne ». Il est question de la sélection des conducteurs automobiles, de l'utilisation rationnelle des camionnettes

Besoin de Pétain, qui a quatre-vingt-quatre ans depuis le 24 avril, mais pour quel rôle ? Reynaud ne songe nullement à le nommer à la tête des armées — si ces mots ont encore un sens —, mais il espère que sa présence rassurera et réconfortera un peuple, des soldats, toujours sensibles à la magie des mots, au mythe de l'homme providentiel. Vingt-quatre ans séparent les Français du Verdun de 1916, vingt-trois ans des jours troubles de 1917, mais Verdun, mais 1917, voilà les souvenirs que le président du Conseil évoquera devant les parlementaires et devant la nation, afin de relever les énergies et de réveiller l'espérance.

Dans les années qui suivirent la Libération, on tentera de diminuer, voire de nier, l'importance du rôle de Pétain en 1916 ainsi qu'en 1917. Mais, quelles qu'aient été la suite des événements, l'évolution des jugements, il est impossible d'effacer de l'histoire la phrase de Paul Reynaud : « Voici la première décision que je viens de prendre : le vainqueur de Verdun, celui grâce à qui les assaillants de 1916 n'ont pas passé, celui grâce à qui le moral de l'armée française, en 1917, s'est ressaisi pour la victoire, le maréchal Pétain », phrase par laquelle, le 18 mai, il annonce au pays la nomination de Pétain au poste de ministre d'État, vice-président du Conseil.

Si l'on néglige, ignore ou nie l'importance morale et psychologique du double symbole de Verdun et de 1917, l'appel à Pétain devient incompréhensible, comme devient incompréhensible l'adhésion de très nombreux Français, et d'abord de la grande majorité des anciens combattants, au « pétainisme » de l'été, de l'automne 40 et de quelques saisons encore.

L'appel à Pétain et, à travers lui, à des forces spirituelles supérieures, relevant les énergies, les courages, appartient à la logique des situations désespérées.

Staline se comportera comme s'était comporté Reynaud intronisant Pétain lorsque, dans l'été et l'automne de 1941 face à une avance allemande, en apparence irrésistible, il invoquera le souvenir glorieux des généraux vainqueurs de Napoléon, créera des ordres militaires à leur nom, rétablira, sur les uniformes, les épaulettes arrachées lors de la Révolution et fera ouvrir les portes des prisons et du goulag devant des popes qui encourageront les fidèles à se battre et à mourir pour la terre russe.

Les forces supérieures existent. Encore faut-il que le temps d'influencer les âmes leur soit donné. Or, en 1940, le temps fait cruellement

---

postales, de rationalisations des livraisons des matériels (15 mai), du service de harnachement (16 mai).

défaut. Et le remplacement du général Gamelin par Weygand — autre « symbole » puisqu'il avait été, dans la guerre précédente, le second de Foch — ne pouvait, malgré l'activité et la lucidité du nouveau généralissime, rien changer au cours des événements[1].

À Paul Reynaud, soutenu par le maréchal Pétain, qui lui a demandé le 19 mai, à 18 heures, d'accepter, sans plus tarder, le poste, Weygand, après un moment de silence, a d'ailleurs répondu :

— J'accepte la lourde charge que vous me demandez de prendre. Je ferai ce que je pourrai, mais je ne garantis pas de réussir.

Il ne réussira pas.

Comme un torrent, la Wehrmacht emportera toutes les digues.

## Le mensonge des communiqués

Que savent les Français ? Ils lisent les journaux de ce 16 mai, « journée verdâtre », selon Frossard, ministre de l'Information, et sont bercés de consolants mensonges. « Nos plaines, nos champs, nos routes sont remplis de ces cadavres [de l'Allemand]. Plusieurs de ses grandes unités désarticulées ont été culbutées. Et il n'est pas passé. Voilà ce qu'il faut dire, ce qu'il faut crier à tous les échos de France ; il voulait passer comme il l'avait voulu à Verdun et il n'est pas passé. » Les mots sont de Kerillis dans *L'Époque*, mais, soumis à une censure qui n'autorise que l'optimisme, tous les journalistes utilisent les mêmes mots, les mêmes images — la Marne, Verdun — alors qu'ils soupçonnent la gravité d'une situation qu'il leur est interdit de porter à la connaissance des lecteurs.

Il faudra attendre le communiqué du 24 mai, au soir : « Les violents combats qui se sont déroulés depuis plusieurs jours dans le Nord, notamment dans la région de Cambrai et d'Arras, et qui se sont étendus jusqu'aux régions de Saint-Omer et de Boulogne, n'ont pas permis, jusqu'à

1. Le général Weygand se trouve en Syrie où il est commandant en chef du théâtre d'opérations de Méditerranée orientale. Rappelé le 18 mai par Reynaud, il est nommé généralissime le 19 par le Conseil des ministres en remplacement du général Gamelin. Le 21 mai, ayant quitté Paris par avion pour se rendre sur le front, il prit contact à Ypres, avec les chefs alliés... ceux au moins qui étaient présents ! C'est ainsi que lord Gort, responsable des forces britanniques, arrivera malheureusement après le départ du général Weygand.

présent, de *rétablir* la continuité de notre front », pour qu'une partie de la vérité soit révélée à un peuple abusé qui était entré, le 3 septembre 1939, sans consultation des Assemblées et avec un retard de six heures sur l'Angleterre [1], dans un conflit dont il ne discernait que confusément les mobiles.

Très rapidement d'ailleurs, en 1939, le gouvernement avait tenté et réussi un véritable « détournement d'ennemi ». Le pacte germano-soviétique, l'adhésion des communistes français à tous les choix de Moscou [2], leur approbation du partage de la Pologne entre Hitler et Staline, les consignes de sabotage données à certains, et obéies par quelques-uns, allaient permettre au pouvoir, qui n'engageait pas ses troupes sur le Rhin, de livrer un ardent combat sur le front intérieur. Pendant huit mois de drôle de guerre — à l'exception de quelques engagements dont le plus glorieux fut celui de Forbach, de quelques combats aériens victorieux et de faux succès sur les sous-marins allemands [3] —, les bilans gouvernementaux ne mentionnèrent, en effet, que la capture et l'emprisonnement de maires et conseillers municipaux communistes.

## Faire la guerre à la Russie plutôt qu'à l'Allemagne

Déclenchée sans avertissement le 30 novembre 1939 par l'URSS, la guerre russo-finlandaise allait d'ailleurs donner à l'antibolchevisme — mot, alors, beaucoup plus couramment employé qu'« anticommunis-

1. L'Angleterre a annoncé son entrée en guerre à 11 heures du matin, la France suivit à 17 heures. L'article 9 de la loi constitutionnelle de 1875 prévoyait la consultation de la Chambre et du Sénat. Elle n'eut pas lieu.

2. Sur ce point, je renvoie au livre de Me Joë Nordmann (et Anne Brunel) *Aux vents de l'histoire*. Avec honnêteté, Joë Nordmann raconte comment, soldat en avant de la ligne Maginot, pendant l'hiver 1939-1940, il « continuait » à remplir « son devoir militant » en collant, pendant la nuit, sur les arbres du voisinage des affichettes dénonçant notamment le gouvernement français décidé « bien avant le pacte germano-soviétique à entrer en guerre contre le mouvement ouvrier français ! Non contre Hitler ! ».

3. Sur Forbach, cf. *Le Peuple du désastre*, p. 245-247 ; le 6 novembre 1939 victoire de 9 chasseurs français qui, attaqués par 27 appareils allemands, en abattent 9 sans subir de perte ; les victoires des navires de guerre français (ou anglais) sur les sous-marins allemands sont, dans les premiers mois de guerre, de fausses victoires par suite des mauvaises interprétations des effets des grenadages. En effet, la marine française n'enregistre qu'un véritable succès, la marine britannique, plus heureuse et plus entraînée peut en revendiquer dix-huit au cours des dix premiers mois d'hostilité.

me » — une impulsion telle que Léon Blum pourra, dans *Le Populaire*, dénoncer, avec raison, ceux qui en « viennent presque à concevoir une réconciliation de l'Angleterre, de la France et de l'Allemagne contre Staline ». Comment les Français ne seraient-ils pas favorables à David contre Goliath ? Jusqu'à en oublier l'adversaire allemand qui risque seulement quelques patrouilles, quelques avions ; sur les villes proches du front, lance uniquement des tracts et, tout en préparant sa future offensive, semble s'être comme absenté du théâtre de la guerre ? Oui, il faut l'écrire.

Sans doute s'agit-il d'un hebdomadaire de droite, mais n'est-il pas symptomatique qu'entre le 1er février et le 21 mars 1940 *Gringoire*, sous le regard de la censure, publie *seize* caricatures antibolcheviques contre *cinq* caricatures antinazies ?... Ces dernières infiniment moins violentes, d'ailleurs. Et nous sommes en guerre contre l'Allemagne !

L'antibolchevisme, qui, plus que nous ne l'imaginons aujourd'hui, influencera les Français avant la défaite et qui, pendant l'Occupation, emportera certains jusqu'à l'abîme de la collaboration avec des tortionnaires, est le seul thème fort développé par une presse unanime dans les premiers mois de 1940 à défendre la Finlande. Images romanesques des « lottas », infirmières et compagnes héroïques des soldats ; images violentes de prisonniers russes « à demi fous de froid » ; images dangereusement erronées, la Russie étant présentée par Charles Maurras comme « un géant mou [1] »..., un « géant mou » que la France et l'Angleterre pourraient attaquer..., ce qui permettrait de prendre « à revers » l'inexpugnable Allemagne !

Journalistiques, ces fumeuses rêveries — bénies par la censure, il faut le rappeler — frisent le grotesque. Mais elles ne sont que la projection des fumeuses rêveries de l'état-major et du gouvernement qui, sur le papier, envisagent (sérieusement ?) une attaque contre le Caucase, le soulèvement des populations tatares, le bombardement des puits de pétrole de Bakou !

Dans une note du 22 janvier 1940, l'état-major n'a-t-il pas conclu à la nécessité, « *sauf sur le front nord-est* [2] » (c'est-à-dire, n'est-ce pas stupéfiant ? le front où se font face troupes françaises et allemandes en guerre depuis *près de cinq mois* !), d'« attaquer partout où nous le pouvions (Finlande, Caucase, mer Noire) et [d']ouvrir *délibérément* [2] les hostilités contre l'URSS ».

Pour d'aussi ambitieux projets font seulement défaut les avions et les hommes !...

Daladier, à qui l'opinion et les parlementaires reprochent de n'être

1. *Je suis partout*, 9 février 1940.
2. Souligné intentionnellement.

pas venu à temps au secours de la Finlande, qui, le 22 mars, a signé un armistice au grand désespoir de Français infiniment plus émus par la chute de la Finlande que par la chute de cette Pologne pour laquelle, cependant, ils étaient entrés en guerre, démissionne le 21 mars, au terme d'un comité secret où 300 abstentionnistes sur 540 votants lui ont manifesté leur méfiance, mais Paul Reynaud, qui lui succède, se nourrit d'abord des mêmes illusions [1]. Au Premier ministre britannique (Chamberlain, pour quelques semaines encore), le nouveau président du Conseil français n'affirme-t-il pas qu'étant donné « la psychologie particulière des Russes » — où l'a-t-il apprise ? — on peut se demander si, après avoir été attaqué par les Franco-Britanniques, le gouvernement soviétique ne serait pas tenté d'améliorer ses relations avec les agresseurs !...

Sachant comment les événements se dérouleront bientôt — et quel tour dramatique ils prendront —, on aurait pu faire silence sur pareilles élucubrations, si elles ne traduisaient l'état d'esprit des gouvernants et du peuple français.

Dans la brève déclaration ministérielle d'avant le scrutin, mal accueillie d'ailleurs par la droite qui reproche au chef du gouvernement ses ministres socialistes [2], et par les radicaux qui l'imaginent rallié aux « conceptions hardies et même téméraires que préconisent ceux qui ne tiennent pas compte de la vie des hommes [3] », Paul Reynaud, s'il marque bien sa volonté de « faire la guerre », et de « vaincre », ne prononce pas une seule fois le nom de l'adversaire allemand. À Londres, où il se rend le 27 mars, ce n'est pas pour étudier, avec les Britanniques, une offensive contre la ligne Siegfried, mais cette expédition de Norvège qui a pour ambition de couper aux Allemands la route du fer, expédition au cours de laquelle les Alliés seront toujours pris de vitesse par Hitler et par ses généraux. Et pour signer, le 28, cet accord franco-britannique,

---

1. Le 23 mars, Paul Reynaud n'a obtenu la confiance que de justesse : par 268 voix contre 156 et 111 abstentions. Une voix de majorité, donc. Encore a-t-il fallu, dans les couloirs, agir auprès de certains députés pour que leur abstention se change en vote favorable.

2. Dans son gouvernement, Reynaud, trois ministres et trois sous-secrétaires d'État socialistes. *Je suis partout* accueille l'élection avec ce titre : « Reynaud s'est présenté devant le Parlement français sous le protectorat de Léon Blum » (29 mars 1940).

3. La citation est du radical Vincent Badie.

dont on verra, au fil des jours, et des pages, combien il devait peser lourd sur les décisions des dirigeants français.

Quel est, d'ailleurs, depuis le début du conflit, l'espoir du gouvernement français qui n'ignore pas, même s'il les sous-estime, les carences de notre armement et les insuffisances britanniques puisque le gouvernement de Londres, le 2 septembre 1938, avait promis, pour les six premiers mois de guerre, l'envoi en France de deux divisions non motorisées et de cent cinquante avions ? Que la guerre se déroule *partout ailleurs* que sur le territoire français, qu'elle se termine par on ne sait trop quel miraculeux coup de théâtre, puisque le pacte germano-soviétique rend le blocus presque inopérant.

## Trois mois de guerre : 1 434 morts

Cette volonté d'épargner les villes et les vies françaises — nos soldats ont reçu ordre de ne pas tirer sur l'autre côté du Rhin afin d'éviter des représailles — rencontre certainement l'adhésion d'un peuple auquel Daladier rappelle la mort de 250 000 des siens entre le 3 août et le 30 novembre 1914[1]. Aussi, lorsque le président du Conseil annonce qu'au 30 novembre 1939 nos pertes en tués sont de 1 136 pour l'armée de terre, de 256 pour la marine et de 42 pour l'aviation, comment les Français pourraient-ils ne pas être sensibles à la différence des chiffres ?

Mais qui remarque que la presse du 23 novembre 1939 ne donne pas davantage d'importance — quatre colonnes — aux 1 434 morts des trois premiers mois de guerre qu'aux trois morts — quatre colonnes également — victimes de l'effondrement du pont Saint-Louis, coupé en deux par une péniche ?

La disproportion est choquante. Elle ne choque personne. Les 1 434 morts glissent dans l'oubli, comme glissent dans l'oubli les soldats qui, sur un front relativement étroit, font face, immobiles, à des Allemands immobiles ; comme glisse dans l'oubli la menace de guerre aérienne, puisque les alertes ne sont jamais suivies de bombardements ; comme glissent dans l'oubli les Alsaciens évacués dans ces départements du Sud-Ouest où, parents lointains, et que l'on comprend mal, ils n'ont pas trouvé l'accueil espéré.

1. Il y eut 360 000 morts dans l'armée française entre août et fin décembre 1914.

Puisque la guerre n'est toujours que « la drôle de guerre », pourquoi ne pas reprendre les habitudes du temps de paix ? On ne dansait plus ; le 6 décembre 1939, les bals sont de nouveau autorisés à la demande de la Chambre syndicale des propriétaires de bals et dancings. Puisqu'elles font vivre quatre cent milles personnes, les courses ont repris ; les sports d'hiver également, et, le 22 novembre, la sous-commission permanente des travaux publics et des moyens de communication de la Chambre des députés, émue de la suppression des premières classes dans certains trains, a demandé la comparution du ministre, invité à fournir « plus amples renseignements ».

Anesthésie collective.

Stupidité presque générale.

« Hitler, le caporalissime, a montré tout juste le génie nécessaire pour commander quatre hommes de corvée. » On verra, en mai et juin, quelle valeur il fallait accorder à ce texte, publié dans *Le Petit Bleu* du 15 février, feuille de province, certes, mais presque tous les journaux français entretiennent le peuple dans le mépris de l'adversaire... et dans l'admiration de ses dirigeants.

Daladier, président du Conseil, ministre de la Guerre, se promenant en forêt avec Mme de Crussol, son amie, fait-il une chute de cheval, l'accident (dont la censure interdit de parler mais dont tout Paris est informé) est occasion, pour *Le Cri de Paris* du 10 janvier, d'un article dans lequel la courtisanerie se donnait libre cours. « Lorsque la nouvelle fut connue, une certaine émotion se répandit dans Paris. Était-il gravement blessé ? Cachait-on la vérité ? Rassurons nos lecteurs, la blessure, légère, intéresse uniquement la cheville et ne saurait interrompre sa prodigieuse activité [...]. Achille, le héros troyen, n'avait qu'un seul endroit sensible : le talon, lui, sans doute, n'a de faiblesse qu'à la cheville[1]. »

C'est en avril 1940, à un mois de la catastrophe, que se trouve, dans un numéro de *Match*, cette phrase ahurissante : « La difficulté d'un gala, en temps de guerre, ce n'est pas de le réussir, le grave est de savoir comment on devra s'habiller pour y assister correctement. » Smoking ou veston ? Trois ou quatre paragraphes encore pour dire la perplexité des uns et des autres ; puis voici la conclusion : « On voit, par ce simple détail, combien la vie des hommes élégants est rendue difficile par les événements. »

---

1. Le nom de Daladier n'est pas une seule fois écrit.

*Je suis partout*, qui menait campagne contre « les superpatriotes de l'encrier », publiait chaque semaine (et non sans intentions politiques), sous une rubrique « Anthologie », des morceaux choisis stupéfiants de sottise.

Désir du gouvernement que la guerre se déroule partout ailleurs que sur le sol français ; désir du peuple. La guerre en Finlande ayant fait naître, à Paris, « des capuchons ronds, en drap, en laine, gonflés d'un capitonnage de fourrure ou de peau de lapin qui "bouffe" sur les oreilles, à l'inspiration des lottas laponnes de Finlande », le chroniqueur du *Journal*, qui rend compte de cette fantaisie d'actualité, poursuit : « Plaise au ciel que le conflit ne s'étende pas... Les dames, d'un jour à l'autre, se croiraient obligées d'arborer [...] des bonichons tuyautés à la hollandaise, des voiles à la turque ou des coiffes bariolées à la roumaine. »

Finlande, Hollande, Turquie, Roumanie... Au nom de quoi la France serait-elle épargnée ? Elle ne le sera pas, mais ces exemples — on pourrait en citer beaucoup d'autres — le prouvent, elle sera saisie dans un état d'impréparation morale d'autant plus grand que, le 9 mai au soir, les commentateurs politiques, rédigeant les textes qui paraîtront dans les journaux du 10 mai, s'accordent pour dénier toute crédibilité aux bruits de proche invasion de la Hollande et de la Belgique. Ils sont, écrivent-ils, « le fruit d'imaginations fiévreuses ou de nerfs trop tendus [1] ».

Les généraux français doivent partager cet avis puisque, le 9 mai, le général Colson, chef d'état-major, refuse de rappeler les permissionnaires nombreux — plus de 12 % des effectifs [2] : « Pourquoi, dit-il, rappeler les permissionnaires ? Ce n'est pas demain qu'ils auront à se battre [3]. »

Reynaud, président du Conseil, doit partager cet avis puisque, le 9 mai, à la fin d'un interminable conseil de cabinet, faute d'avoir pu obtenir la tête de Gamelin, général en chef, il donne sa démission et celle du gouvernement. Démissionnerait-il s'il nourrissait quelque inquiétude pour les jours à venir ?

Aurait-il, depuis qu'il a été porté à la présidence du Conseil, c'est-à-dire depuis le 22 mars, consacré *au moins la moitié de son temps* à la lutte, non contre l'Allemand, mais contre son ministre de la Guerre, Daladier, et contre Gamelin, général en chef, s'il avait soupçonné la proximité de l'offensive de la Wehrmacht ?

La moitié de son temps ?... Que les sceptiques lisent le journal, scrupuleusement tenu par Jules Jeanneney, président du Sénat, lisent les

1. Le général Duval dans *Le Journal*, mais tous les commentaires sont de la même encre. La censure ne permettrait pas, d'ailleurs, un article discordant.

2. Les permissions, supprimées le 16 avril, au moment de l'affaire de Norvège, avaient été rétablies le 26.

3. Et cependant les avis n'avaient pas manqué. Ils venaient de Belgique, de Hollande, de Suisse, du Vatican... Ils venaient de nos services de renseignements. *Cf. Le Peuple du désastre*, p. 263-284.

GRANDES LIGNES DES DISPOSITIFS ALLIÉ ET ALLEMAND
AU 9 MAI 1940

souvenirs du colonel Paul de Villelume[1], conseiller militaire de Reynaud. Ils prendront conscience de l'intensité d'une querelle qui, sans pouvoir être exposée au grand jour, oppose Daladier, humilié d'avoir perdu la présidence du Conseil, songeant à quelque revanche parlementaire, à Reynaud, son successeur, mécontent du général Gamelin qu'il juge lent dans ses réactions, de peu de bon sens et de peu de caractère, mais à qui Daladier, son ministre, fait rempart de son corps, de son prestige, des voix radicales dont il dispose, puisque le départ du généralissime signerait, à brève échéance, son éviction d'un gouvernement où il est toujours ministre de la guerre.

## 9 mai : Reynaud est démissionnaire

Le 3 mai 1940, Hitler fixe au 7, puis au 8, enfin, sur les instances de Goering, au 10, le début de l'offensive.

Le 3 mai, Reynaud demande à Villelume de « mettre par écrit, avec preuves à l'appui » tout ce qu'il pense de « l'action néfaste (notamment au cours de l'expédition de Norvège) de Gamelin ».

Le 5, le président du Conseil a reçu du colonel de Gaulle, dont on sait quelle influence il exerce sur lui depuis 1935, une lettre qui comporte ces mots : « Il n'y a pas de nécessité plus absolue ni plus urgente que de réformer radicalement [le] système militaire français », et l'après-midi entière est occupée, à son domicile, à la rédaction du « réquisitoire[2] » contre le général en chef, travail qui se poursuivra le 6, le 7, le 8 encore. Tous les arguments n'étant pas en ordre de bataille, Paul de Villelume abandonne, plus tôt que les autres convives, la table de Philippe de Rothschild pour, de 23 heures à 4 heures du matin, travailler au document qu'il remettra à 8 heures à Reynaud avec des paroles d'encouragement qui, selon toute vraisemblance, ressemblent fort aux paroles qu'il a prononcées le 3 mai.

— Je ne comprends pas que vous supportiez d'être tenu en échec par Daladier. C'est lui qui, aux yeux de tout le monde, fait figure de président du Conseil. Plutôt que de ne pas exercer tous mes pouvoirs, à votre place, je m'en irais...

1. *Journal d'une défaite*. *Cf.* également, H. Amouroux, *Le Peuple du désastre*, p. 268-275.

2. Le mot est de Villelume. « Notre réquisitoire », écrira-t-il avec raison.

Reynaud s'en ira donc le 9, à la fin de la matinée, puisqu'il n'a pu réussir, après avoir parlé pendant plus de deux heures, à convaincre Daladier, ministre de la Guerre, du nécessaire limogeage du général Gamelin.

Aux ministres, dont le sort est lié au sien, démissionnaires puisqu'il est démissionnaire, il demande simplement de se séparer « sans rien dire » (admirable « sans rien dire », alors qu'il y a là deux douzaines d'hommes ayant femmes, maîtresses, amis, collaborateurs), sans rien dire, donc, en attendant le lendemain, jour où un nouveau gouvernement aura certainement été constitué.

Le lendemain, 10 mai, c'est l'offensive allemande qui, pour quelques jours, sauve Gamelin et incite Reynaud à reprendre sa démission. Éphémère réconciliation de deux hommes qui se détestent.

De Reynaud à Gamelin : « Mon général, la bataille est engagée. Une seule chose compte : la gagner. Nous y travaillerons tous d'un même cœur. »

De Gamelin à Reynaud : « Monsieur le Président, à votre lettre de ce jour, je ne vois qu'une réponse : seule compte la France. »

Dans ses *Mémoires*, Paul Reynaud justifiera plus tard sa décision de conserver Gamelin à la tête des armées alliées : « Il n'est plus question de remplacer l'horloger qui a monté le mécanisme de l'opération. »

Hélas ! Gamelin, l'horloger, ne s'était pas mis à l'heure allemande et n'avait rien compris au mécanisme monté par Hitler, horloger de beaucoup plus de talent.

La décision de Hitler de tout faire pour inciter les Alliés à lancer leurs meilleures troupes aussi loin que possible en Belgique et aux Pays-Bas reposait sur la crédibilité de l'appât constitué par les trois Panzerdivisionen qu'il allait jeter en direction d'Amsterdam et de Bruxelles. Alors, trois jours plus tard, le 13 mai, l'opération essentielle — imaginée par Manstein —, la percée de sept divisions blindées, attaquant de Dinant à Sedan Belges, IX^e^ et II^e^ armées françaises, faibles, mal armées, privées de renforts immédiats, pourrait se dérouler avec succès, s'achever en triomphe.

L'offensive allemande — les troupes du Reich ont été mises en état d'alerte le 9 mai à 13 h 30, à l'heure, étrange, et bien involontaire coïncidence, où Reynaud annonçait aux ministres sa démission — a donc surpris les Français : gouvernement, armée, peuple.

## 85 310 morts français en six semaines

Alors que, dès le 16 mai, ministres et généraux savent la partie, sinon perdue, du moins très gravement compromise, combien faut-il de jours pour que le peuple prenne conscience de l'ampleur du désastre ?

Il vit sur le souvenir de la victoire de 1918 dont il a oublié qu'elle fut une victoire facilitée par les Russes qui nous avaient rendu, en 1914, l'immense service d'attirer à eux quelques-unes de ces divisions dont l'absence permettra le redressement sur la Marne ; qu'elle fut une victoire partagée avec les Britanniques, avec les Italiens, avec les Américains qui, si la guerre s'était prolongée un an encore, auraient eu — mais qui le sait ? — plus de soldats sur le sol français que l'armée française n'en aurait alors comptés.

Il vit sur le souvenir du défilé du 14 juillet 1939. Les troupes rassemblées, le matériel présenté, les cent chars lourds descendant les Champs-Élysées, les trois cents avions dans le ciel, tout avait permis à des journalistes, ignorant que nos avions étaient surclassés en vitesse par les appareils allemands, que nos chars, pour quelques-uns, les meilleurs du monde, n'avaient que très rarement effectué de manœuvre divisionnaire, oui, tout avait permis aux journalistes d'écrire que l'armée française « donnait l'impression d'une force irrésistible ».

Il ne s'agissait que d'une impression qui, entretenue par la presse, mettra quelques jours de mai 40, peut-être quelques semaines, avant de totalement se dissiper puisque les Allemands, au lieu de foncer en direction de Paris — et tout eût été dit le 18 ou le 19 mai —, s'orienteront vers la côte afin de prendre au piège nos armées qu'ils ont su attirer en Hollande et en Belgique.

Pauvres armées ! « L'histoire moderne, écrit l'Américain William Langer, rapporte peu d'événements aussi stupéfiants que la défaite et l'écroulement de la République française en juin 1940. Jamais une grande puissance militaire n'a été écrasée aussi vite et aussi inexorablement depuis la campagne de Napoléon contre la Prusse en 1806. En moins de six semaines, une des puissances qui dirigèrent le monde fut littéralement balayée de la scène internationale. »

Pauvres armées, pauvre armée.

Lorsque tout fut consommé, certains n'eurent pas de mots assez durs pour la flageller. C'était « l'armée Ladoumègue », du nom d'un champion de course à pied, et l'on se moquait de ces soldats qui, pour avoir ramené leur arme, recevaient la croix de guerre, mais 85 310 morts, se rend-on bien compte de l'énormité de la ponction subie en six semaines ?

Dans son dernier livre, *La Grande Guerre des Français*, Jean-Baptiste Duroselle a donné, année par année, les chiffres des morts militaires français entre 1914 et 1918. Les voici. Qu'ils permettent une funèbre comparaison !

Pour les cinq derniers mois de l'année 1914, 360 000 morts ; pour l'année 1915, 320 000 ; pour l'année 1916, 270 000 ; pour l'année 1917, 145 000 ; pour l'année 1918, 250 000, c'est-à-dire que les pertes des six semaines de combat de mai-juin 1940, si elles sont légèrement inférieures, *en moyenne hebdomadaire* (la seule, malgré ses imperfections, que l'on puisse utiliser), à la moyenne des cinq derniers mois de 1914, sont, en revanche, toujours très largement supérieures à celles des années 1915-1918.

Si, en 1916 — année de Verdun et de la Somme cependant —, la « cadence » — je ne trouve pas un mot moins maladroit — avait été ce qu'elle sera en 1940, quarante-quatre ans plus tard, 741 000 Français, et non 270 000, seraient tombés ! La France n'aurait jamais pu supporter pareille saignée. Pas plus qu'elle n'aurait pu supporter longtemps, après le 17 juin 1940, des pertes aussi cruelles que celles qu'elle venait de subir.

Des 85 310 morts français de mai et juin 1940 [1], tous ne sont pas tombés face à l'ennemi [2]. Certains ont été tués à l'arrière par les bombardements aériens, d'autres ont été fauchés dans leur fuite par les rafales des stukas, quelques-uns ont agonisé et sont morts, faute d'être relevés sur le champ de bataille ou convenablement soignés dans des trains sanitaires parfois abandonnés par les médecins, mais les uns comme les autres font partie du tragique bilan des « morts pour la France ».

---

1. Parmi ces morts, nombreux sont les morts des divisions coloniales. Marocains, Sénégalais, Malgaches, etc., subiront en effet, notamment en Belgique, des pertes importantes. Il y aurait ingratitude à ne pas le rappeler.

2. Le nombre des morts pour la période 10 mai-24 juin 1940 est officiellement de 85 310, auxquels il faut ajouter 7 000 morts et disparus avant le 10 mai 1940 (le chiffre comprend les morts par faits de guerre, accidents, maladies). Le chiffre des blessés, pour la même période de mai-juin, s'élève à 122 000, mais il s'agit uniquement de blessés traités par les formations militaires françaises. (Source : Service historique de l'armée de terre. Ministère des Anciens Combattants.)

## De Gaulle : « ce peuple perdu et cette déroute militaire »

Puisque nous en sommes aux comparaisons avec l'« autre » guerre, combien de prisonniers français entre le mois d'août 1914 et novembre 1918, pour plus de cinquante mois de guerre, donc ? 506 000 [1].

Et pour le mois et demi, pour les six semaines du désastre de mai et juin 1940 ? Plus de 1 900 000. Français et Allemands ne s'accorderont jamais sur le chiffre exact. Qu'importe, il est énorme. Sans doute s'explique-t-il, en partie, par la phrase malheureuse prononcée, le 17 juin, par le maréchal Pétain, chef du gouvernement depuis quelques heures.

Parlant, à 12 h 30, sur la radio de Bordeaux — et les Français qui l'ont entendu n'oublieront jamais sa voix blessée par l'âge et la douleur —, le Maréchal, avant d'annoncer qu'il avait demandé à l'adversaire « s'il était prêt à rechercher [...] les moyens de mettre un terme aux hostilités », n'a-t-il pas déclaré : « C'est le cœur serré que je vous dis aujourd'hui qu'il faut cesser le combat » !

Informé par le général Georges que, depuis la diffusion de ce message, des régiments entiers ne se défendaient plus, le général Weygand a bien enjoint à tous les commandants d'armée de poursuivre la lutte ; le général Pujo, ministre de l'Air depuis quelques heures, a bien prescrit à tous les avions, qui en avaient la capacité, de rejoindre les terrains d'Afrique du Nord ; et l'amiral Darlan a ordonné aux marins, auxquels il promet que leurs navires ne seront « en aucun cas » livrés, de « continuer les opérations de guerre » ; et Baudouin, nouveau ministre des Affaires étrangères, a fait remplacer, dans la presse du soir, les mots : « Il faut cesser le combat » par « Il faut *tenter* de cesser le combat », mais le mal est fait.

Les Allemands captureront d'autant plus facilement les soldats français par dizaines, par centaines de milliers — 200 000 le 19 juin, autant le 22 [2] —, qu'ils exploitent, et la demande d'armistice et les paroles du Maréchal ; qu'ils impriment, sur des tracts lancés par avion, clament par haut-parleur ces mots magiques : « *Krieg fertig. Krieg fertig.* La guerre est finie », qui leur assurent des moissons de captifs dociles.

---

1. Dans le même temps, les Français ont capturé 359 000 soldats allemands.
2. Et 500 000 le 23. Il s'agit des hommes des III<sup>e</sup>, V<sup>e</sup> et VIII<sup>e</sup> armées encerclées en Alsace-Lorraine et qui ont dû capituler.

Nous verrons cela, comme nous verrons des maires, des conseillers municipaux, s'opposer à la construction de barricades, qui ne protégeraient certes pas leurs villes de l'invasion, mais derrière lesquelles, et pour l'honneur, quelques officiers, quelques soldats, ont l'intention de combattre un moment.

Nous n'en sommes pas encore rendus à l'effondrement de la deuxième quinzaine de juin, à la débâcle physique et morale qui emporte un pays, une France tout à la fois rabougrie et encombrée, puisque, par millions — sept, huit, neuf millions, on ne saura jamais — les réfugiés s'entassent dans ces départements encore libres d'Allemands, mais dont le nombre diminue presque d'heure en heure.

Nous n'en sommes pas encore au moment où la dissolution des armées françaises, par la multiplication des prisonniers, comme la dissolution des structures traditionnelles, par la multiplication des réfugiés, justifieront — si elles ne l'imposent pas — l'armistice, sourde volonté d'un peuple qui ne veut plus se battre, mais il faut observer que, bien avant ces jours de juin où tout craque et s'effondre, les Allemands ont déjà obtenu d'importants succès avec de bien faibles pertes.

En moins de deux jours — le 16 mai et dans la matinée du 17 —, la 7e Panzer a capturé, dans la région d'Avesnes [1] et de Maroilles, plus de dix mille soldats français en ne perdant que 35 tués et 59 blessés, et, dans ses lettres à sa femme, Rommel, son chef, évoque à plusieurs reprises le spectacle des charrettes chargées de femmes et d'enfants qu'il faut rudement écarter de la route des Panzers et le spectacle des soldats français prisonniers, vite rompus à cette nouvelle forme de discipline qui, armes jetées sur des monceaux d'armes, les met en route, toutes unités mêlées, pour ces marches harassantes qui les conduiront jusqu'à quelque prairie cernée de barbelés...

Ce qu'observe Rommel, de Gaulle, le 16 mai, l'observe également, en menant au combat, dans la région de Montcornet, les premiers éléments de la 4e division cuirassée. « Alors, écrira-t-il dans ses *Mémoires de guerre*, au spectacle de ce peuple éperdu et de cette déroute militaire [...], je me sens soulevé d'une fureur sans bornes. Ah ! C'est trop bête, la guerre commence infiniment mal. Il faut donc qu'elle continue. Il y a, pour cela, de l'espace dans le monde. Si je vis, je me battrai, où il faudra, tant qu'il faudra, jusqu'à ce que l'ennemi soit défait et lavée la

1. Cependant, Rommel mentionne également qu'à Avesnes un bataillon de chars français sut « mettre à profit la solution de continuité qui s'était formée dans le régiment de Panzers... Le combat dans Avesnes dura jusqu'à 4 heures du matin ».

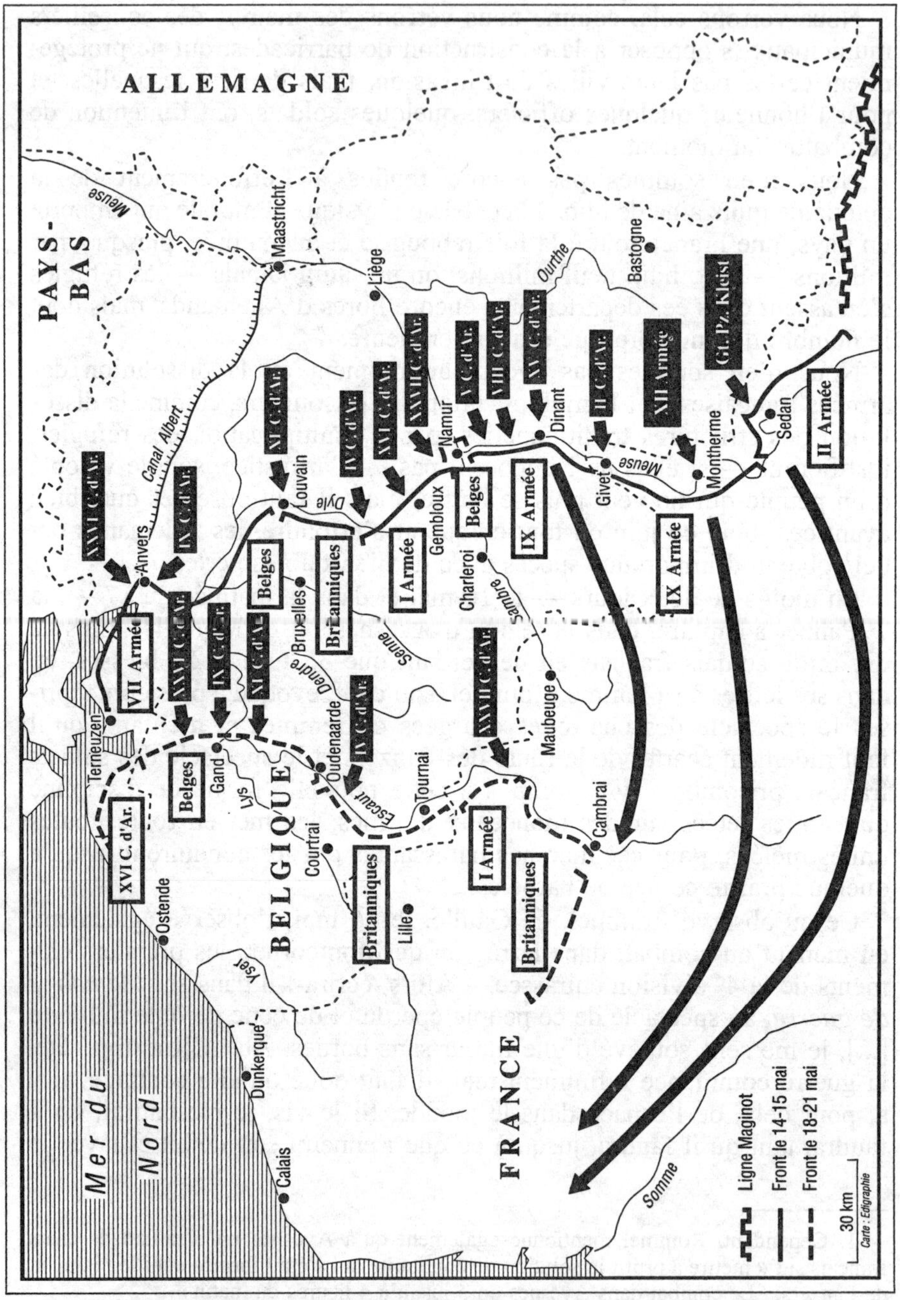


AVANCE ALLEMANDE ET RETRAITE ALLIÉE
DE LA LIGNE DE LA MEUSE A L'ESCAUT DU 14 AU 21 MAI 1940

tache nationale. Ce que j'ai pu faire, par la suite, c'est ce jour-là que je l'ai résolu. »

## Weygand : « Le meilleur de l'armée française est capturé »

Tout ce qui, dans le drame français, est triste, incompréhensible, voire lamentable, tout ce qui scandalise, de l'impréparation militaire, des lenteurs de réaction de l'état-major, tout ce qui émeut de l'effondrement moral de troupes terrorisées par les bombardements aériens incessants, suivis de la brutale attaque des blindés, ne devrait pas faire oublier qu'un peu partout des soldats, parfois isolés derrière de dérisoires barricades, se sont battus et, jusqu'au dernier jour, c'est-à-dire après la demande de l'armistice, avant le cessez-le-feu du 25, ont accepté de faire — et ont fait — le sacrifice de leur vie.

Qui s'en souvient ? Qui en parle aujourd'hui ? Sur les sacrifices de mai et juin 1940, les médias, lorsqu'ils évoquent la guerre perdue et Vichy, sa conséquence, sont muets. Seules les amicales, aux rangs, chaque année, diminués, gardent encore la mémoire des combats devant Gembloux des deux divisions mécaniques du général Prioux ; de la résistance de la 1re division marocaine ; de l'attaque suicide, le 14 mai, des bombardiers français et britanniques contre les ponts (et notamment le pont de Gaulier) que les Allemands ont jetés sur la Meuse [1] ; des combats des tankistes de la 1re division cuirassée qui, transportés d'un point à un autre du front, se sont heurtés sans espoir à des blindés allemands supérieurs en nombre.

Seuls des survivants octogénaires parlent encore de la défense du fort de La Ferté, contre lequel les Allemands avaient mis en batterie un obusier de 320 ; de la bataille pour Arras menée conjointement par des blindés français et britanniques ; des combats autour de Stonne, Tannay, Oches, Sommauthe, qui se poursuivront du 14 mai au 11 juin (oui, pendant près d'un mois [2]) ; de la lutte de plusieurs jours autour de Lille

1. Au cours de ces attaques, dans la journée du 14 mai, les Français ont perdu 40 avions dont 28 abattus par la DCA et les Britanniques 41 (67 selon Churchill). Au soir du 14 mai, les Britanniques ne disposent plus que de 206 des 474 appareils qu'ils entretenaient sur le sol français le 10 mai. Au soir du 24 mai, 6 000 hommes et 22 000 véhicules allemands, dont 850 chars, auront franchi le pont de Gaulier.

2. À Stonne, dans les Ardennes, de furieux combats, qui, du 25 mai au 11 juin, évoluèrent en guerre de position, mirent aux prises Français et Allemands. Le colonel

comme de la défense de la poche de Dunkerque qui permit, grâce aux deux marines, l'évacuation de 342 618 soldats alliés [1].

Les fantassins ne voyaient pas d'avions français. Mais le 20 juin, trois jours après la demande de l'armistice, le sergent Teillet obtient sa septième victoire, le capitaine Coutaud sa cinquième, le sous-lieutenant Pebrel abat un Heinkel, l'adjudant-chef Delegay un Dornier...

Seule a échappé à l'oubli, qui enveloppe aujourd'hui ces vingt-cinq jours de bataille, l'action de la 4e division cuirassée française, moins parce qu'elle obtint un réel, mais éphémère et très coûteux, succès lors de sa tentative de résorption de la tête de pont d'Abbeville que parce qu'elle était placée sous le commandement du colonel, puis général, de Gaulle, dont le talent de plume et la stature historique ajoutent de l'éclat à toutes les entreprises.

Le 4 juin, le haut commandement allemand peut annoncer qu'au prix de 10 252 morts, 8 463 disparus et 42 523 blessés, il a capturé 1 200 000 Français, Anglais, Belges, Hollandais, détruit hommes, armes et équipements, environ 75 divisions — dont, pour les Français, 24 divisions d'infanterie sur 67, 2 divisions légères de cavalerie sur 5, 3 divisions légères mécaniques sur 3, 1 division cuirassée sur 4.

Revenant sur cette défaite de mai, le général Weygand écrira : « Les trois quarts sinon les quatre cinquièmes de notre matériel le plus moderne ont été pris. Ce sont nos unités les mieux armées qui ont été engagées dans le Nord. C'était notre fer de lance. Le meilleur de l'armée française est capturé. »

Puisque le « meilleur de l'armée française » a disparu, de quelles forces le général Weygand dispose-t-il, le 5 juin au matin, alors que débute, sur la Somme, la seconde phase de la bataille ? Sur le papier, de 43 divisions d'infanterie, de 3 divisions cuirassées et de 3 divisions de cavalerie, mais une dizaine de divisions d'infanterie n'ont que 2 régiments au lieu de 3, la 2e division cuirassée ne recense que 84 chars, dont

---

(général) Gerhard von Schwerin, qui commandait le régiment Grossdeutschland, a tenu à rendre particulièrement hommage aux soldats du 67e RI. C'est à Stonne que, le 16 mai, lors de la contre-attaque française, le capitaine Billotte, du 41e bataillon de chars de combat, dans le char *B1bis Eure*, détruisit treize chars allemands immobilisés dans une rue de la petite ville, ainsi que plusieurs antichars (renseignements de M. Michel Baudier).

1. C'est le chiffre cité par Jacques Mordal *(Dictionnaire de la Seconde Guerre mondiale)*. Churchill, dans son discours du 4 juillet 1940, a parlé de 335 000 hommes ; dans ses *Mémoires*, il citera, en fournissant les statistiques quotidiennes, 338 226 ; le ministère de la Guerre britannique indiquant, lui, 336 247. Les Anglais ont rapatrié environ 215 000 de leurs 250 000 soldats ; les Français 125 000 des 340 000 hommes engagés dans le Nord.

seulement 6 chars B, la 3e 50. Quant aux trois divisions légères de cavalerie, elles n'ont plus, à elles toutes, qu'une quarantaine d'automitrailleuses [1].

Si, par miracle, le front, étriqué et difficilement établi par Weygand sur trois cent soixante kilomètres, de la Manche à la Meuse, et contre lequel vont s'élancer 103 divisions d'infanterie allemandes, à effectifs complets, et six Panzerdivisionen, dont chacune dispose de 320 chars, si, par miracle, le front résistait, avec quelles armes nos soldats se battraient-ils une fois détruites ou endommagées les armes encore entre leurs mains ?

Au chapitre des oublis qui faussent les jugements, ce fait, capital : dès le 23 mai, *treize jours seulement après le début de l'offensive de la Wehrmacht,* la France a déjà perdu les trois quarts de sa production d'acier ordinaire, la moitié de sa capacité de production dans le domaine des poudres, 25 % de la production des canons de DCA, 40 à 55 % de celle des bombes... Il ne s'agit là, d'ailleurs, que de quelques éléments de la note communiquée par Raoul Dautry, ministre de l'Armement, au gouvernement. Tout abandon d'espace se doublant d'abandon d'usines indispensables à la production d'armes et de munitions, la situation, au 5 juin, est évidemment beaucoup plus tragique que celle décrite par Dautry le 23 mai, et je reviendrai sur les terribles conséquences de ces pertes [2].

## RAF : les Anglais font la sourde oreille

Il n'y a rien à attendre de l'Angleterre.

Rien concernant les renforts en hommes. Churchill a bien promis l'envoi de « quelques » divisions, dont la première ne pourra s'embarquer que le 12 juin. Mais, ainsi que le fait remarquer Reynaud dans le mémorandum remis, le 5 juin, au général Spears afin qu'il le transmette d'urgence au Premier ministre britannique, « il faudra huit jours entre [l']embarquement (de cette division) et son utilisation sur le front [...]. Elle risque d'arriver trop tard ». Si les calculs de Reynaud sont exacts,

1. Quelques unités britanniques vont participer à la bataille de juin : la 51e division d'infanterie et 180 chars.

2. *Cf.* p. 94.

elle n'aurait pu intervenir que le 21 juin, quatre jours après la demande d'armistice, et l'on ne voit pas comment *une* division aurait été de quelque influence sur le sort de la bataille.

Rien dans le domaine aérien. Depuis le 15 mai, jour où Gamelin a compris que la guerre en France était *vraisemblablement* perdue, les responsables français : Gamelin, Daladier, Reynaud, puis Weygand, n'ont cessé de demander à Churchill d'intensifier le concours de son aviation de chasse. Ils la voulaient essentiellement basée sur le territoire français, et non en Grande-Bretagne, d'où ses possibilités d'intervention étaient limitées par les distances.

Le SOS envoyé, le 16 mai, par Reynaud à Churchill : « Hier soir, nous avons perdu la bataille. La route de Paris est ouverte. Envoyez toutes les troupes et toute l'aviation que vous pourrez », a considérablement inquiété le Premier ministre britannique qui, immédiatement, a décidé d'un voyage en France. Au Quai d'Orsay, en fin d'après-midi, il a répondu à Daladier, à Reynaud, à Gamelin, qui le suppliaient d'engager toute son aviation contre les colonnes allemandes en marche vers Paris, que la Royal Air Force — qui a 128 appareils sur les terrains français — ne saurait faire plus que ce qu'elle faisait. La triste expérience de Sedan où, en attaquant sur la Meuse des passerelles rapidement reconstruites, elle a perdu 41 des 67 appareils engagés l'a convaincu qu'elle ne pouvait être employée contre des objectifs fortement protégés par la DCA. Elle se vouera désormais au bombardement, en Allemagne, d'« objectifs essentiels dont la destruction touche ou menace le potentiel de guerre allemand ». Et Churchill de citer la dernière opération contre la Ruhr où 2 seulement des 122 avions engagés ont été perdus[1].

Les Français, agonisants, ont besoin d'un secours immédiat.

Les Anglais, qui ne croient pas que l'engagement de la totalité de leur aviation puisse suffire à redresser la situation militaire, n'envisagent plus que des interventions destinées à porter fruit à long terme. Même si Churchill, dans cette soirée du 16 mai, qu'il passe, place du Palais-Bourbon, au domicile de Paul Reynaud, annonce que la RAF vient de consentir à mettre 10 squadrons supplémentaires (160 appareils) à la disposition du haut commandement, ce geste de générosité, dont Reynaud dira qu'il s'est agi de la seule bonne nouvelle qu'il ait « apprise depuis le début de l'offensive allemande », ne pouvait, en aucun cas, suffire à retourner la situation.

---

1. Des opérations de bombardement sur l'Allemagne demeurent parfois très coûteuses. Ainsi un seul des six appareils envoyés bombarder Brême reviendra, et Churchill s'en plaindra le 11 juillet 1940.

On lasserait le lecteur en énumérant les demandes françaises adressées à la Royal Air Force. Parce qu'il est trop facilement ému par la détresse française, Churchill, de retour à Paris le 22 mai, s'est fait accompagner par le vice-ministre de l'Air, Pierce, chargé d'être ferme et de dire « non » lorsque le Premier ministre serait tenté de dire « oui ». Aux demandes d'intervention immédiate et massive présentées par Weygand, généralissime, qui n'a aucun pouvoir de commandement sur l'aviation britannique, Pierce répond que les bombardiers Wellington peuvent uniquement opérer de nuit et que les chasseurs anglais, *basés en métropole* (c'est-à-dire en Grande-Bretagne), n'ont que vingt minutes d'autonomie de vol au-dessus des zones de combat.

D'ailleurs, ce même 22 mai, les forces aériennes britanniques ont évacué le terrain de Merville, leur dernière base en France. Elles se rassemblent en Angleterre pour protéger l'évacuation des troupes qui, sous les bombardements, refluent en direction de Dunkerque où, de l'aveu de Kesselring, leurs nouveaux Spitfire contribueront fortement à l'imprévisible succès de l'opération [1].

Il n'y a, évidemment, aucune arme, aucun canon, aucun blindé à attendre de l'Angleterre dont les 235 000 rescapés ont abandonné, à Dunkerque, toutes leurs armes, comme l'ont fait les Français qui, en moins grand nombre, ont échappé à la capture.

— Notre armée aura tout perdu, en dehors de ses fusils et de ses équipements individuels, dira Churchill le 30 mai à Reynaud et à Weygand. Nous avons perdu 1 000 canons, ce qui est extrêmement grave. À l'heure actuelle, il n'y a pas plus de 500 canons en Angleterre [...]. Ces pertes représentent un danger terrible, au cas où les Allemands tenteraient une invasion. Si un petit corps allemand, bien doté en artillerie, prenait pied en Angleterre, nous n'aurions aucune force équivalente à lui opposer. Il faudrait que la population civile se défende elle-même, dans un duel à mort...

Rien à attendre de l'Angleterre, Churchill, le 6 juin, demandant même à Reynaud s'il ne pouvait pas « lui donner des canons de 75 [2] ».

Rien à attendre des États-Unis où — c'est Sumner Welles, sous-

---

1. Ni les Français, ni les Anglais, ni les Allemands — ni surtout les Allemands, est-on tenté d'écrire — n'imaginaient possible l'évacuation de 342 000 hommes. Évoquant Dunkerque, le maréchal Kesselring écrira : « Même le chiffre de 100 000 [rescapés] nous aurait paru fortement exagéré. » Il devait mettre — en connaisseur — le succès de l'évacuation sur le compte des Spitfire.

2. Audition de Paul Reynaud par la commission de l'armée du Sénat. Reynaud aurait promis des canons de 75... prélevés sur ceux que la France venait de commander aux États-Unis.

secrétaire d'État depuis 1937, qui l'écrit[1] — « l'opinion publique, à l'exception d'une ou deux sections du pays, était à nouveau au comble de l'isolationnisme le plus absolu » et où le Congrès « avait bien clairement fait comprendre que les États-Unis n'aideraient même pas les nations attaquées par Hitler à obtenir dans ce pays les moyens de se défendre elles-mêmes ».

Ces mots sont certes les mots de l'hiver 1939-1940 avant le voyage (il en sera question plus loin) effectué en mars 1940 par Welles en Europe, mais les débuts désastreux de la bataille de France n'allaient pas inciter le gouvernement américain à modifier le cours du destin en entrant en guerre. Il faudra revenir sur ce point, à l'instant d'évoquer les appels désespérés de Reynaud[2] : « À cela, écrit Welles, l'opinion publique américaine s'opposait d'une manière irréductible. »

Soucieux de ne pas engager ses concitoyens dans la guerre d'Europe (ce qui aurait pu avoir pour conséquence de compromettre ses chances à l'élection présidentielle de novembre), Roosevelt avait été défavorablement impressionné par la rapide avance allemande et par la faible résistance des Franco-Britanniques.

Paul Reynaud, le 27 mai, sollicitera bien du président Roosevelt l'envoi de « nuées d'avions quel qu'en soit le modèle », les États-Unis ne pouvaient en vendre que 150 à la France[3].

À condition qu'ils aient été immédiatement livrés, comment auraient-ils pu — par voie maritime — rejoindre en temps utile le champ de bataille ? Et peut-il imaginer que son appel désespéré du 13 juin — qui ne partira que le 14, jour de l'entrée des Allemands à Paris —, demandant à Roosevelt de donner « la certitude que les États-Unis entreront en guerre à brève échéance », reçoive un écho favorable ?

Non, tout va trop vite. On ne cessera de le constater[4] à l'heure de l'effondrement.

Parce que nous connaissons la fin de l'histoire, de l'histoire de juin 1940 mais aussi de l'histoire de mai 1945, qui mit un point final à l'aventure hitlérienne, il nous est facile aujourd'hui de donner, à tous les problèmes, de justes et bonnes solutions. Dans la paix des livres et des documents, qui apportent certitudes et conclusions, nous pouvons dire ce qu'il fallait faire et les choix qui se seraient révélés heureux,

---

1. *L'Heure de la décision*, tome 1, p. 100.
2. *Cf.* p. 160.
3. « Nous n'obtiendrons pas de chars d'assaut américains avant le mois de mars 1941 », déclare Reynaud le 6 juin (commission de l'armée du Sénat).
4. *Cf.* p. 84.

mais, à l'instant de régler des comptes par la plume, songeons-nous aux mortelles fatigues de ceux qui avaient à commander et de ceux qui avaient à obéir ?

Tout d'une situation qui se modifiait d'heure en heure, non seulement du fait d'un ennemi aux mouvements imprévisibles, mais aussi d'un allié qui, à partir du 25 mai [1], se dérobait graduellement aux devoirs de l'alliance, tout échappait aux uns.

Tout d'une situation qui, d'heure en heure, se modifiait sur le terrain en fonction d'une bataille qui n'était plus, pour la majorité des soldats français, qu'une longue et hasardeuse retraite, entrecoupée de brefs et violents combats, tout échappait aux autres.

Dans ces conditions, comment la solution d'un armistice n'aurait-elle pas été envisagée, étudiée avant, oui, bien avant, le jour — 17 juin — où l'armistice fut officiellement sollicité ?

---

1. Jour où le War Office ordonne aux troupes anglaises de se replier en direction de la côte. La décision vient, en effet, d'être prise par le cabinet britannique de « ne plus marcher la main dans la main avec les Français ».

# 3.

# 26 MAI : L'ARMISTICE DANS TOUS LES ESPRITS

Dans l'arrêt du 15 août 1945 condamnant à mort le maréchal Pétain, cette phrase : « Aidé du général Weygand, nommé entre-temps généralissime, il [Pétain] se préparait à solliciter un armistice de l'Allemagne », charge, pour l'Histoire, Pétain et Weygand, et les charge seuls, de la responsabilité de l'armistice qu'ils auraient « préparé » depuis le 18 et le 19 mai, jours où Reynaud avait fait de l'un son vice-président du Conseil, de l'autre le généralissime des armées alliées.

La vérité n'est pas aussi manichéenne.

Depuis les jours funestes de mai où Paris avait semblé directement menacé, l'idée de la fatalité d'un armistice habitait l'esprit de la plupart des responsables politiques et militaires français.

La crainte d'un armistice sollicité par la France hantait, depuis le 20 mai, l'esprit de Churchill, l'esprit de Roosevelt.

Ce n'est ni à Pétain ni à Weygand que, le 18 mai, M. Nordling, consul général de Suède à Paris, a demandé audience. Il arrive d'Allemagne, avec un message de Goering à transmettre d'urgence au président du Conseil français.

Mais Reynaud, qui vient de remanier son cabinet, puisque c'est le 18 mai qu'il a annoncé aux Français la présence à ses côtés, comme ministre d'État, vice-président du Conseil, du maréchal Pétain, le 18 mai qu'il a demandé à Georges Mandel d'abandonner le ministère des Colonies pour celui de l'Intérieur, le 18 mai qu'il a enlevé à Daladier la

Défense nationale[1] pour se l'attribuer, est accablé sous le faix de problèmes, presque à chaque heure, aggravés par l'imprévisible rapidité de la progression des divisions blindées allemandes et par la trop prévisible lenteur des réactions françaises.

Nordling ne sera donc reçu que le 20 mai. Que dit-il au président du Conseil français ? Que le 15, au grand quartier général de la Luftwaffe où il avait été invité, le maréchal Goering, troisième personnage de l'État, lui avait déclaré :

— Dites à M. Paul Reynaud que rien ne changera dans le cours des événements. Nos Panzerdivisionen ont crevé hier (14 mai) le front français sur la Meuse. À la fin du mois, nous aurons pris Calais et Dunkerque[2]. Après... Que M. Reynaud nous fasse tout de suite des propositions d'armistice. Nous sommes prêts à accorder à la France des conditions raisonnables, qu'il se hâte s'il veut éviter l'occupation totale et l'écrasement de son pays[3].

Reynaud devait confirmer dans ses *Mémoires* et la visite et les propos de Nordling. En revanche, il ne dira rien des « conditions raisonnables » des Allemands. Et les Français en ignoreront le contenu précis. D'ailleurs, les conditions de Hitler n'ont-elles pas rapidement changé ? De « raisonnables », n'ont-elles pas grossi au rythme des victoires ? C'est le 20 mai, en tout cas, que Hitler, « ivre de joie » — ses blindés, qui ont percé à Sedan sept jours plus tôt, viennent d'atteindre la mer —, dit à Jodl :

— Les négociations d'armistice (lui ne doute pas) s'engageront dans la forêt de Compiègne, comme en 1918, et le wagon historique sera transporté à Berlin. Le traité devra rendre à l'Allemagne tous les territoires qui lui ont été volés depuis quatre cents ans (cela fait beaucoup, depuis l'abandon, en 1552 par les princes protestants allemands, pour prix de l'alliance française, de Metz, Toul, Verdun, et depuis, en 1648, le traité de Westphalie...). Quant à l'Angleterre, poursuit Hitler, elle obtiendra la paix quand elle le voudra, à condition qu'elle nous restitue nos anciennes colonies.

Paul Reynaud ignore les ambitions de Hitler, mais, lorsque, le 24 mai, il demande à Baudouin, son proche collaborateur, si, « en cas d'offres de paix modérées de la part de l'Allemagne, l'état de l'opinion permet-

1. Daladier ira aux Affaires étrangères.

2. Calais tombera le 26 mai. La bataille pour Dunkerque se poursuivra du 26 mai au 4 juin.

3. Goering avait été partisan, contre Ribbentrop, de la conférence de Munich et n'était pas au nombre des bellicistes.

trait de les repousser », il est certain que les paroles de Nordling, les offres imprécises de Goering, comme les réalités de la bataille perdue, sont présentes à son esprit même s'il ajoute, sans attendre la réponse de Baudouin, qu'ayant « toujours préconisé la guerre à fond » il démissionnerait plutôt que de solliciter l'armistice.

Et lorsque, le 25 mai, il évoque devant Jeanneney, président du Sénat, les offres de paix « directes ou indirectes » que l'Allemagne pourrait faire à l'instant où ses troupes seraient maîtresses de la côte française, lorsqu'il demande à Jeanneney si ces propositions devraient être soumises aux Chambres, on est en droit d'imaginer qu'il n'a pas oublié son entretien avec Nordling. La réponse de Jeanneney informe sur l'état d'esprit des parlementaires. Soumettre les conditions allemandes à l'examen et à l'acceptation des Chambres ? Oui, répond Jeanneney, « si le gouvernement les jugeait acceptables ou, pour le moins, dignes d'examen. Autrement, ce serait s'exposer dangereusement à une défaillance des Assemblées que le défaitisme travaille, plus encore à droite qu'à gauche [1] ».

## Le mot tabou : « armistice »

Le 25 mai, toujours, s'ouvre à 19 heures, à l'Élysée, l'une des réunions les plus importantes de ce tragique mois de mai. Il s'agit d'un comité de guerre auquel prennent part, sous la présidence d'Albert Lebrun, Paul Reynaud, le maréchal Pétain ; les ministres de la Marine, de l'Air et des Colonies (respectivement MM. Campinchi, Laurent-Eynac et Rollin) ; le général Weygand, l'amiral Darlan, le général Vuillemin, le général Bührer, M. Paul Baudouin.

Au cours du comité, Paul Reynaud ne se contente pas d'évoquer, comme il l'a fait devant Baudouin et devant Jeanneney, de possibles « offres » allemandes. Il prononce le mot « armistice ». Il le prononce après que le général Weygand a dressé un sombre tableau d'une situation militaire aggravée depuis que le repli, en direction de Dunkerque, de deux divisions britanniques a rendu caduc son plan du 22 mai visant à la jonction des forces alliées du Nord et des forces françaises du Sud.

1. Jeanneney, *Journal politique*. Lorsque Jeanneney parle de « gauche », c'est de la gauche non communiste qu'il s'agit, les communistes français, liés par le pacte germano-soviétique, étant, eux, favorables à l'armistice immédiat.

Il le prononce après que le général Weygand a dit — les forces du Nord paraissant désormais condamnées — qu'il ne disposait plus que d'une soixantaine de divisions pour défendre une ligne de 280 kilomètres[1] contre laquelle les Allemands engageront tout ou partie de 130 divisions dont 9 blindées.

Est-il possible de tenir sur une ligne plus courte ? Des trois possibilités qu'il évoque : une ligne de la mer à la Loire, qui conduirait à l'abandon de la ligne Maginot ; une ligne englobant la ligne Maginot, mais laissant Paris entre les mains de l'adversaire ; une ligne qui, de la Basse-Seine, à l'Oise, à la Marne, à l'Argonne, à Verdun, à Metz, permettrait de couvrir Paris, Weygand n'en retient aucune. La troisième serait, sur le papier — mais que ne fait-on pas sur le papier ? —, la moins mauvaise, mais le généralissime ne croit pas un instant que nos troupes puissent se replier en bon ordre de la ligne Somme-Aisne, où elles sont en train de s'établir, dans l'attente du choc des divisions allemandes qui n'en ont pas fini avec Dunkerque, sur la ligne Basse-Seine-Marne.

Il ne reste, en vérité, qu'une solution : se défendre « jusqu'à la dernière extrémité » sur la position Somme-Aisne. Des dispositions ont été prises, une nouvelle tactique — du faible au fort — élaborée qui consiste à créer, à l'arrière d'un front trop faiblement tenu, des « môles de résistance », des villages fortifiés, dont l'état-major espère — et ce sera vrai pendant quelques heures, le 5 juin et le 6 encore — que les défenseurs pourront retenir les assaillants, fragmenter la densité de leur assaut, en attendant l'intervention de l'un des trois « groupements de manœuvre » placés à l'arrière des secteurs les plus menacés. Mais Weygand ne cache pas que le moment peut venir très vite où, les Allemands ayant largement emporté tel ou tel point faible — ou plus fortement qu'un autre attaqué, et l'on sait que deux Panzerdivisionen vont déboucher d'Abbeville, deux autres d'Amiens, une autre encore de Péronne —, il n'y aura plus, pour des troupes dispersées, isolées, qu'à se battre « jusqu'à épuisement pour sauver l'honneur du pays ».

Lorsqu'il ne reste plus qu'à « sauver l'honneur » — mais c'est capital —, la défaite irrémédiable est proche. Reynaud le comprend bien ainsi et, le mot « armistice », le président du Conseil le prononce alors en demandant à quel moment il faudrait entamer la négociation avec les Allemands : avant ou après la chute de Paris, avant ou après la destruction de nos armées dont le général Weygand vient de laisser entendre

1. Ligne qui va de la mer à la ligne Maginot en passant par la Somme, le canal Crozat, l'Ailette, l'Aisne, Montmédy. Weygand avait encore 60 divisions — 59 exactement — le 25 mai ; le 4 juin, il n'en aura plus à sa disposition que 49.

qu'elle était sinon proche, du moins inéluctable ? Reynaud ajoute : « Il n'est pas certain que notre adversaire nous accordera un armistice immédiat. N'est-il pas indispensable d'éviter la capture du gouvernement, si l'ennemi entre à Paris ? »

Comment les hommes sur lesquels repose le destin de la France, comment les ministres, libérés, en quelque sorte, par les propos de Reynaud, propos légitimes à cet instant de la bataille, n'évoqueraient-ils pas, à leur tour, l'armistice, mot jusqu'alors proscrit, mot tabou, mot qui était dans les têtes s'il ne franchissait pas les lèvres ?

## L'accord franco-anglais du 28 mars

Dans ce qui n'a sans doute pas été un débat, mais une succession d'interventions, Campinchi, ministre de la Marine, évoque l'accord franco-anglais du 28 mars 1940 et rappelle qu'il interdit toute paix séparée, ce que confirme Albert Lebrun, président de la République, qui ajoute cependant : « Nous devons toutefois, si l'Allemagne nous offrait des conditions relativement avantageuses, les examiner de très près et en délibérer à tête reposée[1]. »

Il faut insister sur cet accord franco-britannique du 28 mars, dont la violation effective, puisqu'il interdisait toute paix séparée, sera souvent présentée, en juin 1940, mais plus encore dans les années qui suivirent l'armistice, et après la Libération, comme une trahison de l'alliance anglaise, un condamnable reniement de la parole de la France.

On se tromperait donc gravement en sous-estimant l'importance que les événements lui donneront. Les partisans de la poursuite de la guerre — français (Reynaud) et anglais (Churchill) — y feront constamment référence. Les partisans de l'armistice se heurteront constamment à lui. C'est un obstacle moral qu'ils franchiront seulement le 16 juin... lorsque Reynaud aura donné sa démission. L'accord lie la France à l'Angleterre qui le lui fera sentir par des rappels à l'ordre de plus en plus secs. Mais, comme il n'existe pas de réciprocité, on peut écrire que, dans la défaite, le lien sera jugé par beaucoup comme d'insupportable subordination.

De quoi s'agissait-il ? Président du Conseil depuis le 22 mars, Paul

1. Reynaud *(Envers et contre tous)* parle de la « désastreuse intervention du président Lebrun ».

Reynaud s'était rendu à Londres le 27 pour assister, en compagnie de Campinchi, ministre de la Marine ; de Laurent-Eynac, ministre de l'Air ; en compagnie du général Gamelin et de l'amiral Darlan, à un conseil interallié au cours duquel allait être étudiée une opération visant, en minant les eaux norvégiennes, à interdire aux Allemands « la route du fer ». C'est en marge de cette conférence que Paul Reynaud a élaboré, avec le gouvernement britannique, un accord par lequel la France et l'Angleterre s'interdisaient de conclure *« un armistice ou [un] traité de paix durant la présente guerre, si ce n'est d'un commun accord ».*

Le 4 septembre 1914, déjà, Anglais et Français avaient signé un texte identique. Il parut un peu court à Paul Reynaud de le reprendre simplement, et les Anglais consentirent à ajouter trois lignes : « Les deux gouvernements proclament en outre leur intention de maintenir, après la conclusion de la paix, la coopération la plus intime dans leur politique financière, économique et militaire. »

Reynaud ayant demandé davantage car — et il devait le déclarer devant le Comité secret réuni au Sénat le 16 avril — « il s'agissait, pour lui, d'envisager la période postérieure au traité de paix »...

Afin que ce traité fût subordonné à « des sécurités effectives et durables », les Anglais acceptèrent encore d'insérer ces quelques lignes : « Les Alliés s'engagent à maintenir, après le rétablissement de la paix, leur communauté d'action dans tous les domaines aussi longtemps qu'il sera nécessaire pour la sauvegarde de leur sécurité et pour la reconstruction avec le concours des autres nations [1] d'un ordre international assurant en Europe la liberté des peuples, le respect du droit et le maintien de la paix. »

Le 28 mars 1940, tels sont les faits et tels sont les textes.

Or, en 1963, dans le tome 2 de ses *Mémoires* [2], Paul Reynaud allait écrire — selon moi, contre toute évidence et tout bon sens, mais dans un compréhensible besoin de justification — que son but, en signant cet accord, avait été de « maintenir la France dans le camp des Alliés si la catastrophe [qu'il] avait prédite à la Chambre, le 15 mars 1935 [3], se produisait ».

---

1. Devant le Comité secret du Sénat, Reynaud précisera qu'il s'agissait, dans son idée, des États-Unis et même de l'Italie.

2. *Envers et contre tous*, p. 320.

3. Reynaud faisait allusion au discours (remarquable d'ailleurs) par lequel il avait tenté sans succès d'obtenir des députés que la France soit dotée d'une armée « capable d'une action rapide » et d'un « corps cuirassé ». « Si l'assailli, avait-il notamment déclaré, n'a pas de ripostes aussi rapides que l'assaillant, tout est perdu. » Le 28 mars 1935, Reynaud avait proposé, pour le 15 avril 1945 — et de Gaulle s'était trouvé à la

Ainsi Reynaud aurait, le 28 mars, signé, avec les Anglais, un pacte dans la perspective d'une défaite de la France..., défaite intervenant à une date qu'il ne pouvait prévoir mais, à ses yeux, certaine. C'est impensable, et sur le moment rien ne vient dans les déclarations du président du Conseil, qui parle longuement, le 26 avril, devant le Comité secret du Sénat, rien ne vient dans la presse française, anglaise, américaine, confirmer une aussi peu vraisemblable thèse [1].

Lorsque Reynaud propose aux Anglais — impose, serait un mot plus exact — un élargissement de l'accord, il a en mémoire les difficultés rencontrées par la France après la victoire commune de 1918. Pendant les discussions préludant à la signature du traité de Versailles, Lloyd George et Wilson avaient proposé à Clemenceau, en échange des revendications françaises sur la rive gauche du Rhin, des traités de garantie qui prévoyaient une aide immédiate de l'Angleterre et des États-Unis en cas d'agression non provoquée contre les frontières françaises (ou belges). « La chose la plus grave, écrit Duroselle, qui devait provoquer l'échec du système, était la solidarité existant entre les deux traités. Si l'un d'entre eux n'était pas ratifié, l'autre n'aurait pas d'effet. » Le Sénat américain ayant refusé d'approuver l'ensemble du traité de Versailles à la majorité constitutionnelle des deux tiers, le traité de garantie — qui ne lui fut pas soumis — devint caduc. « Dans ces conditions, poursuit Duroselle [2], le traité franco-anglais tombait, à la grande satisfaction, semble-t-il, de Lloyd George et de l'opinion britannique. »

Devant les sénateurs, le 16 avril, Paul Reynaud devait rappeler d'ailleurs le conflit entre Lloyd George et Clemenceau, la mauvaise humeur de ce dernier face à l'image donnée par la presse anglo-américaine d'une « bonne Allemagne » à laquelle il faudrait faire confiance... et à laquelle hommes politiques anglais et américains allaient faire confiance beaucoup trop longtemps.

Ce que Reynaud avait voulu, à Londres, et son raisonnement se comprenait parfaitement, c'était éviter, au lendemain d'une victoire commune, la dislocation de l'alliance et la répétition de ce que la France avait connu après 1919 [3].

---

base de son projet —, la constitution d'un corps de 6 divisions cuirassées lourdes et 1 légère.

1. Dans *Envers et contre tous*, M. Paul Reynaud écrit même que c'est la pensée de la « catastrophe » à venir qui l'avait incité à accepter, le 21 mars 1940, de succéder à Daladier démissionnaire, afin que la France battue puisse (grâce au pacte qu'il va très vite conclure avec les Anglais) rester dans le camp des Alliés !...

2. *Cf.* Jean-Baptiste Duroselle, *Histoire diplomatique de 1919 à nos jours*.

3. Le collaborateur militaire du *Daily Telegraph* écrit d'ailleurs le 29 mars : « On se rend compte, aujourd'hui, de l'erreur fatale commise après la dernière guerre en ne

« Car enfin, a-t-il dit le 16 avril, nous sommes en Comité secret, et qui ne se souvient que le franc a glissé parce que, au lendemain de la paix, nous avons été abandonnés financièrement par nos alliés ? Qui ne se souvient de l'attitude des gouvernements anglais de l'époque, qui ont paru penser à l'Europe avec la cervelle de Pitt, croyant que le péril pour l'Europe était cette France victorieuse sur le continent européen ? »

Les choses sont donc claires, nettes... et logiques.

Bien avant le 28 mars d'ailleurs (le 11, puis le 19 décembre 1939) Daladier, alors président du Conseil, avait vainement tenté de s'entendre avec les Anglais sur un texte qui devait, non seulement « fixer les conditions matérielles de la sécurité de la France », mais encore, et c'étaient là les mots qui comptaient, « fixer la contribution de l'Angleterre à la lutte commune ». L'accord du 28 mars ne dit rien sur ce point mais, contrairement à ce que Reynaud a écrit, en 1963, dans ses *Mémoires*, contrairement à ce que Churchill, en quête d'arguments, a prétendu en juin 1940, lorsqu'il affirme aux Français que l'accord du 28 mars avait été conclu « pour faire face à une situation comme celle-ci », *c'est-à-dire pour faire face à la défaite totale des armées françaises*, contrairement à ce que bien d'autres ont écrit, Reynaud et Chamberlain avaient signé, en mars 1940, un accord pour l'organisation des lendemains d'une victoire commune.

Les événements et les hommes allaient donner un tout autre sens à ce texte, mais, quelle que soit l'interprétation de l'accord de Londres, le gouvernement français et les chefs militaires ne sauraient, le 25 mai, laisser les Britanniques dans l'ignorance de débats qui, pouvant conduire à demander à l'Allemagne les conditions d'un armistice, abandonneraient brutalement l'Angleterre seule face à l'Allemagne.

Le président Lebrun, Reynaud, le maréchal Pétain, Weygand, qui souhaite, et le dit, « un échange de vues sur le proche avenir », tous les participants au comité de guerre sont d'accord sur une démarche qui, à leurs yeux, représente une nécessité morale. C'est par loyauté envers notre allié qu'ils demandent donc à M. Paul Reynaud de se rendre dès le lendemain à Londres pour y exposer sans fard à Churchill la désastreuse situation de nos armées et pour évoquer la décision dramatique que le gouvernement *pourra* bientôt être amené à prendre.

Ainsi, le 25 mai, le mot « armistice » a été prononcé et, d'abord, par Paul Reynaud. Même si le président du Conseil est hostile à l'idée d'armistice, il n'a pu, devant l'ampleur de la menace allemande, s'empê-

permettant pas à la conférence de la paix d'assumer des obligations concernant la paix européenne et surtout le sécurité de la France. »

cher de faire nettement allusion, et sans périphrase, à une très probable cessation des combats.

Le 25 mai, le mot « armistice » est donc officiellement prononcé. Et, le 25 mai, le nom de Pétain, comme « solliciteur » de l'armistice, est officiellement avancé.

C'est Campinchi, ministre de la Marine, ami de Reynaud, qui s'est demandé, et a demandé, si le président du Conseil était bien l'homme le mieux placé pour solliciter un armistice auquel il répugnait. N'est-il pas d'ailleurs le signataire de cet accord du 28 mars, auquel Campinchi donne — il n'est pas et ne sera pas le seul — une signification qui n'était pas la sienne à l'instant de la signature ?

Pour faire accepter au pays « une situation terrible », un homme « à l'autorité indiscutable, n'ayant jamais été mêlé aux luttes politiques de l'avant-guerre, n'aurait-il pas, seul, le crédit nécessaire » ? Existe-t-il un autre homme que Pétain pour répondre à la définition de Campinchi ?

Son nom est lancé le 25 mai.

Avec les jours qui passent, et les défaites qui s'accumulent, il deviendra rapidement « incontournable ».

## Anglais, Américains, Français regardent en direction de Mussolini

Le 26 mai, Paul Reynaud est à Londres.

Churchill, qui a ouvert, à 9 heures, la séance du cabinet britannique en annonçant que la France s'apprêtait à signer une paix séparée, n'est pas surpris lorsqu'il entend Reynaud lui dire qu'« en raison de l'usure de nos forces il serait prudent de prendre en considération, dès maintenant, l'hypothèse où la France serait réduite à la nécessité de déposer les armes et de chercher une solution par la voie de la négociation ».

— Avez-vous reçu des propositions de paix ? lui demande-t-il alors.

— Non, aurait répondu Reynaud, mais nous savons que nous pouvons faire une offre si nous le voulons...

Sur l'état d'esprit véritable de Reynaud, nous avons aujourd'hui l'aveu qu'il fit à de Gaulle, le 6 juin, alors que le Général s'apprêtait à partir pour Londres où il allait, d'ailleurs, rencontrer Churchill pour la première fois.

« Au cours des entretiens que j'ai eus, le 26 et le 31 mai, avec le gouvernement britannique, j'ai pu donner l'impression que nous n'excluions pas la perspective d'un armistice... À présent, il s'agit, au contraire, de convaincre les Anglais que nous tiendrons, quoi qu'il arrive, même outre-mer s'il le faut. »

Que la résolution des Français soit en train de s'effondrer, c'est évident, mais qu'en est-il de la résolution des Britanniques ?

En direction de Mussolini — dont certains imaginent qu'il pourrait, encore[1], être un possible intermédiaire, voire un intercesseur —, ils sont allés beaucoup plus loin que n'iront les Français et les Américains.

Les Américains ? Le 26 mai, Roosevelt a exprimé à son ambassadeur Bullitt son inquiétude de voir les Français tentés d'accepter « des offres alléchantes[2] [allemandes] basées sur la remise de la Flotte », ce qui prouve, et que l'idée d'un probable armistice a franchi l'Atlantique et que les Américains ignorent, ou ne prennent pas au sérieux, la décision des Français — et notamment de Darlan — de ne jamais livrer la Flotte... Le 27 mai, c'est à Mussolini que Roosevelt, se souvenant que Sumner Welles, en mars 1940, avait trouvé en lui un interlocuteur qui croyait encore à une paix possible « et durable[3] », fait transmettre un message dans lequel il offre ses bons offices auprès de la France et de l'Angleterre pour que « les légitimes aspirations de l'Italie » soient satisfaites « à la fin de la guerre ».

Pour le président américain, il s'agit de dissuader l'Italie d'entrer en guerre aux côtés de l'Allemagne, comme, pour Daladier et pour Reynaud, il s'agit, dans le même moment, d'éviter la création d'un front sur les Alpes. Dans ce but, Daladier, ministre des Affaires étrangères, a fait rédiger, le 28 mai, vers 0 h 50, à l'intention de nos ambassadeurs à Rome et à Londres, mais sans en référer à Reynaud[4], un texte au terme

---

1. Au moment de la guerre d'hiver entre la Finlande et l'URSS, l'attitude de l'Allemagne, officiellement favorable à l'URSS, avait été jugée très sévèrement à Rome où l'on s'était montré hostile au pacte germano-soviétique. « Nous ne devons pas oublier, écrivit Ciano dans son journal, que, lorsque notre peuple dit "Mort aux Russes", il veut dire en réalité "Mort à l'Allemagne". » Quant aux caricatures publiées par la presse italienne, elles étaient alors farouchement hostiles aux Soviétiques.

2. Quel mot !

3. Mais tout a changé depuis les victoires allemandes. En mars 1940, Welles, sous-secrétaire d'État, avait commencé son voyage par Rome, puis s'était rendu à Berlin, Paris, Londres, Paris, avant d'avoir ses derniers entretiens à Rome avec Mussolini.

4. Mais Daladier a fait rédiger son projet de télégramme à la sortie du Conseil des ministres du 27 (il a commencé à 22 heures et s'est terminé le 28 à 0 h 20) et le projet débute ainsi : « Après examen de la situation résultant de la défection du roi des Belges, le *gouvernement*, ayant jugé indispensable de tenter, fût-ce au prix de sacrifices considérables, de dissuader l'Italie d'entrer dans la guerre, a décidé de la saisir, à cette fin, des propositions suivantes... »

duquel la France offre à l'Italie la Côte française des Somalis, d'importantes rectifications de frontières au profit de la Libye, alors colonie italienne, ou une « réforme » du statut de la Tunisie, « en vue d'assurer une collaboration confiante de l'Italie et de la France dans le Protectorat français de la Régence ».

Que le texte de Daladier ait été, à la suite de l'intervention de Reynaud, et sous la pression britannique, remplacé par un texte singulièrement affadi, il n'en reste pas moins qu'il a existé, comme a été bien réelle la démarche faite, dans l'après-midi du 27, auprès de Ciano, par André François-Poncet, notre ambassadeur, qui a suggéré au ministre des Affaires étrangères italien un arrangement qui porterait sur la Tunisie et « peut-être même, selon les mots de Ciano, sur l'Algérie ».

## Roosevelt, le 17 mai : « Que la flotte anglaise se mette à l'abri aux États-Unis »

La guerre s'étant terminée par l'écrasement de l'Allemagne, on oublie aujourd'hui le trouble qui s'était emparé de bien des Britanniques lorsque, au lendemain des désastreuses batailles de mai, les dix divisions du corps expéditionnaire semblaient perdues, corps et biens.

De ce trouble, le télégramme envoyé le 20 mai par Churchill à Roosevelt porte témoignage. Il répond à la demande présentée le 17, dans la soirée, par le président des États-Unis à lord Lothian, ambassadeur d'Angleterre. Demande qui a dû bouleverser Churchill, demande historiquement importante, puisqu'elle apporte la preuve que *Roosevelt*, sept jours seulement après le début de la bataille de France, *croit à la défaite rapide de l'armée britannique et au succès du camp favorable à une paix avec l'Allemagne*. Tirant avec amertume les conséquences de cette évolution, Churchill écrira, le 28 juin, à lord Lothian : « Jusqu'au mois d'avril, les Américains étaient tellement certains de la victoire des Alliés qu'ils estimaient inutile de les aider. Aujourd'hui, ils sont tellement sûrs que nous allons être vaincus qu'ils ne jugent pas possible de venir à notre secours. »

---

Il semble qu'en Conseil, si les ministres ont été d'accord — sans grand espoir — sur la nécessité de faire des offres à l'Italie, il n'ait pas été discuté de ce que la France voulait offrir. Paul Reynaud sera informé de la teneur du télégramme de Daladier par Charles-Roux, nouveau secrétaire général du ministère, que l'ampleur des concessions avait choqué.

Et les sondages confirmeront bientôt la mélancolique réflexion de Churchill puisque, à l'instant de la chute de la France, 35 % des Américains interrogés estiment que l'Allemagne va gagner la guerre, 32 % se prononçant pour une victoire anglaise, 33 % avouant leur ignorance.

Dans la perspective de la défaite anglaise, Roosevelt a exprimé à lord Lothian « le désir de voir le gouvernement de Sa Majesté *mettre sa flotte à l'abri dans des ports américains, avant d'engager des pourparlers avec les Allemands* ».

Dans la première partie de son message, Churchill réaffirme sa volonté et la volonté des membres de « l'actuel gouvernement » de « lutter jusqu'au bout dans cette île », rappelle les espoirs placés dans la « supériorité individuelle » des pilotes de la Royal Air Force, supériorité qui doit permettre de « tenir tête à l'ennemi dans les combats aériens ».

À l'intention de Roosevelt et, par-delà Roosevelt, à l'intention de tous ceux qui doutent, il réaffirme son inflexible détermination : « Nous n'accepterons jamais de nous rendre, quelles que puissent être les circonstances. »

Lui ? Oui, c'est incontestable. Mais la suite du message, parfois passée sous silence, ouvre des horizons sur les réactions du Premier ministre britannique, notamment lorsqu'il eut à prendre, sans trembler, la décision de faire canonner et détruire la flotte française basée à Mers el-Kébir.

Roosevelt lui a demandé d'envoyer les navires de guerre de Sa Majesté dans des ports américains. Non, répond Churchill. Non, car « si les membres de l'actuel gouvernement étaient balayés et que leurs successeurs fussent disposés à engager des pourparlers parmi les ruines, *vous* [Roosevelt] ne devez pas perdre de vue que *notre seule monnaie d'échange avec l'Allemagne serait la Flotte et, au cas où les États-Unis abandonneraient l'Angleterre à son sort, nul n'aurait alors le droit de blâmer les responsables de l'heure d'avoir obtenu les meilleures conditions possible pour les survivants* ».

Ce texte est de première importance. Puisque Churchill accepte l'idée qu'un gouvernement, né de la défaite, puisse utiliser la flotte britannique comme « monnaie d'échange » dans un accord avec l'Allemagne, pourquoi n'imaginerait-il pas les Français, déjà vaincus, capables d'en faire autant et, pour une fois, de se comporter en Britanniques ?

On comprend mieux, alors, qu'il n'ait accordé aucun crédit aux promesses de l'amiral Darlan, aucun crédit à celles du gouvernement français puisqu'il justifiait à l'avance, auprès de Roosevelt, la conduite d'un gouvernement britannique « engageant des pourparlers dans les ruines » et acceptant, « afin d'obtenir les meilleures conditions pour les survivants », la livraison aux nazis de la deuxième marine du monde.

Il n'est nullement interdit de penser qu'en écrivant des mots, lourds de menace pour les États-Unis, Churchill, qui les avait fait précéder de la phrase : « Au cas où les États-Unis abandonneraient l'Angleterre à son sort », ait eu l'intention de faire moralement pression sur Roosevelt.

Il n'est nullement interdit de faire remarquer que, si l'argument de Churchill : « obtenir les meilleures conditions pour les survivants », est de ceux qui ont guidé le gouvernement français formé, par le maréchal Pétain, le 16 juin, à Bordeaux, *jamais* — on le verra[1] — ce gouvernement n'a envisagé avant, pendant (ou après) les « pourparlers sur les ruines », d'utiliser la flotte comme « monnaie d'échange ».

## Avances de lord Halifax à l'Italie

Churchill a laissé entendre à Roosevelt que son gouvernement était unanime et que seul un nouveau gouvernement pourrait, comme cela se produira en France, engager des pourparlers avec les Allemands. Mais — comme cela se produira, en France, avec le maréchal Pétain — le chef du nouveau gouvernement britannique n'aurait-il pas été l'une des fortes personnalités du gouvernement démissionnaire ? N'est-il pas, en effet, remarquable que lord Halifax, ministre des Affaires étrangères, chef de ce parti de l'« appeasement », dont l'influence, bien réelle, a été méconnue en France, ait demandé au comte Bastianini de venir le voir, qu'il ait déploré devant l'ambassadeur d'Italie le « malentendu » qui s'était établi entre les deux pays, qu'il ait évoqué la possibilité pour le gouvernement britannique d'adopter « une position plus ouverte[2] » ?

Cet entretien pourrait certes être calqué sur les entretiens qu'ont, avec les Italiens, Français et Américains, mais il semble que lord Halifax et Bastianini soient allés beaucoup plus loin dans l'exploration des problèmes et dans la recherche d'une solution que François-Poncet et Ciano, que Phillips, l'ambassadeur américain, et ce même Ciano. Aux questions de lord Halifax sur les sentiments de Mussolini, Bastianini a répondu,

1. *Cf.* p. 311.
2. Dans *Churchill et les Français*, de François Delpla, on trouvera le texte de l'entretien Halifax-Bastianini.

en effet, que « M. Mussolini avait toujours [considéré] les problèmes entre l'Italie et tout autre pays comme partie intégrante d'un règlement général des questions européennes. [...] Le gouvernement de Sa Majesté, a-t-il ajouté, considérerait-il comme possible l'ouverture d'une discussion sur les questions générales, non seulement entre la Grande-Bretagne et l'Italie, mais aussi avec d'autres pays ? ». Lord Halifax ayant fait remarquer qu'une aussi vaste discussion n'était guère possible « tant que la guerre se poursuivrait », Bastianini, dont on est en droit de se demander s'il ignorait la résolution guerrière de Mussolini, a répondu que, dès l'instant où une telle discussion s'ouvrirait, « la guerre devenait sans objet » et que « M. Mussolini [...] était sans cesse préoccupé qu'on arrive à un règlement général, qui ne fût pas seulement un armistice, mais *une paix assurée pour un siècle* [1]... ».

Lord Halifax allait s'emparer de ces mots si prometteurs à un moment si grave. Il les répétera le 26 mai à ses collègues, fera état de sa réponse à Bastianini : « La paix et la sécurité en Europe [sont] aussi notre principal objectif et nous [sommes] naturellement prêts à considérer toute proposition pouvant y conduire, pourvu que notre liberté et notre indépendance fussent assurées. »

Sur l'instant, Churchill n'a pas réagi. L'incertitude qui règne, le 26 mai, sur le sort des forces britanniques encerclées autour de Dunkerque est trop grande pour que les espérances, sinon de paix immédiate, du moins de l'arrêt des combats, puis de la réunion d'une conférence internationale, espérances que Halifax [2] a fait miroiter, ne rencontrent pas un écho favorable. Deux jours plus tard, Churchill ripostera vigoureusement.

Sa note à l'adresse du gouvernement français est psychologiquement fondée sur l'impossibilité pour Mussolini (à condition d'ailleurs que les intentions du Duce soient pacifiques, ce que tout dément) de convaincre Hitler, « grisé par la victoire, comptant sur l'effondrement prochain et complet de la résistance alliée », d'abandonner les enivrantes fumées d'une première bataille facilement victorieuse, pour les mornes débats d'une conférence qui retarderait le moment d'en finir avec la France et avec l'Angleterre, tout en inquiétant suffisamment les États-Unis pour qu'ils prennent conscience de leur impréparation militaire et sortent enfin de leur passivité diplomatique.

---

1. Souligné intentionnellement.

2. Recevant Reynaud, lord Halifax lui dira qu'il « avait pris l'initiative de faire des avances à l'ambassadeur d'Italie à Londres » et qu'il lui avait précisé que « les Alliés seraient disposés à prendre en considération toute proposition de négociations tant sur les intérêts italiens que sur les bases d'une paix juste et durable ».

Destinés aux Français, les mots de Churchill valent également pour ces Britanniques, calmes, éloignés des réalités de la bataille, que de Gaulle a rencontrés le dimanche 9 juin.

Quelques heures avant l'abandon de la capitale française par le gouvernement, « la capitale anglaise offrait, écrira-t-il, l'aspect de la tranquillité, presque de l'indifférence. Les rues et les parcs remplis de promeneurs paisibles, les longues files à l'entrée des cinémas, les autos nombreuses, les dignes portiers au seuil des clubs et des hôtels appartenaient à un autre monde que celui qui était en guerre [1] ».

Parce que la masse de la population « ne mesurait pas la gravité des événements de France, tant leur rythme était rapide », pourquoi n'auraitelle pas été sensible aux charmes d'une paix blanche ?

## Les espérances de Churchill : le temps et l'espace

Il fallait rappeler ces faits. Peu connus, ils ont été d'autant plus rapidement oubliés. Dans la logique de la dégradation militaire, ils n'en prouvent pas moins que la plupart de ceux qui, en France comme en Angleterre et aux États-Unis, possèdent pouvoir et responsabilités ont, à la fin du mois de mai 1940, envisagé la possibilité d'une demande d'armistice.

Fût-ce — Churchill et, moins catégoriquement, Reynaud — pour la repousser.

La note de Churchill, adressée le 28 mai au gouvernement français, s'achevait sur ces mots : « Vous demanderez alors comment nous pouvons améliorer la situation. En gardant des cœurs résolus et la foi en nous-mêmes... »

Malgré toutes les menaces *futures* qui pèsent sur la Grande-Bretagne, et dont on verra combien elles sont grandes, Churchill peut écrire pareils mots avec une relative tranquillité d'esprit.

La suprématie de la Royal Navy ; la qualité d'une aviation de chasse dont il a su, écoutant ses conseillers militaires, préserver les 25 escadrilles jugées *indispensables* pour la bataille d'Angleterre ; les hésitations dans les préparatifs allemands de débarquement, la Manche présentant d'autres difficultés de franchissement que la Meuse, l'Oise

1. *Mémoires de guerre.*

ou la Somme, autant d'éléments qui permettaient à Churchill de compter sur cet allié qui, dans l'histoire, n'avait jamais fait défaut à l'Angleterre : le temps.

Weygand, lui, est pris à la gorge par l'immédiat.

Lorsque Churchill, pariant sur l'espace, peut mettre encore la guerre au futur, peut dire : « Nous nous battrons », Weygand doit mettre la guerre au présent et dire : « Nous nous battons. »

Mieux à même que quiconque de mesurer, jour après jour, et sans doute heure après heure, les faiblesses d'une armée brisée et qui n'a pu ni se reprendre ni être reprise en main, Weygand a écrit, le 29 mai, à Paul Reynaud que le moment approchait où le gouvernement devrait prendre des « décisions capitales ». La longue note par laquelle il reprend ce qu'il a dit au cours de la séance du comité de guerre du 25 mai — et, depuis le 25, la situation militaire s'est dégradée, à la suite de la défection de l'armée belge — se termine sur ces phrases où, si le mot « armistice » n'est pas écrit, tout invite à nouveau à y songer fortement :

« Il paraît, d'autre part [1], tout aussi nécessaire que le gouvernement britannique sache qu'il peut venir un moment à partir duquel la France se trouvera, malgré sa volonté, dans l'impossibilité de continuer une lutte militairement efficace pour protéger son sol. Ce moment serait marqué par la rupture définitive des positions sur lesquelles les armées françaises ont reçu l'ordre de se battre sans esprit de recul. »

Ce moment viendra très vite.

## La bataille de la Somme

Il viendra après que les blindés allemands, délaissant Dunkerque où les ruines achèvent de se consumer, les dernières colonnes de prisonniers de se former, auront « viré de bord » — le mot est du général Kesselring — avec une rapidité et une souplesse qui, plus tard, feront l'admiration de toutes les écoles de guerre, pour s'orienter, sous la protection de la Luftwaffe, en direction de la Somme et de l'Aisne.

Il viendra après que le haut commandement de la Wehrmacht a

1. Weygand a fait allusion au concours que le gouvernement britannique, « mis au courant de la situation », devait apporter à l'armée française.

annoncé, le 5 juin, à 1 heure du matin, le début de « la deuxième offensive » pour laquelle ont été rassemblées des troupes qui, parfois, n'ont pas encore pris part à la bataille [1], des divisions peu touchées par le feu et que quelques jours de repos ont suffi à remettre en ordre, des hommes exaltés par les victoires de la veille et qui gardent à l'esprit la proclamation de Hitler ordonnant que « l'on sonne les cloches pendant trois jours dans toute l'Allemagne [afin] que leur carillon se mêle aux prières avec lesquelles le peuple allemand accompagne ses fils... ».

Lorsque les 640 chars des 3e et 4e Panzerdivisionen, jaillis de la tête de pont de Péronne — cent chars au kilomètre, suivis de groupements de motocyclistes et de fusiliers portés —, attaquent la 15e division d'infanterie du général Lenclud, qui tient un front de onze kilomètres, et la 29e division du général Gérodias, chargée de défendre quinze kilomètres le long de la Somme, comment, malgré la résistance des Français [2] et l'appui d'une artillerie efficace, comment ne finiraient-ils pas, avant la nuit, par s'infiltrer entre les villages fortifiés pour désorganiser les liaisons, isoler les postes de commandement, obliger nos soldats à un repli en direction d'une seconde ligne que Weygand n'a pu garnir de « troupes fraîches », ces deux derniers mots n'ayant, pour les Français, plus aucun sens au cours de la bataille de juin ?

Le 25 mai, en prévision de la bataille à venir, le général Weygand avait adressé aux troupes un « ordre général » demandant à tous les chefs, « du commandant d'armée au chef de section », d'être animés du « désir farouche de se battre sur place jusqu'à la mort » ; ordonnant aux chefs et aux hommes de faire preuve d'une « constante agressivité », de contre-attaquer la plus « infime » (il emploie le mot... il y en aura, hélas ! d'énormes, de béantes) tête de pont, de répondre à l'infiltration par l'infiltration, de ne pas se replier si le front est ébranlé mais de repartir à l'assaut ou de « se mettre en hérisson et [de] constituer un môle de résistance ».

Pendant les jours qui séparent la fin de la bataille du Nord du début de la bataille de France, des points d'appui fermés, capables de se défendre sur toutes les faces, ont été préparés ; des barrages routiers, faits de tout ce que l'on trouve sous la main, et notamment des épaves de l'exode et des bombardements : charrettes, voitures chargées de pierres, débris de maisons effondrées, ont été mis en place sur les axes prévisibles de l'offensive allemande.

Les instructions de Weygand ont eu leur utilité, et la défense française

---

1. Ce sera le cas de la IXe armée engagée au sud de Laon.
2. Notamment des fantassins de la 19e DI, sur lesquels porte l'effort allemand.

a été beaucoup mieux assurée qu'à l'instant de la surprise de Sedan par des hommes convaincus qu'en présence de l'avion ou du char il était préférable de se camoufler, de s'enterrer plutôt que de fuir et d'offrir une cible facile. Mais la tactique française n'allait pas rester longtemps inconnue des généraux allemands.

## Rommel : « J'ai dormi comme un loir »

Lisons Rommel. Au commandement de la 7e Panzer — qui opère en couple avec la 5e —, surgissant à gauche de cette tête de pont d'Abbeville que les efforts et les sacrifices des blindés et des fantassins anglais et français (ceux du colonel de Gaulle, puis du colonel Perré) ont entamée sans la réduire, du 27 mai au 4 juin, il s'est engouffré dans la brèche de vingt-cinq kilomètres ouverte entre Hornoy et Conty (à une vingtaine de kilomètres d'Amiens), brèche que n'a pu combler la 17e division d'infanterie envoyée en renfort. Saisie, en effet, alors qu'elle se trouvait dans ses camions, elle a été immédiatement canonnée, mitraillée, dispersée, capturée ou massacrée.

Les ordres de Rommel, pour le 7 juin, sont non d'affronter, mais de déborder l'adversaire. « À la cote 184, j'eus un court entretien avec le colonel Rothenburg et insistai sur les directives principales à observer pendant l'avance de la journée : éviter les villages (dont la plupart étaient barricadés) et toutes les routes principales ; progresser droit à travers champs, nous assurant ainsi un effet de surprise sur le flanc et l'arrière de l'ennemi. Après quelques tâtonnements, l'avance des Panzers se poursuivit sans encombre, montant, redescendant, sans routes ni chemins, tout droit dans la campagne, à travers haies et clôtures, au milieu des blés déjà hauts. »

Peu, ou pas, de récit de bataille : « Nous ne rencontrâmes pas de troupes ennemies, à part quelques isolés, écrit Rommel en évoquant cette journée du 7 juin qui le conduira, tard dans la soirée, à trente-cinq kilomètres de Rouen. Votre anniversaire a été une journée de victoire. Nous nous sommes bien démenés. Signes de désintégration de plus en plus nombreux chez l'adversaire » (lettre à sa femme).

Rommel encore : « Femmes et enfants fuyaient à notre vue et nos appels ne réussissaient pas à les faire revenir... »

Tout ne se passe certes pas de façon aussi aisée pour les assaillants.

Tous les chefs de corps allemands ne peuvent — comme l'a fait Rommel — écrire à leur femme : « J'ai dormi comme un loir. » Mais les résistances les plus farouches sont débordées en vingt-quatre heures. Et c'est impunément que l'ennemi offre aux Français des cibles fabuleuses. Un de nos aviateurs repère-t-il, le 6 juin, entre Hain[1] et Harbonnières[2], « le plus grand fourmillement de blindés » qu'il ait jamais vu, notre aviation de bombardement — ce qu'il en reste — lance bien, à trois reprises, quelques appareils. À peine font-ils quelques trous dans la masse d'acier. Nos chars, c'est-à-dire deux bataillons de la 1re division cuirassée, tentent bien d'intervenir, mais, sans protection aérienne, attaqués par les stukas, il leur faut se replier après avoir perdu la moitié de leurs effectifs.

Le général Weygand a eu raison, le 6 juin, de féliciter les VIe, VIIe et Xe armées pour leur résistance, de leur dire que la « bataille ne fai[sait] que commencer », d'ordonner à leurs chefs de « ne pas perdre une minute pour organiser, perfectionner, animer ». Son ordre du jour est de 18 heures.

Comme tout va vite, trop vite, et que les renforts font défaut, quand il ne s'agit pas, tout simplement, des munitions, trois heures après l'envoi du télégramme de félicitations de Weygand, la VIe armée se replie sur l'Aisne ; la VIIe recule en direction de Compiègne ; la Xe cherche à s'installer derrière Le Bresle. Sur les cartes de l'état-major français, la ligne arrière de défense suit désormais la Basse-Seine, la position avancée de Paris et la Marne.

Pour peu de temps.

Et les jours de désastre seront des jours de querelle.

Le 6 juin, il restait, en France, deux divisions anglaises ; une mécanisée et cette 51e division écossaise, commandée par le général Fortune, qui, en parfaite entente avec les hommes du colonel Perré, avait mené la dernière attaque en direction d'Abbeville.

Lors du comité de guerre qui s'est ouvert à 10 h 30, le général Weygand a cependant rendu Fortune responsable du fléchissement français sur la Basse-Somme. Fortune avait, en effet, ordonné un repli en direction de la côte après que le général Mashall-Cornwall, envoyé le 5 par le War Office, lui eut enjoint de gagner aussi rapidement que

1. Arrondissement de Péronne.
2. Arrondissement de Montdidier.

possible l'Angleterre. Mais Weygand a des mots très durs à l'égard d'un homme qu'il appellera, trop facilement, « général Infortune ».

— Comment veut-on que je conduise les opérations avec des éléments aussi peu sûrs ?

La question s'adresse au général Spears, envoyé spécial de Churchill auprès de Reynaud depuis le 25 mai, acteur de tous les comités de guerre[1], victime très peu consentante des critiques de Weygand qui, remâchant la tragédie de mai, reproche au général Gort de n'avoir pas attaqué vers le sud lors de la bataille d'Arras, puis d'avoir « décroché sans prévenir personne », accuse enfin la Royal Air Force, sur laquelle, bien que commandant en chef, il n'a aucune autorité, de ne plus bombarder que des objectifs éloignés du champ de bataille.

Violent et passionné, Weygand devient injuste pour l'aviation anglaise dont, dit-il, « les belles prouesses sont racontées par vous [mais] ne m'ont pas été rapportées par mon état-major ».

— C'est qu'il n'y avait sans doute aucun aviateur français pour les voir, réplique Spears en évoquant l'évacuation de Dunkerque rendue possible — et sur ce point les faits récents lui donnent raison — en grande partie grâce à l'intervention de la Royal Air Force... Cette Royal Air Force, précise-t-il en regardant Weygand, [dont] je ne serais pas surpris d'apprendre qu'elle n'ait pas une confiance illimitée dans le commandement de l'armée de l'air française.

La riposte de Weygand est violente. Faute de pouvoir en venir aux mains, on en vient aux mots.

— Ceci est une attaque personnelle contre le général Vuillemin (qui commande l'aviation française). Voilà que les Anglais veulent nous dicter le choix de nos commandants en chef ! C'est un comble ! Sachez que les Français sont encore maîtres chez eux.

Le « chez eux » des Français rétrécit d'heure en heure. Le territoire dont ils sont « encore maîtres » ne cesse de diminuer, et l'attitude de

1. La réciproque n'est pas vraie. Aucun envoyé spécial français auprès de Churchill, aucun Français n'assiste aux réunions du War Cabinet. Spears, « qui n'est pas plus général que toi et moi, écrivait, le 28 avril 1918, à son frère Jules, notre ambassadeur à Londres, Paul Cambon, [qui est], ajoutait-il, un juif très fin, très intrigant, qui s'insinue partout et prétend tout diriger », avait déjà, on le voit, joué un rôle en 1918 et pris pied au ministère de la Guerre d'où il envoyait « des bottes de rapports politiques (Cambon) au War Office ». Foch et Weygand, qui avaient connu Spears en 1918, ne l'appréciaient guère. Quant au général de Gaulle, il sera vite exaspéré par les intrigues d'un personnage qui, avant le 17 juin 1940, en le signalant à l'attention de Churchill, n'avait pas été, cependant, étranger à l'orientation de son destin. Il faut toutefois préciser que Spears n'était pas seulement un homme de cabinet. Pendant la Première Guerre mondiale, il avait été blessé à cinq reprises.

Weygand s'explique par l'aggravation de la situation militaire perceptible à chaque rapport, à chaque communication téléphonique.

— Si votre Premier ministre, dit-il encore à Spears, et son argument sera relayé par Reynaud, que l'on verra toujours proche du généralissime lorsqu'il s'agit de solliciter — « quémander » serait parfois le mot le plus vrai (un jour, Reynaud se demandera même s'il ne « va pas trop loin ») —, si votre Premier ministre voyait l'état des hommes et des divisions que nous jetons dans la bataille, il n'hésiterait peut-être pas à y engager aussi quelques squadrons, même imparfaitement organisés.

## Dunkerque : bataille autour du nombre des soldats sauvés

La querelle est une vieille querelle.

Dans le premier hiver de guerre, les Allemands, déjà, par radio et tracts, avaient exploité les criantes inégalités de solde entre soldats des deux armées ; exaspéré l'anglophobie assez puissante pour qu'au mois de novembre une note du grand quartier général ait dû interdire l'expression : « As-tu vu l'Anglais ? », couramment employée dans certaines unités françaises sensibles au slogan : « Les Anglais donnent leurs machines, les Français leurs poitrines », anglophobie insidieusement, et comme parallèlement, entretenue aussi bien par des hebdomadaires de droite, comme *Je suis partout*, que par *L'Humanité.*

*Je suis partout* se faisait, en effet, un malin (et, politiquement, peu innocent) plaisir de reproduire, sous le titre : « Les Anglais en France, vus par leurs journaux », des caricatures montrant nos alliés plus pressés de donner l'assaut aux Françaises qu'à la ligne Siegfried, sur laquelle l'une de leurs chansons prétendait cependant qu'ils iraient « pendre leur linge ». L'un des plus fameux de ces « dessins » montrait un pilote de la Royal Air Force téléphonant à son état-major alors que, sur un divan, une jeune femme se recoiffait. La légende : « J'ai successivement descendu un Messerschmitt, deux Heinkel, trois Dornier et une demoiselle Leblanc. »

Quant à *L'Humanité*, clandestine depuis son interdiction par Daladier après la signature du pacte germano-soviétique, elle rappelait que, si un soldat français touchait « dix sous par jour », un soldat anglais touchait quotidiennement trente francs. Et dans son numéro du 1er décembre

1939, citant un mot de Maurice Thorez vieux de deux ans (26 décembre 1937) sur l'Entente cordiale, « union de l'homme et du cheval », elle avait conclu que « le peuple de France [aujourd'hui] faisait le cheval ».

Et puis il y avait eu Dunkerque, les retards apportés à l'évacuation des Français, tandis que les Britanniques, dont la conception stratégique était totalement différente [1], avaient priorité, si bien qu'au grand scandale de Weygand — « Les Français sont laissés en arrière », dira-t-il à Churchill qui se félicitait, le 31 mai, du sauvetage de 165 000 soldats, dont 15 000 Français ; qu'à la grande irritation de Reynaud, qu'inquiétait une possible vague d'anglophobie politiquement dangereuse, les Français ne seront toujours que 18 000 sur 225 000 évacués le 1er juin, les choix faits aboutissant finalement, malgré les efforts des deux marines [2], au sauvetage de 215 000 des 250 000 Anglais, mais seulement de 125 000 des 340 000 Français venus au secours de la Belgique le 10 mai. Avec Jeanne d'Arc, Napoléon et Mers el-Kébir, Dunkerque fournira bientôt un argument de choix à la propagande collaborationniste étalée sur les murs de la zone occupée.

Quant à l'aide qu'aurait pu apporter à nos troupes l'aviation britannique, il ne s'était sans doute pas passé de jour, depuis le 14 mai, qu'elle n'ait été réclamée par l'un ou l'autre des responsables français : Reynaud, Gamelin, Weygand, pas passé de jour qu'elle n'ait été plus ou moins (car Churchill, sensible à la misère française, cède parfois quelques squadrons) fermement refusée.

Ce refus a un sens qui ne saurait échapper aux Français. Pour Londres, la guerre en France étant perdue, et perdue dès le 16 mai, l'engagement de la plus grande partie de la Royal Air Force serait sans influence sur la situation militaire, mais non sans influence (catastrophique) sur la suite des événements, c'est-à-dire sur la bataille aérienne qui se livrera fatalement au-dessus de l'île, avant toute tentative d'invasion.

Le 5 juin, Reynaud a remis à Spears un mémorandum urgent à l'intention de Churchill dans lequel il lui fait part du désir du général Vuillemin, commandant l'aviation française, de voir la chasse britannique (et française) s'engager à fond pour neutraliser, au moment de l'attaque allemande sur la Somme, attaque qui ne saurait tarder (elle est en cours), l'aviation de bombardement ennemie. La réplique du Premier ministre

1. Les Français avaient espéré tenir longtemps une large tête de pont à Dunkerque cependant que les Britanniques, n'accordant aucun crédit à cette solution, pressaient l'embarquement de leurs troupes et, envisageant l'avenir, la destruction de toutes les installations portuaires qu'ils souhaitaient rendre ainsi inutilisables.

2. Il est juste de faire remarquer que les navires britanniques sauvèrent près de 300 000 soldats, donc plus de la moitié des Français.

britannique, qui, écrit Spears, « commence à perdre patience, excédé par les réclamations continuelles des Français », est sévère : « Aviation de chasse : la demande du général Vuillemin est complètement déraisonnable et sa lettre a fait la plus mauvaise impression sur chacun ici. »

## Churchill interdit à Reynaud de citer les chiffres de l'aide anglaise

Sur la réalité des rapports franco-britanniques en ces heures tragiques, l'Histoire n'a pas retenu un incident vite englouti par une avalanche de drames. Il est cependant symptomatique de la terreur éprouvée par les Britanniques à la pensée que leur faible apport à la coalition puisse être publiquement révélé.

Le 7 juin, la vie parlementaire continue à Paris. La Commission de l'armée du Sénat, qui doit se réunir dans l'après-midi, a remis, quelques jours plus tôt, un questionnaire à Paul Reynaud, président du Conseil, mais, depuis le 18 mai, également ministre de la Défense nationale. Et comme, après avoir éliminé définitivement du gouvernement Édouard Daladier, Reynaud est devenu, le 7 juin, ministre des Affaires étrangères, la Commission de l'armée a accédé au désir manifesté par la Commission des affaires étrangères du Sénat d'entendre, elle aussi, Paul Reynaud.

Le président du Conseil, il l'a dit avec bien de l'innocence à Spears, a songé à mettre à profit son audition par les sénateurs des deux commissions « pour couper ainsi les ailes à toutes les rumeurs qui circulent à l'égard de notre alliée », pour expliquer « combien est importante la participation britannique, surtout dans l'air ».

— Pensez-vous que Churchill y voie un inconvénient ? demande-t-il à Spears, qu'il interroge au début de la matinée.

Le malheureux !

« Il n'y a pas un seul pays au monde, écrira Spears dans *Assignment to Catastrophe*, dont le peuple ne se serait pas montré sévère envers un allié qui supportait une part aussi faible de souffrances et de pertes communes. À bien plus forte raison la France, où l'on n'est que trop enclin à critiquer ses amis... »

La décision de Spears sera immédiate. Il faut absolument empêcher la vérité de sortir du puits ! Au téléphone, le général Ismay[1] se montre aussi hostile que lui à toute révélation. Alerté par Ismay, Churchill réagit, de son côté, assez rapidement pour qu'à 12 h 30 Spears puisse remettre à Reynaud un télégramme « très urgent » dont voici le premier paragraphe : « Le Premier ministre déconseille fortement la révélation à la Commission de l'armée du Sénat des forces exactes qui ont été mises en œuvre dans la bataille d'hier et estime que la révélation des forces dont l'emploi est projeté pour aujourd'hui est encore plus à déconseiller. »

Dans le second paragraphe de son message, Churchill précise que 144 chasseurs britanniques « ont été engagés en France, hier[2] » — c'est-à-dire le 6 juin. Mais les mots peuvent être volontairement ambigus. « Engagés en France », cela signifie-t-il depuis les terrains français, ce qui autorise une plus grande durée de temps de vol, ou depuis les terrains situés en Grande-Bretagne ? La dernière hypothèse est la seule à retenir puisque, le 5 juin, il ne se trouvait plus, sur le sol français, que 28 chasseurs et 70 bombardiers britanniques[3]...

Ayant obligation de répondre à l'invitation de la Commission de l'armée, comment Paul Reynaud, après avoir pris connaissance du télégramme de Churchill, va-t-il, dans l'après-midi du 7 juin, dissimuler la vérité sur la médiocrité de « l'aide anglaise », tout en ne cachant rien, à des sénateurs d'ailleurs informés de la gravité de la situation ? Le texte de l'audition du président du Conseil — que j'ai sous les yeux en écrivant ces pages — est un document de vingt-huit pages[4] qui, je le pense, n'a jamais été révélé.

---

1. Secrétaire adjoint aux Affaires militaires dans le cabinet de guerre, principal conseiller militaire de Churchill.

2. C'est au cours de la bataille pour l'évacuation de Dunkerque que la RAF a fait l'effort le plus important et le plus constant. En neuf jours (26 mai-3 juin, mais les 29, 30, 31 mai le mauvais temps diminua sensiblement les opérations), les unités de la RAF ont effectué, sur la région de Dunkerque, 171 sorties de reconnaissance, 651 sorties de bombardement, 2 729 sorties de chasse. L'effort allemand fut sans doute supérieur. Dans la bataille de Dunkerque, la Royal Air Force perdra 89 chasseurs (elle en avait perdu 195 depuis le 10 mai). L'aviation française n'a engagé que deux escadrilles, entre le 1er et le 3 juin, au-dessus de Dunkerque.

3. Churchill, inquiet, lui aussi, des sentiments anglophobes de bon nombre de Français, envoie, à 18 heures, un nouveau message à Reynaud dans lequel il promet, pour le 8 juin, l'appui de 9 squadrons de chasse (144 appareils).

4. Mal paginé, le rapport est présenté comme ayant 34 pages. Il n'en comporte en réalité que 28 dont 20 consacrées aux propos de Reynaud.

## Reynaud avoue l'« immense » supériorité de l'armée allemande

Paul Reynaud fait face à des interlocuteurs courtois et, sans doute, prévenus de n'avoir pas à lui poser des questions trop précises puisque les premiers mots de M. Daniel-Vincent, président de la Commission de l'armée, désamorcent toutes les curiosités : « Nous vous avons remis un questionnaire. Nous savons bien que vous ne pourrez pas y répondre aujourd'hui, en raison des précisions qu'il comporte. »

Lorsque Pierre Laval, qui appartient à la Commission des affaires étrangères, voudra d'ailleurs, après l'intervention de Paul Reynaud, poser une question, Henry Béranger, président de la Commission, lui imposera silence, afin de ne pas « manquer à la courtoisie » à l'égard du président du Conseil.

Reynaud parle donc longuement, et la première partie de son propos constitue un terrible réquisitoire contre ceux qui ont mal préparé la guerre et l'ont, plus mal encore, menée.

À lire ce document, on comprend que *la guerre était perdue pour la France le jour où elle fut déclarée.* C'est dans la bouche de Paul Reynaud que se trouvent, en effet, ces mots : « En ce qui concerne l'armement, la supériorité de l'armée allemande [le 10 mai] était *immense* [...]. Pour l'aviation de bombardement, l'aviation de chasse, la DCA, supériorité allemande. Mais c'est surtout dans les chars d'assaut que la supériorité de l'armée allemande était immense [...]. Pour ce qui est des effectifs [...], l'Allemagne a incorporé beaucoup d'hommes, et la supériorité des effectifs allemands était, au 10 mai, considérable [1]. »

Après avoir fait l'historique des premiers mois de guerre, dénoncé la façon désordonnée dont avait été menée l'expédition de Norvège, expliqué avec lucidité les raisons de « la grande catastrophe de mai », les Français, « le visage tourné vers la guerre précédente », s'étant préparés à « une guerre linéaire », sans échelonnement en profondeur, cependant que les Allemands, additionnant la surprise de l'aviation d'assaut et des moyens mécaniques terrestres, avaient inventé « la guerre en quinconce », Paul Reynaud dresse le bilan des succès allemands... et celui des pertes franco-anglaises en hommes et en matériel. Bilan terrible, on le sait. Mais, on le sait aussi, combien plus inquiétante encore que nos

1. Ce qui n'est pas exact s'agissant des unités directement engagées dans la bataille.

pertes est la lenteur avec laquelle il nous sera possible de les réparer, à condition que l'adversaire n'avance plus, n'occupe plus, avec des villes, des usines de guerre ; à condition que l'on en revienne, en somme, à la guerre statique de 1915-1917.

Les chiffres que Reynaud cite, le 7 juin, à des sénateurs devant lesquels il n'a aucune raison de mentir, condamnent pour l'Histoire (qui ne les a pas retenus...) toute idée d'une poursuite de la guerre en métropole. Le lecteur connaît déjà certains d'entre eux. Les replaçant à leur date, il faut les répéter. Dans la mesure où, s'ils sont la vérité du président du Conseil et ministre de la Défense nationale, il s'agit, toutefois, d'une vérité vieille déjà de quarante-huit heures. Depuis l'instant où ils ont été communiqués à Paul Reynaud, nos pertes en matériel ayant augmenté, notre potentiel industriel ayant été réduit, ils sont donc partiellement faux le 7 juin à 16 heures.

## Le bilan du désastre

Nos armées possédaient, le 10 mai, 4 000 canons de 75, elles en ont perdu 1 000 ; 1 650 canons de 155 court, 550 sont restés sur les champs de bataille du Nord ; 1 800 chars légers, 600 ont été détruits ou capturés ; 270 chars lourds, 180 ont été foudroyés. Quant à « la presque totalité » du matériel automobile de *six divisions motorisées sur sept*, il a été perdu en Belgique, autour de Lille, devant Dunkerque [1].

Quelles sont donc nos capacités de production au cours du mois de juin, en imaginant, il faut y revenir, mais c'est essentiel, que la ligne de bataille se figera, que nos armées stopperont net la progression allemande ?

Pour remplacer 1 000 canons de 75, nous en *produirions*, au mois de juin, 150 ; pour remplacer 550 canons de 155 court, les usines d'armement, situées en territoire encore libre, en *sortiraient* 36, et 170 chars légers et 36 chars B, alors que les pertes ont été, respectivement, de 600 et de 180. Comment cette faible cadence de production, imaginable seulement, d'ailleurs, dans des conditions de bataille idéales, c'est-

1. Le 15 juin, l'ingénieur général Martignon fera connaître au Conseil des ministres des chiffres un peu différents, mais aussi consternants. Selon lui, nos armées n'auraient plus que 1 000 à 1 500 canons de 75, 250 canons de 155.

à-dire avec un front stable, une aviation assez puissante pour éloigner les bombardiers allemands de nos usines d'armement et des ports où arrivent charbon et acier[1], nous permettrait-elle de « tenir jusqu'en octobre » puisque c'est en octobre, selon Paul Reynaud — il l'affirme aux sénateurs sans l'expliquer —, que la France sera en état de faire face victorieusement ?

Octobre 1940 s'agissant des armements ! Octobre 1940 s'agissant des effectifs ! Aussi stupéfiant que cela paraisse pour qui connaît la situation militaire : les Français, aujourd'hui, mais Reynaud, le 7 juin 1940, la connaît et les sénateurs, s'ils ne savent pas le détail des progrès de l'avance allemande, ne peuvent ignorer que cette avance quotidienne est rapide. Après avoir évoqué les 400 000 hommes de nos armées engagées dans la bataille du Nord, le président du Conseil-ministre de la Défense nationale jette un pont en direction d'un trop lointain avenir.

« Sur les 400 000 hommes perdus, dit-il, 150 000 sont aptes à revenir [d'Angleterre où ils ont été évacués]. »

C'est vrai, mais les 100 000 hommes, appartenant à quatorze divisions différentes, déjà débarqués entre Caen et la Seine, sont — évidemment — sans armes, tout l'armement ayant été abandonné avant l'embarquement. Ils sont souvent sans capote, sans veste, sans coiffure militaire. Moyens de transport et — ce n'est nullement un détail — cuisines roulantes font défaut. Heureux d'être sortis vivants de l'enfer de Dunkerque ; se souvenant d'avoir été admirablement reçus en Angleterre ; de retour en France, dispersés, plus ou moins séparés de leurs cadres ; campant à moins de cent kilomètres de l'ennemi, ils n'ont pas, c'est le moins que l'on puisse écrire, un moral à toute épreuve à la pensée qu'il leur faudra bientôt affronter, presque les mains nues, un adversaire dont ils connaissent, d'expérience, la puissance de feu.

D'ailleurs, le commandement, après avoir imaginé tirer de cette masse un corps d'armée à quatre divisions, ne formera, avec les cadres et les éléments les plus déterminés, que deux divisions légères mécaniques équipées de matériel sorti d'usine quelques jours ou quelques heures plus tôt, deux divisions légères mécaniques « modèle réduit » qui seront envoyées dans la région de Pacy-sur-Eure et mises à la disposition de la X^e^ armée.

---

1. « Dans le même temps, déclare Reynaud le 7 juin, nous avons perdu une grande partie de la production industrielle de la France. Nous sommes donc obligés d'importer plus, notamment beaucoup plus de charbon et d'acier et, tandis que nous sommes obligés d'importer davantage, les moyens d'importer sont réduits puisque, d'une part, nous avons perdu des ports et, d'autre part, les ports qui nous restent sont l'objet des bombardements ennemis. »

Dans son inventaire des disponibilités en hommes, Reynaud évoque également les 160 000 soldats des dépôts et les 625 000 hommes existant dans les formations du territoire, soldats dont la qualité n'est évidemment pas à rapprocher de la qualité de « ceux que nous avons perdus et qui opéraient en Belgique, qui étaient pour ainsi dire la fleur de l'armée française ».

Imaginant je ne sais quel miracle, Reynaud poursuit, et il faut le citer intégralement tant les dates évoquées par l'homme qui est, avec Weygand (mais Weygand ne nourrirait jamais ses auditeurs d'aussi folles illusions), le mieux informé de France témoignent soit d'un aveuglement total sur les réalités militaires du moment, soit d'une choquante volonté d'intoxication. Comment faire le choix entre deux thèses également inacceptables pour l'esprit puisqu'elles brouillent totalement l'image qu'a voulu donner de lui Paul Reynaud ?

Voici donc les promesses que les sénateurs de la Commission de l'armée et de la Commission des affaires étrangères entendent, un peu avant 16 heures, le 7 juin 1940.

> « Pour ce qui est des recrues, on avait levé, il y a quelques mois, le deuxième contingent de 1939, soit 180 000 hommes, *qui seront instruits le 1^er^ août*[1]. Nous appelons, *demain 8 juin*, 120 000 hommes du premier contingent de 1940 [beaucoup vont être capturés à leur arrivée dans les casernes] qui seront utilisables *avant l'hiver*[1], et nous allons incorporer également les 234 000 hommes qui correspondent aux neuf derniers mois de 1940.
>
> « Au total, en sus des formations du territoire qui ne sont pas utilisables à cet effet, *2 110 000 hommes seront utilisables d'ici au mois d'octobre prochain*[1], c'est-à-dire à peu près autant qu'au 10 mai dernier. »

À l'instant où le président du Conseil évoque « octobre 1940 », les Allemands, partout, ont déjà emporté la première position de la ligne Weygand. Ils approchent de Rouen, s'apprêtent à franchir l'Aisne à l'ouest de Soissons, débordent ou grignotent nos points d'appui, obligent nos troupes à des retraites qui les conduiront, dans quelques heures, à tenter de tenir des positions improvisées sur la Basse-Seine, sur le confluent de l'Ourcq et de la Marne, autour de Paris.

Si les sénateurs ignorent les plus récents progrès allemands, ils en

---

1. Souligné intentionnellement.

savent assez pour craindre l'irrémédiable. Cependant, aucun n'a évoqué publiquement une possible (probable ?) demande d'armistice [1].

En revanche, ils ont posé la question que Churchill tenait absolument à voir écartée.

> « *M. Paul Bénazet* : Il s'agit de savoir quelle est la participation de l'Angleterre à l'effort décisif qui se poursuit sur le territoire de la France. J'ai des renseignements qui datent de ce matin même. *Tout le monde sait* [2] que, sur certains points, les Anglais, pressés par les Allemands, n'ont donné à la coopération avec la France qu'un accord jusqu'à un certain point limité.
>
> « Il est certain que les efforts de l'aviation anglaise et des troupes anglaises, quand il s'agissait de sauver les Anglais pour les amener jusqu'à la mer, ont été considérables et magnifiques. Mais, à l'heure actuelle, il y a autre chose : il y a le salut même de ce pays qui se joue sur notre sol [...]. Oui ou non, [les Anglais] veulent-ils mettre, dans la bataille de la Somme, la totalité de leurs forces d'aviation, de leurs forces de résistance ? »

Il est terrible ce « oui ou non » de Paul Bénazet. Le sénateur de l'Indre a posé une question qui brûlait bien des lèvres. La brève réponse de Reynaud est habile. Il se contente d'expliquer qu'il n'a cessé — ce qui est exact — de réclamer à Churchill, au cours de « conversations qui se poursuivent, de jour et de nuit, depuis le début de la bataille, et même avant la bataille [3] », l'envoi, en France, de « nombreuses » escadrilles de chasseurs. Et Churchill a fini par céder. Il a enfin promis de ne plus tenir compte des réserves de son état-major et de « commencer à [nous] envoyer » des avions de chasse. La nouvelle date de quelques heures et, dans quelques heures, viendra peut-être une autre bonne nouvelle.

— Voilà, poursuit Reynaud, comment, dans des circonstances difficiles, on arrive à un résultat en utilisant tous les arguments, ceux de l'amitié personnelle et ceux de l'intérêt du pays, exposés de la façon la plus

---

1. Pierre Laval, je l'ai écrit, souhaitait intervenir. Privé de parole, on ignore donc quelle aurait été sa question.
2. Je souligne intentionnellement ce « tout le monde sait ».
3. La bataille en cours depuis le 5 juin.

brutale car, quand il s'agit de la vie ou de la mort du pays, on peut parler brutalement...

## Au gouvernement, deux hommes seulement pour la guerre à outrance

Brutalement, vraiment ?

La brutalité eût été dans les chiffres.

Or, fidèle à ce que lui a demandé Churchill, Reynaud n'a cité, le 7 juin, aucun de ces chiffres qui auraient pu mettre en cause non la Royal Air Force, mais le gouvernement britannique, seul maître de la proportion des escadrilles qu'il consent à engager aux côtés des Français pour une bataille dont il sait l'épisode français perdu. Ne pouvant et ne voulant pas citer de chiffres, Reynaud va donc se réfugier dans des généralités dont la violence verbale aurait surpris Churchill, à moins qu'elle ne l'ait fait éclater d'un rire homérique, car le Premier ministre britannique avait, depuis longtemps, cessé de croire à la fermeté de cœur et à la volonté de résistance des dirigeants français.

Après avoir reproché aux Français de n'avoir pas suffisamment, par le passé, joué le rôle « d'entraîneurs vis-à-vis du peuple anglais, qui vit en dehors du continent [...], qui ne sait pas ce que signifie la guerre dans ses aspects les plus brutaux », le président du Conseil français hausse le ton. « Le rôle des hommes d'État français [pauvres hommes d'État, effondrés devant les désastres du jour et, plus encore, à la pensée des désastres du lendemain] est *d'entraîner les hommes d'État anglais avec toute la force dont ils sont capables et tous les arguments qu'ils peuvent invoquer*[1]. S'ils ne le font pas, ils manquent à leur premier devoir. »

Sans doute... Mais, avant que Spears, dans la soirée du 7 juin, ne prenne l'avion qui le mènera à Londres, Reynaud, qui vient de prononcer, devant les sénateurs, des paroles justement inquiétantes et faussement rassurantes ; qui vient d'affirmer, et la volonté du gouvernement de livrer « une lutte à mort pour défendre Paris[2] », et sa volonté « iné-

1. Souligné intentionnellement.

2. En réponse à une question du sénateur Belmont qui a souhaité savoir si Paris serait « considérée comme ville ouverte ou si elle serait défendue ».

branlable de poursuivre [l']effort jusqu'au bout », avoue au général britannique, pour qu'il en fasse confidence à Churchill, que la guerre à outrance n'avait plus, au sein du ministère, que deux partisans : Mandel et lui.

# 4.

# DE GAULLE : UN DESTIN ENCORE EN POINTILLÉ

Deux ministres seulement en faveur de la guerre à outrance, deux sur vingt-quatre, et sur vingt-neuf en comptant les cinq sous-secrétaires d'État ? Le 7 juin, remarquons-le, Reynaud, citant les partisans de la résistance, ne fait aucune allusion à Charles de Gaulle, nommé deux jours plus tôt sous-secrétaire d'État à la Guerre et à la Défense nationale.

Ingratitude de Reynaud à l'égard d'un homme qui lui avait toujours montré une grande fidélité, d'un homme grâce auquel il avait formé sa doctrine militaire — de Gaulle lui avait écrit soixante-deux lettres entre 1935 et juin 1940 [1] — et qu'il avait étroitement associé à sa lutte contre Gamelin et Daladier ; d'un homme dont il ne pouvait douter qu'il ait été fervent partisan de la poursuite du combat.

À moins qu'il ne s'agisse d'un mouvement de rancœur. Le livre de Reynaud a été publié en 1963. Or, en 1958, le général de Gaulle, revenu au pouvoir, n'avait rien fait pour empêcher Jacques Chaban-Delmas d'être candidat contre Reynaud à la présidence de l'Assemblée nationale. Et de l'emporter. S'agissant de mémoire sélective, il n'est rien d'impossible.

Quoi qu'il en soit, le 7 juin 1940, pour Paul Reynaud, de Gaulle n'a évidemment pas l'importance que nous lui accordons aujourd'hui.

---

1. Dont les plus importantes datent du 22, 23 juillet, 3 et 26 août 1936. De Gaulle y exposait alors les périls nés du réarmement allemand, de la création de Panzerdivisionen,

Nous le voyons en majesté.

Son destin s'écrivait alors en pointillé.

Nous avons oublié — ou ignoré — qu'écrivant à Reynaud, le 4 mai 1936, de Gaulle avait terminé sur ces mots : « Veuillez me tenir, monsieur le Ministre, demain comme hier, pour résolu à vous servir [1] » ; que, le 24 septembre 1938, alors que la guerre menace, ses dernières phrases étaient les suivantes : « Mon régiment est prêt [2]. Quant à moi, je vois venir sans nulle surprise les plus grands événements de l'histoire de France, et je suis assuré que vous êtes marqué pour y jouer un rôle prépondérant. Laissez-moi vous dire qu'en tout cas je serai — à moins d'être mort — résolu à vous servir s'il vous plaît. »

Les mots « d'admiration et de fidèle dévouement », qui terminent toutes les lettres de De Gaulle — en un temps, il est vrai, où, plus qu'aujourd'hui, la courtoisie est la règle —, permettent de mesurer assez exactement les différences qui, en juin 1940, séparent deux hommes, dont l'un a une supériorité de situation, l'autre une supériorité de nature.

D'être bridé par les hésitations d'un Paul Reynaud, par l'indifférence hautaine d'un Weygand, par la majesté silencieuse d'un Pétain, conduira de Gaulle, dès l'instant où il aura trouvé, en Churchill, un visionnaire de sa race, au choix historique que l'on sait.

Mais dépourvu de pouvoirs — c'est-à-dire de tous les pouvoirs —, ne pouvant encore « prendre l'action à son compte, affronter seul le destin, passion âpre et exclusive qui caractérise le chef [3] », de Gaulle n'en aura pas moins, entre le 1er et le 16 juin, de grands projets impétueusement défendus, qui tous, on le verra au fil des pages, en avortant, l'isoleront et le précipiteront dans l'aventure londonienne, qu'il abordera en solitaire.

Reçu le 1er juin [4] par Weygand, qui tient à le féliciter pour son action et son attitude à la tête de la 4e division cuirassée dans la récente bataille d'Abbeville, comment de Gaulle, dont la pensée est tout entière vouée,

---

et insistait sur la nécessité de créer un corps cuirassé français. Ces lettres ont été publiées par Mme Évelyne Demey sous le titre *Paul Reynaud, mon père*.

1. Reynaud était ancien ministre. La lettre de De Gaulle est écrite après la victoire de Reynaud qui, avec 27 voix de majorité, vient d'être élu dans le IIe arrondissement de Paris. Les élections de 1936 ayant été, on le sait, un succès pour le Front populaire, Reynaud sera d'abord député d'opposition.

2. Le colonel de Gaulle commande alors, à Metz, le 507e régiment de chars.

3. Ce sont les mots que de Gaulle, dans ses *Mémoires de guerre*, chap. 1, p. 40, emploie à propos de Weygand qui lui paraît « manquer des qualités du chef ».

4. Mais avant d'être reçu par Weygand il l'a été pendant une heure par Paul Reynaud (témoignage du général Nérot, alors capitaine, qui accompagnait le général de Gaulle). *Cf.* Destremau, *Weygand*.

depuis plusieurs années, à l'utilisation des blindés, ne profiterait-il pas de la circonstance pour proposer au général en chef la meilleure façon d'utiliser nos 1 200 chars [1] ?

Pour lui, ils devraient être regroupés en deux forces : l'une au nord de Paris, l'autre au sud de Reims. Ainsi disposerions-nous d'« un moyen d'infortune » — le mot est de De Gaulle dans ses *Mémoires* — pour agir dans le flanc des corps mécaniques allemands lorsque, mettant à profit la rupture de notre front, ils se trouveraient fatalement étirés en profondeur, disloqués en largeur.

Weygand a écouté, mais déjà son esprit est à la bataille qui, dans quelques jours, s'engagera sur la Somme et sur l'Aisne. Si l'on en croit de Gaulle, le commandant en chef, avant de dire qu'il nous restait « une chance », aurait accumulé un si grand nombre de conditionnels que la « chance », à chaque seconde, s'évanouissait. « *Si* les choses ne vont pas trop vite ; [*s'il* est possible] de récupérer à temps les troupes françaises échappées à Dunkerque ; *si* [on peut] leur trouver des armes ; *si* l'armée britannique revient prendre part à la lutte après s'être rééquipée ; *si* la Royal Air Force consent à s'engager à fond sur le continent [2] », alors, oui, peut-être...

Jugeant — et son jugement sur l'État-major, comme celui de beaucoup de jeunes officiers, ne date pas du 1er juin 1940 : il s'est formé depuis de longues années —, jugeant que le général Weygand n'avait ni la volonté d'arracher « sa stratégie au cadre étroit de la métropole » — on voit poindre l'idée de la poursuite de la lutte en Afrique du Nord — ni l'imagination nécessaire pour mettre « dans son propre jeu l'atout des grandes ressources et des grands espaces en y englobant les territoires lointains, les alliances et les mers » — et voici esquissé le thème qui sera au centre de l'appel du 18 juin et des discours qui suivront —, c'est « l'âme lourde » que de Gaulle quittera le commandant en chef.

Le 2 juin, il lui enverra cependant une note modifiant la philosophie du projet qu'il lui avait exposé la veille : il n'y aurait plus deux corps cuirassés, mais un seul dont il s'offre, « sans aucune modestie, mais avec la conscience d'en être capable », pour prendre le commandement.

Doutant de la décision de Weygand, c'est à Paul Reynaud, président du Conseil *et* ministre de la Guerre, qu'il demandera, par écrit, le 3 juin, de faire de lui — à défaut d'un sous-secrétaire d'État — « le chef, non

---

1. Il s'agit de chars de différents tonnages, et non des chars les plus modernes dont Destremeau écrit qu'il en restait 300.

2. *Mémoires de guerre*.

point d'une de vos quatre divisions cuirassées [elles sont toutes considérablement affaiblies par la bataille] mais bien du corps cuirassé groupant tous ces éléments ».

## De Gaulle à Reynaud : « Soyez Carnot ! »

Elle est importante cette lettre du 3 juin, pour l'intelligence de la psychologie et des ambitions d'un de Gaulle que la brutalité des événements a, en esprit, déjà détaché de tout lien de subordination. Le de Gaulle de la lettre en huit points du 3 juin 1940 n'est plus le de Gaulle des lettres révérencieuses de 1936 ou 1938[1]. Jugeant avec sévérité, écrivant avec hauteur de ton, de Gaulle laisse éclater la très vive conscience qu'il a de sa supériorité.

Sans complexe, il écrit à Reynaud — président du Conseil, ministre de la Guerre et des Affaires étrangères, il est nécessaire de le rappeler — que s'il est « devenu le maître », lui, Reynaud, c'est parce qu'il l'a en partie suivi, mais qu'il s'est désormais « subordonné aux hommes d'autrefois » : Pétain, Weygand et tous les autres de la même génération — qui « le redoutent [lui, Charles de Gaulle] parce qu'ils savent [qu'il a] raison et possède le dynamisme pour leur forcer la main ». Or, si « on les laisse faire », les « hommes d'autrefois » vont « perdre cette guerre nouvelle ». Reynaud ne peut donc « redevenir le maître » qu'en rompant avec le passé et des chefs qui furent illustres dans le passé.

« Le pays, poursuit de Gaulle, sent qu'il faut nous renouveler d'urgence. Il saluerait avec espoir l'avènement d'un homme nouveau, de l'homme de la guerre nouvelle. » (Avènement : « élévation à une dignité suprême »... Et quel homme si ce n'est de Gaulle ?) Tel est le point 6 de la missive.

Voici le point 7 : « *Sortez du conformisme des situations acquises et des influences d'académies*[2]. Soyez Carnot, Carnot fit Hoche, Moreau, Marceau. »

À plusieurs reprises, déjà, par le passé, de Gaulle avait, en quelque sorte, mis Reynaud « en appétit de grandeur historique ». À plusieurs

1. Jean Lacouture *(De Gaulle*, tome 1, p. 320) a publié l'intégralité de cette lettre. En revanche, on n'en trouve pas trace dans *Envers et contre tous* de Paul Reynaud.

2. Pétain (1929) et Weygand (1931) avaient été élus à l'Académie française. Depuis 1919, Pétain était membre de l'Académie des sciences morales et politiques.

reprises, dans sa correspondance, il avait évoqué « l'organisateur de la victoire ».

Le 3 mai — à sept jours de l'assaut décisif des Panzerdivisionen —, dans une lettre critiquant justement la façon dont avaient été menées les opérations en Norvège, disant, ou, plus exactement, redisant, que « le système militaire français [était] conçu, organisé, commandé en opposition de principe avec cette loi de la guerre moderne » selon laquelle il n'y a plus « d'entreprise militaire qu'en fonction et à la mesure de la force mécanique », de Gaulle en appelait donc, à nouveau, à Carnot. « Répétons que le corps militaire, par conformisme inhérent à sa nature, ne se réformera pas tout seul. C'est une affaire d'État, la première de toutes. Il y faut un homme d'État. En France, le grand homme de cette guerre sera Carnot, ou ne sera pas... »

Après avoir jeté en pâture à l'imagination de Reynaud Carnot, symbole d'idées neuves, de réformes profondes et « payantes », en cet été de 1793 où la défaite menaçait, peut-être, d'emporter la France avec la Révolution ; après avoir cité Hoche, Marceau, Moreau, des noms évocateurs de gloires anciennes (encore que Moreau, traître à son pays, ait mal fini) ; des noms évocateurs de victoires qui ne devaient rien aux armées de métier de l'époque, puisqu'elles surgissaient de la levée en masse, de Gaulle pose ses conditions. Il n'entend nullement venir auprès de Reynaud comme « irresponsable », c'est son mot, chef de cabinet ou chef d'un quelconque bureau d'études : « J'entends agir avec vous, écrit-il, mais par moi-même. Ou alors, c'est inutile et je préfère commander ! »

Reynaud et Weygand ne lui donneront pas le commandement des derniers blindés français, mais le président du Conseil l'appellera près de lui, le 5 juin, comme sous-secrétaire d'État à la Défense nationale et à la Guerre[1], dans ce ministère, abandonné dans la soirée du 10 juin 1940 et dans lequel, revenant en vainqueur, à Paris, le 25 août 1944, de Gaulle, ému, plus que surpris, de constater que quatre années d'occupation n'avaient en rien changé l'aspect des choses[2], en s'y installant, réinstallait l'État.

---

1. « Je nomme le général de Gaulle sous-secrétaire d'État à la Défense nationale », écrit Paul Reynaud dans *Envers et contre tous*. De Gaulle obtiendra très rapidement qu'à ce titre soit ajouté « et à la Guerre ».

2. « Pas un meuble, pas une tapisserie, pas un rideau n'a été déplacé. Sur la table le téléphone est resté à la même place et l'on voit, inscrits sur les boutons d'appel, exactement les mêmes noms. Tout à l'heure, on me dira qu'il en est ainsi des autres immeubles où s'encadre la République. Rien n'y manque excepté l'État. Il m'appartient de l'y remettre. Aussi m'y suis-je d'abord installé » *(Mémoires de guerre*, tome II, p. 306).

Qui se plonge dans les *Mémoires de guerre* du général de Gaulle, puis, lecture achevée, ouvre *Envers et contre tous*, de Reynaud, éprouve l'impression de ne pas revivre tout à fait la même histoire. Il est naturel que de Gaulle et Reynaud, ne portant pas le même regard sur les mêmes événements, ne leur accordent pas la même importance, mais l'embarras du lecteur commence lorsqu'il faut choisir entre de Gaulle et Reynaud, qui s'affirment également meneurs du jeu, revendiquent la paternité de ces projets inaboutis (le réduit breton, la poursuite du combat en Afrique du Nord) qui, selon chacun d'eux, auraient changé la face des choses.

En réalité, en juin 1940, et jusqu'au jour où il démissionne, c'est Reynaud qui décide, ou ne décide pas, mais, de Gaulle ayant été sacré par l'histoire, c'est à lui que nous sommes tentés de tout attribuer puisque, la majesté de l'écriture aidant, il s'attribue tout.

D'ailleurs, lisons-le bien. Dans ses *Mémoires*, lorsqu'il rend hommage à la « solidité d'âme » de Paul Reynaud, solidité qui, selon lui, « ne se démentit jamais », lorsqu'il déplore que « cette grande valeur [ait été] injustement broyée par des événements excessifs », c'est le dernier mot qui importe. S'ils ont « broyé » Reynaud, les « événements excessifs » ont magnifiquement servi de Gaulle parce qu'il a su magnifiquement s'en servir et c'est lui seul que l'histoire appellera « homme du destin », « homme des tempêtes ».

## Le « déboulonnage » de la statue Pétain

Il semble que le 6 juin, lors de sa première rencontre avec Reynaud, depuis sa nomination comme sous-secrétaire d'État, de Gaulle ait reproché au président du Conseil d'« avoir embarqu[é] dans son cabinet le maréchal Pétain » à qui, jadis, il avait, en grande partie, dû sa carrière, mais les temps n'étaient plus à la gratitude.

Pour de Gaulle, le maréchal Pétain est en effet, désormais, « le paravent » — le mot se trouve dans les *Mémoires* — « de ceux qui voulaient l'armistice ». Avant de sortir de son mutisme, le Maréchal s'oppose par son prestige immobile à toute entreprise réclamant imagination, ouverture sur le vaste monde. Il devient ainsi l'adversaire de ceux, bien rares dans cette France à laquelle, chaque jour, l'avance allemande arrache un morceau de France, qui persistent à espérer, à échéance de trois ou quatre années, le salut par les armes anglaises, puis américaines.

Ainsi de Gaulle a-t-il ouvertement commencé le déboulonnage de « la statue Pétain. » Il le poursuivra dès ses premiers discours de Londres car, maître tacticien, il a parfaitement compris, et bien avant les autres, que pour exister, pour occuper la première place, il fallait que Pétain, le Pétain de 1916 et 1917, ne soit plus, un jour, dans l'esprit des Français, que le Pétain du « honteux armistice ».

S'il n'attaque encore Pétain que de façon oblique, il n'en va pas de même pour Weygand, cet « homme d'autrefois », insensible aux vertus de l'homme « de la guerre nouvelle ».

Avant de partir pour Londres, où Reynaud l'envoie solliciter de Churchill des avions, quelques soldats, mais également les navires nécessaires au transport des troupes jusqu'en Afrique du Nord, de Gaulle s'est rendu, le 8 juin, au quartier général de Weygand, dont il n'était plus le subordonné sans être tout à fait le chef. Il lui aurait alors suffi de quelques minutes d'entretien pour « comprendre [que le commandant en chef] était résigné à la défaite et décidé à l'armistice ».

Dans ses *Mémoires de guerre*, il a rapporté, avec une précision surprenante, un dialogue dont Weygand devait, plus tard, nier et la forme (le style « à moi, comte, deux mots... ») et le fond, un dialogue, ce n'est pas le moins étonnant, dont Paul Reynaud écrira qu'il n'en avait rien su en 1940, qu'il avait dû attendre 1954 — date de publication des *Mémoires de guerre* du général [1] — pour apprendre que Weygand, après avoir dit que nos troupes étaient battues sur la Somme, avait éclaté d'un « rire désespéré » en entendant de Gaulle évoquer « la ressource [du] monde, [de] l'Empire ».

Il n'aurait cependant pas été négligeable que de Gaulle rapportât au président du Conseil la suite des propos du généralissime, tels du moins qu'il les a coulés pour l'Histoire dans ses *Mémoires de guerre* : « L'Empire ? mais c'est de l'enfantillage ! Quant au monde, lorsque j'aurai été battu ici, l'Angleterre n'attendra pas huit jours pour négocier avec le Reich. »

Et n'aurait-il pas été de son devoir de faire part à Reynaud de cette phrase de Weygand, dite en songeant aux lendemains de défaite : « Ah ! si j'étais sûr que les Allemands me laisseraient les forces nécessaires pour maintenir l'ordre [2] » ?

1. Paul Reynaud, *Envers et contre tous*.

2. S'est-il exprimé exactement en ces termes ? En tout cas le 12 juin, à Cangé, il dira qu'il était nécessaire de garder « quelques troupes pour préserver l'ordre public qui peut être gravement menacé demain ». Le 16 juin, parlant au sénateur Reibel, il évoquera la possibilité que « dans la ruine, dans la misère et dans la mort, l'armée complètement détruite, [il puisse se constituer] de petits gouvernements locaux, comme par une sorte de soviétisation généralisée ».

La réflexion nous blesse aujourd'hui mais, *si elle est exactement rapportée*, elle émanait d'un homme né quatre ans avant la Commune, ce drame auquel hommes de droite comme hommes de gauche font souvent référence ; elle émanait de l'ancien chef d'état-major de Foch, qui ne saurait avoir oublié l'Allemagne troublée de 1920, les communistes maîtres de la Saxe et d'une partie de la Ruhr, leurs journaux annonçant qu'« en union avec la Russie » l'Allemagne serait, un jour, « le tremplin de la victoire à venir de la révolution mondiale » ; elle émanait du généralissime qui n'ignorait pas les conséquences, dans l'armée et dans le pays, du pacte germano-soviétique de 1939 et à qui, le 13 juin, une information erronée laissera croire, un instant, que Maurice Thorez installait, dans Paris abandonné par le gouvernement, un pouvoir communiste.

## Les communistes n'ont pas pris le pouvoir à Paris

On fera plus tard grief à Weygand de l'annonce émue qu'il avait faite, au cours du dramatique Conseil des ministres de Cangé, dont Reynaud avait interrompu le cours, afin que soit vérifiée l'information téléphonée par le lieutenant de vaisseau de réserve Honorat, en poste au ministère de la Marine. Très rapidement, Georges Mandel, ministre de l'Intérieur, téléphonant au préfet de police Langeron, et Weygand, lui-même, appelant le général Dentz, gouverneur militaire d'un Paris à la veille de l'occupation, avaient appris que les communistes, dont les militants, encore en liberté, avaient été dispersés par l'exode au même titre que tous les Français, ne se manifestaient en aucune manière dans la capitale, vidée de l'essentiel de sa population.

Dans son livre sur Mandel, Bertrand Favreau, qui épouse l'irritation et les soupçons de son héros, laisse entendre que, pour Weygand, pressé de faire accepter l'armistice, « nulle dramatisation [n'était] superflue » et qu'afin d'être « démonstratif » il aurait utilisé, comme argument suprême, une fausse nouvelle dont, sans doute, il ignorait d'abord qu'elle fût fausse, mais qui, presque providentiellement, venait appuyer sa demande d'un rapide arrêt des combats.

En revanche, Bernard Destremau, dans son *Weygand*, révélera que « l'information » faisait partie d'une manœuvre conduite, depuis plusieurs mois, par les services de Goebbels, sur le thème : « Une France communiste, appuyée sur l'URSS [alliée alors à l'Allemagne nazie], pourra obtenir une paix acceptable de la part de Hitler [1]. »

Il faut rappeler qu'une possible « menace communiste » sur Paris n'avait pas été écartée par Georges Mandel qui, ministre de l'Intérieur, avait fait demander, le 28 mai, au général Weygand, le concours de trois régiments d'infanterie pour parer au danger de troubles susceptibles de se produire dans une ville aux structures politiques et administratives bouleversées par les préparatifs de l'évacuation.

Il faut rappeler également que si Thorez n'était pas à Paris, le 13 juin [2], les communistes iront demander à la Propagandastaffel, six jours seulement après l'entrée des Allemands à Paris, l'autorisation de reparution pour *L'Humanité*, interdite par Daladier, à la suite de la signature du pacte germano-soviétique, mais qui avait réclamé la paix par l'entente avec l'URSS dans son numéro du 17, qu'ils solliciteront rapidement la réinstallation de municipalités communistes et obtiendront, à Paris, la libération de militants arrêtés pour « défaitisme » ou sabotage.

## De Gaulle veut remplacer Weygand par Huntziger

Quoi qu'il en soit, le sort de Weygand était « réglé » depuis le 8 juin dans l'esprit de De Gaulle. Ce vieux monsieur — cet « homme d'autrefois », « incapable » de se renouveler « pour faire tête au malheur », de rompre avec des méthodes désuètes, et qui « a renoncé à vaincre [3] » — devait être éliminé. Sans rapporter — si l'on en croit Reynaud, et il n'y a aucune raison de ne pas le croire — ce que fut exactement son entretien avec le commandant en chef, de Gaulle fait part au président du Conseil de son jugement. Il a d'ailleurs son candidat pour la succession : Huntziger, qui commandait cette II$^{e}$ armée que les Allemands avaient enfoncée à Sedan. Le choix surprend, moins parce qu'il est celui d'un général battu dans une première bataille — il y en eut tant d'autres, et

1. Destremau, qui fait référence au livre de Buchbender et Hanschild *(Geheimsender gegen Frankreich : die Taüschungsoperation « Radio Humanité » 1940*, Mittler Herford, 1984), rend également responsable de la fausse information le trouble qui se serait momentanément emparé de Langeron, p. 528-529.

2. Depuis le 9 novembre 1939, il se trouvait en URSS où il vivait sous le pseudonyme d'Ivanov. *Cf.* Robrieux, *Histoire intérieure du parti communiste*, tome III.

3. *Mémoires de guerre.*

Weygand a donné, le 5 juin, à Huntziger le commandement d'un groupe d'armées — que parce que Huntziger s'était montré aussi négligent dans l'hiver 1939, et dans le printemps 1940, pour mettre en état de défense son secteur, que suffisant et arrogant envers ceux qui faisaient audacieusement remarquer que les défenses de la II$^e$ armée « ne pouvaient pas procurer un temps d'arrêt supérieur à une heure [1] ».

Mais si Huntziger « n'a pas tout pour lui », il est, selon de Gaulle, « capable de s'élever jusqu'au plan d'une stratégie mondiale »... c'est-à-dire d'épouser fidèlement les objectifs et les missions que lui dicterait de Gaulle, devenu son protecteur.

Évoquant ce qui fut beaucoup plus qu'un incident puisque, le 11 juin, en fin de matinée, de Gaulle allait se rendre au quartier général du général Huntziger pour lui proposer — version des *Mémoires de guerre* — le poste de Weygand, pour lui demander — selon les notes personnelles de Huntziger — son opinion sur l'évolution de la situation [2] ; évoquant également le Conseil suprême du 11 juin, à Briare, au cours duquel Weygand avait déclaré qu'il était prêt à se retirer et à servir avec dévouement celui qui posséderait « la méthode propre à remporter la victoire [3] », Reynaud écrira dans *Envers et contre tous* que, s'il avait relevé le généralissime de son commandement, « on n'aurait pas manqué de dire qu'il ne fallait pas changer de cheval au milieu du gué ! ».

Phrase de bon sens, même si elle désole de Gaulle : « M. Reynaud agrée, en principe, ma suggestion sans vouloir toutefois la mettre en pratique. »

Gamelin, écarté le 20 mai, l'armée et le peuple, loin d'être traumatisés par le départ du généralissime, avaient repris confiance à l'annonce de son remplacement par le général Weygand. En revanche, le renvoi de Weygand aurait eu de lourdes conséquences morales et, sans doute, militaires. Huntziger nommé à sa place... ou de Gaulle, puisqu'il appartenait au pouvoir civil de choisir le commandant en chef, le cours de la guerre s'en serait-il trouvé modifié ? La réponse ne pourra jamais être donnée.

Revenant sur l'un de ces incidents qui — de Gaulle les suscitant parfois

1. *Cf. Le Peuple du désastre*, p. 313-314. En mars 1940, Taittinger, député de Paris, membre de la Commission de l'armée, avait, dans un rapport secret, dénoncé la faiblesse des défenses édifiées devant le secteur tenu par la II$^e$ armée. Son rapport prophétique en bien des points, et qui réclamait « des mesures urgentes », sera balayé d'un revers de plume par le général Huntziger : « J'estime qu'il n'y a aucune mesure urgente à prendre pour le renforcement du secteur de Sedan. »

2. On consultera avec grand profit le *Weygand* de Bernard Destremau (p. 502-505).

3. D'après Roland de Margerie, Weygand, en disant ces mots, aurait jeté un regard en direction du général de Gaulle.

ou les envenimant[1] — l'avaient opposé à Weygand, Reynaud aura des mots qui ont l'immense mérite de plonger le lecteur dans *la vérité du moment*, c'est-à-dire la vérité de juin 1940, lorsque Pétain est Pétain ; Weygand, Weygand ; et que de Gaulle n'est pas encore de Gaulle.

« Pourquoi n'ai-je pas demandé sur l'heure [le 13 juin[2]] que Weygand soit relevé de son commandement ? Pourquoi aucun des "durs" de mon gouvernement ne l'a-t-il demandé ? Pour le comprendre, il faut faire l'effort d'imaginer ce qu'étaient alors, aux yeux des Français unanimes, le maréchal de France à la tête marmoréenne, "vainqueur de Verdun", et le général Weygand, "bras droit de Foch". Ils représentaient l'héroïque et sanglante résistance de la France de 1914-1918, défendant son honneur et sa vie, résolue à reconquérir l'Alsace-Lorraine[3]. »

Avec le temps qui passe, le manichéisme qui gagne, l'effort d'« imaginer » est certainement l'effort le plus difficile. Il équivaut à tenter de soulever les montagnes de l'ignorance et de la mauvaise foi.

---

1. D'une confusion, explicable par le désordre régnant le 11 juin en France à tous les niveaux, de Gaulle fera un drame. Le 11 juin, Churchill ayant subitement décidé de venir en France, c'est Weygand qui, par hasard, fut informé le premier par les Anglais. Comme il convenait, il fit part de la décision de Churchill à un Paul Reynaud qui avait été difficile à joindre. De Gaulle, présent lors de l'entretien téléphonique Weygand-Reynaud, crut, sur l'instant, à un complot : « Eh quoi, dis-je au chef du gouvernement, admettez-vous que le généralissime convoque ainsi de son propre mouvement le Premier ministre britannique ? Ne voyez-vous pas que le général Weygand poursuit non point un plan d'opérations, mais une politique, et que celle-ci n'est pas la vôtre ? Le gouvernement va-t-il le laisser plus longtemps en fonction ? » Ces lignes sont extraites des *Mémoires de guerre* ; or, lorsque de Gaulle écrit (1954), l'affaire, qui n'en avait jamais été une, était depuis longtemps élucidée.

2. Reynaud fait allusion à la « sortie » de Weygand dans l'après-midi du 13 juin. Le commandant en chef a, en effet, déclaré en réponse à Reynaud qui venait de parler des « militaires qui ne [voulaient] pas se battre » que les ministres devraient au moins « avoir le courage de rester en France, quoi qu'il puisse advenir ».

3. *Envers et contre tous*, p. 408. Écrivant, le président Reynaud reprenait les arguments utilisés le 31 juillet 1954 lors de sa déposition au procès du maréchal Pétain. Il répondait alors au général Weygand qui s'étonnait qu'en raison de son désaccord avec lui il ne l'ait point relevé de son commandement. « J'y ai pensé, dira-t-il. Mais dans quelles conditions me trouvais-je ? Je venais de relever le général Gamelin de son commandement cinq jours plus tôt. Est-ce qu'en cinq jours j'allais donner un troisième commandant en chef à l'armée française... » (Reynaud fait allusion à l'entretien qu'il avait eu, le 25 mai au matin, avec le maréchal Pétain et le général Weygand, entretien au cours duquel ses deux interlocuteurs lui avaient (auraient) laissé entendre que si la bataille de France était perdue il faudrait demander l'armistice.) Dans sa déposition, M. Reynaud ajoutera qu'il ne pouvait procéder à pareil changement « au moment où le moral de l'armée et du pays avait été exalté par l'arrivée à la fois du maréchal Pétain et du général Weygand et aussi par le fait que Georges Mandel avait pris le ministère de l'Intérieur ».

## Querelles lors du procès Pétain

Ces querelles d'hommes n'ont rien de vil.

Reynaud, Weygand, de Gaulle, Pétain, lorsqu'il sortira de son silence pour exiger l'armistice, sont habités, les uns et les autres, d'un même amour pour la France. Mais, au même problème, et dans la précipitation imposée par la rapidité de l'avance allemande, par la rapidité de l'effondrement des défenses françaises, ils apportent des réponses qui sont fonction de leur âge comme du rôle qu'ils assument. En contact avec des généraux, qui se font l'écho des malheurs de la troupe, Weygand ne peut réagir comme réagit Reynaud, familier des Britanniques. Sur l'avenir, les responsables français ont des visions différentes ; les uns restant liés aux souvenirs des conflits précédents, et notamment de cette guerre de 1914-1918, si proche dans le temps, si lointaine par les méthodes ; les autres — fort rares — voyant le salut dans l'élargissement constant d'un champ de bataille, dans lequel la France tiendrait le rôle qui avait été celui de la Belgique, en 1914, avant que la victoire alliée de 1918 ne la rétablisse dans ses droits et dans son intégrité territoriale.

Le 31 juillet 1945, lors du procès du maréchal Pétain, alors que les armes avaient rendu leur verdict, et que l'on savait enfin qui, pour l'histoire, avait eu tort et qui avait eu raison, Paul Reynaud, qui avait une revanche à prendre sur le traitement inique que, dès l'automne 1940, lui avait fait subir Pétain, dira que, dès le jour où il les avait appelés, Pétain et Weygand avaient fait passer « leurs haines politiques et leurs convictions personnelles » avant le patriotisme.

De son côté, Weygand, prisonnier des Français, après l'avoir été deux ans et demi des Allemands, dénoncera, le 1er août 1945, ce président du Conseil « aux épaules trop faibles, incapables de supporter le poids dont elles s'étaient chargées » et qui avait transféré, sur le maréchal Pétain et sur lui, Maxime Weygand, les responsabilités qu'il n'assumait pas.

Chez Reynaud, comme chez Weygand, les rancœurs exaspérées par le temps allaient être à l'origine d'injustices dans le jugement. Parlant en 1945, ces hommes oubliaient les réalités de mai et juin 1940.

L'impossibilité dans laquelle se trouvait alors Weygand, avec les moyens dont l'armée française disposait encore le 26 mai, à résoudre heureusement les multiples problèmes posés par l'attaque allemande l'incitait à suggérer — à travers le souvenir de la longue guerre de 1870-1871, perdue après trois semaines de bataille, et dont la poursuite n'avait fait qu'aggraver les exigences prussiennes — que l'armistice intervînt *avant* l'occupation de Paris. Et le maréchal Pétain, que n'habitait aucune illusion sur un rétablissement militaire, le maréchal Pétain qui ne parlait aux Anglais, et des Anglais, que pour rappeler les quarante divisions qu'il leur avait envoyées lorsqu'en mars 1918, sur le front de Picardie, ils avaient été submergés et battus, alors qu'en mai 1940 ils n'avaient rien pu faire pour la France, l'appuyait d'une autorité, à chaque jour de défaite, grandissant encore.

L'impossibilité dans laquelle se trouvait alors Reynaud de voir réalisé son rêve de devenir, à l'instar de Clemenceau hier, de Churchill aujourd'hui, grand homme politique et grand chef de guerre, l'incitait à rechercher des solutions désordonnées, parce que tardives, à d'insolubles problèmes, qu'il s'agisse du « réduit breton » ou du transfert d'assez de troupes en Afrique du Nord pour que la poursuite de la lutte y devienne possible.

Rien de ce qu'il avait imaginé : réduit breton, défense de l'Afrique du Nord, n'était inimaginable ou ridicule, *à condition* que tout fût décidé et imaginé à temps, c'est-à-dire *au moins* à partir de mars 1940, à l'instant où Reynaud était devenu président du Conseil. Mais Reynaud aurait-il obtenu de Daladier, ministre de la Guerre jusqu'au 5 juin, de Daladier qui ne lui obéit qu'avec mollesse et retard, de Gamelin, généralissime jusqu'à ce que la catastrophe de Sedan ait décidé de son sort, des mesures qui *auraient révélé au monde que la France jouait battue* ?

Réduit breton, Afrique du Nord, ceux qui évoquent ces solutions pour les porter au crédit de Reynaud et de De Gaulle [1] oublient deux éléments capitaux : entreprenant *à temps* la mise en défense du réduit breton et de l'Afrique du Nord, la France mettait certes — dans le second cas tout au moins — l'espace de son côté, mais elle avouait aux Français, aux Anglais, aux Américains... aux Allemands également, qu'elle acceptait de renoncer, avant la première bataille, à la plus grande partie, voire à la totalité du territoire national.

En revanche, espérer mener à bien, en quelques jours, et dans le désordre de la défaite, deux entreprises de longue haleine — réduit breton, Afrique du Nord —, c'était les vouer également à l'échec, en laissant à quelques historiens le laborieux plaisir de démontrer que, réussies, elles auraient pu modifier le cours du destin.

Mais l'Histoire s'écrit le plus souvent au présent.

---

1. Qui, dans ses *Mémoires*, s'agissant du réduit breton, sous-estime quelque peu son rôle.

## La chimère du « réduit breton »

Lorsque, le 13 juin, trois jours après que le gouvernement eut quitté Paris, Reynaud, informé par le commandant en chef de l'éventualité de la « rupture définitive de nos lignes de défense », écrit à Weygand que, des deux directions de retraite qui lui semblent possibles [1], celle qui conduirait « à constituer et à défendre un réduit national en Bretagne » a ses faveurs.

Il s'agit d'un projet de grande ampleur. À travers les mots chimériques de Reynaud, qui sont, en partie, des mots de De Gaulle, on peut en juger : « Un tel réduit, situé à proximité de l'Angleterre, qui nous enverrait des troupes [on sait qu'en juin 1940 l'Angleterre n'a que fort peu de troupes disponibles] et du ravitaillement, et à la défense duquel l'aviation britannique pourrait concourir, nous permettrait de maintenir, *au profit des Alliés*, le plus longtemps possible, une tête de pont sur le continent européen *placé sous la domination allemande* et de continuer à diriger la guerre navale, aérienne et terrestre, notamment en Méditerranée et en Afrique du Nord. »

La lettre adressée à Weygand est du 13 juin. Le commandant en chef la recevra le 14, à soixante heures de la demande d'armistice, mais, depuis le 31 mai — sur instruction du président du Conseil en date du 29 —, il avait donné l'ordre de commencer les travaux et de rassembler, entre Nantes et Rennes, des troupes pour un projet qu'il jugeait cependant irréaliste, ce qui ne devait pas être l'avis du général de Gaulle qui allait se rendre à Rennes, le 12 juin, pour inspecter, en compagnie des généraux René Altmayer, Guitry, Caillault, Bellague, ce qui était fait... (fort peu) et envisager ce qui restait à faire.

De Gaulle et les généraux qui se trouvent à ses côtés ont-ils, le 12 juin, prêté attention aux observations que présente M. Borie ? Et d'abord, qui est M. Borie ? Un homme de bon sens, qui devra à son titre de président du Syndicat des entrepreneurs de passer à l'Histoire. Le seul homme que l'on aurait dû écouter. Le seul — puisque, compétent, il parle de délais et de moyens —, le seul que l'on n'écoutera pas. Reçu le 9 juin par Paul Reynaud, il avait été informé par le président du

---

1. La première amenant nos armées « à couvrir le plus longtemps possible le centre même du pays, en faisant corps avec celles de nos forces qui tiennent la barrière des Alpes ». (L'Italie nous a déclaré la guerre le 10 juin.)

Conseil que le gouvernement avait décidé de « fortifier la Bretagne entre Saint-Malo et Saint-Nazaire et qu'il [était] de toute urgence de transporter le matériel et les entrepreneurs sur cette région de façon à pouvoir terminer ce travail *dans le délai d'un mois* »...

Un mois..., c'est-à-dire le 9 juillet, et ce 9 juillet 1940 les députés et sénateurs, réunis à Vichy, s'apprêteront à voter les pleins pouvoirs au maréchal Pétain !

Qu'a répondu Borie ? Ce qu'aurait répondu à sa place tout homme du métier. Qu'il s'agissait là d'un travail « considérable », qu'entre Saint-Nazaire et Saint-Malo il devait y avoir « dans les 180 kilomètres », que rassembler le matériel et réunir les ouvriers — au moins 200 000 — demanderaient du temps et qu'il appartenait aux militaires de définir l'emplacement des blockhaus et le tracé des fossés antichars.

Reynaud s'était comporté comme se comportent tous les politiques en face de tous les techniciens : « Je lui fais part des difficultés que nous allons rencontrer, mais il me donne l'ordre impératif de passer à l'exécution[1]. »

## Un très beau plan de défense... sans défenseurs

Le 10 juin, pour insuffler de l'énergie à un homme qui n'en manque pas, mais ne peut faire de miracles, le président du Conseil a convoqué à nouveau M. Borie. Il lui ordonne de « faire vite » et, le 12 juin, à Rennes, de Gaulle et les généraux qui l'entourent lui tiennent le même langage, cependant que le préfet du Finistère reçoit l'ordre de préparer l'installation du gouvernement et des Assemblées dans le triangle Bénodet-Beg-Meil-Tréboul.

Dans la soirée du 13, Borie, qui a laissé sur place le commandant Danjoy, chargé d'organiser les premiers chantiers, regagne Paris pour quelques heures. Il repartira pour Rennes le 14, à 5 heures, alors que les premiers soldats allemands pénètrent dans la capitale, déclarée ville ouverte.

Il faut lire la suite de ses notes :

---

1. J'ai publié les notes, peu connues, de M. Borie dans *Le Peuple du désastre*, p. 444-445.

« *Lundi 17 juin* : bombardement de la gare de Rennes[1].

« *Mardi 18 juin* : arrivée des Allemands à Rennes. »

Vers 10 h 30, le 18 juin, trois chars allemands, capot ouvert, servants debout dans la tourelle, sont arrivés, en effet, par la route de Fougères sans être inquiétés par le canon placé sur le champ de courses. Derrière eux, les deux cents blindés de la 5e Panzer ont traversé la ville, dépassé, sans même songer à le capturer, l'état-major de la Xe armée qui siège encore à deux cents mètres du flot blindé allemand.

Dans une école, le général Robert Altmayer est toujours en train de rédiger de nombreuses propositions de récompense pour ses troupes...

Marc Bloch, capitaine de réserve, rescapé de cette Ire armée qui avait combattu autour de Lille, a raconté[2] ces heures troubles où soldats et officiers français contemplaient, sans un mot, le défilé des poussiéreuses colonnes ennemies. « Vers 11 heures du matin, j'allai le trouver [son ordonnance] pour l'inciter à fermer, en toute hâte, mes valises. Après l'avoir quitté, je remontais la rue, lorsque j'aperçus, à son extrémité, une colonne allemande qui défilait sur le boulevard : entre le bureau et moi, par conséquent. Pas un coup de feu. Des soldats français, des officiers regardaient. J'appris plus tard que, lorsque les Allemands croisaient, par hasard, un soldat armé, ils se contentaient de le forcer à briser son fusil et à jeter ses cartouches[3]. »

Le général Robert Altmayer ne se contente pas de rédiger les propositions de citations. Averti de l'entrée des Allemands, il téléphone à la préfecture maritime de Brest où, jusqu'à la veille, l'amiral Traub, préfet maritime, et l'amiral de Laborde croyaient à l'établissement, sur le Couesnon et la Vilaine, d'une ligne de résistance valable au moins pour quelques jours, les quelques jours indispensables au départ de la flotte de guerre française.

Pour défendre Brest un très beau plan avait été élaboré le *15 juin* par le général Charbonneau. Il nécessitait 45 bataillons d'infanterie... Charbonneau en aura 3 ou 4 ; 300 pièces d'artillerie, il en aura 10 ;

---

1. Trois avions allemands ayant atteint un train de 12 wagons de mélinite et de munitions arrêté, follement, près de trains de troupes et de trains chargés de réfugiés, il y eut un nombre considérable de victimes (2 000 morts et 900 blessés).

2. Marc Bloch, *L'Étrange Défaite*.

3. Décidé à éviter la captivité, Marc Bloch, abandonnant sa veste militaire, empruntant un veston et une cravate, ira tout bonnement s'installer pendant quelques jours à l'hôtel le plus proche. Arrêté par les Allemands, après avoir pris, à Montpellier d'abord, une place importante dans la Résistance, l'historien, qui avait été, avec Lucien Febvre, le fondateur des *Annales*, sera fusillé le 16 juin 1944.

290 antichars, il en obtiendra une demi-douzaine ; deux escadrilles... pas d'aviation[1].

Les hommes possèdent parfois simplement (c'est le cas de deux compagnies du 112e régiment) un fusil Gras et huit cartouches. On les engage par groupes de douze. On les transporte en car et on les abandonne pour une tâche impossible. Face aux blindés allemands, ils livrent un combat d'hommes préhistoriques. Ils tirent jusqu'à épuisement des munitions, c'est vite fait. Ils se replient ou meurent dans un fossé. Trois ou quatre motocyclettes allemandes culbutées témoignent que l'on s'est battu.

Mais ils sont peu nombreux devant Brest, comme, la veille, ils ont été peu nombreux devant Cherbourg, ceux qui se sont sacrifiés, ceux qui ont fait croire à Rommel, en tête de son bataillon de reconnaissance, qu'il avait à faire face, dans la nuit du 17 au 18 juin, à la sortie de La Haye-du-Puits (45 kilomètres avant Cherbourg) « à un barrage tenu par une importante force ennemie ».

Illusion créée par la nuit et par une résistance inattendue : la « puissante force ennemie », devant laquelle Rommel arrêtera ses hommes pour la nuit en attendant l'arrivée des blindés et de l'artillerie, est commandée par l'enseigne de vaisseau Allary ; elle dispose d'un « vieux canon de 76 autrichien », écrira Rommel ; elle est appuyée par la section de mitrailleuses du lieutenant Le Lann.

Ce ne sera cependant pas l'unique barrage avant Cherbourg : dans le secteur Saint-Lô-d'Ourville-Saint-Sauveur-de-Pierrepont, les Allemands se heurteront au lieutenant de vaisseau Draux et à ses 97 hommes ; à Haut-Mesnil-la-Sangsurière, au lieutenant de vaisseau Carsin, à ses 29 marins, à quelques fantassins, ainsi, pour un court moment, qu'à une compagnie anglaise ; à Beuzeville-la-Bastille, à 55 hommes en position derrière une faible barricade ; à Martinvast, à l'enseigne de vaisseau Lévy qui commande deux sections d'infanterie et 28 marins ; enfin, à proximité de Cherbourg, aux 50 hommes dont 10 *sans armes* de l'enseigne de vaisseau Istria ; à la section de l'aspirant Lépargneur placée au carrefour d'Herouët et aux 30 hommes du lieutenant Lemaître à la sortie d'Octeville.

Pourquoi tirer ces braves gens — et ces hommes braves — de l'oubli ?

---

1. En ce qui concerne la défense des 150 kilomètres de ce qui devrait constituer le réduit breton, les forces françaises se composent de 2 petites divisions d'infanterie, 1 division légère mécanique privée de plus de la moitié de ses blindés, 1 régiment à cheval, 3 bataillons d'infanterie britannique. Ses maigres forces ont à faire face à

Parce qu'il est juste de rendre hommage à leur courage en un temps où, l'armistice demandé, il était facile de se résigner ; juste d'écrire que leur résistance de quelques heures ou de quelques minutes a, en partie, facilité l'embarquement à Cherbourg de 136 000 soldats anglais avec leurs 310 canons ; légèrement retardé la marche allemande vers Brest d'où partirent, dans de folles et courageuses conditions d'improvisation, deux cuirassés français, cinq croiseurs auxiliaires, deux contre-torpilleurs, dix avisos, quinze sous-marins, ainsi que plusieurs bâtiments de guerre de faible tonnage[1] ; oui, mais également parce que leur histoire illustre la vanité du réduit breton ; que les chiffres cités : 50 hommes ici, 97 là, 20 cartouches par soldat et 6 chargeurs pour le fusil-mitrailleur du détachement Lemaître, réduisent à néant les illusions les plus éloquemment entretenues.

La défense du réduit breton, cette « forteresse autour d'un port », imaginée par Reynaud, était impossible faute d'avoir été préparée en temps utile.

---

6 divisions d'infanterie, à 2 Panzerdivisionen, à la 2e division motorisée et à plusieurs escadres de bombardiers en piqué.

1. L'« évasion » du *Jean-Bart*, depuis Saint-Nazaire, sera évoquée ultérieurement.

# DEUXIÈME PARTIE

# LE PEUPLE ACCABLÉ

# 5.

# PÉTAIN

Dans un livre consacré à Pétain, Marc Ferro a justement écrit que, « de tous les hommes politiques dont on a le témoignage, il [Pétain] est bien le seul à tenir compte [des souffrances des Français] tout comme il avait été le seul, en 1914-1918, à prendre en considération personnellement la misère et les souffrances des combattants ».

Le seul... Il n'y pas meilleure, et plus simple, explication, en 1940, à la longévité dans l'opinion et dans la conscience française de l'image de Pétain « père du soldat », et à la force avec laquelle, à partir de juin, s'imposera, quand les événements l'imposeront, l'image de sauveur d'un peuple en perdition.

Car, beaucoup plus que je ne sais quels complots, dont l'inexistence a été depuis longtemps démontrée ; beaucoup plus que l'agitation effective et efficace de Pierre Laval et de Raphaël Alibert, ce sont les dramatiques événements qui le hissent à une place pour laquelle, alors, il ne se présentait aucun candidat recevable.

En 1977, invité d'une émission de Bernard Pivot, à laquelle participait M. Pierre Mendès France[1], j'avais demandé, hors antenne, à l'ancien président du Conseil — qui avait été emprisonné par Pétain et par ses ministres, puis, s'étant évadé, avait rejoint la France libre pour se battre dans l'aviation de bombardement — qui, à Bordeaux, le 16 juin 1940,

1. Dont on venait de rééditer *Liberté chérie*. Pivot m'avait invité après la parution de *Quarante millions de pétainistes*.

aurait été « possible » à la place de Pétain... ? Reynaud venait de s'effondrer ; depuis la défaite de mai, Daladier n'était plus qu'une âme en peine ; Blum ? En juin, qui aurait osé prononcer son nom dans les rues de Bordeaux ? Chautemps ? Vice-président du Conseil, il ne manquait ni de talent ni d'intelligence, mais de charisme, et d'ailleurs l'affaire Stavisky, même s'il s'y était trouvé injustement mêlé, était trop récente dans les mémoires ; Mandel se disait lui-même « impossible » ; de Gaulle — inconnu des foules — allait s'envoler vers l'Angleterre. Quant à Herriot et à Jeanneney, personnages rodés aux crises ministérielles, ils n'étaient nullement à la dimension de la plus terrible crise de notre histoire.

M. Mendès France, quelque regret qu'il en eût, ne m'avait pas donné d'autre nom que celui de Pétain.

Lorsque, le 16 mai 1940, Reynaud lui avait demandé, par télégramme chiffré, de quitter l'Espagne et l'ambassade, pour rejoindre d'urgence Paris où « sa présence était indispensable », Pétain avait dit au commandant Bonhomme, son aide de camp, qui l'avait noté sans retard dans son agenda : « La guerre peut être considérée comme perdue. » Cette phrase et d'autres, aussi pessimistes, allaient être portées au débit de Pétain. Or, le 16 mai, la guerre est bien perdue.

On a vu, dans un précédent chapitre[1], comment, le 15 mai au soir, Daladier, ministre de la Guerre, avait appris de Gamelin l'effondrement de nos défenses dans la région de Sedan, la fulgurante offensive des Panzers entre Laon et Rethel, l'absence de troupes pour interdire la route de Paris.

On a entendu le cri de Daladier à Reynaud : « Tout est perdu ! »

Qu'entre deux directions, qui menaient également ses armées à la victoire, Hitler ait choisi celle qui conduisait à Paris de préférence à celle, plus longue, qu'il adoptera et qui lui permettra de détruire nos armées du Nord et d'acculer les Anglais à Dunkerque, et c'en était fait de la capitale française le 17 ou le 18 mai.

Pétain alors n'aurait joué aucun rôle ; et son personnage, depuis longtemps, aurait quitté nos mémoires, serait absent de nos débats. Il serait « le vainqueur de Verdun », très loin dans le souvenir, en compagnie de Joffre et de Foch.

On ne refait l'histoire que pour s'abandonner un instant au jeu des

1. *Cf.* p. 54.

possibles-impossibles, mais lorsque Pétain arrive à Paris, à l'appel de Reynaud, lorsqu'il découvre, le 17 à 7 h 30, le président du Conseil « encore au lit » (et cette mollesse, peut-être explicable par la fatigue, indignait, en 1944 encore, le paysan qu'il n'avait cessé d'être), lorsque, à sa demande : « Quelle est la situation des troupes ? », on lui présente un tableau sur lequel rien n'indique une tentative de contre-offensive, comment sa « religion » n'aurait-elle pas rapidement été faite ?

Ceux qui le jugent, plus d'un demi-siècle après l'événement, finissent par oublier qu'ayant commandé en chef les armées françaises sur le champ de bataille, ayant, après la victoire, tenu longtemps, plus ou moins bien, le premier rôle militaire, ayant conservé, dans l'armée, des liens et des amitiés, il a un jugement plus clair que les caporaux-journalistes.

Arrive-t-il avec la volonté — on l'a écrit — d'imposer l'armistice ? Non, même s'il voit bien que l'armistice sera, vraisemblablement, inévitable. Dans les premiers jours, il entre dans les vues de Reynaud qui le souhaite « réveilleur des énergies et des courages » et avait dit à Baudouin, le 15 mai : « Ah ! si le Maréchal était là ! Il pourrait agir sur Gamelin, sa sagesse et son calme seraient d'un bien grand secours. »

« Je cherche à m'adapter à ma nouvelle fonction, écrit-il à sa femme, le 22 mai, bien que les débuts soient assez difficiles. Mais je veux rester dans mon rôle de conseiller, de manière à éviter des conflits avec le commandement... », c'est-à-dire avec Weygand.

Depuis longtemps, sans doute depuis 1918, époque où Foch (et Weygand, son second) l'avait empêché de conduire en territoire allemand la dernière offensive, il entretenait avec Weygand des rapports d'une courtoisie sans chaleur[1], rapports que l'épreuve humanisera cependant, puisque Weygand pourra écrire, en forçant peut-être le trait[2], car les épreuves avaient rapproché les deux hommes : « Le jugement, l'expérience et le froid réalisme du maréchal Pétain me donnaient, depuis que reposaient sur mes épaules les plus hautes responsabilités, une garantie dont j'appréciais la valeur. »

S'il accepte d'entrer dans le jeu parlementaire de Reynaud, en se faisant acclamer au Sénat le 22 mai, acclamations qui ont une heureuse influence sur « la cote de popularité » — écrirait-on aujourd'hui — du

1. Weygand, de son côté, reprochait au maréchal Pétain, ministre de la Guerre de Doumergue, d'avoir refusé, suivant en cela le Parlement, de porter le service militaire à deux ans.

2. Dans *Weygand mon père* (p. 275), Jacques Weygand écrit que le général Weygand était « exposé aux caprices d'un homme [Pétain] qui lui avait toujours paru énigmatique et que le grand âge rendait instable ».

président du Conseil ; s'il rencontre les généraux Georges et Gamelin, Pétain reste froid, silencieux, secret, fidèle à son image, et se garde bien de juger la situation militaire et, à plus forte raison, de prétendre l'influencer.

Au Conseil des ministres, alors même que ses collègues s'apprêtent à recueillir presque religieusement ses paroles, il garde le silence ou fait seulement quelques références à « l'autre » guerre, sa guerre.

Plus tard, car je ne crois pas les Français de 1940 aussi ignorants des choses militaires, on devait voir une preuve de sénilité dans sa proposition d'utiliser, entre nos armées sans liaisons, des pigeons voyageurs, « comme on l'avait fait en 1918 ». Or, des sections colombophiles existaient toujours au sein de l'armée française ; les occupants, qui craindront qu'ils ne soient mis au service de la Résistance (ce qui se produira effectivement), interdiront sous peine de mort la possession de pigeons voyageurs, et c'est un pigeon qui — les moyens radio des deux navires spécialisés ayant été détruits — apportera le premier à Londres, le 19 août 1942, la nouvelle de l'échec du débarquement de Dieppe.

## Pétain, de Gaulle et les hommes politiques

Qu'avait donc écrit de Gaulle dans le portrait qu'il avait tracé naguère de Pétain ? « Prestige du secret, ménagé par la froideur voulue, l'ironie vigilante et justifiée par l'orgueil dont s'enveloppe cette solitude[1]. »

Et le commandant Loustaunau-Lacau, en mars 1935, cinq ans avant le drame, lorsqu'il s'était présenté à l'état-major de Pétain ? « Le Maréchal est assis derrière le célèbre bureau de Foch, un mariage de Louis XV et d'Empire, de toute beauté. Foch avait l'air d'un fonctionnaire, Joffre d'un grand-père, Lyautey d'un cavalier, Franchet d'Esperey d'un sanglier, Fayolle d'un musicien, mais lui, qui tient toujours, a l'air d'un maréchal de France. »

En revanche, Reynaud — qui, en la circonstance, a la vue basse — l'imaginera très vite comme une « icône » majestueuse certes, mais insensible, statue qu'il déplacerait à sa guise.

Au Conseil des ministres, l'apparente absence de réaction du Maréchal déconcerte des hommes pour lesquels le silence et la réflexion

1. *La France et son armée.*

constituent une sorte de mort politique. Ils le voudraient à leur image. Sans prendre conscience que, de toutes les images, c'est celle qu'il a le moins envie d'imiter.

Comme la plupart des soldats — ceux du moins qui n'ont pas l'ambition de faire carrière sous la bannière protectrice d'un clan politique ou d'une société secrète —, il n'aime pas les parlementaires. En mars 1916, lorsque Leygues, Barthou, Pichon, Strauss, Gervais, Godard, Bérenger, Daniel Vincent se succédaient à son quartier général de Souilly, pour, sans en courir les périls, recueillir un peu de la gloire de Verdun, il avait écrit à sa maîtresse, Mme Hardon : « ... J'ai reçu aujourd'hui un tas de parlementaires qui m'ont fatigué à l'excès. J'en ai passé un à tabac, et pas des moins importants. J'aimerais mieux te recevoir, toi[1]... »

Irritation d'un général que l'on vient, par des questions oiseuses, déranger de ses soucis d'homme de guerre, dont on rapportera imparfaitement les réponses, dont on interprétera abondamment les « non-dits ».

Veut-on mieux comprendre l'homme de juin 1940 et ses impatiences face aux ministres, face à Reynaud, il faut lire ce qu'il écrit encore, le 20 janvier 1917, à Mme Hardon : « Il y a chez les dirigeants une telle étroitesse d'esprit qu'on ne peut y croire que quand on les a vus de près. Quels que soient les intérêts en jeu, tous les actes sont inspirés par ce point de vue unique : avoir une majorité parlementaire. Ces gens me donnent la nausée. »

Et encore — mais ceci dit, en septembre 1917, au colonel Herbillon, officier de liaison du quartier général auprès du président de la République, Poincaré : « Ils [les hommes du gouvernement] se cachent la tête sous l'aile et veulent toujours se persuader que les événements se passeront comme ils le désirent. Or, comme ils ne peuvent commander à ceux-ci, ils en subissent les à-coups et sont contraints à des rétablissements de fortune qu'un jour ils ne pourront pas même faire. »

Ces mots sont prononcés en 1917, et toute extrapolation qui voudrait leur donner valeur de prédiction serait abusive. Mais, en 1940, Paul Reynaud, contraint à « un rétablissement de fortune », se trouvera bien devant l'impossibilité de le réussir.

Son expérience dans le cabinet Doumergue — où, après les troubles du 6 février 1934, il a occupé le ministère de la Guerre —, en lui permettant de prendre la mesure du régime et des hommes du régime, a davantage encore écarté Pétain, ce soldat épris de la logique hiérarchique, des politiciens et de leurs humeurs. Et sans doute les historiens n'ont-ils pas attaché assez d'importance à cet épisode.

1. Lettre du 20 mars 1916.

Ses réactions de mai et juin 1940 s'expliquent en effet, en partie, par les leçons qu'il a tirées de ces Conseils des ministres, de ces délibérations de 1934 dont — ce sont ses mots — « il ne sort rien, il ne peut rien sortir » ; de la faiblesse de notre politique étrangère, trop souvent à la remorque de la politique anglaise ; du bavardage stérile des hommes politiques dont « le métier suppose que l'on peut parler sur n'importe quoi », alors qu'il ne s'aventure que sur des sujets qu'il a étudiés.

Sans doute maniera-t-il le sarcasme avec infiniment moins de vigueur, de talent, de « griffe », que de Gaulle, dès l'instant du moins où l'auteur de *La France et son armée* pourra enfin se passer de quêter le soutien des politiques pour tenter de faire aboutir, auprès des militaires, ses idées sur les blindés, mais, sur le fond, leur jugement est le même.

De Gaulle, le 3 février 1947 : « Le fait le plus saillant de cette époque, c'est leur médiocrité à tous. Ce qui rassemble les parlementaires, par exemple, c'est cela. Cette médiocrité les contraint : elle les contraint, s'ils veulent survivre, elle contraint chaque parlementaire, s'il veut survivre, à s'asservir à un parti qui, lui-même — par médiocrité —, n'a rien, absolument rien à proposer, à apporter, à offrir[1]. »

De Gaulle, le 8 juillet 1951 : « Personne ne peut arriver à quoi que ce soit au Parlement et par le Parlement... Cela ne peut réussir en rien, ni à rien. »

Lucien Lamoureux, ministre des Finances dans le cabinet Doumergue, avait noté à la suite d'un incident qui, en 1934, avait mis aux prises Tardieu et Chautemps : « Le maréchal Pétain intervint alors dans le débat. Ce fut une surprise, car il parlait peu et il restait généralement muet lorsqu'on discutait sur des problèmes politiques. Mais ses interventions étaient presque toujours décisives car, *parlant rarement*, son autorité s'en trouvait accrue et il avait au plus haut degré l'art de dire les choses d'une façon dense, claire et brève. »

Qu'avait donc écrit de Gaulle dans *Le Fil de l'épée*, ce livre daté de 1931, et dans lequel de nombreux passages semblent tantôt décalque et tantôt anticipation ? Décalque du colonel Pétain, sous lequel le lieutenant de Gaulle avait souhaité servir en 1912, décalque du général, puis du maréchal, sous lequel il avait servi d'assez près pour en tracer un portrait dans lequel les ombres elles-mêmes étaient des lumières psychologiques ; anticipation, s'agissant de l'auteur du livre, puisque, le talent d'écriture aidant, les définitions, jugements, réflexions du de Gaulle de 1930 pourront parfaitement, dans leur philosophie, s'appliquer au de Gaulle de 1940.

---

1. Claude Guy, *En écoutant de Gaulle.*

De Gaulle dans *Le Fil de l'épée* : « Le prestige ne peut aller sans mystère, car on révère peu ce que l'on connaît trop bien... »

Mais voici les lignes les plus importantes : « ... Que les événements deviennent graves, le péril pressant, que le salut commun exige tout à coup l'initiative, le goût du risque, la solidité, aussitôt change la perspective et la justice se fait jour. Une sorte de lame de fond pousse au premier plan l'homme de caractère... »

Phrase, sans en changer un mot, pas même le « goût du risque », car il y a « risque » à assumer l'inconnu du pouvoir lorsque Reynaud, si affamé de gouverner, vient de quitter la place, comme à accepter l'inconnu de la solitude, lorsque l'on s'envole pour Londres, phrase qui vaut pour Pétain *et* pour de Gaulle en juin 40.

Qui discutera la gravité des événements, la rapidité avec laquelle enflent et croissent les périls ? Mais la nature de cette lame de fond, qui « pousse au premier plan l'homme de caractère », n'est pas la même pour les deux hommes, dont l'histoire séparera les destins.

Pour de Gaulle, qui écrit en 1930, la lame de fond qui l'emportera, dix ans plus tard, aura nom : « spectacle de ce peuple éperdu », de « ces lamentables convois de réfugiés », de « ces militaires désarmés », de « cette déroute militairc ».

Il « surfera » — si j'ose écrire — sur la lame de fond de l'exode du peuple et des soldats. La vague qui l'emporte mais qu'il domine, sans tenter de la maîtriser — elle lui fait horreur —, l'éloignant des misères et des miasmes, le déposera, solitaire, sur des rives où commencera une autre aventure et d'où prendra naissance cette autre lame de fond qui le déposera enfin, le 26 août 1944 : « Ah ! C'est la mer[1] », au cœur de ces Champs-Élysées, d'où il pourra « poser [ses] regards sur chaque flot » de la marée humaine.

Pétain, lui, se mêlera, s'intégrera à la lame de fond d'un double exode, à ses yeux, avant tout pitoyable. Dans le discours du 17 juin, par lequel il annonce aux Français qu'il assume la direction du gouvernement de la France et qu'il a demandé à l'adversaire « s'il [était] prêt à rechercher... les moyens de mettre un terme aux hostilités », il parle des réfugiés.

Ils ne sont pas « éperdus », comme chez de Gaulle, mais « malheureux » ; leurs convois ne sont pas « lamentables » de Gaulle... et la vérité du moment mais « dans un dénuement extrême » (ce qui est exact). Quant aux soldats, il ne s'agit plus de « militaires désarmés » — comme chez de Gaulle et comme, hélas, dans la réalité —, mais d'une « admira-

1. *Mémoires de guerre*, tome 3, p. 311.

ble armée, qui lutte avec un héroïsme digne de ses longues traditions militaires » (ce qui, en certains points seulement, est conforme à la vérité).

La lame de fond saisira, roulera Pétain, et parce qu'il ne prendra pas conscience qu'elle s'est, au fil des années, dissociée, divisée, qu'elle n'a plus ni la puissance ni l'unité de la vague de l'automne 40 qui portait à lui les foules de Lyon, de Toulouse, de Marseille, elle le déposera, le lundi 23 juillet 1945, dans la salle de la première chambre du palais de justice de Paris.

## Pétain intervient politiquement le 25 mai

À quel moment Pétain est-il sorti de son silence ? Le 25 mai, c'est, immobile, accablé, qu'il a entendu le commandant Fauvelle [1], arrivé de la bataille du Nord, annoncer qu'il faudrait sans doute « envisager à bref délai la capitulation ». Dans le grand salon du ministère de la Guerre, il y a là, près de lui, le général Spears, qui vient d'arriver à Paris envoyé par Churchill « pour servir de liaison personnelle » entre le Premier ministre britannique et le président du Conseil français ; le général Weygand, l'amiral Darlan, Baudouin et cet inattendu commandant Fauvelle.

Sans doute, le 15 mai, le général Gamelin avait-il annoncé à Daladier la menace sur Paris ; sans doute, le 16, le gouvernement avait-il envisagé de quitter la capitale, et Reynaud avait-il télégraphié à Churchill : « Hier soir, nous avons perdu la bataille » ; mais la nomination de Weygand, l'arrivée au gouvernement de Pétain et surtout le changement de cap des armées allemandes, qui devait tout à la volonté stratégique de Hitler de prendre d'abord au piège les armés alliées du Nord, avant de foncer sur Paris, avaient été reçus avec soulagement dans la capitale. On y voyait une chance de manœuvre, une possibilité de rétablissement militaire. Il ne s'agissait que d'un délai accordé par le vainqueur.

À des hommes accoutumés à lire les événements sur la carte, le commandant Fauvelle imposait le quotidien sordide du désastre : « Les troupes n'ont plus de pain [...] toute l'artillerie lourde a été perdue [...]

1. Fauvelle appartient à l'état-major du général Blanchard qui, après la mort accidentelle du général Billotte, a pris le commandement des armées du Nord.

les transports hippomobiles ont été perdus, car tous les chevaux ont été tués par les torpilles des stukas... »

Ce commandant, à propos duquel Spears écrira qu'au lieu de l'écouter « mieux aurait valu le jeter par la fenêtre », donne son humanité à la scène. Il est le très lointain descendant du messager des tragédies grecques : « En foule, les cadavres de nos malheureux morts couvrent à cette heure le rivage. [...] Quant à la somme de nos pertes, quand je prendrais dix jours pour en dresser le compte, je ne saurais l'établir[1]... »

Pendant la séance, Pétain n'est pas intervenu, pas plus qu'il n'interviendra, en fin d'après-midi, lorsque Reynaud lit le télégramme par lequel Churchill annonce le repli vers la côte des deux divisions britanniques qui, depuis Arras, auraient dû participer à une tentative de jonction avec les troupes qui se regroupaient sur la Somme. À quoi songe-t-il ? Aux jours difficiles de 1914, lorsque les défaites succédaient aux défaites ? Pour lui, officier de troupe, au contraire de Weygand qui a fait carrière à l'état-major de Foch, les mots de Fauvelle ont dû ressusciter ces souvenirs vieux de vingt-six ans à peine lorsque, en Belgique, des paquets d'hommes refusaient de se lever après les haltes, et que lui-même, leur colonel, était obligé de passer le bras gauche dans une étrivière pour se soutenir !...

L'échange de vues entre Weygand, Reynaud, Campinchi et le président Lebrun sur une possible demande d'armistice ne peut lui laisser d'illusions[2]. Le 25 mai, c'est moins du principe de l'armistice que débattent Weygand, Reynaud, Campinchi, Lebrun que du moment opportun où il faudra en parler aux Anglais auxquels nous lie cet accord du 28 mars dont Reynaud, quoi qu'il en ait dit plus tard, ne pouvait imaginer qu'il serait pour la France — tributaire du « oui » ou du « non » britannique — un carcan limitant la liberté d'action et de décision du pays.

C'est sur ce point que Pétain, pour la première fois, va intervenir *politiquement* en faisant observer que les accords entre la France et l'Angleterre ne sauraient être appliqués à la lettre que s'il y avait réciprocité absolue entre les deux signataires, ce qui est bien loin d'être le cas.

« Chaque nation, dit-il alors, a des devoirs vis-à-vis de l'autre dans la proportion que l'autre lui a donnée. Or, actuellement, l'Angleterre n'a jeté dans la lutte que dix divisions alors que quatre-vingts divisions françaises se battent sans discontinuer. De plus, la comparaison ne doit

1. Eschyle, *Les Perses*.
2. Sur la séance du 25 mai, *cf.* p. 84.

pas se limiter aux efforts militaires des deux pays ; il faut l'étendre aux souffrances déjà subies et à celles qui les attendent. »

Il ne parle pas au hasard. En 1918 — ce n'est tout de même pas si loin — commandant en chef, il protestait déjà contre la disproportion des efforts entre les deux armées : les Français occupant 670 kilomètres de front avec 81 divisions, les Anglais en alignant 37 sur 150 kilomètres, et, en plusieurs circonstances, il rappellera aux Britanniques de 1940, si avares de leur aviation, qu'en mars 1918 ils auraient été irrémédiablement battus sans l'arrivée de ces Français qu'il avait envoyés à leur secours, littéralement jetés dans la bataille pour stopper l'inondation, comme on jette des fascines..., mais c'étaient des hommes.

## Pétain dénonce le goût de la vie facile et l'abandon de l'effort

Le 26 mai, Spears est revenu rendre visite à Pétain en compagnie du major Archdale, officier de liaison britannique auprès du groupe d'armées n° 1.

L'antithèse de Fauvelle, cet Archdale : un personnage sorti des *Silences du colonel Bramble*, strict, calme, précis, sans traces visibles de fatigue ni de tension nerveuse, mais combien impitoyable dans sa description d'une armée française semblable à un « homme sourd et aveugle cherchant son chemin en titubant », cependant que l'armée anglaise — où les officiers s'accordent une demi-heure de sommeil dans l'après-midi, chaque fois que la chose est possible — se tient ferme et résolue et n'a nul besoin d'être encouragée.

— En somme, remarque tristement Pétain, seuls les Français ont besoin d'encouragements...

Pour l'histoire, il faut toutefois noter qu'à l'instant où Spears et Archdale donnent en exemple la ténacité britannique le général Nicholson, encerclé depuis la veille à Calais avec 20 000 hommes, a capitulé à 16 h 45.

Aux Allemands de Guderian, qui le sommaient de se rendre, il avait fait remettre ce message : « La réponse est non, combattre étant un devoir pour l'armée britannique comme pour l'armée allemande », message dont la rapide et triste suite ne devait pas justifier la fermeté de ton.

Ce même 26 mai, le maréchal Pétain a adressé une longue lettre à Paul Reynaud, qui la trouvera sur son bureau à son retour de Londres où les membres du comité de guerre, réunis la veille, lui ont, on le sait[1], demandé de se rendre afin d'informer Churchill de la gravité de la situation et de lui « laisser entendre » — il y a de la lâcheté dans la formule — qu'il serait prudent de « prendre en considération, dès maintenant, l'hypothèse où la France serait réduite à la nécessité de déposer les armes et de chercher une solution par la voie de négociations ».

Qu'écrit Pétain ? « La publicité donnée aux "limogeages" de généraux, alors que nous sommes en plein péril, atteint l'armée, qu'on le veuille ou non [...] le moral du pays, [loin] d'être réconforté par "les charrettes de généraux", conclut à la trahison et à l'insuffisance des sanctions. »

L'homme de ces mots ne peut oublier l'épuration drastique à laquelle Joffre s'était livré entre le 2 août et le 6 septembre. N'en avait-il pas été l'un des bénéficiaires ? Parti colonel, le 2 avril, à la tête du 33e régiment d'infanterie, il avait été promu général de brigade le 27 août, général de division le 14 septembre, mis à la tête du 33e corps d'armée le 22 octobre. Mais, s'il estime, dans sa lettre à Reynaud, qu'il faut « être implacable dans la répression des défaillances, d'où qu'elles viennent [...] il est [pour lui] essentiel que l'affection et l'admiration de notre peuple pour son armée soient intégralement sauvegardées ».

Cependant, le passage le plus important de la lettre de Pétain se trouve dans ces lignes qui résument la philosophie de l'homme de quatre-vingt-quatre ans, lignes dans lesquelles sont énoncés les arguments moralisateurs qui nourriront les discours d'après la défaite : « Ainsi, le pays, tout naturellement, oublie les fautes qu'il a et que nous avons tous commises pendant vingt-deux ans, ce goût de la vie tranquille, cet abandon de l'effort, qui nous ont menés là où nous sommes, bien plus que les défaillances individuelles. C'est pourtant ce mea culpa que nous devons faire si nous voulons être sauvés. »

Trois jours plus tard, le 29 mai, Pétain approuve en quatre lignes la longue note par laquelle Weygand informe Paul Reynaud de la réalité militaire, met en garde contre l'illusion, malheureusement entretenue, qui consiste à comparer 1940 à 1914-1918, guerre au cours de laquelle

1. *Cf.* p. 76 et ss.

il avait toujours été possible de « colmater » les poches faites par l'ennemi, et annonce qu'il est nécessaire d'informer le gouvernement britannique que peut venir un moment à partir duquel la France « se trouvera, malgré sa volonté, dans l'impossibilité de continuer une lutte militairement efficace pour protéger son sol ».

Pétain assiste au très long Conseil suprême[1] du 31 mai qui est consacré à l'évacuation de Dunkerque, et au cours duquel les Français ne peuvent que se heurter à Churchill tant est grande la disproportion entre Anglais — 150 000 — et Français — 15 000 — embarqués à ce jour.

On ignore ce qu'il a pensé du véritable chant de guerre entonné par Churchill à la fin de la conférence. Le lyrisme guerrier et la résolution du Premier ministre britannique devaient inspirer plus tard à Spears deux pages enthousiastes :

« Ses mots, écrit-il en parlant de Churchill, roulaient comme des vagues, symétriques et formidables, venant déferler contre nos consciences. »

Et de citer des phrases que les interprètes, stupéfaits et séduits, emportés par le torrent du verbe churchillien, ne traduisaient même pas.

« Nous poursuivrons la guerre, même si la dernière maison de France et d'Angleterre est détruite. Il vaut mieux que le dernier Anglais périsse les armes à la main et que le mot *Fin* soit écrit au bas du dernier chapitre de notre histoire, plutôt que de continuer à végéter comme des vassaux et des esclaves. »

Lit-on les *Mémoires* de Churchill, le style a moins d'ampleur, la phrase moins de rayonnement, mais la pensée est bien celle qui inspirera tous les discours du Premier ministre britannique et particulièrement son magnifique discours du 4 juin.

C'est lorsque tout est terminé, que les participants à la conférence se lèvent et s'entretiennent par petits groupes avant de se séparer, que se produit un incident étrange mais ô combien révélateur. Comme « l'un des Français présents » — Churchill n'a pas précisé son identité — a fait allusion à une possible modification de la politique étrangère de la France, modification imposée par une longue suite de revers militaires, Spears, s'adressant directement au Maréchal, resté silencieux, mais dont « l'attitude » donnait à penser, écrit Churchill, qu'« il envisageait la pos-

1. C'est la première fois que Pétain assiste au Conseil suprême. Churchill est accompagné de M. Attlee, des généraux Dill et Ismay. Du côté français : Reynaud, Pétain, Weygand, Darlan, le capitaine de Margerie, Baudouin.

sibilité d'une paix séparée », lui avait demandé « dans un français irréprochable » :

— Je suppose, monsieur le Maréchal, que vous comprenez que ce serait le blocus ?

Un assistant ayant dit : « Cette éventualité serait peut-être inévitable », Spears avait alors lancé « à la face de Pétain[1] » : « Ce ne serait pas seulement le blocus, mais le *bombardement*[2] de tous les ports français aux mains des Allemands. »

## Spears : « Les Français oublient quels ennemis implacables nous pouvons être »

En ces jours de désastre commun, il semble que le général Spears, si fort ami de la France, soit presque cyniquement habité par les images des ravages qu'une Angleterre solitaire pourrait provoquer sur le territoire de l'allié de la veille[3].

Le 6 juin, quittant le Maréchal, auquel il a rendu visite dans son bureau des Invalides, Spears est revenu sur sa déclaration du 31 mai. Il craint, dit-il en substance, d'avoir paru brutal quand il a assuré que les Anglais bombarderaient les ports français *s'ils abritaient des Allemands*, mais c'était là un fait qu'« il fallait regarder en face[4] ».

Effectivement. À Brest, entre 1940 et 1944, sur 11 000 maisons, les bombardements anglo-américains en détruiront 4 875 et en endommageront gravement 5 000. Toutes — bien loin de là — « n'abritaient pas des Allemands ».

---

1. Churchill, *La Deuxième Guerre mondiale*, tome II. *L'Heure tragique*.
2. En italique dans le texte de Churchill.
3. Au commandant Fauvelle, qu'il avait retrouvé le 25 mai dans le bureau de Roland de Margerie, chef de cabinet de Reynaud, il avait déjà dit : « Nous vous bombarderons, comme vous avez bombardé vous-mêmes les villes belges et hollandaises qui étaient incapables de se défendre ; nous attaquerons et bombarderons chaque localité qui hébergera un Allemand sans égard pour tous ceux qui pourraient s'y trouver avec lui. »
4. Selon Spears, le maréchal Pétain lui a parlé alors de De Gaulle en termes assez méprisants : « Il croit qu'il sait tout concernant l'art de la guerre. Sa vanité le porte à penser que la stratégie n'a pas de secrets pour lui. On dirait qu'il l'a inventée. Ses camarades de Saint-Cyr l'appelaient "le Connétable" tant il était hautain et présomptueux. Je le connais à fond. Il a écrit un livre dont je lui ai fourni les grandes lignes et que j'ai corrigé [il s'agit de *La France et son armée*, objet, en effet, de profondes

Au Havre, le 5 septembre 1944, 2 000 tonnes de bombes explosives et 30 000 tonnes de bombes incendiaires — dont il faudra attendre près de dix ans, car nul ne revendiquait cet indécent[1] « exploit », pour apprendre qu'elles étaient britanniques — allaient ruiner la ville et tuer des centaines d'habitants dont les demeures « n'abritaient pas des Allemands ».

Spears anticipe donc lorsque, le 6 juin, il dit encore à Pétain : « Si la France se trouvait placée entre nous et notre ennemi, alors, avec regret, mais inévitablement, *nous abattrions la France pour mieux frapper notre adversaire.* Si la France s'entendait avec l'Allemagne, ce que je ne [peux] concevoir, elle ne perdrait pas seulement son honneur, mais, *physiquement, elle ne s'en relèverait pas.* Elle serait liée à une Allemagne sur la gorge de laquelle nos poings ne tarderont pas à se refermer. *Les Français oublient, de génération en génération, quels ennemis implacables nous pouvons être.* »

Si Spears a exactement tenu, le 6 juin, les propos qu'il rapportera dans son livre, s'il n'y a pas eu « transfiguration » du discours, pour quelles raisons ces menaces à l'allié ?

Écoutons ou, plutôt, lisons encore Spears :

« Aussi est-il de l'intérêt de la France de rester étroitement liée à l'Angleterre et de poursuivre la lutte à ses côtés, en Afrique du Nord si c'était nécessaire, comme l'Angleterre le ferait de son côté, au Canada. J'espère que, quoi qu'il advienne, vous serez avec nous pour insuffler confiance et courage à tous ceux qui, par la force des choses, seraient laissés en arrière. »

La menace contenue dans ces propos concerne l'après-guerre et l'après-victoire britannique. « Liée à l'Allemagne », par un gouvernement qui n'aurait pas compris que son « intérêt » était de poursuivre la lutte aux côtés de l'Angleterre, la France serait traitée sur le même pied que l'Allemagne vaincue.

C'est voir loin, le 6 juin 1940, alors que presque seuls[2] les Français

---

"querelles d'auteur" entre les deux hommes]. Il n'a même pas daigné m'en remercier. Non seulement c'est un vaniteux, mais c'est un ingrat. »

1. Indécent effectivement car, si le colonel allemand Wildermeth avait accepté une suspension d'armes, permettant l'évacuation des 40 000 habitants encore présents, les Anglais — lieutenant général J.T. Crocker — le refusèrent. Au Havre, pour expliquer l'inexplicable, car les défenses allemandes furent seulement égratignées, certains n'hésitèrent pas à expliquer la destruction de la ville et du port par la « rivalité économique qui opposait Le Havre et les ports britanniques ».

2. La 51^e^ division britannique, engagée avec la V^e^ armée, reculera le 6 juin sous la pression allemande et son recul entraînera celui de la 31^e^ division française qui tenait les débouchés d'Abbeville.

se battent sur l'Aisne, sur la Bresle au sud d'Amiens et devant la position avancée de Paris !

Il est heureux que les chantres de la collaboration n'aient rien su des propos de Spears. On devine quel parti leur anglophobie en aurait tiré !

## « Jusqu'à la dernière goutte de sang français... »

Pétain, qui a écouté patiemment Spears — le général anglais lui a révélé l'essentiel de sa pensée en le quittant, les deux hommes étant debout devant la porte —, n'a rien répondu.

Son opinion il l'avait fait connaître, deux jours plus tôt, à Bullitt, l'ambassadeur des États-Unis. À la veille de la bataille de la Somme, devant l'infériorité française en hommes (les Allemands jouissent d'une « supériorité triple », dit Pétain), en avions et en chars ; devant le refus de Churchill d'envoyer en France ces chasseurs Spitfire qui, au-dessus de Dunkerque, viennent de démontrer leurs grandes qualités, Pétain annonce que les Allemands franchiront bientôt la Somme et envelopperont Paris.

« Dans ces conditions, poursuit Bullitt dans le télégramme qu'il adresse le 4 juin au secrétaire d'État Cordell Hull, le maréchal Pétain estime que les Anglais permettront aux Français de lutter sans secours, jusqu'à la dernière goutte de sang français, et que les Britanniques, avec une quantité de troupes sur leur sol[1], beaucoup d'avions et une flotte prédominante, signeront une paix de compromis avec Hitler, après une brève résistance ou pas de résistance du tout.

« Il [le Maréchal] pense qu'à moins que le gouvernement britannique n'envoie en France, pour les engager dans la bataille imminente, à la fois ses forces aériennes et ses divisions de réserve, le gouvernement

1. Sur tout le territoire britannique sans doute se trouvait-il des hommes — les rapatriés de Dunkerque — mais très peu d'armes. Par ailleurs (Churchill au secrétaire d'État à la Guerre le 8 juillet 1940) les troupes ne disposaient pas de moyens de transport pour leur permettre de se porter rapidement sur les secteurs menacés. Les envois américains de fusils de qualité médiocre (500 000 avec 50 cartouches pour la Home Guard) arrivèrent à la fin de juillet 1940. À la fin de septembre, les Anglais disposaient, sur le front méridional le plus exposé (y compris Douvres), de 13 divisions et de 3 divisions blindées.

français doit faire tout son possible pour venir à composition avec les Allemands, sans se préoccuper du sort de l'Angleterre. »

En somme, égoïsme pour égoïsme ?

Oui.

## Pétain à Churchill : « Où sont vos quarante divisions ? »

Dans la nuit du 9 au 10 juin, Pétain a côtoyé le peuple en fuite. Ce peuple qu'il faudra bientôt faire entrer en scène puisque l'oublier serait comme laisser en coulisse le personnage clef du drame. Il est parti, à 23 h 30, dans une Cadillac précédée par deux gardes républicains à moto. À 2 heures du matin, le voici à Briare, où aucun logement n'a été prévu pour lui. Deux heures plus tard il est à Gien où, dans une dépendance de la gare, on lui offre le lit d'un inspecteur des chemins de fer.

Protégé, précédé, relativement isolé, comme tous les ministres et tous les dignitaires du régime, il a participé à la fuite de tout un peuple : des enfants en nourrice aux prisonniers politiques dans leurs camions cellulaires, des religieuses, pour la première fois, sorties de leur communauté, aux soldats en marche désordonnée, eux aussi regardant vers le sud.

Quand sa voiture engluée devait rouler au pas dans la traversée des villages, les réfugiés « se serraient-ils autour de lui en le suppliant de faire cesser la guerre », en lui répétant : « Monsieur le Maréchal, il n'y a que vous qui le puissiez [1]... » ? Ce fut dit au cours de son procès, mais il semble bien que, du contact avec l'exode, il ait reçu un choc physique et psychologique, qui sera sans doute le choc décisif.

Plus encore que le 4 juin, devant l'Américain Bullitt, c'est au cours du Conseil suprême du 11 juin, et du Conseil des ministres du 12, où Weygand, qui vient faire entendre la plainte des troupes accablées, affirme que « l'on se trouve sur une véritable lame de couteau [2] », qu'il se montre partisan d'un arrêt des combats.

Le 11, à Briare, il a assisté, sans y prendre part, à la discussion qui a

1. Le 10 août 1945, dit au procès Pétain par le général de Lanurien, qui assure tenir le fait du général Bineau, qui accompagnait le maréchal Pétain.

2. Le 11 juin, le général Georges, invité à venir exposer la situation, dira que « l'on se trouve sur une corde raide ». Des mots à peine différents pour le même drame. Georges ajoute qu'aucun renfort n'est disponible.

mis aux prises Paul Reynaud, qui réclame avec obstination une aide accrue de la Royal Air Force, et Churchill, plus obstiné encore, qui la refuse, puisque selon lui — et les événements lui donneront raison — la perte de ses escadrilles dans le ciel de France, sans rien changer aux événements, détruirait « la seule chance de survie » de la Grande-Bretagne.

En revanche, il a protesté lorsque Churchill n'hésite pas à avancer que l'armée française — réduite à moins d'une quarantaine de divisions incomplètes et qui va engager, le 12, son dernier régiment de réserve[1] — pourrait « contenir ou user une centaine de divisions allemandes [plus d'un million trois cent mille hommes] en combattant partout où cela pouvait être possible[2] » — ce qui relevait moins de la guérilla que de la guerre-fiction puisque l'on est en droit de se demander comment et par qui les « maquisards » — trois ans avant le temps des maquis que les Anglais auront toutes les peines du monde à armer — auraient été ravitaillés et armés.

Au maréchal Pétain intervenant pour renforcer « le pessimisme » de Weygand, Churchill, « afin de détendre l'atmosphère », aurait, selon de Gaulle, dit alors d'« un ton enjoué » :

— Voyons ! Monsieur le Maréchal, rappelez-vous la bataille d'Amiens, en mars 1918, quand les affaires allaient si mal. Je vous ai fait visite à votre quartier général. Vous m'indiquiez votre plan[3]. Quelques jours après, le front était rétabli.

Il est possible que le ton de Churchill ait été « enjoué ». Mais, si l'on suit de Gaulle, la réplique de Pétain a été proférée « durement ».

— Oui, le front fut rétabli. Vous, les Anglais, étiez enfoncés. Mais, moi, j'ai envoyé quarante divisions pour vous tirer d'affaire. Aujourd'hui, c'est nous qui sommes mis en pièces. Où sont vos quarante divisions ?

Parlant le 24 février 1949 à Claude Guy, le général de Gaulle dira qu'« à la fin de l'entrevue de Briare Pétain prononça des paroles honteuses[4] ».

À quelles paroles faisait-il allusion ? Il serait impensable que ce fût à

1. À l'exception des troupes de la ligne Maginot et de nos armées de l'Est, que Weygand a tardé à retirer et qui sont pratiquement encerclées.

2. Churchill, *Mémoires*. Churchill, s'entretenant après la fin de la conférence avec son ami le général Georges, lui suggérera de « prolonger la lutte par des guérillas dans les régions montagneuses ».

3. C'est volontairement que Churchill n'a pas fait allusion à Foch, attribuant ainsi le succès de la manœuvre au seul Pétain.

4. Claude Guy, *En écoutant le général de Gaulle*, p. 462.

ce simple rappel d'une vérité historique. Pour Churchill, qui a écrit à peu près les mêmes mots, « la honte » de Pétain aurait été dans le soutien apporté par Pétain à Weygand, réclamant l'envoi en France de la quasi-totalité des chasseurs britanniques alors qu'il allait solennellement, le 13 juin, plaider en faveur de l'armistice. « Honte », on peut discuter le mot, contradiction choquante certainement, puisque l'on ne pouvait demander aux Anglais le sacrifice de la majorité de leurs avions dans l'instant où l'on faisait campagne pour l'armistice.

Si l'on en croit Spears, qui ne peut avoir tout inventé, mais dont la surprenante mémoire a peut-être opéré un travail discutable de recomposition, Pétain aurait désiré l'armistice non seulement pour des raisons militaires, mais aussi pour des raisons politiques.

Qu'aurait dit Pétain — un Pétain soudain loquace — à Spears, le 12 juin, alors que Churchill, persuadé que les Français ont renoncé et qu'il lui faut désormais « concentrer tous ses efforts sur la défense des îles Britanniques », vient de décoller de Briare où il reviendra « en catastrophe » le lendemain ?

« C'est un crime, un crime impardonnable, que d'obliger une armée à poursuivre la lutte dans des conditions pareilles ! Un armistice est inévitable. En retarder l'échéance n'est que de la pusillanimité. Tandis que les ministres hésitent et pensent à leur réputation, nos soldats se font massacrer et la terre de France est saccagée. Nous payons maintenant — et nous payons cher ! — l'anarchie dans laquelle nous nous sommes complu. Où sont-ils, aujourd'hui, tous ces députés qui soignaient leur popularité en votant contre les mesures de réarmement ? Et le Front populaire, où sont ses chefs maintenant que les pauvres bougres qui les suivaient en tendant le poing n'ont plus que leurs poings nus à opposer aux chars allemands ? »

Que ce ne soient pas là exactement les mots employés par le maréchal Pétain, j'en suis à peu près convaincu, mais, si Spears a réécrit à sa manière et, sans doute, « allongé » le discours... comme on dit « allongé la sauce », il n'a pas trahi la pensée.

Ayant, lui aussi, proposé la poursuite du combat en Afrique, il s'est entendu répondre par Pétain qu'il n'existait, de l'autre côté de la Méditerranée, aucun fusil pour armer des hommes que le ministère de la Guerre serait bien en peine de conduire jusqu'aux ports d'embarquement.

— Vous ne pouvez pourtant nous laisser combattre seuls dans ce qui reste, malgré tout, une lutte commune.

— Et vous ? Vous nous avez bien laissés combattre seuls... Que voulez-vous ? Puisque la France doit cesser le combat, la sagesse commande à l'Angleterre de rechercher la paix, elle aussi. Elle n'est certainement pas en mesure de poursuivre la lutte toute seule. Comment pouvez-vous réussir là où l'armée française a échoué ?

Phrase vraisemblable. Phrase qui, des milliers et des milliers de fois, sera répétée — surtout après Dunkerque — par des Français qui, sur l'armée allemande, opéreront un transfert de vertus militaires.

Sacrée première armée du monde après Verdun et 1918, l'armée française vient d'être battue par l'armée allemande, devenue naturellement, à la suite de cet exploit, première armée du monde.

En juin 1940, on ne peut rien opposer à ce syllogisme : il est certainement vrai que l'armée allemande est, alors, la première armée du monde ; elle ne le sera plus lorsque le poids du matériel fera la décision : 2 246 avions, le 25 juillet 1944, lors de l'opération Cobra, au-dessus d'une bande de terre normande de sept kilomètres de long et quatre de large avec ses villages : Le Mesnil-Eury, Montreuil-sur-Lozon, La Chapelle-en-Juger ; ses paysans français ; ses soldats allemands : ceux de la 5e division parachutiste, de la Panzer Lehr, de la division *Götz Von Berlichingen.*

Alors, « la première armée » du monde sera condamnée à une retraite beaucoup moins rapide, beaucoup moins humiliante certes, que celle de l'armée française de 1940, mais se déroulant dans les mêmes conditions, commandée, en plus terrible, par les mêmes difficultés de ravitaillement et de déplacement sous le feu.

Cependant, Pétain s'est obstiné.

— Ce sont des mots ! répond-il à Spears qui a fait allusion aux propos lyriques du Premier ministre. Vous ne battrez pas Hitler avec des mots. Vous vous trompez cruellement si vous pensez pouvoir résister plus d'un mois [1]... Croyez-moi ! C'est une pure folie d'imaginer que vous réussirez là où l'armée française a échoué [2].

Télégramme de Churchill, qui signe et signera longtemps « Ex-personnalité navale », au président Roosevelt, le 12 juin 1940 : « Le vieux maréchal Pétain, qui était déjà rien moins que sûr en avril et juillet 1918 [3], est, je le crains, disposé à mettre en jeu son nom et son prestige

1. Il ne fait que traduire une opinion générale.

2. Spears, *Assignment to Catastrophe.*

3. Churchill fait allusion aux critiques adressées à Pétain au moment des deux grandes offensives allemandes de 1918 dont la première avait contraint l'armée anglaise à battre en retraite vers la côte. Pétain voulait alors, pour protéger Paris, replier vers

pour permettre à la France de conclure la paix. Reynaud, par contre, est partisan de poursuivre la lutte et il a, avec lui, le jeune général de Gaulle, qui pense que les possibilités sont loin d'être épuisées, l'amiral Darlan déclare qu'il va envoyer la Flotte au Canada [1]. Il serait désastreux de voir les deux grands navires modernes tomber en de mauvaises mains [2]. »

Pétain, Reynaud, de Gaulle, Darlan : les quatre personnages les plus importants du moment, même si l'influence des uns — Pétain, de Gaulle — grandira, tandis que celle de Reynaud déclinera, sont ainsi réunis sous la plume de Churchill comme ils le sont, pour quelques jours encore, dans la vie.

## La très obscure journée du 13 juin

Le 12 juin, Pétain — après le tête à tête que l'on sait avec Spears — écoute, au cours du Conseil des ministres qui s'est ouvert à 19 h 15 au château de Cangé près de Tours, le général Weygand expliquer à nouveau, sans émouvoir, semble-t-il, plus de deux ou trois ministres, qu'il vit « l'heure la plus cruelle de [sa] vie » car c'est lui qui, le 11 novembre 1918, « avait lu, à Rethondes, les conditions imposées à l'Allemagne par le maréchal Foch, au nom des alliés vainqueurs » ; écoute Reynaud s'obstiner à dire que l'accord du 28 mars, nous liant à l'Angleterre, oblige la France à poursuivre le combat ; écoute Chautemps proposer que Churchill *vienne devant le Conseil des ministres* (et non plus devant le Conseil suprême auquel n'assistent que peu de personnalités), qu'il entende, qu'il soit entendu et, comprenant la situation tragique dans laquelle se trouve la France, la délie (peut-être) de l'engagement du 28 mars.

Entre le 10 mai et le 10 juin, Churchill était venu à trois reprises en France. Le péril est maintenant si grand, l'allié français si chancelant

---

l'ouest ses IIe, VIIIe et VIIe armées. Foch s'était opposé à cette mesure qui aurait séparé les deux armées. Dans les *Mémoires* de Poincaré (le président de la République était pour la méthode offensive), on trouvera p. 86, 88, 93 des allusions au « pessimisme » de Pétain. La radio de Londres et les journaux clandestins feront grand usage de ces accusations, mais la victoire a fait trop facilement oublier que le printemps 1918 avait été aussi périlleux que l'automne 1914.

1. C'est pour le moins discutable. Darlan hésite.
2. *Richelieu* et *Strasbourg*.

que, déjà présent le 11 et le 12 juin, il accepte à la demande de Reynaud — et du Conseil des ministres — de revenir le 13. Et non sans péril, il faut le souligner, car l'aviation allemande rôde et ses douze Hurricane de protection, parfois gênés par le mauvais temps, ne se trouvent pas toujours au rendez-vous.

Au procès du maréchal Pétain, Weygand allait déclarer : « Il faudrait que ce qu'il y a de *très obscur* dans la journée du 13 juin soit éclairé. »

On ne peut faire la lumière en quelques pages.

Dans l'attente de l'arrivée de Churchill, de Gaulle s'est rendu au château de Chissay, où réside Reynaud, pour convaincre le président du Conseil de partir pour Quimper, étape obligée vers l'Angleterre ou vers l'Afrique du Nord. N'ayant pu faire changer d'avis Paul Reynaud, qui persiste à vouloir transférer les pouvoirs publics à Bordeaux, de Gaulle relit et corrige du moins certains mots de la note, prescrivant à Weygand deux directions pour la poursuite de la lutte : le réduit breton et, « si nous devions être arrachés du territoire métropolitain », l'Empire.

Ce n'est pas le plus important de la journée encore que, on le verra, de Gaulle, bien après la guerre, ait toujours fait grief à Reynaud du refus de Quimper. Le plus important, c'est que Reynaud ait décidé, la veille, de rencontrer d'abord Churchill en tête à tête et non plus en présence des ministres qui avaient réclamé cette rencontre.

Au procès du maréchal Pétain, il reconnaîtra que la « générosité d'âme et l'affection très grande pour la France » manifestées par Churchill lors du dernier Comité suprême auraient pu encourager certains membres du gouvernement à incliner vers l'armistice. Il était donc nécessaire d'éviter toute rencontre collective ou, à tout le moins, de mettre en garde avant cette rencontre le Premier ministre britannique contre sa « trop grande sensibilité aux malheurs de la France ».

À 13 heures, lorsque l'avion de Churchill atterrit sur l'aérodrome de Tours, nul n'attend le Premier ministre et sa suite [1]. Avec raison, Churchill verra dans cette négligence une preuve supplémentaire du désordre français.

Après s'être fait ouvrir, non sans palabres, les portes d'un café où on acceptera de lui servir un médiocre repas [2] (« exécrable », dira-t-il), il rejoindra la préfecture où se tient Mandel, « l'énergie et le défi personnifié [...], un rayon de soleil dans toute cette grisaille », Mandel qui, un téléphone dans chaque main, un « appétissant poulet » devant lui, ne cesse de donner des ordres.

1. Avec lui, Lord Halifax, le général Ismay, Max Beaverbrook.
2. Churchill a parlé dans ses *Mémoires* d'un café ; il s'agit du Grand Hôtel de Tours.

Mandel ne sera pas cependant de la conférence qui s'ouvre à 15 h 30 dans le bureau du préfet, conférence à laquelle, initialement, du côté français, participent seulement Reynaud et Baudouin. Le président du Conseil français, après avoir refait l'historique des heures qui viennent de s'écouler, répète ce que Weygand ne cesse de dire, déclare que le Conseil des ministres l'a chargé de « se renseigner sur l'attitude qu'adopterait la Grande-Bretagne au cas où le pire se produirait[1] ». « La question, poursuit Churchill dans ses *Mémoires*, était donc celle-ci : la Grande-Bretagne comprendrait-elle les cruelles difficultés au milieu desquelles la France se débattait ?... » En clair, accepterait-elle de relever la France des obligations de l'accord du 28 mars[2] ?

Churchill, qui a demandé la permission de se retirer avec ses collègues dans le jardin de la préfecture, « humide mais ensoleillé », rapporte au bout d'une demi-heure leur réponse : l'Angleterre ne peut « accepter une paix séparée, quelles que fussent les conditions dans lesquelles elle interviendrait. Nos buts de guerre [c'est Churchill qui parle et écrit] étaient aujourd'hui, comme hier, la défaite totale de Hitler et nous avions toujours le sentiment que nous pourrions mener cette tâche à bonne fin. Nous n'étions pas en mesure de délier la France de ses engagements, quoi qu'il arrivât, nous ne ferions aucun reproche à la France : quant à accepter de la délier de ses obligations, c'était là une autre affaire ».

Il dit aussi : « Dans tous les cas, la Grande-Bretagne, si elle gagne la guerre, restaurera la France dans toute sa puissance et sa grandeur. »

Ce « quoi qu'il arrivât, nous ne ferions aucun reproche à la France » est capital dans la bouche de Churchill. Il signifie que le Premier ministre britannique ne se fait plus aucune illusion sur les possibilités de résistance. Il signifie qu'il sait proche la demande d'armistice[3], mais « comprend », s'il ne les « accepte » pas, les prochaines décisions françaises.

C'est la raison pour laquelle, avec moins d'âpreté que Spears — « Ne cherchons pas, dit-il, à éluder ces terribles perspectives » —, il explique que la France ne pourra échapper aux conséquences du duel que se livreront le Reich et la Grande-Bretagne et, au passage, demande que les

1. Churchill, *L'Heure tragique*, p. 189.

2. Selon le procès-verbal britannique, Reynaud aurait dit : « Êtes-vous prêts à admettre que la France a donné le meilleur d'elle-même, sa jeunesse et son sang le plus pur, qu'elle ne peut faire davantage et que, n'ayant plus rien à sacrifier à la cause commune, elle est fondée à *conclure une paix séparée* tout en maintenant la solidarité qui résulte implicitement du pacte solennel signé il y a trois mois ? »

3. « Peut-on prévoir dès maintenant, demande-t-il, combien de temps s'écoulera avant l'armistice ? Une semaine ou davantage ? »

quatre cents aviateurs allemands prisonniers en France soient rapidement transférés en Angleterre..., ce qui aurait dû être fait depuis plusieurs jours, ce qui ne sera jamais fait, tant le désordre est grand dans ce qui reste des services du ministère de la Guerre, et ce qui obligera les Anglais, selon le mot de Churchill, à « descendre ces pilotes — parmi lesquels il se trouvait plusieurs as — une deuxième fois ».

Avant de quitter Reynaud, Churchill lui demande, cependant, de lancer un suprême appel au président Roosevelt « pour lui exposer *sans détours* la situation actuelle » et d'attendre sa réponse avant de décider « quoi que ce soit d'autre ».

« Oui, répond Reynaud, le gouvernement français va donc télégraphier à M. Roosevelt en lui indiquant les changements survenus dans la situation et *en lui indiquant la vérité.* »

Avait-on, à ce point, menti aux Américains ou s'était-on, au gouvernement, assez illusionné pour qu'il ait fallu attendre le 13 juin avant de découvrir que « l'armée française, avant-garde de la démocratie, s'était fait tuer en première ligne[1] » ?

Tandis que les ministres et Weygand qui les a rejoints, ignorants de ce qui se passe et se dit à quelques kilomètres d'eux, se morfondent depuis 15 heures au château de Cangé, dans l'attente de la venue, annoncée la veille par Reynaud, du Premier ministre britannique, les parlementaires, les fonctionnaires et les journalistes, qui forment, selon de Gaulle, « comme le chœur tumultueux d'une tragédie près de son terme », se sont agglutinés dans la cour et dans les couloirs de la préfecture de Tours[2].

Mais ce n'est pas à eux que s'adresse Reynaud. C'est à Jeanneney, à Herriot, et c'est à Mandel, qui attendaient dans une pièce voisine, qu'il va avoir affaire.

Comme Reynaud a insisté « sur la grande compréhension dont [avait] fait preuve le Premier ministre britannique » (ce « *quoi qu'il arrivât* » sur lequel j'ai attiré l'attention), Herriot et Jeanneney, qui seront infiniment moins combatifs dans moins d'un mois lorsque, à Vichy, le premier parlera, le 9 juillet, de la « vénération » qu'inspire « à tous » le nom du maréchal Pétain, le second, le même jour, de « la pleine reconnaissance qui est due [au Maréchal] pour un don nouveau de sa

1. Paul Reynaud
2. Une centaine de personnes, selon Churchill

personne », protestent et s'indignent. Ne sont-ils pas « farouchement » hostiles à l'armistice ?...

La colère de Mandel : « Je veux voir Churchill immédiatement ; il n'est pas possible de laisser les choses dans cet état », est d'une autre qualité. D'une autre qualité, également, celle de De Gaulle qui, sans y être invité, mais prévenu par Roland de Margerie, est entré dans le bureau du préfet, alors que les ministres anglais revenaient de leur conciliabule dans le jardin de la préfecture, et a donc assisté à la dernière partie de la conférence franco-britannique.

Que Churchill « abordant la perspective d'un armistice entre Français et Allemands dont [il] pensai[t] qu'elle le ferait bondir [ait] exprim[é], au contraire, une compréhension apitoyée », il l'écrira certes dans ses *Mémoires de guerre*, mais, bien avant 1954, devant Claude Guy, il avait mis en accusation et Reynaud et Churchill.

C'était le 5 août 1946.

## De Gaulle met en accusation Reynaud et Churchill

De Gaulle et Guy étaient seuls à la Boisserie. Après le dîner, le général, installé dans l'un des confortables fauteuils de la bibliothèque, s'était essayé à une réussite « cependant que son cigare se consum[ait][1] ». La conversation venant à languir, après que de Gaulle eut achevé sa réussite, Claude Guy avait posé une question sur les *Mémoires* de Reynaud, dont *Le Figaro* publiait des extraits, et précisément interrogé sur cette séance du Conseil suprême du 13 juin...

Tout, alors, remonte brutalement à la mémoire de De Gaulle..., même s'il lui arrive de se tromper sur les dates et sur certains faits (à moins, ce qui n'est pas à exclure, que Claude Guy n'ait, sur quelques points, trahi involontairement le Général[2]). Oui, tout remonte à la mémoire rancunière de De Gaulle qui accuse Reynaud : « Son intention était que je n'assiste pas à cette séance du Conseil suprême. À tel titre qu'il se

1. Claude Guy, *En écoutant de Gaulle*.

2. Mais Claude Guy, conscient de l'importance de ce que vient de lui dire le général de Gaulle, précise avoir écrit : « un instant après, dans sa chambre ».

garde bien de me convoquer[1]... Du premier coup d'œil, poursuit de Gaulle, parlant à Claude Guy, j'ai compris pourquoi Reynaud ne m'avait pas convoqué[2], il était en train d'expliquer à Churchill qu'il avait câblé à Roosevelt[3] et que, si sa réponse n'était pas favorable, alors lui, Reynaud, serait peut-être obligé de se tourner vers les Anglais pour leur demander de délier la France de l'accord du 6 mars[4]... »

Quant à Churchill, de Gaulle en tracera le portrait « d'un homme [ce jour-là] très fatigué », balançant la tête, marmonnant des réponses que le Général ira jusqu'à mimer : « Je comprends bien votre position... ces événements sont terribles pour la France... Mais enfin, comprenez-vous ? La flotte française... il y a la Flotte[5]... » Car c'est là tout ce qui préoccupait Churchill : s'assurer que notre Flotte ne serait pas « barbotée ».

De Gaulle — et c'est toujours le 5 août 1946 — poursuit en disant que « deux jours plus tard », donc le 15, alors qu'il s'est rendu à Londres pour établir un plan d'évacuation des troupes françaises en direction de l'Afrique du Nord, il avait « fermement reproché » à Churchill de n'avoir pas « barré la route à Reynaud *en refusant de le délier de l'accord de mars*, et qu'en liant la question de cet accord à celle de la Flotte il avait fait avancer d'un pas les partisans de l'armistice ».

Ce n'est pas avant quarante-huit heures (on le verra dans le chapitre suivant) que Churchill liera le renoncement britannique à l'accord du 28 mars au départ de navires de guerre français en direction des ports britanniques, mais, à plus de six ans de distance, la légère erreur du général de Gaulle est parfaitement compréhensible. Ce qu'il faut retenir de sa longue confidence à Claude Guy, c'est la force avec laquelle le Général dénonce la tricherie (vraie ou supposée) de Reynaud.

— Ce jour-là [le 13 juin], Reynaud, auquel je l'ai d'ailleurs dit à l'époque, *facilite la voie à l'armistice*[6]. La vérité, je la dis clairement : Reynaud, qui ne voulait pas « faire l'armistice », cherchait déjà à

1. Mais Reynaud n'avait pas convoqué les autres ministres... il ne fera pas participer à la séance du Conseil suprême Mandel, cependant présent à Tours et qui a dû quitter le bureau du préfet pour le laisser à Reynaud et à Churchill.

2. Il faut rappeler que de Gaulle n'est alors que sous-secrétaire d'État à la Guerre et à la Défense nationale.

3. Le télégramme de Reynaud à Roosevelt ne partira que le 14 juin, tôt dans la matinée. Il s'agit du télégramme par lequel Reynaud demande à Roosevelt « la certitude que les États-Unis entreront en guerre à très brève échéance ».

4. Non, de l'accord du 28 mars. Dans ses *Mémoires de guerre*, de Gaulle donne la date exacte.

5. Claude Guy, *En écoutant de Gaulle*.

6. Souligné dans le texte de Claude Guy.

déposer le fardeau [de Gaulle rejoint, en somme, Weygand, au procès Pétain lorsque l'ancien généralissime avait évoqué « les épaules [de Paul Reynaud] trop faibles » pour le fardeau dont elles s'étaient [« avidement chargées »]. Quand j'y repense, poursuit de Gaulle, cet homme qui était honnête, profondément patriote et qui avait de la valeur, a été incapable de se dresser à la hauteur des événements, resserré qu'il était par un entourage qui n'y croyait pas... [...] et puis n'apercevant jamais les événements que sous l'aspect de leurs incidences parlementaires, ne sachant rien de l'instinct du peuple, s'en éloignant constamment [1]...

Dans le silence qui enveloppe la Boisserie, de Gaulle a beaucoup parlé ce 5 août 1946. Il a notamment évoqué sa lettre de démission à Reynaud, écrite [2], mais non envoyée sous l'influence de Mandel. Dans le courant de la nuit [3], il la lui avait, en effet, communiquée et Mandel avait insisté sur « la nécessité de ne pas dégarnir les rangs du petit nombre d'hommes qui — dans l'entourage de Reynaud — constituaient le camp de la continuation de la lutte ». Phrase qui, dans les *Mémoires de guerre*, deviendra : « De toute façon, nous ne sommes qu'au début de la guerre mondiale. Vous aurez de grands devoirs à remplir, général. Mais avec l'avantage d'être au milieu de nous tous un homme intact, ne pensez qu'à ce qui doit être fait pour la France et songez que, le cas échéant, votre fonction actuelle pourra vous faciliter les choses. »

Mandel était prophète, de Gaulle le reconnaîtra : « Je dois dire que cet argument me convainquit d'attendre avant de me démettre. C'est à cela qu'a peut-être tenu, physiquement parlant, ce que j'ai pu faire par la suite. »

Physiquement... et politiquement et personnellement et nationalement,

---

1. Dans la suite de son propos (Claude Guy, p. 90), le général de Gaulle proférera contre Reynaud des accusations parfaitement invraisemblables. C'est ainsi qu'il l'accusera d'avoir voulu, dès « fin mars, modifier les termes de l'accord du 6 mars »... Or, l'accord est du 28. Il dira également que, rédigeant la déclaration ministérielle de Reynaud, il lui avait « recommandé la franchise » qui aurait consisté à dire que « refuser cette confiance à Reynaud c'était provoquer l'avènement d'un gouvernement d'armistice »... Les Allemands n'ayant pas encore attaqué, il ne pouvait y avoir d'« armistice » que par le truchement d'un neutre, au terme d'une impossible conférence puisque Anglais et Français auraient évidemment réclamé que la Pologne, envahie par les Allemands et par les Russes, soit libérée, ce qu'Allemands et Russes auraient évidemment refusé.

2. Cette lettre, dit-il à Claude Guy, « je la possède encore (il fait mine de se lever pour aller la chercher, puis y renonce d'un geste impatient) ».

3. « Cependant, au moment même où, au cours de la nuit, j'allais envoyer ma lettre de démission, Georges Mandel, averti par mon chef de cabinet, Jean Laurent, me fit demander d'aller le voir. »

car il est évident que de Gaulle, démissionnant le 14, n'aurait pas été envoyé en mission par Reynaud à Londres le 15 ; que Spears aurait mis moins d'empressement, le 17, à entraîner en Angleterre un général sans commandement et un sous-secrétaire d'État démissionnaire depuis plusieurs jours, donc dans l'incapacité de revendiquer, à travers sa personne, la permanence de l'État républicain.

À quoi tient l'histoire ? Dans la nuit du 13 au 14 juin 1940, à une lettre de démission non envoyée... On peut rêver au destin des hommes.

## Churchill : « L'homme du destin »
## De Gaulle : « Je n'ai pas entendu »

Le 6 août 1946, de Gaulle n'a pas évoqué, devant Claude Guy, la scène qui, le 13 juin 1940, l'a mis en présence de Churchill descendant l'escalier de la préfecture de Tours pour prendre place dans la voiture de l'ambassadeur d'Angleterre qui le conduirait jusqu'à l'aérodrome. « Comme nous descendions, écrira Churchill, [...] j'aperçus le général de Gaulle debout dans l'encadrement de la porte, impassible, le regard absent. Je le saluai et lui dis, à voix basse, en français : "L'homme du destin." Il ne broncha pas [1]. »

Lorsque, en 1963, le général de Gaulle avait bien voulu me recevoir, je lui avais demandé s'il avait entendu la remarque flatteuse et historiquement prometteuse de Churchill.

— Non, je n'ai pas entendu, m'avait répondu le Général. Vous savez, Churchill, c'est un romantique. Ce qui est vrai, c'est que nous nous étions « accrochés » tout de suite à Londres d'abord, à Briare ensuite, puis à Tours.

Pendant qu'à Tours se déroulaient les entretiens entre Reynaud et Churchill, les ministres réunis à Cangé depuis 15 heures s'interrogeaient sur les raisons de l'absence de Paul Reynaud et, plus encore, sur l'absence de Churchill dont ils attendaient la venue, sinon pour prendre une décision, du moins pour connaître la position de l'Angleterre et de son chef, et surtout pour n'être plus condamnés à passer par le « relais » de

1. On prête également à Churchill le mot : « Ah ! Voici le connétable de France... » Il est préférable de s'en tenir à la version donnée par le Premier ministre britannique.

Reynaud, dont certains soupçonnaient qu'il interprétait à sa façon les réactions et les paroles du Premier ministre britannique.

Il pleut, et les hommes, inquiets — toutes les spéculations sont possibles, notamment celles d'une rencontre avec des appareils de la Luftwaffe —, ne peuvent sortir détendre leurs nerfs en marchant dans le parc. Reynaud n'arrivera qu'à 18 heures et ses premières paroles, alors que le Conseil s'est rapidement réuni sous la présidence de M. Albert Lebrun, déçoivent et irritent des ministres qui le lui font savoir.

Comment le Premier ministre britannique est venu à Tours et il est reparti !

Comment le président du Conseil a affirmé au Premier ministre britannique que le gouvernement avait pris la décision de ne pas conclure d'armistice et de continuer la guerre (il n'a rien dit de tel mais comme, de Tours à Cangé, il a voyagé avec Mandel, son propos est influencé par la fermeté du ministre de l'Intérieur) alors que, la veille, le gouvernement avait décidé de ne prendre aucune décision avant d'avoir entendu M. Churchill.

On comprend les protestations de Bouthillier, ministre des Finances, et de Chautemps, ministre d'État. Sans doute parlent-ils « en termes doux et choisis », mais leurs mots ont la netteté d'un désaveu qui condamne Reynaud à s'empêtrer dans des explications embarrassées concernant l'emploi du temps de Churchill[1] et à faire, des entretiens qui viennent d'avoir lieu, un récit inexact[2].

Mais cette fin d'après-midi du 13 juin sera marquée par un événement à la portée immédiatement calculable.

Devant des ministres peu habitués à voir lire des notes — comme si la politique devait toujours être affaire d'improvisation —, le maréchal Pétain va sortir un papier de sa poche et, après être allé chercher un supplément de lumière dans l'embrasure d'une fenêtre, il commencera la lecture d'un texte essentiel, qui réglera sa vie jusqu'à ce jour d'août 1944 où les Allemands l'enlèveront de Vichy, texte qui s'explique par son passé, qui laisse deviner son avenir.

---

1. Churchill écrira n'avoir rien su de l'invitation à s'exprimer devant le Conseil des ministres.
2. Selon le témoignage de Baudouin qui y assistait.

## Weygand : « Les ministres devraient avoir le courage de rester en France »

Mais avant que le Maréchal ne prenne la parole, le général Weygand s'était exprimé avec une fureur glacée.

À Paul Reynaud qui venait d'évoquer le réduit breton, l'Afrique du Nord, Bordeaux, il avait demandé — sans obtenir de réponse ferme — quel était le choix final du gouvernement et dit surtout que, le gouvernement exigeant des combattants « un effort supérieur à leurs moyens », du pays « des souffrances et des sacrifices nouveaux », il était de son devoir d'expliquer les raisons de telles exigences.

— C'est au gouvernement, à présent, avait-il poursuivi, à faire entendre sa voix. Mais, pour que cette voix soit entendue, il lui faut montrer un courage égal à celui qu'il réclame des combattants. Hier soir, devant ce Conseil, j'ai dit que la France n'avait plus les moyens de continuer la lutte avec l'espoir de défendre ce qui restait encore libre de son territoire. La plupart des ministres qui ont pris la parole ont affirmé leur volonté de continuer la bataille. *Je pourrais certes, moi aussi, faire preuve d'un courage verbal de même qualité ! Des châteaux où s'installe mon poste de commandement, je pourrais me poser en héros aux yeux du gouvernement, en ne tenant compte ni de l'état des troupes ni de leur manque à peu près total d'armes aériennes et terrestres, prendre une attitude dont le Conseil des ministres pourrait me savoir gré. Mais pas les combattants ni surtout ma conscience*[1].

Comme certains ministres ont protesté, Weygand a haussé le ton, et c'est alors qu'il va reprocher au gouvernement de n'être pas resté à Paris, de n'avoir pas, « comme le Sénat romain, quand les Barbares sont entrés dans Rome », attendu l'ennemi. Dans ses *Mémoires*, Weygand s'excusera de la phrase ; il écrira qu'il s'était trompé, que « le gouvernement ne devait pas se livrer ainsi à l'ennemi », mais les mots sont lancés. Ils vont en entraîner d'autres qui placeront au cœur du débat le problème du départ ou du maintien du gouvernement sur le territoire national ; problème dont on sait déjà combien il agitera les esprits.

— Puisque Paris a été abandonné, poursuit Weygand, au moins les

1. Souligné intentionnellement.

ministres devraient-ils avoir le courage de rester en France, quoi qu'il puisse advenir. D'abord parce que c'est à ce prix seulement que les Français accepteront les sacrifices qu'ils leur demanderont...

L'intervention du président Lebrun : « Mais abandonner le sol de la patrie, n'est-ce pas, pour ces ministres, un sort encore plus cruel ? » paraît si dérisoire à Weygand que sa réponse se fait cinglante :

— Personne ne le comprendra de la sorte. On pensera qu'ils continuent, sans espoir de résistance, à faire tuer, bombarder, brûler et souffrir nos populations, en ayant pris soin de se mettre à l'abri, en Afrique ou ailleurs. En second lieu, croient-ils que les Allemands ne les y suivraient pas [1] ? Et quelle autorité croiraient-ils garder sur la France ? Combien de temps resteraient-ils en dehors ? Le temps nécessaire pour faire produire aux usines américaines les avions et les chars qui permettraient aux Alliés de la reconstruire.

On entend alors Raoul Dautry, ministre de l'Armement, dire :

— Deux, trois ans...

## Raoul Dautry, le prophète

Ce que tous ignorent, c'est que ce même 13 juin où le général Weygand, puis le maréchal Pétain, ont désespéré de la volonté et des chances anglaises, comme ils ont sous-estimé la capacité de patience et de résistance du peuple français occupé, Raoul Dautry a rédigé, moins en visionnaire qu'en technicien (il est sans doute le seul véritable technicien du gouvernement Reynaud [2]), une note d'une précision qui surpasse les textes du visionnaire de Gaulle.

Il faut lire : « La puissance navale franco-britannique, aidée de celle de l'Amérique, nous assure, à défaut d'une liberté de manœuvre

---

1. Je renvoie au chapitre « L'Empire », *cf.*, p. 291.

2. Raoul Dautry, polytechnicien, avait, en 1914-1918, adapté le réseau des Chemins de fer du Nord aux besoins de la Défense nationale. Sa carrière devait le conduire à la présidence de la Compagnie générale transatlantique, puis à la présidence de la SNCF. Ministre de l'Armement dans le gouvernement Reynaud, il devint, après la Seconde Guerre mondiale, ministre de la Reconstruction et de l'Urbanisme dans le gouvernement du général de Gaulle (13 novembre 1944-20 janvier 1946), puis délégué général du Comité de l'énergie atomique.

sur le sol envahi, une liberté d'action dans le monde. Cette liberté peut permettre de reconstituer, autour du noyau des armées franco-britanniques actuelles, une armée immense qui sera plus tard *en mesure de débarquer sur le long ruban des rivages français, sous la protection d'une aviation formidable.* Et, *en 1943, ou en 1944, ou en 1945, nous serons en puissance d'écraser l'Allemagne*[1], et de refaire, sur les ruines et les misères de la Patrie, si nous en avons sauvé l'âme, une France nouvelle. »

Dautry parle le 13 juin 1940. Cinq jours avant l'appel de De Gaulle à Londres.

En écrivant ce que de Gaulle dira avec plus de flamme et de talent, il fixe des étapes : 1943, 1944, 1945.

Le 13 juin 1943, les Alliés seront à un mois du débarquement en Italie.

Le 13 juin 1944, ils progresseront en Normandie.

Le 13 juin 1945, Hitler se sera suicidé, le III$^{e}$ Reich aura capitulé, l'Allemagne ne sera que ruines et deuils.

Weygand a entendu Dautry, puisqu'il va s'emparer de sa réflexion : « Deux ans, trois ans », pour rebondir : « Plusieurs années en tout cas ! », puis, évoquant le cas des ministres décidés au départ en Afrique du Nord, il poursuivra :

— Et ils [les ministres] s'imaginent qu'après avoir livré la France aux sévices de l'ennemi ils disposeraient encore d'une autorité. Pour ma part, je suis décidé à ne pas les suivre et à ne pas quitter le sol de France, dussé-je y être mis les fers aux pieds.

Le 31 juillet 1945, lors du procès du maréchal Pétain, le général Weygand, revenant sur cette journée du 13 juin, dira : « Peut-être, à ce moment, ai-je été un peu vif. Je ne le regrette pas. »

Que chez Weygand, de Gaulle, Mandel et tous les innommés de cette histoire tombent les armures et les masques, que les tempêtes des cœurs ne soient plus contenues, faut-il le déplorer, alors que la France vit les moments les plus dramatiques de son histoire puisqu'elle est menacée de disparition comme elle l'avait été, en 1420, avant que le miracle de Jeanne ne vînt réparer les abandons d'Isabeau ?

1. Souligné intentionnellement.

## Pétain : « L'armistice est, à mes yeux, la condition nécessaire à la pérennité de la France »

Weygand[1] est parti rejoindre ses officiers, mais comment les accusations lancées, les questions posées, et sur quel ton, ne susciteraient-elles pas agitation et trouble ? Tous les voiles déchirés, les ministres placés face à l'inéluctable de la défaite par le généralissime et déjà, brutalement, face au choix entre l'armistice et la poursuite de la guerre en Afrique du Nord vont maintenant entendre le maréchal Pétain, qui lit son texte d'une voix lente, sourde et brisée — sa voix d'homme de quatre-vingt-quatre ans.

Déposant au procès du Maréchal, le président Lebrun dira : « Depuis vingt ans que j'assistais à des Conseils de ministres, c'était la première fois que je voyais un ministre lire un papier. »

Depuis vingt ans, c'est-à-dire depuis 1920, la France avait-elle vécu pareille tragédie ?

« Nous reconnaissons tous que la situation militaire est aujourd'hui très grave. »

Voici la première phrase du « papier » de Pétain[2].

Il poursuit en disant que, « si le gouvernement français ne demande pas l'armistice, il est à craindre que les troupes, n'écoutant plus la voix de leurs chefs, ne se laissent entraîner à une panique qui mettrait l'armée hors d'état d'entreprendre la moindre manœuvre ».

Continuer la lutte ? Deux phrases pour expliquer qu'un « réduit national » ne pourrait être « organisé par des troupes françaises en débandade mais par des troupes anglaises fraîches » et qu'un tel « réduit » ne constituant pas « une garantie de sécurité [...] exposerait à la tentation d'abandonner ce refuge incertain[3] ».

Il faut citer intégralement ces lignes qui lient, « ligotent » serait plus exact, leur auteur et dont il faudra se souvenir, le 11 novembre 1942, lorsque le Maréchal refusera de partir pour l'Afrique du Nord.

---

1. Général Weygand, *Rappelé au service*, tome III.
2. Il en a donné la veille connaissance au général Weygand, à M. Bouthillier, ainsi qu'à Bernard Ménétrel, son médecin et confident.
3. C'était, on s'en souvient, ce que prévoyait et espérait le général de Gaulle : « J'étais naturellement pour Quimper. Non pas que j'eusse d'illusions quant à la possibilité de tenir en Bretagne, mais si le gouvernement s'y repliait il n'aurait pas, tôt ou tard, d'autre issue que de prendre la mer. »

« Or il est impossible au gouvernement, sans émigrer, sans déserter, d'abandonner le territoire français. Le devoir du gouvernement est, quoi qu'il arrive, de rester dans le pays, sous peine de n'être plus reconnu pour tel. Priver la France de ses défenseurs naturels, dans une période de désarroi général, c'est la livrer à l'ennemi. C'est tuer l'âme de la France, c'est par conséquent rendre impossible sa renaissance.

« Le renouveau français, il faut l'attendre en restant sur place, plutôt que d'une conquête de notre territoire par les canons alliés, dans des conditions et dans un délai impossibles à prévoir.

« Je suis donc d'avis de ne pas abandonner le sol français et d'accepter la souffrance qui sera imposée à la patrie et à ses fils. La renaissance française sera le fruit de cette souffrance.

« Ainsi, la question qui se pose en ce moment n'est pas de savoir si le gouvernement demande l'armistice, mais s'il accepte de quitter le sol métropolitain.

« Je déclare, en ce qui me concerne, que, hors du gouvernement, s'il le faut, je me refuserai à quitter le sol métropolitain. Je resterai parmi le peuple français pour partager ses peines et ses misères.

« L'armistice est, à mes yeux, la condition nécessaire à la pérennité de la France. »

Ce texte capital représente une option militaire et politique.

En s'ancrant au sol de France, Philippe Pétain se condamne et condamne la France à trouver avec l'Allemagne, victorieuse aujourd'hui, des aménagements, quitte, bien entendu, dans cinq, dix ou vingt ans, à en appeler de la défaite de 1940, comme la Prusse en avait appelé de la totale défaite de Iéna en étant au nombre de ces nations qui, finalement, avaient vaincu Napoléon.

Réflexe d'homme du XIXe siècle, de général crispé sur ses souvenirs historiques — à Vichy, sur sa table de chevet, il placera symboliquement *Le Relèvement de la Prusse après Iéna*[1] —, de philosophe paysan (plus paysan que philosophe) pour qui, tout au long de l'existence de la France, victoires et défaites se sont succédé avec la régularité des saisons, les victoires amollissant un peuple dont la défaite et les souffrances rédemptrices venaient durcir la foi, relever le courage.

Après que le Maréchal eut replié son « papier », Paul Reynaud assura avoir dit : « Ce que vous proposez là est contraire à l'honneur de la France », mais il s'est trouvé bien empêché de prendre la décision qui se serait imposée si les événements et son caractère ne l'avaient rendue impossible : remanier à l'instant son gouvernement, en chasser, avec

1. Livre de René Bouvier, publié en juin 1941 aux éditions Sorlot.

Pétain, ces quelques ministres qui commençaient à faiblir, ces ministres que bientôt l'on appellerait les « mous » par opposition à des « durs » qui ne l'étaient encore qu'en paroles, et, par la même occasion, se débarrasser de Weygand, ce général — de Gaulle le lui avait répété — « d'un autre temps »... et d'un caractère insupportable.

Moins d'un mois après qu'il eut nommé Weygand, moins d'un mois après qu'il eut appelé à ses côtés « le vainqueur de Verdun, celui grâce à qui les assaillants de 1916 n'ont pas passé, celui grâce à qui le moral de l'armée française, en 1917, s'est ressaisi pour la victoire[1] », tout ce que peut espérer Reynaud, c'est que les deux hommes les plus populaires, les seuls populaires de son gouvernement, ne démissionnent pas !...

Avant de quitter Tours — dont les Allemands ont bombardé le terrain d'aviation — et de se diriger vers Bordeaux, Paul Reynaud va, par la radio, s'adresser aux Français et lancer un appel aux Américains.

D'une éloquence désespérée, son discours émouvant est celui d'un homme qui, ne pouvant plus s'appuyer sur les faits, tente de se rassurer avec les mots. Historiquement, il a raison lorsqu'il dit aux Américains : « L'armée française a été l'avant-garde des démocraties. La France a le droit de se retourner vers les autres démocraties et de leur dire : “J'ai des droits sur vous !” Donnez-nous, même de loin, l'espoir d'une victoire commune nécessaire à tout combattant. » Mais, le 13 juin, il ne saurait — et le sait parfaitement — être entendu, même si son discours, mal compris, se trouvera peut-être à l'origine de ces bruits qui, le 15 ou le 16, laisseront croire à des réfugiés, affamés de fausses bonnes nouvelles, que les États-Unis viennent de déclarer la guerre à l'Allemagne.

Comme nul ne lui lance et ne lui lancera de bouée et qu'il sait la situation perdue, Reynaud « fait » du Dautry, un peu du De Gaulle : « Faut-il désespérer ? Certes, non. La supériorité, la qualité de l'aviation britannique s'affirment tous les jours. Il faut que des nuées d'avions[2] de guerre venus d'outre-Atlantique écrasent la force mauvaise qui domine l'Europe. Malgré nos revers, la puissance des démocraties reste immense. Nous avons le droit d'espérer que le jour approche où toute cette puissance sera mise en œuvre... C'est pourquoi nous gardons au cœur l'espérance. Quoi qu'il arrive dans les jours qui viennent, où qu'ils soient, les Français vont avoir à souffrir. Qu'ils soient dignes du passé

1. Allocution radiodiffusée du 18 mai.

2. Ces « nuées d'avions » qu'il avait en vain, quelques jours plus tôt, réclamées de Roosevelt... et qui n'existaient d'ailleurs pas aux États-Unis.

de la nation, qu'ils deviennent fraternels et se serrent autour de la patrie blessée, *le jour de la résurrection viendra*[1]. »

Pas un mot sur cet armistice dont Pétain venait de dire qu'il était « la condition nécessaire de la pérennité de la France », mais pas un mot, non plus, sur un éventuel départ vers l'Afrique du Nord. Le président du Conseil n'offre aux Français que l'espoir de l'écrasement des « forces mauvaises » par des nuées d'avions venus d'outre-Atlantique..., comme si l'Allemagne pouvait succomber un jour sous l'effet des seuls bombardements aériens.

Les Français qui écoutent Reynaud leur dire — car il l'a dit aussi — que « l'âme de la France [n'était] pas vaincue », que notre « race ne se [laissait] pas abattre par l'invasion », qu'« elle [avait par le passé] toujours refoulé ou dominé l'envahisseur », sont des Français qui voient passer devant des demeures qu'ils s'apprêtent à abandonner des foules épuisées et des soldats désespérés.

Remarquent-ils que les derniers mots de Reynaud : « Le jour de la résurrection viendra », ne peuvent, par-delà la mort, s'adresser qu'à des morts ?

Près de cent mille Français sont morts. La France est-elle morte avec eux ?

1. Souligné intentionnellement.

# 6.

# BORDEAUX EN SIX ACTES

Bordeaux 1870, Bordeaux 1914, Bordeaux 1940. Alors, tout recommence ?

Oui, depuis que Paul Reynaud a choisi Bordeaux, solution historique « classique », de préférence à Quimper, solution « révolutionnaire » puisqu'elle débouchait sur un départ rapide en direction de l'Angleterre, solution proposée, vainement défendue par de Gaulle, oui, tout recommence.

En pire.

Mon ami Xavier Védère, archiviste municipal, a sorti les plans du repli de 1914 pour les transmettre à la préfecture et à la mairie qui affectent le lycée Longchamp aux Affaires étrangères, l'hôtel des PTT au ministère des Transmissions, les nouveaux abattoirs au ministère de l'Agriculture, entassent des ministères dans les bureaux du palais de la Bourse, réquisitionnent des chambres — plus ou moins proches de la gare, c'est-à-dire d'un objectif prioritaire pour la Luftwaffe, plus ou moins proches de préfecture, c'est-à-dire du pouvoir en exil —, recensent les châteaux des environs pour y loger des ambassadeurs, dont certains — celui de Roumanie — couchent depuis deux nuits dans leur voiture et, refusant de prendre en compte l'énormité de l'événement, manifestent leur mécontentement de l'injure faite à leur personne, donc à leur pays.

Le peuple de l'exode, celui qui se traîne sur les routes, ne sait rien des « malheurs » des dirigeants.

Il ignore la colère de cette femme de ministre dont le petit chien n'a pas été encore servi par l'un des maîtres d'hôtel du Splendid. Il ignore « l'épouvante[1] », éprouvée par Jeanneney, président du Sénat, le 14 juin (nous sommes au zénith de la débâcle, des millions de Français couchent à la bonne-mauvaise étoile) devant la suite de « salons luxueux » mais « démodés, poussiéreux », aux rideaux « suspects », aux « toilettes sordides », réquisitionnés à son intention. Il ignore — ce peuple qui doit se contenter de soupes servies, ici et là, par des femmes charitables, d'eau, vendue parfois dix sous le verre, deux francs la bouteille, par des paysans rapiats, les déjeuners et les soupers sous la rocaille du Chapon fin et toutes les querelles d'ambition, tous les misérables conflits, qui agitent ce Paris ratatiné et fripé venu échouer à Bordeaux avec les satellites obligés de tout gouvernement : députés ; sénateurs ; femmes légitimes et petites amies se découvrant mutuellement ; ambassadeurs ; journalistes ; fonctionnaires, cherchant à recréer, entre quatre ou cinq rues, quatre ou cinq hôtels, quatre ou cinq écoles, ce Paris abandonné où, dans tous les bureaux, des officiers allemands, déjà, ont pris leur place. Et pour plus de quatre années...

Devenu une sorte de préposé au logement des personnalités, et de ceux infiniment plus nombreux qui se disent et se croient des personnalités, M. Bodenan, préfet de la Gironde, proteste : « J'ai reçu pendant une durée de quatre heures des ambassadeurs et des membres du Parlement jusqu'à une heure avancée de la nuit et il est impossible que je me substitue ainsi à la Place et à la Subdivision. »

Comme il n'existe aucune autorité susceptible de s'exercer sur cette ville à la population brutalement triplée, où, selon un député, des milliers d'« ayants droit » — si le mot n'est pas inventé, la chose l'est — sont arrivés « comme une nuée d'oiseaux dont une effroyable tempête aurait abattu les arbres où s'abritaient les nids. Désemparés, ils voletaient çà et là. Ils ne savaient pas où se poser », la protestation du préfet Bodenan se perdra dans le flot des protestations.

En Touraine, le repli du gouvernement, et de tous ceux qui l'accompagnent et l'environnent, avait été préparé d'assez longue date, bien qu'imparfaitement, particulièrement au niveau des liaisons téléphoniques. Mais Bordeaux ne s'attendait nullement à voir débouler de son pont, en 1940, unique[2] — ce pont épargné par la Luftwaffe vraisemblablement sur ordre supérieur — le cortège des voitures gouvernementales suivant et précédant la cohue des réfugiés.

---

1. C'est le mot qu'il emploie dans son *Journal*.
2. Existait alors (existe toujours) un pont ferroviaire menant à la gare Saint-Jean.

On en revient toujours à l'essentiel de ce mois dramatique : l'ignorance.

Ignorance dont se plaint le 16 juin — le gouvernement est arrivé depuis le 14 à 18 h 30 — l'éditorialiste de *La Petite Gironde* qui est, avec *La France*, l'un des deux grands quotidiens régionaux. « Aux heures d'émission, chacun se met à l'écoute et se penche, anxieux, vers la voix qu'il va entendre. Or que nous dit-on ? On nous dit que l'ordre de ne pas défendre Paris a trouvé en Suisse la plus large compréhension. On nous dit que l'aviation alliée a bombardé les ports de Trondheim et de Bergen. Eh bien ! Ce n'est pas cela que nous désirons entendre. Ce que nous voulons entendre, ce sont des nouvelles de la France, des nouvelles de notre armée. »

Est-ce dérision d'écrire que seuls les Allemands pourraient le 16 juin donner globalement des nouvelles de notre armée ? Non, hélas. Lorsque, quatre jours plus tard, le 20 juin, la délégation française d'armistice quittera Bordeaux, « personne à Bordeaux, ni au ministère de la Guerre, ni à l'état-major de l'armée, ni au ministère de l'Intérieur n'avait de renseignements précis sur le point qu'avait atteint l'avance allemande au sud de la Loire ».

Ces lignes sont de l'ambassadeur Léon Noël, personnalité la plus importante, après le général Huntziger, de cette délégation qui s'attendait à trouver les Allemands à Poitiers... Ils n'avaient pas encore occupé Tours, cent kilomètres plus loin, mais, en 1940, la défaite c'est aussi cela : des téléphones et des villes qui ne répondent pas aux questions angoissées lancées depuis Bordeaux.

Ignorance par manque d'informations.

Ignorance par inconscience, fol espoir en un miracle.

Que faut-il penser de cette Légion garibaldienne qui siège au bar d'Aquitaine et qui, le 17 juin, après avoir lancé un appel aux engagements conclut sur ces mots dérisoires : « Il faut faire vite » ?

Que faut-il penser des membres du comité d'entente des associations d'anciens combattants du Bouscat[1] qui décident, le 18 juin, d'ouvrir une campagne de souscription en faveur des bons d'armement ?

Sans doute les communiqués ont-ils été envoyés aux journaux trois ou quatre jours plus tôt.

Il n'empêche, ils témoignent de la crédulité populaire.

Comme, le 13 juin, l'article de Charles Maurras, dans l'avant-dernier des six numéros de *L'Action française*, publié, à Poitiers, a témoigné de la crédulité des élites « ... Nous voilà au bord d'un abîme. Qu'est-ce qui

1. Dans la banlieue bordelaise.

nous en sépare ? L'armée. Telle est notre seule espérance. Notre espérance est militaire... Nul avenir ne nous est permis que dans le bonheur de nos armes[1]. »

Comme la demande, le 15 juin, de Charles Reibel, président de la commission de l'armée du Sénat, et de Vincent Auriol aux présidents Jeanneney et Herriot, de « convoquer d'urgence les représentants de la nation », qui sont, il est vrai, en assez grand nombre depuis que le gouvernement s'est transporté à Bordeaux, mais qui ont perdu tout crédit dans cette ville où tout leur est étranger et où tous leur sont étrangers, sinon hostiles, témoigne de la crédulité du monde politique.

C'est Herriot qui a raison lorsqu'il répond à Auriol :

— Convoquer le Parlement ? Grand Dieu ! Pour quoi faire ? À quel spectacle assisterait le pays ?

En effet.

L'attitude de Paul Reynaud, les 15 et 16 juin, témoigne non d'une impensable crédulité sur la réalité de la situation militaire, mais de l'espérance de ce miracle politique : l'annonce de l'entrée en guerre des États-Unis, dernière possibilité de faire reculer Pétain, Weygand et, avec eux, les ministres, déjà partisans de l'armistice.

## I. L'appel désespéré de Reynaud à Roosevelt

Avant de quitter Tours pour Bordeaux, dans la matinée du 14 juin, Paul Reynaud, ainsi que le lui avait suggéré — demandé, serait un mot plus vrai — Churchill, avait adressé un suprême appel au président Roosevelt.

On ne peut, malgré le temps écoulé, en lire sans émotion les principaux passages. Il faut l'écrire une fois encore, dans la mesure où la polémique a caricaturé ces hommes de 1940, sur lesquels pesaient de si lourdes responsabilités, dans la mesure où des censeurs, sans droits ni devoirs, leur ont reproché de ne s'être pas conduits comme ils auraient dû, il n'y a pas de bassesse dans leur âme.

Même si Paul Reynaud sait que Roosevelt ne lui accordera pas ce

1. « Notre espérance est militaire »... Ne dirait-on pas du De Gaulle ?

qu'il lui demande, il tente sa chance ou, plus exactement, la chance de la France[1]...

Quelle est sa requête ? Il la formule après avoir posé trois questions : « [La France] va-t-elle continuer à immoler sa jeunesse dans une lutte sans espoir ? Son gouvernement va-t-il quitter le territoire national pour ne pas se livrer lui-même à l'ennemi, et pouvoir continuer la lutte sur mer et en Afrique du Nord ? Le pays, tout entier, va-t-il vivre alors, abandonné à lui-même, dans la nuit de la domination nazie avec tout ce que cela signifie pour son corps et pour son âme ? »

Il est remarquable que Paul Reynaud, après avoir posé ces trois questions, n'en développe qu'une seule : celle de la résistance *à condition* que « l'intervention américaine vien[ne] renverser la situation en rendant la victoire des Alliés certaine ».

Que le 14 juin, malgré toutes les assurances données, avec lyrisme, par Churchill, il ne croie pas aux chances anglaises[2], trois paragraphes de son télégramme à Roosevelt en apportent la preuve.

« ... Dans la situation présente, malgré l'affaiblissement[3] des forces de l'ennemi dû au sacrifice de l'armée française, la défaite de notre loyale alliée, l'Angleterre, laissée à ses seules forces, *apparaît comme possible, sinon comme probable*[4]. [...] La seule chance de sauver la nation française, avant-garde des démocraties, *et par là de sauver l'Angleterre*[4], aux côtés de qui la France pourra alors rester avec sa puissante flotte, c'est de jeter, aujourd'hui même, dans la balance, le poids de la force américaine. [...] C'est la seule chance aussi d'éviter qu'après avoir *détruit la France, puis l'Angleterre*[5], Hitler ne s'attaque à l'Amérique. »

On le voit, Weygand, avec la phrase brutale que Churchill lui attribue[6] : « L'Angleterre ? Dans trois mois elle aura le cou tordu, comme un poulet », Pétain, dans ses certitudes : « C'est pure folie d'imaginer que vous réussirez, là où l'armée française a échoué[7] » ; et les officiers, et les soldats en retraite et les hommes politiques (ceux qui voteront à

1. Cordell Hull, le secrétaire d'État américain, écrira, avec une sévérité à mon sens excessive, qu'en envoyant ce message à Roosevelt « pour se couvrir », pour qu'il reste trace dans les archives d'« un appel à une déclaration de guerre de l'Amérique, faute de quoi la défaite de la France était inévitable », Reynaud voulait, en somme, opérer un transfert de responsabilité.

2. Peut-être a-t-il augmenté l'importance du péril pour faire pression sur Roosevelt... c'est une hypothèse.

3. Affaiblissement très relatif, on le sait.

4. Souligné intentionnellement.

5. Reynaud ne fait pas allusion à l'Empire.

6. Dont son fils Jacques niera qu'il l'ait prononcée.

7. Dit à Spears le 12 juin. *Cf.* p. 139.

Vichy les pleins pouvoirs... et même quelques autres) et ces marins qui, d'Angleterre où les événements les avaient conduits, préféreront bientôt gagner le Maroc, plutôt que de s'engager dans la France libre, pour ne rien dire des millions de Français éprouvant à chaque heure davantage le poids de l'armée allemande, constatant chaque jour davantage sa puissance, n'étaient pas les seuls à croire la défaite de l'Angleterre « probable ». Paul Reynaud, également, était de cet avis.

Que l'histoire ait donné tort à tous, c'est évident, mais ce sont les réactions de ces non-prophètes qui, le 14 juin, ont une importance historique tout à la fois provisoire et bien réelle.

C'est parce qu'il ne croit pas à la victoire de l'Angleterre solitaire que Paul Reynaud écrit à Roosevelt : « Je sais que la déclaration de guerre ne dépend pas de vous seul. Mais je viens vous dire, à cette heure grave dans *votre* histoire, comme dans *la nôtre*, que, si vous ne pouvez pas donner à la France dans les heures qui viennent la certitude que les États-Unis entreront en *guerre à très brève échéance*, le destin du monde va changer. »

« À très brève échéance » ? Quel sens faut-il donner à la phrase, en fonction des données militaires ? Quarante-huit heures.

C'est bien d'ailleurs cette étroite limite dans le temps que M. Drexel Biddle, nouvel ambassadeur des États-Unis [1], qui vient de rencontrer un Paul Reynaud, accablé par le malheur, évoluant dans « une atmosphère de désespoir absolu [2] », suggère au président Roosevelt, dans un câble qui suit immédiatement celui du président du Conseil français. « Il m'apparaît clairement qu'en l'absence de toute action positive de notre part dans les 48 heures à venir le gouvernement français [ce n'est pas, il faut le rappeler, celui de Pétain, mais encore celui de Reynaud] considérera qu'il ne lui reste aucun autre choix que la reddition. »

« Une action positive » pour reprendre les termes du télégramme de M. Drexel Biddle, ce pouvait fort bien être, non une déclaration de guerre immédiate, mais une « intention », une « menace » de déclaration de guerre, à la suite de l'indispensable réunion, et du non moins indispensable vote du Congrès. « Intention » et « menace » qui auraient redonné espoir au peuple français, réduit à néant les arguments de Weygand et ceux de Pétain, permis à Paul Reynaud de se transporter, à la tête du gouverne-

---

1. M. William Bullitt a voulu rester à Paris pour y attendre l'arrivée des Allemands, protéger l'ambassade et la colonie américaine. Son geste se comprend. Il est sans doute regrettable, car Bullitt connaissait admirablement les hommes politiques français, avait une influence sur eux, comme il avait une influence sur les hommes politiques américains.

2. Drexel Biddle.

ment, en Afrique du Nord et, ne changeant rien sur le théâtre de plus en plus restreint des opérations en France, aurait tout changé politiquement, psychologiquement, moralement puisque Vichy serait resté chef-lieu d'arrondissement de l'Allier au lieu de devenir, pour quatre ans, et pour l'éternité de notre histoire nationale, capitale de l'État français...

Entre 21 h 30 et 22 heures d'ailleurs, Paul Reynaud a sous les yeux la réponse du président Roosevelt[1] qui rend certes hommage au « courage éclatant dont [...] font preuve les armées françaises », rappelle que son gouvernement a permis aux « armées alliées » de « se fournir » aux États-Unis « en avions, en artillerie et en munitions de toute nature », assure que les quantités livrées iront en croissant tant que la résistance se poursuivra ; que « le gouvernement des États-Unis se refusera à reconnaître la validité d'actes de nature à porter atteinte à l'indépendance de la France et à son intégrité territoriale », mais s'achève sur ces mots : « Je sais que vous comprendrez que ces déclarations ne sauraient impliquer aucun engagement d'ordre militaire. Le Congrès est seul à avoir le pouvoir de prendre de tels engagements... »

Je n'avais pas cité la dernière phrase du télégramme envoyé par Reynaud à Roosevelt, le 14 juin. La voici : « Vous verrez alors [dans le cas où les États-Unis ne donneraient pas à la France "la certitude" qu'ils "entreront en guerre à très brève échéance"] la France s'enfoncer comme un homme qui se noie et disparaître, après avoir jeté un dernier regard vers la terre de liberté d'où elle attendait le salut. »

À l'homme — et, à travers lui, au pays — qui se noyait, Roosevelt et les États-Unis n'avaient pas jeté la bouée.

Il n'avait jamais été question qu'ils le fissent, tout en sachant que leur intervention, ou l'annonce de leur intervention, aurait — avant le 10 mai — sans doute fait reculer Hitler ; après l'offensive allemande, grandement facilité l'action du camp des « résistants ».

Reçu par Hitler en mars 1940, Summer Welles avait parfaitement compris le poids qu'auraient les États-Unis s'ils décidaient d'intervenir..., tout en étant persuadé qu'ils n'interviendraient pas.

Il faut revenir à ce texte essentiel : « Une seule chose, écrit-il, dans ses Mémoires[2], eût pu faire encore hésiter Hitler et ses associés : c'était qu'ils fussent convaincus que, s'ils infligeaient à l'Europe une guerre de

1. Quelques heures plus tôt, Reynaud avait été informé par notre ambassadeur à Washington, M. de Saint-Quentin, que d'après M. Summer Welles — sous-secrétaire d'État — le président Roosevelt, s'il voulait prendre une initiative conduisant à la déclaration de guerre, aurait contre lui le Congrès et l'opinion.

2. *L'Heure de la décision*, p. 147.

dévastation, les États-Unis, dans leur propre intérêt, viendraient en aide aux démocraties occidentales. Cependant *il était parfaitement clair qu'il n'y avait pas la moindre chance que notre gouvernement pût dire au gouvernement nazi qu'il en serait ainsi*[1]. La grande majorité du peuple américain était absolument convaincue que les États-Unis pouvaient rester en dehors de la guerre. Il n'y avait pas à Washington *un seul membre du gouvernement conscient de sa responsabilité envers le corps électoral américain*[1], ou tant soit peu soucieux de respecter les restrictions qui lui étaient imposées par la Constitution, qui eût le pouvoir de dire carrément au gouvernement du III<sup>e</sup> Reich que les États-Unis viendraient à l'aide de la Grande-Bretagne et de la France si l'Allemagne persistait dans sa politique de conquête du monde. *Et cependant il n'y avait que cette menace qui pût porter en elle la moindre chance de détourner la plus grande calamité que le monde moderne ait connue*[1]. »

Phrases essentielles. Entre le 10 mai et le 14 juin 1940, rien — au contraire, puisque à la vue des cartes sur lesquelles, chaque jour, au Département d'État, se précisait la défaite de la France —, rien ne pouvait modifier, en faveur de notre pays, l'opinion américaine, donc la position du gouvernement et du président.

De l'appel pathétique de Reynaud, envoyé le 14 juin, comme de la réponse de Roosevelt, Summer Welles, dans son livre, se « débarrasse » en deux lignes : « On se rappelle l'appel désespéré lancé au président par le président du Conseil français pour obtenir une aide franche et la seule réponse que le président put lui adresser. »

Elle était négative.

Prenant en compte « l'opinion », dont Summer Welles, dans son livre, montre à plusieurs reprises toute la force, sans doute le président Roosevelt ne pouvait-il pas faire une autre réponse même si, intimement, il s'en affligeait.

Toutefois, cette claire prise de conscience, *et* du poids qu'aurait eu l'intervention américaine *et* des raisons de politique intérieure, de politique électorale, qui justifièrent le refus de jeter ce poids dans la balance, devrait inspirer quelque modération aux tenants de cette école historique américaine qui, tout en donnant aux peuples des pays occupés d'excellentes leçons de vertu civique, tout en relevant, avec raison, vilenies, compromissions, traîtrises du gouvernement de Vichy, auprès duquel, pour la bonne cause sans doute[2], le gouvernement des États-Unis allait

---

1. Souligné intentionnellement.
2. Tempérer l'influence allemande ; obtenir des informations ; préparer le débarquement en Afrique du Nord, etc.

cependant, jusqu'à la fin de 1942 [1], conserver un ambassadeur, oublient qu'il avait été au pouvoir de Washington non seulement d'étouffer Vichy dans l'œuf, mais surtout, pour citer Summer Welles, de « détourner la plus grande calamité que le monde moderne ait connue ».

*Une « calamité » responsable de plus de trente-sept millions de morts.*

Tout en fournissant, de façon de plus en plus efficace et provocante, des armes à l'Angleterre comme, à partir de juin 1941, à la Russie soviétique, les États-Unis allaient, pour entrer en guerre, et en modifier alors radicalement le cours, attendre que, le 11 décembre 1941, l'Allemagne et l'Italie leur aient déclaré la guerre.

Interrogez, on vous répondra généralement que les États-Unis ont pris l'initiative de déclencher le conflit. Encore un oubli de la mémoire !

## II. Chautemps demande que le gouvernement fasse faire une enquête sur les conditions de la paix

Après un soupir : « Mon appel n'a pas été entendu... les Américains ne déclareront pas la guerre ! », Reynaud a tendu à sir Ronald Campbell, ambassadeur de Grande-Bretagne, et au général Spears, convoqués pour leur faire part des événements de la journée et leur remettre le texte d'un câble à Churchill, le décevant télégramme de Roosevelt.

Qu'écrit à Churchill ce président du Conseil que Spears dira avoir trouvé, ce soir-là, « très pâle, lessivé » (on le serait à moins) mais qui garde cependant la pensée assez claire pour ne pas tout dire de ce qui s'était passé dans cette journée qui, plus qu'une autre, avait ébranlé ce qui lui restait de pouvoir ? Tout d'abord, que le Conseil des ministres, réuni dans l'après-midi, a estimé que « le départ du gouvernement serait considéré par le peuple comme une désertion ». C'est la thèse soutenue, en effet, par le maréchal Pétain et, hors du gouvernement, par de nombreux hommes politiques de toutes les opinions, à l'image de Vincent Auriol, maire de Muret, qui décidera qu'il ne peut « laisser ses concitoyens, seuls, face à l'occupant », de M. Louis Noguères, maire de Thuir [2] — et futur président de la Haute Cour de justice — qui a fait

1. C'est-à-dire jusqu'aux jours qui suivirent le débarquement du 8 novembre 1942 en Afrique du Nord.

2. Pyrénées-Orientales.

dresser un lit de camp dans sa mairie car il ne voulait pas « ne pas être présent au milieu de [ses] administrés », et de tant d'autres qui se considèrent, avec raison, comme capitaines du navire.

Reynaud en vient maintenant à l'essentiel : « Ce départ [pour l'Afrique du Nord ou pour l'Angleterre] pourrait provoquer, écrit-il, de violentes réactions dans le public, *à moins* [le mot charnière est capital] qu'il n'ait été démontré auparavant que les conditions de paix imposées par Hitler et Mussolini sont inacceptables, parce que contraires à l'intérêt vital et à l'honneur de la France. »

Oui, mais comment le savoir ?

Depuis son exil américain, Chautemps, ancien ministre d'État, écrira plus tard au président Lebrun [1] que, devant l'embarras où se trouvait le Conseil des ministres, partagé entre partisans et adversaires de l'armistice, l'idée lui était venue de « chercher un joint [2] ».

Il ajoutera même : « Vous savez mieux que personne que c'est ce que j'ai toujours fait dans tous les Conseils difficiles au cours de ma carrière, que c'est en raison de cette ductibilité d'esprit que l'on me reconnaissait, qu'on jugeait ma présence utile au gouvernement dans les moments de crise. Eh bien ! je n'ai pas fait autre chose cette fois-ci. »

Qu'a-t-il fait ? Il a, dans la plus pure tradition parlementaire, proposé aux ministres assemblés... et moralement déchirés, une « solution transactionnelle » : que le gouvernement fasse faire, par une haute autorité internationale neutre, « soit le pape, soit le président des États-Unis, une rapide enquête, officieuse, sur les conditions éventuelle de la paix ».

*Paix* : le mot est de première importance. Bien qu'ils se soient débattus, comme poissons au bout de la ligne, on verra, dans le chapitre consacré à l'armistice, que les ministres concernés du gouvernement Pétain ont bien initialement demandé aux Allemands les conditions de paix (et non d'armistice), ce qui supposait dans leur esprit que le sort de l'Angleterre ait été réglé à brève échéance, soit par une victoire de l'armée allemande, soit dans le cadre d'une paix blanche. « Paix », à Bordeaux, le mot et l'idée ont bien hanté, déjà, le Conseil des ministres du 15 juin.

« Si, contrairement à notre attente, a expliqué Chautemps, ces conditions apparaissaient modérées, nos amis anglais seraient sans doute d'accord avec nous pour les élucider.

« Si, au contraire, comme vous le pensez, et comme je le pense avec vous, elles sont catastrophiques ou déshonorantes, j'espère que le Maré-

---

1. En 1945. Albert Lebrun n'étant plus président de la République.
2. Ce sont ses mots.

chal, éclairé sur son illusion, sera désormais d'accord pour la continuation de la lutte. Ainsi la décision et la dissociation de notre gouvernement seront évitées. »

Chautemps a parlé d'éviter la dislocation du gouvernement, Reynaud, lui, voit immédiatement que la proposition du ministre d'État jouera un rôle d'engrenage : demander les conditions d'armistice, c'est presque à coup sûr se condamner à les accepter.

Au procès du maréchal Pétain, Reynaud dira d'ailleurs que, dans un pays « où l'on adore les solutions moyennes », la solution Chautemps n'avait pas été « sans produire une très forte impression sur les membres du secteur gauche de [son] gouvernement ».

On ne vote pas, on le sait, au sein du Conseil des ministres, et c'est d'après la « lecture » des réactions qui s'inscrivent sur les visages des uns et des autres, d'après un mot surpris, un geste interprété, que Reynaud, ayant d'un trait divisé verticalement une feuille de papier, fera les comptes des partisans de la proposition Chautemps [1] — il en trouvera treize parmi lesquels Pétain et Chautemps — et de ses partisans : six, parmi lesquels, étrangement, il ne compte ni Mandel, ni Dautry, ni Campinchi qui étaient là — M. Reynaud me l'a confirmé en février 1963 —, mais qui, a-t-il ajouté à mon intention, « n'ont pas pris la parole », ce qui n'aurait pas dû lui interdire de les ranger au nombre des ministres hostiles à l'armistice.

Ayant fait ses comptes, Paul Reynaud se tourne vers le président de la République

— Il ne me reste qu'à vous donner la démission de mon gouvernement

— Eh bien ! moi aussi je démissionnerai, répond le président Lebrun. Comme si c'était possible !

Les paroles confuses échangées par la suite ont moins d'importance que les quelques « secondes de débat intérieur [...] les plus graves de [sa] vie publique » de Paul Reynaud qui renonce à démissionner afin que le président Lebrun — toujours le jeu parlementaire, même en ces jours tragiques — ne désigne pas à sa place, et à son poste, son « vainqueur » : Camille Chautemps.

Dans le câble, qu'il rédige sous les yeux de Campbell et de Spears, Reynaud exposera donc de façon ambiguë la position du Conseil des ministres qui a « décidé, selon lui, d'approcher le gouvernement de Sa Majesté pour lui demander *l'autorisation* [2] [toujours l'accord du

---

1. Classés sous la mention « soit de l'armistice, soit proposition Chautemps ».
2. Souligné intentionnellement.

28 mars, dont on ne cesse de voir l'importance] de s'enquérir, par l'entremise du gouvernement des États-Unis, des conditions d'armistice qui pourraient être offertes à la France par les gouvernements allemand et italien.

« Si le gouvernement de Sa Majesté *autorise*[1] [encore, et toujours, l'accord du 28 mars] le gouvernement français à entreprendre cette démarche, le président du Conseil est autorisé à déclarer, de son côté, que la reddition de la Flotte sera jugée une condition inacceptable.

« Si, toutefois, poursuit Reynaud, le gouvernement britannique estimait ne pas pouvoir donner son *consentement*[2] à cette démarche, il semble probable que le président du Conseil se verrait dans l'obligation de se retirer, en raison des opinions exprimées au dernier Conseil des ministres. »

C'est volontairement que Reynaud a défiguré la proposition Chautemps. Le ministre d'État n'avait pas, en effet, proposé de demander au gouvernement britannique l'*autorisation*[2] de s'enquérir des conditions d'armistice, mais de *faire demander*[2] par un neutre leurs conditions aux Allemands et d'informer *en même temps*[2] les Anglais de la démarche française.

Pour quelles raisons Reynaud a-t-il ainsi sciemment transformé la proposition Chautemps ? Il s'en expliquera au cours du procès du maréchal Pétain : ne voulant pas « se déshonorer » vis-à-vis des chefs du gouvernement britannique en se présentant comme l'auteur (qu'il n'était pas) ou le « supporter » de la proposition Chautemps, il s'était imaginé disant, le lendemain, aux ministres : « Vous avez implicitement reconnu hier, en me faisant demander l'*autorisation*[2] du gouvernement britannique, qu'elle était nécessaire ; *vous ne l'avez pas*[3] : il faut continuer la lutte. »

Reynaud, on le sait, est en train d'achever la rédaction du câble à l'intention de Churchill lorsque lui est remis le décevant télégramme de Roosevelt. Alors, toujours sous le regard de Campbell et de Spears, il ajoute ces cinq ou six lignes :

« Nous avons convenu, jeudi dernier [c'est-à-dire le 13 juin], sur votre proposition, de reconsidérer les questions posées par une demande d'armistice, au cas où la réponse de Roosevelt serait négative.

« Cette éventualité s'étant réalisée, je crois que ce problème devrait être examiné de nouveau. »

1. Souligné intentionnellement.
2. Souligné intentionnellement. Ce n'est pas ce qui lui était demandé.
3. Souligné intentionnellement.

Le président du Conseil — qui sait que les heures lui sont comptées, qui n'ignore pas l'effet désastreux que produira la lecture du télégramme de Roosevelt — demande à Campbell et à Spears que Churchill lui réponde « si possible, par téléphone, demain matin, à la première heure ».

Affaibli d'heure en heure, abandonné par plusieurs des siens, il veut pouvoir s'appuyer sur un Churchill se réclamant fermement de l'accord du 28 mars pour justifier son intransigeance.

Quelques minutes plus tard, son idée de manœuvre sera précisée par Georges Mandel, qui dira à Campbell et à Spears : « Toute manifestation de sympathie, voire de compréhension, ne fera qu'encourager les hésitants. Accepter que nous demandions leurs conditions aux Allemands, c'est rendre inévitable une capitulation abjecte. »

Sans retard Spears transmettra cet « avis » à Churchill.

## III. Weygand refuse de capituler

Au Premier ministre britannique, Paul Reynaud n'a rien fait savoir de la très violente altercation qui, dans l'après-midi, l'avait mis aux prises avec le général Weygand venu à Bordeaux à la demande écrite du maréchal Pétain[1]. Depuis Briare, il avait rejoint Bordeaux après un éprouvant voyage de plus de seize heures.

Comment, écrivant sur ces jours dramatiques, comment ne pas prendre constamment en compte l'angoisse, la fatigue physique, l'épuisement nerveux de ces hommes, entourés de conseillers, de familiers — pour Reynaud sa maîtresse, Mme de Portes, au rôle important sinon déterminant — qui, les yeux bandés, marchent tous au bord du précipice ?

Reynaud a rencontré Weygand, en tête à tête[2], vers 15 h 15.

— Puisqu'il faut cesser le combat, lui déclare-t-il, la meilleure solution est une capitulation militaire, qui n'engage que l'armée mais laisse le gouvernement libre de ses mouvements.

Peut-être Reynaud est-il inspiré par la phrase que lui a dite Spears

1. Non sans avoir averti Reynaud de la communication de Pétain. « Vous serez le bienvenu, lui avait-il été répondu, si vous avez des informations techniques à donner. »

2. Cette absence de témoins nécessite d'exposer les opinions du président du Conseil et du généralissime sans pouvoir trancher.

dans la matinée : « Nous n'entendons pas [nous, Anglais] que la France agisse autrement que ne l'ont fait la Pologne, la Norvège et la Hollande », pays dont les gouvernements ont laissé, aux militaires, la responsabilité morale de l'arrêt des combats. Et c'est bien l'exemple de la Hollande que le président du Conseil va mettre en avant.

Quoi qu'il en soit, Weygand répliquera, d'un ton indigné :

— Je refuse et je me refuserai toujours, quoi qu'il puisse arriver, à couvrir nos drapeaux de cette honte !

Reynaud ayant insisté, ayant invoqué ce commandant en chef hollandais, qui avait sollicité et obtenu un « cessez-le-feu », ayant parlé de la poursuite du combat en Afrique du Nord, Weygand lui fera cette réponse, longtemps et différemment commentée :

— Permettez-moi de vous faire observer qu'il n'y a aucun rapprochement à faire entre la situation d'un monarque — celle de la reine de Hollande, en la circonstance — et celle d'un président du Conseil[1].

Et d'expliquer que le premier peut, même en exil[2], prétendre représenter un pays sur lequel sa dynastie règne depuis plusieurs générations. Au contraire, le chef de « l'un de ces gouvernements éphémères, tels que la IIIe République en a déjà compté plus de cent, en soixante-dix années d'existence », ne représente que lui même. « Une fois parti, il sera remplacé... et oublié », ajoute cruellement Weygand, avant de repousser toute idée de départ vers les « trois départements français d'Algérie ». (Reynaud a insisté sur cette réalité : les trois départements d'Algérie sont français, au même titre que ce département de la Gironde où se déroule le débat.)

La discussion aurait pu s'arrêter là. Paul Reynaud aurait pu prendre la décision que de Gaulle lui souffle depuis longtemps, autour de laquelle il tourne sans s'y résoudre : le remplacement du généralissime. Va-t-il s'y décider ? À 15 h 45, le 15 juin, lorsque Weygand quitte son bureau, il y est résolu : « Si je suis encore au pouvoir ce soir, Weygand ne sera plus commandant en chef. Il est temps d'en finir », écrira-t-il dans l'un de ses livres de souvenirs[3]. Pour remplacer Weygand, il avait d'ailleurs songé au général Doumenc, remarquable organisateur en 1916 des transports routiers, grâce auxquels le front de Verdun avait été constamment alimenté ; en août 1939, responsable malheureux de cette mission

1. Paul Reynaud *(Envers et contre tous)* écrira : « S'il [Weygand] s'était livré devant moi à pareil écart de langage à mon égard, je l'aurais rappelé aux convenances. Mais c'était assurément le fond de sa pensée. »

2. Un exil « imposé par l'ennemi », a précisé Weygand.

3. *La France a sauvé l'Europe*, tome II.

franco-britannique qui, à Moscou, avait été prise de court par la conclusion du pacte germano-soviétique. En 1940, il avait été nommé major général des armées et, dans le désastre du 13 mai, avait été, près de Gamelin et de Georges, l'un des seuls à conserver calme et lucidité.

Le 15 au soir, Reynaud est toujours au pouvoir. Doumenc n'a pas été nommé. Weygand est toujours généralissime, mais, entre les deux hommes, le conflit a rebondi.

À la fin de ce Conseil des ministres, qui a vu l'adoption tacite de la proposition Chautemps, Paul Reynaud s'est, en effet, rendu dans un salon où Weygand et plusieurs personnalités ont été convoqués afin de fournir au gouvernement les explications dont il pourrait avoir besoin.

C'est sans précautions oratoires qu'il aborde Weygand :

— Général, ainsi que nous en avons convenu tout à l'heure, vous allez demander la capitulation de l'armée.

— Jamais, réplique Weygand, je n'ai jamais tenu le langage que vous me prêtez.

Au début de l'après-midi, le premier entretien entre Reynaud et Weygand s'était déroulé sans témoins. À 19 h 55, l'amiral Darlan, Baudouin, le lieutenant de Leusse, officier d'ordonnance du général Weygand[1], d'autres officiers encore se trouvent en compagnie du commandant en chef qui, reculant de trois pas, non pour être mieux entendu, mais pour être mieux vu, pour donner plus de solennité à sa déclaration, poursuit :

— Jamais on ne me contraindra à un acte que je réprouve. Il n'y a pas de force humaine capable de m'obliger à signer la capitulation d'une armée qui vient de se battre comme elle l'a fait ! Prétendre que j'en ai convenu est un mensonge. Vous voulez faire occuper tout le pays. L'armée entière sera prisonnière et déshonorée. Je ne ferai jamais cela. Vous pouvez me destituer, me fusiller. Mais je ne capitulerai pas. Ce n'est pas une capitulation que je vous demande, mais un armistice. En 1870, c'est Jules Favre qui a demandé l'armistice à Bismarck, en 1918, c'est Erzberger, en 1940, ce sera vous ou un autre.

Jules Favre ? Erzberger ? Pour quelle raison Weygand prononce-t-il ces noms et tout particulièrement le dernier ?

Parce qu'il s'agit de représentants du pouvoir civil, « la cessation des hostilités, Weygand le rappellera quelques instants plus tard à Reynaud,

1. Dont Bernard Destremau a pu consulter, pour son *Weygand*, les archives privées, ce qui lui a permis une bonne reconstitution — que je vais suivre — de l'incident.

en écho d'ailleurs à ce que, le 11 juin, lui avait dit le président du Conseil[1], [étant] comme l'entrée en guerre l'affaire du gouvernement ».

En 1870 — ou plutôt le 28 janvier 1871 —, les armées levées par le gouvernement de la Défense nationale ne pouvant plus mener que des combats sans espoir ; Paris, assiégé depuis quatre mois, mourant de faim, c'est Jules Favre, vice-président du gouvernement, ministre des Affaires étrangères, qui avait sollicité de Bismarck un armistice de vingt jours renouvelable ; c'est Jules Favre qui, le 10 mai, avait signé le traité de Francfort[2].

Jules Favre, un homme d'État responsable.

Et Matthias Erzberger, en novembre 1918, le chef du parti du centre. Il sera accompagné à Rethondes — Weygand avait bien des raisons de s'en souvenir, puisque c'est lui qui avait lu aux plénipotentiaires allemands les clauses de l'armistice — du général von Winterfeld, ancien attaché militaire à Paris, choisi par la Chancellerie[3], le haut commandement allemand n'ayant volontairement désigné personne pour le représenter aux négociations, ce qui accréditera, en Allemagne, la thèse d'une armée invaincue et du « coup de poignard » donné par l'arrière, les politiciens de gauche, les juifs et les trafiquants.

Il ne s'agit pas d'établir ici une quelconque comparaison entre la démarche du haut commandement allemand en 1918 et celle du général Weygand en 1940, mais de faire comprendre que, Jules Favre, Matthias Erzberger, ces deux noms n'ont nullement été lancés au hasard.

En les citant, Weygand a rappelé un principe : le gouvernement — et

1. Le 11 juin, à Weygand qui venait d'exprimer son scepticisme de voir la guerre se poursuivre une fois le territoire français occupé en totalité, Paul Reynaud avait répondu : « Le problème de la continuation de la guerre est d'ordre politique et relève des décisions du gouvernement. »

2. Il n'est peut-être pas inutile de rappeler qu'au terme de ce traité la France cédait à l'Allemagne les départements du Bas-Rhin et du Haut-Rhin (moins Belfort), celui de la Moselle (moins l'arrondissement de Briey), et qu'elle versait une indemnité de 5 milliards de francs or. Les 5 milliards exigés ayant été largement couverts par deux emprunts, les troupes allemandes quittèrent le 15 septembre 1873 Verdun (dernière ville française occupée) dix-huit mois avant la date prévue par le traité de Francfort.

3. En octobre 1918, le prince Max de Bade avait succédé au chancelier Hertling, qui n'était resté en poste que quelques jours après la démission de Michaelis qui avait lui-même remplacé Bethmann-Hollweg, considéré comme un obstacle à la paix par le Parlement qui, le 19 juillet, avait voté une résolution favorable à une paix négociée. Mais lorsque, à Rethondes, Erzberger appose sa signature, le Kaiser a abdiqué, le prince Max de Bade a démissionné après avoir chargé un socialiste, Ebert, l'ancien sellier, de former le gouvernement.

non l'armée — décide de déclarer la guerre. Le gouvernement — et non l'armée — doit prendre la responsabilité de mettre fin au combat[1].

## IV. Churchill demande que la flotte française rejoigne les ports anglais

Le 16 juin, lorsque les vingt-cinq ministres se réunissent autour du président de la République, le gouvernement Reynaud n'a plus que quelques heures à vivre.

Rien ne destinait l'hôtel XVIIIe du préfet de la Gironde, ses salons aux plafonds dorés ornés de scènes galantes qui rappelaient le maréchal de Richelieu, sa gloire et ses amours, et de peintures militaires, un cardinal ayant jugé bon de faire, ici et là, remplacer les nymphes dénudées par les zouaves de Magenta, à être le théâtre de la fin d'un régime.

Mais existe-t-il des lieux faits pour la tragédie ?

Cette journée du dimanche 16 juin va être, à la fois, une conclusion et un commencement puisque, au terme d'une longue agonie, elle verra la chute de Paul Reynaud et le brusque avènement du maréchal Pétain.

---

1. Dans *Envers et contre tous*, le premier de ses livres consacrés à l'année 1940, et publié en 1963, Paul Reynaud n'accorde que trois lignes à cet incident. Il écrit avoir laissé Weygand à « son duel avec ses nerfs ». En revanche, il évoque l'entretien en tête à tête que le maréchal Pétain a eu — selon lui —, aurait eu, selon Weygand, avec le général en chef pour le décider à accepter du président du Conseil l'ordre écrit de demander aux Allemands un cessez-le-feu immédiat. Entretien pour lequel le Conseil des ministres du 15 juin avait, pendant une quinzaine de minutes, interrompu ses travaux. Le président Lebrun et tous les membres du gouvernement Reynaud, entendus, après la guerre, par la Commission parlementaire d'enquête, devaient confirmer les dires de Paul Reynaud. Lors de son procès, le maréchal Pétain était d'ailleurs sorti de son silence systématique pour reconnaître « être allé trouver [Weygand] dans la pièce à côté » (de celle où se tenait le Conseil des ministres). Il dira ne plus se souvenir s'il « s'est ou non trouvé d'accord avec lui sur le cessez-le-feu ».

On pourrait croire qu'il s'agit là d'un détail mais, pour Reynaud, Weygand aurait représenté au maréchal Pétain qu'en acceptant la proposition du « cessez-le-feu » il devenait impossible d'accuser le président du Conseil d'« être indifférent aux souffrances des soldats, la seule solution acceptable étant l'armistice ». Il est certain que le cessez-le-feu aurait eu un effet immédiat, donc aurait permis d'épargner des vies humaines.

Le cessez-le-feu demandé le 16 au matin, par exemple, aurait-il laissé au gouverne-

Afin d'éviter d'être happé par trop d'événements, entraîné dans un récit trop complexe, il faut schématiser et simplifier, alors que la journée reflète la confusion des âmes, l'enchevêtrement des événements.

Dans l'attente de la réponse de Churchill à son message de la veille — une réponse qu'il attendait, le lecteur s'en souvient, dans les premières heures de la matinée — Paul Reynaud demande aux présidents Herriot et Jeanneney, qui patientaient dans le salon d'hiver rococo sous le regard mort d'une médiocre statue de la fin du siècle dernier[1], de le rejoindre pour confirmer, devant les ministres, réunis en conseil de cabinet, leur autorisation de départ du gouvernement en Afrique du Nord.

Herriot et Jeanneney s'étant retirés, le président Lebrun ayant pris place, commence vers 10 h 30 un Conseil des ministres qui, après une assez longue interruption, se poursuivra jusqu'à 19 h 30.

Cette interminable, cette épuisante séance — car tous les participants ont à l'esprit le drame militaire, ses conséquences pour l'existence de la nation... et pour leur propre existence —, il ne faut pas l'imaginer comme l'affrontement brutal de deux clans ni comme une suite de duels oratoires. Tout se déroule lentement, dans une atmosphère épaisse de tragédie.

Lorsque, malgré la confusion des récits des témoins, on tente de reconstituer ce Conseil historique du 16 juin, on reste étonné par le petit nombre des interventions et des intervenants. Chaque camp, ayant son porte-parole, semble l'écouter et le suivre. Les ralliements eux-mêmes, qui sont parfois des reniements, se font sans éclat.

De Paul Reynaud, les ministres attendent des réponses aux deux questions les plus importantes du moment : la réaction du président Roosevelt à l'appel désespéré lancé le 14 juin ; la réaction de Churchill au message qu'il lui a adressé la veille.

La réponse de Roosevelt, que Reynaud a en main depuis la soirée du 15[2], il en donne enfin lecture : « Elle fait sur le Conseil, déclarera le président Lebrun au procès du maréchal Pétain, un effet profondément déprimant » ; et nul ne commente un texte qui, riche de mots de compassion, n'en ferme pas moins la porte à tout espoir d'engagement militaire immédiat des États-Unis.

---

ment Reynaud le temps de se transporter en Afrique du Nord ? C'est l'une des nombreuses questions sans réponse possible.

1. Une « Italienne jouant du tambourin ».

2. Dans *Envers et contre tous*, Paul Reynaud écrira l'avoir reçue le 16 après le Conseil, ce qui paraît inexact.

À Chautemps, auteur de la proposition consistant à demander aux Allemands quelles seraient leurs conditions d'armistice, qui l'interroge maintenant sur les réactions de Churchill, Reynaud répond :

— Rien n'est encore fait. J'attends toujours la réponse de M. Churchill aux questions que je lui ai fait poser hier soir par sir Ronald Campbell. Mais ce que je puis vous dire, c'est que le cabinet britannique n'a pas ratifié les déclarations conciliantes de son chef[1]. Il semble avoir adopté une attitude intransigeante, ce qui équivaut par avance à un refus.

Comment peut-il être aussi précis alors que la réponse de Churchill ne partira de Londres qu'à 13 h 55[2] ? Campbell et Spears ont-ils, dans la matinée, fourni à Reynaud quelques indices ou le président du Conseil a-t-il préjugé de la décision de Churchill et du cabinet britannique ?

Quoi qu'il en soit, l'annonce de cette intransigeance provoque la réaction du maréchal Pétain, qui se lève et déclare que le temps qui passe ajoute à la désagrégation de nos armées.

— L'inévitable solution n'a été que trop retardée. Je ne veux pas m'associer à ce retard dont la France tout entière paye les conséquences.

Le cri de Lebrun : « Ah ! vous n'allez pas nous faire cela en un tel moment ! », et l'insistance des ministres retiennent le Maréchal.

Hier, Reynaud et Lebrun voulaient partir. Aujourd'hui, c'est au tour de Pétain. Ces fausses sorties donnent à ces derniers Conseils une allure chaotique que la plume ne peut rendre, mais qui explique bien des malentendus.

Le Maréchal, s'il accepte finalement de ne pas démissionner, « à condition qu'on se hâte de prendre une décision », refuse de se rasseoir. C'est debout[3] qu'il assistera aux derniers moments de ce Conseil qui se sépare dans l'attente de la réponse de Churchill au télégramme envoyé la veille.

Elle arrive à 13 h 30 et sir Ronald Campbell, ambassadeur de Sa Majesté, va, sans tarder, la communiquer à Reynaud. Que dit-elle ? Que l'accord du 28 mars, « interdisant une négociation séparée soit pour un armistice, soit pour la paix, a été passé avec la République française[4] et non pas avec une administration française ou un homme d'État français en particulier. Il met donc en cause l'honneur de la France ».

1. *Cf.* p. 73 et ss.
2. Heure française. 12 h 35, heure anglaise.
3. Reynaud écrit : « Assez piteusement, Pétain remet sa lettre de démission dans sa poche et va se rasseoir. »
4. Ce qui est très discutable. L'accord du 28 mars paraît avoir été une initiative de Paul Reynaud, initiative dont le gouvernement n'avait pas été informé, dont les Chambres n'ont pas eu à débattre.

La France doit-elle cependant poursuivre, malgré tout, la guerre perdue ? Non. Prenant connaissance de la suite du télégramme de Churchill, Paul Reynaud lit, d'ailleurs sans plaisir, qu'à la condition « mais à cette seule condition que la flotte française soit *dirigée aussitôt sur les ports britanniques*[1] en attendant l'ouverture des négociations le gouvernement de Sa Majesté donne son assentiment à une enquête du gouvernement français [la proposition Chautemps] en vue de connaître les conditions d'un armistice pour la France », l'Angleterre, résolue à poursuivre le combat, s'excluant pour sa part de toute participation à ladite enquête.

Pour quelles raisons le télégramme de Churchill ne satisfait-il ni Campbell, ni Spears, les porteurs du message, ni Reynaud, son destinataire ? Parce qu'il semble à Campbell et à Spears entrouvrir la porte de l'armistice. Reynaud éprouve la même angoisse. Pour survivre, il espérait s'appuyer sur l'intransigeance de Churchill. En se montrant relativement compréhensif, Churchill renforce la position de Pétain, de Weygand, de Chautemps. Par ailleurs, Reynaud est en droit de douter de la bonne volonté que mettra Darlan à envoyer systématiquement la totalité de la Flotte dans les ports britanniques.

Sans doute, le 16 juin, ne peut on, du côté français, imaginer ce qui se passera, le 3 juillet, à Plymouth, Falmouth, Portsmouth, où, première mesure de cette opération *Catapult*, qui se poursuivra par le massacre de Mers el-Kébir, les navires français qui avaient trouvé là refuge après la bataille du Nord seront, à partir de 3 h 45 du matin, pris d'assaut par des marins britanniques, agissant sans ménagement aucun et prolongeant souvent l'invasion par le pillage[2].

La demande — l'exigence — de Churchill, présentée le 16 juin, est dans la droite ligne des conclusions des chefs d'état-major de la marine britannique en date du 11 juin :

« Nous ne pouvons nous payer le luxe de voir les navires et sous-marins français s'ajouter à ceux de l'Allemagne et de l'Italie. Il nous semble donc ne pouvoir choisir qu'entre deux solutions.

« 1. Tenter de persuader autant de navires français que possible de se joindre à notre flotte.

« 2. Presser les Français de saborder toutes les unités de leur flotte. »

Le télégramme de Churchill du 16 et la proposition qu'il contient : le départ de la totalité de la flotte française en direction de l'Angleterre, Darlan ne les connaîtra pas le jour même. Il n'aura donc pas à réagir.

1. Souligné intentionnellement.
2. *Cf.* chapitre 11, « Vichy et le canon de Mers el-Kébir ».

Mais, s'emparant de la première idée qui lui vient à l'esprit, Reynaud dit à Spears :

— Ah non ! c'est vraiment trop bête ! Demander que la flotte française rejoigne des ports britanniques au moment où elle protège la Méditerranée occidentale [contre la marine italienne] ! Votre solution n'est pas seulement absurde, elle est inexécutable !

Spears ne répond pas — ce qui serait de simple bon sens — qu'une importante partie de la flotte française se trouve dans l'Atlantique, qu'au surplus la flotte anglaise peut momentanément protéger l'Afrique du Nord contre les incursions italiennes, il accepte le prétexte, et les deux Anglais ainsi que le Français décident que Reynaud rencontrera Churchill le lendemain à Concarneau.

Alors il sera temps de reparler du télégramme... Télégramme que Campbell et Spears présenteront cependant à nouveau, à 16 h 20, dans une nouvelle version venue de Londres, avant d'annuler — toujours sur ordre de Londres — les deux télégrammes puisqu'un élément nouveau — et d'importance — les rend caducs : le projet d'union franco-britannique téléphoné par de Gaulle qui, depuis la veille, se trouve en Grande-Bretagne.

## V. Que la France et l'Angleterre deviennent une seule nation !

De quoi s'agissait-il ?

Bien que téléphoné de Londres à Bordeaux par de Gaulle, le projet a pour inventeur Jean Monnet, chef de la délégation économique française à Londres. Il y travaillait depuis plusieurs jours, en compagnie de M. Corbin, ambassadeur de France, mais également du directeur de cabinet de Churchill, de sir Robert Vansittart[1] ainsi que d'un certain nombre de ses amis britanniques, inspirés par le livre de Clarence Street, *Union Now*, publié en mai 1939, en français, sous le titre *Union ou Chaos*[2].

À la surprise des blindés et des stukas, ces hommes avaient imaginé une parade : opposer la surprise de cette nation tentaculaire, l'Empire

1. Secrétaire permanent du Foreign Office.
2. Duroselle, *L'Abîme*, p. 179. *Cf.* également le *Jean Monnet* d'Éric Roussel.

britannique et l'Empire français confondus faisant armée commune, marine commune, gouvernement commun, ressources et même nationalité communes.

Churchill — dont tout dépend — n'entendra parler du projet que le 15 juin. Il se montrera d'abord réticent, car il hésite à s'engager « dans une immense entreprise dont les complications n'avaient été pesées en aucune façon ». Mais de Gaulle, qui a reçu Corbin et Monnet dans sa chambre de l'hôtel Hyde Park, où il achevait sa toilette, à défaut d'avoir été convaincu sur le fond, a vu immédiatement le parti politique qu'il était possible de tirer de cette proposition, un « moyen de circonstance », dira-t-il, le 24 février 1949, à Claude Guy. « Je n'ai envisagé, ajoutera-t-il, l'adoption du projet de Monnet que comme un expédient propre à maintenir hors de l'eau la tête de Reynaud. Il lui fallait des béquilles et de quoi porter un choc psychologique, rien de plus [1]. »

Il ne faut jamais oublier que, lorsque de Gaulle parle à Claude Guy en 1949 de « moyen de circonstance », lorsqu'il me dit en 1963 : « c'était un mythe, inventé comme d'autres mythes par Monnet » — phrase qui devait chagriner Jean Monnet —, il a fait « l'expérience » de l'Angleterre, de ses ambitions, de ses égoïsmes, et qu'il sait parfaitement, pour avoir vu la France libre évincée de la Syrie et du Liban, longtemps contestée en Afrique du Nord, que le projet d'union intime franco-britannique, s'il était devenu réalité, aurait tourné à la confusion de la France.

Dans *L'Heure tragique*, Winston Churchill a donné pour titre à l'un de ses chapitres : « La course aux dépouilles ». Sans doute son propos ne portait-il que sur les ambitions italiennes au moment où se dessinait la défaite française ; que sur les ambitions de la Russie soviétique envers plusieurs de ces pays avec lesquels elle avait des frontières communes, mais, la France vaincue, la Grande-Bretagne (et de Gaulle le lui reprochera assez vivement) donnera assez souvent « l'impression » de se livrer, à son détriment, à « la course aux dépouilles ».

Quoi qu'il en soit, le 16 juin, de Gaulle s'empare de l'idée de Monnet et de Corbin ; il en parle à Churchill avec qui il a déjeuné [2], le convainc : « Au point où en sont les choses, rien ne doit être négligé par vous de ce qui peut soutenir la France et maintenir notre alliance. » Churchill

1. Claude Guy, *En écoutant de Gaulle*. Dans ses *Mémoires de guerre*, de Gaulle précisera sa pensée.

2. MM. Corbin et Monnet sont également présents au déjeuner, mais, d'après le général de Gaulle *(Mémoires de guerre)*, c'est lui seul qui, après le repas, aurait entretenu du projet M. Winston Churchill.

n'aura aucune peine à persuader à son tour les ministres convoqués à Downing Street, des hommes « sérieux, solides, expérimentés », réalistes aussi, qui acceptent de chevaucher un projet qui, à la réflexion, même si leur temps de réflexion a été bref, ne pouvait que profiter à la Grande-Bretagne.

En attendant l'accord des ministres britanniques, de Gaulle téléphone à Paul Reynaud, dont il sait le moral vacillant. Il lui parle du projet, lui annonce une « déclaration sensationnelle », qu'il s'efforcera de « lui apporter tout de suite par avion ».

Le « tout de suite » de De Gaulle est, pour Reynaud, beaucoup trop loin dans le temps. Avec l'avion, de Gaulle et le texte du projet ne pourront jamais arriver à Bordeaux avant le Conseil des ministres de 17 heures, un Conseil décisif, « la situation [s'étant] beaucoup aggravée », déclare Reynaud.

Si bien que le général de Gaulle, qui, par la suite, devait se désimpliquer de « l'accord d'union », va en téléphoner, à 16 h 30, le texte intégral à Reynaud, qui, au crayon, le prendra sous sa dictée.

« À l'heure du péril [1] », dit la voix sourde de De Gaulle, et à Bordeaux Reynaud, de sa voix acide, répète :

« À l'heure du péril, où se décide la destinée du monde moderne, les gouvernements de la République française et du Royaume-Uni dans l'inébranlable résolution de continuer à défendre la liberté contre l'asservissement aux régimes qui réduisent l'homme à vivre d'une vie d'automate et d'esclave, déclarent :

« Désormais, la France et la Grande-Bretagne ne sont plus deux nations mais une nation franco-britannique indissoluble [2]... »

---

1. Les Anglais n'ont apporté que des corrections mineures au texte de Jean Monnet.

2. Voici le texte intégral de la déclaration d'union :

« À l'heure du péril, où se décide la destinée du monde moderne, les gouvernements de la République française et du Royaume-Uni dans l'inébranlable résolution de continuer à défendre la liberté contre l'asservissement aux régimes qui réduisent l'homme à vivre d'une vie d'automate et d'esclave, déclarent :

« Désormais, la France et la Grande-Bretagne ne sont plus deux nations mais une nation franco-britannique indissoluble.

« Une constitution de l'Union sera rédigée, prévoyant des organes communs chargés de la politique économique et financière et de la défense de l'Union.

« Chaque citoyen français jouira immédiatement de la nationalité anglaise. Chaque citoyen britannique devient un citoyen français.

« Les dévastations de la guerre, où qu'elles aient lieu, seront de la responsabilité commune des deux pays et les ressources de chacun seront confondues pour la restauration des régions détruites.

« Durant la guerre, il n'y aura qu'un seul cabinet de guerre, pour la direction suprême de la guerre.

« Indissoluble »... Dans le désordre et l'angoisse de juin 1940, ni les Anglais, ni de Gaulle, ni Reynaud n'ont sans doute attaché grande importance à l'adjectif dont l'histoire, dans leur esprit, fera ce qu'elle voudra. Seul Jean Monnet, qui a déjà su (et saura) faire de ses rêves la réalité, a dû profondément y croire.

« Un seul cabinet de guerre... deux Parlements associés... un seul commandement suprême. » Ces mots, ces promesses : « La Grande-Bretagne forme immédiatement de nouvelles armées... La France maintiendra ses forces disponibles, soit terrestres, soit maritimes, soit aériennes », attachent la France à la guerre.

Lorsqu'il a terminé de transcrire, Reynaud interroge de Gaulle :

— Est-il d'accord avec tout ceci ? Je répète : Churchill vous a-t-il remis ce texte lui-même ?

— Oui, c'est une décision du gouvernement britannique. Le cabinet va poursuivre ses délibérations [...] vous serez probablement appelé à devenir le président du premier cabinet de guerre commun.

Pieux mensonge destiné à fouetter l'orgueil de Reynaud, à l'ancrer dans la résistance à Pétain, à Weygand... aux événements !

C'est au tour de Churchill de prendre l'appareil :

— Allô ? Reynaud ? De Gaulle a raison. Notre proposition peut avoir d'immenses conséquences. Il faut tenir !

Avant la fin de la conversation, Churchill et Reynaud décident de se retrouver le lendemain à Concarneau.

L'entretien téléphonique a apporté à Reynaud une bouffée d'enthousiasme :

— Maintenant, dira-t-il à Spears, le gouvernement sera sûrement d'accord.

Il lui a apporté une bouffée de volonté :

— Je mourrai, s'il le faut (il le dit au même général Spears), en défendant ces propositions.

Le gouvernement ne sera pas d'accord... et Reynaud ne mourra pas.

---

« Il gouvernera de l'endroit qui sera jugé le mieux approprié à la conduite des opérations.

« Les deux Parlements seront associés. Toutes les forces de la Grande-Bretagne et de la France, terrestres, maritimes ou aériennes, seront placées sous un seul commandement suprême.

« La Grande-Bretagne forme immédiatement de nouvelles armées. La France maintiendra ses forces disponibles, soit terrestres, soit maritimes, soit aériennes.

« L'Union fait appel aux États-Unis pour fortifier les ressources des Alliés et pour apporter leur puissante aide matérielle à la cause commune.

« Cette Union, cette unité concentreront toutes leurs énergies contre la puissance de l'ennemi, où que soit la bataille — et ainsi nous vaincrons. »

Au Conseil des ministres, qui débute à 17 h 15, Paul Reynaud est arrivé avec le sentiment d'une possible victoire. Il brûle d'évoquer la proposition de Churchill et, pour arriver plus vite à l'essentiel, pour empêcher également les ministres de réagir, il ampute les télégrammes sur la Flotte envoyés par Londres. Indiquant sommairement que le gouvernement britannique a « donné, sous condition, puis retiré[1] » son consentement à la proposition Chautemps d'interroger les Allemands sur les conditions d'un armistice, il ne lira de la dépêche anglaise que les premières lignes : « Notre accord, interdisant une négociation séparée, soit pour un armistice, soit pour la paix, a été passé avec la République française et non pas avec une administration française ou un homme d'État français particulier. Il met donc en cause l'honneur de la France. »

La seconde partie du télégramme sera donc dissimulée aux ministres qui ignoreront la « condition » que Churchill avait mise à l'ouverture d'une enquête auprès de l'Allemagne : l'envoi de la flotte française dans les ports de Grande-Bretagne.

Selon toute vraisemblance, les ministres auraient été étonnés, voire scandalisés par cette « condition » qui, acceptée, aurait offert notre flotte en otage, interdit toute communication avec notre Empire, abandonné sa défense, notamment face aux Italiens, au bon vouloir du cabinet de guerre britannique, et, dans le cas et le cadre d'une paix blanche, aurait pu servir, à l'Angleterre, de « monnaie d'échange » lors de la négociation avec le Reich.

Les ministres n'auront pas à protester puisqu'ils n'ont pas été informés, Reynaud n'éprouvant aucunement l'envie de s'appesantir sur ces télégrammes. Ce qu'il a à annoncer est tellement plus grave !

— J'ai à présent une communication de la plus haute importance à vous faire, déclare-t-il d'une voix stridente[2].

« C'est un message du gouvernement anglais que le général de Gaulle vient de me téléphoner de Londres.

De la lecture de la proposition britannique Reynaud espérait un revirement des volontés, la manifestation d'un sombre enthousiasme, d'une franche résolution. Mais tout dans l'évolution de l'esprit des ministres,

1. Les deux télégrammes, il est vrai, ont été retirés par les Britanniques ; mais pourquoi, alors, citer seulement ce premier paragraphe qui prouve que les Anglais n'ont aucunement l'intention de délier la France de l'accord du 28 mars ?

2. Ce ne sera pas l'avis de Mandel qui l'accusera d'avoir parlé « sans chaleur »...

des soldats, du peuple, lui a échappé. Dans ses cadres comme dans ses masses, la nation est, temporairement, devenue anglophobe. Spears a remarqué, et noté, dès les premiers jours de juin — ces jours qui suivent Dunkerque —, le changement d'attitude de la population, changement qui se traduit, à Bordeaux, par « la morosité si ce n'est l'hostilité » des visages « à la vue d'un uniforme anglais ».

Reynaud écrira plus tard que nul, parmi les ministres, n'avait pris la parole pour le soutenir et soutenir la proposition d'union.

Personne vraiment ? Dans la défaite comme dans la victoire, il y a de l'orgueil à se dire solitaire, et Reynaud insistera, condamnant le silence de ses fidèles : « Ni Campinchi, ni Mandel, ni Louis Marin n'ont pris la parole. »

Le président Lebrun revendiquera cependant l'honneur d'avoir défendu le projet. Rio, ministre de la Marine marchande, dira : « Une voix s'est élevée, c'est la mienne. » Pomaret, qui deviendra dans quelques heures ministre de l'Intérieur de Pétain, parle de trois ou quatre approbations. Le 12 juillet, lord Halifax écrira que le projet avait été repoussé par 14 voix contre 10, alors que l'on ne vote pas au Conseil des ministres. Une fois de plus, on touche à la difficulté d'écrire l'Histoire lorsque les souvenirs se télescopent, les mémoires s'atrophient, les vanités entrent en jeu.

Écrivant, en 1954, le premier volume de ses *Mémoires de guerre*, le général de Gaulle, qui avait soutenu le projet auprès de Churchill, l'avait communiqué à Reynaud « dans la crise ultime où il était plongé [comme] un élément de réconfort et, vis-à-vis de ses ministres, un argument de ténacité », aura cette phrase : « Il sautait aux yeux qu'on ne pouvait, en vertu d'un échange de notes, fondre ensemble, même en principe, l'Angleterre et la France, avec leurs institutions, leurs intérêts, leurs Empires, *à supposer que ce fût souhaitable.* »

Les ministres réunis à Bordeaux le 16 juin 1940 ne disent pas autre chose que ce qu'écrira bien plus tard de Gaulle. Mais ils le disent avec plus de brutalité car ils se trouvent au plus chaud de l'événement. Que le mot, rapporté par Paul Reynaud : « La France va devenir un dominion », ait été prononcé par Chautemps ou par Ybarnégaray est sans importance. Il traduit exactement le sentiment de la majorité ministérielle.

Encore les hommes rassemblés autour du président Lebrun ignorent-ils — puisque Reynaud, on le sait, leur a caché les télégrammes de Londres — que l'Angleterre réclamait la venue de la flotte française dans les ports anglais, proposition qu'ils auraient sans doute repoussée ; encore ignorent-ils que, dans l'après-midi du 16, le croiseur américain

*Vincennes* a quitté le Verdon emportant dans ses cales, sur ordre de Reynaud, une partie de l'encaisse-or de la Banque de France.

En vérité, il n'y eut pas de débat autour de la proposition d'union. Célébrée par Reynaud, la « générosité » de l'Angleterre — qui n'était pas, il faut le rappeler, à l'origine du projet — apparaissait à presque tous comme devant conduire, une fois le territoire métropolitain totalement occupé, à la captation de ce qui serait resté de l'héritage français : l'Empire, la Flotte, l'or et ces forces armées que les Britanniques, sceptiques, depuis les batailles de mai et de juin, sur la capacité des généraux français, auraient commandées et dont ils auraient usé comme ils usaient et useront des contingents venus de l'Australie, du Canada ou de la Nouvelle-Zélande[1].

Certains ministres voient d'ailleurs, dans le projet anglais, une manœuvre pour donner à Reynaud la possibilité de gagner du temps, manœuvre qu'ils rapprochent, dans leur esprit, des appels au secours lancés d'abord à Churchill puis à Roosevelt et dont les réponses tardives, et négatives, sont parvenues alors que la situation militaire se dégradait d'heure en heure.

D'ailleurs, lorsque Mme de Portes qui, par-dessus l'épaule de son amant, avait lu — à l'irritation mal contenue de Spears — le projet d'union, au fur et à mesure que Reynaud le transcrivait, fait passer par un huissier ce mot griffonné : « J'espère que vous n'allez pas jouer les Isabeau de Bavière », la pièce est jouée.

Le rappel humiliant, par la femme qu'il aime, de la reine qui, en 1420, par le traité de Troyes, avait d'Henri V d'Angleterre fait l'héritier du royaume de France, entraîne, semble-t-il, la mort du projet d'union.

On ne parlerait pas de la comtesse de Portes si elle ne s'était imposée à l'Histoire. Philippe Barrès l'a décrite sans séduction physique : « Elle avait quarante-trois ans et en paraissait cinquante. Son visage couvert de taches de rousseur et plutôt ordinaire était animé par des yeux clairs et perçants. Vêtue d'un tailleur quelconque et d'un chapeau de velours assez provincial, elle n'était remarquable que par le ton décidé et presque agressif de sa voix », mais elle avait la séduction que donne un caractère intrépide et dominateur.

1. Le pourcentage des pertes militaires (nombre de morts par rapport aux mobilisés) a été de 3,38 pour les Australiens, 4,74 pour les Canadiens, 6,44 pour les Néo-Zélandais, 4,8 pour les Britanniques.

De Gaulle, qui ne l'aimait pas plus qu'elle ne l'aimait — « c'était une dinde, me dira-t-il, comme toutes les femmes qui font de la politique » —, avait souffert de la voir participer, au domicile de Reynaud, place du Palais-Bourbon, à des conversations qui portaient sur le sort du pays, recevoir, à la place du président du Conseil alité, et, sur tous et sur tout, donner une opinion qui emportait parfois l'adhésion de Reynaud, influençait souvent son jugement.

Depuis que le journal du général de Villelume — conseiller militaire de Reynaud — a été publié, on voit mieux le rôle joué par Mme de Portes. Il est si grand qu'en certains jours on a pu, à bon droit, se demander qui gouvernait la France de M. Paul Reynaud ou de son intrépide amie.

Au moment du désastre, toute l'énergie de Mme de Portes se tournera, non vers la résistance, mais vers l'abandon. En Touraine, elle avait « harcelé chacun en faveur d'un armistice immédiat », Jeanneney l'a écrit dans son *Journal.* Le 14 juin, sans informer Reynaud, elle s'était rendue, en compagnie de Baudouin, auprès de Biddle, l'ambassadeur des États-Unis, pour lui demander d'intervenir auprès du président Roosevelt, afin que le Reich, sollicité par les États-Unis, mette fin aux combats.

À Bordeaux, on l'entendra supplier : « Monsieur le Maréchal, empêchez Paul de faire des bêtises », on saura qu'elle a proposé à Paul Reynaud le principe d'un gouvernement Pétain dans lequel — les rôles étant intervertis — il serait vice-président du Conseil et l'on sait le message cinglant qu'elle lui a fait transmettre le 16, alors que, président du Conseil, il venait d'exposer, à des ministres moroses et réticents, les grandioses perspectives du projet d'union franco-britannique.

## VI. La chute du gouvernement Reynaud

Si les deux lignes de Mme de Portes n'avaient troublé Reynaud, l'apparition du général Laffont aurait suffi pour ramener les ministres aux dramatiques réalités du moment.

Après la guerre, Reynaud épinglera méchamment ce porteur de mauvaises nouvelles. Il l'accusera d'avoir abusé d'un « ton mélodramatique, visiblement calculé [1] ». Sur quel ton aurait-il voulu qu'il donnât connais-

1. *Envers et contre tous*, p. 419.

sance du message du général Georges annonçant l'occupation de Dijon, l'avance de nombreuses colonnes ennemies en direction de La Charité-sur-Loire, et la menace d'enveloppement pesant sur le groupe d'armées n° 3[1] ?

Quel ton aurait-il dû prendre pour lire les derniers mots du général Georges : « Grave situation de ravitaillement pour troupes et pour population civile repliées. Manœuvres difficiles en raison embouteillement des routes et bombardement des voies ferrées et des ponts. Nécessité absolue de prendre décision » ?

À la réaction hargneuse de Reynaud contre le malheureux Laffont, dont le ton s'accorde à la tragédie, mais qui n'est nullement responsable de la tragédie, on préfère celle — émue — du président Lebrun, évoquant, cinq ans après la défaite, à l'occasion du procès Pétain, l'apparition du général Laffont et les sentiments qu'elle avait provoqués :

— Il fallait vraiment être de roc ou d'acier pour supporter tous ces coups et n'en être pas affecté dans les déterminations qu'on allait prendre !

La discussion sur l'armistice, que Reynaud pensait avoir écartée, revient au premier plan. Avec âpreté.

Au maréchal Pétain qui a déclaré : « Si nous ne faisons pas l'armistice, la France sera soumise à un régime effroyable, car rien ne pourra la défendre contre les actes des Allemands », Reynaud répond — ou aurait répondu, car les phrases taillées dans le marbre et faites pour passer à l'Histoire sont toujours, et quel que soit leur auteur, assez suspectes : « Vous avez élevé, place de la Concorde, une statue à Albert Ier en raison de sa fidélité à ses alliés. Aujourd'hui, vous avez le choix : Albert Ier ou Léopold III. »

Ignorant que les Anglais ont, sous condition (l'envoi de la Flotte dans leurs ports), accepté que le gouvernement français demande aux Allemands le prix à payer pour l'armistice, Chautemps réitère sa proposition d'interroger l'adversaire. Une proposition que la plupart des ministres paraissent approuver, ce qui provoque la rude interpellation de Mandel :

— Il y a ici des gens qui veulent se battre et d'autres qui ne le veulent pas.

— Non, réplique Chautemps, il y a des Français également conscients de la grande détresse où ses revers militaires ont placé la France, et désireux de trouver les moyens les plus adéquats de l'en libérer... D'ailleurs, je n'ai pas de leçons à recevoir de vous[2].

1. Sous les ordres du général Besson (Xe, VIIe et VIe armée).

2. Évoquant après la guerre cet incident, Chautemps devait le minimiser sans le nier et écrire que Mandel « n'avait nullement pensé à [lui] en tenant son propos ».

Un ministre — Louis Marin vraisemblablement — ayant demandé à Reynaud s'il considérait « en sa conscience d'homme politique que l'honneur de la France était toujours implacablement engagé » et s'étant attiré cette réponse : « L'honneur de la France est totalement engagé ! Vous ne pouvez pas toucher à l'accord du 28 mars ! », Baudouin, qui, jusqu'à présent, avait gardé le secret sur les déclarations conciliantes faites à la préfecture de Tours, le 13 juin, par Churchill, va sortir de sa réserve. Ayant assisté à la rencontre — il était initialement, avec Paul Reynaud, le seul Français présent au début de l'entretien — il avait entendu le président du Conseil demander à Churchill, devant qui il venait d'exposer le drame de notre armée :

— La Grande-Bretagne n'estime-t-elle pas que la France peut dire : « Mon sacrifice est si grand que je vous demande de m'autoriser à signer un armistice, tout en maintenant la solidarité qui existe d'après nos accords » ?

Il avait entendu Churchill répondre :

— Nous comprenons la situation où vous vous trouvez. Nous ne ferons pas de récriminations dans une pareille hypothèse...

Le lecteur connaît cette demande et cette réponse [1]. Sur l'instant, c'est-à-dire le 16 juin, Paul Reynaud va nier l'une et l'autre, mais l'intervention de Baudouin a d'autant plus fortement troublé plusieurs ministres qu'ils voient dans l'accord du 28 mars un redoutable garrot.

Le président Lebrun évoquant, pendant le procès Pétain, ce Conseil des ministres du 16 juin, au cours duquel avait été abordé — et avec quelle passion — le problème de la portée de l'accord du 28 mars, s'exprimera en ces termes :

— À partir du moment où l'un des deux signataires d'une convention comme celle du 28 mars *retient une partie de ses forces pour sa défense propre, au lieu de les risquer au combat commun, comme l'a fait l'Empire britannique* [2], il peut toujours, dans la forme, s'armer d'un papier pour nous rappeler les obligations qui y sont inscrites, il n'a plus l'autorité morale nécessaire pour dire : je ne puis vous délier de vos engagements.

Le maréchal Pétain, avec d'autres mots, n'avait pas dit autre chose le 25 mai.

1. *Cf.* p. 142.
2. Souligné intentionnellement.

Et pour que, sur ce point important du partage, souvent évoqué, des efforts et des sacrifices, les choses soient claires, il suffit d'indiquer que les documents officiels britanniques[1] estiment à 68 111 les pertes en tués, blessés et *prisonniers de leur armée de terre*[2] pendant la bataille de France, c'est-à-dire du 10 mai au 16 juin, date après laquelle la totalité du corps expéditionnaire a été rapatrié.

En morts : 85 310[3] ; blessés : 122 000, pour les seuls blessés traités par les formations militaires françaises ; prisonniers : 1 900 000 environ, la bataille de France a coûté plus de 2 100 000 hommes.

Comme à Bordeaux la discussion s'éternise et que la thèse de l'armistice lui semble gagner des partisans — « ce Conseil des ministres, écrira-t-il dans ses *Mémoires*, où je viens d'être battu[4] » —, Paul Reynaud déclare soudain que le gouvernement « se réunirait à 10 heures du soir pour démissionner, afin que le président de la République ait consulté les présidents des deux Chambres ».

Telle est la version que devait donner Paul Reynaud, le 24 juillet 1945, lors du procès du maréchal Pétain. Dans le tome II de ses *Mémoires*, il ne sera plus question de démission, mais d'une simple « suspension de séance » pour lui permettre de s'entretenir avec le président de la République. « C'est lui et lui seul, écrira-t-il, qui peut m'accorder le droit de remanier mon gouvernement en ne faisant appel qu'à des résistants... »

Démission ou suspension de séance ? Après la guerre on en discutera. Il semble bien que la seconde version soit la bonne. Plusieurs témoins ont confirmé que le président Lebrun, s'étant opposé à une démission du chef du gouvernement, avait donné rendez-vous, à 22 heures, à des ministres qui se présenteront à l'hôtel de la Préfecture pour apprendre qu'ils sont... démissionnaires.

À Spears « comme assommé » par la nouvelle, qui lui demandera :

---

1. Major L.F. Ellis, *The War in France and Flandres 1939-1940,* Londres, 1953, Her Majesty Stationery Office.

2. Plus 599 morts d'accidents ou de maladie. La Royal Air Force a perdu 1 526 morts, blessés ; prisonniers pendant la même période. Pour la marine, il n'existe, à notre connaissance, que des chiffres globaux portant sur toute la durée de la guerre.

3. À ces 85 310 morts de mai-juin il faut ajouter 7 000 décès par faits de guerre, accidents, maladie avant le 10 mai 1940. On arrive alors au chiffre de 92 000 morts communément admis.

4. Il n'y a pas de vote, on le sait.

« Avez-vous *déjà* donné votre démission ? » Paul Reynaud répondra : « Pas encore, mais je compte le faire à 10 heures (du soir) à la prochaine réunion de Conseil des ministres. »

Quant à l'ambassadeur des États-Unis qui a rencontré, à la sortie du Conseil, un Paul Reynaud « gris de panique », il rapporte à Cordell Hull, secrétaire d'État américain, la phrase désespérée de celui qui est, pour peu de temps encore, président du Conseil.

— La situation est effroyable ; la pression en faveur d'un armistice est de plus en plus forte. Je ne puis le demander moi-même, en raison de mon accord avec les Anglais.

Quoi d'anormal à ce qu'il soit difficile de figer une vérité dans ces jours de bousculade des émotions ?

Si l'on ne vote pas au Conseil des ministres, il existe des « tours de table ». En novembre 1968, lorsque, à la suite des événements de mai, coûteux pour l'économie française et pour le budget de l'État, le problème d'une dévaluation du franc se posera avec acuité, le général de Gaulle effectuera l'un de ces « tours de table [1] ».

Le 16 juin 1940, quel aurait été le résultat d'un « tour de table » portant sur le problème de l'armistice ? À la Libération, de nombreux survivants du ministère Reynaud affirmeront que la majorité ne voulait pas de l'armistice : 15, 14 voix ou 7 contre 10, 9 ou 6 [2], suivant le nombre des hésitants. Ce décompte est de mince intérêt, car opéré trop loin d'un événement qui a laissé Paul Reynaud solitaire.

Il se peut que le camp des ministres hostiles à l'armistice ait été majoritaire : cela ne s'est ni vu ni entendu [3].

À Spears, Mandel dira : « Il n'y a décidément rien à faire avec ces gens-là ! J'ai traité Chautemps de lâche ; Rio en a fait autant. J'ai répété la même chose à ceux qui le soutenaient. Cela n'a servi à rien. Quand vous êtes aux prises avec une troupe en déroute, il n'y a qu'une chose à faire : tirer dans le tas... »

Aussi étonnant que cela paraisse, colère et accusations de Mandel semblent être passées inaperçues de Reynaud : « Personne dans le Conseil ne

1. À la surprise générale, tous les médias ayant annoncé la dévaluation, le communiqué lu à la sortie du Conseil des ministres du 23 novembre 1968 annoncera que « la parité actuelle du franc est maintenue ».

2. *Cf.* Duroselle, *L'Abîme*, p. 181.

3. Le général de Gaulle, sous-secrétaire d'État à la Guerre, est toujours à Londres. Il ne reviendra à Bordeaux qu'au début de la soirée.

prend la parole pour me soutenir. Ni Campinchi, ni Mandel, ni Louis Marin ! [...] Mon échec est total. Hier [le 15 juin] j'avais contre moi la majorité, aujourd'hui c'est l'unanimité [1] qui est contre moi ou qui s'abstient [2]. »

Reynaud qui, selon Mandel, « avait perdu toute autorité » voulait-il et pouvait-il obtenir du président Lebrun — « un pauvre homme dépassé par les événements » (toujours Mandel, mais le jugement est proche de la réalité) — soit le refus de sa démission — ce qui aurait été une mauvaise solution puisqu'il est impensable qu'avec le même équipage il ait pu conduire le navire autrement —, soit, sa démission acceptée, lui offrir la possibilité de former un gouvernement dont les « capitulards » (Pétain, Chautemps et plusieurs autres) auraient été écartés ?

Spears et l'ambassadeur Campbell, dont « l'interventionnisme » est à la mesure de l'angoisse [3], vont s'efforcer de convertir Jeanneney et Herriot à cette idée. Mais les deux présidents ne peuvent donner aucun avis au président Lebrun avant que celui-ci, fidèle à la Constitution, ne les ait appelés... ce qu'il fera vers 21 heures.

Dans le bureau du président Lebrun, Reynaud, Jeanneney, Herriot.

À Reynaud, dont il voudrait qu'il se maintienne au pouvoir, Lebrun va demander à deux reprises :

— Êtes-vous disposé à faire la politique de la majorité [4]... ?

— C'est impossible. Si l'armistice est demandé, il ne le sera pas par moi.

— Alors qui ?

— C'est votre affaire, vous ne serez pas embarrassé ; le maréchal Pétain m'a déclaré ce matin qu'il avait son cabinet dans sa poche.

Phrase qui deviendra, dans la bouche du président Lebrun : « Au sortir du Conseil, je m'entretiens avec M. Paul Reynaud. Il me conseille d'appeler pour le remplacer le maréchal Pétain placé au cœur de la nouvelle majorité. »

Phrase confirmée par le communiqué officiel, transmis à la presse par

---

1. Reynaud *(Envers et contre tous)* note que Mandel a parlé « pour la première fois sur la question de l'armistice » lorsqu'il a interpellé Chautemps.

2. Reynaud *(Envers et contre tous)* écrit comme s'il avait été procédé à un vote.

3. Apprenant la prochaine démission de Reynaud, Spears a immédiatement téléphoné à Londres pour stopper le train spécial dans lequel Churchill venait de s'installer afin de gagner un port anglais puis, sur un navire de guerre, Concarneau.

4. C'est-à-dire à demander à l'Allemagne à quelles conditions elle accorderait l'armistice. La phrase du président Lebrun, « faire la politique de la majorité », prouve à l'évidence que la majorité ministérielle était hostile à la poursuite de la guerre et rend sans grand intérêt tous les calculs faits après la guerre.

les services de la présidence de la République, et qui paraîtra dans les quotidiens du 17 :

« Dans les graves circonstances, le Conseil des ministres, *sur la proposition de M. Paul Reynaud*[1], président du Conseil, a estimé que le gouvernement devait être confié à une haute personnalité recueillant le respect unanime de la Nation.

« En conséquence, M. Paul Reynaud a remis au président de la République la démission du cabinet et M. Lebrun a accepté cette démission *en rendant hommage au patriotisme qui l'avait dictée*[1], et a fait immédiatement appel au maréchal Pétain, qui a accepté de former le gouvernement.

« Le président de la République a remercié le maréchal Pétain qui en *assumant la responsabilité la plus lourde*[1] qui ait jamais pesé sur un homme d'État français manifeste, une fois de plus, son dévouement à la Patrie. »

Phrases dont Reynaud, avec des contorsions de plume, tentera de se débarrasser, lorsque sera venu le temps des Mémoires, mais qu'il avait confirmées, de la prison, où l'avait indignement jeté Pétain, lorsqu'il avait écrit, le 18 mai 1941, au Maréchal : « J'ai pris, il y a un an, la responsabilité de vous demander d'entrer dans mon gouvernement ; quand je me suis démis de mes fonctions, j'ai pris celle de conseiller au président de la République de vous désigner comme mon successeur... »

Voilà qui règle la question sur ce point.

Au moment où s'éloigne ce président du Conseil qui n'a ni voulu demander l'armistice au lendemain de la bataille perdue sur la Somme, ce qui eût sans doute évité aux trois quarts du pays de connaître l'occupation et certainement sauvé des milliers de vie ; ni décidé de partir à temps pour l'Afrique du Nord ou pour l'Angleterre, afin d'y poursuivre la lutte à la tête d'un gouvernement dont Pétain aurait été éliminé, d'une armée que Weygand n'aurait plus commandée, ceux qui jugeront son attitude dans les journées de Bordeaux ont, ou auront, la même réaction, presque les mêmes mots :

De Gaulle : « En quittant le pouvoir, le président du Conseil à bout de nerfs, les ressorts brisés, a dû éprouver comme une délivrance... »

L'historien américain William L. Langer, qui a eu connaissance des dépêches de l'ambassadeur Biddle : « Il semblait assez clair que le président du Conseil avait été victime d'une dépression nerveuse et que, se sentant incapable de porter plus longtemps le fardeau du pouvoir, il avait préféré en repasser les responsabilités à ses adversaires. »

1. Souligné intentionnellement.

Chautemps : « La vérité profonde est que la vraie raison de sa timidité et de son désir de se défaire hâtivement du fardeau du pouvoir se trouvait dans sa propre faiblesse et dans l'impossibilité où il s'était mis, par sa trop longue temporisation, de s'opposer de front à la volonté des chefs militaires. »

Weygand au procès du maréchal Pétain : « J'ai montré comment M. Paul Reynaud, au lieu de continuer dans la voie où il avait estimé trouver le salut de la patrie, s'est démis... »

À l'instant où la France agonisait, elle eut le malheur d'être dirigée par un homme dont la volonté n'était à la hauteur ni du talent ni de la grande intelligence.

De cette faiblesse de caractère, de cet évanouissement dans la démission, Paul Reynaud, même si, de livre en livre, il allait s'efforcer d'améliorer sa statue, portera toujours la blessure de l'homme qui s'était rêvé autre.

## 7.

## LE PEUPLE

Le peuple.

Le grand oublié de la mémoire.

Le peuple qui entre en scène occupe la scène avec ses huit ou neuf millions de réfugiés — il a été impossible de dénombrer exactement cette masse humaine ; faite de Français, mais aussi de Belges, avec ses deux ou trois millions de soldats dont certains, déjà, n'appartiennent plus à l'armée, mais, fondus dans les foules de l'exode, redeviennent les civils qu'ils étaient avant la mobilisation de 1939.

Huit à neuf millions d'hommes, de femmes, d'enfants, que les préfets se renvoient de ville à ville, ou refusent d'accueillir — « Je suis avisé par gare de Toulouse, télégraphie le préfet de Haute-Garonne au préfet de la Gironde, que vous avez envoyé trois trains de réfugiés sur Toulouse [...]. Je vous prie de faire arrêter ces déplacements immédiatement » —, qui s'entassent, toujours plus nombreux, dans les départements, toujours moins nombreux, encore non occupés, et qui, par leur poids, leur misère, leurs modestes exigences impossibles à satisfaire — du pain, une couverture —, leur refus de croire plus longtemps à la victoire à laquelle ils ont longtemps cru, imposeront, sans vote, sans référendum, par leur seule présence, l'armistice dont ils constitueront, selon le mot de Fabre-Luce, « le fondement moral ».

Les dirigeants ne savent rien du peuple de l'exode.

Tout en allant lentement, ils vont beaucoup trop vite pour lui.

Des motards les précèdent.

Des tronçons d'itinéraires leur sont réservés.

Voici Jeanneney, président du Sénat. Il a quitté Paris le 10 juin, à 3 h 45, avec un petit convoi de quatre voitures dans lesquelles s'entassent hauts fonctionnaires et fidèles serviteurs. Convoi précédé par la voiture du général Delalande, qui ouvre en quelque sorte la route, permet de franchir plus aisément les barrages, ou même de braver l'interdiction de doubler, afin que ne soit pas gênée la montée, vers la bataille, de nos derniers régiments.

Jeanneney est arrivé sans encombre à Arpajon, alors qu'en « temps normal » — « normal » pour l'anormal juin 1940 — il faut huit à neuf heures pour franchir les trente kilomètres. C'est seulement à Étampes que sa voiture, et celle de ses compagnons, ont été absorbées par l'énorme chenille de l'exode qui s'est remise à ramper au petit matin, avec ses chariots de ferme attelés à des chevaux fatigués, ses cyclistes et leurs remorques, ses piétons poussant la brouette, chargée au dernier instant, ses femmes entre les brancards de petites charrettes, où s'entassent enfants et valises, ses tacots confiés à des gamins qui apprendront à conduire en conduisant pour la première fois. Cependant, après avoir fait halte à Blois, pour le petit déjeuner, Jeanneney est arrivé à Tours à 9 h 15, ce qui, compte tenu du malheur des temps, représentait presque un exploit.

Il est des voyages beaucoup plus rapides. Lorsque, le 10 juin, Paul Reynaud quitte le ministère de la Guerre, accompagné du général de Gaulle et de Roland de Margerie, il est 22 heures. Dans son bureau, le portrait de Carnot, dont il s'était demandé s'il le laisserait voir « ça » (« ça », la honte de l'occupation), est demeuré en place.

Carnot verra donc « ça ».

Il ne fait pas partie des bagages du président du Conseil qui, dans la journée, a fait enregistrer ce communiqué, diffusé à 23 heures : « Le gouvernement est obligé de quitter la capitale pour des raisons militaires impérieuses. Le président du Conseil se rend aux Armées. »

Assez pauvre mouvement de menton que la dernière phrase de ce communiqué trompeur ; triste cocorico d'un politicien nourri de références historiques qui s'efforce de donner l'image d'un homme d'action et de volonté, d'un Clemenceau se rendant aux Armées pour ranimer le courage des soldats et, de sa lucidité, éclairer les décisions des généraux [1].

---

1. Dans *Envers et contre tous*, Reynaud, pour se débarrasser de la phrase malheureuse, écrira que le 11 juin il devait, en compagnie du général de Gaulle, aller rendre

Un peu avant 2 heures du matin, la voiture de Reynaud atteindra Orléans.

Quant au président Lebrun, il dira avoir effectué entre Paris et Tours, puis entre Tours et Bordeaux, des voyages paisibles, aisés, rapides. Constatation qui sera également celle des quelques femmes constituant le « cabinet rose ».

L'une de celles qui bénéficièrent ainsi, dans la voiture de leur amant, de routes dégagées dira bien plus tard à Nicole Ollier [1] : « Excepté l'inconfort de certains hôtels, surtout à Bordeaux, nous ne savions rien de l'exode, *vous comprenez, sur nos routes, il n'y avait personne* [2]. Les gendarmes veillaient à ce qu'elles nous restent réservées. Ce n'est que plus tard que nous avons appris toutes ces choses affreuses. »

Mandel — comme les autres ministres, comme les autres personnages importants de la IIIe République finissante — n'a été qu'effleuré par les misères de l'exode. Arrivé à Bordeaux, le 14 juin, il s'est installé autoritairement à la préfecture de la Gironde, dans des appartements que convoitait le président du Conseil. Et son amie, Béatrice Bretty, inconsciente de la fragilité du ministère, a immédiatement commandé des meubles et des draps chez Dupuy-Monfeuga, cours de l'Intendance.

## L'exode de 1940 n'est pas « notre » exode de juillet et août

Le peuple, le grand oublié de la mémoire.

Exode : mot dévoyé.

Il est sans rapport avec ce deuxième livre de la Bible dans lequel, les chars du Pharaon ayant été engloutis dans la mer Rouge, les enfants d'Israël ont pu marcher librement vers la Terre promise.

Sur les Français qui fuient en 1940, l'Éternel n'a pas étendu sa droite.

La terre n'a pas englouti les chars allemands, leurs divisions ne se sont pas « enfoncées comme du plomb dans la profondeur des eaux [3] ».

---

visite au général Huntziger à son quartier général, ce qui eût été une façon de se rendre aux Armées, mais, qu'informé de la réunion d'un Conseil suprême, il avait laissé de Gaulle effectuer seul le voyage.

1. *L'Exode sur les routes de l'an 40.*
2. Souligné intentionnellement.
3. Livre de l'Exode, 15.

Imperturbablement, elles ont poursuivi leur course. L'exode de 1940 n'est pas la sortie d'Égypte en direction de la Terre promise, mais la marche haletante et désordonnée vers un destin chaque jour plus incertain.

Exode, mot qui revient chaque année à l'époque des vacances de juillet et d'août. Mot prostitué. L'exode de 1940 n'a rien de commun avec ces départs annuels en direction de résidences secondaires, de villas ou de terrains de camping. Les routes sont encombrées, il est vrai, mais l'essence est en vente libre dans toutes les stations-service qui offrent à boire, à manger, à lire, à se laver, à faire pipi, à se distraire, tout ce qui fit défaut aux fuyards de mai et juin 40. Sur les autoroutes — inexistantes alors —, pas de barricades de tonneaux et de charrettes, gardées par des fantassins épuisés, mais des péages avec leurs quelques gendarmes motocyclistes.

Dans le ciel, enfin, aucun stuka.

Il existe plusieurs raisons à l'exode qui a jeté Belges et Français par millions, toujours plus loin en direction du sud et du sud-ouest, derrière des fleuves et des rivières dont on espérait qu'ils permettraient — comme l'avaient permis la Marne, la Meuse, la Somme, dans l'autre guerre — le rétablissement de nos armées.

On part, car le souvenir de 1914-1918, entretenu par la presse populaire, les livres, les récits des familles, demeure proche dans le nord, comme dans l'est de la France. Dans leur avance de 1914, et parce qu'ils éprouvaient « une peur réelle des embuscades et des francs-tireurs [1] », les Allemands avaient partout pris des otages, souvent incendié des maisons, parfois fusillé non seulement des maires, des curés, mais, comme à Nomeny, au nord-est de Nancy, des femmes et des enfants [2], et, bien entendu, des soldats français et anglais cachés par la population [3].

Le souvenir des drames qui avaient accompagné l'entrée, en Belgique, de troupes furieuses de la résistance qui leur était opposée, les cent exécutions d'Arlon, les quarante d'Aerscht, l'incendie, le 27 août 1914, de Louvain, devenu, pour la propagande alliée, le symbole de la « barbarie allemande » (vingt-six ans plus tard il sera question de « barbarie

---

1. Pierre Miquel, *La Grande Guerre*.
2. À Nomeny, 70 civils ont été abattus le 20 août 1914.
3. À Laon, le capitaine Faudrey, qui se cachait depuis la retraite d'août 1914, sera fusillé le 27 novembre 1915.

nazie »), avait été pour beaucoup, en 1940, dans l'exode des Français du Nord.

La peur des « Boches » — car en 1940 on dit toujours « les Boches » —, et il ne s'agit pas initialement d'une peur sans fondement puisque, dans le Nord, des unités SS se livrent, en mai, à des massacres de civils : 98 à Aubigny-en-Artois, 70 à Oignies, 54 à Courrières [1] ; les souvenirs de la longue occupation allemande, de la famine, des arrestations pour « espionnage », du travail forcé sur les voies ferrées ou les fortifications, expliquent et justifient les départs.

En 1914, les Allemands avaient pris des otages.

En 1940, dès leur entrée en France, ils prendront des otages. Sous le même prétexte : la population attaque leurs soldats et — c'est moins inexact — renseigne l'ennemi.

À Mézières, dont les habitants ont fui, un avis annonce que, « pour garantir la sûreté des troupes allemandes, ont été emprisonnés comme otages : Gamen Roger Pierre, Mézières ; Roblin, René, Louis, Charleville ; Leguillier, Gaston... S'il arrive encore un fait hostile contre nos soldats sans qu'on trouve les coupables, les otages seront tués tout de suite »...

La politique des otages sera presque systématique.

À Colmar, le 16 juin, un ordre du colonel Koch enjoint au premier président Monnier, au président de chambre Cosson, aux conseillers Vainker et Viau, au substitut du procureur général Toussaint, au procureur de la République Lebas, de se rendre, munis d'une couverture et de vivres pour vingt-quatre heures, à la caserne Lacarre. Dans le même temps, le maire de Colmar indique à la population que les otages (les six magistrats ont trouvé dans la caserne quatorze compagnons de captivité) seront fusillés au premier incident. Comme il n'y a pas eu d'incident, ils seront rapidement libérés.

À Lyon, les six otages : le cardinal Gerlier, MM. Georges Cohendy, premier adjoint ; Émile Bollaert, préfet ; Paul Charbin, président de la chambre de commerce ; Maurice Vicaire, secrétaire du Cartel des anciens combattants, et Vivier Merle de la CGT seront à l'honneur, le

1. Pour le seul département du Pas-de-Calais, la division SS Totenkopf porte la responsabilité de 443 assassinats de civils français et belges ainsi que de nombreux prisonniers alliés. Jugé responsable des massacres d'Oignies et de Courrières, le commandant Horst Kolrep sera fusillé à Lille le 11 juin 1951. Le 28 janvier 1949, le capitaine Fritz Knöchlein, dont la compagnie occupait Aubigny lors des massacres, avait été pendu, après jugement, à Hambourg.

7 juillet, lorsque la population célébrera dignement, face au drapeau, le départ de l'armée allemande, en vertu de la convention d'armistice [1].

À Rouen, dix otages différents chaque jour se trouveront, pour la période du 13 au 22 juin, enfermés dans une salle de la mairie, dont des commerçants, MM. Troxler, fourreur ; Barabé, boucher ; Honorez, Mercier, Fosset, Joseph, Bais, Legardien, seront, dans la nuit du 17 au 18 juin, les premiers occupants. En revanche, à Mézières, les otages ont été jetés dans une cellule de la prison d'où les Allemands les extrairont quotidiennement pour qu'ils aillent ramasser les nombreux morts, avant de nommer deux d'entre eux, Pierre Gamen et Jules Bogaert — respectivement « maires provisoires » de Mézières et de Charleville —, et de les charger de régler seuls — ou avec l'aide de l'armée d'occupation, qui prête des camions et nourrit les réfugiés de retour — des problèmes presque insolubles dans des localités dévastées et pillées, où il n'y a plus ni argent (pendant un mois), ni eau, ni électricité.

Mézières, Charleville se sont logiquement vidées de leurs habitants à l'approche de la bataille, mais le cri : « Les Allemands — ou les Boches — arrivent ! », pousse dans le dos des millions de Français.

Dans la nuit du 12 au 13 juin, Geneviève Hoël a quitté à pied Arrentières (dans l'Aube), en traînant sa bicyclette à laquelle est attachée « une remorque pleine de valises et de choses précieuses ». Au mot « Les Allemands sont derrière nous ! », elle abandonne la remorque : « Gardez tout, dit-elle à l'une de ses voisines d'exode, moi je file à bicyclette vers mes enfants en Corrèze. »

« Et me voilà partie avec plein de monde autour de nous. J'ai pédalé toute la nuit [du 13 au 14 juin] et, au matin, je me suis trouvée sur une petite route pleine de voitures à moissons et de cultivateurs. Impossible d'aller plus loin. Nous avons été stoppés sur une grand-route où les Allemands ont défilé devant nous, et cela a duré toute la matinée. Les soldats remontaient le long des voitures et prenaient toutes les bicyclettes : un soldat m'a pris la mienne aussi et je me suis retrouvée seule, sans rien qu'un petit sac où j'avais une chemise de nuit et peut-être 10 000 francs [2]. »

« Les Allemands arrivent ! » Les Allemands arrivent avec, attachées aux capots des voitures blindées, d'humiliantes mascottes : casques fran-

1. Herriot, maire de la ville et qui est intervenu pour qu'elle soit déclarée « ville ouverte », sera mal reçu à son retour. On lui reprochera d'avoir été absent alors que les Allemands occupaient Lyon (cf. Jeanneney, *Journal politique*).

2. De 1940 naturellement. Témoignage in *Horizons d'Argone*, n[os] 69-70.

çais ; poupées défraîchies qui étaient élégantes à l'instant où on les a arrachées des poufs sur lesquels elles trônaient ; coqs-symboles pendus par les pattes ; drapeaux tricolores, dont on devine qu'ils serviront de chiffons. Les Allemands arrivent.

Le train dans lequel Jacqueline Vindt — dix-huit ans — a quitté Neauphle-le-Château avec ses parents, huit paquets... et un porte-parapluies — la présence du porte-parapluies est inexplicable, mais il y a tant de choses inexplicables en juin 1940 — a dû s'arrêter à douze kilomètres de Dreux dont la gare vient d'être bombardée. Il a fallu chercher un asile pour la nuit. Les Vindt ont eu le bonheur de frapper à la porte d'un fermier généreux qui a mis à leur disposition une chambre dans laquelle se trouvaient déjà trois réfugiés. Il leur a également promis de les conduire le lendemain à Chartres, dans sa vieille Ford.

À 5 h 30, le « remplissage » du tacot commence.

Voici la description qu'en a laissée Jacqueline :

« Avec deux crochets, nous suspendons sur le garde-boue arrière de la voiture nos couvertures. Sur le garde-boue avant, nous fixons tant bien que mal notre sac de scout et une mallette à Mme Delattre. Maman, Mme Delattre et l'autre dame sur l'unique banquette arrière, à deux places encore ! Sur leurs genoux, nous mettons les paquets des trois familles [et le porte-parapluies, je suppose...]. Devant leurs jambes, dans un espace très réduit, nous mettons les mallettes des trois familles. Claude, le fils de la dame — un jeune homme de 16/17 ans —, et moi grimpons, je ne sais comment, sur les mallettes. Le fermier se met au volant, le monsieur à côté de lui et papa sur les genoux du monsieur, la tête recroquevillée. Heureusement que la couverture de l'auto est en toile. C'est plus doux pour les coups de tête donnés dedans toutes les secondes... »

« Les Allemands arrivent ! »

Les religieuses de l'hôpital de Sainte-Menehould qui, le 10 juin, lorsque l'évacuation a été annoncée par le tambour de ville, sont parties à pied, avec l'intention de rejoindre une gare, sont, elles aussi, après trois jours et trois nuits de marche, atteintes par la rumeur, à l'instant où, près de Montier-en-Der [1], elles s'apprêtaient à prendre un repos bien nécessaire.

1. Haute-Marne.

« Les Allemands arrivent ! »

Bouleversement général. Des cars militaires passent à toute allure ; « touché de notre détresse, un capitaine accepte de nous charger et de nous descendre à Bar-sur-Aube ».

« Les Allemands arrivent ! » C'est parce qu'ils arrivent que quatre infirmières de l'hôpital d'Orsay, près de Paris, vont tuer six grands malades en leur faisant, sur le « conseil » d'un médecin-major de passage, dont nul n'a pu dire le nom ni même donner une description acceptable, des piqûres de sédol et de morphine à haute dose.

Lorsque ces infirmières : Yvonne T... surveillante-major, Jeanne R..., Madeleine A..., Viviane B..., ont été jugées, en mai 1942, Me Maurice Garçon a évoqué pour leur défense « le délire collectif » qui s'était alors emparé de la France, et le professeur Génil Perrin, chargé d'un rapport sur l'état mental de Jeanne R..., a affirmé : « Ce meurtre est un meurtre à motif altruiste commis à la faveur d'un obscurcissement du sens critique sous l'emprise d'une émotion collective. »

En 1942, les magistrats vivaient encore dans le souvenir de l'énorme désordre de l'exode ; ils replaçaient le drame dans son contexte émotionnel, n'étaient pas insensibles à l'épuisement physique de ces infirmières — elles étaient sept à Orsay — vivant dans un hôpital abandonné par les médecins, un hôpital dans lequel il leur fallait non seulement s'occuper de quatre-vingts vieillards et grands malades, mais aussi de ces blessés civils et militaires que des unités en retraite leur confiaient au passage. Sans l'admettre, ils comprenaient la dérive qui avait conduit quatre de ces femmes à tuer leurs malades intransportables... dans l'espoir de les « sauver » du pire.

Car c'est bien là le drame moral de 1940. Ni Yvonne T..., surveillante-major et principale responsable [1], ni le major sans nom — véritable ange de la mort — qui, à la question posée dans la nuit du 13 au 14 juin : « Si nous évacuons l'hôpital, que ferons-nous des intransportables ? », répond par cet ordre : « Eh bien ! faites sédol et morphine à haute dose... », ni aucune des infirmières qui vont tuer n'imaginent, un seul instant, que leur devoir serait de rester au chevet des intransportables, en attendant l'arrivée des Allemands, signalés à quelques kilomètres.

Elles n'ont pas eu la réaction de Georgette Gargill, cette jeune infirmière grenobloise de dix-huit ans qui, le 22 juin, alors que les Allemands, arrivés dans l'Isère, tentaient de prendre à revers les défenseurs de Voreppe, n'avait pas hésité en pleine bataille à aller secourir les blessés, puis, le combat achevé, à rassembler une vingtaine d'entre eux

1. La directrice, Mme T..., n'avait pas été mise au courant.

dans une grange, à transporter, le soir venu, les plus grièvement atteints dans une ferme, à les veiller, en attendant l'arrivée, au matin, de l'ambulance promise par un officier allemand que son courage et son calme avaient impressionné [1].

Prises dans la bataille et sa brève excitation, au lieu de demeurer prisonnières de l'atmosphère décourageante de leur hôpital, Yvonne T... et ses camarades auraient sans doute réagi comme allait réagir Georgette Gargill.

Au cours de toutes les guerres d'ailleurs, des infirmières, des médecins, même se sachant sacrifiés, car des troupes n'ont parfois pas hésité à achever les blessés et à tuer ceux qui les protégeaient, étaient restés sur place.

En juin 1940, ce principe a souffert trop d'exceptions, et l'on verra des trains sanitaires chargés de grands blessés, privés des médecins qui en avaient la responsabilité ; des hôpitaux abandonnés — celui d'Argenteuil, par exemple, que le directeur quittera, le 13 juin, sur cette phrase de « pétoche » lancée à son personnel : « Démerdez-vous, passez le Pont-Neuf qui va sauter, et là des voitures vous prendront. »

Lorsque Yvonne T..., qui possède la clef de l'armoire aux toxiques de l'hôpital d'Orsay, donne aux infirmières l'ordre de « piquer » Limacher, un grand cardiaque de cinquante-quatre ans ; Joséphine Derouck, quatre-vingt-quatorze ans, qui résistera à une puis à deux piqûres de strychnine et ne succombera qu'à la troisième ; Marie Labrousse, Léontine Hugnin, Augustine Bouttier, Georgette Aubin, elle agit donc, tant la peur des Allemands est grande, pour un « motif altruiste [2] ».

Les magistrats accepteront les conclusions du professeur Génil Perrin puisqu'ils ne condamneront Yvonne T..., la surveillante-major, et ses coïnculpées qu'à des peines allant de cinq ans à un an de prison avec sursis.

## Comment s'est comportée l'armée allemande de 40 ?

Le drame « exemplaire » de l'hôpital d'Orsay oblige à poser ici la question : quelle aurait été l'attitude des soldats allemands face à Léon-

1. Georgette Gargill sera décorée de la croix de guerre, en octobre 1940, par le général Cartier, commandant le secteur défensif de la Chartreuse.
2. Il y aura toutefois un « refus d'obéissance » de la part de Mlle Lucienne Pidansot.

tine Hugnin, Augustine Bouttier, Georgette Aubin, Joséphine Derouck ? Auraient-ils maltraité ces femmes, les auraient-ils tuées ?

En faisant une piqûre de strychnine aux valétudinaires, Yvonne T... et ses camarades pensaient — ce qui fut le thème de leur défense — leur épargner « le pire ». Ont-elles eu raison ?

Ces « Boches », craints par des millions de Français et de Françaises — dont certains, pour les fuir, n'ont pas hésité à abandonner leurs blessés, ou, dans les cas des maires, leurs administrés —, comment se sont-ils comportés ?

L'armée allemande de 1940, il faut l'écrire parce que cela participe également des oublis (et des confusions) de la mémoire, n'est pas l'armée de 1944, celle qui, souvent, arrive de Russie où elle a pris l'habitude des grandes boucheries, celle qui, dans la nuit du 1er au 2 avril 1944, à Ascq, près de Lille, massacrera quatre-vingt-six civils, à la suite d'un attentat qui avait légèrement endommagé six wagons ; rendu inutilisables trente-cinq traverses ; crevé deux pneus d'un véhicule blindé[1] ; celle qui incendie, tue et pille à Rouffignac, celle qui pend à Tulle, assassine à Oradour et, par peur des maquis, se lance — partout et sur ordre — dans la folie des représailles.

En mai 1940, dans les premiers jours de l'attaque allemande, la troupe qui se bat, sans être assurée encore de la victoire totale, commet des excès et des crimes. La population du Nord, je l'ai écrit, peut légitimement croire que 1914 recommence. Des civils, on l'a vu, mais également des prisonniers sont fusillés, et il semble que les soldats coloniaux — les « Noirs », race inférieure aux yeux des Allemands — aient fourni, presque jusqu'au dernier jour (devant Rouen, le 9 juin[2] ; devant Lyon, plus tard), les victimes les plus nombreuses.

Des viols ont été signalés. Des pillages à Amiens, à Orléans, à Lille..., dans bien d'autres localités encore, notamment dans la région de Reims. « D'une façon générale, écrit Jünger, la route d'invasion est jalonnée de bouteilles de champagne, de bordeaux et de bourgogne ; j'en comptai au moins une à chaque pas, sans parler des campements, où l'on eût dit qu'il avait plu des bouteilles[3]. »

---

1. L'unité SS coupable de ces crimes (Panzerdivision Hitlerjugend) arrive, effectivement, de Russie.

2. 121 soldats algériens et noirs ont été massacrés à la mitrailleuse, le 9 juin 1940, à Rouen, dans une propriété de la rue Bihorel. Dans le Pas-de-Calais, au mois de mai, la division SS Totenkorf a exécuté non seulement des civils, mais 99 soldats anglais à Paradis-les-Trem, 32 Marocains du 254e régiment d'artillerie à Febvin-Palfort, 11 soldats du 11e régiment d'infanterie à Houille, près de Saint-Omer.

3. Ernst Jünger, *Jardins et routes*.

Mais les troupes allemandes — qui ont subi peu de pertes et ont obtenu, surtout après le 8 juin, une victoire relativement facile — sont assez bien tenues, assez conscientes de l'importance *politique* de leur rôle, dans les heures qui suivent le cessez-le-feu (et même avant) pour que le danger de « fraternisation » émeuve le député de l'Yonne, et ancien président du Conseil, Pierre-Étienne Flandin. Parlant à Vichy, le 7 juillet, au cours de l'une des séances de l'Assemblée nationale, il lancera cet avertissement : « J'arrive de l'Yonne et viens de passer les dernières semaines au contact des autorités allemandes. *Je considère que nous courons un danger mortel*[1]. Si le gouvernement n'agit pas sans retard, nous assisterons à une nazification complète de nos populations. Elles manquent de tout ; les autorités françaises ont pris la fuite. Il n'existe plus aucun représentant du gouvernement français. Par contre, les autorités militaires allemandes multiplient leurs efforts pour assurer le ravitaillement, pour organiser les secours... Cette propagande allemande porte. Les gens qui ont faim suivent ceux qui leur donnent à manger. »

Et les Allemands donnent à manger.

Au Havre, l'Assistance populaire nationale-socialiste (NSV) apporte 2 000 quintaux de farine, 10 000 caisses de viande, 1 500 sacs de riz, lentilles et petits pois, 25 000 caisses de légumes et fruits, qui contribueront également au ravitaillement de Rouen, de Fécamp, d'Yvetot, d'Amiens, de Compiègne.

À Lille, à Reims, les Allemands distribuent quotidiennement des dizaines de milliers de rations. À Versailles, c'est un officier allemand qui a ouvert les portes du dépôt de farine de Saint-Cyr : « Mais prenez donc ! Nous ne sommes pas des mangeurs d'hommes » ; à Beaune, ils fournissent à la population du sucre et du riz, pris sur une voiture de ravitaillement française ; à Abbeville, deux « sœurs » du NSV s'occupent, pendant quelques jours, de trois cents nourrissons et enfants de moins de deux ans.

La propagande commande naturellement bon nombre de ces gestes charitables qui, exploités par la presse et le cinéma, veulent donner raison à cette affiche rapidement posée sur les murs de zone occupée : *« Populations abandonnées, faites confiance à l'armée allemande »*.

Tous ceux qui ont vu cette affiche, le soldat allemand sans casque, sans armes, portant sur son bras gauche un gamin français, tandis que, de la main droite, il fait un geste de consolation à l'intention de deux fillettes, s'en souviendront longtemps. Elle correspond à une partie de la réalité.

1. Souligné intentionnellement.

Lit-on le journal rédigé en 1939-1940[1] par le grand écrivain Ernst Jünger — l'un des plus héroïques combattants de l'infanterie allemande entre 1914 et 1918[2] —, on reste aujourd'hui stupéfait par son récit, tant, à partir de 1941 et surtout de 1942, les images de 1940 ont été brouillées, même s'il est vrai que ses hommes, suivant les armées de choc, n'ont pas pris part aux combats.

Le 2 juin, à Gercy[3], la population, prise de panique, a fui. Le capitaine Jünger est logé chez une « vieille dame de soixante-dix ans » — Mme Robeau — qui l'a reçu, lui et deux autres officiers, « comme si [leur] présence l'exposait au pire ». « Il me parut, écrit-il, que la vieille dame dépérissait comme une plante dont on a ébranlé les racines. Je la réconfortai et je recommandai aux ordonnances, qui sont très raisonnables, de la décharger de tout travail, même de la cuisine. » Si bien que Jünger, peut noter, le 3 juin : « Je cause souvent avec la vieille dame qui me confie qu'elle a retrouvé le sommeil depuis que nous sommes dans sa maison. »

À Laon où son bataillon est chargé, le 10 juin, de maintenir l'ordre et de veiller particulièrement sur la citadelle, où s'amoncellent, « pareils aux restes de quelque marché aux puces qu'un vent de tempête aurait bousculé », des milliers d'équipements militaires, ainsi que sur le musée, il fait recenser une collection d'intérêt local : « Il manquait trois tableaux, écrit-il, un coffret ayant contenu des pièces de monnaie avait été vidé[4]. »

À Montmirail, le 18 juin, la ville étant traversée par une colonne de dix mille prisonniers français, il fait distribuer le contenu de caisses de biscuits et de conserves : « Nous étions debout derrière la grille de la cour de l'école et nous tendions des boîtes de viande et des biscuits, ou les répandions dans le maquis des mains qui s'allongeaient vers nous, à travers les barreaux. »

À Bourges, où il restera pendant plusieurs jours après l'armistice, Jünger prendra, d'une Mme Cécile, divorcée, avec deux enfants (« beaucoup de charme, mais presque sans personnalité »), des leçons de fran-

1. Publié sous le titre *Jardins et routes*.

2. Ernst Jünger — 14 blessures — fut décoré de la plus haute distinction militaire allemande ; la croix « pour le Mérite ».

3. Aisne, arrondissement de Vervins.

4. À Laon, Jünger est logé rue du Cloître. « C'est ici le quartier des notables qui ont tous pris la fuite avec précipitation, en abandonnant leurs luxueuses demeures. Nous trouvons ici un degré de raffinement dans les jouissances de la vie que l'on ne connaissait plus depuis longtemps en Allemagne. » La cave de la rue du Cloître étant très bien garnie, Jünger et deux autres officiers tinrent « une séance de dégustation à la lueur des chandelles ».

çais : *goûter* et *déguster*, *pêcher* et *pécher*[1] ; aura des conversations sur la façon de préparer le pâté de garenne ainsi que sur la soupe à l'oignon « telle qu'on la mange tous les jours et telle qu'on la mange le dimanche ».

À Henrichemont, ce n'est pas très loin de Bourges, il veille en compagnie de la fermière, d'une institutrice et de la cuisinière, et, devant un grand feu, s'entretient de bassinoires, « sortes de larges poêles en cuivre rouge, destinées à recevoir de la braise... [et] dont on se sert pour chauffer les lits avant d'aller se coucher ».

À Dixmont[2], le 7 juillet, il a fait, dès son arrivée, appeler les enfants de la confortable petite maison dans laquelle il est logé, pour leur distribuer quelques pièces de monnaie, ce qui lui valut de la part du propriétaire, « mi-retraité de la police, mi-paysan », des œufs sur le plat, du lapin, des haricots verts, des pommes de terre en salade, du fromage, ainsi que, apporté par la petite Léone, du rhum pour accompagner le café.

Il serait faux (et sot) d'imaginer les pages du journal de Jünger uniquement consacrées, en juin et juillet 1940, à la description des plaisirs de la table et de la cave dans les villages où il entre en vainqueur. Plus que par les œufs sur le plat de Dixmont, ou que par le champagne, il est ému par un cèdre — le plus beau qu'il ait jamais vu —, « un cèdre aux aiguilles bleu de cire et au tronc d'un brun cannelle » ; par un iris mauve « à brosses d'étamines jaunes d'où [lui] a toujours paru émaner une influence érotique » et par le souvenir de l'un de ses auteurs français préférés : La Rochefoucauld, retrouvé au hasard de l'étape qui l'a conduit à camper[3] dans son château dont il sauvera « ce qui pouvait être sauvé ».

Mais son journal a l'immense mérite de faire revivre, avec talent et sincérité, les *premières rencontres* entre l'officier vainqueur (de culture française certes, peu favorable au nazisme certes, mais vainqueur) et le peuple modeste des vaincus : ici le curé de Dommartin qui avait fui parce qu'il avait entendu dire que tous les ecclésiastiques seraient fusillés ; là une Mme Cécile avec laquelle il joue « plusieurs fois de la flûte à champagne » ; ailleurs un ancien de 14-18, « un vieil ouvrier qui s'est trouvé en face de moi, à Rigniéville [...] lorsque nous attaquâmes... Étrange, le sentiment de communauté et de camaraderie que cette grande

1. En italique dans le texte.
2. Yonne, arrondissement de Sens.
3. À Montmirail.

guerre a laissé chez tous les combattants, quelque langue qu'ils parlent ».

En juin et juillet 1940, Ernst Jünger n'a pas rencontré l'héroïne du *Silence de la mer.*

Il la rencontrera le 18 août 1942, dans cette librairie parisienne de l'avenue de Wagram, où il achète un agenda. « Une jeune fille qui servait les clients m'a frappé par l'expression de son visage ; il était évident qu'elle me considérait avec une haine prodigieuse. Ses yeux bleu clair, dont la pupille s'était rétractée jusqu'à ne plus former qu'un point, plongeaient droit dans les miens, avec une sorte de volupté — celle-là peut-être qu'éprouve le scorpion enfonçant son dard dans sa proie. »

18 août 1942.

C'est en 1942 que sera publié, clandestinement, *Le Silence de la mer.* Ce qui ne signifie nullement que la prise de conscience de l'humiliation, la gestation de la haine n'aient pas été bien antérieures...

Mais, sauf à commettre d'inadmissibles dérapages de dates, juin et juillet 1940 ne doivent pas être confondus avec les mois qui suivent.

À l'origine des rapports « corrects » entre occupants et occupés, à l'évidence, des consignes allemandes mais également la « réceptivité » d'une population soulagée de se trouver en présence, les combats achevés, d'une armée qui lève ou allège rapidement les restrictions de circulation, s'intéresse plus, grâce à un mark d'occupation au taux de change particulièrement favorable [1], au « pillage » des magasins de lingerie qu'au pillage des maisons particulières, et fait impression par la qualité de son matériel comme par la discipline de ses hommes.

Ce n'est ni un journaliste allemand ni un journaliste français mais un journaliste américain, William Shirer, correspondant à Berlin, qui, arrivé le 17 juin à Paris, fera, dès le 18 [2], les constatations suivantes : « Un certain nombre de Parisiens fraternisent ouvertement avec les soldats allemands. Le plus grand nombre de ces derniers, semble-t-il, sont des Autrichiens et ils ont de bonnes manières. Plusieurs d'entre eux parlent français. La plupart des soldats allemands se comportent comme de naïfs touristes et c'est une agréable surprise pour les Parisiens. [...] Des milliers de soldats allemands se succèdent par groupes nombreux, toute la journée, au tombeau du soldat inconnu, où la flamme brûle toujours sous l'arche. Ils décoiffent leurs têtes blondes et restent là, le regard fixe. »

Il serait malhonnête d'écrire que les Parisiens qui « fraternisent ouver-

---

1. Le cours du mark est fixé à 20 francs. Son cours normal était de 12 francs.
2. C'est-à-dire quatre jours après l'entrée de l'armée allemande à Paris.

tement avec les soldats allemands » anticipent sur ce qu'écrira *L'Humanité* clandestine du 4 juillet 1940.

Il serait malhonnête de ne pas rappeler un texte [1] qu'il faut lire en se souvenant du pacte germano-soviétique, qui ligote le parti communiste français et, dans les semaines et les jours précédant la défaite, lui a fait dénoncer, dans des articles savamment déséquilibrés, infiniment plus souvent « les fauteurs de guerre français » que le chancelier Hitler, dont le nom est presque toujours écrit à l'encre invisible [2].

« Travailleurs français et soldats allemands.

« Il est particulièrement *réconfortant* [3], en ces temps de malheur, de voir de nombreux travailleurs parisiens s'entretenir *amicalement* [3] avec les soldats allemands, soit sur la rue, soit au bistro du coin.

« Bravo, camarades, continuez, même si cela ne plaît pas à certains bourgeois aussi stupides que malfaisants. »

## Les réfugiés tenus pour responsables des pillages

Dans ses *Conseils à l'occupé*, qui seront diffusés (clandestinement) à la fin de juillet 1940, Jean Texier, qui mérite d'être considéré comme l'un des premiers résistants, n'appelle ni au sabotage ni au meurtre mais à la dignité... simplement : « Pas de précipitation, ignore leur langue, n'assiste pas à leurs concerts ni à leurs parades. Ils sont très "causants". Ayant caressé les enfants, ils sourient à la mère et bientôt gémissent sur

1. En 1975, lors de la publication, en deux volumes, de la collection de *L'Humanité* clandestine, les préfaciers préciseront que ce texte et quelques autres, un peu moins engagés il est vrai (23 et 27 juillet), avaient été des « erreurs », explicables par des « tâtonnements ».

2. Le 15 mai 1940, *L'Humanité* clandestine écrira qu'il faut « mater les bandits impérialistes », mais dénoncera prioritairement les guerres « impérialistes » menées par la France au Maroc, en Algérie, en Tunisie, etc. Le journal communiste mettra sur un pied « d'égalité », si l'on peut dire, France et Allemagne, en écrivant : « Quand deux gangsters se battent entre eux, les honnêtes gens n'ont pas à soutenir l'un d'eux sous prétexte que l'autre lui porte un coup irrégulier. »

Dans chacun de ses numéros — bihebdomadaire le plus souvent —, *L'Humanité* réclame « un gouvernement de paix qui s'entende sans délai avec l'Union soviétique pour le rétablissement de la paix générale dans le monde ». Le journal qui accable Mandel, Blum, Reynaud et Weygand consacre, le 17 juin, 30 lignes à la situation militaire en France et 53 lignes à la justification de l'occupation de la Lituanie par l'URSS.

3. Souligné intentionnellement.

le sort de la France [...]. Ne te fais pourtant aucune illusion : ce ne sont pas des touristes. »

Non, ce ne sont pas des touristes !

Si les soldats allemands ont une tenue généralement correcte et cèdent — l'a-t-on entendue cette phrase ! — « leur place aux femmes dans le métro », l'administration du IIIe Reich a immédiatement commencé le pillage systématique de la France.

À Lyon où, en vertu de la convention d'armistice, ils ne resteront que quelques jours, ils auront le temps de réquisitionner 24 000 tonnes de denrées alimentaires, de combustible, de produits métallurgiques, et d'acheminer 1 800 wagons et 162 locomotives en direction de la zone occupée.

Dès le 15 juillet 1940, l'ordonnance de Keitel, annonçant au commandant militaire de Paris que le Führer a donné ordre de mettre en sûreté, « outre les objets d'art appartenant à l'État français, les objets d'art et documents historiques appartenant à des particuliers, notamment à des juifs », va entrer en vigueur. Et les Allemands feront main basse [1] sur la collection Rothschild, abritée près de Bordeaux à Château-Lafite et Château-Mouton-Rothschild : 21 Picasso, 20 Braque, 6 Matisse, 3 Renoir... qui prendront la direction du musée du Louvre ou du musée du Jeu de paume, avant leur transfert en Allemagne.

Tout cela sera rappelé.

Cette importante parenthèse avait pour but de faire comprendre les raisons pour lesquelles, en juin et juillet 1940, s'agissant des pillages et des vols, l'armée allemande arrivant — comment faut-il l'écrire ? — en « troisième position », très loin derrière les réfugiés, assez loin derrière l'armée française, avait été reçue sans haine, et parfois avec soulagement, par les populations encore présentes dans les zones évacuées.

Lorsque le maire d'Andonville porte témoignage au nom de ses administrés, dont 230 sur 250 ont pris la fuite, il écrit en réponse au questionnaire envoyé, en juillet 1940, par la préfecture du Loiret : « Toutes les maisons ont plus ou moins été pillées par les réfugiés et les soldats français d'abord, ensuite par les Allemands, *mais moins par ces derniers, je dirai même beaucoup moins.* »

1. En octobre 1940 et sur dénonciation d'un nommé Jurschewitz qui, « en guise de denier de Judas » — ce sont les mots de Zeitschel, l'agent d'Abetz —, touchera 65 000 francs.

Est-elle vraie ou fausse, l'affirmation du maire d'Andonville, si on prend le risque de la généraliser ?

Incontestablement elle est vraie, et pour une raison simple : rapidement démunis, les réfugiés se servent dans les maisons abandonnées, s'installent parfois pour la nuit, emportant pour la prochaine étape l'utile et l'inutile, qui sera plus tard jeté dans un fossé. Puisque j'ai cité Andonville, de quel usage le drapeau des anciens combattants a-t-il pu être à ceux qui l'ont volé dans l'église où ils ont également forcé la porte du tabernacle, jeté les hosties, dérobé un ciboire ? Et quel a été le sort du tableau noir, des livres scolaires, des serrures volés dans l'école de Boismorand ?

Dans le Loiret — choisi pour département témoin —, ce ne sera, dans les jours qui suivront la défaite, qu'un cri contre « les Parisiens », contre « les réfugiés envoyés, en septembre, de Montreuil, Fontenay, Bagneux et autres lieux suspects[1] ». Le flot vomi par Paris, à partir du 9 juin, dans la crainte que Paris ne devienne forteresse et champ de bataille, ce flot inorganisé est trop volumineux pour qu'il puisse s'écouler normalement.

Des écrivains de droite l'ont décrit avec des mots de haine pour la « populace ».

Lucien Daudet :

« Des voyous installés [boulevard Saint-Germain] au volant d'un grand camion de déménagement fonçaient dans la foule en riant et en prenant leur gauche pour augmenter le désordre, ils guidaient leur monture comme un char d'assaut et s'en prirent à une famille éperdue dont le père et la mère, hurlants, un peu ivres, ne savaient comment garer leurs cinq enfants. Tous ces visages étaient hideux de bestialité, ils n'étaient plus que chair, aucun esprit ne les habitait plus, rabaissés qu'ils étaient au niveau de poulpes ou de ces êtres monstrueux mi-végétaux, mi-animaux, comme on en voit à l'aquarium de Naples...

« Sur les larges trottoirs du boulevard, une foule hideuse avançait au hasard, pareille à une armée d'automates. Çà et là, des singes aux cheveux crépus, et dont la crasse noircissait encore la peau exotique, mulâtres, juifs d'Algérie, apatrides sortis de l'égout[2]... »

Sous la plume de Rebatet on retrouvera les mêmes descriptions, déformées par la passion politique. Ce tohu-bohu de vocabulaire aux accents céliniens s'efforce de reconstituer, en le noircissant encore, le noir tableau de la grande fuite.

---

1. Le maire de Châlette-sur-Loing.
2. Ce texte sera publié, en juin 1942, par *Je suis partout*.

« Tous les aspects de la plus infâme panique se révélaient dans ces voitures, remplies jusqu'à rompre les essieux des chargements les plus hétéroclites, femmes hurlantes aux tignasses jaunes échevelées se traînant dans les coulées de fard fondu et de poussière, mâles en bras de chemise, en nage, exorbités, les nuques violettes, retombés en une heure à l'état de brutes néolithiques, pucelles dépoitraillées à pleins seins, belles-mères à demi mortes d'épouvante et de fatigue, éperdues parmi les chiens-chiens, les empilements de fourrures, d'édredons, de coffrets à bijoux, de boîtes de camembert, de poupées fétiches, exhibant comme des bêtes devant la foule leurs jambons écartés et le fond de leurs culottes [1]... »

Texte qui sue la haine des foules du Front populaire, de la vulgarité, du rouge qui tache, des valises qui bâillent, des gosses morveux, de la pauvreté, à laquelle on refuse de prendre la fuite devant les Allemands, comme, en 1936, on lui refusait de prendre des vacances.

Daudet, Rebatet, écrivains d'une droite dure ? Certes, mais le journaliste japonais Dan Ta Kusaburo [2], qui a vu la foule assiéger la gare de Lyon, utilise des mots à peine plus faibles pour décrire un spectacle que l'on imagine identique, lorsqu'il parle de la « bestiale panique qui poussait, devant la gare, ces milliers de personnes si humaines, si *parisiennes* [3] » à s'injurier, à se battre pour gagner un mètre, puis un mètre encore, et ce mètre à le faire gagner à leurs bagages mal ficelés, à ces valises que des sangles empêchent de crever, qu'ils traînent et poussent, dans l'espoir d'atteindre le quai, de grimper dans un train qui les emportera n'importe où, mais loin du canon. Et, lorsque des sergents de ville, épuisés par les longues veilles, par les réponses à des questions dont ils ne savent pas la réponse, par les enfants perdus à consoler, les femmes évanouies à secourir, leur apprennent — le 13 juin — qu'« il n'y a plus de trains... plus de trains, monsieur... plus de trains, madame, non, plus de trains », ils s'obstinent à demeurer longtemps encore sur place, dans l'attente du miracle qui leur permettrait de fuir cette ville dont ils ne savent pas qu'elle a été déclarée « ville ouverte » et ne craint plus rien...

Rien ?... La longue humiliation et les rigueurs de l'occupation...

Ces mots ont-ils un sens pour ceux qui abandonnent Paris ? Seraient-ils prêts à subir les horreurs d'une bataille de rues ? Après l'armistice, les communistes attaqueront violemment, dans un tract, le général

1. *Les Décombres*.
2. Représentant à Paris du journal *Dairen Nichi Nichi*.
3. Il a souligné le mot dans son article puisque, dans son esprit, pour ses lecteurs, il est synonyme de savoir-vivre comme de politesse.

Hering et Georges Mandel, tenus pour responsables de la tragédie de l'exode : « Accusé Hering ! Levez-vous. Vous étiez gouverneur militaire de Paris au début de juin. C'est vous qui, d'accord avec deux coquins illustres, Mandel et Pomaret, êtes responsable de la tragédie sanglante de l'exode. C'est vous que les Parisiens ont entendu hurler un soir à la radio : "L'armée se replie en bon ordre sur Paris, dont les pâtés de maisons de six étages sont autant de citadelles pour retarder l'ennemi." Là-dessus, vous, Hering, vous avez fait vos bagages. Mais les Parisiens se sont dit : "On se battra dans Paris, quartier par quartier, immeuble par immeuble. Nous allons connaître l'horreur des bombardements, de l'incendie." Et pendant cinq jours, un sombre cortège, que secouait la terreur, a traversé la capitale de la porte de la Chapelle à la porte d'Orléans. »

## Churchill voulait que l'on se batte dans Paris

L'image des « pâtés de maisons de six étages » qui auraient été, à Paris, autant de « citadelles pour retarder l'ennemi », on la chercherait vainement dans les proclamations du général Hering. Ce n'est pas à lui qu'elle appartient, mais à Churchill, dont il faut bien comprendre *aujourd'hui* que le souci premier fut de retarder aussi longtemps que possible l'instant où les Allemands, ayant vaincu la France, se retrouveraient face à une Angleterre sans infanterie, sans chars et sans canons. Chaque jour supplémentaire de bataille en France est donc un jour de gagné par l'Angleterre dans l'attente de ce mois d'octobre à la météo protectrice.

Le 20 juin, dans le premier de ses discours secrets [1], Churchill allait insister sur l'importance des trois mois à venir. « *If get through next three months, get through next three years.* » (« Si nous pouvons tenir trois mois, nous tiendrons pendant trois ans. ») Sur les feuillets qui lui servent d'aide-mémoire pour son discours, le Premier ministre britannique a noté cette phrase. Alors Paris assiégé, Paris retenant l'adversaire,

1. Pendant la guerre, Winston Churchill a prononcé cinq discours importants devant la Chambre des communes siégeant en séances secrètes. Aucun de ces discours n'a été conservé, mais Churchill devait, après la guerre, autoriser la publication des notes ayant servi à leur préparation. *Cf.* Winston Churchill, *Mes discours secrets* (éditions Paul Dupont), 1947.

Paris brûlé, ruiné, mais résistant, constituerait un atout précieux pour la Grande-Bretagne.

Churchill ne le dit pas en ces termes crus et cruels, le 11 juin, lors du Conseil suprême qui se tient, en fin d'après-midi, au château du Muguet, près de Briare, où, accompagné de M. Eden, des généraux Ismay, sir John Dill, Spears, il se trouve face à Paul Reynaud, au maréchal Pétain, au général Weygand, au général de Gaulle, au colonel de Villelume, au capitaine de Margerie. Il est arrivé pour prodiguer des encouragements aux Français chancelants, tout en leur refusant les avions de la Royal Air Force.

Avec son lyrisme adapté aux grands jours sombres de l'histoire, c'est à Weygand qu'il propose d'abord des solutions héroïques, mais, alors que les Anglais l'écoutent hypnotisés, les Français — de Gaulle excepté qui, lui, était partisan de se battre dans Paris dont de Lattre aurait été nommé gouverneur [1] — sont, écrira Spears, penchés en arrière dans leur fauteuil « dans l'attitude tendue de l'automobiliste qui donne un violent coup de frein ». Le lyrisme de Churchill les effraie beaucoup plus qu'il ne les séduit.

— On peut, déclare le Premier ministre, on peut encore défendre Paris ! C'est une ville immense ; on peut se battre sur les grand-places, dans les ruelles, au coin de chaque immeuble et à tous les carrefours ! On peut la défendre quartier par quartier, rue par rue, maison par maison ! Vous *n'imaginez pas* combien une grande ville comme Paris peut fixer et engloutir d'effectifs ennemis ! Des armées entières peuvent y trouver leur tombeau !

Mais, lorsque Churchill évoque une défense acharnée de Paris, Weygand a pris quelques heures plus tôt, sans consulter personne [2] mais en informant Reynaud et Pétain, la décision de déclarer officiellement Paris « ville ouverte ».

1. À Claude Guy le général de Gaulle dit, le 5 août 1946 : « La défense de Paris — en dehors du coup d'arrêt ainsi permis — eût signifié au monde et à la France que nous entendions nous battre ! »

2. Décision prise après l'audition du général de Lannurien, qui arrive de Paris, porteur d'un message du général Hering, gouverneur militaire de Paris, poste que le général Weygand confie au général Dentz, Hering prenant le commandement de l'armée de Paris. Le général Weygand rendra compte de ses décisions (notamment Paris ville ouverte) à Paul Reynaud et au maréchal Pétain qui ne formuleront « ni objections ni protestations ».

# Les raisons de Weygand : la bataille dans Paris serait sans utilité militaire

Le 16 mai, lorsque ministres et généraux avaient compris que l'effondrement à Sedan découvrait Paris, on avait entendu, dans le désordre des conversations apeurées, de singulières propositions de la part de ceux qui voulaient « faire quelque chose », fût-ce faire remonter la Seine à des bateaux de guerre de faible tonnage afin de les utiliser comme artillerie flottante.

Les délais « accordés », après le 16 mai, par Hitler, orientant ses armées en direction de la côte, n'ayant pas été mis à profit, Paul Reynaud avait découvert, le 1er juin, au cours d'une inspection de ce que l'on appelait pompeusement « les positions fortifiées de Paris » que terrassiers et ouvriers pour les édifier, armes et soldats pour les défendre faisaient cruellement défaut [1].

Comme pour le « réduit breton », ou pour la mise en état de défense de l'Afrique du Nord, le temps avait manqué, quand il n'avait pas été gaspillé.

L'héroïque résistance de Madrid pendant la guerre d'Espagne habitait sans doute quelques esprits, elle n'inspirait pas les actes.

Revenant sur sa décision de déclarer Paris « ville ouverte », pour l'expliquer et la légitimer, le général Weygand écrira plus tard [2] :

« En 1814, les combats aux portes de la capitale, le siège de 1870 n'avaient pas laissé d'autres traces que la démolition ou l'incendie de quelques immeubles du centre et de la périphérie. Mais des moyens de destruction mis en œuvre dans la dernière guerre, c'était un ravage qu'il fallait attendre de combats livrés aux lisières et poursuivis dans l'intérieur de la ville. Je n'aurais pas hésité à demander à la résolution des Parisiens les sacrifices les plus cruels, en les englobant dans le champ de bataille, *si j'avais pensé que ces sacrifices puissent avoir une utilité militaire : ce n'était pas le cas.* »

Dans la guerre de cinq ans, qui a commencé le 10 mai, bien des villes importantes, attaquées et défendues, vont être sacrifiées — et, avec elles,

---

1. Les civils requis pour creuser des tranchées, dresser des barrages, sont, sur le papier, au nombre de 100 000 ; mais, le *8 juin*, l'intendance ne peut en héberger que 1 500, l'armée ne peut en utiliser que 3 000.

2. *En lisant les Mémoires de guerre du général de Gaulle.*

population et monuments — aux dévoreuses exigences de batailles dont le sort pouvait dépendre de leur résistance.

En prenant la décision de déclarer Paris « ville ouverte », Weygand montre qu'il ne croit pas un instant qu'une bataille de rues *dans Paris*[1] — car la ville était sans moyens pour soutenir un siège — pût modifier le cours de la guerre.

Le maréchal Pétain ne dira pas autre chose, en réponse à Churchill qui, après avoir, en imagination, jeté Paris dans le feu des combats, propose que les Français passent de ce qu'il appelle une « guerre coordonnée » à une « sorte de guerre éparpillée », c'est-à-dire à une guérilla[2], qui permettrait peut-être de « gagner les quelques mois nécessaires pour obtenir l'intervention américaine ».

— Ah non ! réplique Pétain. Ce serait la destruction du pays. Les États-Unis se feront attendre si longtemps que la guérilla fera de la France une terre brûlée !

En 1917, lorsque Pétain — commandant en chef — avait refusé de lancer une offensive générale, alors que l'armée française n'était pas encore remise de l'épreuve des mutineries, il avait été l'homme du : « il faut attendre les Américains ». Le 11 juin 1940, dix-huit mois passeront avant l'entrée dans le conflit des Américains auxquels *Allemands et Italiens ont déclaré la guerre* le 11 décembre 1941 ; il faudra attendre quarante-huit mois — 6 juin 1944 — avant le débarquement de leurs premières troupes sur le sol normand.

Quatre ans de guérilla auraient, effectivement, fait de la France « une terre brûlée »

Que se serait-il passé d'ailleurs si, manquant de fidélité à l'alliance japonaise, après l'agression contre Pearl Harbor, Allemagne et Italie *n'avaient pas* déclaré la guerre aux États-Unis ? À quelle date ce pays, retenu d'abord par le conflit du Pacifique, serait-il, ouvertement, entré en lutte contre Hitler ? On ne refait certes pas l'Histoire. Il n'est pas interdit d'en imaginer quelques variantes.

1. Celle que souhaitait Churchill.

2. Dans ses *Mémoires*, Churchill indique que le général de Gaulle était favorable à la guérilla.

## Paris se vide de sa population

Alors que le général Hering, gouverneur militaire de Paris et chef d'une armée chargée, avec de bien modestes effectifs, de tendre un barrage de Pontoise à l'Ourcq, avait annoncé, dans la matinée du 11 juin, au préfet de police et au préfet de la Seine, que ses instructions lui faisaient un devoir de défendre la capitale, le général Weygand, trois heures plus tard, décidait que Paris serait « ville ouverte ».

Mais la décision de Weygand ne sera transmise à Paris que le lendemain, et c'est le 13 juin seulement, donc quelques heures avant l'arrivée de ce motocycliste allemand, avant-garde de l'avant-garde, qui, à 3 h 40, le 14, traversera la place Voltaire, que les Parisiens ont pu lire l'affiche signée du général Hering.

Elle annonce que le gouvernement militaire est désormais de la responsabilité du général Dentz, mais surtout que « Paris est déclaré ville ouverte » et que « toutes mesures ont été prises pour assurer, en toutes circonstances, la sécurité et le ravitaillement des habitants ».

Il est trop tard. La bonde a déjà sauté. Le 13 juin, Paris achève son déménagement dans le grand vent des bobards : « Vous ne partez pas ? Les Allemands vont déporter tous les hommes. Ce sera terrible. Ils brûleront la plante des pieds de ceux qu'ils prendront vivants » ; « Pourquoi partez-vous ? Nous avons, grâce à des concentrations d'artillerie, détruit mille chars en trois jours, les États-Unis vont déclarer la guerre à l'Allemagne. Tout finira comme en 14 » ; « Vous ne partez pas ? Weygand a rassemblé une armée formidable derrière la Loire. La guerre va durer longtemps, le pays sera coupé en deux comme en 14. »

Les pessimistes l'emportent sur les relativement optimistes, du moins si l'on en croit ce seul chiffre : le XIV^e^ arrondissement — où se trouve une majorité de quartiers populaires — ne comptera plus, le 19 juin, que 49 000 habitants contre 178 000 habituellement. Sur les 49 000, seulement 14 800 hommes.

La peur — et notamment la peur des bombardements, car l'avion transforme la guerre, qui devient guerre des civils, « rattrapés » presque aussi loin qu'ils s'éloignent — et l'entrée en guerre de l'Italie, le 10 juin, ajoutera, à la crainte justifiée des stukas, la psychose, impossible à dissiper, des avions italiens bombardant des villes que leur rayon d'action ne leur permettrait pas d'atteindre, mitraillant, selon l'un de mes lecteurs, porte d'Italie, à Paris —, la peur n'est pas la seule explication de l'exode.

S'il ne reste que 14 800 hommes dans le XIV^e^ arrondissement de Paris, c'est déduction faite des mobilisés. Mais la plupart de ceux qui vivaient encore dans Paris menacé par l'invasion ont voulu, soit rejoindre leur entreprise, qui s'est repliée loin en province, soit être présents lorsqu'un ordre de mobilisation les touchera dans un morceau de France encore libre.

Ce qui est vrai à Paris — des affectés spéciaux quitteront la capitale *à pied* pour rejoindre Marseille où leur usine est allée s'installer — est vrai dans des centaines d'autres villes que des hommes abandonnent, souvent avec leur famille, dans l'espoir de retrouver, avec leur usine ou leur bureau, leur salaire, et leur rang dans la société.

Lorsque, le 19 mai, il quitte La Madeleine, près de Lille, avec sa femme et ses cinq enfants, M. V... imagine-t-il qu'il se lance dans une épuisante et vaine course-poursuite de quinze jours ? Plus heureux que bien d'autres, les V... ne partent pas à pied. Ils ont pu acheter leurs billets car, dans le désordre général, il existe encore quelques structures solides, des fonctionnaires fidèles à leur devoir, qu'il s'agisse de conduire une locomotive sous la mitraille, de réparer les voies détruites par les bombes, ou, plus modestement, derrière un guichet, de délivrer des billets pour une destination dont nul ne peut dire quel jour, à quelle heure, elle sera atteinte, et même si elle sera atteinte.

Le train qui porte la famille V... et ses bagages a quitté Lille le 18 mai, dans la soirée. Arrivé à Calais, le 19, à 10 heures, il n'en bougera plus. Que faire, sinon attendre un autre train, qui sera assailli par une foule que la peur rend égoïste et méchante ? Les alertes et les bombardements retarderont à ce point la marche du convoi qu'il n'atteindra Abbeville — bombardée — que le 20 mai à 15 heures. À la recherche d'une « porte de sortie », il se dirigera vers Le Tréport où il n'arrivera jamais car, à quinze kilomètres de la ville, la voie ayant été coupée par les bombes, tous les voyageurs doivent descendre et, à 3 heures du matin, chercher asile et nourriture dans les fermes les plus proches.

Pour les V..., l'objectif demeure toujours Alençon. C'est le 29 mai, après être passés par Paris, qu'ils y arriveront. Mais l'entreprise n'a pas attendu son employé modèle. Elle a fui plus au sud. Alençon surencombrée, les V..., qui ont perdu dans l'aventure tous leurs bagages mais, *comme ils ont réglé le prix de leurs billets*, ne peuvent bénéficier des secours accordés aux réfugiés [1], sont invités à prendre un train pour

1. Au centre d'accueil de la gare Saint-Lazare, on leur a tout de même donné deux chemises.

Quimper, ville qu'ils n'atteindront jamais puisque leur voyage prendra fin à Port-Launay, en Loire-Atlantique.

## Le tissu social craque

Les V..., et bien d'autres avec eux, sont partis à la recherche de leur entreprise. Beaucoup d'autres Français sont partis pour rejoindre « l'autre côté », le côté d'une France encore libre où, les combats se poursuivant, ils pourraient répondre à l'ordre de mobilisation. Ainsi des mères de famille patriotes, qui restent à la garde du foyer, ont-elles, en l'absence du père, mobilisé, lancé sur les routes, après un dernier baiser, et parfois un signe de croix sur le front, des gamins chargés de provisions et de conseils.

Mais le départ des jeunes gens et des hommes mobilisables est d'abord l'affaire du gouvernement.

Les ordres donnés dès l'invasion invitent donc au départ « par tous les moyens », « sauf le chemin de fer », précise-t-on souvent :

1. les affectés spéciaux, sauf ceux qui sont sous l'uniforme de la police et parfois des finances ;
2. les jeunes gens de plus de seize ans ;
3. les mobilisables, c'est-à-dire les hommes appartenant aux classes 1910 à 1915.

Ces règles souffrent exceptions. Le 15 juin, le maire de Beaune-la-Rolande reçoit l'ordre de faire partir, en direction de l'Indre et de la Nièvre, les enfants âgés *de moins de seize ans*, les vieillards et les hommes mobilisables. À Blois, en revanche, le même jour, ce sont les *enfants de plus de treize ans* et les hommes mobilisables qui, par leurs propres moyens — c'est-à-dire le plus souvent à pied —, sont invités à aller « en direction du sud (route 156) ; itinéraire : Blois, Cour-Cheverny, La Gaucherie, Selles-sur-Cher, Châteauroux et au-delà »...

Cet « au-delà » est d'une imprécision aux couleurs du temps.

On part également parce que les autres partent et que le tissu social craque.

Voici l'exemple de ce « démaillage » social, à Versailles où, sur

62 000 habitants, il n'en reste plus, le 18 juin, que 11 000. Parmi eux, 128 couturières, mais seulement 2 employés des abattoirs, 59 blanchisseuses, mais un seul camionneur, 57 cuisinières mais seulement 9 boulangers. Et 2 chaisières — car il existait encore des chaisières, dans cet « autre monde » : elle étaient à l'église ou se tenaient dans les jardins publics —, 2 confiseurs, 1 apiculteur, 1 artificier, 1 avoué, 3 clercs de notaire, 21 comptables, 10 culottières, 1 carrossier..., très peu d'employeurs, ce qui freinera, après la défaite, la reprise de la vie économique.

Qui peut rester lorsque l'épicier, le boucher, le boulanger, le médecin, le pharmacien, le garagiste, le marchand de cycles, et même le fossoyeur, sont partis ?

Les fossoyeurs ? Mais oui, les fossoyeurs puisqu'ils sont indispensables au dernier passage...

À Creil, où le magasin Au bon diable a entièrement brûlé, le 9 juin, c'est avec plusieurs jours de retard que l'on dégagera l'affreuse pâte humaine : militaires et civils, dont on ne saura jamais le nombre. À Mantes, les morts du 9 juin, 38 civils et 28 soldats, pris sous un bombardement, ne seront enterrés que le 19 dans deux fosses creusées devant les cuisines de l'hôpital. À Verberie, dans l'Oise, ce sont des prisonniers, commandés par les Allemands, qui enterreront finalement les victimes des derniers combats. Mais lorsque le directeur de l'hôpital de Troyes demandera au maire : « J'ai là quarante morts, que faut-il en faire, puisque les fossoyeurs sont partis ? », il obtiendra pour réponse : « Foutez-leur de la chaux, les Boches s'en arrangeront ! »

Des centaines, sans doute des milliers de cadavres resteront ainsi longtemps sans sépulture : pourrissant dans les fossés, dans un trou d'obus, dans une maison incendiée, dans un char détruit par un obus.

Mais les routes de l'exode sont aussi semées de croix. Croix surmontées de casques français ou allemands. Croix sur laquelle se trouve posée une boîte de conserve vide. Croix fabriquées hâtivement par des réfugiés. Celle de Jacqueline Hureau, « décédée à 17 ans entre Gien et Brière, le 17 juin 1940 », a été plantée dans un jardin proche de la route de Gien après que des paysans, abandonnant leurs charrettes, eurent accepté de creuser une fosse pour cette enfant, tuée par la balle d'un stuka [1].

Oui, qui peut rester lorsque les magistrats municipaux, comme à Rouen, mais il y a tellement d'autres cas, donnent « l'exemple », le

1. On ignorera toujours le nombre des civils morts au cours des six semaines de la bataille.

9 juin, de l'abandon de poste, laissant au cinquième adjoint, M. Poissant, la charge de veiller sur ce qui reste de population et de « recevoir » les Allemands ?

Qui peut rester dans des cités bombardées dont les pompiers sont partis vers le sud ?

En juin 40, les Français découvrent brutalement toute la fragile architecture des villes, et combien chacun est indispensable à chacun.

Les habitants des villes menacées n'ont, en effet, d'autre ressource que d'« aller plus loin ». Arrivés « plus loin », leur présence compromet l'équilibre des stocks alimentaires et leur pose très vite des problèmes plus redoutables que ceux qu'ils ont fuis.

Voici Saint-Dié, le 17 juin. Par la route, par le train (vingt trains dans la journée), les réfugiés arrivent en désordre dans une ville elle-même désorganisée par le départ des employés municipaux et de nombreux habitants. Comment les soupes populaires rassasieraient-elles tout ce monde : 70 000 personnes dont 30 000 soldats, là où 20 315 vivaient d'habitude ? Le courant coupé — il ne sera rétabli que le 9 juillet —, on s'éclairera à la bougie, à la lampe Pigeon, aux lampes à pétrole sorties des placards où on les conservait au nom du « rien ne se jette » et du « ça peut toujours servir ». Le dommage est ailleurs. Tous les pétrins mécaniques sont arrêtés. Afin de donner du pain à ceux qui traversent la ville, le maire, Jacquerey, réquisitionne les moteurs agricoles à essence de la région, les fait sceller dans les fournils de Saint-Dié, recrute des boulangers militaires, trouve de la farine et impose le rationnement : 100 grammes par jour.

La France est comme un sablier où le Nord, puis le Centre, coulent vers le sud. Vu du ciel, le spectacle est certainement celui décrit par Saint-Exupéry : « Je survole des routes noires de l'interminable sirop qui n'en finit plus de couler. On évacue, dit-on, les populations. Ce n'est déjà plus vrai. Elles s'évacuent d'elles-mêmes... Où vont-ils [1] ? » Mais vers Agen qui passe de 27 000 à 45 000 habitants ; vers Cahors : 13 000 habitants en mai, 60 000 en juin ; vers Perpignan : 80 000 au lieu de 37 000 ; vers Brive qui triple : 100 000 là où vivaient 30 000 ; vers Toulouse où l'on se dispute salles de bains et cabinets de débarras, où la gare, comme toutes les gares du Sud-Ouest, du Centre, est pleine de voyageurs qui, dans l'obscurité imposée par la défense passive, passent la nuit, assis sur leur valise, la tête entre les bras, somnolant, éveillés, somnolant, éveillés pour, de la main, rechercher la main de la femme ou celle de l'enfant.

---

1. *Pilote de guerre.*

C'est la grossesse des villes qui imposera la décision de déclarer « ville ouverte » — c'est-à-dire ouverte à l'Allemand — toute « agglomération » dont la population dépasse 20 000 habitants.

Il y en avait 185 dans la France de 1940, dont moins de 70, le 18 juin, dans la partie non encore occupée du pays. Mais comme aucun contrôle n'est possible, que l'exode a tout faussé, que la moindre bourgade a démesurément enflé, des dizaines de municipalités, puisque l'armistice a été sollicité, revendiqueront le *droit* de n'être pas défendues.

Édouard Herriot, président de la Chambre des députés, mais cette nuit du 17 au 18 d'abord maire de Lyon, a été le premier à réclamer, pour sa ville, une faveur qui avait été accordée à Paris par le général Weygand. Il l'a fait après avoir, vers minuit, reçu du préfet du Rhône, Émile Bollaert, un appel désespéré : « Les Allemands approchent... on va défendre Lyon, donc le faire bombarder. On doit détruire trente et un ponts, ce qui privera les habitants d'eau, de gaz, d'électricité, et divisera la ville en trois parties sans communications entre elles. Or la défense de Lyon ne peut être que de très courte durée. »

C'est exact. Pour la « défense » (il faut absolument mettre le mot entre guillemets) de Lyon, l'armée française dispose de trois compagnies de la Légion, d'un régiment de tirailleurs sénégalais, de quatre canons de 75 et de huit canons de 47. C'est tout.

On comprend l'insistance du préfet Bollaert qui demande à Herriot d'intervenir auprès du maréchal Pétain dont les paroles, le 17 juin, à midi : « C'est le cœur serré que je vous dis qu'il faut cesser le combat », ont d'ailleurs, je le rappelle, brisé l'esprit de résistance lorsqu'il subsistait encore.

Intervenir auprès du Maréchal, certes, mais... Herriot ignore où il loge, et nul, d'abord, ne peut le renseigner. Rue Vital-Carles, où se trouvent présidence du Conseil et quartier général de Weygand, à 1 heure du matin, les bureaux sont vides. Dans une voiture somnole l'aspirant Escarpit. C'est lui qui réussira à procurer à Herriot l'adresse bordelaise de Pétain, qui a été logé 304, boulevard du Président-Wilson, loin du centre, dans une maison où, toutes les armoires étant fermées à clef, la concierge a prêté les draps de son trousseau. Malgré l'alerte, Herriot s'échappe de la cave dans laquelle il lui a fallu descendre, pour rejoindre au plus vite le boulevard du Président-Wilson. Le général Bineau, chef du cabinet militaire, M. de Fontréaulx iront, non sans réticences, réveiller le Maréchal et celui-ci, avec une « grande bienveillance » — ce sont les mots employés par Herriot dans l'affiche qu'il fera apposer le 7 juillet sur les murs de Lyon, pour expliquer son intervention en faveur des « intérêts de la population et de sa sécurité » —, acceptera que Lyon ne soit pas défendue.

Il est 3 heures du matin lorsque, « avec des trémolos dans la voix », selon Bonhomme, officier d'ordonnance du Maréchal, Herriot peut enfin téléphoner au préfet du Rhône « la bonne nouvelle ». Une nouvelle qui, selon Weygand, était « du point de vue militaire une détestable mesure qui livrait le passage du Rhône et retirait au flanc nord de l'armée des Alpes sa principale protection naturelle, le fossé du fleuve ».

Mais combien de jours, ou plutôt d'heures, cette « protection naturelle » aurait-elle tenu face à une armée allemande portée par sa victoire ?

L'Édouard Herriot de la nuit du 17 au 18 juin, sollicitant du Maréchal l'abandon de Lyon, revendiquant, plus tard, l'honneur d'avoir été l'auteur d'une démarche qui, acceptée et étendue » à tous les centres de plus de 20 000 habitants », rendra la poursuite de la guerre impossible, est bien le même Édouard Herriot qui, avec Jeanneney, mais le texte est de sa plume, a, le 17 juin, un peu avant 23 heures, remis au président de la République une protestation contre « une paix séparée qui déchirerait nos engagements avec la Grande-Bretagne et la Pologne ».

On a souvent reproché à Herriot son rapide changement d'attitude. De l'Herriot « résistant » à 23 heures, et de l'Herriot, trois heures plus tard à peine, sollicitant qu'aucun coup de feu ne soit tiré contre les Allemands proches de Lyon, quel est le vrai ?

Mais les deux.

## La « non-bataille » pour les ponts

Le 17 juin, la contradiction envahit bien des cœurs : héroïques lorsqu'il s'agit de la France, angoissés dès lors que se joue le destin de leur ville ou de leur village. Car l'attitude d'Édouard Herriot n'est nullement exceptionnelle. En juin, la guerre touche, il faut le remarquer, des terres qui, depuis des siècles, n'avaient pas connu la bataille. Par leur passé, le passé de leur famille, le passé de leur ville ou de leur village, hommes et femmes de la région parisienne, de l'Ouest, du Centre, du Sud-Ouest, de la vallée du Rhône, sont psychologiquement moins bien préparés à affronter le phénomène, pour eux, extra-historique de la bataille et de l'occupation, que ceux et celles de l'Est et du Nord, terres classiques d'affrontements franco-allemands.

Surtout lorsqu'ils prennent conscience que les sacrifices ne donneront pas la victoire.

Sans savoir ce qu'a pensé le général Weygand, le 11 juin[1], lorsqu'il a décidé de Paris « ville ouverte » : « Je n'aurais pas hésité à demander à la résolution des Parisiens les sacrifices les plus cruels en les englobant dans le champ de bataille, si j'avais pensé que ces sacrifices pussent avoir une utilité militaire : ce n'était pas le cas », des centaines, au moins, de maires font la même réflexion et ont la même réaction dès le 14 ou 15 juin.

Weygand devait se féliciter que Paris ait dû à sa décision d'« avoir conservé sa beauté intacte ». Mais leur Notre-Dame, c'est leur modeste église ; leur Arc de triomphe, leur monument aux morts avec son poilu couronné par la Victoire. Et leurs ponts valent bien les ponts de Paris ! Que le génie français les détruise ne ralentira qu'un bref moment les Allemands accoutumés, depuis le 10 mai, à franchir aisément rivières et fleuves, mais privera pour longtemps la population de toute possibilité de communication et de ravitaillement.

Que dit le préfet Bollaert à Édouard Herriot, dans la nuit du 17 au 18 juin ? « On doit détruire trente et un ponts... »

En 1944, se repliant devant l'armée américaine et l'armée de De Lattre, les sapeurs allemands, sans être le moins du monde dérangés, firent sauter, à deux exceptions près, *tous* les ponts de Lyon. L'avance franco-américaine n'en fut guère troublée. En revanche, pendant de très longs mois, les Lyonnais souffrirent de ces destructions.

En juin 1940, les exemples de défense des ponts *contre l'armée française* ne peuvent être tous cités, mais tous témoignent de la même certitude : la guerre est perdue ; de la même priorité : sauver le pont pour sauver la ville car il est bien évident qu'accepter le principe de la destruction d'un pont, c'est accepter le principe de la bataille, aussi courte soit-elle, avec ses pertes en vies humaines et ses ravages.

Dans le Doubs, à Pont-de-Roide, M. Gérardin s'efforce, le 18 juin, vers 15 heures, de sauver l'ouvrage qu'un sergent du génie s'apprête à faire sauter. Il n'y parviendrait pas si l'équipage d'une side-car allemand n'intervenait brutalement. La conclusion — sans état d'âme ! — du chroniqueur qui raconte l'événement dans *Mois de juin 1940 en Franche-Comté* vaut d'être citée, tant elle reflète l'état d'esprit, non de tous les Français, mais, je le crois, d'une grande majorité de nos

1. C'est à la lecture de *En lisant les Mémoires du général de Gaulle* que l'on connaîtra les sentiments qui ont animé le général Weygand le 11 juin.

compatriotes : « Le sergent et ses hommes furent faits prisonniers et *le pont demeura intact.* »

Et le pont demeura intact... La délégation composée du secrétaire général de la préfecture du Calvados et de deux adjoints au maire de Caen qui s'est rendue, le 17, au PC du général de Camas pour obtenir qu'il ne soit pas touché aux ponts sur l'Orne a obtenu, elle aussi, gain de cause.

Et le pont demeura intact... À Metz, le préfet Charles Bourrat, vaillant ancien combattant de l'autre guerre, croix de guerre, Légion d'honneur à titre militaire — la précision n'est pas inutile, car tous ceux qui s'opposent à la destruction de leur ville ou simplement d'un ouvrage d'art ne sont pas des couards —, après avoir obtenu, le 15 juin, le départ d'un capitaine d'infanterie venu avec vingt soldats, armés de deux mitrailleuses, « défendre » la ville, sauvera, le lendemain, les ponts sur la Moselle que le caporal-chef Lamourelle était chargé de faire sauter. Son ordre de mission indiquait qu'il devait « se mettre en rapport avec l'autorité militaire et, à défaut, avec l'autorité civile ».

N'ayant trouvé aucun officier, il s'est rendu à la préfecture où Bourrat lui donne, par écrit, un contrordre. « Mais, dit Lamourelle, si un obus les atteint, les ponts peuvent tout de même sauter. Il faudrait désamorcer les charges. »

Quelques minutes plus tard, le caporal-chef « chargé de faire sauter les ponts sur la Moselle » quitte la préfecture pour aller, en compagnie de trois autres soldats, remplir une mission radicalement opposée à sa mission initiale.

Il faut ajouter que ce qui reste de municipalité approuvera immédiatement l'initiative du préfet.

Et le pont demeura intact... À Vienne, dans l'Isère, où un colonel en retraite, accompagné d'ailleurs du sous-préfet et du curé doyen, a osé dire aux capitaines de Luguet et Delegorgue : « Ne tirez pas et vous rendrez compte que vos mitrailleuses se sont enrayées », M. Lucien Hussel, alors maire de la ville, menace d'envoyer *plusieurs centaines de femmes* s'opposer à la destruction de l'unique passerelle reliant encore les deux rives du Rhône.

En 1963, M. Hussel m'avait expliqué sa réaction de juin 1940, réaction approuvée par la population qui, pas plus que lui, ne comprenait l'utilité stratégique de l'opération puisque les Allemands avançaient en direction du Midi, sur les rives gauche et droite du Rhône...

« Si ce pont sautait, la ville de Vienne (Isère) et Sainte-Colombe-les-Vienne (Rhône) se trouveraient isolées. Or, une partie de la population ouvrière de Sainte-Colombe travaille à Vienne et une partie également de celle de Vienne se rend à Sainte-Colombe. Les gens étaient atterrés à cette idée — m'a déclaré encore M. Hussel — car tous les autres ponts avaient sauté en amont et en aval de Vienne, il ne restait plus que celui-là... Depuis plusieurs jours, la population était alarmée, affolée, ne vivait plus. Une foule stationnait en permanence devant le pont menacé, qui constituait presque un *symbole*. »

Voilà le mot essentiel. Devant le pont-symbole, une foule. Sur le pont-symbole, depuis des heures et des heures, Hussel, maire de la ville aux prises avec le général Husson, commandant les troupes encore à Vienne (une centaine d'hommes). Avant de donner à ses quelques soldats l'ordre de repli, le général Husson veut faire sauter le pont. À bout d'arguments, Hussel a répliqué : « Si vous persistez, j'aurai autour de moi cinq mille femmes de Vienne pour vous empêcher de faire cette sottise. » « Ou quelque chose d'approchant », a ajouté, dans son témoignage, M. Hussel qui, en juin 1940, a sans doute employé un mot plus rude que « sottise ». Mais qu'importe ! L'arrivée d'un « compréhensif » général d'armée, retraitant avec ce qui lui restait de troupes, sauvera le pont de Vienne.

M. Hussel ne s'est jamais souvenu du nom de ce général auquel Vienne devait d'avoir conservé son pont.

Il y a plus grave. Si l'on en croit Churchill, qui consacre une page de ses *Mémoires* à l'incident, son dîner du 11 juin au château du Muguet, près de Briare — un dîner banal : du potage, une omelette ou quelque chose d'autre, du café et un vin léger —, a été interrompu par un appel du vice-maréchal Barratt, commandant en chef de l'aviation britannique en France.

Que dit Barratt ? Que sur les aérodromes, proches de Marseille, les autorités locales françaises s'opposent au départ des bombardiers lourds britanniques auxquels, puisque l'Italie avait la veille déclaré la guerre, ordre était donné d'attaquer Turin et Milan. « Une attaque sur l'Italie, disent en substance les responsables locaux, provoquera inévitablement des représailles italiennes sur Marseille et sa région, représailles que les Britanniques ne sont en mesure ni de prévenir ni d'empêcher. Dans ces conditions... »

Reynaud donnera bien son accord pour que l'action des bombardiers ne soit pas entravée. « Mais, un peu plus tard dans la soirée, écrit Churchill, le vice-maréchal Barratt faisait savoir que les Français habitant près de l'aérodrome avaient traîné sur le terrain toutes sortes de charrettes et de camions et que les bombardiers s'étaient trouvés dans l'impossibilité de décoller pour remplir leur mission. »

Ainsi de nombreux maires, ou leurs représentants, privilégient-ils la protection de leur ville et de leurs administrés par rapport à la défense du territoire national. Si à Guipavas, dans le Finistère, le maire demande au préfet maritime de faire enlever les quelques canons qui n'arrêteraient rien et compromettraient tout, celui de Landerneau se contente d'informer l'amiral Traub qu'il a purement et simplement *ordonné*[1] la destruction des barricades qui « protègent » la ville. En agissant ainsi, il affirme agir à l'image du sénateur-maire de Morlaix...

On trouve naturellement des exceptions à ces incidents tout à la fois peu honorables et parfaitement explicables.

Le jour même où des responsables prennent la fuite ou s'opposent à des mesures de défense, dont ils se font juges, des milliers de Français modestes — cheminots, instituteurs, épiciers, bouchers, boulangers, demoiselles du téléphone — ont donné l'exemple du courage, même si cet exemple n'était pas toujours contagieux.

Dans la Somme, c'est Joseph Guerle, conseiller municipal de Hangest-en-Santerre, qui, sous le bombardement, a organisé une boulangerie pour toute la région, pris des mesures afin de protéger les maisons du pillage, maintenu le moral des habitants restés dans la cité ; à Chartres, c'est Mlle Dutartre, téléphoniste au central PTT, qui est demeurée à son poste pendant le bombardement afin d'assurer la transmission des opérations militaires. Elle suivait l'exemple donné par son chef de centre, M. Garros.

Le jour même où des officiers acceptent d'abandonner à l'ennemi des ponts dont les maires, les curés les ont convaincus que la destruction ne servirait à rien, d'autres officiers, à la tête de petits groupes fidèles, se battent, le 17 et le 18 juin, pour l'honneur, afin d'interdire le plus longtemps possible le franchissement d'un fleuve.

Il faut rappeler le courage et le sacrifice de ces hommes qui savent que l'armistice est demandé et dont l'héroïsme constitue, après tant de faciles abandons, une faible revanche. En zone non occupée, en un temps de misère morale, leur courage et leur sacrifice seront abondamment mis en valeur.

1. L'amiral Traub s'opposa à cette décision et un bref combat eut lieu à Landerneau, dans l'après-midi du 19 juin.

On parlera donc moins des ponts abandonnés que des ponts défendus. Et, parmi ceux-là, des ponts sur la Loire. Du pont de Saumur où, le 18 juin, se battent, contre une division de cavalerie allemande, 786 élèves de l'École de cavalerie disposant de 35 mitrailleuses, 110 fusils-mitrailleurs, 10 canons de 25, deux pièces de 75. Avec eux, 1 500 fantassins. Du pont de Jargeau, où quatre bataillons de chasseurs à pied, ne comptant plus que 648 hommes, lutteront pendant des heures. Du pont de Gien, où des hommes de tous les pays, de toutes les couleurs, de toutes les armes, Tchèques des 1er et 2e régiments de la Légion tchécoslovaque, Sénégalais, chasseurs à pied, alpins, artilleurs en nombre, car l'artillerie de trois divisions est groupée dans le secteur, ne se replieront que sur ordre, dans la soirée du 18, après avoir repoussé tous les assauts allemands, abandonnant alors un pont à demi ruiné, dont un 75, commandé par le lieutenant Joseph Vallet, avoué à Gien, a, par cinq fois, interdit le passage [1].

L'écho des batailles, de Jargeau, de Gien, de Saumur ; l'écho des combats qui se poursuivent dans la ligne Maginot, où certains blocs tiendront jusqu'au 4 juillet, n'acceptant de se rendre qu'après avoir été informés que leur obstination remettait en cause l'armistice ; l'écho des succès défensifs des 90 850 hommes de l'armée des Alpes du général Olry, qui font face à 271 500 Italiens et, dans une guerre de quatorze jours et trente-cinq minutes, ne céderont que quelques kilomètres carrés de rochers [2], parvient à Bordeaux — encore n'est-ce pas si sûr —, mais l'écho de ces résistances est plus faible que le poids des débandades et que l'écho de la volonté populaire de refus du sacrifice des villes... et des vies.

Aussi, immédiatement après que le maréchal Pétain et le général Weygand — ce dernier en mesurant toutes les conséquences de la décision — ont accepté de déclarer Lyon « ville ouverte », la mesure va-t-elle être étendue à toutes les villes de vingt mille habitants, sans qu'il soit précisé, dans l'ordre envoyé au général Georges, s'il s'agit des villes qui *avaient* vingt mille habitants le 10 mai 1940, ou des villes qui *ont*,

1. À Gien, les Allemands se flatteront d'avoir pris plus de mille chars d'assaut dans des dépôts de l'armée française. Déposant devant la « Commission d'enquête sur les événements survenus en France de 1933 à 1945 », le lieutenant-colonel Lecourt, qui commandait, en 1940, l'entrepôt de réserve générale de Gien, dira que les chars capturés n'étaient que « des carcasses de chars FT (datant de 1918) sans armement ni tourelle, non en état de marche ».

2. Dans cette guerre, les Français ont eu 254 hommes hors de combat, dont 37 morts, les Italiens 6 029 dont 631 morts.

l'exode aidant, atteint le chiffre sauveur de vingt mille habitants le 18 juin, ce qui laissera champ libre à toutes les interprétations.

Une ville ouverte « devra être défendue seulement à l'extérieur, soit aux avancées, soit aux débouchés. On ne devra pas se battre aux lisières ou à l'intérieur de la ville ni procéder, dans la ville, à des destructions d'aucune sorte »...

Répercutée en clair par le poste de La Bourboule aux commandants de groupes d'armées, qui protesteront contre une mesure qui rend impossible toute défense coordonnée, cette décision touchera certains chefs militaires, le général Grandsart, par exemple, commandant du 10e corps d'armée, *trente-six heures après* que les autorités civiles l'eurent apprise. Ce décalage dans le temps fut, on l'imagine, source de conflits dans lesquels l'ignorance des militaires se heurtait à l'exaspération indignée de civils ne comprenant pas, l'armistice demandé, interdiction étant faite de défendre les villes de plus de vingt mille habitants, l'entêtement de quelques officiers et de quelques soldats à vouloir ajouter les ruines de leur ville aux ruines de tant d'autres villes.

La décision du gouvernement n'avait pas été uniquement prise dans le but d'épargner des monuments et de sauver des vies, mais dans l'intention de mettre un terme à un exode que nul ne maîtrisait.

Pomaret, qui a remplacé Mandel au ministère de l'Intérieur, tente immédiatement, dans une allocution radiodiffusée, de fixer, de « figer » sur place les fuyards.

« Au nom du gouvernement, lance-t-il, je donne l'ordre à tous les Français, civils, hommes et femmes, vieillards et enfants, de rester là où ils sont. En ce moment, l'immense exode qui transporte des millions d'hommes et de femmes du nord au sud du pays est une erreur. [Quel mot !] Nous y mettons fin... »

Existe-t-elle, cette baguette magique capable de pétrifier les foules aux prochains carrefours, non pour cent ans, comme dans le conte de Grimm, mais pour quelques jours, le temps, une fois réveillés, de remettre lentement en route, en direction des villes abandonnées, ces Français tout à la fois dispersés et entassés ?

Malgré la bonne volonté de son discours, le gentil Pomaret n'est ni la treizième fée qui endort ni le prince charmant qui éveille.

Il peut bien dire : « La nuit dernière, le ministre de la Guerre et moi-même nous avons donné l'ordre aux généraux, commandant les régions, et aux préfets d'arrêter *inexorablement* tout nouveau départ de population », ses paroles n'ont aucun pouvoir sur des fonctionnaires et des généraux, eux-mêmes dépouillés généralement de pouvoirs, et qui vont s'empêtrer dans des ordres contradictoires et militairement aberrants.

Ordres contradictoires.

À 13 heures, le 18 juin, on défend Pontivy et l'ordre est donné de détruire tous les documents secrets ; à 17 h 30, on ne défend plus la ville ; à 17 h 45, un motocycliste allemand est capturé à l'intérieur des barricades, ce qui constitue un acte de guerre ; à 18 heures, le commandant d'armes, appelé au téléphone par le colonel commandant la subdivision de Lorient, apprend que Pontivy — qui, en temps normal, est loin d'avoir vingt mille habitants — devient « ville ouverte ». Il lui est ordonné — il faudra revenir sur ces mots lamentables, car ils ont souvent été prononcés — de « ramener la troupe au quartier, les armes et les munitions étant déposées dans un local fermé à clé... ».

Ordres militairement aberrants.

Le 18 juin, le général Colson (ministre de la Guerre du gouvernement Pétain) envoie aux généraux commandant les 3e, 9e, 11e, 13e, 14e, 15e régions le télégramme suivant :

« *Interdiction formelle* à toute autorité civile ou *militaire* de se replier. Chacun reste à son poste *même en cas arrivée ennemi*. Toute infraction à cet ordre entraînera comparution délinquant devant tribunal militaire. »

Ce télégramme, trop succinct, et qui avait pour but de maintenir, dans les villes menacées d'abandon, un minimum de cadres administratifs de rang élevé, sera compris comme concernant le deuxième classe aussi bien que le général ! Il sera à l'origine de redditions scandaleuses, permettra aux Allemands de capturer, *dans leurs casernes*, sans doute plusieurs centaines de milliers de soldats désarmés, et aux responsables de ces redditions d'affirmer qu'ils n'avaient fait qu'obéir aux ordres du gouvernement !

Pomaret n'est pas cru lorsqu'il demande à des autorités aux mains nues d'arrêter le flot de l'exode. Il n'est pas cru davantage par le peuple lorsqu'il déclare : « Écoutez-moi bien : j'affirme que là où vous êtes, dans vos villes, dans vos villages, dans vos maisons, vous êtes le plus en sécurité. Le gouvernement vient de décider que les villes de plus de vingt mille habitants sont toutes des villes ouvertes, désormais à l'abri des bombardements et des batailles. »

D'ailleurs comment arrêter ceux qui sont en route depuis plusieurs jours ou plusieurs semaines ? À Montauban, le 18 juin, 9 265 réfugiés arrivent du département de la Seine, presque autant de la Belgique, 538 de Seine-et-Oise, 289 du Nord, 287 de la Somme, 230 de la Marne. D'autres viennent de l'Aisne, de l'Eure-et-Loir, de l'Eure, de l'Oise, de la Meurthe-et-Moselle, de la Seine-Inférieure, du Jura, des Vosges, de la Haute-Marne. On en compte même 25 qui ont déjà fui la Gironde.

On pourrait imaginer Lyon sensible à la « victoire » arrachée par Herriot dans la nuit du 17 au 18 ; à l'appel au calme du gouverneur militaire publié par *Le Progrès* du 19 juin : « N'abandonnez pas vos postes et laissez vos magasins ouverts. Que les directeurs d'entreprise et d'établissement continuent le travail et gardent leurs affectés spéciaux. Ne pas agir ainsi serait condamnable. » Il n'en sera rien.

Précédant et suivant d'autres flots, le flot qui roule vers Valence est fait de Lyonnais fuyant leur ville, de soldats des armées de l'Est ayant échappé à l'encerclement, des habitants de plusieurs vallées alpestres, d'hommes et de femmes croyant toujours que leur salut sera assuré « plus loin ».

Quel « plus loin » ?

Le 18 juin, quelques soldats préparent la défense de Sanary, dans le Var, sur le bord de la Méditerranée. Au coin d'une boulangerie, ils ont abattu un platane !

## Les conséquences de l'exode seront longues à se dissiper

Que près du quart de la population française [1] ait, en quelques jours, abandonné ses foyers pour fuir, dans un inimaginable désordre, la moitié du territoire afin de se réfugier dans des départements, libres d'occupation le matin, mais dont elle était chassée le soir, constitue un phénomène historique et politique, qui ne se dissipera pas avec la signature de l'armistice, comme on peut l'imaginer aujourd'hui, et dont l'importance demeure trop négligée.

Les conséquences de l'exode se prolongeront, on le verra [2], pendant des semaines et des mois, lorsque les Français, éparpillés dans ces villages et ces villes où ils se sont enfin provisoirement immobilisés, ayant repris leur souffle et leurs esprits, n'ont plus qu'un souci : *savoir*.

---

1. La France de 1939 comptait quarante et un millions d'habitants. Plus de quatre millions étant mobilisés, les huit ou neuf millions de réfugiés représentent bien près du quart de la population.

2. *Cf.* chapitre « Français recherchent Français », p. 337.

Et non pas savoir ce qui se passe à Vichy, qui demeure très loin de leur horizon, très loin de leurs soucis quotidiens, mais savoir ce que sont devenus l'enfant perdu, le soldat qui n'a pas donné de nouvelles, la maison abandonnée, le village ou la ville, l'usine ou le magasin, le bétail dans les champs...

« La vérité qui décide des attitudes des acteurs sociaux n'est pas la vérité de l'événement que les historiens parviennent après, et parfois, à reconstituer. Elle est exclusivement celle qui s'impose à eux et celle du moment où elle s'impose [1]. » La phrase est de Pierre Laborie. Elle est exacte.

Dans son malheur, la France de l'été 40 sera, pour les Français, une France à la mesure de petits problèmes au niveau de la nation, de lancinants et immenses problèmes au niveau des individus. C'est l'une des raisons pour lesquelles les premières décisions contre les étrangers, et notamment les premières lois antisémites, n'auront qu'une bien faible répercussion dans une opinion sans moyen d'information et généralement aveugle à tout ce qui n'est pas l'immédiat : le regroupement familial, des nouvelles des absents, le retour « au pays » à travers — ou malgré — les lignes de démarcation qui découpent la France non pas en deux, mais en six zones aux statuts différents.

« Fondement moral de l'armistice », l'exode et le trouble qu'il apporte dans les départements d'accueil expliquent, avec le si rapide effondrement de l'armée française, la confiance accordée immédiatement non à Vichy, qui ne représente sentimentalement rien, mais à Philippe Pétain « sauveur de la France » car, oui, aussi étrange, voire aussi scandaleux que cela paraisse aujourd'hui à certains, l'homme qui a mis fin aux six semaines de combats et de défaites a bien été pour les Français — qui, dans leur immense majorité, ne voient pas plus loin que leurs malheurs et leurs problèmes — le « sauveur » de la patrie « charnelle ».

Avant de clore ce chapitre, jc voudrais, par deux exemples, après tant d'exemples, rendre le lecteur sensible, une fois encore, à l'état d'abattement du peuple français.

Que des exceptions aient heureusement existé, il est vrai ; mais des millions d'exceptions auraient fait une majorité et cette majorité aurait évité au pays, sinon la défaite, du moins une aussi humiliante défaite.

Rendant hommage au capitaine Chassaigne et aux soldats du 223ᵉ RI

1. Pierre Laborie, *L'Opinion française sous Vichy.*

qui, le 18 et le 19 juin, avaient âprement défendu la petite ville de Jeuxey, près d'Épinal, le colonel Ulrich von Salvati terminera son texte sur ces mots : « Ô toi ! la grande France, si tu avais eu plus de héros anonymes, comme les braves de Jeuxey, tu ne te trouverais pas dans cette fâcheuse position... »

Il avait manqué d'assez de héros anonymes.

Le premier exemple permet de prendre conscience de l'importance de l'affaissement de la conscience civique.

Le général de Camas, réfugié, avec ce qui lui reste de troupes, dans des forêts proches de Mortain, tente de s'organiser, lorsqu'il reçoit de l'adjoint au maire de La Bazoge (Manche) la lettre suivante, et qu'elle soit datée du 27 juin, donc après la signature de l'armistice, ne change rien à son côté franchement écœurant :

« Mon Général,

J'ai été appelé ce matin par M. le sous-préfet d'Avranches qui m'a prié de vous notifier les instructions suivantes : les troupes qui sont sur le territoire de la commune, ainsi que celles des communes voisines, sont dans un état d'irrégularité envers le gouvernement français ainsi qu'envers le gouvernement allemand, elles doivent soit se rendre aux autorités allemandes, soit *s'en aller chez elles, comme elles le pourront*[1].

La situation actuelle peut nous créer de sérieux ennuis qui peuvent aller jusqu'à la dénonciation de l'armistice ou bien aussi de représailles.

Il est absolument interdit de faire aucune réquisition, *ces dernières ne seront pas payées*[1].

L'adjoint au maire et faisant fonction. »

Le second exemple concerne l'armée.

Il ne doit pas faire oublier l'héroïsme et le sacrifice des uns, mais il prouve la lâcheté et la veulerie des autres.

Au mois d'avril 1949 — près de dix ans après les faits — s'ouvre le procès du canonnier Fernand B...

De quoi est accusé Fernand B... ? D'avoir, le 20 juin, abattu, près du petit village de Tantimont, le colonel Charly, commandant le 23e régiment d'artillerie de forteresse, régiment qui, avec plusieurs autres, évacue la ligne Maginot. Pourquoi cet assassinat ? Parce que le

1. Souligné intentionnellement.

colonel Charly, après avoir fait enterrer les munitions, demande qu'on aille les déterrer. Aux six officiers, qu'il a réunis dans un verger, il explique qu'il n'est pas possible de saboter les pièces sans même avoir, « pour l'honneur », ouvert le feu. Mais les hommes fatigués — non par la bataille, ils y ont échappé, mais par la retraite — sont maussades, grognons, au bord d'une hypocrite révolte. Prendre des risques, alors que l'armistice est demandé, déplaît à presque tous, sinon à tous. Puisque cette guerre stupide est perdue, autant la finir, sains et saufs, dans un camp de prisonniers dont on sortira bien, tôt ou tard. Quatre canonniers ont d'ailleurs « symboliquement » déserté en se cachant dans une cave. Débusqués, Charly les a menacés du conseil de guerre. Dans l'espoir de reprendre en main sa troupe, il parle aux hommes, les exhorte à se comporter en soldats qu'ils sont, ou devraient être, menace et finalement ordonne à plusieurs, dont Arnould et Fernand B... qui appartiennent à la 8$^{e}$ batterie, d'aller rechercher les munitions... Les hommes montent, en maugréant, à l'arrière des camions.

— Je me trouvais dans un des camions chargés de la corvée, dira Fernand B... Tout à coup, un de mes camarades, dont je ne puis me souvenir, me tendit un mousqueton déjà armé en me disant : « Prends-le et descends le colonel. Cela nous évitera le massacre. » J'ai épaulé [Charly tournait le dos et se trouvait à une dizaine de mètres], et j'ai tiré sans me rendre compte de ce que je faisais.

Fernand B... ne s'est pas « rendu compte de ce qu'il faisait ». Autour de lui on n'a pas voulu s'en rendre compte. À la barre, le soldat Arnould, qui se trouvait dans le même camion que Fernand B..., témoignera en ces termes :

— Lorsque le coup est parti, dira-t-il, je me suis retourné : B... était couché, son mousqueton en main.

— Vous n'avez rien dit par la suite ? lui demandera le président.

— Non.

— Vous trouviez cela normal ?

— *Les gradés étaient autour. Personne n'a rien dit*[1]. À dix mètres, quand on entend un coup, tout le monde se retourne, c'est instinctif. *Il y avait des officiers, cela ne me regardait pas*[1]. Personne n'a réagi.

Effectivement, le meurtre n'a provoqué aucune réaction de la part d'hommes battus sans s'être battus. L'officier responsable du groupe du canonnier B... n'a même pas fait procéder à une inspection des armes. Quinze minutes plus tard, une demi-douzaine de cyclistes allemands, en

1. Souligné intentionnellement.

les faisant prisonniers, viendront délivrer ces officiers et ces soldats des soucis d'une enquête et même, peut-être, du poids d'un tardif remords.

Le procès de 1949 s'achèvera sur la condamnation de Fernand B... à cinq ans de prison et à la dégradation militaire.

Le silence retombera sur ceux qui n'ont « rien dit » alors qu'ils avaient, sinon tout vu, du moins tout compris.

Devant le spectacle de la gare de Bordeaux où voisinaient, assis à même le sol, des milliers de soldats et de civils, paquets de chair et de misère, une infirmière avait eu ce mot :

— Comment empêcher un pays qui ne tient plus debout de tomber à terre ?

# 8.

## L'ARMISTICE

Bordeaux le 16 juin.

Il est 22 h 15.

Le président Lebrun s'adresse avec émotion aux ministres arrivés à l'hôtel de la Préfecture : les uns informés, les autres ignorant la démission de Reynaud.

— Messieurs, ce n'est pas le Conseil des ministres qui va se tenir maintenant. Excusez-moi si je n'ai pas pu vous décommander. Je n'ai pas pu faire changer d'avis M. Paul Reynaud qui a maintenu sa démission. Par conséquent, le Conseil n'aura pas lieu ; mais restez, je vous en prie, autour de moi. Un gouvernement nouveau va être constitué sous l'autorité du maréchal Pétain. Un certain nombre d'entre vous vont être appelés par le nouveau président du Conseil pour être ses collaborateurs. Mais que les autres restent aussi. Je veux que nous soyons ici tous unis dans le même sentiment de tristesse.

Cette brève veillée au chevet de la France ne manque pas de dignité.

Accompagnant Paul Reynaud, Mandel, Louis Marin, Campinchi et Rio se retirent. Ils savent qu'ils ne seront pas appelés et, d'ailleurs, refuseraient d'être appelés.

C'est alors que le président Lebrun se tourne vers le maréchal Pétain :

— Monsieur le Maréchal, voulez-vous constituer le gouvernement ?

Philippe Pétain sort un papier de son portefeuille, le tend au président de la République : « Le voici », et Albert Lebrun ne marque aucune surprise, n'imagine pas un quelconque complot, bien au contraire : « Alors que des constitutions de ministères duraient parfois trois ou quatre jours [et des ministères, depuis le 10 mai 1932, date de son élection à la présidence de la République, il en a connu *seize* d'une durée moyenne de cinq mois et vingt-quatre jours], j'en avais un à la minute. Je trouvai cela parfait[1]. »

Comment le Maréchal a-t-il constitué sa liste ?

Le 10 juillet 1947, les membres de la Commission d'enquête parlementaire vinrent, entre autres questions, lui poser celle-ci. Il était alors prisonnier dans la forteresse de l'île d'Yeu et « à quatre-vingt-onze ans l'âge [avait] fait du gâchis dans sa mémoire[2] ».

Sans leur accorder grand crédit, on peut faire état de ses réponses au président Gérard Jacquet qui lui a demandé : « Comment avez-vous pu constituer votre première équipe ? — Successivement. — Vos amis vous présentaient sans doute des collaborateurs possibles... — Le premier qui était appelé en appelait un autre. Cela formait masse et l'on constituait un ministère comme cela... »

Sur les dix-sept ministres qui composeront le premier cabinet Pétain, onze appartenaient quelques minutes plus tôt au cabinet de Paul Reynaud. Par ailleurs, le général Weygand reçoit le portefeuille de la Défense nationale ; le général Colson, celui de la Guerre ; le général Pujo, celui de l'Air ; l'amiral Darlan, celui de la Marine.

À ces quinze ministres, qui ne sont nullement des étrangers pour Pétain, vient s'ajouter Raphaël Alibert, sous-secrétaire d'État à la présidence du Conseil, choix détestable, j'aurais à l'avenir l'occasion de l'écrire, car ce « coq énorme et disert[3] », ce légiste d'un autre siècle, se trouvera à l'origine de bien des fautes — qui conduiront à des crimes — de Vichy. Mais Pétain, qui connaît peu de gens dans le monde politique, connaît en revanche depuis longtemps Alibert qui s'était institué, bien avant la guerre, son « précepteur politique ».

Et puis deux socialistes. C'est Charles Pomaret, ministre du Travail de Reynaud et à qui le maréchal Pétain — décidément ignorant des méthodes et des mœurs politiques — vient de proposer le ministère des

1. Dit au procès du maréchal Pétain.
2. Témoignage de M. Dhers qui appartint à la Commission d'enquête parlementaire.
3. Le mot est de Maurice Martin du Gard.

Colonies, puis, réunis en un seul, les deux portefeuilles, de la Justice et de l'Intérieur, qui a songé aux socialistes.

— Je n'ai pas un goût particulier pour l'union nationale, dit-il au Maréchal. En temps de paix, c'est une duperie où personne ne trouve son compte. Mais, pour demander l'armistice, il faut associer toutes les tendances à l'action gouvernementale. Les socialistes, à moins qu'ils ne refusent, ne doivent pas être exclus du gouvernement.

Le Maréchal ayant accepté, Pomaret part à la recherche de ses amis Gouin et Albertin. Les eût-il trouvés que Félix Gouin n'aurait pas fait la carrière politique que l'on sait et, en janvier 1946, le général de Gaulle ayant démissionné, ne se serait pas trouvé présider le gouvernement. Il aurait vraisemblablement été au nombre des inéligibles. Fertile en hasards, l'histoire des hommes a donc voulu que Pomaret, un peu avant 23 heures, ne découvre ni Gouin ni Albertin. C'est Frossard, ministre des Travaux publics de Reynaud [1], qui songe à deux membres de la SFIO, Février et Rivière. Avec l'accord formel de Léon Blum [2], ils entreront, à minuit, dans un ministère qu'ils avaient quitté deux heures plus tôt [3].

Le 17, sous le titre « La composition du nouveau ministère », le journal bordelais *La France*, écrit :

« Le nouveau ministère comprend :

1 maréchal de France

3 généraux

1 amiral

8 parlementaires (7 députés, 1 sénateur)

5 hauts fonctionnaires. »

En prenant connaissance des noms [4], tous ceux qui s'intéressent à la

---

1. Il conservera son poste dans le gouvernement Pétain.

2. Au terme d'une réunion groupant MM. Léon Blum, Albert Sérol, Georges Monnet et Fernand Audeguil. Monnet et Audeguil, qui deviendra maire de Bordeaux à la Libération, l'ont confirmé (Audeguil par lettre du 8 février 1945 à André Février). M. Léon Blum, sans nier les faits, s'était longtemps complu à les taire.

3. MM. Février et Rivière étaient respectivement sous-secrétaire d'État aux Travaux publics et ministre des Pensions dans le cabinet Reynaud ; ils seront ministres du Travail et des Colonies dans le cabinet Pétain.

4. Voici la composition du cabinet présidé par le maréchal Pétain :

Président du Conseil : Maréchal Pétain

Vice-président du Conseil : M. Camille Chautemps

Défense nationale : Général Weygand

Guerre : Général Colson

politique remarquent que Pierre Laval est absent de la liste, et beaucoup de Bordelais sont surpris de ne pas y voir figurer le nom de Marquet, député et maire de la ville.

Seul sénateur à avoir voté contre les crédits de guerre (dont le vote, en septembre 1939, a été considéré, anticonstitutionnellement, par Daladier comme l'approbation de la déclaration de guerre qui allait suivre), Laval, dès octobre, a fait part de son pessimisme à qui voulait l'entendre. Lorsque nos armées ont été défaites, un député l'entendra affirmer le 5 juin : « Les Allemands vont nous battre, il n'y a plus de temps à perdre, il faut négocier. Pour cela il n'y a qu'un seul homme : le maréchal Pétain. Je sais bien qu'il n'est lucide que deux heures par jour, mais c'est un magnifique drapeau. Hitler le ménagera. »

Arrivé à Bordeaux, en même temps que le gouvernement, Laval s'est installé à l'hôtel de ville dans un petit bureau proche de celui d'Adrien Marquet, le maire, qui détient les pouvoirs essentiels — loger, nourrir, transporter —, qui est « chez lui » à Bordeaux, accueille, flatte et encourage les parlementaires favorables à l'armistice, dont Laval deviendra le maître à penser, dans un temps où, bousculés par les événements, les esprits se cherchent des maîtres.

Laval attendait le ministère des Affaires étrangères. Marquet, celui de l'Intérieur. Et c'est bien ces postes qui devaient leur être attribués.

M. Charles Roux, secrétaire général du Quai d'Orsay, l'ayant appris, avait confié au général Weygand sa crainte de voir Laval faire, à ce poste, de sa « querelle personnelle avec l'Angleterre une querelle nationale pour la France[1] ».

---

Air : Général Pujo
Marine : Amiral Darlan
Justice : M. Frémicourt
Intérieur : M. Pomaret
Affaires étrangères : M. Paul Baudouin
Finances et Commerce : M. Bouthillier
Colonies : M. Albert Rivière
Éducation nationale : M. Albert Rivaud
Travaux publics : M. Frossard
Agriculture et Ravitaillement : M. Chichery
Travail : M. Février
Anciens Combattants et Famille : M. Ybarnegaray
Sous-secrétaire à la présidence du Conseil : M. Alibert
Sous-secrétaire aux Réfugiés : M. Robert Schuman.

1. Lors du procès du Maréchal, Pierre Laval dira :

« À ce moment entre le général Weygand — pendant que je m'entretenais avec le Maréchal — qui dit au Maréchal vouloir s'entretenir avec lui : leur conversation dura fort peu, le Maréchal revient et me dit :

Jusqu'à la veille de son procès, préparant, dans sa cellule, des notes pour sa défense, Laval rappellera qu'en septembre 1931, président du Conseil, il avait sauvé l'Angleterre en sauvant la livre. Mais son opposition aux sanctions, réclamées par l'Angleterre, lors du conflit entre l'Italie et l'Éthiopie ; son hostilité à une guerre contre l'Allemagne, assez vivement souhaitée, après Munich, par une Grande-Bretagne, qui avait non seulement négligé de s'y préparer mais longtemps favorisé le réarmement allemand, en faisaient déjà, aux yeux de beaucoup, un politicien proche des puissances de l'Axe.

Le général Weygand et le président Lebrun ayant demandé au Maréchal de ne pas « compliquer » des relations déjà difficiles avec l'Angleterre en nommant Laval à un poste aussi sensible, Philippe Pétain offrira à Laval, qui le refusera avec éclat, diront les uns, courtoisement, expliquera Laval, le ministère de la Justice, et s'éloignera, entraînant Marquet dans son sillage. Les deux hommes reviendront le 22 juin au pouvoir, mais cet incident montre combien il était relativement facile de faire évoluer Pétain en un domaine : la politique, où son ignorance était grande. Laval s'en souviendra.

Aimant, par expérience de soldat, les petites équipes, le maréchal Pétain proposera à Bouthillier, auquel il a demandé de conserver le portefeuille des Finances, de prendre également celui du Commerce pour lequel « il n'a personne ». À Pomaret, nommé ministre de l'Intérieur, après que Marquet se fut solidarisé avec Laval, et parce qu'il est ancien maître des requêtes au Conseil d'État, il demandera conseil sur le choix d'un garde des Sceaux. Pomaret avancera le nom du premier président Frémicourt, qui apprendra ainsi, sur les routes de l'exode (et avec surprise), qu'il est ministre.

En vérité, tout ce qui, avec le recul du temps, a l'air ordonné et logique se trouve influencé par l'urgence de la décision, par le trouble d'une ville qu'effraie le souffle de l'ennemi, par l'accablement d'une armée désarticulée.

À Bouthillier qui lui a déclaré qu'il ne pourrait être ministre des Finances et ministre du Commerce que pour un temps bref, le maréchal Pétain a répondu : « Nous arrangerons cela dans quelques jours... »

---

— Vous ne pouvez pas être ministre des Affaires étrangères parce que votre nomination à ce poste serait considérée comme une provocation à l'Angleterre.

— Monsieur le Maréchal, je ne fais pas d'objection, je regrette beaucoup, mais, dans ces conditions, je n'accepte pas d'entrer dans le gouvernement. »

Ce 16 juin 1940 à 23 heures, à part Pétain, bien sûr, personne n'est irremplaçable, personne n'est indispensable. Ce qui importe, c'est que le Conseil des ministres, qui va demander l'armistice, se réunisse rapidement.

## La France a bien demandé les conditions de paix

Combien de temps le Conseil des ministres le plus lourd de conséquences de toute notre Histoire a-t-il duré ?

Une demi-heure selon le président de la République, dix minutes si l'on en croit Baudouin, nouveau ministre des Affaires étrangères. Selon d'autres témoins, c'est à peine si les ministres ont pris le temps de s'asseoir. Le 16 juin, de 23 h 30 à 24 heures, dans une atmosphère de tristesse, il n'y eut ni débats ni drames de conscience : tous les ministres savaient les raisons de leur présence, tous ont été d'accord avec les quelques mots prononcés par le Maréchal.

— Le gouvernement vient d'être réuni. Sa tâche essentielle, *sans perdre de temps, on en a assez perdu* [mots qui font retour sur ces journées de Touraine, au cours desquelles il a réclamé avec insistance l'armistice], est de demander au gouvernement allemand à quelles conditions il arrêterait les hostilités. Monsieur le ministre des Affaires étrangères, voulez-vous faire un exposé rapide de la situation et dire comment vous entendez agir.

Paul Baudouin explique qu'il convoquera dès la fin du Conseil l'ambassadeur d'Espagne, M. de Lequerica [1], et qu'il lui remettra une note priant le gouvernement espagnol d'interroger Berlin. Il demandera au nonce d'effectuer la même démarche à Rome et, dans la nuit même, tiendra les ambassadeurs de Grande-Bretagne et des États-Unis au courant des décisions françaises et de la volonté du gouvernement dc ne jamais livrer la Flotte à l'Allemagne.

De tous les ambassadeurs qui avaient précédé ou suivi le gouvernement Reynaud dans ses déplacements, M. de Lequerica était certainement l'un des mieux informés sur le déroulement de la crise française.

1. Le maréchal Pétain avait d'abord songé à demander l'intervention de l'ambassadeur de Suisse ; c'est Pierre Laval, lorsqu'il se croyait ministre des Affaires étrangères, qui l'a orienté en direction de l'Espagne et de M. de Lequerica.

Renseigné par les adversaires de Reynaud — et même par des confidences du maréchal Pétain[1], ambassadeur en Espagne, un mois plus tôt —, il transmettait naturellement ces renseignements à Madrid d'où Stohrer, l'ambassadeur d'Allemagne, les faisait connaître sans retard à Berlin.

M. de Lequerica, dont toutes les liaisons téléphoniques avec Saint-Jean-de-Luz et Madrid étaient préparées, s'attendait donc à être sollicité... par Laval, et non par Baudouin, car tout s'était passé trop vite pour qu'il ait eu connaissance des changements intervenus dans la composition du ministère.

Que va demander Baudouin ?

Grâce au télégramme, envoyé *immédiatement* après son entretien avec le ministre français, nous savons ce que l'ambassadeur d'Espagne a *compris* (il faut attacher, on le verra, de l'importance à ce dernier mot). « Le gouvernement français du maréchal Pétain, écrit-il, prie le gouvernement espagnol d'agir aussi rapidement que possible comme intermédiaire auprès du gouvernement allemand, en vue de la cessation des hostilités et de *demander les conditions de paix.* Le gouvernement français compte que le gouvernement allemand, dès qu'il aura connaissance de cette requête, donnera à ses forces aériennes l'ordre de cesser le bombardement des villes[2]. Baudouin, ministre des Affaires étrangères. »

M. Baudouin devait toujours se défendre d'avoir, au nom de la France, demandé les *conditions de paix.* Quant à M. Charles Roux, moins catégorique, il expliquera que son ministre a pu « une fois, employer un mot pour un autre ». M. de Lequerica aurait-il mal compris ? Aurait-il interprété la pensée de Baudouin ?

Ce n'est pas crédible.

*La France, dans la nuit du 16 au 17 juin, et le 17 juin encore, a bien demandé les conditions de paix*[3].

Lorsque Baudouin va solliciter le nonce[4] dans la matinée du 17, ce sera également pour le prier, au nom du gouvernement français, de

---

1. Des télégrammes de l'ambassadeur d'Allemagne à Madrid des 5, 11 et 16 juin font état d'entretiens entre Pétain et Lequerica, au cours desquels le Maréchal aurait témoigné de sentiments pessimistes et dit qu'un « coup d'État serait nécessaire en France ». *Cf.* Jäckel, *La France dans l'Europe de Hitler*, p. 53.

2. Ce qu'il ne fera pas. Bordeaux et Poitiers, par exemple, seront bombardées dans la nuit du 19 juin.

3. Souligné intentionnellement.

4. Il semble que le gouvernement italien n'ait pas eu connaissance de la démarche française effectuée le 17 juin auprès du nonce. Le 19 juin à 7 heures, M. Baudouin demandera au gouvernement espagnol de « faire connaître au gouvernement italien qu'il [était] prêt à envisager avec lui la cessation des hostilités. »

« faire part au gouvernement italien de son désir de rechercher avec lui les *bases d'une paix durable entre les deux pays*[1] ».

Et, dans son allocution radiophonique du 17, le ministre des Affaires étrangères, après avoir évoqué les conditions de la lutte qui s'achevait, ajoutera : « Voilà pourquoi le gouvernement présidé par le maréchal Pétain a dû demander à l'ennemi *quelles seraient ses conditions de paix*[1]. »

Pour justifier sa phrase, Baudouin dira qu'il avait « eu tort d'employer le mot "paix", sans doute pour éviter une répétition de mots ».

L'excuse n'est digne ni de sa fonction ni du moment.

M. Pomaret, dont j'avais sollicité l'opinion, me dira de son côté : « À mon avis, dans la confusion et l'émotion générales, on a mélangé, nous avons tous mélangé, la notion de paix et d'armistice, ne pensant pas un instant, en tout cas, qu'un si long temps s'écoulerait entre les deux. Voyez en 1871 : armistice, 28 janvier ; paix de Versailles, 28 février[2]. »

Pomaret aurait pu ajouter : 11 novembre 1918, armistice ; 28 juin 1919, signature du traité de Versailles.

Si les Français demandent bien aux Allemands, le 16 et le 17 juin, les conditions de paix, s'ils tournent, une fois encore, leurs regards vers le passé (1871, 1918-1919), c'est parce qu'ils imaginent l'Angleterre rapidement battue ou acceptant une « paix blanche ».

En 1871, la France, n'ayant pas d'allié, la guerre cessait avec la fin des combats sur le territoire français. En 1918, les alliés de l'Allemagne ayant, les premiers, renoncé à la lutte, l'armistice du 11 novembre 1918 devait naturellement conduire à la signature d'un traité de paix.

En 1940, l'article 3 de la Convention d'armistice précisant que « le gouvernement allemand [avait] l'intention de réduire au strict minimum l'occupation de la côte occidentale après la cessation des hostilités contre l'Angleterre » pouvait laisser prévoir une guerre courte.

Mais dans l'automne de 1940, l'Angleterre poursuivant le combat, brisant l'offensive aérienne allemande ; ayant à partir du mois d'octobre le mauvais temps pour allié, il était bien évident que l'Allemagne, ignorant qui, de la France ou de l'Angleterre, ferait les frais d'une guerre, à la fin de laquelle il lui faudrait satisfaire les ambitions italiennes et désintéresser Franco, ne songeait plus à un traité de paix avec la France.

En avait-elle toutefois examiné le principe, les conditions, et, sur le papier, avait-elle tracé les nouvelles frontières ? Oui. Dans la griserie de

1. Souligné intentionnellement.

2. Le 28 février 1871, ce ne sont que les préliminaires de la paix qui sont signés à Versailles. Le traité de paix, signé à Francfort le 10 mai, sera exécutoire le 20 mai 1871.

la victoire, « la plus glorieuse de tous les temps [1] », Hitler avait chargé Stuckart, secrétaire d'État au ministère de l'Intérieur, de préparer une étude sur la future frontière occidentale de l'Allemagne. Dans *La France dans l'Europe de Hitler*, Eberhard Jäckel, qui a longuement étudié le problème, écrit que Hitler avait personnellement indiqué que la nouvelle frontière devait aller « du littoral des Flandres jusqu'au plateau de Langres en passant par les Ardennes et l'Argonne ». Hitler ayant enjoint à Stuckart de « ne laisser si possible aucun document sur l'affaire », il est difficile de définir avec plus de précision les ambitions de Hitler. Il semble qu'elles aient d'ailleurs évolué et qu'en juillet l'expansion rêvée par l'Allemagne englobait non seulement la Belgique, la Hollande, le Luxembourg, mais — en France — la Flandre, l'extrême nord de la Champagne, la partie de la Lorraine qui n'avait pas été annexée en 1871, la Franche-Comté et « une partie plus ou moins importante de la Bourgogne [2] ».

Le 18 juin, alors qu'il se rendait de son quartier général de Charleville à Munich pour y recevoir Mussolini, Hitler ayant appris, en Forêt-Noire, au cours d'un arrêt inopiné de son train, la demande française d'armistice (ou de paix) avait immédiatement lancé un *Führerbefelh*. Cet ordre du Führer enjoignait aux troupes de s'emparer « dans les délais aussi brefs que possible *des anciennes terres d'Empire* [3] jusqu'à la ligne Verdun, Toul, Belfort, des ports de Cherbourg et de Brest ainsi que des usines d'armement du Creusot ».

« Ce que l'on tient, écrit avec raison Jäckel, on n'a plus besoin de le réclamer. »

## Hitler : « Le gouvernement français doit subsister comme facteur souverain »

Les Français ayant demandé l'armistice (ou la paix, mais l'armistice aurait dû précéder la paix), comment se comportera Hitler, dont tout dépend ?

Lucide, il mènera le jeu contre l'avis de ses généraux qui (toujours

1. Proclamation au peuple allemand du chancelier Hitler en date du 25 juin 1940.
2. Eberhard Jäckel, *op. cit.*
3. Souligné intentionnellement.

la mémoire de 1918) voulaient écraser et humilier la France comme l'Allemagne avait été écrasée et humiliée ; contre les prétentions de Mussolini qui, après avoir déclaré la guerre le 10 juin, a vu, avec dépit, ses troupes stoppées net par des forces françaises bien inférieures en nombre, mais n'en a pas moins d'assez précises revendications.

— Le gouvernement français, déclare Hitler le 17 juin, doit subsister comme facteur souverain. C'est seulement ainsi que l'on peut escompter que l'Empire colonial demeure sous la domination française et ne passe pas à l'Angleterre. L'autorité reconnue du maréchal Pétain est valable dans ce but. De ce point de vue, l'occupation totale de la métropole est contre-indiquée. Le gouvernement français doit conserver un domaine de souveraineté en France même.

Face au véritable problème qui est, pour lui, de rompre définitivement la coalition franco-britannique, Hitler a parfaitement compris que tout excès d'ambition aurait pour conséquence le basculement de l'Empire et de la flotte française dans le camp britannique, ce qui compromettrait ses chances de victoire finale.

Il est, avec Churchill, avec de Gaulle, avec Reynaud, si Reynaud avait eu la vertu de constance, l'un des rares à voir plus loin que les classiques guerres franco-allemandes, à comprendre que rien n'est fini avec la victoire sur l'armée française.

Lorsqu'il avait été question, au sein du Conseil des ministres français, de demander aux Allemands leurs conditions pour un armistice, Reynaud et plusieurs ministres avaient eu l'espoir qu'elles seraient *inacceptables*, ce qui aurait légitimé la poursuite de la guerre. Hitler va s'efforcer de les rendre *acceptables...*, ce qui signifie qu'elles ne concerneront ni la Flotte, ni l'Empire, dont il a parfaitement compris qu'il y avait infiniment plus de danger, pour l'Allemagne, à y prétendre qu'à y renoncer ostensiblement.

Lorsque, dans la nuit du 17 juin, des officiers et des officiels français demandent fébrilement à Xavier Védère, le directeur des archives municipales de Bordeaux, de rechercher les clauses de l'armistice de 1918 et du traité de Versailles — il les trouvera dans le *Larousse mensuel* —, ils doivent penser que les Allemands seront tentés de rendre à la France la « monnaie de sa pièce », qu'il s'agisse de l'armistice comme du traité dont les conditions rigoureuses, en façonnant l'avenir, allaient nourrir les discours revanchards de Hitler, faciliter et permettre son arrivée au pouvoir, favoriser auprès du peuple allemand la constante dénonciation[1] d'un traité dont les Français ont oublié — mais les Allemands de 1940

1. Hitler, le 31 mars 1936, parlera toujours d'« une véritable escroquerie morale ».

s'en souvenaient — qu'il prévoyait notamment l'occupation pendant quinze ans (donc jusqu'en 1934) des territoires à l'ouest du Rhin ainsi que des têtes de pont de Cologne, Coblence, Mayence, Kiel. Traité de Versailles qui condamnait également l'Allemagne à verser — étalées sur quarante-deux ans, c'est-à-dire jusqu'en 1963 — des réparations pour un montant total de 212 milliards de marks or[1] !

Les Français de Bordeaux, lorsqu'ils se mettent en quête, dans la nuit du 17 juin 1940, du texte de l'armistice de 1918, doivent penser qu'il y a *seulement* vingt-deux ans et quatre mois le maréchal Foch, entouré de l'amiral britannique sir Rosslyn Wemyss, du général Weygand et de l'amiral Hope, avait demandé à son chef d'état-major[2] de donner connaissance aux plénipotentiaires allemands des conditions de l'armistice. Les voici :

« Évacuation de la Belgique, de la France, de l'Alsace-Lorraine... Évacuation de la rive gauche du Rhin et des têtes de pont de Cologne, de Coblence, de Mayence et de Kiel... Livraison de 5 000 canons, 25 000 mitrailleuses, 3 000 mortiers de tranchée, 5 000 locomotives, 150 000 wagons, 1 700 avions, 5 000 camions... Livraison de 100 sous-marins, 8 croiseurs légers, 6 cuirassés... Les autres unités seront désarmées et gardées sous surveillance... Maintien du blocus... Renonciation aux colonies africaines[3]... »

Vingt-deux ans. Ne pas rappeler que les responsables français de 1940 vivent tous dans l'ombre de ce mois de novembre 1918, où Pétain commandait les armées françaises, où Weygand avait lu aux Allemands les conditions de l'armistice, ne pas rappeler que les responsables britanniques avaient, plus encore peut-être, présents à la mémoire ces souvenirs puisque, depuis le 21 novembre 1918, ils gardaient prisonniers dans la baie de Scapa Flow les soixante-dix bâtiments de la flotte de guerre allemande[4], c'est s'exposer à ne pas comprendre la ferme volonté des Français à préserver la Flotte de toutes les exigences allemandes, l'intense inquiétude des Anglais qui craignaient de la voir — moins par « livraison » que par capture — passer dans le camp allemand, ce qui

1. La somme a été fixée en 1921.
2. Weygand, bien sûr.
3. L'Afrique orientale allemande, s'étendant entre l'océan Indien et les lacs Victoria et Tanganyika. Défendue avec intelligence et âpreté jusqu'en novembre 1918 par Lettow-Vorbeck, elle sera partagée entre l'Angleterre (Tanganyika) et la Belgique (Rwanda, Burundi). Le Togo, en revanche, sans possibilités de défense, avait été occupé par les troupes françaises dès le mois d'août 1914. En 1922, le mandat sur le pays sera confié à la France jusqu'en 1960, date où il prit son indépendance.
4. Qui leur échapperont en se sabordant le 21 juin 1919.

aurait sans doute facilité un débarquement, en tout cas grandement facilité le blocus de la Grande-Bretagne.

C'est donc dès le 11 juin — cinq jours *avant* la démission de Reynaud, près de six jours avant la demande de l'armistice — que les chefs d'état-major britanniques avaient communiqué au comité de guerre une note dont on peut écrire qu'elle contenait en germe Mers el-Kébir.

Les rédacteurs de la note se montraient formels : la reddition de la flotte française sera la condition certaine mise par les Allemands à tout accord d'armistice.

« Ceci, écrivent-ils, bouleverserait toute la balance de la puissance navale et pas seulement en Méditerranée. Nous ne pouvons affronter l'hypothèse de voir les navires de surface et les sous-marins français s'ajouter aux marines allemande et italienne. Il ne nous reste donc, semble-t-il, que deux alternatives :

« a) Essayer de persuader le maximum possible de navires français de rallier notre flotte, tentative à laquelle on accordait peu de chances de succès ;

« b) Si a) échoue, faire pression sur les Français pour qu'ils coulent la totalité de leur flotte. »

Comment, à la lecture de cette note, Churchill et les dirigeants britanniques n'auraient-ils pas été saisis de crainte, incités aux mesures extrêmes, portés à balayer, selon le texte du message adressé le 29 juin — trois jours avant Mers el-Kébir — par le Premier lord de la Mer à l'amiral Cunningham, qui commandait à Alexandrie, « ces futilités, doléances et autres balivernes à propos d'amitié ou de sentiments [1] ».

## Les Allemands éprouvent la « tentation » du débarquement

Pendant trois ou quatre mois — en vérité jusqu'à ces quinze jours de septembre, du 15 au 30 — où, avant que ne se lèvent les tempêtes d'équinoxe, les Anglais entrèrent « dans une période de grande alerte et

1. Le Premier lord de la Mer rapporte, dans son message, qu'il a reçu la visite d'un officier de liaison français lui faisant part de la plainte de Darlan devant les mesures prises contre les navires français retenus à Alexandrie, Portsmouth et Plymouth.

de vigilance intense[1] », les Allemands éprouvèrent la « tentation » du débarquement. La « tentation » car, chaque arme renvoyant sur l'autre la responsabilité des objectifs, des moyens et du jour, l'opération *Otarie*, nom de code prévu pour l'invasion, allait se trouver reportée jusqu'au moment où la mer et le ciel s'y opposeraient et décideraient à la place des hommes.

L'état-major de la Kriegsmarine, qui avait perdu, au cours des opérations de Norvège, trois croiseurs, dix torpilleurs et six sous-marins, était à même de mesurer les risques immenses de l'opération puisque, à travers l'étroit bras de la Manche, sur le plus court trajet possible, mais également sur le mieux protégé, il lui faudrait assurer la traversée d'une première vague de cent mille hommes, rapidement suivie d'une seconde de plus de cent cinquante mille, et, pendant un laps de temps impossible à déterminer, pourvoir à leur ravitaillement en armes, munitions, médicaments, vivres et matériel divers exigé par les armées modernes.

Sachant le travail accompli pendant des années par Anglais et Américains, et les moyens mis en œuvre avant le débarquement du 6 juin 1944, alors que la marine et l'aviation allemandes étaient dans l'incapacité de donner la réplique, on mesure mieux les difficultés qu'auraient rencontrées les Allemands. Même s'ils ne s'étaient heurtés, près de Folkestone, Rye, Eastbourne, Brighton, leurs premiers objectifs, qu'à des défenses terrestres improvisées et qu'à des défenseurs peu entraînés, la Royal Navy et la Royal Air Force leur auraient fait payer très cher le passage.

Pendant quelques jours d'août, Belges et Français crurent d'ailleurs — et ils en éprouvèrent une grande jubilation — qu'aux canons des navires, aux mitrailleuses des avions, les Anglais, ajoutant une arme secrète : du mazout en flammes répandu par nappes sur la mer, venaient de briser la tentative d'invasion. Il ne fut alors question que d'hôpitaux remplis de grands brûlés, et l'histoire de cette femme ayant, dans le ventre d'un poisson, trouvé un pouce d'Allemand — à quoi l'avait-elle reconnu ? mais ce ne pouvait être qu'un pouce d'Allemand — fit le tour des pays occupés[2].

---

1. Winston Churchill, *L'Heure tragique*, p. 313.

2. Les cadavres d'une quarantaine de soldats allemands, dont les embarcations, bombardées ou victimes du mauvais temps, alors qu'ils procédaient à des exercices d'embarquement, avaient coulé, furent rejetés par la mer, en août, le long de la côte anglaise entre l'île de Wight et la Cornouaille, mais il est évident que, sur les côtes belges et françaises, des cadavres de soldats ayant péri dans les mêmes conditions vinrent échouer. Dans *L'Heure tragique*, Churchill fait allusion à l'histoire du « mazout en flammes » que les Anglais se gardèrent bien de démentir.

Quoi qu'il en soit, la menace avait été prise au sérieux par tous, au tragique par certains.

Lorsque Churchill donne pour titre à l'un des chapitres de ses Mémoires consacrés à la Seconde Guerre mondiale : « Aux abois », et qu'il intitule le premier intertitre : « La Grande-Bretagne peut-elle survivre ? » ; lorsqu'il évoque cette nuit où toutes les cloches d'Angleterre se mirent à sonner, une information erronée ayant déclenché l'alerte au débarquement ; lorsqu'il rappelle que sur tout le territoire britannique, dans les premiers jours de juillet 1940, ne se trouvaient que cinq cents canons de campagne et deux cents chars moyens ou lourds ; lorsqu'il dit à Roosevelt, une fois le péril passé : « Hitler et ses généraux sont trop stupides. Ils n'ont jamais compris combien nous avons été près de la défaite », on comprend toute l'importance accordée par les Britanniques à la flotte française, alors la quatrième du monde.

Flotte, on l'a vu, au centre de tous les débats qui précédèrent l'armistice.

## Américains et Anglais inquiets sur le sort de la flotte française

Une fois l'armistice demandé, l'amiral Pound et M. Alexander, Premier lord de l'Amirauté, vont se rendre à Bordeaux, le 18 juin, pour rencontrer Darlan qui n'a auprès de lui que le capitaine de vaisseau Auphan. « Ils avaient l'air, écrira Darlan, des héritiers qui viennent s'assurer que le moribond a bien testé en leur faveur. »

Ils arrivent au domicile bordelais de Darlan, 25, cours de Verdun, alors que le Conseil des ministres vient de prendre, à l'unanimité, quelques heures plus tôt, la décision solennelle et irrévocable de « ne laisser, en aucune circonstance, la Flotte tomber aux mains de l'ennemi. Si ces conditions étaient incluses dans les conditions d'armistice, celles-ci seraient purement et simplement rejetées, quelque graves que puissent être les conditions de ce refus ».

Cette décision — renouvelée, car jamais il n'avait été question de livrer la Flotte — venait après que le 17, au petit matin, Baudouin, qui avait reçu M. de Lequerica pour lui demander d'interroger l'Allemagne, eut informé l'ambassadeur américain, M. Biddle, et l'ambassadeur britannique, sir Ronald Campbell, de la volonté du gouvernement de « mettre fin au massacre », mais de sa volonté, plus ferme encore, de ne jamais accepter des conditions « incompatibles avec l'honneur et la dignité de la France ».

Elle venait également après le discours prononcé à 12 h 30, le 17 juin, par le maréchal Pétain[1] et dont j'ai dit déjà combien la phrase : « Je me suis adressé cette nuit à l'adversaire, pour lui demander s'il est prêt à rechercher entre soldats, après la lutte et dans l'honneur, les moyens de mettre un terme aux hostilités », avait joué — particulièrement auprès de ceux qui n'avaient plus aucune envie de se battre ou se jugeaient trop épuisés pour reculer encore — un effet démobilisateur.

Informé de la situation française par son ambassadeur, le président Roosevelt a immédiatement réagi en faisant, dès le 17 juin, bloquer les avoirs français en Amérique et en demandant au Congrès de voter d'urgence — ce qu'il fera dans l'après-midi — une résolution affirmant que les États-Unis ne reconnaîtraient aucun transfert de territoire, appartenant à l'hémisphère occidental (les Antilles françaises), d'une puissance non américaine (la France) à une autre (l'Allemagne).

Mais c'est la flotte française qui se trouve au cœur de l'inquiétude du président américain. Cette flotte, dont l'historien américain Langer écrira qu'elle était « prête à tout », ce qui est aussi ridicule qu'offensant, gouvernements britannique et américain allaient faire « des efforts frénétiques pour garder (à son sujet) [c'est Langer qui écrit] le nouveau gouvernement "en ligne" ».

On comprend les vœux des Anglais et des Américains.

Il n'est pas certain qu'ils les aient exprimés avec les mots les plus convenables. C'est ainsi que le ton de la note envoyée par le secrétaire d'État Cordell Hull à M. Biddle, afin qu'elle soit transmise à Darlan et, si possible, à Baudouin, est d'autant plus désagréable (encore le mot est-il faible) que les États-Unis avaient toujours refusé de répondre aux appels au secours lancés par la France.

« Le Président — écrit Cordell Hull — désire que vous disiez que dans l'opinion de ce gouvernement [celui des États-Unis] si le gouvernement français, avant de conclure aucun armistice avec les Allemands, ne prenait pas les mesures nécessaires pour empêcher que la Flotte ne tombe entre les mains de ses adversaires, le gouvernement français poursuivrait une politique qui compromettrait finalement la préservation de l'Empire français et la restauration éventuelle de l'indépendance et de l'autonomie française. Au surplus, si le gouvernement français ne prenait pas ces mesures, et *permettait à la flotte française d'être livrée*

1. On trouvera l'intégralité du discours du maréchal Pétain en annexe.

*à l'Allemagne*[1], le gouvernement français perdrait d'*une façon permanente*[1] l'amitié et la bienveillance du gouvernement des États-Unis. »

Lorsque la note américaine lui sera communiquée, Darlan fera sèchement remarquer[2] qu'il n'a pas « attendu des remarques de cet ordre pour prendre les dispositions qui lui ont semblé les meilleures pour la sauvegarde des intérêts dont il a la charge », ajoutant que « le chef de la Marine française n'[avait] pas besoin d'avis pour prendre les décisions qui s'imposent et pour défendre l'honneur d'un pavillon dont il a seul la garde[3] ».

Voilà pour les Américains.

Les Anglais se sont manifestés presque dans le même moment : l'ambassadeur sir Ronald Campbell communiquant à M. Charles Roux — qui ne peut cacher sa surprise[4] — les deux télégrammes montrés la veille à Paul Reynaud. Télégrammes, on s'en souvient, qui acceptaient que la France demande les conditions de l'armistice *si* la flotte française avait auparavant rejoint les ports britanniques, télégrammes « montrés » à Paul Reynaud puis « retirés », la proposition d'union franco-britannique les ayant rendus caducs.

Le 18 juin[5], lorsque Darlan reçoit l'amiral Pound et M. Alexander, Premier lord de l'Amirauté, s'il est toujours irrité par la teneur du télégramme de Cordell Hull, il comprend l'anxiété des deux Anglais qui lui disent immédiatement[6].

— Si le *Richelieu*, le *Jean-Bart*, le *Dunkerque* et le *Strasbourg* viennent en Angleterre, ils seront reçus à bras ouverts. Par contre, ce serait un désastre pour l'Angleterre si les Allemands s'emparaient de la flotte française.

Il va s'efforcer de les rassurer. Au long de la conversation de techniciens qui suivra, conversation où toutes les situations sont examinées et

---

1. Souligné intentionnellement.
2. Par une note remise au Maréchal.
3. Baudouin a prié l'ambassadeur des États-Unis de faire savoir au président Roosevelt que le gouvernement français rejetait le dernier paragraphe (celui qui évoque la livraison de la flotte française) de son message.
4. En effet, à l'exception de Paul Reynaud, nul, du côté français, n'a eu connaissance de ces télégrammes, Reynaud, on le sait, n'en a pas parlé au Conseil des ministres du 16, se contentant de citer le premier paragraphe selon lequel l'Angleterre maintenait son intransigeance. Le 18 juin, M. Baudouin, qui avait informé la veille et M. Bouthillier et l'amiral Darlan, aura un entretien avec M. Paul Reynaud et avec sir Ronald Campbell qui, d'ordre du Foreign Office, lui confirmera que les deux télégrammes ont bien été annulés.
5. Et non le 19 comme l'indiquent la plupart des ouvrages consacrés à l'armistice.
6. Il n'y aura pas d'interprète, toute la conversation s'étant déroulée en anglais.

où il faut tout d'abord essayer de débrouiller l'écheveau des deux marines, car, pour la guerre, les navires français sont venus, sur toutes les mers, s'additionner aux navires anglais, c'est Darlan, le taciturne, qui parle le plus souvent.

Aux Britanniques, il fait connaître les ordres donnés, dès le 17 juin, de « continuer la guerre aéronavale avec une farouche énergie », les assurances télégraphiées le même jour à tous les amiraux : « La situation militaire a conduit le gouvernement à faire ouverture d'une *paix*[1] honorable avec nos ennemis [...]. La marine peut être certaine qu'en aucun cas la Flotte ne sera livrée intacte. »

S'adressant plus particulièrement à l'amiral Pound, auprès duquel il a posé, l'hiver dernier, pour une photo de propagande, il dit aussi :

— Vous connaissez le capitaine de vaisseau Auphan. Nous vous promettons tous les deux que jamais nos vaisseaux ne seront utilisés par d'autres que par nous : ils resteront français ou seront détruits.

Entracte. Un officier d'ordonnance entre, escortant un marin qui porte un plateau avec petits-beurre, tasses et théière.

Une demi-heure plus tard, M. Alexander et l'amiral Pound quittent Darlan, « émus, cordiaux et, en apparence, satisfaits », selon l'honnête et naïf Auphan.

Il ignore, Darlan ignore, Pétain ignore, tous les Français ignorent que le *17 juin, la veille*[2] du jour où Pound et Alexander sont venus recevoir de Darlan et d'Auphan les assurances les plus solennelles, la veille du jour où le Conseil des ministres a décidé de ne pas accepter l'armistice « *quelque graves que puissent être les conditions de ce refus*[2] » si la flotte française devait connaître, en 1940, le sort qui avait été celui de la flotte allemande en 1918, c'est-à-dire si l'adversaire réclamait qu'elle lui soit livrée, la veille donc de ces résolutions et de ces affirmations, le Premier lord de la Mer a envoyé à l'amiral Cunningham, commandant en chef de la Mediterranean Fleet, l'ordre suivant :

« Si la France fait une paix séparée, tous les efforts devront être déployés pour obtenir avant le contrôle de la flotte française ou, à défaut, la couler. »

Ainsi les jeux cruels sont-ils faits : les Anglais n'accordent aucun crédit à la parole des Français. Les promesses, les ordres donnés, et dont les doubles leur sont au moins partiellement communiqués — ordres de sabordage si toute fuite devenait impossible —, ne peuvent dissiper leur

1. Le mot « paix », on le voit, est également employé par Darlan après l'avoir été par Baudouin.

2. Souligné intentionnellement.

peur. Refusant de croire que Hitler renoncera à s'approprier la flotte française pour s'en servir comme de l'une des seules armes (la seule peut-être) qui puissent faire pencher la balance de son côté, ils iront jusqu'à l'extrême de la violence, massacreront, le 3 et le 6 juillet, près de 1 300 marins français à Mers el-Kébir, se saisiront dans tous leurs ports de tous nos navires, attaqueront Dakar.

Pour tenter de donner à l'attentat de Mers el-Kébir, qu'il a ardemment voulu malgré la répugnance des exécutants, une justification politique, Churchill n'hésitera pas, dans son discours du 4 juillet, à accuser le gouvernement de Bordeaux d'avoir en pleine connaissance des périls qu'il faisait courir à l'Angleterre « porté un coup qui aurait pu être mortel ».

Avant de prononcer cette phrase de condamnation, Churchill avait affirmé qu'en « violation de toutes sortes de promesses et d'assurances personnelles et privées données par l'amiral Darlan au Premier lord de l'Amirauté et à son collègue, le chef de l'état-major naval, un armistice fut signé *qui ne pouvait manquer, en fait, de laisser tomber la flotte française au pouvoir des Allemands et de leurs vassaux italiens* [1] ».

Le 8 juillet, quatre jours après le discours de Churchill, de Gaulle, parlant à la BBC, devait aller beaucoup plus loin encore dans l'accusation. Venant d'un homme qui, jusqu'au 16 juin, avait appartenu au gouvernement français, qui n'ignorait pas qu'il *n'avait jamais été question de livrer la Flotte* [1], les phrases prononcées, pour servir la stratégie du moment, ne respectaient ni la vérité, ni même la vraisemblance.

Après avoir demandé aux Anglais, dont certains journaux rangeaient la destruction de la flotte française [2] parmi « les grands exploits de l'Histoire d'Angleterre », de garder retenue et modestie, de Gaulle, qui avait communiqué son texte aux Britanniques — ce fut, me dit-il en 1963, l'unique fois [3] —, poursuivra en ces termes :

« ... M'adressant aux Français, je leur demande de considérer le fond des choses du seul point de vue qui compte, c'est-à-dire du point de vue de la victoire et de la délivrance. *En vertu d'un engagement déshonorant* [4],

1. Souligné intentionnellement.

2. Certains Anglais, à la mémoire longue, n'oublièrent sans doute pas qu'en 1689 et 1690 elle avait, sous Tourville, contrôlé la Manche.

3. « De ma vie, je n'ai montré un texte de moi. À personne... Si, une fois, lorsque j'ai prononcé mon allocution après Mers el-Kébir. » *Cf. Match*, numéro historique du 16 novembre 1970 (tiré à 2 210 521 exemplaires) qui a publié, à une réserve près (la phrase sur Mme de Portes), l'intégralité de l'entretien qu'avait bien voulu m'accorder le général de Gaulle et au cours duquel j'avais, avec son accord, pris des notes.

4. Lequel ?

*le gouvernement qui fut à Bordeaux avait consenti à livrer nos navires à la discrétion de l'ennemi. Il n'y a pas le moindre doute que, par principe et par nécessité, l'ennemi les aurait un jour employés soit contre l'Angleterre, soit contre notre propre Empire*[1]. *Eh bien ! je dis sans ambages qu'il vaut mieux qu'ils aient été détruits*[2]. J'aime mieux savoir même le *Dunkerque*, notre beau, notre cher, notre puissant *Dunkerque*, échoué devant Mers el-Kébir, que de le voir un jour, monté par des Allemands, bombarder les ports anglais ou bien Alger, Casablanca, Dakar. »

Les terribles accusations de Churchill, les rudes accusations de De Gaulle avaient-elles, sur le moment, des explications et des excuses ? Oui, légères, mais certaines, dans la mesure où l'ambassadeur Campbell avait quitté Bordeaux le 22 juin ; où, depuis le 24, l'amiral Burges Watson ayant reçu l'ordre de regagner Londres, il n'existait plus de contacts directs entre les deux Amirautés ; oui, dans la mesure où, du télégramme 5143, en date du 24 juin, les Britanniques avaient malheureusement ignoré, par suite de la mauvaise qualité des transmissions, les paragraphes 3 et 4 qui précisaient les « précautions secrètes de sabotage » à prendre dans l'immédiat, ainsi que les conditions dans lesquelles elles devaient jouer ; oui, car il pouvait y avoir débat sérieux, les mots « *control* » et « contrôle » ayant un sens différent en anglais et en français[3] ; oui, enfin, les Anglais n'ayant pas su immédiatement que les Allemands venaient d'accepter, le 30 juin, lors de la première réunion de la sous-commission Marine de la Commission d'armistice, que nos navires soient basés en Méditerranée, comme Darlan et Huntziger l'avaient immédiatement demandé, et non dans leurs ports d'attache de l'Atlantique, comme l'article 8 de la Convention d'armistice l'exigeait.

Explications, excuses... mais si Churchill avait su ce qu'il a ignoré, notamment la décision allemande sur le choix des ports de stationnement de nos navires de guerre, aurait-il pour autant renoncé à lancer l'opération contre Mers el-Kébir ?

---

1. Lorsque le général de Gaulle parle, aucun territoire de l'Empire ne s'est rallié. On n'en est que plus admiratif pour sa vision à long terme puisque ce n'est pas avant novembre 1942 qu'Alger, Casablanca, Dakar échapperont à Vichy.

2. Souligné intentionnellement.

3. L'article 8 de la Commission d'armistice indique que la flotte de guerre française « devra être démobilisée et désarmée sous le contrôle allemand ». En anglais, le mot « control » a une valeur très forte de prise de possession : « *power of directing and restraining* », qu'il n'a pas en français où il suppose essentiellement vérification administrative, examen afin de vérifier que les mesures décidées sont bien appliquées.

Le temps ayant passé, les funestes prédictions ne s'étant pas réalisées, aucun navire de guerre français n'ayant été livré, la flotte de Toulon s'étant sabordée à l'approche des Allemands et le 27 novembre 1942 ayant ainsi donné tort aux alarmes et aux accusations de juillet 1940, le général de Gaulle allait, dans ses *Mémoires de guerre*, mettre le drame de Mers el-Kébir sur le compte de ces « sombres impulsions par quoi l'instinct refoulé de ce peuple [le peuple britannique] brise quelquefois toutes les barrières ».

Sans rendre absolument justice à Darlan et à ses seconds qui, s'ils avaient joué « le rôle magnifique que leur offraient les événements [1] », l'auraient d'ailleurs (Churchill l'écrira) relégué au second rang, le général de Gaulle allait reconnaître qu'« indépendamment de tous les motifs évidents d'intérêt national » Darlan n'aurait jamais, « de lui-même », cédé « aux Allemands son propre bien : la Marine » ; que Pétain et Baudouin s'étaient « formellement engagés » à ce que nos navires ne fussent pas livrés ; enfin que, « contrairement à ce que les agences anglaises et américaines avaient d'abord donné à croire, les termes de l'armistice ne comportaient aucune mainmise directe des Allemands sur la flotte française ».

Lorsque les plénipotentiaires français quittèrent Bordeaux pour se diriger vers des lignes allemandes, dont ils ignoraient le tracé exact, ils savaient qu'ils devraient accepter presque toutes les exigences du vainqueur, mais qu'ils devraient fermement en repousser certaines.

Dans les archives du Quai d'Orsay, s'il existe, sur le sujet, plusieurs notes ou mémorandums dont il est difficile de deviner le destinataire, Jean-Baptiste Duroselle, dans *L'Abîme*, retient celle qui s'intitule : « Liste des concessions qui ne pourraient être faites sans porter atteinte à l'honneur ».

Suivent cinq points. Il est important de les citer.

« 1. Livraison de la Flotte pour s'en servir contre l'Angleterre ;

2. Idem pour l'aviation ;

3. Occupation du territoire sans laisser au gouvernement un espace libre ;

4. Amputation du territoire français, frontières actuelles (y compris Corse et Alsace-Lorraine) ;

5. Prétention de porter atteinte à nos institutions. »

Avant leur départ — qui eut lieu le 20 juin à 14 heures — Baudouin insista auprès de la délégation sur la nécessité d'obtenir des Allemands

1. *Cf.* Churchill : *L'Heure tragique.*

l'arrêt des bombardements des villes et de leur progression en direction de Bordeaux. Le gouvernement, dit Baudouin, et cela se comprenait, ne pouvait étudier les conditions d'armistice s'il était condamné à battre constamment en retraite, à se transporter de ville en ville. Au cours de la réunion qui eut lieu, quelques minutes plus tard, chez le président Lebrun, l'amiral Darlan confirme à nos délégués que la Flotte ne tomberait jamais entre les mains des Allemands.

## À Rethondes, dans le wagon

Qui sont-ils ceux qui ont la lourde et humiliante tâche d'entendre les Allemands dicter leurs conditions ? C'est sans être consultés qu'au cours d'une réunion au domicile privé du Maréchal ils ont été désignés. Weygand, qui, le 11 novembre 1918, était à Rethondes auprès de Foch, avait tout d'abord accepté de diriger la délégation... sans pouvoir imaginer que, vingt-deux ans plus tard, il se serait retrouvé dans la même clairière et dans le même wagon !

Mais c'eût été accorder une trop grande satisfaction d'orgueil aux Allemands que d'envoyer, pour représenter la France, le second de Foch, le commandant suprême de l'armée [1].

Dirigera la délégation le général Huntziger, dont l'armée avait été l'une de ces deux qui avaient eu à supporter le choc initial allemand, le 13 mai, et qui l'avaient d'autant plus mal supporté qu'elles étaient composées en partie de divisions B, pauvres en matériel, peu exercées à la guerre moderne, sans soutien d'aviation.

Huntziger était cependant parvenu à rétablir la continuité de son front entre la Meuse et l'Aisne et Weygand l'avait nommé, le 5 juin, à la tête du groupe d'armées IV. Avec lui, l'ambassadeur Léon Noël, qui avait accompagné dans son exil le gouvernement polonais auprès duquel, en 1939, il représentait la France. De Varsovie, il s'était retrouvé... au fil des jours et des défaites, à Libourne, c'est-à-dire à trente kilomètres de Bordeaux. Léon Noël sera le seul civil — important — de la délégation, et la suite de sa longue existence l'ayant conduit à jouer un rôle non négligeable dans le mouvement gaulliste, puis à recevoir du général de

1. Ce que n'avaient pas fait les Allemands en novembre 1918 ; leur haut commandement ayant refusé de désigner un plénipotentiaire et laissé la responsabilité aux civils.

Gaulle postes et honneurs, c'est avec de grandes réticences qu'il acceptera d'évoquer le 21 et le 22 juin 1940 à Rethondes, se défendant d'ailleurs d'avoir activement participé aux discussions et, plus encore, d'avoir apposé sa signature sur quelque papier que ce soit.

Avec Huntziger, le contre-amiral Le Luc, sous-chef d'état-major de la marine, le général d'armée aérienne Bergeret et le général Parisot, naguère attaché militaire à Rome, où il avait conservé de nombreuses amitiés parmi les généraux italiens, qui surent s'en souvenir, le 24 juin, lorsque, dans un salon de la ville Incisa, ils discutèrent, avec les Français, du détail des clauses de l'armistice italien.

Il faut s'attarder un instant sur le contre-amiral Le Luc.

Chef d'état-major de l'amiral Darlan, il connaît parfaitement la pensée de son chef et c'est à lui que, le 28 mai, Darlan a adressé une longue note manuscrite commençant par ces mots : « Au cas où les événements militaires conduiraient à un armistice dont les conditions seraient imposées par les Allemands et si ces conditions comprenaient la reddition de la Flotte, je n'ai pas l'intention d'exécuter cet ordre [1]. »

Du château de Dulamon, dans la banlieue bordelaise, où Darlan s'est provisoirement installé, Le Luc, le 17 juin, quelques minutes après le discours du Maréchal annonçant la demande de l'armistice, tapera personnellement sur le téléscripteur de l'Amirauté l'ordre de continuer la guerre avec « une farouche énergie ».

À Rethondes, mais également après Rethondes, car l'on néglige beaucoup trop ce qui s'est passé dans les jours qui ont suivi la signature, lorsqu'il a fallu, du côté allemand et du côté français, « interpréter » les articles de la Convention d'armistice, le contre-amiral Le Luc allait jouer un rôle de la plus haute importance.

Partie à 14 heures de Bordeaux, la délégation française (au total moins de vingt personnes, puisque, auprès des délégués déjà cités, se trouvaient des experts et des secrétaires) pensait rencontrer les Allemands à Poitiers alors qu'ils n'occupaient encore que la banlieue de Tours. Je rappelle ce détail pour faire prendre conscience, une fois encore, de l'état de sous-information qui, du côté français, caractérise des jours aussi drama-

1. Darlan demandait à l'amiral Le Luc de « préparer des ordres » pour que la Flotte soit en mesure d'entreprendre « une action à mort » contre la flotte italienne, si l'Italie entrait en guerre ; de se réfugier « dans le port anglais le plus aisé à atteindre » pour « soit se détruire, soit combattre avec les Anglais » ou encore gagner le Canada.

tiques. C'est à 1 heure du matin, le 21 juin, que les Français, retardés par le flot de l'exode, passèrent les avant-postes allemands entre Tours et Amboise. Conduits à Vendôme, où les attendait le général von Tippelskirch, grand quartier-maître général de l'armée, ils durent emprunter des véhicules allemands qui les transportèrent, à travers un Paris désert, jusqu'à l'hôtel Royal-Monceau où ils arrivèrent vers 8 heures. Ils étaient en route depuis 18 heures. Mais, pour ces hommes, l'épuisement physique était de peu d'importance par rapport à l'épreuve morale qui les attendait.

Lorsque, à 13 h 45, les quatre délégués français [1] quittent le Royal-Monceau, ils ignorent la direction que prendra leur voiture. En arrivant à Compiègne, ils n'imaginent pas encore la mise en scène organisée depuis plusieurs jours par Hitler, dont toute la vie avait été marquée par l'humiliation de Rethondes, par l'humiliation de Versailles. Le 21 juin 1940, il s'agissait pour lui d'effacer solennellement la tache.

Keitel, qui parlera tout à l'heure au nom du chancelier Hitler, le dira : « La délégation française a été invitée à se rendre à la forêt historique de Compiègne, et cet endroit a été choisi pour effacer, une fois pour toutes, par un acte de justice réparateur, un souvenir qui, pour la France, n'était pas une page honorable de son histoire, mais était considéré par le peuple allemand comme le plus profond déshonneur de tous les temps. »

Forêt historique.

Wagon historique.

Les Allemands ont, en effet, enlevé des Invalides, où il se trouvait depuis 1921, le wagon dans lequel Foch, après avoir reçu les plénipotentiaires allemands, avait demandé au général Weygand de leur faire connaître les conditions de l'armistice... de *notre* armistice. Ainsi, à vingt-deux ans de distance, tout recommençait à l'identique. Français-Allemands, face à face, le même wagon dans la même forêt..., mais les arbres avaient grandi et les vainqueurs d'hier étaient les vaincus d'aujourd'hui...

Cent fois la télévision a montré la scène. Hitler, Goering, Hess, Keitel, Ribbentrop, Raeder, arrivant, transfigurés par l'événement, convaincus — comment auraient-ils pu ne pas l'être ? — d'être les plus grands acteurs de la plus grande heure de l'Histoire, prenant place dans le wagon, puis se levant pour saluer, le bras tendu [2], ces Français qui

---

1. Le général Huntziger, M. Léon Noël, le contre-amiral Le Luc, le général Bergeret. Le général Parisot a été provisoirement exclu ainsi que les experts.

2. Le grand amiral Raeder et le maréchal Goering ont salué de leur bâton de commandement.

entrent à leur tour, visages fermés, regards éteints, attentifs à ne rien laisser voir de leur grande fatigue et surtout de leur intense émotion.

Un geste du Führer invite les délégués français à s'asseoir (Huntziger sera placé en face du Chancelier) ; un geste du Führer invite le général Keitel à lire en son nom une déclaration dont on connaît déjà quelques mots : déclaration dont il faut dire qu'elle est, pour l'essentiel, une longue et orgueilleuse plainte — quatre paragraphes sur cinq, trente-trois lignes sur quarante-huit[1] ; le rappel de la violation des assurances données à l'Allemagne par le président Wilson ; le rappel de l'héroïsme d'une armée allemande invaincue d'« une manière décisive[2] » ; le rappel des « souffrances morales et matérielles » infligées au peuple allemand, souffrances qui, selon Hitler, prirent naissance à Rethondes ; le rappel de la déclaration de guerre « sans le moindre motif[3] » de la France et de l'Angleterre, le 3 septembre 1939. Ces thèmes, ou plus exactement ce thème unique : l'humiliation de 1918 et de 1919, Hitler les reprendra dans chacune de ses lettres au maréchal Pétain. Il s'agit pour lui d'une obsession, d'un cancer moral que ses victoires les plus éclatantes seront impuissantes à guérir tout à fait.

Dans la déclaration, lue par Keitel, suivent quelques lignes habiles rendant hommage à l'armée française, « après une résistance héroïque, vaincue dans une suite ininterrompue de batailles sanglantes », et quelques lignes opposant à l'intransigeance, et presque au sadisme des Alliés, en 1918, la magnanimité allemande : « C'est pourquoi [ces deux mots font suite à l'hommage rendu à l'armée française] l'Allemagne n'a pas l'intention de donner aux conditions ou aux négociations d'armistice un caractère humiliant pour un adversaire valeureux. »

Le but des exigences allemandes, poursuit Keitel, est d'empêcher une reprise du combat, d'apporter à l'Allemagne toutes les garanties qu'« exige la poursuite, qui lui est imposée, de la guerre contre l'Angleterre » ; de créer « les conditions nécessaires à l'établissement d'une paix nouvelle dont l'objet essentiel sera la réparation des torts causés par la force au Reich allemand ».

En articulant chaque mot, Keitel, qui a parlé d'un ton rauque et

1. Dans le texte français.

2. Et Hitler, comme beaucoup d'Allemands, a dû souvent songer à l'accueil triomphal fait le 11 décembre 1918 par les Berlinois à leur armée que le chancelier Ebert, le socialiste, saluera comme une armée qu'« aucun ennemi n'a vaincue sur les champs de bataille ».

3. L'agression contre la Pologne, pays lié à l'Angleterre et à la France par un pacte que l'Allemagne n'ignorait pas mais dont elle pensait sans doute qu'il n'aurait pas de suites.

saccadé, lit ensuite les conditions d'armistice dont, à 15 h 30, le Chancelier tendra un exemplaire à chacun des délégués français avant de se retirer, suivi de Goering, de Hess, de Ribbentrop et du grand amiral Raeder.

Seuls resteront en présence des délégués français, le général Keitel, le général Jodl et Schmidt l'interprète. La première question posée par les Français : de quelle façon communiquer les conditions à leur gouvernement, eut l'air de surprendre les Allemands qui feignirent de croire que le général Huntziger avait tout pouvoir pour accepter ou pour refuser les conditions, sans même en référer à Bordeaux. Après avoir refusé l'emploi de la radio, puis d'un avion, ils finirent par accepter l'établissement d'une liaison téléphonique, qu'ils « piégèrent » d'ailleurs, ce qui devait apporter à l'histoire — telles n'étaient pas les intentions allemandes — un document tout à la fois émouvant et précieux [1].

La seconde question porte sur l'armistice avec l'Italie. Keitel renverra Huntziger à l'article 22 qui prévoit que la Convention franco-allemande entrera en vigueur *après* qu'un accord sera intervenu avec les Italiens. Alors — mais comment les Français le sauraient-ils ? — alors que les Italiens se montreront « compréhensifs » et feront tout pour ne pas retarder l'heure du cessez-le-feu, la précision de Keitel inquiète au plus haut point nos délégués qui craignent que les revendications italiennes, sur la Corse, sur Nice, sur la Savoie, revendications dont Mussolini s'était fait le héraut et auxquelles la presse française avait, depuis des années, fait largement écho, ne remettent en cause l'accord avec les Allemands...

Les vingt-trois articles de la Convention d'armistice — on les trouvera en annexe — comportent du classique et de l'inattendu.

Classique, tout ce qui concerne la démobilisation comme le désarmement des troupes françaises ; la livraison du matériel de guerre, des fortifications ; la mise à la disposition des Allemands des cartes des champs de mines ; l'interdiction momentanée pour tous nos navires de commerce de prendre la mer, pour tous nos avions de décoller, pour tous nos postes de TSF d'émettre ; la libération des quelques centaines de prisonniers — 1 800 dont 700 aviateurs [2] (ceux dont Churchill avait, à plusieurs reprises, demandé justement, mais sans l'obtenir, l'envoi en

1. La bande de la conversation entre le général Huntziger et le général Weygand a été diffusée à plusieurs reprises.

2. Chiffre du 1er bureau du GQG au 25 juin 1940.

Grande-Bretagne [1]) ; le paiement des frais d'entretien des troupes d'occupation, dont on découvrira, dans quelques jours, qu'ils représentent une somme monstrueuse puisque les 400 millions de francs (1940, donc des « anciens francs ») que la France doit verser quotidiennement permettraient, sur la base de 22 francs par homme, et par jour, l'entretien de *dix-huit millions de soldats* alors que 300 à 400 000 suffisaient pour la zone occupée, que le nombre des mobilisés allemands ne dépassera jamais 10 200 000 et que le versement des frais d'occupation (400 millions) permettrait de régler *chaque* jour les frais de construction d'un croiseur de 10 000 tonnes !

Ainsi, même le « classique » d'une convention d'armistice peut-il receler d'immenses et désagréables surprises. Les Français le découvriront rapidement à leurs dépens.

L'inattendu maintenant. Sous la tente qui a été dressée à leur intention, les délégués français prennent attentivement connaissance de chacun des vingt-trois articles. Comment la rédaction de cinq d'entre eux : les 2, 3, 4, 8 et 20, ne retiendrait-elle pas toute leur attention ? Même s'ils n'ont pas le pouvoir de traiter, même s'ils n'ont pas encore pu entrer en liaison avec Bordeaux, ils ont sinon discuté certains des articles, du moins posé, à leur sujet, des questions qui leur ont permis de « tester » la volonté de l'adversaire (le général Jodl d'abord, puis le général Keitel) — un adversaire qui se dit seulement autorisé à fournir des éclaircissements.

L'article 2 fait référence à une carte — elle a été remise aux délégués français — sur laquelle une ligne (les Allemands l'appelleront « ligne verte ») détermine la zone d'occupation. Elle est considérable puisqu'elle comprend toute la portion du territoire au nord et à l'ouest d'une ligne partant de la région de Genève, passant par Dole, Chalon-sur-Saône, Paray-le-Monial, Moulins, Vierzon, vingt kilomètres à l'est de Tours, suivant la voie ferrée Angoulême-Bordeaux pour aboutir, par Mont-de-Marsan, à Saint-Jean-Pied-de-Port, ce qui réduit aux deux cinquièmes de la France métropolitaine le territoire laissé à la disposition du gouvernement Pétain : 246 618 km$^2$ sur 550 986 ; 13 millions d'habitants sur 41 ; les régions les moins industrialisées et, paradoxalement, peut-être les moins fertiles.

À Huntziger qui demande une modification du tracé de la ligne de démarcation, le général Keitel qui, après une interruption de séance,

1. Il le fera le 24 juin encore. Les Français avaient capturé un nombre plus important de soldats allemands, mais la plupart d'entre eux avaient été libérés par leurs camarades dans les heures suivant leur capture.

répond qu'il ne saurait en être question, les exigences de la guerre contre l'Angleterre réclamant une importante zone d'occupation. Toutefois si le gouvernement français renonçait à s'installer à Paris (la possibilité en est offerte par l'article 3), Paris où Keitel promet de limiter « les effectifs au strict minimum », s'il choisissait par exemple Orléans, certains aménagements pourraient intervenir dans le tracé de la « ligne verte ».

Keitel apporte deux précisions encore : la France pourra conserver une armée de 100 000 hommes[1] ; les prisonniers, dont l'article 20 dit qu'ils resteront captifs « jusqu'à la conclusion de la paix » — et qui serait capable d'imaginer que ce sera jusqu'en mai 1945, d'imaginer également qu'il n'y aura jamais de traité de paix avec le III$^{e}$ Reich hitlérien, écrasé sous les bombes et la haine des vainqueurs ? —, les prisonniers resteront captifs « mais des négociations ultérieures pourront aboutir à l'application de mesures plus libérales ».

Le 8 novembre 1918, le maréchal Foch, tout en se montrant intraitable sur le délai de soixante-douze heures accordé aux Allemands pour qu'ils fassent connaître leur réponse, avait accepté que les conditions de l'armistice allié soient portées par un officier[2] au grand quartier général qui allait les communiquer au maréchal Hindenburg.

Le 21 juin 1940, Hitler et le général Keitel refuseront que le texte de la Convention d'armistice soit porté par avion à Bordeaux par le général Parisot. Weygand avait eu beau dire : « On ne lie pas le sort d'un pays à un texte dicté par téléphone », il devra se satisfaire — encore les Allemands ont-ils hésité à accorder l'autorisation — du texte que, de 20 h 15 à 21 h 53, le général Huntziger allait lui lire au téléphone depuis Rethondes et dont il répétait chaque mot au capitaine Gasser, son chef de cabinet.

« N'étant pas sténographe, devait écrire plus tard Gasser, et l'entretien se passant à la cadence normale de la parole, j'écrivais à toute vitesse, usant de signes conventionnels et d'abréviations... »

Sans doute est-ce la précipitation qui l'a empêché de noter les pre-

---

1. L'article 4 prévoyait que la France puisse conserver « les troupes nécessaires au maintien de l'ordre » sans fixer de chiffres.

2. Il sera porté par le capitaine von Helldorf, qui mettra cinq heures avant de pouvoir, après avoir franchi les lignes françaises, rejoindre les lignes allemandes, les soldats ne remarquant pas le drapeau blanc fixé à l'auto du parlementaire, ne prêtant aucune attention (sans doute ne l'entendent-ils pas tant la fusillade est vive) aux sonneries du clairon allemand posté sur le marchepied de la voiture.

miers mots du général Huntziger : « Je suis sous une tente, à Rethondes, à côté du wagon... — Mon pauvre ami, répond simplement Weygand », mais, à ces quelques mots près, il a fidèlement pris en note tous les articles des conditions allemandes ainsi que les réponses faites par Huntziger à Weygand et celle-ci, capitale. Pour la citer, je recopie, en le complétant[1], le texte du capitaine Gasser : « Impres [sion] générale, celle de la dég [délégation] tout ent. [entière] cond [itions] très dures mais rien qui soit dit [directement] con [contraire] à l'hn [honneur] en part [iculier] sur le point ensgé [envisagé]. Sur ce point, ce n'est pas ce que nous pensions. »

Ce point c'est, à travers l'article 8, l'absence de revendications allemandes précises sur la flotte française.

Le texte de l'article 8, et particulièrement ces lignes qui correspondent à la pensée politique et stratégique de Hitler : « Le gouvernement allemand déclare solennellement au gouvernement français qu'il n'a pas l'intention d'utiliser pendant la guerre, à ses propres fins, la flotte française stationnée dans les ports sous contrôle allemand... », le maréchal Pétain ne le connaîtra qu'après 22 heures.

Tapées et relues, les pages dictées par Gasser, qui éprouve parfois du mal à se relire, sont, en effet, une à une portées au Maréchal qui, dans le bureau de Weygand, se trouve en compagnie de l'amiral Darlan, de Bouthillier, ministre des Finances, de Baudouin, ministre des Affaires étrangères, bientôt rejoint par Charles-Roux, secrétaire général du ministère, et par Raphaël Alibert.

Après une première étude, il est nécessaire de soumettre les conditions allemandes au Conseil des ministres qui se réunit à 1 heure du matin, pour se séparer à 3 heures, avant de reprendre à 8 heures. S'il est facile d'imaginer les angoisses qui ont gâté les quelques heures de repos prises entre les deux séances par ceux qui ont eu le droit de se retirer, il faut savoir que Weygand, Darlan, Bouthillier et Baudouin n'ont pas cessé de travailler afin de mettre au point, à la suite des observations faites par le président Lebrun, par Chautemps, par Février, Rivière, Frossard, par Darlan lui-même, qui se montraient hésitants à conclure[2], une liste non de contre-propositions — les Allemands n'auraient jamais accepté le mot — mais d'observations.

---

1. Le texte du capitaine Gasser, dont je possède une photocopie, couvre douze pages auxquelles il faut ajouter quatre pages de commentaires, également de la plume de Gasser.

2. Plus qu'hésitant, Darlan fera porter le message suivant à l'Amirauté : « Je précise que, rien n'étant conclu, les hostilités continuent. »

Elles portaient sur les articles 2, 5, 8, 17, 19 et 21.

L'article 2 définissait, on l'a vu, la zone d'occupation. De Bordeaux, le gouvernement demandait à Huntziger d'obtenir la libération de Paris, des départements de la Seine, Seine-et-Oise, de la Seine-et-Marne, du Loir-et-Cher, du Loiret et du Cher. Le gouvernement souhaitait également une modification de l'article 5 — et sur ce point, ce sera le seul, il obtiendra totalement gain de cause — qui prévoyait la livraison de nos avions militaires. Il désirait une précision de la plus haute importance dans la rédaction de l'article 8. Selon cet article, en effet, la flotte française devait être « démobilisée et désarmée » dans « les ports d'attache des navires en temps de paix ». Or, à une exception près — Toulon —, tous nos navires de guerre avaient pour bases des ports de l'Atlantique, abandonnés, on le sait, avant l'arrivée des troupes allemandes. Leur faudrait-il y revenir ? Le *Dunkerque*, le *Strasbourg*, nos deux cuirassés les plus récents, le porte-avions *Béarn*, les croiseurs *Georges-Leygues*, *Gloire*, *Montcalm*, deux croiseurs légers, une quinzaine de torpilleurs, autant de sous-marins devraient-ils regagner Brest, leur port d'attache, pour s'y faire « démobiliser et désarmer sous le contrôle de l'Allemagne » ? Comment n'auraient-ils pas couru un péril extrême ? N'auraient-ils pas représenté une proie tentante, que les Français se seraient trouvés dans l'incapacité de préserver de l'ennemi ? Eussent-ils été épargnés par la convoitise allemande qu'ils ne l'auraient pas été par les bombardiers alliés dont ils n'auraient pu se défendre ni par les armes ni par la mobilité, les unes et l'autre leur faisant défaut[1].

On comprend que sir Ronald Campbell, informé, vers 1 h 30, des conditions allemandes par M. Charles-Roux, se soit ému, qu'il ait fait passer à Baudouin, qui étudie les conditions d'armistice en compagnie du Maréchal, du général Weygand, de l'amiral Darlan, ce billet griffonné : « Je ne doute pas que le Conseil se rende compte du caractère insidieux de la condition concernant la Flotte. Aucune confiance dans la parole des Allemands. Ils n'ont fait qu'y manquer. Excusez-moi de souligner ce qui ne doit pas vous échapper. Mon inquiétude doit être mon excuse. »

« Aucune confiance dans la parole des Allemands. Ils n'ont fait qu'y

1. Dans le journal de guerre de la Marine allemande à la date du 2 juillet on lit : « La Commission française d'armistice a exprimé sa grande inquiétude de voir la flotte française exposée aux attaques des sous-marins et des avions anglais dans les ports français où on pourrait la renvoyer. Elle demande à la faire stationner dans des bases aussi éloignées que possible de la Grande-Bretagne. C'est d'accord en principe... »

manquer. » En la personne de l'ambassadeur Campbell, les Anglais, désabusés après la violation des accords de Munich, la disparition de la Tchécoslovaquie, l'agression commise contre la Pologne, les Anglais revenus de la confiance excessive longtemps accordée à l'Allemagne nazie, ont parfaitement raison de rappeler le caractère effectivement « insidieux » de l'article qui tout à la fois promet de ne pas « utiliser pendant la guerre à ses propres fins » la flotte de guerre française et exige de l'avoir à portée de main... !

Darlan sera le premier à faire demander par le général Huntziger une modification de l'article 8 afin que le désarmement des navires français soit effectué dans les ports d'Afrique du Nord. Keitel, le 22 juin, devait refuser d'amender le texte de l'article 8 qu'il trouvait « extrêmement libéral », mais il laissait à la Commission d'armistice, qui devait se réunir sans tarder à Wiesbaden, la possibilité d'aménager la clause concernant les ports d'attache.

Pour en finir avec ce problème — l'un des plus importants du moment —, il faut indiquer que, sans attendre la réunion des Commissions d'armistice, Darlan, le 26 juin, présentait au général Weygand un plan de démobilisation de la Flotte qui concernait uniquement les ports méditerranéens : Toulon, Bizerte, Bône, Alger, Bougie, Casablanca, Oran (c'est-à-dire Mers el-Kébir) où iront notamment le *Richelieu*, le *Jean-Bart*.

Le 30 juin, le capitaine de vaisseau Wever, président de la sous-commission Marine, fit savoir aux Français que la Commission d'armistice allemande se dessaisissait de toutes les questions intéressant la Méditerranée, la mer Rouge et le golfe de Djibouti au bénéfice de la Commission italienne d'armistice et que tous les bâtiments de guerre français, actuellement en Méditerranée (il s'agissait de la majorité des vaisseaux et des plus modernes), devaient y rester, pour y être désarmés sous le contrôle de la Commission italienne d'armistice, le franchissement du détroit de Gibraltar leur étant d'ailleurs interdit.

La nouvelle — d'importance — fut connue à 17 heures, à Vichy, où venait d'arriver une partie du gouvernement. Elle ne fut malheureusement pas répercutée sur la Mission navale française dirigée, à Londres, par l'amiral Odend'hal.

Cette absence de communication entre la France et l'Angleterre, ces retards — certains télégrammes mettront près de quarante-huit, voire soixante-neuf heures pour parvenir au destinataire [1] — sont à l'origine de bien des malentendus, s'ils ne sont pas la cause du malentendu.

« Depuis l'entrée en vigueur de l'armistice, c'est-à-dire à 0 h 35 le 25 juin, tous les postes émetteurs de TSF se trouvant en territoire français ayant dû cesser d'émettre, la reprise des transmissions en zone non occupée devant être soumise à une réglementation spéciale, toutes les émissions des postes français cessèrent au cours de la nuit du 25 au 26 juin [2]... »

C'est en lisant — on ne l'utilise pas suffisamment — l'ouvrage publié par le Service historique de la Marine, sous le titre *L'Armistice de juin 1940 et la crise franco-britannique*, ouvrage réalisé par le médecin en chef de première classe, Hervé Cras, officier archiviste de la Section historique, d'après les archives de la Marine, que l'on comprend mieux l'incompréhensible, pour nous, hommes de la communication immédiate : les télégrammes amputés ; les interminables délais de transmission pendant lesquels se déroulent des événements dont une rapide connaissance aurait pu modifier le cours, le fait, par exemple, que le texte de la Convention franco-italienne d'armistice ait été publié par le *Times* alors que, le 28 juin, les responsables de la Mission navale française de Londres étaient toujours dans l'incapacité — car ils n'avaient pas reçu le texte officiel de l'armistice — de répondre aux questions des amiraux britanniques, autant d'incidents — auxquels il faut ajouter le déplacement, le 27 juin, de l'Amirauté française de Bordeaux (prochainement occupée) à Nérac — qui permettent de mieux comprendre les inquiétudes anglaises et certaines réactions violentes, même s'ils ne les justifient pas toutes.

Car si les Allemands acceptaient que nos navires de guerre soient désarmés dans les ports méditerranéens, ils exigeaient — dès le 26 juin — le retour dans des ports français — de l'Atlantique, cette fois — des navires marchands et le retour à Brest des navires de guerre qui se trouvaient toujours en Angleterre, d'où les Anglais, depuis qu'ils avaient appris la signature de l'armistice, leur interdisaient le départ. Ils étaient nombreux et de qualité variable. Les bâtiments de commerce, une centaine, de faible tonnage, à quelques exceptions près dont le

1. Par exemple le télégramme 1341 envoyé le 25 juin, depuis Londres, à 17 h 5, par l'amiral Odend'hal qui n'arriva que le 27 à 14 h 5 à l'Amirauté française ; le 27 juin, un télégramme de la Mission navale française de Londres envoyé à l'Amirauté française à 11 h 45 n'atteignit le destinataire que le 30 juin à 8 h 45.

2. Hervé Cras, *L'Armistice de juin 1940 et la crise franco-britannique.*

*Meknès*[1], se trouvaient à l'ancre dans vingt-trois ports britanniques. Quant aux navires de guerre, ils étaient essentiellement basés à Plymouth, Falmouth et Portsmouth. À côté de nombreux patrouilleurs auxiliaires, dragueurs, remorqueurs, chasseurs, venus pour la plupart de Brest et de Cherbourg au moment de l'avance allemande[2], on trouvait les vieux cuirassés *Paris* et *Courbet*, deux contre-torpilleurs, huit torpilleurs, sept avisos, sept sous-marins dont le *Surcouf*, alors, par le tonnage et l'armement, le plus puissant sous-marin du monde.

C'est en bien plus grand nombre que des navires de guerre français auraient pu être au mouillage dans les ports britanniques. Dès le 27 mai, en effet, le capitaine de vaisseau Auphan, de passage à Londres, avait demandé à l'amiral Odend'hal s'il pensait que l'Amirauté britannique accueillerait, s'ils se trouvaient menacés, le *Richelieu* et le *Jean-Bart*, en voie d'achèvement. Auphan songeait à des bombardements aériens, mais, aucune demande française n'ayant été transmise par l'amiral Odend'hal, les Anglais, devant la rapidité de l'avance allemande, allaient prendre l'initiative le 13 et le 14 juin, par la voix des amiraux Chalmers et Phillips, et faire des offres d'accueil reçues avec satisfaction par l'Amirauté française. À partir du 17 juin, la situation allait se transformer radicalement, la décision du nouveau gouvernement français de demander l'armistice interdisant pratiquement — malgré les appels de Churchill et ses télégrammes à Reynaud du 16 juin[3] — que nos navires soient désormais dirigés vers l'Angleterre.

L'armistice signé, les Allemands ne pouvaient accepter que les navires de guerre français, présents en Angleterre, soient utilisés contre eux par les Britanniques.

Quant aux Britanniques, ils ne pouvaient pas davantage accepter de renvoyer à Brest, car il n'était plus question de ports de la Méditerranée, des vaisseaux que les Allemands seraient, un jour ou l'autre, tentés d'utiliser et qu'ils saisiraient par surprise comme les Anglais allaient les saisir par surprise à l'aube du 3 juillet[4]. Ce même 3 juillet, à 9 h 30, la

1. Torpillé par une vedette allemande vers 22 h 15, le 24 juin, alors qu'il se dirigeait sur le Maroc avec, à son bord, 1 179 soldats et marins rapatriés ainsi qu'un équipage d'une centaine d'hommes. Les pertes s'élevèrent à 429 personnes.

2. À Southampton, 43 dragueurs sont arrivés de Cherbourg.

3. *Cf.* infra.

4. Les Anglais se serviront de cet argument pour justifier la saisie des bâtiments français dans les ports britanniques. Aux Français qui leur diront que, revenant en France, dans Brest occupé, toutes les précautions auraient été prises pour le sabordage, ils répliqueront que la démonstration qu'ils venaient de faire, le 3 juin, entre 2 heures et 4 heures du matin, démontrait la vanité des précautions qui auraient pu être prises.

délégation française de Wiesbaden transmettait au général Weygand, ministre de la Défense, un ordre de la Commission allemande d'armistice, exigeant le retour immédiat à Brest de tous les navires de guerre français se trouvant dans les ports de Grande-Bretagne. Arborant un pavillon blanc au mât avant, de grands pavillons blancs peints sur la plage avant et sur la plage arrière, ayant obligation de signaler heure de départ et heure d'arrivée, afin d'éviter les attaques des avions et sous-marins allemands, ils devaient rejoindre Brest entre 12 heures et 18 heures GMT.

Lorsque cet ordre arriva à Vichy, les Anglais s'étaient emparés, depuis l'aube, de tous les navires (navires de guerre et navires marchands) présents en Angleterre.

L'Amirauté française l'ignorait. Elle l'ignorait toujours le lendemain, lorsque, dans l'ambiance affreuse créée par l'attaque de Mers el-Kébir, elle adressa « en l'air » — c'est-à-dire, puisque les relations directes n'existaient plus, dans l'espoir qu'il serait capté[1] — un message au *Paris* et au *Courbet*, dont le premier paragraphe disait : « Essayer par tous les moyens de rallier Brest. *Stop*. Pour la traversée pavillon blanc tête du mât avant et grands panneaux peints sur plage avant et arrière. *Stop*. Arrivée à Brest en plein jour. »

Les Anglais pouvaient-ils laisser appareiller nos navires ? Même s'ils s'en saisirent dans de fort regrettables conditions de brutalité, il est évident qu'il leur était interdit de prendre le risque de les voir rejoindre Brest occupé.

À Bordeaux, étudiant les clauses de la Convention d'armistice, les ministres s'étaient inquiétés — tout en sachant qu'ils ne pourraient obtenir sa suppression — de l'article 17, selon lequel le gouvernement français devait s'engager à empêcher « tout transfert de valeurs à caractère économique et de stocks du territoire à occuper par les troupes allemandes dans le territoire non occupé ou à l'étranger ». L'article précisait enfin que le gouvernement allemand aurait autorité sur les valeurs et stocks « étant entendu [qu'il tiendrait] compte de ce qui est nécessaire à la vie des populations des territoires non occupés ». La signification de cet article 17, peu souvent évoqué, était simple : il plaçait l'économie

1. Mais sans demande d'accusé de réception. Il faut ajouter (*cf.* Coutau-Bégarie et Huan, *Darlan*, p. 309) que ce message ne sera pas répété et qu'il n'était pas authentifié par la signature *Xavier 377* qui suivait tous les télégrammes importants de Darlan.

française tout entière au service de l'Allemagne, l'occupant décidant de ce qui lui semblait « nécessaire » à la vie quotidienne des populations de zone occupée et non occupée... « servies » quand il aurait été servi.

Le visible — qui justifie le mot : « ils nous prennent tout », bientôt au centre des conversations des Français occupés —, ce sont ces méthodiques touristes en uniforme, bénéficiant d'un change avantageux dans des magasins qui, très vite, ont fait savoir que chez eux « on parlait allemand ».

L'invisible, ce sont ces prélèvements dont les statisticiens, après la guerre, pourront calculer l'importance mais qui seront, en grande partie, responsables des restrictions dont les Français souffriront, comme de la déstabilisation de l'économie française qui, en 1947, était très loin encore d'avoir retrouvé, qu'il s'agisse de l'agriculture ou de l'industrie, les chiffres de production cependant peu flatteurs de 1938.

Le 6 juillet sera créée à Wiesbaden la « Commission spéciale des questions économiques ». Le président, le ministre Hans Richard Hemmen, diplomate habile, retors, obstiné, craint de ses vis-à-vis français, précise ses désirs — et ceux de ses chefs — dans la séance du 22 juillet au cours de laquelle il exige non seulement le recensement de toutes les richesses de la France occupée — des têtes de bétail aux bouteilles de champagne —, mais impose également que les industriels allemands accrédités, auxquels Vichy vient de refuser le passage de la ligne de démarcation, puissent circuler à leur guise en zone non occupée.

Écoutons-le. Ses propos valent explication de l'article 17.

— Le gouvernement allemand est bien décidé à ne pas céder dans cette affaire [celle de la libre circulation des industriels], car il a la volonté d'établir des contacts utiles à l'économie des deux pays. Il en sera de même pour les questions de navigation fluviale et maritime, pour l'industrie chimique, etc. [1]. L'Allemagne veut une collaboration [le mot

1. Hemmen pourrait évoquer l'industrie sidérurgique qui sera, dès le début de juillet 1940, divisée en six catégories.

1. — Les usines de Moselle immédiatement annexées (personnel dirigeant allemand) ;

2. — Celles de Meurthe-et-Moselle prises en exploitation par les autorités allemandes ;

3. — Celles de Meurthe-et-Moselle-Nord groupe de Longwy, laissées à leur ancien propriétaire mais contrôlées par un commissaire allemand ;

4. — Les usines du Nord et du Pas-de-Calais rattachées économiquement aux autorités allemandes de Belgique ;

5. — Les autres usines de zone occupée groupe « Centre-Ouest » dont l'exploitation reste française, à l'exception des usines du Creusot et d'Imphy sous « surveillance » allemande ;

6. — Les usines de zone libre (groupe « Centre-Midi ») indépendantes.

a été prononcé cent fois avant Montoire] avec la France pour *assurer la nourriture de la population française bloquée par l'Angleterre*[1]. Elle a besoin de savoir, pour aider la France à vivre, de quoi la France dispose comme avoir en or et en valeurs *dans le territoire non occupé...*

« En dirigeant l'exportation et l'importation de la France, l'Allemagne, dira encore Hemmen, le 21 août, à Huntziger qui proteste contre les exigences du vainqueur, l'Allemagne pourra faire vivre le peuple français comme vit le peuple allemand... »

## L'Allemagne exige la livraison des « instigateurs à la guerre »

Sur le plan moral il y a plus grave et, à Bordeaux, les ministres ont été assez émus par le deuxième paragraphe de l'article 19 : « Le gouvernement français est tenu de livrer sur demande tous les ressortissants allemands désignés par le gouvernement du Reich et qui se trouvent en France, de même que dans les possessions françaises, les colonies, les territoires sous protectorat et mandat », pour prier Huntziger d'en demander la suppression à Keitel car il est, disent-ils, « contraire à l'honneur en raison de la pratique du droit d'asile[2] ».

Mais Huntziger et Léon Noël se heurteront à un refus brutal. À Rethondes, Keitel, après avoir dénoncé « ces fauteurs de guerre, ces incitateurs à la haine qui ont trahi en outre leur propre nation », après avoir dit qu'il faisait du maintien de l'article 19 une condition *sine qua non* de la poursuite des pourparlers, finira par déclarer qu'il limitera ses demandes aux « instigateurs à la guerre de nationalité allemande[3] ».

1. Souligné intentionnellement. Il s'agit, après Mers el-Kébir, de séparer un peu plus la France de l'Angleterre.

2. Texte téléphoné au général Huntziger depuis Bordeaux.

3. Peut-on dire que l'article 19 correspond à l'article 228 du traité de Versailles par lequel « le gouvernement allemand devra livrer aux puissances alliées et associées, ou à celle d'entre elles qui lui en adressera la requête, toutes les personnes accusées d'avoir commis un acte contraire aux lois et coutumes de la guerre » ? Non, car la première liste de « criminels de guerre », près de 900 noms, comprend essentiellement des militaires — et les plus hauts —, les maréchaux Hindenburg, Mackensen, Rupprecht de Bavière, Alfred de Wurtemberg, le grand amiral von Tirpitz, les généraux Ludendorff et von Falkenheyn, von Kluck, etc., ainsi que l'Empereur Guillaume II et ses deux frères, incarnation à la fois du pouvoir civil et militaire. Deux anciens chanceliers, un ancien

Les Allemands interpréteront largement le mot « instigateurs à la guerre » puisqu'ils exigeront et obtiendront d'un gouvernement français sans courage, ni reconnaissance, la livraison, en août et en septembre, de quatre-vingt-dix anciens soldats de la Légion étrangère. Ayant reçu le droit de visiter le camp de réfugiés de Vernet, dans l'Ariège, ils réclameront également que leur soient livrés le séparatiste rhénan Hiedermeyer, qu'ils ont condamné à mort pour le soutien qu'il avait apporté à la politique française lors de l'occupation de la rive gauche du Rhin, ainsi que trois agents du 2e bureau français. Ces quatre « instigateurs à la guerre » échapperont à leur sort, non grâce à Vichy qui, interrogé, télégraphiera d'appliquer strictement l'article 19, mais grâce à l'initiative du général François, commandant la région.

En revanche, Breitscheid, ancien député au Reichstag et membre du parti social-démocrate ; Hilferding, ancien ministre des Finances de la République de Weimar ; Karl Thyssen, industriel, qui avait rompu avec le parti nazi, après avoir favorisé son arrivée au pouvoir, tomberont entre les mains des nazis bien qu'ayant renoncé depuis longtemps à toute activité politique. Vichy aurait pu les sauver : Breitscheid et Hilferding avaient demandé à quitter Marseille pour l'Amérique mais, avant même toute démarche allemande, Marquet, ministre de l'Intérieur, donnera l'ordre, le 30 août, de les empêcher de quitter la France ; Peyrouton, son successeur, les placera, le 30 septembre, en résidence surveillée à Arles.

Quant à Thyssen et à sa femme, ils seront « transférés » de Nice à Vichy le 26 décembre 1940 par le commissaire divisionnaire Broix et par deux inspecteurs français, accompagnés du Kriminal Kommissar Desterling, qui gardera le silence pendant toute la durée de l'opération. Il entendra ainsi les commentaires de Thyssen hostiles au nazisme ainsi que les craintes exprimées par Mme Thyssen, qui redoutait d'avoir à rencontrer, à Vichy, les Allemands de la Commission d'armistice.

Dans les heures suivant leur arrivée à Vichy, M. et Mme Thyssen, toujours sous la surveillance du commissaire Broix, toujours accompagnés du Kriminal Kommissar Desterling — sur l'identité duquel ils n'ont plus d'illusions —, seront conduits à Moulins et transférés dans deux voitures allemandes venues de Paris.

---

vice-chancelier se trouvent également sur la liste présentée par les Alliés. Si le procès avait eu lieu (sous la pression de l'Angleterre et devant l'émotion soulevée en Allemagne, les Alliés renonceront à l'application des articles 227 à 230 du traité, qui visaient les « coupables de guerre »), il se serait agi, en quelque sorte, d'un pré-Nuremberg.

Le gouvernement français venait de les livrer aux Allemands, violant ainsi le droit d'asile.

Il en livrera, hélas, bien d'autres.

En quelques lignes, il fallait indiquer le sens caché de certains articles de la Convention d'armistice ; sens sur lequel, à Bordeaux, les ministres pas plus qu'à Rethondes nos plénipotentiaires, qui sont arrivés entre 10 heures et 10 h 30, le 22 juin, pour une nouvelle séance, n'ont la possibilité de demander des précisions à des Allemands qui s'impatientent.

Ils avaient fixé des délais : 10 heures pour l'arrivée de la réponse du gouvernement français, midi pour la signature de la Convention, mais c'est à 11 h 5 seulement que les deux délégations se retrouveront dans le wagon. Le général Huntziger, qui parle au nom du maréchal Pétain [1], pose, une fois encore, la question de la menace qui se précise sur Bordeaux.

Keitel — chat avec la souris — répond qu'il ne fera connaître la réponse du Führer qu'après l'acceptation par le gouvernement français de la signature d'armistice avec l'Allemagne et avec l'Italie..., ce qui met Bordeaux en grand péril d'être occupé le lendemain ou le surlendemain, ce qui mettrait le gouvernement français dans l'obligation soit d'aller chercher refuge plus au sud, soit, comme certains — on le verra — le recommandent, de s'embarquer pour l'Algérie.

Par tactique — car il n'ignore pas que la tentation du départ pour l'Afrique habite plusieurs responsables français [2], beaucoup plus que par générosité —, Hitler fera savoir à 16 heures que, « sous condition que la Convention d'armistice soit signée dans la journée même », Bordeaux serait tenu « à l'écart des opérations militaires, tant que durera la négociation avec l'Italie [3] ».

Bien qu'elle profite aux Allemands, qui ne désirent pas traiter avec un gouvernement insaisissable, chaque soir chassé d'une ville pour une autre, c'est une satisfaction accordée aux Français.

Ce sera l'une des seules avec, au bénéfice de nos avions militaires,

---

1. La demande du Maréchal que Bordeaux soit tenu à l'écart des combats est du 20 au soir.

2. Hitler est-il au courant du départ du *Massilia* sur lequel se trouve, avec Mandel, Daladier qu'il avait rencontré lors de la conférence de Munich ? Il se peut, car l'ambassadeur d'Espagne informe régulièrement Madrid des événements qui se déroulent à Bordeaux et que ses informations sont, en général, connues de l'ambassadeur d'Allemagne.

3. La réponse favorable de Hitler sera connue à Bordeaux à 21 h 30 et portée à la connaissance d'une population mise en émoi par le bombardement du 19.

une modification de l'article 5 qui exigeait leur livraison au même titre que celle des pièces d'artillerie, des chars de combat, des canons antichars, des canons de DCA, des armes d'infanterie, des véhicules, qui se trouveront sur le territoire non occupé par l'Allemagne lors de la signature de la Convention... Exigences qui conduiront d'ailleurs les commissions d'inspection allemande en zone non occupée à rechercher et dénoncer tout ce qui ressemble à du sabotage ou à de la dissimulation, fût-elle négligeable comme celle de ces trois projecteurs découverts à Mende, le 18 septembre, ou de ce camion Studebaker livré par erreur à l'armée de l'armistice !

Le général Huntziger ayant dit que, « pour un aviateur, livrer son avion était aussi humiliant que de livrer son épée pour un officier de l'armée de terre » ; le général d'aviation Bergeret, parlant au nom du général Vuillemin, qui commande l'aviation française, ayant demandé au général Keitel d'intervenir auprès du maréchal Goering, quelques lignes seront finalement ajoutées à l'article 5. Elles précisent qu'il « peut être renoncé à la livraison d'avions militaires si tous les avions encore en possession des forces armées françaises sont désarmés et stockés sous le contrôle allemand ».

Il n'y aura pas d'autres modifications *écrites*. Celles que les Allemands ont acceptées dans la discussion, qu'elles concernent pour la Flotte l'article 8, pour « les fauteurs de guerre » l'article 19, Keitel refusera de les consigner, malgré la demande faite par Huntziger qui s'attirera cette réplique : « La parole d'un soldat allemand vaut mieux qu'une feuille de papier. »

Et lorsque Weygand, qui a appris de Huntziger le peu de satisfactions obtenues, demandera téléphoniquement, à 16 h 50, qu'au moins « soient annexées à la Convention, à titre de protocoles, les demandes du gouvernement français et les réponses du gouvernement allemand, pour qu'il en reste une trace officielle », Huntziger lui déconseillera de maintenir une proposition qui ne pourrait que compromettre les maigres résultats difficilement acquis.

Keitel d'ailleurs s'impatiente. La lettre qu'il fait remettre à 18 h 34 à Huntziger fixe un dernier délai : 19 h 30 (heure allemande) « pour une réponse définitive ». À l'expiration de ce délai, il considérera que « les négociations ont échoué » et ordonnera que « la délégation française soit reconduite au front ».

Le 11 novembre 1918, la dépêche annonçant que le gouvernement allemand acceptait les conditions de l'armistice était arrivée à 10 h 30, trente minutes avant l'expiration du délai de réponse fixé par le maréchal Foch.

Le 22 juin 1940, à 18 h 36, vingt-quatre minutes avant l'expiration du délai de réponse fixé par le général Keitel, le général Huntziger reçoit de Bordeaux — où Weygand et le maréchal Pétain ont rassemblé les neuf ministres qu'ils ont pu trouver[1] pour une réunion décisive — l'ordre de signer la Convention d'armistice avec l'Allemagne.

En 1918 comme en 1940, les gouvernements, en gagnant du temps, avaient espéré faire fléchir l'adversaire. Il leur avait fallu se résigner.

Après quelques paroles des deux chefs de délégation — la France, dit Huntziger, « est en droit d'attendre que, dans les négociations prochaines, l'Allemagne s'inspirera d'un esprit de nature à permettre à deux grands peuples voisins de vivre et de travailler pacifiquement » ; « il est honorable, répond Keitel, pour un vainqueur d'honorer un vaincu. Je tiens à rendre hommage au courage du soldat français. Je demande une minute de silence... » —, le général Keitel puis le général Huntziger signent le texte de la Convention d'armistice.

Il est 18 h 50.

Alors que la délégation française regagne ses voitures, les sapeurs de la Wehrmacht, arrivés dans la clairière de Rethondes, se mettent en devoir de sortir de ses rails le « wagon historique ».

Suivant l'ordre donné par Hitler, « le wagon historique, la plaque commémorative et le monument célébrant la victoire française seront transportés à Berlin[2] » ; « le piédestal du wagon, les rails et les pierres marquant son emplacement » seront détruits. Seul « le monument du maréchal Foch » « conservé intact », sur ordre de Hitler, demeure pour rappeler encore les grandes heures de 1918...

Au général Huntziger, lui téléphonant, dans la soirée du 21 juin, cet article 22 de la Convention d'armistice franco-allemande selon lequel la cessation des hostilités n'interviendrait que « six heures après que le gouvernement italien aura annoncé au gouvernement du Reich la conclu-

---

1. C'est-à-dire l'amiral Darlan, MM. Chautemps, Baudouin, Rivière, Bouthillier, Février, Pomaret, Frossard et le général Colson. Sont absents le président de la République, les ministres de la Justice, de l'Agriculture, des Anciens Combattants, de l'Éducation nationale.

2. Le « wagon historique » sera détruit lors d'un bombardement allié.

sion de l'accord » d'armistice avec l'Italie, Weygand, qui craignait d'excessives revendications de la part d'un adversaire d'autant plus exigeant qu'il n'avait aucune victoire à son actif, avait dit : « Rien ne serait valable si la "chose" italienne n'est pas faite [...] la signature ne serait pas valable. »

La « chose italienne », pour reprendre le mot de Weygand, ne présenta pas les difficultés imaginées. Au contraire de Hitler, Mussolini avait décidé de ne pas paraître et lorsque la délégation française, que trois avions allemands avaient transportée du Bourget jusqu'à Rome, fut introduite, le 23 juin, à 19 h 45, à la villa Incisa, où devait se tenir la conférence, elle fut accueillie par des Italiens « conciliants, embêtés et humiliés », selon le mot de l'ambassadeur Léon Noël.

Que les observations faites, le 18 juin, lors de la rencontre de Munich, par Hitler, désireux de ne pas « pousser à bout les Français », aient été entendues par Mussolini, ou qu'il ait voulu se montrer « grand seigneur », le fait est que le Duce, représenté à la conférence par Ciano, son gendre et son ministre des Affaires étrangères, avait « raboté » ses prétentions. Aux Français on ne parlait pas de têtes de pont italiennes à Lyon, Valence, Avignon. On ne leur parlait pas d'annexer la Corse, la Tunisie, la Côte des Somalis. On n'imposait pas la livraison de leur flotte et de leur aviation, toutes exigences que le général Huntziger était, par avance, décidé à repousser, toutes exigences qui se trouvaient bien dans un mémorandum du ministère italien des Affaires étrangères rédigé après la déclaration de guerre du 10 juin [1].

La forte, et souvent victorieuse, résistance opposée par les 90 250 hommes du général Olry aux 271 500 soldats de l'armée italienne dans une guerre de quatorze jours et trente-cinq minutes avait sans doute contribué à la soudaine modestie des revendications italiennes, comme avait pu y contribuer la répugnance des généraux italiens — dont beaucoup éprouvaient de la sympathie pour leurs anciens camarades français de 1916 et 1917 — à attaquer, *le 18 juin* [2], le lendemain du jour où l'armistice venait d'être sollicité.

---

1. Et que Mussolini avait confirmé le 15 juin au maréchal Badoglio, auquel il avait donné l'ordre d'attaquer le 18 juin, lui disant : « Si nous nous limitons à assister à l'écroulement français, nous n'aurons aucune raison de demander notre part de butin. Si je ne réclame pas la Savoie, qui est française, il me faut Nice, la Corse et la Tunisie » (Badoglio, *Mémoires*).

2. L'offensive italienne n'avait débuté véritablement que le 21 juin. Au cours des combats, les Français ont perdu 37 morts, les Italiens 631. « Sur les trente-deux divisions de l'armée italienne, écrira le général Olry dans un ordre du jour à ses troupes en date du 24 juin, tout ou partie de dix-neuf ont été engagées [...] nous avons lutté à un contre sept en Tarentaise, à un contre quatre en Maurienne, contre trois en Briançonnais, contre

Enfin, la réponse méprisante du haut commandement allemand : « Ce ne serait pas chevaleresque », à la requête de Mussolini sollicitant, le 22 juin, des lâchers de parachutistes allemands sur les arrières des troupes françaises défendant les cols des Alpes, en ramenant « l'offensive » italienne à ses justes proportions, a pu également aider à ce que les séances de la villa Incisa se soient déroulées avec rapidité et facilité, dans un climat courtois. Les clauses italiennes — il y en avait vingt-six — étaient le plus souvent calquées sur les conditions allemandes.

Vers 21 h 30, le 23 juin, Huntziger, qui avait immédiatement obtenu de Ciano toutes facilités pour téléphoner, put faire connaître au général Weygand les revendications italiennes. L'occupation concernait les quinze communes[1], entre Nice et la frontière, conquises par l'armée italienne, et l'Italie avait la responsabilité des problèmes concernant l'Afrique du Nord, la Syrie, la Côte des Somalis.

Le 24 juin, à 15 h 40, lors de la reprise des négociations, le maréchal Badoglio, qui avait souhaité régler les derniers problèmes hors du regard des politiques (c'est-à-dire en l'absence de Ciano), accepta, à la demande du général Weygand, une démobilisation partielle des troupes françaises en Afrique du Nord, en Syrie, dans la Côte des Somalis. Il accepta également que nos avions soient placés sous contrôle et non pas livrés, que nos navires puissent être basés en Afrique du Nord et que la clause concernant les Italiens antifascistes, nombreux en France, disparaisse de la Convention.

Sans doute, pour les avions et pour la Flotte, les Italiens ne faisaient-ils qu'épouser les décisions allemandes. Mais ils le faisaient avec spontanéité, satisfaits, presque, d'être sollicités afin de pouvoir répondre favorablement aux sollicitations, conscients, au moins pour certains d'entre eux, que la guerre dans laquelle Mussolini les avait follement engagés n'entraînerait pour leur pays, après la fausse « victoire » sur la France, que sacrifices, défaites, ruines et deuils.

Le 24 juin, à 19 h 10, après un dernier entretien avec Bordeaux où, selon Baudouin, certains ministres — et le président Lebrun lui-même — semblaient désappointés, voire accablés, par la modération des conditions italiennes puisque, la veille encore, ils affirmaient que l'Italie exigerait l'occupation de la rive gauche du Rhône et du littoral méditerranéen, ce qui, rendant l'armistice inacceptable, redonnait force au projet

douze en Queyras, contre neuf en Ubaye, contre six en Tinée, contre sept à l'Aution et à Sospel, contre quatre à Menton. »

1. Dont celle de Menton.

de départ pour l'Afrique du Nord, le général Huntziger reçut l'ordre de signer.

Il était 19 h 15 lorsque le maréchal Badoglio et le général Huntziger apposèrent leurs signatures au bas de la Convention [1].

Le 25 juin 1940, à 0 h 35, les clairons sonnent le « cessez-le-feu » sur toute l'étendue d'un « front » rompu, disloqué, comportant de béantes crevasses au fond desquelles plonge l'armée allemande, quelques villages barricadés, qui sont autant de précaires points de résistance, les forts de la ligne Maginot qui tirent toujours, un front qui ne ressemble en rien au front du 11 novembre 1918, au long duquel, à 11 heures, les clairons avaient également sonné le cessez-le-feu.

En même temps que l'annonce de l'armistice paraît, dans la presse, le dernier communiqué. Il porte le numéro 589. Daté du 25 juin (matin), il ne parle — puisqu'il n'y a plus de combats contre les Allemands — que d'attaques italiennes repoussées et de la reprise, par nos troupes, de la moitié ouest de Menton.

Le 25 juin, Hitler, après avoir remercié « le Seigneur pour sa bienveillance », ordonne « le pavoisement de tout le Reich et la volée des cloches pour dix jours ».

Le 25 juin, dans ce qui reste de France inoccupée, les drapeaux sont mis en berne et les cloches sonnent le glas.

Dans les territoires occupés, les Français, auxquels il est interdit de manifester publiquement leur deuil, souffrent de lire dans le regard des soldats allemands la joie d'une victoire dont ils espèrent qu'elle rapproche le terme de la guerre car, pour eux aussi, l'armée française était la première armée du monde, jusqu'à l'instant où ils se sont emparés de l'héritage.

---

1. L'armistice franco-italien ayant été signé à 19 h 15, le cessez-le-feu aurait dû intervenir — selon les termes de l'armistice allemand — six heures après la signature, c'est-à-dire à 1 h 15 le 25 juin. En prenant l'initiative d'informer le haut commandement allemand, trois quarts d'heure à l'avance, que la Convention était signée, le maréchal Badoglio a ainsi permis d'avancer de quarante minutes l'heure du cessez-le-feu, ce qui a certainement épargné quelques vies.

Je m'efforcerai de dire dans un autre chapitre l'importance de l'armistice — que *nul* (il faudrait souligner le mot trois fois) parmi les parlementaires, prenant la parole à Vichy les 9 et 10 juillet, ne mettra en cause — dans la vie quotidienne et dans les cœurs de ces Français qui, en quelques heures, quelques jours, doivent se remettre à vivre et à penser autrement, s'intéressant moins, on verra cela, à ce que peut décider un gouvernement dont les travaux, à Vichy, lui sont mal connus ou lui demeurent indifférents, qu'à des problèmes qui, aujourd'hui, nous semblent mineurs à l'échelle de la nation : obtenir des nouvelles d'un soldat parmi deux millions de soldats qui, brutalement, depuis un mois, n'ont plus donné de nouvelles et n'en donnent plus ; retrouver un enfant perdu dans l'exode ; découvrir quelques litres d'essence, pour après avoir fui vers le sud remonter vers le nord, tout cela et bien d'autres choses encore, oubliées, bien sûr...

À son procès, en 1945, le maréchal Pétain déclarera que l'armistice avait « sauvé la France et contribué à la victoire des Alliés, en assurant une Méditerranée libre et l'intégrité de l'Empire ».

Il s'opposait ainsi à tout ce que, depuis Londres, avait affirmé de Gaulle pour qui l'armistice était le résultat d'une « panique inexcusable », seuls des « dirigeants de rencontre » (Pétain, Weygand) liés par « l'ambition, l'âge et la peur » ayant traité avec l'Allemagne.

Le général de Gaulle était allé plus loin encore lorsque, non content de nier le bien-fondé de l'armistice, il avait fait décider par le Comité français de libération nationale, réuni à Alger, qu'il « était contraire à la volonté du peuple [1] ».

Du peuple de juin 40, aucun historien n'osera l'affirmer à la suite de De Gaulle.

Mais le temps qui passe effaçant les souvenirs de la grande peur ; la résistance anglaise, la résistance russe, l'entrée en guerre des États-Unis, le poids toujours plus lourd de l'occupation, les déportations, les exécutions ayant certainement modifié le sentiment populaire, un nombre sans cesse plus grand de ces Français, dont le cri : « Mais qu'est-ce qu'*ils* attendent pour demander l'armistice », avait retenti sur les routes de juin 40, devait certainement, avec de Gaulle, déplorer, au fil des années, le « soi-disant armistice ».

---

1. Dans le troisième tome de ses *Mémoires* évoquant le procès du maréchal Pétain, le général de Gaulle marquera fortement sa contrariété que le procureur général Mornet

Combien étaient-ils en 1941, en 1942, en 1943, en 1944, ces Français hostiles à l'armistice ? Aucune statistique ne permettra de le savoir ; cependant, *quarante ans* après le drame, il se trouvera une forte majorité de Français pour dire, en réponse à des questions posées par la Sofres entre le 23 et le 29 avril 1980, que l'armistice avait été une « très bonne chose » (10 %) ou une « bonne chose » (52 %)[1].

Pour 7 %, en revanche, il s'était agi d'une « très mauvaise chose », pour 15 % d'une « mauvaise chose », et 16 % des personnes interrogées n'avaient pas exprimé d'opinion.

Parmi les Français et les Françaises ayant répondu en 1980, une minorité avait vécu le drame de 1940, une majorité ne le connaissait qu'à travers les livres, les émissions de télévision, les récits familiaux et, cependant, les opinions ne variaient que faiblement suivant les âges : 54 % de « favorables » à l'armistice et 25 % d'« hostiles » chez les 18-24 ans ; 64 % de « favorables » et 24 % d'« hostiles » chez les hommes et les femmes de plus de 65 ans, qui avaient, eux, quelque raison de se souvenir de 1940.

Avaient-ils tort ou raison ceux qui répondaient, en 1980, de la façon que l'on vient de lire ? Ce n'est évidemment pas le problème. S'il est vrai que les sondages sont « la photographie de l'instant », on n'en pouvait dire autant — et voilà qui importe — de ce sondage effectué si loin de l'événement, les réponses procédant alors davantage de la réflexion que de la réaction.

Même si l'histoire avait, en 1944-1945, donné tort aux « partisans » de l'armistice, sans doute estimaient-ils que, la France ayant, en avant-garde sacrifiée, rempli en 1940 son rôle, il appartenait à d'autres nations de poursuivre le combat.

De ce sentiment, les réponses à une autre question, dans le même sondage, apportaient — semble-t-il — confirmation.

La Sofres ayant demandé : « Le gouvernement a-t-il eu raison de signer l'armistice et de rester en métropole après la défaite ou aurait-il dû gagner un territoire de l'Empire — l'Afrique du Nord, par exemple — pour continuer la lutte ? », 53 % des personnes interrogées approuvaient le maintien en métropole, contre 21 % qui auraient souhaité la poursuite de la lutte dans l'Empire[2].

---

ait déclaré que « l'armistice ne constituait pas un des chefs de l'accusation ». Pour de Gaulle, il avait été « la faute capitale de Pétain et de son gouvernement ».

1. Sondage publié le 17 mai 1980 par *Le Figaro Magazine* que je remercie, comme je remercie la Sofres pour l'autorisation de publication.

2. Il y avait 26 % de sans opinion. Selon l'âge, les réponses en faveur du maintien en métropole variaient peu (entre 51 % et 56 %, le 56 % émanant des 18-24 ans). En

Cet Empire que Paul Reynaud avait souvent évoqué ; que de Gaulle, dès le 19 juin, appelait à rallier son combat ; que ses chefs, pendant quelques jours, avaient pensé jeter dans une dissidence héroïque ; cet Empire que Churchill incitait à la rupture avec « le gouvernement de Bordeaux », cet Empire qui, dans les heures précédant la signature de l'armistice, occupait encore l'esprit des ministres réunis à Bordeaux et vers lequel, sur le *Massilia*, Mandel et plusieurs parlementaires se dirigeaient dans la nuit du 23 au 24 juin 1940.

---

revanche, tandis que 16 % des 18-24 ans se disaient favorables à la poursuite de la lutte dans l'Empire, le chiffre montait à 26 % chez les 65 ans et plus.

# 9.

# L'EMPIRE

Au chapitre des oublis de la mémoire, cette immense carte du monde, qui parut aux vaincus de 40 comme une insulte à leur malheur lorsque, aux principaux carrefours, titubants, démoralisés, l'arme inutile à l'épaule, ils en découvraient le slogan : « Nous vaincrons parce que nous sommes les plus forts. »

La formule avait cependant le mérite d'annoncer une vérité à longue échéance.

La carte devant laquelle défilaient les peuples de l'exode, les régiments, réduits à de maigres bataillons, puis les colonnes de prisonniers remontant vers le nord, offrait à des regards morts des taches rouges aux volumes agressivement amplifiés : l'Empire britannique, premier de tous les Empires, et l'Empire français, encerclant, menaçant de tout leur poids d'hommes, de territoires et de richesses, une misérable petite tache noire : l'Allemagne.

Au chapitre des oublis de la mémoire, l'Empire français tel qu'il était en 1940, avant que le choc prolongé de la défaite n'entraîne, après la Libération, sa rapide et, parfois, sanglante désagrégation.

L'Empire : avec des statuts différents, le Maroc, la Tunisie, les huit pays de l'Afrique-Occidentale, les quatre de l'Afrique équatoriale française, l'Indochine, Madagascar, le Liban, d'autres terres encore, sans oublier Pondichéry, Chandernagor, Karikal, Mahé et Yanaon, ces comptoirs lointains, restes émouvants de l'héritage perdu de Dupleix, dont les noms, je ne sais pourquoi, étaient appris sans peine et retenus, longtemps, par tous ceux qui les avaient un jour appris, oui, des terres qui, assemblées — avec l'Algérie, alors française —, représentaient vingt-cinq fois la superficie de la France et ajoutaient aux quarante et un millions de Français soixante-dix millions d'hommes. Patronnée par Lyautey, le magnifique, l'Exposition coloniale de 1931 avait laissé aux huit millions de visiteurs un festival d'images séduisantes et colorées, mais assez éloignées de la réalité.

La France envoyait dans son Empire des gouverneurs généraux, des officiers, des administrateurs, des « colons », des instituteurs, des missionnaires, quelques aventuriers ; en recevait des travailleurs pour ses usines, mais aussi des soldats pour toutes les guerres dans lesquelles, de 1855 à 1939, elle s'était trouvée engagée. Au contraire de l'Empire britannique, fort notamment du Canada et de l'Australie, l'Empire français était peu industrialisé. Il restait administré depuis Paris. Après avoir appris « nos ancêtres les Gaulois », les « indigènes » découvraient rapidement que, s'ils avaient nombre des devoirs des Gaulois, ils n'en avaient — fût-ce à égalité de diplômes — presque aucun des droits.

Les Français aimaient leur Empire. Avec un goût petit-bourgeois de prudente thésaurisation, ils employaient, en en parlant, même officiellement, le mot « possession ». Ils élevaient la voix lorsque les revendications italiennes menaçaient la Tunisie. Ils entretenaient le romantisme des terres perdues. Dans ses *Mémoires de guerre*, de Gaulle écrira avoir souffert, enfant, du retrait forcé, à Fachoda, de la colonne Marchand devant les deux mille hommes de lord Kitchener, et Fachoda sera d'ailleurs, avec Sainte-Hélène, Dunkerque, Mers el-Kébir, l'un des arguments des affiches anglophobes de la collaboration, mais les Français imaginaient-ils — à l'exception du journaliste Prévost-Paradol, qui écrivait, en 1868, sur l'état futur du monde — que l'Empire pourrait devenir « la dernière ressource de notre grandeur... » ?

## Churchill et la poursuite de la lutte dans l'Empire britannique

Se battre dans l'Empire est d'abord une idée exprimée... par Churchill (mais il s'agit de l'Empire britannique), dans l'extraordinaire discours prononcé, le 4 juin, devant la Chambre des communes, au lendemain de l'évacuation de Dunkerque, succès d'une ampleur imprévisible certes, sauvant les hommes et les chefs qui seront les artisans de la victoire future, mais, au présent, « immense désastre militaire » puisque, sur les plages, l'armée anglaise avait abandonné armes et moyens.

Il faut citer les phrases essentielles du discours d'un homme que de Gaulle rencontrera, pour la première fois, cinq jours plus tard. Immédiatement séduit, le Français se souviendra, à l'heure des *Mémoires*, que, « quel que fût l'auditoire de Churchill [...] le flot original, poétique, émouvant, de ses idées, arguments, sentiments, lui procurait un ascendant presque infaillible dans l'ambiance dramatique où haletait le pauvre monde. En politique éprouvé, il jouait de ce don angélique et diabolique pour remuer la lourde pâte anglaise [1] »...

Le 4 juin, comment les parlementaires et, par-delà les parlementaires, les Anglais n'auraient-ils pas été convaincus, saisis, emportés au-delà d'eux-mêmes et des périls à venir, par des mots de prophète, de révolutionnaire ? À cet instant, Churchill, le conservateur, retrouve les accents de Danton, le 2 septembre 1791, devant une Assemblée législative qui songeait à fuir, jusqu'en Touraine, la menace prussienne.

« Quoi qu'il arrive, nous marcherons jusqu'à la fin. Nous nous battrons en France [2], nous nous battrons sur les mers et sur les océans, nous nous battrons dans les airs avec une force et une confiance croissantes, nous défendrons notre île quel qu'en soit le prix, nous nous battrons sur les plages, nous nous battrons sur les aérodromes, nous nous battrons dans les champs et dans les rues, nous nous battrons sur les collines, nous ne nous rendrons jamais !

« Et même si — ce que je ne crois pas un instant possible — notre île ou une grande partie de notre île devait être submergée et affamée, alors, notre Empire au-delà des mers, armé et gardé par la flotte britannique, continuerait le combat, jusqu'à ce qu'un jour, à l'heure que Dieu choisira, le Nouveau Monde, de toute sa force et sa puissance, s'avance pour secourir et libérer l'Ancien. »

À côté de ce grand mouvement oratoire, qui est tout autre chose qu'un mouvement de circonstance, qui vient du fond de l'âme pour toucher les âmes, comme nous paraissent faibles les textes de Reynaud ! Car il ne s'agit jamais de paroles à l'intention des Français, mais de mots désespérés [3] adressés, le 10 juin, on le sait, au président Roosevelt et

1. *Mémoires de guerre.*
2. Affirmation qui sera très rapidement démentie par les faits.
3. Il demande, en effet, au président Roosevelt, ce que celui-ci ne peut accorder encore : « Je vous conjure de déclarer publiquement que les États-Unis accordent aux Alliés leur appui moral et matériel par tous les moyens, sauf l'envoi d'un corps expéditionnaire. Je vous conjure de le faire pendant qu'il n'est pas trop tard. »

qui, en partie, plagient Churchill : « Nous lutterons en avant de Paris, nous lutterons en arrière de Paris, nous nous enfermerons dans une de nos provinces [c'est l'idée du réduit breton, dont on a vu combien elle était chimérique] et, si nous en sommes chassés, *nous irons en Afrique du Nord et, au besoin, dans nos possessions d'Amérique*[1]. »

Dans son discours du 4 juin, Churchill, qui a fait le deuil de la France, a envisagé *publiquement* l'hypothèse d'une conquête intégrale de l'Europe par l'Allemagne. Le 10 juin, dans son appel à Roosevelt, Reynaud admet non seulement la perte de la France, mais aussi celle de l'Afrique du Nord et de l'Afrique entière. Il ne parle pas, en effet, d'aller à Dakar, mais « dans nos possessions d'Amérique » plus faciles à ravitailler par les États-Unis, inaccessibles aux Allemands.

## À quelle date fallait-il préparer la défense de l'Afrique du Nord ?

À défaut de transférer, après cent batailles perdues, le gouvernement en Guadeloupe ou à la Martinique, était-il possible de continuer la guerre en Afrique du Nord ? Paul Reynaud écrit avoir fait part, dès le 16 mai, de cette « éventualité » à « son entourage » et d'abord à M. Roland de Margerie, qui s'en ouvrit rapidement à Churchill, mais, ajoute-t-il, Churchill ne croyait pas encore « à la terrible efficacité des Panzerdivisions », puisqu'il reçut la confidence de Margerie comme « une boutade » ; plus, comme « un accès de démence » ; plus encore, comme une preuve de « défaitisme[2] ».

L'étonnement de Churchill, le 16 mai, confirme ce que j'ai été amené à écrire à propos du réduit breton : la mise en défense de l'Afrique du Nord ne pouvait être *sérieusement* préparée en temps utile puisqu'elle aurait signé le renoncement à la victoire sur le sol de la métropole.

Si, de tous les auteurs qui ont étudié le problème, M. André Truchet est l'un des mieux renseignés[3], son livre, *L'Armistice de 1940 et l'Afrique du Nord*, tout en défendant avec force la thèse d'une possible résis-

1. Guadeloupe, Martinique, Guyane, Saint-Pierre-et-Miquelon.
2. *Envers et contre tous*, p. 356.
3. Le général Merglen soutient la même thèse que M. Truchet. Mais son œuvre la plus importante (et originale) a été publiée sous le titre *Novembre 1942, la grande honte*. Je l'évoquerai dans un prochain volume car elle est riche de documents.

tance, la ruine en deux lignes et en une date. Qu'écrit-il, à vrai dire ? Que la défense de l'Afrique du Nord, « grâce au repli sur l'Empire *d'effectifs et de matériels importants*, était une opération réalisable *à condition qu'elle fût commencée en temps utile* ». Mais à quelle date ? Truchet avance celle du *20 mai, dix jours après le début de l'attaque allemande*, alors que le sort de la guerre pouvait, ce jour-là, logiquement dépendre de l'afflux d'hommes et d'armes en direction de la bataille qui se livrait dans le Nord et que plusieurs circonstances auraient empêché ce 20 mai d'être retenu, par l'histoire, comme « premier jour » de l'opération « Afrique du Nord ».

Le 20 mai est, en effet, le jour où l'Amirauté anglaise, sur ordre de son gouvernement, qui « oubliera » d'en informer le gouvernement français, prend ses premières dispositions pour évacuer, par Dunkerque, les soldats du corps expéditionnaire.

Le transport « d'effectifs et de matériels », pour reprendre les mots de Truchet, en direction de l'Afrique du Nord n'aurait pu avoir lieu sans le concours de la marine britannique, cette marine britannique que, pour le même objet, de Gaulle ira vainement solliciter le 9 juin.

Or, le 20 mai, elle est déjà tout entière orientée en direction de Dunkerque. À partir du 27 mai, elle sera totalement engagée — et la marine française s'associera à cet effort — dans la gigantesque opération de sauvetage que l'on sait. Demander, le 20 mai, aux Britanniques de nous prêter des navires pour transporter troupes et matériel vers Alger ou Casablanca, c'était s'exposer à un refus catégorique.

Le 20 mai, à 8 heures, le général Weygand, nommé à la place de Gamelin, prend son commandement. Afin d'évaluer exactement la situation — les armées alliées du Nord sont, ce jour-là, coupées de l'armée française de la Somme par un couloir de près de cent kilomètres dans lequel circulent les blindés allemands —, avant d'aller prendre contact avec le roi des Belges et avec les responsables militaires français et britanniques, Weygand prépare le voyage qu'il effectuera le lendemain par avion, puisque toutes les liaisons ferroviaires sont coupées[1]. Imagine-t-on le nouveau commandant en chef se détourner, le 20 mai, de la bataille en cours pour préparer une hypothétique défense de l'Afrique du Nord ?

1. Voyage inutile, d'ailleurs. Arrivé à Ypres, à 15 heures, le 21 mai, le général Weygand rencontrera bien le roi des Belges et plusieurs généraux belges ainsi que le général Billotte et l'amiral Keyes, représentant l'état-major impérial, mais le général Gort, qui commande le corps expéditionnaire britannique, retenu par les opérations, n'assistera pas à la conférence, et le général Billotte trouvera la mort, quelques heures plus tard, dans un accident de la route.

Le 23 mai, Paul Reynaud, qui affirme s'être préoccupé, le 16, de la poursuite de la guerre en Afrique du Nord, déclare d'ailleurs à Baudouin : « Il faut tout lancer dans la bataille pour contenir les Allemands. Mon point de vue est très net : je suis d'avis que le général Weygand dégarnisse l'Afrique du Nord au profit de la métropole[1]. »

La réaction de Reynaud — un ordre que Baudouin transmettra à Weygand — est logique puisqu'il s'agit de parer au péril immédiat.

Elle est, en revanche, en contradiction avec toute idée de défense d'une Afrique du Nord qu'il aurait fallu *surarmer et non désarmer*. Le général d'armée Noguès, ancien résident général de France au Maroc, ancien commandant en chef du théâtre d'opérations d'Afrique du Nord, dira, en octobre 1956, à l'occasion de son procès : « Nous avions envoyé [en France] 180 000 hommes armés, équipés, les meilleures troupes, et on m'avait pris encore, au mois de mai, deux divisions pour les envoyer se battre en France[2] ; elles ne se sont même pas battues, elles sont arrivées trop tard. »

À la fin de juin 1940, Noguès disposait uniquement au Maroc d'une « bonne division en état » ; en Algérie, de trois divisions territoriales dépourvues de moyens de transport suffisants ; en Tunisie, de douze bataillons sur la ligne Mareth, soutenus par deux divisions capables, avec la division légère du Sud-Constantinois, de faire face à une offensive italienne lancée depuis la Libye. Peu de troupes donc, et des troupes incapables de livrer bataille sur deux fronts, le déplacement d'une seule division sur le chemin de fer à voie unique Tunis-Casablanca (2 178 kilomètres) nécessitant quinze jours[3].

Peu de troupes. À son procès, le général Noguès dira qu'il protestait « chaque fois[4] » que Gamelin ou Weygand prélevaient des unités en Afrique du Nord et que, chaque fois, il lui était répondu que « le front Nord-Est était plus important ».

Il dira également qu'aux unités restées sur place on enlevait, pour la bataille de France, « une partie de leur armement, par exemple les canons antichars », si bien — si l'on peut écrire — qu'au printemps de 1940 seuls 245 chars — mais *aucun char lourd* — se trouvaient en

1. Baudouin, *Neuf mois au gouvernement*.

2. En 1914, déjà, les hommes de la 37e et de la 38e division, 13 bataillons de zouaves, 5 bataillons de chasseurs, la division marocaine avaient été envoyés sur le front français. Selon le mot de Messimy, ministre de la Guerre : « C'est en Lorraine que se joue le sort du Maroc. » *Cf.* Pierre Miquel, *La Grande Guerre*.

3. Témoignage de M. Beaufiné-Ducroq, ancien sous-chef d'état-major du théâtre d'opérations d'Afrique du Nord, lors du procès du général Noguès.

4. « Je le sais », dira le président de Moro-Giafferi.

Algérie, Tunisie et Maroc ; ainsi que 10 canons antichars de 25 et 67 de 37 en Algérie[1] ; 96 antichars de 25 et 182 de 37 en Tunisie...

Enfin, peu ou pas de DCA, à l'exception de celle — insuffisante — des navires de guerre[2]. Or, les événements récents de Norvège venaient d'en apporter la preuve : la supériorité navale anglo-française ne résistait pas à la supériorité aérienne de la Luftwaffe.

## Weygand : « La guerre ne s'accommode pas des jeux de l'esprit »

Il ne sert à rien de poursuivre cette énumération de chiffres misérables — nous verrons cela comme nous verrons les raisons qui incitèrent le général Noguès à se dire d'abord incapable de poursuivre la bataille, puis à s'affirmer convaincu de pouvoir résister, avant de se résigner, sous la forte pression du général Weygand, à accepter l'armistice. Mais il faut préciser qu'en un domaine au moins, celui de l'aviation, Noguès devait brutalement passer de la pénurie à l'abondance lorsque, à partir du 16 juin, arrivèrent de France plusieurs centaines d'appareils, parmi lesquels 244 Dewoitine 520 et 137 Curtiss, nos meilleurs chasseurs, et plusieurs Bloch 174, nos bombardiers les plus rapides[3]..., mais démunis de bombes, comme nos chasseurs étaient démunis de munitions en quantités suffisantes pour plusieurs missions.

Le 23 mai, Reynaud avait ordonné à Weygand de prélever le maximum de troupes en Afrique du Nord afin d'alimenter et de soutenir la bataille du Nord.

Le 29 mai, six jours plus tard, répondant à la longue note dans laquelle Weygand laissait entendre que le moment approchait où la

1. Le 25 juin.

2. Une précision qui n'est pas inutile. En 1940, le *Richelieu*, cuirassé de 35 000 tonnes, était défendu contre les attaques aériennes par 10 pièces de 100 mm, 16 de 37 mm et des mitrailleuses lourdes. Lors de la refonte du cuirassé aux chantiers de Brooklyn, à New York, son armement antiaérien sera porté à 67 pièces de 40 mm et 50 de 20 mm.

3. Alors plus rapides que la plupart des chasseurs. Sur le nombre des avions se trouvant en Afrique du Nord après le 20 juin 1940, les chiffres ne coïncident pas : 1 817 selon la commission italienne de contrôle et 1 800 selon Daladier lors du procès du maréchal Pétain, 700 selon le général Weygand, 600 si l'on en croit le général Noguès... et 2 436 pour André Truchet.

France pourrait se trouver « dans l'impossibilité de continuer une lutte militairement efficace pour protéger son sol », Reynaud, après avoir demandé au commandant en chef de « bien vouloir étudier la mise en état de défense d'un réduit national autour d'un port de guerre... [qui] devrait être aménagé et approvisionné notamment en explosifs comme une véritable forteresse », terminait sur cette phrase : « J'ajoute que mon intention est de lever deux classes [c'est-à-dire 500 000 hommes] et de les envoyer en Afrique du Nord pour les faire contribuer à sa défense, avec des armes achetées à l'étranger. »

Phrase dont le rappel suscitera, de la part du général Weygand, le 31 juillet 1945, lors du procès du maréchal Pétain, cette coléreuse réplique : « Quand cette idée de l'Afrique du Nord est-elle venue ? Elle est venue le 29 mai. Et vous croyez que c'est en quinze jours que l'on peut préparer pareilles choses ? [...] En quinze jours que l'on peut préparer la défense de l'Afrique et organiser des dépôts de munitions ? Demander son concours à l'Amérique ? Avoir à transporter des troupes ? Que sais-je encore, toutes les dispositions qu'il faut prendre. Il faut, des mois à l'avance, avoir un plan de défense du territoire dont ceci est une partie ; alors on peut l'exécuter. Sans cela ce sont de simples jeux de l'esprit et la guerre ne s'accommode pas des jeux de l'esprit... »

Lorsque Weygand, en 1945, parle de « jeux de l'esprit », il a, tout à la fois, raison et tort.

Il a raison dans la mesure où rien n'est prêt dans cette Afrique du Nord qui manque d'hommes, d'armes modernes, d'usines d'armement pour résister — si elle avait eu lieu, question sans réponse — à une attaque allemande.

Rien n'est prêt dans la mesure où le déconcertant général Noguès, *qui passera du pessimisme à l'optimisme pour finir par se résigner*, affirme, le 2 juin, à Reynaud, qui vient de lui faire part de son projet d'envoyer 500 000 hommes à l'instruction en Algérie et au Maroc, qu'il ne pourra accueillir que 20 000 recrues. Dans son télégramme, il fait étalage, il faudra bientôt s'en souvenir, de tout ce qui fait défaut : casernements, baraquements, matériel de couchage, habillement et armes [1], cadres pour l'instruction, personnel médical pour surveiller la santé de garçons « non accoutumés au climat [aux grands chaleurs] et qui, de plus, seraient installés dans des conditions très précaires ».

1. « 2. Au point de vue de l'habillement, de l'équipement et de l'armement, aucune disponibilité n'existe en Afrique du Nord et tous les effets et armes nécessaires devraient être fournis par la métropole.

« 3. Au point de vue de l'instruction, tous les cadres devraient être envoyés par la

Rien n'est prêt dans la mesure où la marine française, sollicitée, répond, le 13 juin, que... du 20 juin au 11 juillet elle pourra, avec huit paquebots, transporter trente-cinq mille soldats de Bordeaux à Casablanca [1]. Le 20 juin, est-il besoin de le rappeler... oui, tout de même, le haut commandement français sera à la veille de donner des instructions pour « couvrir » Toulouse face à l'est et Bordeaux face au nord ! Et le 11 juillet — date *prévue* pour la fin de l'opération « Afrique du Nord » —, le *Journal officiel* publiera les actes constitutionnels adoptés à Vichy qui donnaient les pleins pouvoirs au maréchal Pétain.

Le problème du transport en Afrique du Nord pose d'ailleurs le problème des moyens et, en règle générale, montre le mépris des politiques pour les moyens. Ils croient qu'il leur suffit d'ordonner pour que surgissent des moyens — ici les navires — capables de satisfaire leurs volontés.

Lorsque Reynaud parle du transport de 500 000 hommes, il ignore — mais peut-être n'attacherait-il aucune importance et aucun crédit à la réalité si on la lui rappelait — il ignore que 22 à 25 bâtiments, représentant un tonnage global de plus de 120 000 tonneaux, sont nécessaires pour transporter *une* division d'un port français à un port algérien. Or, au mois de juin 1940, la France a, à sa libre disposition en Méditerranée occidentale, 457 000 tonneaux.

On peut naturellement faire référence à Dunkerque et rappeler que plus de 342 000 soldats anglais et français furent évacués en quelques jours. A-t-on regardé les photos, vu les films de l'évacuation ? Sur le pont des navires il n'y a que des hommes à touche-touche, pas une mitrailleuse, pas un canon ; à plus forte raison, ni véhicules ni chars.

A-t-on songé aux navires ayant, à Dunkerque, participé au sauvetage ?

Beaucoup d'entre eux — barques, voiliers [2] —, capables d'une traversée courte, étaient incapables d'affronter la Méditerranée.

De quoi s'agissait-il, d'ailleurs ? De transporter des centaines de milliers d'hommes, privés de leur armement, dans cette Afrique du Nord qui manquait d'armes et de moyens pour en fabriquer (sur 70 000 ouvriers des chantiers et arsenaux... 800 travaillaient dans l'Em-

---

métropole ; les possibilités d'instruction sont également très réduites, faute de moyens, en particulier en ce qui concerne les armes spéciales. » (Télégramme de Noguès.)

1. Entre le 17 et le 29 juin, depuis les ports méditerranéens, 20 000 hommes environ seront acheminés sur 71 navires vers l'Afrique du Nord.

2. 465 au moins des 693 bateaux anglais ayant participé à l'opération de sauvetage de Dunkerque étaient de très faible ou de faible tonnage (*cf.* Churchill, *L'Heure tragique,* p. 106-107).

pire [1]) ou de faire passer la mer à des unités en possession de tous leurs moyens, capables en quelques jours, voire quelques heures, après leur débarquement d'être en état de se défendre ?

Je crois qu'il faut poser le problème en ces termes.

De quelle aide aurait pu être la marine britannique après Dunkerque ? Elle avait alors pour mission d'arracher à la captivité les soldats de Sa Majesté qui se trouvaient au sud de la Somme et avaient reçu de Churchill, toujours dans la nuit du 14 juin, l'ordre de gagner les ports les plus proches sans s'inquiéter des Français et de leur chef, le général Weygand, auxquels ils n'avaient désormais plus à obéir [2]. Par marches forcées, des troupes anglaises se mettront donc en route en direction de Cherbourg d'où 136 000 hommes, on le sait [3], ont échappé à Rommel qui avait reçu, de Hitler, l'ordre de les prendre au piège avant le port, la mer, la liberté [4].

Aussi, ce même 14 juin, lorsque la mission navale française reçut un message l'avertissant que, le lendemain, le général de Gaulle viendrait étudier avec les Britanniques *« le transport de 800 000 hommes en Afrique du Nord en trois semaines »*, non seulement la France était *exactement à trois jours de la demande d'armistice*, mais la marine anglaise était occupée à évacuer de France les derniers soldats anglais et à préparer la défense de l'île contre toute tentative de débarquement, et de toute façon il était *impossible* de faire franchir, avec armes et bagages, la Méditerranée à un aussi grand nombre de soldats dans un délai aussi bref.

---

1. Cité par Coutau-Bégarie et Huan.
2. C'est à 22 h 35, le 14 juin, que le général Brooke, commandant le corps expéditionnaire britannique (52e division et division canadienne en cours de débarquement pour aider à l'édification du réduit breton ; 3 divisions engagées avec la Xe armée), apprit de sir John Dill, chef de l'état-major impérial, qu'il n'était plus sous les ordres du général Weygand et que « le corps expéditionnaire devait désormais se considérer comme un corps indépendant et agir en conséquence ». Sir Allen Brooke, *London Gazette*, 22 mai 1946.
3. *Cf.* p. 118.
4. Le dernier bateau anglais a quitté Cherbourg le 18 juin, à 16 heures. Le vice-amiral Le Bigot, préfet maritime de la 1re région et gouverneur de Cherbourg, ne rendra la forteresse de Cherbourg, le 19 juin, qu'après le rembarquement intégral des forces britanniques et la destruction de tout le matériel pouvant servir à l'ennemi. Les Allemands avaient commencé le bombardement du fort central, du fort du Roule, du fort de Querqueville et du port de guerre, le 19 juin, à 11 heures.

Militairement, le général Weygand avait sans doute raison. Défense du réduit breton, poursuite de la lutte en Afrique du Nord si les Allemands, en juin ou juillet, avaient porté le combat au-delà de la Méditerranée n'étaient effectivement que « jeux de l'esprit ».

## Franco était-il prêt à ouvrir le passage aux Allemands ?

Mais, après une occupation totale de la France, qui aurait pu être achevée le 28 juin[1], les Allemands auraient-ils réussi à convaincre Franco, tout à la fois séduit et inquiet par une victoire aussi rapide, d'accorder à leurs divisions blindées ce qu'il leur refusera toujours plus tard : le libre passage en direction du Maroc espagnol, puis du Maroc français ?

Les Anglais le redoutaient. Lorsque Churchill demande, le 20 juillet, au Premier lord de la Mer que le cuirassé *Hood* et le porte-avions *Ark Royal* ne soient pas laissés à Gibraltar[2] « à la merci d'un bombardement que des obusiers lourds pourraient déclencher par surprise », c'est bien parce qu'il imagine possible une action allemande depuis l'Espagne.

Le général Noguès le croyait... Du moins affirmera-t-il l'avoir cru lorsque, en octobre 1956, il déclarera devant la Haute Cour de justice : « D'abord j'ai appris d'une part qu'à la frontière [franco-] espagnole il y avait toute une armée, une armée [allemande] de sept divisions dont trois blindées[3] qui s'apprêtait à traverser l'Espagne. Non seulement elles s'apprêtaient à traverser l'Espagne, mais toutes les mesures étaient prises dans ce but et les têtes de colonne étaient déjà à San Sebastián [...]. L'Espagne,

---

1. Le 20 juin, les Allemands franchissent la Loire à l'est de Tours et à Saumur. Montluçon, Thiers, Riom sont occupés. Montauban devient le siège du grand quartier général français. Le 23 juin, le général Georges reçoit l'autorisation de faire sauter les ponts sur la Dordogne.

2. De son côté, sir Samuel Hoare déclarera, en 1946, que les défenses de Gibraltar étaient si faibles que « le gouverneur sir Oliver Liddell [l']implorait incessamment de lui procurer trois mois de paix pour les renforcer ». *Cf.* Benoist-Méchin, *op. cit.* (Bouquins), p. 941.

3. Ce qui n'a jamais été confirmé, le général aurait dû le savoir en 1956. Le 1er juillet (*cf.* Limagne, *Éphémérides de quatre années tragiques*), la radio suisse avait fait savoir qu'une division motorisée allemande se trouvait en Espagne. Le 2 juillet, elle démentait l'information.

à ce moment-là, ne pouvait pas faire autrement que d'autoriser les Allemands à traverser l'Espagne [...] on promettait au général Franco des avantages tels qui consistaient en Gibraltar, le Maroc, et même la province d'Oran, qu'il ne pouvait pas vraiment résister. »

S'il n'y a pas sept divisions allemandes à la frontière franco-espagnole, en revanche, à Hendaye, ainsi qu'à Irún, on assiste à des scènes de fraternisation entre officiers de la Wehrmacht et officiers espagnols ; un journaliste de la Phalange écrit que « le pavillon du Reich et le pavillon de l'Espagne » qui flottent sur le pont international d'Hendaye « se contemplent et se comprennent ».

S'il n'y a pas consentement forcé de l'Espagne (« l'Espagne ne pouvait pas faire autrement », a déclaré Noguès) pour laisser libre passage aux Allemands vers le Maroc, Noguès aurait pu rappeler que, le 14 juin, « avec l'accord du gouvernement français » — un accord qu'il était impossible de refuser [1] — les troupes du colonel Yuste avaient occupé la zone internationale de Tanger, où l'Espagne, qui, le 13 juin, s'est d'ailleurs, de neutre, déclarée « non belligérante [2] », sera désormais la seule force militaire, et que, dès le 17 juin — par la voix du colonel Beigbeder, ministre des Affaires extérieures —, les Espagnols avaient réclamé un agrandissement substantiel du Maroc espagnol... Selon Beigbeder, parlant, le 21 juin, à notre ambassadeur à Madrid, M. Renom de La Baume, « l'Espagne [ayant] des raisons de penser qu'il sera question du Maroc dans les négociations pour l'armistice [3] » proposait d'occuper,

1. À Paris, le 10 juin, alors que le gouvernement français s'apprêtait à quitter la capitale, Lequerica, ambassadeur d'Espagne, avait rencontré le sous-secrétaire d'État français aux Affaires étrangères pour lui faire part de l'intention de l'Espagne de se charger « à titre temporaire » de la sécurité de Tanger, zone internationale depuis 1912 (France, Espagne, Angleterre). Il était impossible à la France de juin 40 de refuser. Le 13 juin, elle donne donc son accord, préférant un renforcement de la présence espagnole à une possible intervention italienne.

2. Un « non-belligérant » peut, sans participer directement au conflit, mettre des bases à la disposition de l'un des belligérants.

3. Il n'en sera pas question. En Espagne, le clan opposé à un conflit avec la France (Franco, d'abord, les milieux du commerce et de l'industrie, ensuite), conflit qui aurait, à l'évidence, immédiatement aggravé les souffrances d'un pays à peine sorti de la guerre civile, puisque l'Angleterre aurait imposé un douloureux blocus, l'emportait sur le clan bruyant des bellicistes. Il faut ajouter que lorsque le général Vigón avait, le 16 juin, exprimé à Hitler le désir de Franco de « prendre l'ensemble du Maroc sous son protectorat », le Führer avait fait une réponse embarrassée car il devait tenir compte des prétentions de l'Italie, entrée en guerre le 10 juin. Le 18 juin, Serrano Suñer transmettra à l'ambassadeur du Reich à Madrid « les félicitations du Caudillo et du gouvernement espagnol ». Molotov avait, lui, exprimé le même jour « les félicitations les plus chaleureuses pour le magnifique succès remporté par les forces armées allemandes ». L'ambas-

par anticipation, mais « en accord avec le gouvernement français », certaines parties du territoire. « Ce serait, aurait-il ajouté, autant qui échapperait aux Allemands et aux Italiens. »

Quoi qu'il en soit, le même Noguès qui avait écrit, le 17 juin, au général Weygand : « Les troupes de terre, de l'air et de la marine demandent à continuer la lutte pour sauver l'honneur et conserver l'Afrique du Nord à la France », qui avait affirmé qu'il était prêt à « prendre sur lui le risque de la dissidence [...], avec toutes les responsabilités qu'elle compor[tait] » ; qui avait assuré — toujours à Weygand : « Avec l'aide de l'escadre et des forces aériennes qui me sont annoncées, nous pouvons tenir » ; le même Noguès qui, le 18 juin, dans un télégramme adressé au maréchal Pétain, avait demandé « avec une respectueuse mais brûlante insistance » que le gouvernement vienne « poursuivre » ou laisse « poursuivre la lutte dans l'Afrique du Nord » ; le même Noguès qui avait répondu à un télégramme de Weygand l'interrogeant sur « les possibilités de durée de résistance en Algérie, Tunisie, Maroc, en tenant compte d'une intervention possible des puissances de l'Axe par le Rif espagnol » par ces mots : « L'Afrique du Nord, avec ses ressources actuelles, les renforcements d'avions qui sont en cours, qui ont une importance capitale, et avec l'appui de la Flotte, est en mesure de résister longtemps aux entreprises de l'ennemi » ; le même Noguès qui, le 23 juin, avait proposé de prendre préventivement l'offensive contre l'Espagne, allait déclarer le 23 octobre 1956 que, s'il avait suivi son « idée », son « idéal », s'il avait « ordonné de continuer la lutte, nous perdions l'Afrique », et que tous « les gens » autour de lui lui disaient : « Mais c'est impossible ! »

Quel incompréhensible retournement psychologique !

## De Gaulle est prêt à combattre sous les ordres de Noguès

Pendant une semaine, Noguès a été le maître de la situation. Tous ceux qui, hors de France, refusent l'armistice se sont tournés vers lui.

---

sadeur d'Allemagne en URSS transmettra ces félicitations qui n'ont pas été reproduites dans l'édition française du volume *Nazi-Soviet Relations* (1939-1941), publié par le Département d'État américain.

De Gaulle, le premier, qui de Londres, le 19 juin, lui télégraphie qu'il se tient à sa disposition, soit « pour toute démarche qui pourrait lui être utile », soit « pour combattre sous [ses] ordres » — une proposition à laquelle il donnera plus de force encore le 24 juin : « Tous ici vous considèrent comme devant être le grand chef de la résistance française. »

Interrogé le 23 octobre 1956 sur ses réactions à la lecture de ces messages, le général Noguès répondra qu'il n'en avait connu qu'un seul et que « l'appui du général de Gaulle ne lui aurait pas permis de se défendre dans les meilleures conditions [...] car à ce moment il ne disposait pas auprès de lui d'une force militaire [1] ».

Y a-t-il eu réflexion, comme l'a laissé entendre Noguès le jour de son procès, lorsque la suite de l'histoire lui est connue, ou plutôt absence de réaction et d'intérêt devant un message envoyé au général d'armée Auguste, Paul, Charles, Albert Noguès, soixante-quatre ans, gendre de Delcassé, grand officier de la Légion d'honneur, onze citations, résident de France au Maroc et commandant en chef des troupes de l'Afrique du Nord, par le général de brigade à titre temporaire Charles, André, Joseph, Marie de Gaulle, quarante-neuf ans, éphémère sous-secrétaire d'État à la Défense nationale et à la Guerre ?

Lorsque de Gaulle écrit dans ses *Mémoires de guerre* : « Je n'étais rien, au départ. À mes côtés, pas l'ombre d'une force ni d'une organisation. En France, aucun répondant et aucune notoriété. À l'étranger, ni crédit ni justification », la phrase n'est pas d'orgueilleuse modestie, elle ne majore nullement les difficultés des commencements afin de mettre mieux en lumière les glorieux lendemains.

Elle correspond à la réalité du 18 juin 1940, mais également à la réalité des mois qui suivront. À trop l'oublier, on donne au général de Gaulle une dimension qui est loin d'être encore la sienne.

D'autres d'ailleurs que de Gaulle se tournent vers Noguès. À lui, comme à Peyrouton, résident général en Tunisie ; à Le Beau, gouverneur général de l'Algérie, à Boisson, gouverneur général de l'Afrique-Équatoriale française [2], à Puaux, haut-commissaire au Levant, les consuls d'Angleterre vont faire, le 18 et le 19 juin, et sur ordre de leur gouverne-

1. On ne lui demande pas sa réaction à l'appel du 19 juin dans lequel de Gaulle a parlé de « l'Afrique de Clauzel, de Bugeaud, de Lyautey, de Noguès », appel dont il serait surprenant qu'il n'ait rien su et qui invitait « tout ce qui a de l'honneur [...] à refuser l'exécution des conditions ennemies ». « Il ne serait pas tolérable, ajoutait de Gaulle, que la panique de Bordeaux ait pu traverser la mer. »

2. Nommé le 26 juin 1940 gouverneur de l'Afrique-Occidentale française, et haut-commissaire pour l'Afrique noire, Pierre Boisson ne put rejoindre son poste à Dakar que le 23 juillet.

ment, des offres qu'ils croient attirantes, mais qui sont maladroites, voire blessantes.

À des hommes arrivés au sommet de leur carrière, qui ne sont donc pas, naturellement, des hommes de rupture ou de foucades ; à des hommes qui sont comptables du destin de millions d'autres hommes vivant sous le drapeau de la France ; à des hommes qui ignorent tout des conditions de la bataille perdue en métropole — ce qui peut leur laisser croire, un instant, à la supériorité de leurs faibles moyens et de leurs grands talents s'ils étaient, à leur tour, engagés dans la lutte — ou qui craignent que les territoires dont ils ont la garde ne soient, après l'armistice, livrés aux Allemands et aux Italiens ; à des hommes de l'autre guerre, respectueux de la hiérarchie, de Pétain, de Weygand, les Anglais affirment — et cela se lit clairement dans le mémorandum qu'ils remettent le 22 juin à Noguès, Le Beau et Peyrouton — que « le gouvernement [qui siège à Bordeaux] ne peut être considéré comme représentant la France ».

Qu'ils s'en dégagent donc, qu'ils rejettent ses ordres, qu'ils fassent cause commune avec les Britanniques qui poursuivront la guerre, espèrent la gagner et feront, alors, tout ce qui sera « en leur pouvoir pour maintenir l'intégrité et la stabilité économique des territoires français d'outre-mer ».

Le dernier paragraphe du mémorandum britannique a sans doute été le plus mal reçu. Les Anglais s'engageant « à ce que ces territoires [qui feraient sécession] soient pourvus de fonds suffisants pour défrayer les salaires et pensions de tous les fonctionnaires civils et militaires qui se trouvent dans l'Empire français d'outre-mer et qui sont prêts à coopérer avec nous [1] », les voilà donc ces hauts-commissaires, ces gouverneurs, ces généraux, ouvertement invités à se placer « à la solde de l'Angleterre ».

Que le mot, après la Libération et l'effondrement d'une Angleterre

1. Dans l'esprit des Britanniques, les problèmes d'argent ont une importance assez grande pour que, le 28 juin, les officiers de liaison britanniques dans les ports méditerranéens réunis à Casablanca câblent à l'Amirauté un message dont le deuxième paragraphe est ainsi rédigé : « Le moral des équipages de Dakar se détériore, certains bâtiments n'ayant pas été payés [la solde n'est régulièrement payée que le 30 du mois], les autres redoutant de ne l'être pas. Les propositions du gouvernement britannique de prendre à son compte solde et pensions ne sont probablement pas connues des hommes... Des garanties pour la solde et une propagande immédiate les amèneraient sans aucun doute à suivre leurs officiers qui sont unanimes dans le désir de continuer la guerre. » *Cf.* Service historique de la Marine nationale, *L'Armistice de juin 1940 et la crise franco-britannique*.

économiquement vaincue par sa victoire, ait été remplacé, dans les polémiques, par « à la solde de l'Amérique », il n'importe ! Dans les années qui ont précédé 1940 ou après 1940, être dit « à la solde de l'Angleterre » représentait une injure lourde d'accusations de servitude financière et de soumission politique.

Que l'on reprenne les accusations, lancées par la collaboration, contre le général de Gaulle, entre 1940 et 1944, et l'on constatera la fréquence du motif humiliant : « À la solde de l'Angleterre ». Encore ignorait-on qu'en cas de défaite de l'Angleterre et de repli de l'autre côté de l'Atlantique Churchill, dans les premières semaines d'incertitude, avait promis aux Français libres qu'ils pourraient, alors, bénéficier de la nationalité britannique ou canadienne.

Lorsque Jean Monnet, le 23 juin 1940, écrit, depuis Londres, à de Gaulle, sa lettre est de mise en garde : « Je considère que ce serait une grande faute que d'essayer de constituer une organisation qui pourrait apparaître en France comme une autorité créée à l'étranger sous la protection de l'Angleterre [...]. Ce n'est pas de Londres qu'en ce moment-ci peut partir l'effort de résurrection [il se trompe mais il faut citer sa réaction du 22 juin]. Il apparaîtrait aux Français, sous cette forme, comme un mouvement protégé par l'Angleterre, inspiré par ses intérêts et, à cause de cela, condamné à un échec qui rendrait plus difficiles les efforts ultérieurs de redressement. »

Cette volonté de « rester entre Français », elle a été exprimée, le 18 juin, par M. Peyrouton, résident général en Tunisie. Après avoir évoqué le maréchal Pétain, « la plus pure figure des temps présents », Peyrouton a prononcé ce que de Gaulle appellera un « discours un peu belliqueux [1] » dans lequel il a évoqué l'Empire qui se dresse « dans une attitude de résistance à la fois pleine de courage et de gratitude ».

Elle a été exprimée par le général Mittelhauser, commandant le théâtre d'opérations du Moyen-Orient, dans un télégramme parti de Beyrouth, le 23 juin, à l'intention du général Noguès.

Le texte de Mittelhauser : « J'ai pris publiquement position, en accord avec le haut-commissaire [M. Puaux] pour la continuation de la lutte. Je suppose qu'un gouvernement de la France impériale va se constituer en Afrique du Nord ainsi qu'un commandement en chef des forces de l'Empire », ne fait aucune allusion à de Gaulle, dont Mittelhauser n'a pas encore reçu le télégramme lui demandant d'entrer dans « la compo-

---

1. *Mémoires de Guerre*. De très nombreux Italiens vivent en Tunisie, pays souvent revendiqué par l'Italie mussolinienne, d'où la reaction de Peyrouton.

sition du Comité national français » qui se forme à Londres — il ne partira que le 24 —, mais qui ne peut ignorer l'initiative gaulliste.

La suite du télégramme de Mittelhauser est également riche en enseignements : « Il me paraît urgent que *quelqu'un*[1] prenne en main la conduite de la guerre et coordonne la conduite des opérations militaires, navales et aériennes, *en liaison*[2] avec commandement britannique et organise ravitaillement général. »

Quelqu'un ?... Que le nom de De Gaulle ne soit pas cité n'a rien de surprenant, que celui de Noguès ne le soit pas est plus étonnant, mais il faut savoir que, ce même 24 juin — alors que l'armistice avec l'Allemagne est signé —, le général Noguès fait connaître au général Weygand que, s'il a reçu des messages favorables à la résistance émanant de plusieurs hauts responsables de nos territoires d'outre-mer, mais aussi des présidents de nombreuses associations d'anciens combattants, il estime que seul, lui, général Weygand, auquel il demande de venir en Afrique, serait capable de réaliser « l'union de tous », sa qualité de « membre du gouvernement » permettant de « maintenir les décisions prises dans le cadre national[3] ».

Sans répondre directement à la suggestion de Noguès qui se rebellerait... si ses supérieurs lui en donnaient la permission, comme si la rébellion n'était pas rupture brutale avec la hiérarchie ; épousailles, pour le meilleur ou pour le pire, avec la solitude ; prise de risque de désaveu, du clan et de la nation, Weygand envoie, toujours, le 24 juin, une note d'une sécheresse voulue — véritable rappel à l'ordre — à toutes les autorités militaires de l'Empire, à nos gouverneurs et résidents généraux, donc à Noguès[4].

« La date et l'heure du commencement de l'armistice vous seront notifiées incessamment.

« Vous en connaîtrez bientôt les conditions.

*« Les éléments d'appréciation dont vous disposez ne vous permettent pas de juger la situation à laquelle le gouvernement a dû faire face, ni*

---

1. Souligné intentionnellement.

2. Le mot est important. Mittelhauser n'envisage pas plus que les autres chefs de l'Empire d'être « à la solde de l'Angleterre ».

3. Il s'agit sans doute de la décision de transfert d'une partie du gouvernement en Afrique du Nord acceptée par le maréchal Pétain le 18.

4. Le 25 juin, un communiqué, publié par le gouvernement britannique, fera savoir que si l'armistice a mis fin à la résistance organisée des forces françaises métropolitaines, « dans l'Empire colonial français, il existait des signes encourageants qu'un esprit plus robuste prévaut », et de citer les réactions du général Mittelhauser.

*d'apprécier les conditions que cette situation lui a imposées dont aucune n'est contraire à l'honneur de la Patrie*[1]. »

Dans le même temps, Baudouin, ministre des Affaires étrangères, va s'efforcer de rassurer « les Africains » troublés par les rumeurs et les bruits auxquels, depuis le 22 juin, Churchill et de Gaulle n'étaient pas étrangers.

Le 22 juin, en effet, après que Churchill eut affirmé (alors que l'armistice n'était pas encore signé) que « non seulement la France mais l'Empire français tout entier [seraient placés] à la merci et au pouvoir des dictateurs allemand et italien », de Gaulle, dans un discours qui ne se trouve pas dans la partie « Documents » des *Mémoires de guerre*[2], annonce, lui, que « nos armes seraient livrées, que le territoire français serait totalement occupé et que le gouvernement français tomberait sous la dépendance de l'Allemagne et de l'Italie ».

Le 25, Baudouin adresse donc à Noguès, qui dépend de lui en tant que résident général au Maroc, ainsi qu'à tous les chefs civils et militaires de l'Empire, un très long télégramme dans lequel le ministre des Affaires étrangères, sans insister exagérément sur le faible appui militaire britannique, précise les raisons de la défaite comme de la demande d'armistice, « seul moyen de mettre des bornes aux souffrances que la Nation endure, et à celles qui l'attendent dans un avenir prochain, [et comme] le moyen le moins incertain de préserver l'Empire colonial contre les convoitises des puissances qui nous combattaient ».

Aussi, après avoir assuré à des hommes, légitimement inquiets, que « l'armistice avec l'Allemagne ne prévoit aucune mesure concernant nos possessions d'outre-mer et que l'armistice avec l'Italie exclut toute occupation militaire d'une partie quelconque desdites possessions »,

1. Souligné intentionnellement. « Le gouvernement, ajoute Weygand, fait appel à votre sens du devoir, sur lequel il sait pouvoir compter, pour maintenir dans nos troupes la discipline la plus stricte et autour de vous l'esprit de concorde et la confiance dans le gouvernement. »

2. Benoist-Méchin, *Soixante jours qui ébranlèrent l'Occident*, tome II, p. 446, reproduisant le discours du général de Gaulle, fait dire à de Gaulle : « Il résulte de ces conditions [d'armistice] que les forces françaises *seront* entièrement démobilisées, que nos armes *seront* livrées, que le territoire français *sera* totalement occupé et que le gouvernement français *tombera* sous la dépendance de l'Allemagne et de l'Italie. » J'ai écouté la bande du discours du 22 juin 1940. Le général de Gaulle emploie bien le conditionnel. Il dit « que les forces françaises *seraient* [et non seront] démobilisées, que nos armes *seraient* [et non seront] livrées, que le territoire français *serait* [et non sera] totalement occupé ». Comment et pourquoi Benoist-Méchin a-t-il modifié les temps du discours ?... Sur quel texte s'est-il appuyé lorsqu'il a rédigé son œuvre ? Il y a là un problème.

Baudouin peut-il « légitimer » le refus de transfert du gouvernement et le refus de poursuite de la guerre en Afrique du Nord à l'aide de cet argument : « Ce transfert aurait eu besoin de se fonder sur un fait nouveau, tel que l'entrée en guerre des États-Unis, qui eût contenu l'annonce d'un changement ultérieur dans le rapport des forces, ou l'intervention armée des pays neutres balkaniques ou de la Turquie, qui ne s'est pas produite. »

Noguès aura un dernier sursaut. S'abstenant de répondre à Baudouin, c'est à Weygand qu'il télégraphiera le 25 juin pour regretter, une fois encore, que le gouvernement « se trouvant dans une atmosphère de déroute » — on voit qu'il emploie des mots aussi forts que ceux de De Gaulle — ne se soit pas rendu compte qu'« avec la marine et l'aviation » l'Afrique du Nord « pouvait tenir jusqu'à l'usure de ses adversaires ».

## Pétain d'accord pour le départ du *Massilia*

Pour quelle raison Noguès, si convaincu de la possibilité de résistance de l'Afrique du Nord, n'a-t-il pas au moins mis à profit la « chance » qu'offrait l'arrivée à Casablanca, le 24 juin à 7 h 45, du paquebot *Massilia*[1] ?

À bord, vingt-sept parlementaire parmi lesquels Daladier, ancien président du Conseil, ancien ministre de la Guerre et, jusqu'au 5 juin, ministre des Affaires étrangères, qui avait nommé Noguès résident général au Maroc ; Yvon Delbos, César Campinchi et Georges Mandel qui, le 16 juin — c'est-à-dire une semaine plus tôt seulement —, étaient ministres de l'Éducation nationale, de la Marine et de l'Intérieur.

Sans doute l'équipage du paquebot, qui, l'armistice sollicité, avait refusé d'appareiller car il ne désirait nullement s'éloigner de Bordeaux[2], avait-il fait mauvaise figure à ceux qui étaient montés à bord dans la soirée du 20 juin ; à ces hommes politiques qui ne trouvaient plus grâce devant une population exaspérée qui les tenait — surtout lorsqu'ils s'appelaient Mandel, Zay, Mendès France, Grumbach — pour responsables

1. Qui avait été transformé en croiseur auxiliaire.
2. En juin 1940, après l'armistice, « l'ampleur » des mutineries, dans la marine, a été « considérable », selon Coutau-Bégarie et Huan qui citent (*Darlan*, p. 299) de nombreux cas d'agitation, de mouvements d'indiscipline, chez les réservistes, mais aussi chez les marins d'active (torpilleurs *Fleuret, Épervier*).

de la guerre plus encore que de la défaite ; sans doute l'aventure du *Massilia* — rebaptisé « paquebot *Trouillacity* » par l'hebdomadaire *Gringoire* — sera-t-elle caricaturée par Vichy, antiparlementaire et déjà antisémite, qui la présentera à l'opinion comme une tentative de fuite devant les périls, mais la vérité est étrangère aux mouvements d'hostilité de la foule bordelaise, aux insultes des marins du *Massilia*, comme aux maquillages de l'après-défaite.

Ceux qui arrivaient à Casablanca n'étaient ni des déserteurs ni des rebelles. Ils avaient quitté Bordeaux avec l'accord quelque peu dédaigneux donné par le maréchal Pétain, le 18 juin ; ils étaient montés sur un bateau que l'amiral Darlan avait mis à leur disposition par une note affichée dans cette école Anatole-France qui, pour les députés, tenait lieu de Palais-Bourbon et dans ce cinéma de la rue Judaïque où se retrouvaient les sénateurs.

« Le gouvernement, d'accord avec les présidents des Chambres, a décidé hier 19 juin que les parlementaires embarqueraient sur le *Massilia* aujourd'hui 20... »

La note, signée Darlan, commence par ces mots, et c'est bien Herriot, président de la Chambre, et Jeanneney, président du Sénat, interrogés, le 16 juin, par Paul Reynaud, soucieux d'obtenir l'accord qu'exigeait la loi constitutionnelle, qui ont donné un avis favorable au transfert du gouvernement en Afrique du Nord.

Paul Reynaud ayant démissionné à 22 heures, l'armistice sollicité par le gouvernement dont le maréchal Pétain avait pris la tête, on aurait pu imaginer que le projet avait été retiré. Il n'en avait rien été.

La prodigieuse avance des troupes allemandes, qui brisent les résistances lorsqu'elles en rencontrent, mais, presque partout, profitent, comme en profiterait une irrésistible marée, du trouble né de l'annonce de l'armistice — pourquoi se faire tuer alors que les hostilités vont cesser ? — comme de la décision de déclarer « villes ouvertes » toutes les villes de plus de 20 000 habitants, ce qui a permis, on le sait, aux maires de bourgades de 4 500 âmes de les dire « villes ouvertes », tant est grand l'afflux des réfugiés, inquiète légitimement les hommes qui, à Bordeaux, gouvernent le peu qui reste à gouverner et ceux qui, dans l'invraisemblable désordre de la capitale du désastre, ayant jusqu'alors réussi à échapper aux Allemands, veulent leur échapper encore.

C'est cette impatience qui conduit Herriot et Jeanneney, interprètes des parlementaires qui entendent quitter Bordeaux pour l'Afrique du Nord, à demander audience, le 18 juin, au président Lebrun et au maréchal Pétain. Devant la résolution affichée par le Maréchal de ne pas abandonner les Français, le président Herriot propose une formule

« transactionnelle », comme il avait dû en proposer des centaines dans son existence de chef du parti radical-socialiste et de président de la Chambre, mais une formule d'une importance qui n'a aucun précédent dans l'histoire de la France, puisqu'il s'agit de la scission du gouvernement. Tandis que le Maréchal resterait en France avec le général Weygand, ainsi que deux ou trois ministres — notamment celui de l'Intérieur et celui des Travaux publics —, le président de la République, les présidents des deux assemblées et la plupart des ministres gagneraient l'Algérie sous la conduite de Camille Chautemps, vice-président du Conseil, gardien des Sceaux de France et muni d'une délégation générale du Maréchal, dont on se demande quelle aurait bien pu être la portée à court terme. Une liaison et à plus forte raison une complicité entre les deux parties du gouvernement, l'une en France occupée avec le Maréchal qui, par lassitude, a accepté le principe de la scission, sans voir qu'elle le condamnait à l'impuissance, l'autre en Algérie avec le président de la République qui, comme il le dira à Pétain pour tenter de vaincre son obstination, aurait le droit et la possibilité de former « un autre gouvernement là-bas », étaient, à l'évidence, impossibles dans un monde en guerre totale.

Pétain, dont le président Lebrun, Jeanneney, Herriot ont fait le siège, dans l'après-midi du 18 juin, ayant fini par dire ces mots où il entre une nuance de mépris : « Si certains hésitent à partir parce qu'ils craignent d'être traités de fuyards, je leur donnerai l'ordre de s'en aller », Herriot pourra écrire, plus tard [1] : « Nous considérons donc, M. Jeanneney et moi, que la question est bien réglée par cet accord formel. On se repliera en Afrique du Nord. Pour éviter de laisser traiter les ministres partants comme des fuyards, le Maréchal leur donnera l'ordre de partir. Désormais, la souveraineté nationale est sauvegardée. »

On peut cependant faire remarquer — ce n'est pas l'une des moindres contradictions de ce temps de contradictions où les hommes adoptent des attitudes incompréhensibles à qui oublie le tohu-bohu des événements, la fièvre des jours et la fatigue des nuits sans sommeil, la pression des rumeurs, l'opacité des lendemains —, on peut cependant faire remarquer que ce même président Herriot, si ardent partisan de la lutte à outrance, a obtenu du Maréchal qu'il est allé réveiller, dans la nuit du 17, que Lyon ne soit pas inutilement défendu [2] et que ce même président Herriot, si ardent partisan du départ de Bordeaux, refusera, le 19, d'abandonner son dîner — et le carré de veau à l'oseille qui en était le

1. *Épisodes 1940-1944.*
2. *Cf.* p. 221.

plat de résistance —, pour suivre Emmanuel Monick, Pleven et Jean Monnet qui, avec beaucoup d'illusions, avaient proposé à Churchill d'aller arracher à la funeste atmosphère de Bordeaux ceux qui voudraient rejoindre l'Angleterre « où le combat se poursuit [1] ».

## Le mensonge d'Alibert retient le gouvernement à Bordeaux

Le 19 juin, la scission ayant été acceptée par le Maréchal dont il importait à tous, *face à l'opinion*, d'avoir la caution, presque la « bénédiction », le débat perd de son acuité. À ce Conseil des ministres qui s'est tenu à 10 heures, il est simplement décidé que ceux qui n'embarqueraient pas sur le *Massilia* se rapprocheront, dans un premier temps, de la côte méditerranéenne.

Que Nîmes..., dans le Gard, ait été alors écartée de la liste des possibles villes étapes, parce que trop directement sous la menace allemande, devrait, s'il en était encore besoin, apporter aujourd'hui une preuve nouvelle de la gravité de la situation.

Toulouse et Port-Vendres également éliminées, c'est Perpignan qui sera retenue pour accueillir le gouvernement, tandis que Thuir aura l'honneur de recevoir le président de la République, Mme Lebrun et leur suite.

Malgré le bombardement de la nuit du 19, un bombardement qui a atteint le centre-ville [2], frôlé les hôtels où le pouvoir a trouvé asile, les ministres n'iront pas s'installer au Grand Hôtel de Perpignan, dont le duc et la duchesse de Windsor avaient été (avec d'autres) courtoisement expulsés ; le président de la République et Mme Lebrun ne se rendront pas à Thuir où les attendaient des appartements généreusement fleuris, puisque le plus grand désastre ne saurait faire oublier les exigences du protocole [3].

À l'exception des passagers du *Massilia*, tout le monde politique restera à Bordeaux.

1. Les bagages du président Herriot avaient cependant été portés sur le *Massilia*.
2. Il a fait 60 morts et 80 blessés.
3. En réalité, le 20 juin, le président Lebrun, qui devait embarquer à Port-Vendres sur un contre-torpilleur, avait fait réserver un appartement à Carcassonne.

La journée du 20 juin a été une journée d'ordres, de contrordres, de désordre, de manœuvres, de chocs des volontés puisque, au clan des partisans du départ, s'oppose désormais, avec Pierre Laval et Marquet, maire de Bordeaux, avec Alibert, sous-secrétaire d'État à la présidence du Conseil du nouveau gouvernement, le clan de ceux qui sont hostiles non seulement au transfert du gouvernement en Afrique du Nord, mais même à son départ pour Perpignan, ville vers laquelle certains dignitaires, comme M. Jeanneney, que l'on rattrapera à Toulouse, se sont déjà mis en route.

Camille Chautemps, vice-président du Conseil, reçu par le président Lebrun, en présence du maréchal Pétain, silencieux, vient de se faire confirmer qu'il partira immédiatement pour l'Algérie où il se mettra à la tête d'un gouvernement qui « prendra toutes mesures utiles pour la poursuite de la guerre dans l'Empire » — le maréchal Pétain, resté sur le sol français, assurant, « dans toute la mesure du possible, la protection des personnes et des biens » —, lorsque Raphaël Alibert prend la parole.

Farouchement opposé au départ de Bordeaux, Alibert va mentir. Sans crainte de désaveu, puisque le manque d'informations est absolu dans cet univers bordelais qui se nourrit de rumeurs, il affirme à ceux pour qui la peur de l'arrivée imminente des avant-gardes allemandes constitue un puissant aiguillon tenir du commandement français que *les Allemands n'ont franchi la Loire* sur aucun point, ce qui est inexact[1], que nos troupes résistent « solidement », ce qui est également inexact. Mais il parle avec une telle assurance qu'il convainc le président de la République, puisque le péril n'est pas imminent, d'attendre un jour encore dans son hôtel de la préfecture de la Gironde. Les ministres réunis en Conseil de cabinet à partir de 14 h 30 se rangeront à cette décision, le maréchal Pétain leur ayant fait remarquer que, nos plénipotentiaires venant de quitter Bordeaux à l'heure même où débutait le Conseil, il était convenable de recevoir de leur chef, le général Huntziger, nouvelles et informations, avant de mettre à exécution une décision si lourde de conséquences.

Le contrordre ne touchera pas tous les parlementaires.

Tandis que les sénateurs présents à Bordeaux — une quarantaine[2] —

1. Bourges, Vierzon, Romorantin ont été occupées le 19 juin ; l'avance allemande étant fonction des dernières résistances françaises, c'est à Vendôme (Tours n'est pas encore occupée) que le 20, dans la nuit, la délégation des plénipotentiaires français s'est présentée au général von Tippelskirch du haut commandement de la Wehrmacht.

2. D'après les décomptes des services de la préfecture, 87 députés et 44 sénateurs sont passés ou ont résidé à Bordeaux entre le 14 et le 20 juin. *Cf.* Bertrand Favreau, *Georges Mandel.*

décident d'« aller à Perpignan où se trouve le gouvernement » (on voit leur ignorance, alors que tout se joue à quelques rues d'eux) et de ne pas embarquer sur le *Massilia* car « si le gouvernement ne quittait pas la France, dit leur ordre du jour, ils se trouveraient dans une situation singulière, flottant sur la mer, pendant que les décisions interviennent [1] », les députés ont été informés, de la part du président Herriot, que le paquebot, à l'ancre au Verdon, les attendait pour « un embarquement sans délai ».

Ceux qui embarquent sur le *Massilia* partent-ils tous avec l'intention de poursuivre la guerre en Afrique du Nord ?

Ils l'affirmeront plus tard... lorsque les événements leur permettront de tirer gloire d'une décision aux mobiles initialement imprécis puisqu'on ne peut aisément séparer ce qui, dans leurs motivations, est courage de ce qui est peur, « frousse », écrira Darlan qui cinglera de mots rudes les passagers du *Massilia*.

Il est au moins un homme dont les raisons du départ sont claires : il s'appelle Georges Mandel.

Avant d'évoquer ces raisons, les ambitions qui les soutenaient, leur échec, il faut rappeler la stratégie britannique à l'instant où le pays n'a plus d'alliés sur le continent. Elle est classique.

## L'Angleterre solitaire recherche des alliés

Le gouvernement du maréchal Pétain ayant demandé l'armistice, l'Angleterre se retrouve dans la situation qui était la sienne lorsque, en 1804, l'Europe semblait, pour longtemps, aux genoux de la France.

Elle réagira de façon identique.

Pitt avait eu la chance et le bonheur de trouver en Alexandre I^er^, tsar de Russie, un allié fluctuant, mais précieux, puisqu'il allait détourner de l'Angleterre les forces françaises rassemblées en prévision d'un débarquement pour lequel 150 000 hommes étaient prêts à Ambleteuse, Boulogne, Montreuil, Arras, Utrecht.

1. Un seul sénateur — Tony Revillon — embarquera sur le *Massilia*.

Et il n'avait rien négligé — « l'or de Pitt » ne sera pas simplement une image de la propagande française — pour favoriser toutes les entreprises — jusqu'aux plus minces — capables de nuire au crédit ou à la puissance de « la nation Antéchrist [1] ».

En 1940, c'est l'Allemagne de Hitler qui est devenue « la nation Antéchrist » et Churchill, faute d'avoir trouvé son Alexandre Ier — mais il ne désespère pas car, dès le 22 juin 1940, il câble à Smuts : « Si Hitler ne réussit pas à nous vaincre ici, il se retournera probablement vers l'Est. En fait, il peut même le faire sans tenter l'invasion... » —, va tenter d'attirer dans son île menacée chefs d'État, ministres, hommes politiques, soldats, écrivains, dont il espère qu'incarnant en exil la légitimité, ou s'assurant dans l'exil assez d'importance pour rapidement conquérir la légitimité, ils auront une influence grandissante auprès des populations occupées, accablées mais bientôt sans doute révoltées.

Chronologiquement, les Anglais ont tout d'abord accueilli le Tchèque Edvard Beneš qui, le 6 octobre 1938, avait démissionné de sa fonction de président de la République et, dès octobre 1939, sa patrie avalée par l'Allemagne nazie, avait fondé à Londres ce Centre politique qui se transformera en Comité national tchécoslovaque, puis en gouvernement.

Étaient arrivés ensuite le roi Haakon de Norvège et plusieurs de ses ministres, la France et l'Angleterre ne pouvant plus maintenir au nord de leur pays des troupes appelées désormais par les batailles qui se livraient en France.

La reine Wilhelmine de Hollande avait suivi le 13 mai. Un peu contre son gré. Les Anglais, qui n'avaient pu lui fournir le secours de l'aviation indispensable à la défense de son territoire, avaient mis à sa disposition un destroyer dont le commandant, refusant de lui permettre de débarquer à Flessingue, comme elle le demandait, dans l'espoir de vivre l'épreuve avec son peuple, l'avait conduite dans un port britannique.

Entraînés par la défaite française, la grande-duchesse du Luxembourg, ainsi que son gouvernement, et le gouvernement polonais, en exil en France depuis le mois de septembre 1939, allaient gagner Londres à l'approche de l'effondrement de notre pays.

Il y aurait péché contre l'histoire à mentionner le départ des Polonais sans rappeler que, si 85 000 d'entre eux combattirent avec les armées françaises

1. Le mot est d'Alexandre Ier.

— à Narvik, avec les hommes du général Béthouart, à Dieuze et à Lagarde [1], avec le 15e corps d'armée —, 27 000 environ rejoindront l'Angleterre en embarquant sur les derniers bateaux anglais avec les dernières troupes britanniques. Proportionnellement au nombre des combattants polonais de juin 1940, il s'agit d'un chiffre considérable, exemplaire et inégalé.

Restait à convaincre les Belges, et au moins certains Français, car la position du maréchal Pétain était connue. Le 25 mai, le Premier ministre et les ministres belges n'avaient pas décidé le roi Léopold III à quitter la Belgique pour la France. Le dialogue qui avait eu lieu, alors, au château de Wyrendalle, quartier général du roi, fait songer à celui qui s'engagera, quelques jours plus tard, à Bordeaux entre partisans du devoir de départ pour la poursuite du combat et partisans du devoir de fidélité au peuple malheureux.

— En restant en Belgique, disent les ministres, le roi, au lieu d'être un symbole d'union, deviendra un signe de contradiction.

— Je protégerai mon peuple, répond Léopold.

— Votre Majesté se fait illusion, réplique Spaak, ministre des Affaires étrangères. Il sera, sous l'occupation allemande, un Hacha [2] ou un déporté [3].

C'est en vain que Churchill, par l'intermédiaire de l'amiral Keyes, en contact permanent avec Léopold, en vain également que George VI s'efforceront de faire changer d'opinion un roi qui adresse aux Anglais les reproches que, bientôt, leur adresseront Weygand et Pétain : ils ont refusé le secours de leur aviation, ménagé le concours de leurs troupes qui, au 25 mai, n'auraient perdu que 500 hommes [4], et, tout à leur évacuation, négligé de contre-attaquer, en direction de Courtrai, le flanc découvert de la VIe armée allemande.

Mais, à défaut du roi, qui se constituera immédiatement prisonnier — ce qui interdit toute comparaison avec le maréchal Pétain —, les Britanniques auraient souhaité que vinssent sans tarder, en Grande-Bre-

---

1. Moselle, arrondissement de Château-Salins.

2. Au lendemain de Munich, et après la démission de Beneš, le juriste Hacha avait été élu président d'une Tchécoslovaquie amputée de 30 % de son territoire. C'est lui qui, le 14 mars 1939, convoqué à Berlin et soumis à de fortes pressions psychologiques, finit par confier le destin de ce qui restait de Tchécoslovaquie à Hitler qui, le 15, fit son entrée à Prague.

3. Le 7 juin 1944, le roi Léopold et les siens furent transférés par les Allemands du château de Laeken dans une résidence située en Allemagne. Ils seront libérés le 7 mai 1945 par l'armée américaine.

4. Churchill écrira que, le 21 mai, le corps expéditionnaire britannique n'avait « perdu [qu']environ 500 hommes au combat » (*L'Heure tragique*, p. 65).

tagne, ces ministres qui avaient quitté la Belgique pour la France, ministres dont certains avaient condamné, en termes plus violents encore que ceux employés, le 28 mai [1], par Paul Reynaud, l'attitude du roi, avaient délié de leur « devoir d'obéissance » au souverain officiers et fonctionnaires et, pendant un moment, envisagé de déposer la dynastie.

Mais, le 18 juin, lorsque Churchill, qui, trois jours plutôt alors qu'ils se trouvaient à Poitiers, avait inutilement mis un avion à leur disposition, leur demande de quitter Bordeaux, où ils tiennent conseil dans une mansarde au plafond maculé, ils refusent encore, avec des arguments, des prétextes, qui ne sont pas très différents des arguments et des prétextes qu'utiliseront les Français sollicités.

En vérité, pas plus que les Français, ils ne croient à la résolution et aux chances de l'Angleterre.

Cependant l'un d'eux, M. Jaspars, ministre de la Santé publique, a déclaré : « Puisque l'Angleterre poursuit la lutte, notre devoir est de la suivre », et, mettant ses actes en accord avec ses paroles, a rejoint Londres le 21 [2]. Le lendemain, parlant à la BBC, il a adressé à ses concitoyens un appel qui, formellement moins « écrit », moins « beau », moins assuré des anthologies que l'appel du 18 juin, n'en est pas moins, comme celui de De Gaulle, prophétique, la situation de Jaspars étant d'ailleurs, en cet instant, assez proche de celle de De Gaulle puisqu'il est, comme lui, un homme seul et un homme en rupture.

« La guerre, déclare-t-il, continuera jusqu'à la victoire finale. Je suis arrivé en Angleterre dans ce but. J'y attendrai les ministres qui viendront m'y rejoindre. En attendant, je continue la guerre ; j'exercerai, seul, s'il le faut, les responsabilités du pouvoir. Si les circonstances me l'imposent, je conserverai aussi longtemps qu'il le faut le mandat qui m'a été confié. Ce mandat, je n'y renoncerai que le jour de la victoire. L'Empire britannique continue la lutte. Votre place est aux côtés de ceux qui luttent pour l'indépendance des peuples. Nous avons accepté en héritage de Léopold II un empire colonial : nous devons le conserver. Les Belges du Congo entendront mon appel... »

Les Belges de Bordeaux y resteront momentanément sourds. Les minis-

1. Paul Reynaud avait notamment accusé le roi Léopold III d'avoir mis bas les armes « sans prévenir le général Blanchard, sans un regard, sans un mot pour les soldats français et anglais qui, à son appel angoissé, étaient venus au secours de son pays ». « C'est là, avait-il ajouté, un fait sans précédent dans l'Histoire. » Dans *Combats inachevés*, Paul-Henri Spaak raconte avec émotion (p. 102 et s.) combien il fut, ainsi que ses collègues, blessé par les attaques de Reynaud. « Le discours que M. Reynaud fit quelques heures plus tard (le 28 mai) ne lui a jamais été pardonné en Belgique. »

2. Sans prévenir d'ailleurs ses collègues.

tres pensent, comme l'un d'entre eux, M. de Schrejver, ministre des Affaires économiques, qu'« il n'est pas du tout certain que l'Angleterre continue à se battre » et qu'il existe « dans ce pays [l'Angleterre], et particulièrement à la Chambre des lords, un fort courant pour la paix ». Aussi, ramenés à la réalité par l'écroulement de l'armée française, ces hommes qui avaient renié le roi et, contre lui, ameuté les passions des deux ou trois millions de Belges, premiers dans l'exode, puisque premiers atteints par la bataille, feront-ils savoir, le 18 juin, au ministre de Belgique en Suisse que, « venus en France pour continuer la guerre aux côtés de [leurs] garants », ils ont décidé, « l'armée française [ayant] cessé de combattre[1] », non seulement que les Belges se trouvant en France devraient éviter tout acte hostile à l'égard des Allemands, mais encore que « le gouvernement démissionnera dès que le sort des soldats belges en France[2] et des réfugiés sera réglé, *afin de faciliter les négociations probables de paix entre l'Allemagne et la Belgique* ».

Il est même question que le gouvernement belge envoie un de ses ministres auprès du roi afin que celui-ci, « avec la signature de ce ministre, puisse constituer un ministère habilité pour entamer les négociations de paix avec l'Allemagne ».

Informé de ce revirement, informé de la rétractation, par de nombreux parlementaires belges[3], des accusations de trahison, de « livraison de l'armée », de « complot avec l'Allemagne » lancées à Paris, et à Limoges, dans les jours qui avaient suivi la capitulation de son armée, Léopold III, profondément meurtri par des reniements qui, à des événements prévisibles, avaient voulu donner des origines troubles et des motifs ignobles[4], refusera de sortir de son silence, comme de sa condition de prisonnier de l'Allemagne.

1. Ce n'est pas tout à fait exact, mais, comme bon nombre de Français — civils et militaires —, ils considèrent que la demande de l'armistice met fin aux combats. Toujours la phrase malheureuse de Pétain !...

2. Le point 4 du télégramme envoyé le 18 juin par M. Pierlot à M. Alberto Palacios Costa, ministre d'Argentine à Berne, pour transmission au ministre de Belgique, précise que « le sort des officiers et des soldats belges doit être identique à celui des officiers et soldats français », et des ordres seront donnés au général commandant quelques unités belges, dans la vallée du Rhône, pour qu'il mette fin à toute action militaire.

3. 71 le 15 septembre, 53 le 12 octobre 1940.

4. Paul-Henri Spaak, dans *Combats inachevés*, tome 1, p. 67, écrira, après la guerre : « Il avait de son devoir et de sa mission une haute idée et même lorsqu'il s'est, à mon avis, trompé, ses mobiles profonds ne furent jamais bas. » Il va beaucoup plus loin lorsqu'il écrit (p. 64-67) que plusieurs indices permettent de croire que, « si le roi Albert s'était trouvé dans les mêmes conditions que le roi Léopold, il n'aurait sans doute pas agi autrement que ne l'a fait son fils ». Et de rappeler que, deux fois, en octobre 1914, puis en 1918, le roi Albert Ier avait — contre l'avis de son gouvernement — décidé de

Cependant, plusieurs ministres présents à Bordeaux, le 18 juin, vont évoluer. Ils ne seront pas « les premiers résistants » mais « des premiers ». Dans son livre, *Combats inachevés*, Paul-Henri Spaak, ministre des Affaires étrangères, a donné pour titre au neuvième chapitre : « Le temps des erreurs ». C'est celui de Bordeaux et des conséquences des décisions prises à Bordeaux. Selon Spaak, l'histoire d'une « période de faiblesse », où, errant de ville en ville avant d'atteindre Vichy, ignorés du gouvernement français, apprenant que « l'immense majorité des Belges approuvait l'attitude du roi et que leur impopularité était totale » (« nous étions vomis », écrira Spaak), dépourvus de moyens et de pouvoirs, certains ministres, dont le Premier d'entre eux, M. Hubert Pierlot, se convaincront, en août, que si la situation (de l'Angleterre) « était compromise, il restait quelque chance ». Ce qui conduira deux d'entre eux — Pierlot et Spaak — à rejoindre, non sans aventures, Londres où, le 24 octobre, ils retrouveront MM. Gutt et de Vleeschauwer, arrivés quelques semaines avant eux.

Tout en ne sachant rien du roi, ne recevant ni signe de lui ni réponse à leurs signes, leur gouvernement en exil aura la sagesse d'entretenir l'idée que « l'attitude du roi prisonnier et [celle] du gouvernement en Angleterre ne se contredisent pas et ne s'opposent pas[1] ».

## Si Darlan avait rejoint l'Angleterre

Tchèques, Norvégiens, Hollandais, Polonais, rares personnalités belges... sans doute n'est-ce pas rien dans la perspective d'une guerre

---

partager le sort de ses troupes menacées d'encerclement et de destruction. Spaak conclut : « En 1914, la tragédie n'éclata pas. En 1940, les succès allemands placèrent les auteurs du grand drame devant d'inéluctables décisions. On sait ce que furent celles du roi Léopold. Ses réactions et sa conduite s'expliquent mieux à la lumière de ce que pensait son père. »

On sait aussi qu'en mai et juin 1940 la « tactique » de certains avait été d'opposer le « Roi chevalier » au « Roi félon ».

1. Le 10 mai 1941, à l'occasion du premier anniversaire de l'invasion, dans un discours aux Belges, prononcé à la radio anglaise, Spaak dira : « Serrez-vous autour du roi prisonnier. Il personnifie la patrie meurtrie. Soyez-lui fidèles comme nous le sommes ici. » Ce n'était pas, écrira-t-il, « une manifestation de repentir [mais] l'expression voulue et pesée d'une politique qui, si elle avait été acceptée, aurait évité bien des drames ».

longue, qui sera nécessairement aussi une guerre de propagande, et d'influence, mais quels espoirs les Anglais peuvent-ils nourrir du côté des Français ?

Le 17 juin, dans la matinée, le général Spears emmènera de Gaulle dans son avion. Mais, contrairement à ce que croient aujourd'hui beaucoup de Français, car ils savent tout du destin qui l'attendait, de Gaulle n'a pas été le premier vers lequel les Anglais se sont tournés.

Revenant, bien des années plus tard, sur le drame de 1940, songeant aux périls courus alors par une Angleterre solitaire, évoquant *ce qui aurait pu être*, Churchill allait décrire, dans une page assez étonnante de ses *Mémoires*, toute l'importance qu'aurait constituée le ralliement de Darlan. « Il ne se serait pas présenté, écrira Churchill, comme le fit le général de Gaulle avec seulement une âme indomptable et quelques hommes animés du même esprit [...], il aurait emmené avec lui [c'est un point sur lequel il faudra revenir] la quatrième marine du monde dont les officiers et les marins lui étaient personnellement dévoués. » Son geste aurait eu alors un tel retentissement et de telles conséquences que « rien n'eût pu l'empêcher — la phrase est de Churchill — de devenir le Libérateur de la France. La gloire et la puissance qu'il avait tant désirées étaient à portée de sa main... ».

Darlan n'a saisi ni la gloire ni la puissance, en supposant qu'en juin 1940 parier sur les chances de victoire de l'Angleterre était acheter à la grande loterie de la guerre le billet gagnant !

## Darlan : « Je n'ai pas l'intention d'émigrer »

Mais a-t-il voulu rejoindre l'Angleterre ? On l'a écrit.

Dans leur *Darlan*, Hervé Coutau-Bégarie et Claude Huan rapportent trois témoignages, que celui de Jules Moch résume assez exactement : « Je terminerai ma carrière par un acte de splendide indiscipline, je prendrai le commandement de la Flotte et nous rallierons l'Angleterre. » À Jules Moch, le 3 juin ; au général d'aviation François d'Astier de La Vigerie — qui, en décembre 1942, ne sera pas étranger au complot réussi contre l'amiral [1] — le 14 ; à Édouard Herriot, le 15, Darlan aurait

1. C'est lui, en effet, qui, venu de Londres, apportera 40 000 dollars fournis par l'Intelligence Service, dollars dont, le 24 décembre 1942, 2 000 seront retrouvés sur l'assassin de Darlan, le jeune Bonnier de La Chapelle.

donc fait part de sa volonté... ou de sa tentation de « foutre le camp avec la Flotte[1] ».

Si les mots rapportés l'ont été exactement — ce que Coutau-Bégarie et Huan mettent en doute —, s'agissait-il de réactions coléreuses, de coups de gueule (même chez un homme aussi silencieux, aussi « insaisissable » que Darlan) devant l'effondrement de l'armée et la perspective d'un armistice dont les conditions, pour la marine, seraient semblables aux conditions imposées à la marine allemande par les vainqueurs de 1918 ?

Ce choix, ces décisions qui étaient d'éviter, en humiliant à l'excès la France, en exigeant la livraison de la Flotte, de voir la marine française rejoindre l'Empire pour, avec l'Empire, partager le destin de la Grande-Bretagne, nous les connaissons[2]. Darlan les ignore. Il vit, comme tous les responsables français, dans la crainte du pire. Et, pour lui, le pire serait la reddition suivie de la saisie de la flotte française, la répétition de la honte à laquelle le flotte de guerre allemande, prisonnière des Britanniques, en rade de Scapa Flow[3], depuis le 21 novembre 1918, n'avait échappé, le 21 juin 1919, que par un sabordage général effectué au nez et à la barbe des Anglais[4], comme la flotte française échappera aux Allemands en se sabordant en rade de Toulon le 27 novembre 1942.

Aussi, dans les jours qui ont précédé la défaite totale — donc l'armistice —, Darlan s'est-il employé à faire savoir qu'il se refuserait toujours à livrer la Flotte. À le faire savoir à tous, c'est-à-dire à Churchill qui, le 12 juin, lui a demandé, le regardant droit dans les yeux, mais avec quelque insolence : « Amiral, et la Flotte qu'en faites-vous ? J'espère que vous ne la livrerez jamais[5] ? » ; aux hommes politiques français, mais surtout — et c'est le plus important — à ses grands subordonnés. Au contre-amiral Le Luc il a, *dès le 28 mai*, précisé qu'en cas d'un armistice dont les conditions « compren[draient] la reddition de la Flotte il n'[avait] pas l'intention d'exécuter cet ordre » et que « tous les navires de combat, tous les appareils aériens, tous les navires auxiliaires ou de

1. À Édouard Herriot.
2. *Cf.* chapitre 8 « L'armistice ».
3. Au nord de l'Écosse, dans les îles Orcades.
4. Le sabordage débuta dans la matinée lorsque l'escadre anglaise était sortie pour effectuer des exercices de tir : 70 bâtiments, dont 10 croiseurs de ligne, 5 croiseurs légers et 46 torpilleurs allèrent par le fond. Ainsi la flotte de guerre allemande échappait-elle à la saisie à la veille de la signature du traité de Versailles.
5. « Il n'en est pas question ! a répondu Darlan. Ce serait contraire aux traditions navales et à l'honneur. Il n'y aura jamais aucune cession à l'Allemagne ou à l'Italie. Des ordres de sabordage seront donnés en cas de danger. »

servitude devraient rallier le port britannique le plus aisé à atteindre » ; ceux qui étaient susceptibles de traverser l'Atlantique devant se rassembler à Halifax, au Canada.

Darlan multipliera les ordres de refus de livraison d'un navire, et les ordres de sabordage. Il est inutile de les citer tous, je les ai rappelés dans de précédents chapitres, ils sont connus et, d'ailleurs, nul historien ne met en doute sa volonté de ne jamais livrer la Flotte dont il hâtera le départ de tous les ports de l'Atlantique, départ total effectué dans des conditions d'héroïque improvisation qui auraient dû interdire à Churchill d'écrire ces mots blessants : « Aucun navire de guerre français ne bougea pour se mettre hors de portée des troupes allemandes qui avançaient rapidement[1]. »

Le 17 juin — l'armistice est demandé, Darlan, ministre de la Marine, conserve le commandement en chef des forces maritimes françaises —, il précisera que si « la situation militaire et civile[2] a conduit le gouvernement à faire ouverture d'une paix honorable à nos ennemis », quelle que soit l'évolution de la situation, « la marine peut être certaine qu'en aucun cas la Flotte ne sera livrée intacte » ; il confirmera, le 18, dans une note à l'intention de l'amiral Michelier[3] : « Je ne la rendrai jamais [la Flotte]. J'ignore encore où elle ira (Afrique, Angleterre, États-Unis) ou si elle sera détruite, mais les Allemands ne l'auront pas[4]. » C'est le point 6 de sa note.

Voici le point 7 : « Je n'ai pas l'intention d'émigrer, mais les autres ? »

« ... Je n'ai pas l'intention d'émigrer », ces mots semblent mettre un point final à tous les propos laissant imaginer un possible ralliement à l'Angleterre.

À ce que certains ont appelé « le retournement de Darlan », on a cherché d'assez médiocres raisons : l'appât d'un poste très important, celui de « premier consul », que lui a proposé le Maréchal le 11 juin. Proposition effectivement faite, Darlan l'ayant raconté dans l'hebdomadaire *Gringoire*, l'ayant, en octobre 1942, rappelé dans une lettre à Pétain.

Le 5 mai 1940, lors d'un passage de quelques heures à Maintenon[5],

1. *L'Heure tragique*, p. 228.
2. Il s'agit, bien entendu, du poids de l'exode ; *cf.* chapitre « Le peuple », p. 193.
3. L'amiral Michelier, major général de la Marine, que Darlan vient de nommer secrétaire général et directeur de cabinet, sera fait prisonnier le 22 juin, à Rochefort.
4. Darlan, le 20 juin, rappellera ses ordres et assurera sa succession, dans le cas où il viendrait à disparaître.
5. En Eure-et-Loir.

où Darlan s'était installé au début de la guerre, autant pour s'écarter des intrigues parisiennes que pour bénéficier des excellentes liaisons radiophoniques et télégraphiques assurées par des câbles souterrains, Pétain avait été impressionné par la façon dont l'amiral « menait son affaire ». « Enfin, s'était-il exclamé, je vois quelque chose qui marche ! » À l'homme de cette réussite, il avait d'ailleurs demandé une étude sur la direction de la guerre, étude concrétisée par une longue lettre de Darlan.

C'est sans doute un peu en souvenir de ce qu'il avait vu, le 5 mai, à Maintenon, mais plus encore en fonction de l'image qu'il s'était faite des différents chefs militaires engagés dans l'action, de leurs qualités, de leurs défauts, de leurs réactions... et de leur absence de réactions, que, le 11 juin, à Briare, quartier général du général Weygand, où allait se tenir un Conseil suprême, Pétain, ayant Darlan dans sa voiture, lui dit son écœurement devant l'incapacité du gouvernement à prendre une décision (l'armistice sans aucun doute) et ajoute : « Il nous faudrait une sorte de consulat et, si l'on me demandait mon avis sur le choix du premier consul, c'est vous que je désignerais, mon ami. »

Et, comme Darlan s'était naturellement récrié : « C'est un beau cadeau que vous voulez me faire, monsieur le Maréchal, je n'y tiens pas du tout... », Pétain avait répliqué : « Si, si, j'ai bien réfléchi, vous êtes le seul à avoir réussi votre affaire, c'est donc vous qui devez prendre cela. »

Le 11 juin — alors que la défaite paraît certaine et que la défaite entraînera obligatoirement un changement de régime — pourquoi cette déclaration, presque cette offre, n'aurait-elle pas enorgueilli Darlan, d'un naturel vaniteux et qui, de sa valeur comme de la sûreté de ses jugements, a une haute idée ? Puisqu'il est, pour Pétain, « le seul qui ait réussi », il peut se dire que, « premier consul », il appliquerait à la France — ou à ce qui restera de France — les méthodes qui ont réussi pour la marine ; qu'il placerait aux postes importants — comme il le fera d'ailleurs systématiquement, dès qu'il entrera au gouvernement et, plus encore, lorsque, en février 1941, il deviendra chef du gouvernement — des amiraux, proches de lui ; qu'il en imposerait à Hitler par la puissance de la Flotte préservée comme par sa compétence, qui est grande même si elle est limitée au théâtre européen, même si elle est absente du rapport sur l'évolution possible de la guerre qu'il adresse, le 8 novembre 1941, au maréchal Pétain[1]. Tout cela est vrai. Tout cela

1. On trouvera ce très long rapport, plus de dix pages denses, dans le livre de Jacques Weygand, *Weygand, mon père*. Se faisant l'écho des volontés allemandes, Darlan

peut expliquer, en partie, que la tentation d'accomplir ce que Bouthillier appellera « l'acte grandiose et téméraire qui lui eût fait ordonner aux escadres de rallier, sous son commandement personnel, les couleurs de Sa Majesté britannique[1] », qui s'est traduite par de nombreuses hésitations, ait été balayée par l'attribution du ministère de la Marine dans la perspective plus lointaine — mais Darlan sait attendre et manœuvrer — sinon du titre de « premier consul » — il n'existe plus —, mais des réalités de pouvoir que Pétain a pu faire miroiter sous le mot.

Tout est possible..., mais il y a une chose impossible : la dissidence de la Flotte sous le commandement de Darlan. La flotte française n'était pas la « propriété » de Darlan, comme les mots, employés à tort et à travers, pour parler de « sa » flotte ont pu abusivement le laisser croire. Et peut-être le lui laisser croire.

Lorsque Jacques-Raphaël Leygues et François Flohic dans leur *Darlan* imaginent Churchill « le grand Anglais faisant à Darlan des propositions du genre : "Sachez que [venant en Angleterre] votre flotte restera indépendante, que vous en serez le chef incontesté [...], que l'empire de la France restera sous votre autorité" », ils démontrent une ignorance — surprenante chez eux — des traditions de la marine française qui n'est pas la marine d'un homme, mais la marine du pays. Sa fidélité au gouvernement régulier n'est pas fonction des sentiments de l'amiral commandant en chef, que le gouvernement peut d'ailleurs, à tout moment, remplacer, ce qui, immédiatement, délierait ses subordonnés du devoir d'obéissance.

À son fils Alain qui lui avait demandé, quelques jours après l'armistice : « Mais pourquoi es-tu resté ? », Darlan avait répondu : « C'est très simple. Tu vois, cela peut prendre un peu de temps d'expliquer toutes ces pensées qui bouillonnent dans l'esprit d'un homme à des moments pareils, et il est possible que le problème lui-même semble considérable. En réalité, tout ceci était plus simple, je n'avais pas le droit de partir. La France m'a mis à la tête de la Flotte, mais la Flotte appartenait à la France et non pas à moi... »

A-t-on remarqué d'ailleurs qu'en 1962, alors qu'il y eut, en Algérie, révolte de plusieurs régiments, la marine qui, dans son ensemble, n'était certes pas « gaulliste » n'a pas bougé au nom, toujours, du même devoir de fidélité au pouvoir établi ?

---

demandait que le général Weygand, « obstacle insurmontable à l'établissement d'une politique constructive entre l'Allemagne et la France », soit écarté d'Afrique du Nord, où il commandait en chef, et après une étude des « chances » des belligérants concluait — dans la perspective sérieusement envisagée d'une victoire allemande — à « l'intégration de la France dans le bloc européen ».

1. Yves Bouthillier, qui sera ministre des Finances de Vichy, in *Le Drame de Vichy. I. Face à l'ennemi, face à l'allié.*

## Reynaud espérait revenir au pouvoir

Le cas de Paul Reynaud est beaucoup plus simple.

Le 16 juin, quelques heures après sa démission, le général Spears lui pose une question qui est dans la logique de la situation, qui devrait être dans la logique d'un homme qui s'est toujours dit lié par sa fidélité à l'Angleterre et notamment à cet accord du 28 mars, qui porte sa signature.

— Viendrez-vous en Angleterre ?

— Non, répond l'ancien président du Conseil — il l'était il y a trois heures encore — qui parut alors à Spears, dont les grandes qualités d'écriture troublent peut-être l'impartialité — mais qui pouvait être impartial, le 16 juin, à Bordeaux ? —, détaché de tout, semblable « à une âme qui s'envole », « disant n'importe quoi pour échapper au silence ».

De son côté, Reynaud affirmera que, s'il avait refusé le départ pour Londres, c'était dans l'espoir que le pouvoir lui reviendrait automatiquement, les conditions allemandes étant jugées inacceptables par Pétain et ses ministres, car il lui semblait « impossible » que Hitler n'exigeât pas la flotte française.

Alors, il formerait un gouvernement de « durs » et gagnerait Alger.

Ne l'avait-il pas, en quelque sorte, promis à de Gaulle qui l'avait « sermonné » ?

— Depuis trois jours je mesure avec quelle vitesse nous roulons vers la capitulation. Je vous ai donné mon modeste concours, mais c'était pour faire la guerre ; je me refuse à me soumettre à un armistice. Si vous restez ici, vous allez être submergé par la défaite. Il faut gagner Alger au plus vite. Y êtes-vous, oui ou non, décidé ?

— Oui.

Reynaud ne quittera pas Bordeaux.

Parlant, le 1er mars 1949, à Claude Guy, son aide de camp, le général de Gaulle ne niera pas que Reynaud ait eu l'espoir de revenir au pouvoir, puis de gagner Alger, mais il démontera avec brio les failles d'une pensée incapable de s'évader des schémas classiques.

« La réalité... la réalité de Reynaud, dira-t-il à Guy, la voici : il était persuadé que Pétain échouerait et finirait par passer la main. Il se disait : "La manche suivante sera pour moi." Erreur de jugement d'un vieux parlementaire : Reynaud était de ceux qui croyaient — pour avoir trop fréquenté les couloirs et l'hémicycle — que les affaires les plus graves peuvent se décider par un accord, une entente tacite, ou toute autre "combinaison" entre six ou sept hommes. S'il a commis une aussi grave erreur de jugement, c'est pour n'avoir compté sur les choses et sur les hommes qu'en tant qu'il les considérait sous l'aspect de facteurs statiques. Il n'y avait aucun mouvement dans les perspectives qu'il se découvrait à lui-même. Tout lui apparaissait en termes de statu quo... Et bien entendu, les événements sont venus démentir en quelques heures ces fragiles déductions [1]... »

Intellectuellement statique, Reynaud ne pouvait revenir au pouvoir.

Physiquement statique, il a refusé de quitter Bordeaux... contrairement à ce qu'écrit, avec une violence de ton pleine d'enseignements sur les sentiments communistes du moment, *L'Humanité* clandestine du 24 juin, selon laquelle : « Paul Reynaud, Mandel et Cie se sont *enfuis* pour *servilement* mettre nos dernières forces au *service du capitalisme anglais* [2]. »

Spears a vainement sollicité Reynaud.

Les Anglais sont sollicités par de Gaulle, revenu de Londres le 16 juin, à 21 h 30, pour apprendre la démission de Reynaud et la formation d'un gouvernement Pétain dont il ne doute pas qu'il va demander l'armistice. « Tard, dans la soirée, écrit sobrement de Gaulle dans ses *Mémoires de guerre*, je me rendis à l'hôtel [3] où résidait sir Ronald Campbell, ambassadeur d'Angleterre, et lui fis part de mon intention de partir pour Londres. Le général Spears, qui vint se mêler à la conversation, déclara qu'il m'accompagnerait. »

De cet épisode, Spears, décrivant un de Gaulle « décomposé » à la pensée que le général Weygand pût le faire arrêter, tirera un récit digne d'un roman d'espionnage dont on verra plus loin ce qu'il faut penser.

## Mandel : « Il ne faut pas oublier que je suis juif »

À Mandel — vers 1 heure du matin, et l'on voit combien tout se précipite dans ce Bordeaux obscur, de l'obscurité imposée par la défense passive et de l'obscurité, plus impénétrable encore, qui dissimule le futur —, à Mandel avec qui, déjà, Spears s'était trouvé en harmonie

1. Claude Guy, *En écoutant de Gaulle*, p. 468.
2. Souligné intentionnellement. On remarquera que *L'Humanité* ne cite pas de Gaulle.
3. Il s'agit de l'hôtel Montré.

pour dire beaucoup de mal de Pétain, de Weygand, de ceux qu'il appelait « les capitulards », et pour regretter que Churchill, ému par les souffrances du peuple français, ait été effleuré par la tentation de dégager notre pays des obligations de l'accord du 28 mars, le général anglais déclare :

— J'ai téléphoné tout à l'heure à Churchill. Il nous attend. J'ai demandé à Reynaud [Spears ne parle pas de De Gaulle] s'il ne voulait pas aller à Londres, lui aussi : il a refusé. Venez ! Il faut absolument qu'une voix française autorisée s'élève pour assumer la direction de l'Empire !

À cet instant, Spears n'oublie pas que Mandel a été ministre des Colonies entre le mois d'avril 1938 et ce 5 juin 1940 où Reynaud l'avait nommé ministre de l'Intérieur.

Homme à l'autorité glacée, ayant de la politique et de ceux qui la font, de leurs petites et grandes faiblesses, une connaissance faite de mille secrets percés, de mille services rendus et scrupuleusement enregistrés, Mandel, au contraire de la plupart de ses prédécesseurs, s'était intéressé à la défense de l'Empire [1]. Ayant obtenu de Daladier, président du Conseil, le droit de siéger au Conseil supérieur de la Défense nationale, il pouvait donc avoir sur les gouverneurs et sur les généraux présents en Afrique du Nord une possible influence dès l'instant où il se trouverait sur place.

La volonté de se rendre au Maroc et en Algérie, sans passer par Londres, où il pouvait imaginer que de trop longs délais seraient mis à la préparation de l'opération « Afrique du Nord », que d'autres tenteraient peut-être alors à sa place, a-t-elle été, cependant, à l'origine du refus qu'il va opposer à Spears ? Non.

À l'officier britannique ou, plus exactement, à l'œil et à l'oreille de Churchill auprès des hommes politiques français, au précieux poisson pilote, Mandel refusant, par avance, l'accusation d'avoir fui le sol de France, rejoint la foule des apatrides, des banquiers, des politiciens, des fraîchement naturalisés habitués à l'exode depuis le fond des âges, va répondre : « Vous êtes inquiet pour moi, parce que je suis juif. Eh bien, c'est justement parce que je suis juif que je ne partirai pas demain. On croirait que je me sauve, que je cède à la panique. » Quelques heures plus tôt, il avait fait, à peu près, la même réponse au ministre des Affai-

1. Sur ce point, on lira avec profit le livre de Bertrand Favreau, *Georges Mandel*. Il faut remarquer que les grands travaux de mise en état de défense décidés en 1938 étaient loin d'être achevés en 1940. Mme Christine Levisse-Touzé aura, dans sa thèse, cette conclusion sans ambiguïté : « La France n'a plus les moyens de son Empire. L'Afrique du Nord n'est pas en mesure de se suffire à elle-même et de faire face à une lutte de longue durée. »

res étrangères polonais Zaleski, qui lui avait également proposé de gagner Londres : « Il ne faut pas oublier que je suis juif. »

Mandel pouvait d'autant plus difficilement oublier l'importance politique de sa naissance qu'elle lui avait été souvent rappelée par ses ennemis de gauche [1] — car Mandel, député, avait été député de droite [2] ; ministre des PTT, il avait énergiquement réprimé les grèves — avant de lui être rappelée par ses ennemis d'extrême droite.

Né, en 1885, Louis Rothschild, d'un père tailleur rue de Trévise, à Paris, et d'Henriette Mandel, il avait, entrant en journalisme à dix-sept ans, changé alors son prénom de Louis pour celui de Georges et adopté le patronyme de Mandel.

Mais, pour ses adversaires politiques de Gironde, département qui l'avait élu triomphalement [3] aux élections législatives de 1919, ce « Monsieur qui n'osait pas porter le nom de ses pères [4] » restera toujours Rothschild, et même « Jéroboam Rothschild », du nom du premier roi d'Israël, mais aussi — mais surtout sur cette terre de célèbres vignobles — du nom donné à une majestueuse bouteille d'une capacité de cinq litres [5]. Ceux qui le craignaient, le détestaient ou le méprisaient

1. En 1919, dans *Les Hommes du jour*, une publication de gauche, on trouvera sous la signature de Georges Pioch des phrases ainsi rédigées : « Des signes remarquables nous fondent à croire que Sa Majesté reçut, dès la circoncision qui lui tint lieu de baptême, le prénom singulier de Judas. Ce mot de "circoncision" vous révèle sans doute suffisamment la race. »

2. Il appartiendra, en 1919, en 1924, au Bloc national, un parti catholique d'où surgira la Chambre « bleu horizon », et comme l'abbé Bergey, ancien combattant, grand orateur, se trouve parmi les candidats de même opinion, le *Rappel girondin* écrira, en 1924 : « Cette fois ce n'est plus le sabre et le goupillon, mais le goupillon et le sécateur. » Quatre ans plus tard, c'est dans *Le Journal du Médoc* que l'on pourra lire : « Un Médocain vaut mieux qu'un juif » *(cf.* Bertrand Favreau, *Georges Mandel)*.

3. La liste à laquelle il appartenait obtint une moyenne supérieure à 80 000 voix par candidat. Après Pierre Dignac (83 784 suffrages), il obtint le meilleur résultat. Le 1er décembre 1919, quinze jours plus tard, la liste Mandel fut élue tout entière au conseil municipal de Soulac. Élu maire de Soulac, Mandel deviendra également, le 14 décembre 1919, conseiller général de Lesparre.

4. Son adversaire « républicain » Charles Chaumet.

5. La contenance du jéroboam était de 4,5 litres avant 1976. Pour obéir aux normes du Marché commun, la bouteille « frontignan » traditionnelle, qui contenait 0,73 l, ayant été amenée à 0,75 l, le jéroboam a désormais une contenance de 5 litres. Étrangement, le 7 juillet 1944, alors que Mandel venait d'être remis par la Gestapo à l'administration pénitentiaire française, l'ordre d'écrou pour le directeur de la prison de la Santé ordonnait de « recevoir comme passager dans la cellule de grande surveillance le nommé Mandel Jéroboam... ».

pour des mensonges débités avec une froide impudeur[1], sur sa famille, son passé, ses diplômes, ses ressources, s'emploieront toujours à entretenir la confusion entre le fils du tailleur de la rue de Trévise et le très fortuné propriétaire de l'un des plus grands crus du Médoc, jusqu'à l'appeler tout simplement « Mouton Rothschild ».

Avant la Seconde Guerre mondiale, l'extrême droite ayant pris, dans la caricature et l'injure, le relais de la gauche, Mandel était devenu — avec Léon Blum et Jean Zay — l'une des cibles principales de *Je suis partout* qui, dans son numéro du 6 janvier 1939, réclama sa comparution en Haute Cour, non parce qu'il était juif mais parce que, juif, il était « le chef du parti de la guerre » contre l'Allemagne... antisémite et nazie.

Je reviendrai sur les racines de l'antisémitisme français — elles plongent loin —, mais la lecture de ces quelques mots extraits du *Journal politique* de Jules Jeanneney, président du Sénat, à la date du 1er décembre 1939 : « Depuis de nombreux mois, on disait : "Mandel serait peut-être un bon chef, mais *juif... impossible*[2]" », est précieuse dans un travail de rappel de la mémoire.

Écrivant cette phrase, comment Jeanneney ne se serait-il pas souvenu de cette séance du 6 juin 1936 au cours de laquelle Xavier Vallat, grand mutilé et député de droite, avait interpellé en ces termes Léon Blum, tout nouveau président du Conseil :

— Votre arrivée au pouvoir, monsieur le président du Conseil, est incontestablement une date historique. Pour la première fois, ce vieux pays gallo-romain sera gouverné...

Ici, le président Herriot était intervenu :

— Prenez garde, monsieur Vallat.

— Par un juif, avait poursuivi Vallat, ajoutant qu'il ne prenait pas « le mot pour une injure » mais qu'à ses yeux il valait mieux « pour gouverner cette nation paysanne[3] qu'est la France [...] avoir quelqu'un

1. Dans un discours, il avait évoqué son grand-père combattant des Trois Glorieuses, son père blessé à Buzenval, sa grand-mère maternelle abritant les derniers cuirassiers de Reichshoffen ; toutes informations fausses comme étaient fausses les informations données sur ses études.

2. Souligné intentionnellement. Ces mots ne sont pas de Jeanneney (il rapporte un entretien avec Chichery, président du groupe radical-socialiste de la Chambre), mais il s'abstiendra de se prononcer, le 16 juin, lorsque Spears lui demandera : « Et Mandel, ne pourrait-on pas le charger de former un nouveau ministère ? »

3. J'ai déjà souligné les nombreuses références à la France « paysanne ». En voilà une supplémentaire.

dont les origines, si modestes soient-elles, se perdent dans les entrailles de notre sol qu'un talmudiste subtil »...

Ce rappel de 1936 n'était pas inutile pour l'intelligence des raisons *profondes* qui ont poussé Mandel — l'une des premières victimes, à Bordeaux, de la fureur antisémite d'Alibert qui, pendant quelques heures, le fera arrêter, le 17 juin[1] — à refuser la proposition de Spears.

Il ne cédera pas davantage aux pressions de René Pleven, envoyé par Churchill le 19 juin, en compagnie de Jean Monnet, de Robert Marjolin et d'Emmanuel Monick, dans l'espoir, rapidement déçu, de convaincre certains de ceux que Monnet appelle « les défenseurs de la liberté » de rejoindre Londres où de Gaulle, déjà, a pris quelque avance.

En revanche, il sera de ceux qui, en accord avec la décision du Conseil des ministres du 20 juin, ont embarqué à 20 heures à bord du *Massilia*, amarré au Verdon.

Avec lui, son amie, Béatrice Bretty, pour qui, depuis 1935, il éprouve une grande passion, et Claude, la fille qu'il avait eue, dans les années 30, de Mme Labout.

En sa compagnie, vingt-six parlementaires parmi lesquels Campinchi, ancien ministre de la Marine, qui a réservé pour lui, pour ses amis Daladier, Delbos et Mandel, les cabines les plus luxueuses.

## Pourquoi Noguès n'a-t-il pas joué la carte Mandel ?

Lorsque le *Massilia* quitte le Verdon, le 21 juin à 13 h 30, les parlementaires qui se trouvent à bord — mais qui sont, à partir de cet instant, privés d'informations — peuvent légitimement penser que le gouvernement — au moins cette partie du gouvernement dont Chautemps doit

1. Sur dénonciation (une lettre anonyme accusait celui qui, la veille encore, était ministre de l'Intérieur de préparer un complot contre les partisans de l'armistice), Raphaël Alibert, sous-secrétaire d'État à la présidence du Conseil, fit arrêter Georges Mandel, le 17 juin, alors qu'il achevait de déjeuner au *Chapon Fin*. Le général Bührer, ancien chef d'état-major de Mandel, ministre des Colonies, fut également arrêté. L'intervention de nombreux parlementaires auprès du président Lebrun, celle de Pomaret, qui venait de succéder à Mandel, eurent pour résultat une rapide libération. De Pétain, Mandel obtint une lettre d'excuse assez plate, qu'il s'était d'ailleurs donné le plaisir de faire réécrire au Maréchal.

être le chef — est en route pour Perpignan, dernière étape avant l'Algérie. Ils ignorent qu'une heure plus tard une délégation d'une douzaine de sénateurs et députés, ayant à leur tête Pierre Laval, fera irruption[1] dans le bureau du président Lebrun, pour l'adjurer de ne pas donner suite à ses projets de départ. Les mots qui s'échangent, *le 21 juin*, seront les mots qui, quatre années durant, occuperont le cruel débat franco-français.

À Laval et à ses amis qui disent : « Nous sommes battus... Il nous faut maintenant sauver de ce pays tout ce qui peut être sauvé. Or, ce n'est pas en quittant la France qu'on peut la servir », le président Lebrun réplique : « Mais enfin, comment le gouvernement de la France demeurerait-il souverain et libre sur une terre occupée par l'ennemi, exposé au risque d'être fait prisonnier ?... Ne voyez-vous donc pas que le gouvernement doit rester libre ? »

Tout ce qui sera dit est dit[2].

## Reynaud accepte l'ambassade de Washington

Les vingt-sept du *Massilia* ignorent que ces mots et les menaces de Laval à Lebrun : « Si vous voulez partir, c'est votre droit ! Mais vous ne devez le faire qu'à titre privé. Donnez votre démission... », sont prononcés à un moment où la fièvre de départ est retombée à Bordeaux dès l'instant où les plus résolus sont montés à bord du *Massilia* et qu'elle retombera tout à fait le 22 lorsque, d'ordre de Hitler — mais sur demande du Maréchal —, on apprendra que Bordeaux est « neutralisé », placé en quelque sorte militairement entre parenthèses, jusqu'au 30 juin. Ce qui évitera au gouvernement de prendre précipitamment la fuite ou de négocier en présence des troupes d'occupation.

Ils ignorent également que M. Paul Reynaud — en qui ils voyaient peut-être encore un champion de la résistance —, inquiet de la dégradation des relations franco-britanniques, a, le 23 juin, proposé au Maréchal

1. Le président Lebrun écrira qu'ils étaient « entrés en trombe ».

2. Même si Laval avec véhémence croit utile de risquer cette prophétie qui se révélera fausse quatre ans plus tard, « Si vous quittez cette terre de France, vous n'y remettrez jamais plus les pieds. Oui, quand on saura que vous avez choisi, pour partir, l'heure où notre pays connaissait la plus grande détresse, un mot viendra sur toutes les lèvres : celui de défection... peut-être même un mot plus grave encore, celui de trahison. »

d'adresser un message personnel à Churchill. Après avoir écrit que, de l'amiral Darlan, rencontré en présence du Maréchal, il avait reçu l'assurance formelle qu'en « aucun cas » l'ennemi ne pourrait utiliser notre « flotte contre l'Angleterre », Reynaud, dans un texte d'une grande dignité, rappelait au Premier ministre britannique sa promesse de Briare et de Tours : « Si un autre gouvernement [que celui de Paul Reynaud] faisant une politique différente demandait l'armistice, non seulement l'Angleterre ne perdrait pas son temps en vaines récriminations, mais elle tiendrait compte des sacrifices inouïs que s'est imposés la France... »

Ainsi le même Paul Reynaud qui, le 16 juin, alors qu'il est démissionnaire, a fait remettre à de Gaulle, dissident déjà en esprit, 100 000 francs sur des fonds secrets, dont il n'était peut-être plus propriétaire, ce qui constituait plus qu'un témoignage de sympathie, presque un geste de complicité, intervient-il le 23 pour assurer Churchill, inquiet du sort de la flotte française, de la pureté des intentions de Darlan et de Pétain ; ainsi a-t-il accepté l'ambassade de Washington que Pétain lui a proposée le 18 juin, non certes comme un lot de consolation, mais comme une mission patriotique : « Lorsque vous avez fait appel à moi, j'ai répondu présent... », mission dont il demandera bientôt que la réalisation soit hâtée.

Que Reynaud n'ait jamais gagné les États-Unis n'a pas dépendu de lui, mais de la réaction de Laval, que l'ignorance et l'innocence politique de Pétain (accepter la scission du gouvernement, nommer Reynaud à Washington) stupéfient, comme de la décision de Roosevelt de lier l'acceptation de sa nomination à la poursuite de la guerre par la France [1].

On a plus tard reproché à Reynaud de s'être effondré, de n'avoir été que statue de plâtre quand il s'était voulu statue d'airain. La critique vaut pour bien d'autres en ces jours douloureux où le trouble des esprits tient au trouble des événements ; à la rapidité désordonnée avec laquelle ils se déroulent ; à l'ignorance des actes comme des pensées et des vœux de l'adversaire ; aux fatigues accumulées qui brouillent réactions et jugements ; à la pression des entourages et notamment, chez Paul

1. Mais également de la découverte par la police madrilène (à la suite d'un banal accident) dans les bagages de MM. Leca et Devaux, deux hauts fonctionnaires du ministère des Finances et deux collaborateurs de M. Paul Reynaud, qui devaient gagner Lisbonne, dernière étape avant Washington, d'une somme d'environ seize millions de francs (1940), et de documents secrets provenant des archives de la présidence du Conseil et du ministère de la Défense nationale. Lorsque, le 28 juin, M. Reynaud sera victime d'un très grave accident de la route dans lequel Mme de Portes sera tuée, le maréchal Pétain a depuis plusieurs jours renoncé à le nommer à Washington, et lui-même n'était plus candidat.

Reynaud, à l'influence de sa maîtresse, Mme de Portes, favorable au Maréchal et à l'armistice ; à l'indécision dans laquelle tous se trouvent sur les suites du conflit, suites qui dépendent autant de la résolution de Churchill que des offres de paix blanche... que Hitler pourrait adresser à une Angleterre privée d'alliés sur le continent.

Plus d'un demi-siècle après le drame de la dernière quinzaine de juin 1940, le jugement sur les acteurs doit prendre en compte mille facteurs déstabilisants dans un monde où pas un seul jour ne fut un jour ordinaire. Autrement, comment comprendre des réactions incompréhensibles, qu'il s'agisse de celles de Reynaud — dont la logique eût été de monter dans l'avion que lui proposait Spears — ou de celles de Noguès, l'homme qui avait eu en main toutes les cartes, les avait perdues toutes mais aurait pu, au dernier instant, en jouant la carte Mandel-Daladier, tenir un rôle historique à la hauteur de ses premiers rêves comme des espoirs que beaucoup — dont de Gaulle pendant quelques heures — avaient placés en lui ?

## Mandel : « J'ai pris le pouvoir »

À bord du *Massilia*, en mer depuis le 20 juin, on ne savait rien de ce qui se passait à Bordeaux. Par crainte d'éveiller l'attention d'un sous-marin allemand, la radio du bord, demeurée muette, ne pouvait interroger la France.

Dans la nuit du 22 au 23 juin, elle capte toutefois l'annonce de la signature de l'armistice avec l'Allemagne. Le général Michel, commandant militaire du Palais-Bourbon, qui se trouvait à bord, annonça la nouvelle aux parlementaires réunis dans le fumoir, sans rien pouvoir dire des clauses.

Mandel n'avait pas quitté sa cabine. Le député Delattre, qui l'y rejoignit, l'entendit s'exclamer en désignant la malle dans laquelle il avait enfermé ce buste de Clemenceau qui le suivait partout : « Celui-là les accuse et les méprise ! »

Campinchi, qui n'était plus ministre de la Marine, mais s'inventait encore quelque pouvoir, suggéra au commandant Ferbos de détourner le navire vers l'Angleterre. Il reçut une réponse négative de la part de l'officier qui savait, d'ailleurs, son équipage hostile à tout changement de cap.

Au nom de ses collègues, Mandel avait demandé au général Noguès de fournir des « éléments d'informations sur la situation générale et [de] prendre immédiatement [des] disposition[s] pour transport éventuel Rabat cent vingt personnes avec bagages ». Le message — toujours la peur des sous-marins allemands — ne sera pas transmis au général Noguès qui, le 24 juin, lorsque le *Massilia* accoste, à 7 h 15, au môle du Commerce à Casablanca, se trouve à Alger. Informé de l'arrivée du paquebot, dont il dira n'avoir pas su qu'il avait quitté Bordeaux, c'est à M. Jean Morize, secrétaire général de la Résidence, qu'il demandera de se rendre à Casablanca pour accueillir les passagers.

Morize a-t-il fait part aux parlementaires, avec lesquels il déjeune à bord du *Massilia*, et qui le harcèlent de questions, des résolutions « guerrières » — presque des moulinets — du général Noguès ? Il ne le semble pas. Or, la veille encore, Noguès avait remis à l'envoyé du général Weygand [1] une note optimiste dans laquelle il se faisait fort de mener à bien, avec les seules unités sous son commandement, une action préventive contre le Maroc espagnol.

Puisqu'il aspire à poursuivre le combat, Noguès va-t-il faire bon accueil à Mandel qui arrive avec, en poche, la proclamation suivante : « En accord avec les alliés britanniques et dans cette heure de détresse nationale, j'ai pris le pouvoir. L'armée coloniale et la flotte française poursuivront la guerre à mes côtés, jusqu'à la victoire » ?

Quels étaient les projets de Georges Mandel ? Lors du procès du général Noguès, le 23 octobre 1956, M. Delattre, ancien député, qui se trouvait à bord du *Massilia*, rappellera qu'en prenant le bateau au Verdon Mandel avait dit à ses compagnons de voyage : « Nous partons, messieurs, pour trois ou quatre ans de résistance », et qu'il avait l'intention, « cela est certain, de former à Londres, s'il avait pu y parvenir, et il a tout fait pour cela, un gouvernement ».

Au juré — M. Bergasse, député des Bouches-du-Rhône — qui a posé la question de savoir quelles auraient été, pour la France, les conséquences d'une action de dissidence réussie de Mandel, M. Delattre allait répondre :

— Alors, pour la France, puisque c'est cette question que vous me posez, est-ce que cela aurait eu une incidence sur le destin de la patrie ? *C'était un gouvernement Mandel et non pas un gouvernement de Gaulle* [2]. Quelle aurait été l'incidence sur le destin du pays ? Permettez-moi de vous dire qu'à une question pareille il est difficile de répondre. *Mais voici, en tout cas, les faits dans leur exactitude : Mandel gagnant*

1. Il s'agit du général Koeltz qui, ayant vécu la bataille du Nord, a dit à Noguès la force de rupture des Panzerdivisionen, l'effet terrifiant des stukas.

2. Souligné intentionnellement.

*Londres*[1], il formait un gouvernement civil, je ne dis pas qu'il n'y aurait pas eu de militaires dans le gouvernement, mais enfin, c'eût été M. Mandel, le président du Conseil...

## Churchill apprend l'arrivée de Mandel au Maroc

Sur l'importance de l'arrivée de Mandel à Casablanca, Churchill ne s'était pas trompé. Il venait d'achever devant la Chambre des communes le long discours dans lequel, au lendemain de la signature de l'armistice par la France, après avoir avoué que l'Angleterre « n'avait pas fourni une contribution égale [à celle de notre pays] à la bataille », il avait déclaré qu'il n'avait pas cru donner à la France « l'*autorisation*[2] de se dégager de ses engagements [du 28 mars 1940] [...] conclu[s] non avec un gouvernement français ou avec un homme politique déterminé, mais entre la France et la Grande-Bretagne ».

Discours dans lequel — anticipant sur l'action anglaise contre Mers el-Kébir — Churchill venait également de dire qu'il était parfaitement « clair » que les navires français passeraient « tout armés sous contrôle allemand ou italien » (ce qui était faux, mais il doutait *et voulait douter* des rapports qui lui étaient parvenus de Bordeaux) lorsque lui fut communiquée la dépêche annonçant l'arrivée au Maroc de Mandel, d'Édouard Daladier, ainsi que de plusieurs parlementaires français.

Les espoirs qu'il avait manifestés, quelques minutes plus tôt, lorsqu'il avait déclaré : « Nous n'avons pas abandonné la conviction que l'Empire français [...] continuera la lutte aux côtés de ses alliés. Nous espérons toujours que dans cet Empire se formera un gouvernement qui [...] saura regrouper les forces de la liberté », pourraient, peut-être, devenir très vite réalité.

Informé par M. Hurst, consul général de Grande-Bretagne au Maroc qui, pendant une demi-heure, dans l'après-midi du 24, vient d'avoir avec Mandel une conversation dont on ne connaîtra jamais la teneur, Chur-

1. Souligné intentionnellement.
2. Le mot *autorisation* est sans cesse repris tant par Churchill que par Reynaud. Ainsi, le 28 mars 1940, la France, sous la signature de Reynaud, et sans que le Parlement soit consulté, aurait abdiqué toute indépendance, son sort dépendant d'une autorisation britannique.

chill fait immédiatement approuver par les membres du cabinet britannique l'envoi à Rabat de deux hommes d'une tout autre stature que ces petits consuls dont l'agitation et les promesses n'avaient obtenu aucun résultat : M. Duff Cooper, ministre de l'Information [1], et le général Gort qui, jusqu'à l'évacuation de Dunkerque, commandait le corps expéditionnaire et vient d'être nommé gouverneur de Gibraltar.

Mandel au Maroc, « un tel coup de chance, écrira Benoist-Méchin, ne se présentera pas deux fois. Il faut le saisir au vol [2] ». Si un gouvernement Mandel-Daladier-Campinchi, puisque Daladier, ancien président du Conseil, et Campinchi, ancien ministre de la Marine, étaient, on le sait, également présents à bord du *Massilia*, venait à se constituer en Algérie, est-il invraisemblable d'imaginer qu'il aurait immédiatement l'appui de ce général Noguès, qui n'avait cessé de clamer sa volonté de résistance ? Est-il invraisemblable d'imaginer que ces gouverneurs généraux et ces généraux qui, de tous les territoires, avaient manifesté leur confiance à Noguès, que ce gouvernement présidé par Mandel, arracheraient l'Empire à l'emprise encore fragile des hommes de Bordeaux et le remettraient, à l'instant, dans la guerre, quelles que puissent être les conséquences de leur décision pour le territoire métropolitain et pour les Français restés sous la houlette alors dérisoire du maréchal Pétain ? La présence à Mers el-Kébir du *Strasbourg* et du *Dunkerque*, ainsi que de plusieurs croiseurs ; du *Jean-Bart* à Casablanca ; du *Richelieu* à Dakar, offrait aux Anglais une « chance » supplémentaire et faisait s'évanouir les terreurs qui seront à l'origine des attentats de Mers el-Kébir, puisque la flotte française ralliée dans son ensemble — on l'imagine difficilement se distinguant du mouvement général pour tenter, par exemple, de gagner Toulon — aurait libéré les Anglais de leur peur de la voir tomber entre les mains allemandes et leur aurait été d'un secours appréciable dans la bataille de la Méditerranée comme dans la bataille des convois.

Les illusions de Duff Cooper et de lord Gort, dont l'hydravion a amerri à 18 heures dans le Bou-Regreg, seront de courte durée. Les autorités de police les prièrent, en effet, de rembarquer sur-le-champ. Comme leur appareil avait besoin de quelques réparations, ils obtinrent l'autorisation de se rendre au consulat de Grande-Bretagne, mais non l'autorisation de rencontrer Mandel — qui, depuis l'arrivée du *Massilia*,

1. D'après le général Noguès, on le sait, à son procès, c'est Georges Mandel qui aurait demandé au consul d'Angleterre de solliciter la venue au Maroc de son ami Duff Cooper.

2. *Soixante jours qui ébranlèrent l'Occident.*

était étroitement surveillé et avait dû regagner le bord avant 20 heures —, non plus qu'aucun des parlementaires venus avec lui de France. Pour que la consigne d'isolement fût parfaitement respectée, le commandant Ferbos reçut l'ordre d'aller mouiller le *Massilia*, à l'aube, en grande rade.

Le 26 juin au matin, les deux Anglais reprirent donc le chemin de Gibraltar sans avoir pu remplir leur mission qui était de convaincre Mandel de gagner l'Angleterre, si aucun mouvement de résistance n'était possible en Afrique du Nord.

Comment, lors du procès Noguès, le président de Moro-Giafferi n'aurait-il pas demandé au général :

— Ne vous est-il pas venu à l'esprit que Mandel, qui avait immédiatement pris contact avec le consul général d'Angleterre, pouvait être précisément l'homme qui aurait eu assez d'influence sur le gouvernement anglais pour vous faire envoyer les concours dont vous auriez eu besoin et, puisque ces concours étaient précisément ce que vous souhaitiez, n'y avait-il pas là, pour vous, plutôt une raison d'encouragement qu'une raison de défiance ?

À cette question embarrassante, le général Noguès répondra de façon embarrassée :

— Monsieur le Président, c'était trop tard, et M. Mandel n'aurait rien obtenu à ce moment-là parce que l'Angleterre disait : l'Afrique, nous serons très contents si elle nous fait gagner un mois, mais elle ne nous donnera rien et nous ne lui donnerons rien, parce que tout ce que nous avons, c'est pour nous défendre...

Moro-Giafferi insistera :

— Il n'était tout de même pas exclu que Mandel pût essayer d'exercer une action qui, semblait-il, correspondait à votre pensée première ?

— Tout à fait, mais je n'aurais eu aucun espoir dans l'influence qu'il aurait pu avoir.

— Ne pensez-vous pas qu'il pouvait y avoir un moyen de tout concilier ?...

— C'était impossible.

Noguès finira par dire que, si Mandel « avait voulu essayer de constituer un gouvernement à Casablanca, étant donné l'attitude de la population, [...] cela pouvait entraîner des désordres dans le pays ». Il ira même beaucoup plus loin. Après un propos du président de Moro-Giafferi regrettant que Noguès n'ait pas laissé Mandel « causer » avec les Anglais, la cour entendra ces répliques :

— Si je l'avais laissé causer, monsieur le Président, enfin, il est mort tragiquement.

— Magnifiquement !

— ... magnifiquement, mais il serait mort. Il aurait été mort *(sic)* après avoir été condamné à mort, parce qu'il attentait à la sécurité de l'État.

C'est en vain que Mandel demandera à ce que la délégation des parlementaires puisse rejoindre Gibraltar à bord d'un contre-torpilleur anglais qui devait lever l'ancre, le 26, à 18 heures ; en vain d'ailleurs que Daladier tentera personnellement sa chance. Son pied glissera au moment où il sautait dans l'embarcation qui devait le conduire au navire et il tombera à l'eau[1]...

Gardé à vue — sans mandat et sans inculpation — Mandel, d'ordre du général Noguès, qui exécute les consignes reçues de Bordeaux, sera envoyé « en résidence forcée à Ifrane, station de montagne isolée au sud de Meknès, où il restera soumis à une étroite surveillance ».

On sait la suite. Et comment, ramené en France, en septembre 1940, interné « administrativement » au château de Chazeron près de Châtelguyon, avant d'être transféré à Aubenas, puis condamné, en compagnie de Paul Reynaud, à « l'internement à vie », peine qu'il devait accomplir dans une cellule du fort du Portalet, Mandel, après l'invasion de la zone non occupée, allait être transféré[2], dans la semaine du 18 au 22 novembre 1942, dans le camp d'Oranienburg, puis dans celui de Buchenwald avant d'être « remis » aux « Français » et d'être assassiné, le 7 juillet 1944, dans la forêt de Fontainebleau, par Mansuy, l'un des quatre miliciens chargés de « l'escorter » jusqu'au château des Brosses, où la Milice avait l'une de ses prisons.

D'Astier de La Vigerie fait dire à Churchill, en janvier 1944 : « Ah ! si j'avais pu faire sortir Mandel en juin 1940[3]... » Et plusieurs historiens ont remarqué que le gouvernement de Sa Majesté reconnaîtra, le 28 juin seulement, « le général de Gaulle comme chef de tous les Français libres, où qu'ils se trouvent, qui se rallient à lui pour la défense de la cause alliée ».

Le 28 juin, c'est-à-dire après que Reynaud eut refusé de répondre

1. Jean Daladier, dans une note de la préface du livre *Édouard Daladier : Journal de captivité 1940-1945*, écrit que, « trahis », son père et lui n'avaient pas trouvé l'embarcation qui devait les conduire à bord d'un sous-marin.

2. En compagnie de Paul Reynaud.

3. Emmanuel d'Astier de La Vigerie, *Les Dieux et les hommes, 1943-1944*.

favorablement aux sollicitations de Spears, Herriot à celles d'Emmanuel Monick, après que Noguès n'eut pas traduit en actes ses propos si fermement partisans de la poursuite de la lutte, enfin après l'échec de la formation d'un gouvernement Mandel en Afrique du Nord.

## De Gaulle, dès le début, favorable à la poursuite de la guerre dans l'Empire

La route, une route qui, certes, serait semée d'obstacles, était donc libre devant de Gaulle.

Favorable à « l'élargissement du conflit », à la tactique qui, attirant toujours plus loin l'Allemand, l'épuiserait à la fin, favorable à un « redressement de la Marne[1] » sur la Méditerranée, de Gaulle ne pouvait qu'être partisan de la poursuite du combat dans l'Empire.

Si l'on épouse la thèse des *Mémoires de guerre*, il aurait même confisqué à Paul Reynaud l'idée manifestée timidement par le président du Conseil, en s'offrant immédiatement à devenir l'organisateur de « l'autre guerre », celle qui, se déroulant dans l'Empire, ferait oublier la guerre provisoirement perdue en France.

Quelques heures seulement après sa nomination au poste de sous-secrétaire d'État à la Guerre et à la Défense nationale, il avait délivré à Reynaud son message : « Si la guerre de 40 est perdue, nous pouvons en gagner une autre. Sans renoncer à combattre sur le sol de l'Europe aussi longtemps que possible, il faut décider et préparer la continuation de la lutte dans l'Empire. Cela implique une politique adéquate : transport de moyens vers l'Afrique du Nord, choix des chefs qualifiés pour diriger les opérations, maintien des rapports étroits avec les Anglais, quelques griefs que nous puissions avoir à leur égard, *je vous propose de m'occuper des mesures à prendre en conséquence.* »

Des projets de De Gaulle et des blindés allemands, ce sont les seconds qui marcheront les plus vite.

Mais à évoquer constamment l'Afrique, à imaginer quotidiennement à travers des plans inaboutis, inexécutés, inexécutables, ce que pourrait être la poursuite de la lutte par une armée française à partir de territoires français, de Gaulle, qui, contrairement à beaucoup de ses camarades,

1. *Mémoires de guerre.*

n'était pas un « Africain », avait immédiatement compris que seule l'Afrique française, l'immense Afrique française, qu'il allait désormais disputer à Pétain, pouvait lui offrir les hommes et les moyens de l'indépendance personnelle et de la lente résurrection nationale.

Aussi, à peine arrivé à Londres le 17 juin, à peine lancés les mots de l'Appel du 18, va-t-il regarder vers l'Afrique, parler à l'Afrique.

Après avoir offert à Noguès, on le sait, de servir sous ses ordres, il télégraphie, le 24 juin, au général Mittelhauser, commandant en chef sur le théâtre d'opérations de la Méditerranée orientale, à M. Puaux, haut-commissaire de France en Syrie et au Liban, au général Catroux, gouverneur général de l'Indochine, pour leur demander d'entrer personnellement dans le Comité national français en voie de formation. Le 16 juillet, c'est avec Félix Éboué, gouverneur du Tchad, qui allait lui rallier le territoire, qu'il prend contact ; quelques jours plus tard, avec Henri Sautot, commissaire résident français aux Nouvelles-Hébrides, c'est la population française du Condominium qui se rangeait sous « son drapeau ».

Lorsqu'il parlait des projets de poursuite de la guerre en Afrique du Nord pour les dire impossibles, Weygand avait militairement raison dans la logique du conflit de 1940. La guerre se poursuivant en Afrique du Nord dans les jours et les semaines qui suivirent la défaite de la France, on ne peut savoir qui serait sorti vainqueur.

Si l'on connaissait la fin de l'histoire, on écrirait presque toujours le début autrement. On peut simplement rappeler la relative facilité avec laquelle les Allemands, après avoir, en mai 1941, chassé les Anglais de Grèce, devaient les contraindre à une désastreuse évacuation de la Crète [1].

On peut rappeler la rapidité avec laquelle, à partir du 9 novembre 1942, et alors qu'Anglais et Américains possédaient, cette fois, la maîtrise de l'air et la maîtrise de la mer, les Allemands, aidés, il est vrai, par des complicités vichyssoises et par l'absence de réaction des autori-

1. L'incontestable supériorité maritime anglaise fut sévèrement remise en question par la Luftwaffe. Dans la bataille pour la Crète, la Royal Navy perdit, en effet, 4 croiseurs et 6 destroyers. Sans couverture aérienne, la flotte anglaise avait été à la merci de l'aviation allemande. Il est vrai que les Allemands avaient sacrifié, dans l'assaut sur la Crète, le meilleur de leurs parachutistes.

tés locales, allaient réussir la mise en place d'un pont aérien qui, en peu de jours, leur assurerait la possession de la quasi-totalité de la Tunisie.

On peut surtout rappeler l'interrogation de Weygand demandant à Noguès quelles étaient ses possibilités de « durée de résistance [...] en tenant compte d'une intervention possible des puissances de l'Axe par le Rif espagnol ».

Lorsque l'on imagine une tentative allemande — en juillet 1940 — contre l'Afrique du Nord, la pensée va immédiatement à une attaque conjuguée de divisions blindées ayant traversé l'Espagne, et de parachutistes, mais bien peu songent à l'existence du Maroc espagnol, ce Rif évoqué par Weygand, qui, faisant aujourd'hui partie intégrante du Maroc, est quelque peu sorti des mémoires. Il avait servi de base à Franco pour la conquête de l'Espagne. L'Allemagne aurait-elle éprouvé beaucoup de difficultés à le transformer, sans grands périls, et rapidement, en base contre le Maroc français ?

Parlant au nom de Reynaud, Baudouin, le 13 juin, avait demandé à l'amiral Darlan « si les navires français et les unités anglaises de Gibraltar pourraient empêcher les forces allemandes, rapidement transportées au sud dans la région de Cadix, de traverser la mer et d'atteindre le Maroc espagnol ».

L'amiral lui avait répondu que son état-major avait déjà étudié la question [1], que l'avis de celui-ci était net : « Des forces navales appuyées sur Gibraltar ne pourraient, par cette belle saison, que faire payer d'un certain prix la traversée de trente kilomètres de mer, par des navires couverts en plein jour par une aviation complètement maîtresse du ciel ou qui, de nuit, se faufilerait d'une rive à l'autre. »

Mais quelles étaient les intentions de Hitler au cas où le gouvernement français, ne sollicitant pas l'armistice — ou n'acceptant pas les conditions allemandes —, serait parti pour Alger ? J'avais posé, naguère, la question au général Hermann Böhme, qui avait participé, près du Führer, aux séances de préparation de l'armistice et qui, dans le train conduisant Hitler à Munich, où il allait rencontrer Mussolini, lui avait soumis la liste des vingt-trois articles qui devaient être présentés, pour acceptation, aux Français vaincus.

Voici sa réponse :

« En juin 1940, Hitler n'avait pas dans l'esprit d'exigences allemandes concrètes sur l'Afrique du Nord française (Maroc, Algérie, Tunisie) non parce qu'il considérait la Méditerranée comme sphère d'influence italienne, mais parce qu'il se rendait parfaitement compte qu'il lui fau-

1. On n'a pas retrouvé cette étude... si elle a existé.

drait également compter avec les ambitions de l'Espagne et de l'Italie. Une clarification de cette question compliquée ne pouvait pas être obtenue en peu de temps.

« Par suite du désintéressement de Hitler au sujet de la Méditerranée, la question d'une opération allemande en Afrique du Nord n'avait en général joué aucun rôle dans les délibérations du commandement suprême de la Wehrmacht et de l'état-major général de l'armée, et il n'existait aucune sorte de préparatifs pour cela. La question surgit pour la première fois en juin 1940, lorsque la possibilité d'une poursuite de la guerre, à partir de l'Afrique du Nord, par le gouvernement français se précisa. Mais Hitler voulait éviter ce développement par l'armistice [1] et il y réussit.

« Mais si l'on n'était pas parvenu à un armistice, il aurait été alors très possible que Hitler, en faisant pression sur l'Espagne, envisage et mène une offensive par le détroit de Gibraltar vers l'Afrique du Nord française. Au contraire de nombreux écrivains, je suis d'avis qu'une telle opération aurait pu avoir lieu à la fin de l'été ou en automne 1940 *et être menée à bien dans le cadre du rapport des forces de l'époque* [2]... Naturellement, une attaque allemande contre l'URSS serait devenue impossible en 1941. »

## De Gaulle : « Notre fossé antichar, le Sahara »

Mais, pour de Gaulle, et en cela — comme en bien d'autres domaines — il s'opposait à Weygand, l'Afrique du Nord n'aurait été qu'une étape au sens militaire du mot, une halte très provisoire dont il imaginait fort bien qu'elle pût, un jour, être conquise par l'ennemi.

Souvenons-nous du mot de Weygand parlant, à propos du « réduit breton » comme de la défense de l'Afrique du Nord, de « jeux de l'esprit ». Dans la logique politique d'un conflit, volontairement élargi par le perdant de la première manche à d'autres continents, le mot « jeux de l'esprit » quitte le terre à terre où Weygand le cantonnait, il devient le mot clef, puisque l'esprit « joue » avec les grands espaces et avec le temps.

1. *Cf.* p. 244.
2. Souligné intentionnellement.

Devant un auditoire ami, raconte Lacouture dans son *De Gaulle*[1], le Général prédisait la défaite de l'Axe. À un auditeur qui lui demandait les raisons, en des jours si sombres, d'une telle confiance, il répondit :

— Parce que, cette fois-ci, nous avons un fossé antichar...

— La Manche ?...

De Gaulle s'étant abstenu de répondre, l'auditeur questionna :

— Alors la Méditerranée ?

— Non, le Sahara !

L'Afrique du Nord ayant été reprise en main par Vichy, c'est au-delà du fossé antichar du Sahara que de Gaulle — ne serait-ce que pour échapper à la « protection » de l'Angleterre dont Jean Monnet, dans sa lettre du 23 juin[2], lui avait dit (mais il en était conscient) combien elle pouvait « rendre plus difficiles les efforts ultérieurs de ressaisissement » — voudra, dès le 15 juillet 1940, installer sur « une terre française le siège du gouvernement français qui continue la lutte[3] ». Et c'est Dakar qu'il choisira pour y établir « la capitale de l'Empire en guerre ».

Dakar, défendue par le gouverneur général Boisson, ayant résisté aux appels de De Gaulle, comme aux coups de canon de la flotte anglaise chargée d'appuyer une opération qui se voulait de persuasion, c'est donc à Brazzaville « terre française » que, le 27 octobre 1940, sera signée par de Gaulle, « Au nom du Peuple et de l'Empire français », l'ordonnance n° 1 publiée... au *Journal officiel* de l'Afrique-Équatoriale française.

---

1. *Le Rebelle*, tome 1, p. 429. Malheureusement Lacouture n'indique pas la date du propos tenu par le général de Gaulle.
2. *Cf. infra*, p. 179 et ss.
3. Dit au capitaine Dewavrin, *cf.* Lacouture, *De Gaulle*, tome 1, p. 430.

TROISIÈME PARTIE

# LE PEUPLE ANESTHÉSIÉ

*Personne n'a le droit de se faire l'expression de la conscience universelle, personne ne peut savoir comment il se serait conduit lui-même dans une situation de cette sorte. Il ne faut pas juger les hommes de 1934 ou 1935 avec nos connaissances de 1982.*

Raymond Aron (1982).

*Je sais qu'il est dans une vie des heures d'équilibre tragique où le destin, justement, repose, un instant, immobile, avant de basculer d'un côté ou de l'autre.*

Jacques Leroy Ladurie.

# 10.

# FRANÇAIS RECHERCHENT FRANÇAIS

L'exode les a soufflés dans toutes les directions.

Les bombardements ont fait exploser des familles, des villages, qui croyaient pouvoir rester soudés jusqu'à la ville d'accueil désignée au départ.

Les parents ont perdu leurs enfants. Les femmes leurs maris.

L'image des Français de l'été de 1940, non des Français dont on parle à Vichy, dont on parle à Londres, et surtout dont on parle aujourd'hui en grande ignorance de leurs véritables sujets d'inquiétude, comme de leurs préoccupations prioritaires, se reflète dans la rubrique « Recherches » des journaux — ils n'ont généralement qu'une feuille — publiés après la défaite.

À leur lecture, la conscience de l'infortune de millions de Français et de Françaises devrait s'imposer à tous ceux qui écrivent, parlent, expliquent, mais oublient, dans leur mémoire atrophiée, les enfants perdus, les familles décimées, les prisonniers dont les proches demeureront longtemps sans nouvelles, et privilégient les débats qui ont eu lieu à Vichy, les premières mesures prises par Vichy, débats importants, mesures importantes, c'est évident, mais qui n'ont pas été, il faut l'écrire, le quotidien de neuf millions de réfugiés, non plus que le quotidien des prisonniers — 1 960 000, affirmera Hitler dans une lettre du 26 novembre 1942.

Les Français, nous les avons vus prendre la route en mai, en juin, fuir, fuir toujours plus loin de ville-étape en ville-étape ; colonnes éparpillées, à chaque halte imposée par l'apparition des stukas ; diminuées par la fatigue, par le passage d'un convoi militaire auquel on se résignait à confier un enfant ou un blessé, par l'attrait d'une ferme, plus qu'à demi pillée, mais qui offrait un toit pour la nuit, quelques légumes du jardin, le lait de vaches qui meuglaient de n'avoir pas été traites depuis plusieurs jours.

## Familles égarées, éclatées : un seul recours, les avis de « recherche » à 10 francs la ligne...

Comme l'armée a été immobilisée par le cessez-le-feu du 25 juin, les réfugiés ont été immobilisés, sur ordre du ministre de l'Intérieur, à l'annonce de l'armistice. Leurs lendemains n'ont plus été des lendemains de fuite.

Dès les premiers jours de juillet, dans les journaux, ils vont exprimer leur angoisse. M. Laglantier demande des nouvelles de son fils Georges, parti le 13 juin en direction de Chinon ; la famille Lebeau, de Jacques, neuf ans, « perdu lors de l'évacuation » ; les Burtin, de Denise « égarée [1] » — le mot paraîtra étrange à ceux qui n'ont pas vécu l'exode — près de Gien où l'on s'est beaucoup battu, où, cinq fois, les Allemands ont attaqué, où, quatre fois, ils ont été repoussés.

Fernand Dandois — c'est un Belge, mais il ne faut pas oublier les Belges, ils ont été les premiers à se mettre en marche le 11 mai — recherche son fils Robert, et Jean Boelens d'Anvers, ses parents. Quant à Germain Toune, il est sans nouvelles de sa femme et de ses enfants ; Mme Jeanmart-Mayenne ne sait rien de son mari ; les parents d'André Sainderichin, dix-sept ans, demandent à ceux qui l'auraient rencontré de les prévenir. Ils logent Hôtel Raymond IV, à Toulouse...

« Recherche... recherche... recherche... » : mot clef de centaines de milliers d'annonces — 30 francs la ligne dans les journaux de Paris, 10 dans ceux de province [2]. Erick Sachs recherche sa femme ; Alma Grunzburger, son mari ; Mme X, une habitante de Troyes, voudrait connaître la ville dans laquelle s'est replié l'hôpital psychiatrique de Saint-Dizier où Jean, son fils, est soigné [3].

1. *Le Matin*, numéro du 5 juillet 1940.
2. Les quotidiens se vendent 0,50 F.
3. *La Dépêche* de Toulouse, 5 juillet 1940.

Ce sont là recherches de juillet.

Elles se poursuivront toujours, avec moins d'ampleur (on s'est retrouvé, ou définitivement perdu) en octobre.

Moins d'ampleur mais davantage de précisions. Au mois de juillet, les annonces de recherches comportaient deux ou trois lignes seulement : des noms, des prénoms, un lieu d'évanouissement du disparu, une adresse, point momentanément fixe où écrire, où se retrouver. En octobre, il semble que l'espoir se raccroche à quelque détail du visage et des vêtements. Comment ceux qui se trouvaient près d'elle et des siens, le 14 juin, lors du bombardement de la sucrerie de Montereau, auraient-ils pu oublier Marie-Augustine : « Chev. blonds, fins, boucl. soy. yeux bl. taille 90 cm [1] » ? Elle connaît mal son prénom, elle n'a que deux ans et demi ! Quant à Lulu Morel, il a « deux grains de café à la base de la tête et à la naissance du cou [2] ».

À 10 ou 30 francs la ligne, les journaux n'ont pu cependant fournir que des détails sommaires. Pour reconstituer avec précision l'exode et ses drames, il faudrait également consulter toutes les notes échangées par des administrations qui s'efforcent de « recoller » des familles dispersées.

Alors on apprendrait que le père de Marie-Augustine a été tué le 14 juin, la mère très grièvement blessée au cours du bombardement de Montereau. Marie-Augustine dormait sur une voiture fourragère, à côté de sa sœur Marie-Pierre, trois ans et demi. Les deux fillettes ont été projetées sur la route, l'aînée blessée, transportée dans un hôpital par un soldat, a pu seulement dire qu'« un militaire [avait] pris la petite sœur ».

Quant à Gilbert Hebert ou Erbert, « quatre ans et demi environ, brun à cheveux roux, cheveux raides, yeux marron, [il a] deux petites cicatrices à la cuisse et une à peine visible à la base des sourcils. Très intelligent », il a dit qu'il avait une petite sœur — Claudine —, une « maîtresse d'école » — Mme Suzanne —, que « son papa était ingénieur et que sa maman trayait les vaches dans une ferme ».

Comment, aujourd'hui, sont vêtues les jeunes filles de treize ans et demi qui partent en vacances pour Pentecôte ? Très simplement. Quant à Pierrette-Mélanie Decat, treize ans et demi, blessée lors du bombardement de la gare d'Arras, puis évacuée vers une destination inconnue,

1. *Paris-Soir*, 1er octobre 1940.
2. *Paris-Soir*, 14 octobre 1940.

# RECHERCHES

La ligne. 10 fr.

Jean ROGER, 5, rue de Pomereu, à Paris, demande nouvelles personnel de son cabinet. Ecrire : Poste restante Gaillac (Tarn). D. 8437.

De BEAULIEU, infirmière, serait reconnaissante à qui donnerait nouvelles de son fils, C. R. T. 5 Ter, 650e/24, Nancy. Allée Saint-Agne, Ecole normale, Toulouse. D. 3520.

Les vétérinaires : Lieutenant-colonel PELLERIN, de Clermont-Ferrand; capitaine BARRET, de Rolampont (Hte-Marne); capitaine BOUCHOT, de Payns (Aube); lieutenant VANPOPERINGHE, de Friville-Escarbotin (Somme), se trouvent à l'H. V. I. n. 16, à Carcassonne, et recherchent leurs familles. D 8438.

Les 3e et 4e Cies du train no 19 (Ecole militaire) sont actuellement à Nérac (Lot-et-Garonne).

Prévenir le soldat Edwin STEPHENS, dépôt inf. 212, 46e Cie, famille lycée garçon Aurillac. D. 8438.

Mme Yvan SAUVAGE, de Bois-d'Haine, recherche son mari. Ecrire : Cologne-du-Gers. D 8816.

Gendarme Pierre PATRY, des brigades de Reims, recherche famille. Ecrire : Gendarmerie Cologne-du-Gers. D 8817.

M. Emile FERRE, président du syndicat de la presse républicaine départementale, et sa famille, actuellement à Figeac (Lot), hôtel David, seraient obligés à qui voudrait bien leur donner des nouvelles du soldat Georges Ferré, 370e, 8e B. O. A., 4e compagnie C.R.M., état-major. Estissac (Aube). R 8415.

Mme LEMEE et son fils sont priés de donner des nouvelles au professeur Terracol, 10, rue Paladilhe, à Montpellier. D 8417.

Maurice BERNARD, 12, boulevard Péreire, à Paris, est actuellement chez Mme Langevin, 17, rue Bayard, à Pau. Havas Pau, no 56. D 7905.

Maurice GROSS recherche sa femme et ses enfants Gilbert, Francis, Marcelle. Ecrire poste restante, Clermont-Ferrand. 03319.

Louis MAYEUR, Walcourt, 6, rue Tournefeuille-Prolongée, Toulouse, recherche Joseph Pierc[illegible]. D. 7647.

Familles GIRONDE, DUSSAULX, de Saint-Mihiel (Meuse), réfugiées à Plaisance-du-Touch (Haute-Garonne). D. 7563.

DESCOURTIS - TARIEL recherche femme et enfants. Ecrire : « Dépêche », no 0105.

Mme HUBRECHT et sa fille Mary, réfugiées à Galey, par Orgibet (Ariège), recherchent le caporal Eugène Hubrecht, 201e B.A.P., état-major, à Lunéville, et prient les personnes qui pourraient leur donner quelques renseignements de leur écrire. D 3050

Mme Albert SEJOURNET-MAUCHAUFFEE informe le maréchal des logis-chef Sejournet qu'elle est aux Abatilles, villa Fran-Lou, près Arcachon avec sa mère et sa sœur et famille. D 7875.

M. et Mme Franz LEMAIRE-FLAMME, recherchent leur fils Etienne, « Dépêche », no 0152.

CREPIN Léon, Embourg (Liége), recherché par H. Crépin, mairie Ginestas (Aude). Renseignements seront accueillis avec reconnaissance. D. 7662.

Léon DEVAUX (Delhaize), 1, Gd-place Nivelles, recherchent leur fils Léon, chez M. Pichou, à Castelginest (Haute-Garonne). D. 247.

Famille LEGOUAILLE-CHAPPUIS attend aspirant 3e groupe, 9e batterie, 371e R. A. L. V. F., Brasseie française, Tarbes. D. 7912.

Mme veuve GAUTHIER, 92, rue Gambetta, à Moissac recherche familles Luthéreau et Damace. D 8195.

Flawine TOMBU, 38, rue Lagrèze-Fossat, à Moissac recherche sa fille Germaine. D 8194.

RECHERCHE MA MERE Philomène Tomasso, Italienne, 62 ans, perdue à Orly. Renseigner Mme Zarli, à Miramont-en-Quercy (Tarn-et-Garonne). D 8193.

Pierre CLAES-BAASRADE, café du Faubourg, Lézignan (Aude) recherche sa famille. D 7998.

Léon ZITRONE, aspirant au 201e R. A. D., est recherché par ses parents. Villa Eva, Capvern-les-Bains (H.-P.). D. 7911.

Famille TRADELIUS, hôtel des Iris, Meillon (Basses-Pyrénées), cherche

Dans *La Dépêche* (Toulouse) du dimanche 7 juillet 1940,
des hommes, des femmes, des soldats se cherchent désespérément :
par exemple, l'aspirant Léon Zitrone recherché par ses parents.

elle portait, le 19 mai, « une chemise interlock bleue, un tricot sous-vêtement en lainage blanc, une combinaison jersey de soie blanche, une culotte blanche, un corset rose, une robe en tissu écossais au fond bleu foncé, vert et blanc, des bas longs de couleur brune, en fil, attachés au corset par des jarretelles, des souliers Molière noirs à lacets avec semelle de caoutchouc [1] ».

Pierrette-Mélanie sera avec Marie-Augustine, avec Jean Leroy, un an, et Jean-Olivier, un an aussi, « trouvés dans le même ballot », avec Camille et Ghislaine « laissés » par leur maman à Évreux ; Marc, Luc, Jean, Marie-Françoise, Michel perdus, « avec les valises », en gare de Poitiers, avec la petite inconnue — dix-huit mois peut-être, douze dents, de grands yeux bleus — confiée, à l'arrivée d'un train venant de Sedan, à M. Hubert Simonneau, buraliste à Coulonges-sur-l'Autize, dans les Deux-Sèvres, l'un des 90 000 enfants perdus de l'exode.

## Portrait brisé d'une France éparpillée

On dirait que du ciel Dieu s'est plu à éparpiller, au-dessus de la terre de France, des dizaines et des dizaines de villes dont les habitants, accoutumés à vivre et à travailler ensemble, à se saluer, à se parler, sont tombés, ici et là, au petit bonheur la chance.

Orléans. Les services de la préfecture du Loiret et de la mairie sont à Nontron (Dordogne), le proviseur du lycée Pothier à Mérignac (Gironde) ; l'inspecteur d'Académie à Tulle. L'usine Panhard a échoué au lycée Voltaire de Tarbes, la succursale de la Banque de France à Millau, celle de la Société générale à Aurillac, celle du Comptoir national d'escompte à Dax. Quant à l'abbé Avezard, il a trouvé asile au Sacré-Cœur de Caussade, dans le Tarn-et-Garonne, le pasteur Mercier étant, lui, près de La Roche-Chalais, en Charente.

Qu'ils téléphonent ! Qu'ils écrivent ! Mais la France des premiers jours de juillet 1940 est revenue plus d'un siècle en arrière. De vastes régions demeurent silencieuses, coupées de tout et de tous. Plus de communications téléphoniques, pas de courrier. Le 7 juillet — le cessez-le-feu est entré en vigueur le 25 juin au petit matin —, on reçoit comme

1. Ces précisions ont été recueillies dans une note de la préfecture de Clermont-Ferrand en date du 24 février 1941.

une grande nouvelle l'annonce que les relations postales sont rétablies entre le Sud-Ouest et le Sud-Est et que « Lyon même ainsi que Grenoble et le Jura » ont donné de leurs nouvelles à Bordeaux. Le 29 juin, il est bien parti 72 000 télégrammes des bureaux de poste de Toulouse (contre une moyenne journalière de 8 000 avant la guerre[1]), mais combien arriveront ? Et quand ?

Grâce à la revue *Horizons d'Argonne*[2], nous possédons 132 lettres écrites du 21 mai au 11 septembre 1940 par les habitants de Sainte-Menehould et, pour la plupart, destinées au maire, M. Vatier, qui a quitté, le 24 juillet, le Puy-de-Dôme, pour regagner sa ville d'où il renseignera ses administrés dispersés dans 28 départements : 21 familles dans le Puy-de-Dôme, 18 en Corrèze, 17 dans la Creuse, 10 dans l'Allier, 9 dans la Loire, autant dans le Tarn, d'autres en Charente-Maritime, en Dordogne, dans l'Hérault, les Côtes-du-Nord, l'Ille-et-Vilaine...

Les Ménehildiens, comme tous les autres Français, demandent d'abord des nouvelles des leurs perdus pendant l'exode : « ... J'ai laissé deux enfants dans un village au sud de Bar-le-Duc, chez mes beaux-parents, je n'en ai, bien entendu, aucune nouvelle[3]. » « ... Nous sommes dans l'inquiétude sur ce qu'est devenue notre belle-fille... partie avec un enfant de quatre ans et attendant un bébé en septembre. Son mari, mobilisé, a reçu d'elle une lettre du 15 juin de Heiltz-le-Maurupt et depuis nous ne savons ce qu'elle est devenue malgré une annonce insérée[4]. » « Où pourrer *(sic)* se trouver mes deux fils qui sont partis le matin en bicyclette le jour de l'évacuation de Ste-Menehould[5] ? »

N'abandonnons pas les Ménehildiens.

Après avoir demandé des nouvelles des leurs, ils s'inquiètent du sort de leur ville qui a subi six bombardements dont le plus violent, celui du 11 juin, a causé des dommages importants dans une ville où, sur 1 105 maisons, 251 ont été totalement détruites, 86 endommagées. « Nous avons vu, à Moulins, les pompiers de Sainte-Menehould qui nous ont dit la rue Chanteraine mal en point[6]. » « Toute la rue des Prés depuis chez Costa d'un côté et l'Économie moderne de l'autre jusqu'au

1. Le service télégraphique est limité à la zone non occupée.
2. Numéros 69-70, décembre 1996.
3. Lettre du 5 juillet envoyée des Côtes-du-Nord.
4. Lettre du 14 juillet envoyée depuis le Puy-de-Dôme.
5. Le 11 juin à 17 heures. Lettre de juillet envoyée du Puy-de-Dôme.
6. Lettre du 11 juillet depuis le Cantal.

pont est détruite, les ponts sautés ; près de 500 Ménehildiens sont rentrés à Menou ayant été surpris par les Allemands[1]. »

Surpris par les Allemands, cela signifie que les avant-gardes de la Wehrmacht, avançant beaucoup plus vite que les réfugiés, leur ont fait obligation de rebrousser chemin, permettant ainsi à ceux dont le départ n'avait été que de quelques heures d'éviter le pillage.

« J'aimerais mieux, écrit le 4 août, depuis l'Hérault, une habitante de Sainte-Menehould, retrouver ma maison démolie que debout et vide, c'est une chose dont j'ai horreur, le pillage. »

Hélas !

Lorsque, en octobre, Colette Noizet revient à Ardeuil, dans les Ardennes[2], après un voyage de dix-sept jours, effectué sous la pluie, au pas des chevaux, voici le tableau qui s'offre à ses regards : « Chez nous, tout le linge resté et celui du parrain était plein de sang. La bataille avait été dure à Ardeuil : deux bombes, six obus sur la ferme, une bombe sur la chambre bleue, une bombe sur la chambre à betteraves, un grand soldat enterré dedans, torse nu. Un obus tiré de Bussy avait fracassé le mur de la chambre, les abeilles y avaient emmené un essaim, et les émigrés avaient brisé le parquet pour en extraire le miel. Ils avaient percé ma grande cafetière de quarante tasses pour récolter le miel... »

Mme Colette Noizet va, pendant des semaines, entreprendre de récupérer une partie de ses biens : avec plusieurs autres, car les Allemands ont « distribué » les vaches aux premiers rentrants, une vache volée mais revenue sagement à sa place, dans l'étable ; le landau et la poupée de Denise, sa fille, morte en bas âge, « on avait fait une grande passoire à cendre avec le landau et peint la belle poupée » ; sa chienne Baronne ; la grosse clé de son armoire ancienne : « C'est bien triste une maison sans clé nulle part, y aviez-vous déjà pensé ? »

## Les retours difficiles : un exode à l'envers

Ardeuil étant dans les Ardennes — donc en zone interdite —, les retours ont été longs et difficiles. Je dirai, plus avant, les raisons de ces

1. Lettre du 27 juillet depuis le Puy-de-Dôme.
2. Mme Noizet, née en 1903, épouse d'Armand Noizet, était mère de neuf enfants. Elle a écrit ses souvenirs en 1991 (elle avait alors quatre-vingt-huit ans).

retards, mais, aussi pressés qu'ils soient de retrouver leur foyer, leur travail — dans une sorte d'exode à l'envers —, les Français ne peuvent prendre la route tant que font défaut les trains, les véhicules, les autorisations allemandes, et tant que les ouvrages d'art détruits par l'armée française en retraite ne sont pas provisoirement rétablis.

On l'oublie trop, 519 ponts ferroviaires et 2 329 ponts routiers ont été détruits, ce qui représente un chiffre plus important que pendant l'autre guerre [1] ; 1 300 gares ont été soit bombardées, soit enjeux de la bataille ; le matériel ferroviaire est amputé de 25 000 wagons et 2 000 locomotives ; 5 200 kilomètres de canaux et de rivières ont été rendus inutilisables ; sur le réseau routier les épaves : chars avec leurs morts brûlés vifs, voitures écrasées, prolonges d'artillerie, se sont accumulées.

Aussi le retour ne peut-il s'effectuer que relativement lentement. Si un train se remet bien à rouler, le 28 juin, il ne faut pas envier les cheminots qui y ont pris place, avec des provisions..., et c'est heureux. Au siècle du TGV et des impatiences pour vingt minutes de retard, l'aventure vaut d'être contée.

Le train quitte Clermont-Ferrand le 28 juin à 13 h 30 et c'est sans encombre qu'il arrive à Saint-Germain-au-Mont-d'Or.

Après discussion avec les Allemands, autorisation est donnée à Pierre Girard, patron du convoi, de poursuivre jusqu'à Lyon, où le train stoppe à 19 h 30, toute circulation nocturne étant interdite. Le lendemain, 29, le convoi couvre 72 kilomètres et s'arrête à Mâcon pour une seconde nuit. Le 30, il arrive à Chalon-sur-Saône, première gare sur cette ligne de démarcation qui jouera un si grand rôle dans la vie quotidienne des Français, comme dans la vie économique et politique de la France. À la suite de longues discussions, Pierre Girard obtient des Allemands de poursuivre jusqu'à Dijon d'où, lui affirme-t-on, il pourra gagner Paris par la ligne directe. Il n'en sera rien. Les Allemands de Saint-Florentin-Versigny, qui occupent la gare dont ils ont chassé le personnel français, ne sont pas les Allemands de Chalon-sur-Saône. Ils s'opposent à la marche en direction de Paris et le train stationnera, pendant la nuit, à trente-deux kilomètres de Troyes. Le 1er juillet, direction Châlons-sur-Marne, où le train n'arrivera pas, car le chef de gare allemand de Nuisement [2] le stoppe afin de laisser voie libre aux convois de troupes.

---

1. M. Berthelot, secrétaire d'État aux Communications, explique, en septembre, que, si après 1918, il a fallu douze ans pour reconstruire, « son ambition est de mener à bien [sa] tâche en deux fois moins de temps ». La reconstruction des ponts sur le Rhône nécessitera 100 kilomètres de câbles.

2. Marne.

Avec les provisions qui s'épuisent, les caractères s'aigrissent.

Était-il pensable d'imaginer si long voyage ? La journée du 2 juillet se passe dans l'attente jusqu'au moment — il est 20 heures — où le convoi français obtient l'autorisation de gagner Châlons-sur-Marne. Les dix kilomètres qui séparent les deux villes seront effectués... en quatre heures. Le lendemain, 3 juillet, le train part bravement pour Reims... mais quelques kilomètres avant d'y arriver il lui faut, tant les destructions sont importantes, retourner à Châlons. Que faire ? Après une journée de palabres, les Allemands prennent la décision qui s'imposait : sur des camions, ils chargent le matériel ; dans des cars militaires, les cheminots, et c'est finalement par la route, le 5 juillet, que Pierre Girard et ses subordonnés atteindront Paris. Leur voyage depuis Clermont-Ferrand aura duré huit jours !

Il s'agit là d'un convoi très exceptionnel, mais il n'est pas inutile de rappeler qu'*en août 1940 plus de dix-huit heures seront toujours nécessaires pour aller de Bordeaux à Paris,* près de onze heures pour couvrir la distance Paris-Nancy.

Encore faut-il être prioritaire, c'est-à-dire utile (pour l'Allemagne d'abord) à la reprise de la vie économique. Dans la journée du 18 juillet quittent ainsi Bordeaux pour Paris 1 700 cheminots, 728 ouvriers de chez Peugeot, 450 employés des usines d'aviation, 264 de l'Air Liquide, 106 de l'Électromécanique...

Un train qui roule fait beaucoup plus que réunir deux villes séparées par les ruines de la guerre, beaucoup plus que rapatrier des hommes (des hommes d'abord) et des femmes, il rétablit des communications entre deux mondes qu'il avait suffi de quelques jours de bataille et de désordre pour rendre étrangers l'un à l'autre.

Aussi le « premier train » est-il considéré dans toutes les villes comme un événement, qui exige que plusieurs journalistes y assistent.

Voici le récit publié le 15 juillet 1940 par *Le Journal*, quotidien parisien replié en zone non occupée, de l'arrivée à Limoges du « premier train » en provenance de Paris.

« Sans être annoncé, on devine que c'est lui à sa seule allure, une allure rapide dont le trafic de ces derniers temps nous avait déshabitués. Quai D. Une locomotive électrique, un wagon poste, un fourgon, trois wagons de troisième. »

Le reporter interroge. Mais, parmi les passagers, aucun n'arrive de

Paris. Un agent de la SNCF, envoyé en mission, descend cependant du wagon poste.

— La vie, là-haut ?

On dit « là-haut », il faut le remarquer, un peu, comme dans l'autre guerre, on parlait du front.

— Triste, monotone, contenue. Peu de monde, peu d'autobus, pas de taxis, circulation inexistante.

— Le ravitaillement ?

— Grandement amélioré depuis quelques jours, depuis que les chemins de fer ont repris leur exploitation. Je n'ai pas quitté Paris quand les Allemands l'ont occupé. Et, au début, ce fut très dur : tous les magasins fermés et jusqu'aux boulangeries...

— Et maintenant ?

— On trouve du pain, de la viande, de l'épicerie, à condition, bien entendu, de prendre son tour dans la file à la porte des boutiques.

— Et les prix ?

— Le coût de la vie est resté à peu près le même qu'avant l'invasion.

— Voit-on beaucoup d'Allemands ?

— Si on en voit ? Dites qu'on en voit partout. Au café, dans les cinémas rouverts, sur les boulevards. Eux seuls gardent à la ville son aspect vivant...

Ces Allemands sont, au début, considérés un peu comme des « bêtes curieuses ». Leur frénésie d'achat étonne avant de scandaliser. « J'en ai vu, écrit le journaliste Pierre Mille dans *La Dépêche* de Toulouse, acheter trois cents paires de bas de soie et deux cents boîtes de cirage. » Les occupants bénéficient, il est vrai, du très avantageux cours du mark, fixé à 20 francs, ce mark à 20 francs qui suscitera, le 21 août, une inutile protestation de Huntziger, face à un Hemmen impassible.

— Avec cet argent, ce mark à 20 francs alors que son pouvoir d'achat est d'environ 12 francs, les Allemands pourront acheter la France entière...

Et non seulement la France des bas de soie, des boîtes de cirage, ou, comme le raconte *La Montagne* dans son numéro du 26 juillet, la France des vêtements : « En peu de jours, à Besançon, on ne trouva plus non seulement d'articles masculins (chemises, caleçons, chemisettes, costumes) mais même d'articles de femmes (robes, tissus, corsets) [1] », mais aussi la France de l'industrie, la France du charbon, la France du blé et du vin et, infiniment plus grave, la France des âmes.

1. *La Montagne* publie la lettre envoyée par un étudiant qui vit à Besançon, ville occupée.

Grâce à une autorisation accordée à la veille de leur départ de Lyon par les autorités allemandes [1], le cardinal Gerlier a pu se rendre à Paris, où il a passé en revue avec le cardinal Suhard, archevêque de Paris depuis douze mois à peine, les problèmes qui assaillent l'Église de France, désorganisée comme toutes les autres institutions. Prêtres prisonniers (2 800) ; prêtres encore mobilisés ; diocèses privés de leurs pasteurs qui, souvent sur ordre, ont pris part à l'exode ; clergé alsacien et lorrain soumis aux premières tracasseries qui annoncent les premières persécutions ; écoles libres privées de ressources et de maîtres ; tous ces points, le cardinal Gerlier les exposera, le 16 juillet, au maréchal Pétain. Mais, pour le public, il donne des informations sur la vie quotidienne, et son récit, transmis par une dépêche d'agence, ne manquera pas d'intérêt puisque c'est un des premiers qui arrive de « là-haut » : « Impression de vie ralentie, à Paris, où la population est très restreinte... plusieurs curés ont pu organiser, avec le concours des communautés religieuses, des soupes populaires à bon marché. Pour 2,75 F on peut avoir une soupe, une portion de viande avec légumes et un dessert. La plus grande souffrance est de se sentir sevré de nouvelles. Les émissions de la TSF française leur arrivent mal. Ils [les Parisiens] n'ont d'autres moyens de se renseigner que les trois journaux rédigés à leur intention en langue française. »

Il n'est nul besoin d'être fin politique pour comprendre qu'il s'agit de journaux (*Le Matin*, *Paris-Soir* [2], *Les Dernières Nouvelles de Paris*) de pensée allemande.

Ainsi, dès les premiers jours de juillet, le cardinal Gerlier a-t-il, en dix mots, distingué, ce qui n'est plus fait assez souvent aujourd'hui, presse de Paris et presse de zone non occupée et, en opérant d'instinct cette distinction, montré — sans y songer encore — que Paris n'était pas Vichy, avant de s'en rendre personnellement compte lorsqu'il sera dénoncé par une partie de la presse parisienne de la collaboration comme « cardinal talmudiste délirant, traître à sa foi, à son pays, à sa race [3] ».

Les réfugiés voudraient quitter au plus tôt ces villes où Pomaret, ministre de l'Intérieur, les a, par son discours du 19 juin, immobilisés.

---

1. Lyon occupée par les Allemands le 19 juin fut libérée au début de juillet, la ville étant exclue de la zone d'occupation.

2. Le véritable *Paris-Soir* s'est réfugié en zone non occupée avec son directeur, Prouvost, et l'essentiel de sa rédaction. Entrant à Paris, les Allemands ont installé dans les locaux de la rue de Réaumur une équipe à leur dévotion.

3. *Au Pilori*.

Chaque jour ils sont des milliers à se rendre à la gare. Chaque jour leurs espoirs sont déçus, le gouvernement leur faisant savoir qu'ils doivent attendre d'être convoqués.

Les villes encombrées seraient heureuses de les voir s'éloigner.

À Toulouse — un « cul-de-sac », selon *La Dépêche* du 24 juin —, le préfet, dès le 23 juin, réglemente de façon stricte la circulation des réfugiés. Tout déplacement *vers* Toulouse est ainsi subordonné à l'obtention d'un permis visé par le maire de la commune de résidence, ou par la gendarmerie. Les personnes désirant quitter Toulouse doivent obtenir un sauf-conduit, accordé à celles qui veulent se déplacer dans un rayon de vingt kilomètres, pour se ravitailler dans leur propriété. Quant à celles qui souhaitent quitter la ville pour résider à l'extérieur, qu'elles le fassent, mais tout retour leur sera interdit.

L'engorgement des villes se trouve à l'origine de mille et une difficultés de logement et de ravitaillement, quotidiennement aggravées par l'inflation. À Bordeaux, le kilo de pommes de terre est passé, en un jour, de 3 à 5 francs, la salade de 20 à 25 sous, les radis de 15 à 20 sous la botte, et certains magasins — de chaussures notamment — n'ouvrent plus qu'entre 16 et 18 heures tant la demande est grande alors que les stocks ne sont certes pas inépuisables.

Lorsque, le 20 octobre, il sera possible d'établir un bilan sérieux, on annoncera le retour de 3 millions de réfugiés ; 1 million par la route dans 200 000 voitures ; 2 millions par chemin de fer, dans lequel seuls étaient acceptés les bagages à main et les bicyclettes. Au cours de l'exode, les réfugiés se sont d'ailleurs considérablement allégés pour fuir un bombardement, pour marcher plus longtemps ou parce que leur voiture n'avait plus d'essence. Ce qui a été laissé sur le bord de la route, sur le quai d'une gare — en mars 1941, plus de 13 000 propriétaires de bagages abandonnés ne se sont pas encore fait connaître à la SNCF — ou confié à un compagnon de misère, est considérable[1].

Les journaux de l'été et de l'automne 40 — miroirs de la défaite — ne publient pas que des avis de recherche d'enfants perdus. M. Roger B... promet, le 2 octobre[2], une bonne récompense aux chemi-

1. Une loi du 17 septembre autorise l'administration des domaines à aliéner immédiatement les objets et colis en souffrance entre le 10 mai et le 31 juillet 1940 et qui encombrent les gares sans que rien ne permette d'en identifier les propriétaires.

2. Dans *Paris-Soir*.

M. et Mme André de CHAUDFONTAINE recherchent leur fils Gustave qui a quitté famille à Carcassonne le 24 mai. Donner renseignements à Cassignol, Pépieux (Aude)). D. 8511

R. LUTZ, école filles, Aureilhan (Hautes-Pyrénées), cherche sa femme et fils Albert. D 7955.

Mme Ch. AMANT, chez Maumus, American Park, Tarbes, cherche sergent Amant. D. 7954.

Gaston MERLAND recherche sa mère « Dépêche », no 0101.

Louis LAMBION recherche son fils Jean. « Dépêche », no 0102.

M. DETAILLE-NAMUR à Cierp (Haute-Garonne), recherche fils Achille. D 3061.

Henry BOULAY, de Beaumont-sur-Oise, en parfaite santé recherche sa famille. « Dépêche », no 0205.

Parents de Guy HUBERT (Binche) sont hôtel Hollande, Lourdes. D 3060.

Mme Albert MENASCHE, de Bruxelles, recherche famille. « Dépêche », no 0204.

David BEZBORODKO recherche ses frères : Boris, sergent, 118e dépôt colonial Brest; Israël, caporal, groupe d'exploitation de l'intendance; Hillel, volontaire 1er bataillon, 3e compagnie des pionniers, Septfonds; Charles, conducteur Cora 1 202e compagnie; Emmanuel, sapeur du génie, no 11, à Poissy. S'adresser: Hôtel de la Poste, à Capvern-les-Bains (Hautes-Pyrénées). D 3059.

PAQUIER VALLE, à Meaux, est réfugié à Lafrançaise, rue Mary-Lafon. D 3058.

M. Léon BREDO, recherche sa femme et sa fille. « Dépêche », no 0203.

Jean et Henri HALLOY sont recherchés par leurs parents. « Dépêche », no 0200.

Mme Henri POIRE, libraire Amiens, 16, rue de Raymond, Agen. D 7379.

Bernard TRANSAT, Paris, est à Bordeaux. Lui écrire : Agence Havas, Bordeaux, no 2595. D 7878.

Mme MOULIN, cherche docteur Lallemand, Val-Grâce, Paris. Havas, Périgueux, 19090. D 8015.

Famille Jean SAINTE-BEUVE, de Noyers-Saint-Martin (Oise). Havas, Périgueux, 19093. D 8014.

Maurice PEIM, de Paris, recherche Georges Peim du 8e train-auto, et ses enfants, recherchés par Fritz Botteron, adjudant-chef, 7, avenue Chaumier, Montauban. D 3116.

Gérard BRIMIOULLE recherche fils; 22, rue Lakanal, Toulouse. D 3115.

Cherchons soldat PERLOTEIN, 41e régiment régional, 2e section. Frankenhuis, 74, rue Sébilé, Lavelanet (Ariège). 3114.

Cherche BARCLAYS BANK (France), de Paris. Baum, hôtel Printania, Toulouse. D 3113.

Mme Agnès BAUERNFREUND, Toulouse, poste restante, recherche son mari, dernièrement à Bassens, et fils Ernest, parti Braconne (Charente). D 3112.

MARQUISET, de Besançon, au Castelet, Roques, par Pinsaguel (Haute-Garonne). D 3111.

Jeanne JEUNIAUX, de Nivelles. Adresse : 13, rue Mespoul, Toulouse. D 3110.

# AVIS

Nous informons nos lecteurs QU'IL NE PEUT ETRE TENU COMPTE des demandes d'insertion dans la rubrique « RECHERCHES, que si les annonces portent le visa du maire ou du commissaire de police.

Les annonces remises à nos guichets à Toulouse seront acceptées sur présentation d'une pièce d'identité.

En raison de l'abondance de ces annonces, il nous est momentanément impossible d'en assurer la publication dans un délai inférieur à une semaine.

Il ne sera tenu compte que des demandes accompagnées du montant de l'insertion.

Mme SCHNBELIN recherche son mari, en dernier au Foyer militaire, à Aubepierre-sur-Aube (Haute-Marne). « Dépêche », no 0224.

Toujours dans le même numéro de *La Dépêche*,
un autre extrait des longues listes des familles éclatées.

nots qui lui permettront de retrouver trois colis partis le 8 juin d'Acquigny, dans l'Eure, pour Argelès-Gazost, dans les Hautes-Pyrénées. Trois colis ? Une grande caisse contenant « coffre fourrure marque S.R, une malle moyenne marquée B.R et une petite caisse ».

Le 3 octobre, une réfugiée, provisoirement installée à Saint-Hilaire-sur-Yerre [1], propose une « forte récompense » à la personne qui lui rapportera son sac de cuir noir contenant « somme arg. bij. pap. », sac perdu le 16 juin à Crux-la-Ville [2].

Le 18 octobre, la société parisienne CEM demande qu'on l'aide à « retrouver deux appareils radioélectriques » égarés dans la région d'Auneau en Eure-et-Loir. Forte récompense.

Forte récompense encore à « Parisien forain ayant voyagé du 13 au 17 juin avec monsieur barbu (accompagné chien) évacué de Breuillet (Seine-et-Oise) s'il lui écrit au sujet des bagages qu'il lui a confiés à Saintes et dont le contenu ne peut être utilisé ».

Dans la même petite annonce, une Ardennaise, Mme Mary, recherche son mari, ses quatre chevaux et ses trois voitures. Elle les imagine toujours ensemble. Est-il pensable qu'un paysan abandonne son attelage ?

Si la lecture des journaux d'après la défaite est riche en enseignements et renseignements sur les préoccupations des Français, le préfet de police de Paris, Roger Langeron, complète notre information.

Le 20 septembre 1940, il note les points sur lesquels le public parisien demande le plus fréquemment des explications.

— Circulation entre les deux zones.

— Dans quelles conditions fonctionne le bureau des laissez-passer ?

— Transfert des marchandises de zone à zone.

— Conditions dans lesquelles les militaires allemands ont le droit de réquisition et pièces qu'ils doivent produire. Où peuvent être déposées les réclamations ?

— Restrictions à la circulation des voitures.

— Restrictions à la vente des pneumatiques et accessoires d'auto.

— Conditions de réquisition des voitures et paiement des indemnités.

— Droit et devoir des associations.

1. Eure-et-Loir.
2. Nièvre.

Le mercredi 26 juin, lorsque les Français découvrent dans des journaux — dont la première page était parfois cernée d'un filet de deuil[1] — la ligne de démarcation isolant la zone d'occupation allemande de la zone destinée à rester libre, ils n'ont pas compris quel efficace barrage cette ligne constituerait, quel moyen de pression politique elle représenterait. Contrairement à ce que croyaient bon nombre d'entre eux dans les premiers jours de juillet, il ne s'agissait pas simplement, pour les Allemands, d'établir une frontière leur permettant de contrôler les voyageurs se rendant d'une zone, en contact avec l'Afrique par Marseille, avec la Suisse, avec l'Espagne, dans une zone qui servait de plateforme aux opérations contre l'Angleterre, mais, économiquement et politiquement, d'un véritable garrot. On le découvrira, après le 13 décembre 1940, c'est-à-dire après que Pierre Laval a été chassé du gouvernement.

Les Allemands *fermeront* alors purement et simplement la ligne de démarcation. À tout le monde ? Oui, à tout le monde, à l'exception des agents des PTT et des cheminots, dont les services leur sont indispensables.

Baudouin, invité le 17 décembre à un dîner offert trois jours plus tard par l'ambassadeur Abetz, se voit refuser l'*Ausweis* indispensable pour se rendre à Paris... chez l'ambassadeur d'Allemagne !

Quant à Bouthillier qui, le 18 décembre, ainsi qu'il le fait chaque mois, a pris le train pour aller vérifier la bonne marche de ses services parisiens, il est arrêté, à la gare-frontière de Moulins, par un douanier allemand.

— Ministre ?

— Oui.

— Ministre de Vichy ?

— Oui.

— *Heraus !*

Les bagages du ministre des Finances lancés sur le quai, Bouthillier n'a plus qu'à reprendre, avec eux, le train en direction de Vichy[2].

Historiettes ? Il s'agit de tout autre chose. Après le 13 décembre, les ministres de Vichy devront attendre quatre mois et demi avant de pouvoir retourner à Paris. Les sanctions allemandes sont infiniment plus sévères, on l'imagine, pour le reste de la population, qu'il s'agisse de la circulation, de la correspondance, du ravitaillement, puisque les deux zones ne peuvent vivre (mal) l'une sans l'autre.

1. C'est le cas pour *La Dépêche* de Toulouse
2. *Cf.* Robert Aron, *Histoire de Vichy.*

## Le jeu dramatique des « passés » et des « passeurs »

Dans les jours qui ont suivi l'armistice, les Allemands ont laissé, à peu près librement, les Français remonter du sud vers le nord, et Paris, pour ne prendre que cet exemple, est passé ainsi de 700 000 habitants, le 14 juin, à 1 200 000 le 7 août. Mais, bientôt, la création de bureaux allemands [1] habilités à délivrer des « laissez-passer », en rationnant à volonté la circulation, donnera, aux Français, une idée de l'ordre allemand.

Sans doute imaginent-ils que le traditionnel « système D » pourra triompher de tous les obstacles ? Cela ne sera vrai qu'un temps, le temps, pour les occupants, de découvrir que les certificats médicaux prescrivant à des milliers de Françaises des cures thermales à Châtelguyon, Royat, Cauterets, étaient certificats de pure complaisance. Il faudra bientôt aller plus loin dans le mensonge ou évoquer un malheur véritable, en produisant un télégramme, venu de la zone libre, capable d'emporter la décision allemande : maladie grave d'un conjoint ou des parents, enterrement, accouchement aux suites délicates, naissance prématurée, tout cela vrai ou faux (faux ou exagéré dans un certain nombre de cas) mais certifié conforme par la mairie du lieu d'expédition.

Que la ligne soit, par son étendue même, une frontière perméable, que les écriteaux « *Demarkationslinie überschriten verboten : Ligne de démarcation, passage interdit* » soient faits — au même titre que les nombreux interdits de la campagne française : « interdit de déposer des ordures, de pêcher, de traverser la voie ferrée » — pour être méprisés par des Français débrouillards, heureux de prendre ainsi, sur l'armée allemande, une bien modeste revanche, soit, mais rien n'est aussi simple que le disent les livres ou que le montrent les films.

« Passeur », un mot qui eut toute son actualité à partir de la fin de l'an 1940, et surtout en 1942, lorsque les persécutions antisémites, et les rafles de juillet, poussèrent les juifs à fuir en zone non occupée où, selon le mot d'Annie Kriegel, qui, avec toute sa famille, traversa l'Allier-frontière, si « la liberté [était] relative et sous contrôle, le sentiment de sécurité qu'on y éprouv[ait] après avoir franchi la ligne de démarcation [était] incontestable [2] ».

1. À Paris, rue du Colisée.
2. Annie Kriegel, *Ce que j'ai cru comprendre.*

Passeurs : hommes et femmes de courage et de volonté patriotique ou hommes et femmes qui profitent (et parfois abusent) de la situation lorsque la « clientèle » — juive, en 1942 — se fait nombreuse et que le prix des passages augmente sans que les dangers — car il existe des dangers d'arrestation et de déportation — croissent en proportion.

Passeur : un sacerdoce ou un métier qui peut rapporter gros.

On ne « passe » clandestinement la ligne de démarcation — le plus souvent dans le sens nord-sud — que pour un motif grave. Bien que la technique des faux papiers constamment améliorée permette, en principe, d'affronter les cinquante minutes d'arrêt dans ces gares où l'inspection par la police allemande des bagages et des papiers se fait sur le quai — c'est à Langon — ou dans les wagons — c'est à Chalon —, des résistants préféreront toujours passer la ligne en fraude, jugeant, dans la mesure où ils disposaient de réseaux solides, les risques moins grands. Pour les juifs, le passage clandestin était une obligation. En août 1942, de véritables troupes afflueront quotidiennement dans les villages proches de la ligne. Tournant le dos à la gare, traînant valises et enfants, ces curieux voyageurs, dont le pays entier savait la destination, se rendent dans un café parfois bondé d'Allemands indifférents — « ils n'étaient pas chargés de surveiller les passages », écrira Robert Aron [1], « passé » à Montceau-les-Mines — où, circulant de table en table, le passeur disait simplement aux nouveaux venus : « Vous êtes là pour passer la ligne ? »

## Un modèle imposé de correspondance

Passeurs. Il faudra nécessairement en reparler, mais plus que le passage des hommes, ce qui importe pour les Français, c'est le passage de la correspondance.

Comment ce peuple éparpillé par l'exode ne serait-il pas affamé de nouvelles ? Il y a tant à raconter et surtout tant à apprendre. Très rapidement les Allemands mettront fin au prurit épistolaire en inventant, en octobre, la carte interzone.

1. *Le Piège où nous a pris l'histoire.*

*...... le ... 194.*
*...... en bonne santé ... fatigué ...*
*... légèrement, gravement malade, blessé ...*
*... tué ... prisonnier ...*
*... décédé ... sans nouvelles de ...*
*La famille ... va bien.*
*... besoin de provisions ... d'argent ...*
*...... nouvelles ... bagages ...... est de retour à ...*
*...... travaille ... va rentrer à l'école de ...*
*...... a été reçu ... aller à ... le ...*
*affectueuses pensées. Baisers ... Signature.*

Treize lignes pour l'amour, l'amitié, la vie quotidienne ; pour dire la mort d'un être cher, l'inquiétude sur le sort d'un prisonnier, le chômage — car, dans la France de l'après-armistice, et malgré la captivité de deux millions de jeunes hommes, on dénombre officiellement, au mois d'octobre 1940, plus de un million cent mille chômeurs [1] ; treize lignes pour raconter l'exode et ses péripéties ; les départs : « Je prends la voiture tapissière couverte, moi, dans un fauteuil, Françoise à côté de moi, dans le grand panier à linge avec, en dessous d'elle, les registres, les papiers de compte, les photos. Dessus elle, bien au chaud, des couvertures, des oreillers et le réveil [2]... » ; les mitraillages : « Un cheval a eu une balle dans le cou, un plat sur un tréteau a été perforé... j'ai vu un soldat français tomber à vingt mètres de nous [3] » ; le retour : « Une délégation de femmes à bicyclette s'ébranla afin d'aller "aux nouvelles"... Elles revinrent bien vite en expliquant que le village était sinistré en grande partie et qu'il faudrait organiser des abris et se serrer car certains ne possédaient plus de maisons [4] » ; oui, comment faire entrer tout cela en treize lignes déjà plus qu'à moitié imprimées ?

Alors, plus souvent que les hommes, ce sont les lettres qui franchiront en fraude la ligne de démarcation (5 à 10 francs la lettre... ou gratuitement, lorsque « le passeur » — comme Raoul Laporterie qui, pour exercice de sa profession [5], passe quotidiennement dans sa Juvaquatre la

1. Dont plus de 500 000 en région parisienne où sont concentrées les usines mécaniques et métallurgiques.
2. Récit de Mme Colette Noizet, *Horizons d'Argonne*, n$^{os}$ 69-70.
3. Récit de Geneviève Noël, *Horizons d'Argonne*, n$^{os}$ 69-70.
4. Témoignage de Raoul Tollitte, *Horizons d'Argonne*, n$^{os}$ 69-70.
5. Raoul Laporterie est maire de Bascons, petite commune située en zone libre, mais son magasin se trouve à Mont-de-Marsan en zone occupée. Il bénéficie donc d'un *« Ausweis für den Keinen Greuzverker »* (laissez-passer pour le trafic frontalier local).

« frontière » à Mont-de-Marsan sur la route d'Aire-sur-l'Adour — est un homme de dévouement). Il « fait passer » aussi bien les semences de pois, fèves, carottes que Jean Maître envoie à sa belle-mère qui possède un petit jardin à Clamart, en banlieue parisienne, que les quelques centaines de francs envoyés par une grand-mère à son petit-fils, ou les lettres de femmes, inquiètes de la blessure de leur mari, du sort de leurs enfants. Envoyée de Limoges, il recevra un jour cette lettre : « À la Croix-Rouge de Châteauroux, j'ai rencontré des gens du Nord, des Roubaisiens, et une dame de la Croix-Rouge de là-bas et elles m'ont dit que, si je voulais passer des lettres pour la France occupée, je pouvais passer par vous. »

Cette preuve de notoriété est flatteuse.

Elle est dangereuse.

Après avoir longtemps dupé des soldats allemands (autrichiens également) débonnaires [1], plus heureux à Mont-de-Marsan que sur le front russe, ne cherchant nullement à attirer l'attention en créant des incidents qui dévoileraient leurs négligences, Laporterie, désormais surveillé, devra, dans l'automne de 1941, interrompre son activité d'« agent de liaison » entre ces deux parties de la France arbitrairement séparées.

## Une France découpée en six morceaux

Deux France ? On le répète toujours. En réalité, les Allemands « découperont » rapidement la France en six morceaux, de tailles bien différentes : zone libre, zone occupée, mais, à l'intérieur de la zone occupée, ils ont disposé d'autres frontières : qu'il s'agisse de la frontière isolant de la France le Haut-Rhin, le Bas-Rhin et la Moselle annexés ; de la frontière, presque inconnue de nos compatriotes, qui, dès le 23 juillet 1940, fait de huit départements du Nord et de l'Est une zone interdite en direction de laquelle tout retour est, en principe, interdit. Or ces départements, premiers atteints par la bataille, avaient fourni à l'exode ses fleuves les plus imposants. Quant aux départements du Nord et du Pas-de-Calais, ils ont été, et resteront, rattachés à l'administration allemande de Bruxelles. Enfin, le long de la bande côtière atlantique, utilisée

1. Laporterie dissimule les lettres sous les coussins de sa voiture, ce qui ne devrait pas constituer une cache bien difficile à découvrir pour des douaniers. Mais il est vrai que les petits postes frontières sont surveillés par des soldats relativement indifférents, habitués à voir passer chaque jour, pour leur travail, les mêmes personnes.

légramme urgent à librairie P. Frances, boul. Gambetta, Cahors. D 4560.

V. de STRAETEN, Le Sequestre, par Albi, recherche Vlam-Lalieu. D 4559.

HUMBLOT recherche Rau et Cie, hôpital du Lycée, Albi (Tarn). D 4558.

M. CABANEL, 21, rue Charcot, Albi (Tarn), demande nouvelles famille Delaire, de Savigny, du sous-lieutenant Alexandre Desfarges, de Saint-Malo. D 4557.

Mme L. VELTMAN recherche son mari. Villa des Tilleuls, Fontcouverte, Bellegarde (Tarn). D 4556.

Jacques WATTEBLED, lieutenant blessé, hôpital lycée Albi (Tarn), demande nouvelles et adresse de sa famille. D 4555.

PONTS ET CHAUSSEES DE LA MARNE : LEVANT, MELIN, TONNELIER, recherchent familles. — Ecrire : Ponts et Chaussées, Albi (Tarn). D 4554.

Jean STEVENS, de Mortsel, recherche les siens. « Dépêche » no 038.

Les officiers, sous-officiers et soldats du 123e R. A. L. prient familles de continuer écrire même adresse que précédemment. D. 8296.

Prière donner nouvelles d'Eliane PETILLOT (Seine-et-Marne). Mme Petillot, chez M. Palazy, 20, boulevard République, Rodez. D. 8295.

Hector ROYNET recherche famille. « Dépêche » no 0117.

René GRAINDORGE recherche son fils Maurice. « Dépêche » no 0121.

Léon BASEIL recherche son fils Robert. « Dépêche », no 0122.

Jean FERNAND : Nous sommes à Lisle-sur-Tarn; Denise-Suzanne Lechantre-Tillier, de Mons (Belgique). D. 8751.

Familles GILSOUL et PAQUAY, réfugiées à Verniolle (Ariège) recherchent Arman Gilsoul et Marthe Paquay. D. 8748.

Mme MARCHAU-LIMBORT et sa fille Paulette, de Namur, Mme LIMBORT, carré de Huy, sont 1, rue Saint-Valier, Saint-Girons (Ariège). D 8316.

Mme Marthe HAUGLUSTAINE recherche son mari Nicolas, soldat au 38e de ligne belge. « Dépêche » no 0131.

Mme ZABEK, Montréal (Aude) recherche sa fille Jeanne, 8 ans, de ...

... tal Sainte-Croix, Toulouse. D 3141.

Auve-Laiz. Jos. PERWEZ, Belge, recherche son fils Lucien; rue Moulin-Bayard, 13, Toulouse. D 3140.

Mme A. HEYMANN fait connaître à ses trois fils qu'elle se trouve chez M. Forasté, 15, rue Pradal, Toulouse. D 3139.

Mme André LEREY, réfugiée à Toulouse, 46, rue Montplaisir, recherche maréchal des logis André LEREY, 371e R.A.L.V.F., 32e batterie, qui était le 7 juin au camp de Larzac (Aveyron). D 3138.

M. SMAL-NONNOU recherche famille; 28, rue Matabiau, Toulouse. D 3137.

Honoré AIMABLE, evacué de Jemappes, près Mons, habitant Toulouse, 44. rue des Trente-six-Ponts, recherche Hermès DUMONT, de Wasmuël, et Paul JOFFROY, de Jemappes, pour retour Belgique. D 3136.

David TCHORZEWSKI cherche famille ; 75, rue d'Alsace, Toulouse. D 3135.

David-Isi MITRANI recherche famille. Ecrire Marcel Bureau, 94, quai de Tounis, Toulouse. D 3134.

Recherche P.R.A.R.G. 102, Clairvaux. DERIEN, poste restante, Toulouse. D 3133.

Mme Aimée MORTIMER, poste restante centrale, à Toulouse, recherche caporal chef René BECKERT, S.E.S. du 67e B.C.A. D 3132.

RONAI frères recherchent leurs parents. « Dépêche », no 0223.

Henri GILLES, de Namur, recherche son fils Roger, Léon MAES et Paul DOYEN. Ecrire : avenue de Fronton, 336, Lalande-Toulouse. D 3149.

Mme BENETEAU - MEUILLET, à Saint-Julia (Haute-Garonne), recherche Roger - André - Alphonse. D 3167.

Gustave DELACRE recherche Jules DELACRE et Alfred FONTAINE, artilleurs belges. Loures - Barousse (Hautes-Pyrénées). D 3166.

Mme Albert SIMON, née Pétronille DELHALBE, réfugiée chez Lamur, à Labouisse-Prémian (Hérault). D 3165.

G. PARVAIS recherche son patron, M. E. de GERADON-LIPPENO. « Dépêche », no 0229.

« demande de nouvelles »..., « recherche »...,
les mêmes mots répétés au fil de ces petites annonces
les mots de l'inquiétude, du désarroi, de l'espoir...

par l'Allemagne pour sa lutte contre l'Angleterre, des restrictions de plus en plus sévères, qu'il s'agisse de la circulation, de la possession de postes de TSF, ou du droit de résidence, créeront une zone dans laquelle les militaires ajouteront des textes et des interdits aux textes et aux interdits valables en zone occupée.

## L'Alsace-Lorraine : un cas douloureux

Tout est douloureux en ce juillet 40, mois des terribles surprises.

Il faut dire le plus douloureux.

À Rethondes, au cours des discussions d'armistice, aucune revendication n'avait été émise par les Allemands sur l'Alsace et la Lorraine, et l'on n'a pas oublié qu'au nombre de ces « concessions qui ne pourraient être faites sans porter atteinte à l'honneur » un point — le quatrième — précisait à l'intention de nos plénipotentiaires : « amputation du territoire français, frontières actuelles (y compris Corse et Alsace-Lorraine). »

Hitler — qui, en octobre 1939, avait solennellement réaffirmé qu'il renonçait à l'Alsace — allait, dès le 28 juin 1940, démasquer son jeu.

Après avoir visité la cathédrale de Strasbourg, il s'était ce jour-là adressé aux soldats massés sur la place :

— Qu'en pensez-vous ? Devons-nous rendre aux Français ce bijou ?

— Non, non, jamais !

Mais Hitler n'avait nul besoin de ce « référendum » pour aller au bout de la logique de *Mein Kampf*[1]. Mettant à profit le vide administratif créé par l'exode, les occupants, dès la fin du mois de juin et dans les premiers jours de juillet, ont nommé en Alsace et en Lorraine des préfets et des sous-préfets allemands ; arrêté le préfet du Bas-Rhin, chassé le sous-préfet de Mosheim demeurés à leur poste ; remplacé le franc par le mark ; expulsé, après avoir confisqué leurs biens, juifs, Nord-Africains, Français « de l'intérieur » et, le 24 juillet, reporté le cordon douanier sur la frontière tracée après notre défaite de 1870, avant de nommer, le 7 août, Bürckel, déjà gauleiter de la Sarre, gauleiter de la Lorraine et

1. Évoquant la période 1917-1918, Hitler écrivait, en effet, en 1924 : « La question d'Alsace-Lorraine n'a été résolue qu'à moitié. Au lieu d'écraser, une fois pour toutes d'une poigne brutale, la tête de l'hydre française pour accorder ensuite aux Alsaciens l'égalité des droits, on n'a fait ni l'un ni l'autre. »

Rober Wagner, qui administrait le pays de Bade, gauleiter de l'Alsace. Il s'agit donc, dans les mois qui suivent l'armistice, d'une annexion de fait aux conséquences tout à la fois prévisibles et imprévisibles.

En 1939, lors de la déclaration de guerre, puis, en 1940, au moment de l'attaque allemande, plusieurs centaines de milliers d'Alsaciens et de Lorrains avaient été évacués vers des « départements d'accueil ».

Ils étaient ainsi [1] 90 000 en Charente ; 90 000 en Dordogne ; 60 000 dans la Vienne ; 40 000 en Gironde ; 25 000 dans les Landes...

Quelle décision doivent-ils prendre lorsque les délégués de la Croix-Rouge allemande viennent, à partir de juillet 1940, insister pour qu'ils regagnent des villes et des villages dont ils ne peuvent imaginer — ils sont, eux aussi, privés de nouvelles — combien ils ont rapidement et brutalement changé.

Mettons-nous à leur place... la chose la plus difficile du monde !

Leur vie quotidienne n'est ni à Ruffec, ni à Bazas, ni à Périgueux, ni à Chasseneuil, pas davantage à Rochechouart, à Saint-Perdon, à Sorges ou à Lectoure. Ils ne sont chez eux ni dans les salles des fêtes, dans lesquelles ils vivent en groupes ; ni dans ces fermes où, si l'eau courante fait défaut, il y a, en revanche, profusion de rats et de souris ; ni dans les écoles où, enfants, ils se font parfois traiter de « Boches ». Leur travail n'est ni en Dordogne, ni en Charente, ni dans les Landes, ni dans les autres départements d'accueil où, même en période de guerre, seuls 15 % d'entre eux avaient trouvé un emploi, les autres devant se contenter d'allocations — 10 francs par jour — payées souvent avec retard.

Comme il n'existe pas de vérité mais des vérités, il serait regrettable de ne retenir que le pire, d'oublier que si les Alsaciens et les Lorrains sont arrivés dans des départements pauvres, mal préparés à les accueillir, a-religieux, sinon antireligieux, ce qui choque beaucoup de ces nouveaux venus, qu'encadrent curés et pasteurs, des efforts de compréhension ont été faits, des dévouements se sont manifestés. Les Alsaciens se sont volontiers retrouvés et regroupés dans ces cafés et restaurants qui s'appellent « Au goût d'Alsace », « À la vraie choucroute », mais certains d'entre eux ont élargi leur horizon, découvert, avec les beautés de paysages qui leur étaient étrangers, la gentillesse foncière d'hommes et de femmes, de paysans et de paysannes qui leur avaient tout d'abord semblé rugueux, rusés et roublards, et qui, parlant volontiers patois, n'étaient pas compris de ceux qu'ils ne comprenaient pas.

---

1. Les chiffres sont ceux de décembre 1939. Ils ont très vraisemblablement augmenté en mai et juin 1940.

## Pour les exilés de l'exode, la question cruciale : rester ou tenter de rentrer chez soi ?

Mais, dans l'été et l'automne de 1940, l'heure est à la décision. Que doivent-ils faire ? Partir pour retrouver leur maison, leur famille, leur cimetière, leur église, leurs concitoyens, leurs champs, leurs vignes, leur travail, leurs habitudes, dans une province qui sera, ils le savent bien, devenue une province allemande ?

Rester et tenter de s'intégrer, plus ou moins rapidement, dans une province à laquelle rien, sentimentalement ni professionnellement, ne les lie et, en restant ainsi, accepter de tout perdre pour demeurer français ?

On devine combien le choix est angoissant. Un journal destiné aux Alsaciens-Lorrains protestants, réfugiés en Dordogne, fera allusion, en octobre 1941 encore, à ces valises faites, défaites, deux fois, trois fois, par des familles qui ne peuvent « se décider à retourner vers une Alsace changée ».

Les hésitations sont d'autant plus compréhensibles que ces braves gens n'ont, sur l'avenir de la guerre, ni les lumières d'un Churchill ni les assurances presque mystiques d'un de Gaulle. Il leur faut beaucoup de courage pour décider de rester alors que, dans l'été 40, les chances de l'Angleterre paraissent bien menues ; alors que les Allemands pressent ceux qui sont partis de rentrer[1] ; libèrent les prisonniers de guerre alsaciens-lorrains ; font savoir que les « frères exilés » — c'est le mot employé par leur propagande — ont été accueillis sous les guirlandes, les banderoles, les acclamations (parle-t-on des bras tendus pour le salut hitlérien ?), ont eu droit à de copieuses gamelles de soupe, à de nombreux discours, au *Deutschland über Alles*, au *Horst Wessel Lied* joués par de viriles musiques militaires.

Des centaines de milliers d'Alsaciens se trouvent pris au piège. Au piège des ordonnances allemandes, qui font la chasse aux affiches publicitaires rédigées en français condamnées à disparaître comme « traduisant une situation capitaliste » ; qui font la chasse aux livres français ; aux bérets basques ; aux décorations françaises ; aux souvenirs ramenés de Paris : tour Eiffel en plomb doré, porte-plume offrant, dans un œillet

1. Même dans les départements de zone *non occupée*, ils vont rassembler les réfugiés alsaciens-lorrains pour les ramener dans leur département d'origine ; ce sera vrai notamment dans la Loire, dans la Côte-d'Or, etc.

de verre, des vues du tombeau de Napoléon ; aux noms français sur les boutiques comme sur les plaques des rues, à la langue française elle-même, avant de faire la chasse aux francophiles, qui seront massivement expulsés en novembre... un mois après Montoire !

De la zone Moyeuvre, Courcelles-Chaussy, Dieuze, Héming, Abreschviller, 70 000 personnes seront donc chassées avec bagages à main et 2 000 francs. Et comme les guerres permettent au vainqueur du jour de cyniques et ragoûtantes revanches sur les vainqueurs de la veille, les Allemands ne manquent pas de faire remarquer qu'en 1919 plus de 100 000 Allemands, ou Alsaciens considérés comme germanophiles, chassés par les Français, avaient dû s'exiler avec 2 000 marks en billets de banque et vingt kilos de bagages à main.

Plus tard, lorsque l'Allemagne accablée en Russie mobilisera les Alsaciens et les Lorrains, ces premières mesures paraîtront bénignes mais, connues par les réfugiés alsaciens et lorrains, encore présents dans les départements d'accueil, dès l'arrivée des expulsés de novembre[1], elles contribueront à les fixer, au moins provisoirement, en zone non occupée malgré le peu d'ardeur que le gouvernement de Vichy apporte officiellement à leur défense, à la défense de l'Alsace et de la Lorraine françaises.

## Des protestations trop discrètes

Certes, officiellement, les Français protestent. Régulièrement. Mais n'étant *jamais rendues publiques*, ces protestations sont comme autant de coups d'épée..., de coups de stylo, dans l'épaisse indifférence allemande.

La lettre en douze points par laquelle, le 3 septembre, le général Huntziger, après avoir énuméré tous les griefs français[2] — et dénoncé notamment « la législation raciale introduite en Alsace » et les expulsions d'israélites —, rappellera que l'Allemagne, le 22 juin, à Rethondes, avait signé la Convention d'armistice avec la France « dans ses frontières d'État de 1939 », que, ce même 22 juin, elle avait précisé que le gouvernement français « avait le droit d'administrer les territoires occupés et

1. Les expulsions se poursuivront en décembre.
2. C'est le point 10.

les territoires non occupés, sans limitation territoriale aucune », aurait eu un effet moral considérable si elle avait été publiée, diffusée [1], comme le demandait le général Weygand, qui faisait référence à la protestation élevée publiquement, en 1871, par les élus alsaciens et lorrains qui, à Bordeaux, avaient pris la France et le monde à témoin de la violence qui leur était faite.

Destinées à aller gonfler les classeurs de Berlin, de Wiesbaden, de Vichy, les protestations françaises ne pouvaient ni ébranler les Allemands ni réconforter ces Alsaciens et Lorrains à l'intention desquels, le 10 septembre 1940, la radio de Vichy s'était sottement félicitée de la bonne marche du rapatriement, annonçant qu'il ne « restait plus » que 85 000 réfugiés alsaciens et mosellans en zone libre et que, « si tout se pass[ait] bien, le rapatriement [mot étrange en la circonstance] sera[it] terminé dans les premiers jours d'octobre ».

## Les Français du Nord et de l'Est : un statut à part

Beaucoup plus encore que le drame des Alsaciens et Lorrains, allaient rester, sinon inconnues du moins mal connues [2], les épreuves de ces Français du Nord et de l'Est auxquels un texte allemand du 23 juillet 1940 venait d'apprendre la création d'une zone dans laquelle tout retour serait interdit.

Son tracé suivait le cours inférieur de la Somme, le canal de Saint-Quentin, passait par Chauny, Sainte-Menehould — dont les habitants

1. Le 30 novembre 1940, dans une allocution, le maréchal Pétain annoncera cependant que « 70 000 Lorrains sont arrivés en zone libre ayant dû tout abandonner : leurs maisons, leurs biens, leur village, leur église, le cimetière où dorment leurs ancêtres, tout ce qui fait, enfin, l'intérêt de la vie », et il demande à la population de venir matériellement et moralement à leur secours. Et Alibert, se rendant à Lyon pour accueillir les expulsés, manifestera publiquement son indignation.

2. Dans *Le Mot d'ordre* du 14 octobre 1940, sous la signature de René Maegelen, paraît un article dans lequel l'auteur dit avoir rencontré un Vosgien qui lui a fait quelques confidences : « Leurs officiers ont visité les fermes et nous ont laissé sur la production un pourcentage d'environ 75 % [...]. Si ça chôme ? Pas mal, hélas, dans les filatures et les tissages [...]. Ce qu'on dit ? Allez, on n'est pas gai, on attend la paix. On ne sait pas grand-chose. Il y a bien les journaux. Les journaux !!! C'est comme la TSF. J'ai foutu mon poste au grenier. Et je ne suis pas le seul. »

ont peuplé ce chapitre —, Saint-Dizier, et finissait par rejoindre la ligne de démarcation, après avoir longé la Saône et le canal du Rhône.

Douze départements — dix si l'on exclut de la liste le Nord et le Pas-de-Calais rattachés à l'administration allemande de Bruxelles : la Somme, l'Aisne, les Ardennes, la Marne, la Haute-Marne, la Côte-d'Or, la Meuse, la Meurthe-et-Moselle, les Vosges et le Doubs — seront ainsi, en dépit de la Convention d'armistice, soustraits à l'administration et à la communauté française.

En juillet 1940 — venant, sinon au secours, du moins à l'appui des textes allemands —, des communiqués émanant des autorités françaises informeront les habitants de cette très vaste zone qu'ils ne devaient pas compter « regagner leurs foyers dans un avenir rapproché ». Les importants ravages de la guerre : destructions d'immeubles et de fermes, inexistence des relations télégraphiques et téléphoniques qui, dans les Ardennes, ne reprendront pas avant janvier 1941, mort ou dispersion du bétail, n'expliquaient pas tout. Derrière le « non-dit » des communiqués français et les barrières mises à l'impatience des réfugiés, la volonté allemande de « colonisation » agricole, dont l'Ostland, *Ostdeutsche Landbewirtschaftungs-Gesellschaft*[1], ou Société agricole d'Allemagne orientale, avait la responsabilité technique. « Puisque les Français ont abandonné leurs terres, c'est à nous de les exploiter », telle était la thèse allemande. Mais puisque, de toute leur âme, les Français désiraient revenir ?... Eh bien, ils ne reviendraient pas... ou ne reviendraient sur les terres, dont ils avaient été propriétaires, qu'en ouvriers agricoles aux ordres de chefs de culture allemands[2].

Les ambitions *territoriales* allemandes, dans le cadre d'un futur traité de paix avec la France, ont été évoquées à plusieurs reprises. Il semble que « la ligne Nord-Est », ou « ligne verte », dont le Dr Michel, chef des services économiques allemands pendant l'Occupation, dira plus tard qu'elle était née de « quelconques réminiscences historiques non claires et fausses de Hitler », aurait délimité la frontière d'un État vassal, comprenant également la Hollande, la Belgique qui, sous le nom de « Thiois », aurait reconstitué l'ancienne Lotharingie telle qu'elle avait été créée en 855.

Les paysans ardennais qui, en fraude, arrivent à franchir la « ligne

1. Siège central à Paris, six filiales à Amiens, Laon, Mézières, Charleville, Nancy et Dijon.

2. Dans les Ardennes, 320 communes sur 503 eurent à subir la présence de l'*Ostland*, cent mille hectares furent occupés et 2 500 propriétaires dépossédés en totalité.

verte » — et en septembre 1941, 180 000 Ardennais sur 290 000 auront regagné leur département — se trouvent souvent dans l'obligation de signer un contrat de travail et d'aller rejoindre, dans les champs qui leur appartenaient avant l'exode, les Polonais (4 839), les prisonniers de guerre (2 594) en congé de captivité, les juifs (339) et les Belges (298) [1], employés sous les ordres de l'un ou de l'autre des 161 chefs de culture arrivés d'Allemagne.

Qu'il s'agisse des Alsaciens, des Lorrains ou des Français des douze départements de la zone interdite, regards, conversations, pensées étaient des regards, des conversations, des pensées qui, beaucoup plus qu'en direction de Vichy — et des événements politiques dont Vichy était le théâtre —, étaient tournés vers le village, le champ, la maison abandonnés.

La politisation des Français — en tout cas de ces Français de l'exode — est faible. Dans les 132 lettres, déjà évoquées, des habitants de Sainte-Menehould, trois seulement comportent des allusions à la politique intérieure. L'une, en date du 14 juillet, est nettement défavorable au gouvernement : « Ce n'est pas le gouvernement actuel qui sauvera la France qui a besoin d'avoir à sa tête des hommes de cœur et honnêtes. » Les deux autres sont hostiles au régime ancien : « Souhaitons ardemment que sur les ruines d'un régime trop facile puisse se rebâtir, dans l'ordre, la justice et l'autorité, une France forte et régénérée. Le travail et la famille étant à la base du programme, chaque Français attelé dans le même brancard et tirant vers le même but. » La lettre est du 21 juillet. Une lettre du 22 exprime le vœu que les avis de « la Chambre de commerce auront plus de poids que ceux des politiciens qui, depuis quinze ans, ont préparé les événements actuels ».

Enfin une lettre du 4 août, postée en Gironde, fait allusion à la guerre qui se poursuit : « La vie là-bas, le ravitaillement est-il facile et les Boches sont-ils corrects ? Peut-on vivre en leur compagnie, dites-le-nous surtout pour nous [2]. Mon mari n'est pas très pressé de rentrer, il attend toujours que l'Angleterre nous sauve pour prendre une décision, êtes-vous de son avis ? »

1. Ces chiffres sont ceux d'octobre 1943, pour le seul département des Ardennes.
2. La lettre est envoyée à M. Vatier, maire de Sainte-Menehould.

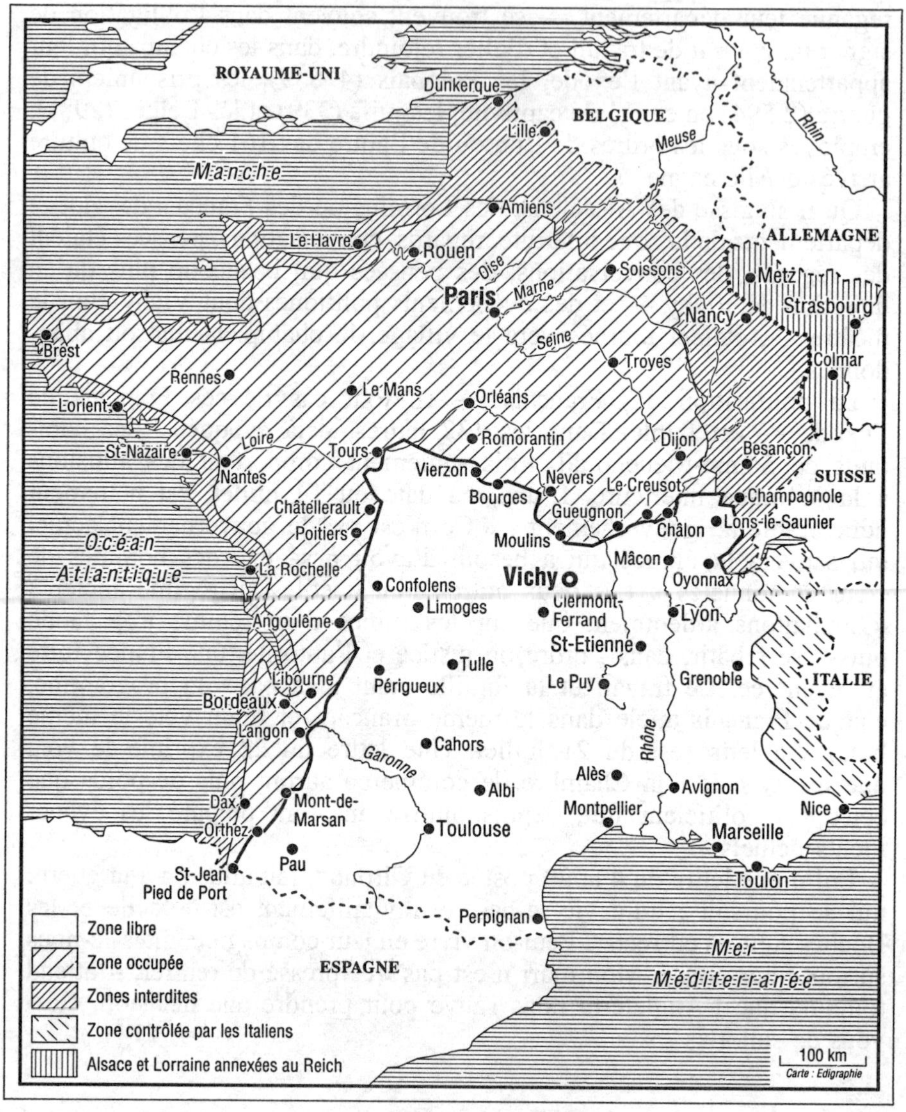


L'ARMISTICE DE JUIN 1940

# 1 900 000 prisonniers

Reprenons les journaux de juillet 1940.

À la rubrique « Recherches », l'inquiétude ne concerne pas seulement les enfants perdus, mais ces « grands enfants », les soldats, dont la famille est sans nouvelles. « Léon Zitrone, aspirant au 201e RAD, est recherché par ses parents » réfugiés Villa Eva, à Capvern-les-Bains, dans les Hautes-Pyrénées ; « Gilles de Boisgelin, classe 39, 3e contingent, dépôt Angers, cavalerie motorisée, est recherché par son père, 3, boulevard de Corrèze à Brive » ; l'intendant Lannois désire obtenir des nouvelles de son fils, le capitaine René Lannois, commandant la 1re compagnie du 306e d'infanterie.

Dans *La Dépêche* de Toulouse du 7 juillet, les noms succèdent aux noms : Paula Tilmant « recherche ses soldats Élie, René, Albert », le lieutenant Étienne du 15e d'artillerie « est recherché par sa dame » ; Madeleine s'inquiète du sort du maréchal des logis Maurice Pietier, 8e cuirassiers, 3e escadron...

À quoi bon poursuivre ? Les Allemands ont capturé en six semaines plus de 1 900 000 Français, et ce sont beaucoup plus de 1 900 000 mères, épouses ou fiancées qui se trouvent plongées dans l'incertitude et l'inquiétude car, dans un village, tous se sentent concernés par le malheur d'une famille. De proche en proche, le cercle d'émotion s'est élargi, aux frères et sœurs, aux beaux-parents, aux cousins, aux voisins, si bien que l'une des phrases le plus souvent répétées dans l'automne 1940 sera : « Avez-vous des nouvelles de *votre* prisonnier ? »

Ces prisonniers dont il faut savoir aujourd'hui qu'après les premières libérations — celles de juillet — ils étaient encore 18 000 originaires de l'Aisne, 24 350 des Côtes-du-Nord, 29 630 du Finistère, 26 050 de l'Ille-et-Vilaine, 25 650 de la Nièvre, 24 550 de la Somme, départements paysans qui avaient toujours payé cher l'honneur de fournir l'infanterie de la République.

Mais ces chiffres n'ont pu être connus qu'à la suite d'un recensement relativement tardif. Bien avant qu'il ait été possible d'y procéder, les avis de recherche se multiplièrent dans les journaux, dont les éphémères *Dernières Nouvelles de Paris* qui annoncent, le 5 juillet, avoir vendu 100 000 exemplaires sur ce titre de première page (mais étalé sur toute la largeur) : « Encore une liste officieuse de prisonniers ». En deuxième page, on trouve effectivement les noms de 130 officiers et soldats du

79e régiment d'artillerie de montagne faits prisonniers à Saint-Valery-en-Caux. Infiniment plus riches seront les listes publiées, le 12 et le 31 août, par le Centre national d'information sur les prisonniers de guerre, « d'après les renseignements fournis par l'autorité militaire allemande ». Les sept premiers fascicules comprennent chacun 5 000 noms, le huitième 7 500, le neuvième 10 000. À la date du 15 octobre, le Centre national aura publié 30 listes qu'il est possible de consulter gratuitement dans toutes les mairies, listes dans lesquelles on trouve des noms, évocateurs de toutes les provinces françaises, des protectorats et des colonies, de l'étranger : Abbadie, Abdallah ben Aïssa ben Kahlifa, Delforge, Paboundi Kondogo, né à Touoba (Congo) ; Boleslav Pacala, né à Essen ; Wojtasikiewicz, né en Pologne ; Sanchez, qui a vu le jour à Jimenado, et Dupré et Nguyen von An du village de Tam Düong, et Dupont et Martin, un des 30 000 Martin prisonniers, le Jean Martin né le 30 mars 1903 dans l'Ardèche, incorporé au 21e RAC, dont la maman était sans nouvelles depuis le 15 mai, Jean Martin, n'est-ce pas ? mais il y a près de 2 000 Jean Martin dans ces camps de prisonniers initialement improvisés dans lesquels croupissent les soldats d'une Grande Armée qui ne trouva jamais son Napoléon.

Les civils roulés par l'exode jusqu'à ces départements « exotiques » : Basses-Pyrénées, Var, Hérault, Pyrénées-Orientales, qu'ils n'imaginaient jamais connaître en un temps de voyages rares et de vacances brèves, s'inquiètent du sort de « leurs » soldats.

Sur la route de la retraite, les soldats s'interrogent sur le sort de leur famille.

Le poème, qui allait devenir *La Ballade du pont de Gien*, fut conçu le 17 juin par le compositeur André Jolivet :

*Et voici le soldat sur la route*
*Il recherche les siens*
*[Et marche et marche, use-toi les pieds !]*
*Il regarde et à gauche et à droite*
*Et ne voit toujours rien*
*[À droite, à gauche, ouvre bien les yeux]*
*Ohé, bonnes gens du village*
*Les avez donc pas vu passer*
*Une femme et deux gosses en bas âge*
*Finirai-je par les rencontrer ?*

## *FRANÇAIS RECHERCHENT FRANÇAIS*

Encore nos journaux de l'été 40.

« Jacques Wattebled, lieutenant blessé, hôpital lycée Albi (Tarn) demande nouvelles et adresse de sa famille » ; « Sergent-chef Fernand Colé, caporal-chef Fernand Duval de la 23e SIM, recherchent familles. Adresse 23e SIM Penne-d'Agenais (Lot-et-Garonne) » ; « Adjudant de Lauwer, Parc des Sports, Toulouse, recherche fils Zabulon. »

Ne pas intégrer dans l'histoire du premier Vichy les Français de l'exode, les Alsaciens et les Lorrains, les habitants de la zone interdite, ces presque deux millions de prisonniers qui avaient accordé crédit au « *Krieg fertig, Krieg fertig : demain à la maison* » des Allemands, c'est se condamner à ne pas comprendre l'indifférence avec laquelle un peuple momentanément dépolitisé — lorsqu'il n'est pas hostile à toute la politique dont il croira aisément qu'est venu tout le mal — accueille les premières mesures de Vichy, lorsqu'elles ne concernent pas la vie quotidienne, le retour des évacués, la correspondance entre la ligne de démarcation et surtout, surtout, les prisonniers qui occuperont, parce qu'ils occupent les esprits des Français, une importante fraction du temps du maréchal Pétain.

Alors, Vichy ?...

# 11.

# VICHY ET LE CANON DE MERS EL-KÉBIR

En 1871, Thiers voulait que l'Assemblée nationale de Bordeaux se transporte à Fontainebleau. Les parlementaires choisirent Versailles, et le mot « Versaillais » passa ainsi à l'histoire avec sa charge de violence, de cynisme bourgeois, de revanche sur la plèbe et l'incessant écho des feux de peloton.

Si Fontainebleau avait été choisi, « Bellifontains », qui évoque un gazouillis d'eaux vives, aurait-il eu la même infortune politique ? On peut en douter.

Et si le gouvernement du maréchal Pétain s'était installé à Clermont-Ferrand, premier lieu de résidence choisi, avant l'entrée des Allemands à Bordeaux, les « Clermontois » susciteraient-ils la même passion, la même sourde réprobation que les « Vichyssois » ? Nul ne le peut dire, mais il y a des noms et des lieux qui, mieux que d'autres, ont vocation de passer, en bien ou en mal, à l'histoire, et de prendre alors racine dans le souvenir[1].

Ainsi Vichy.

Marseille, Toulouse, Lyon auraient pu accueillir le gouvernement. Les trois villes avaient été éliminées. Les deux premières étaient jugées trop

---

1. Un certain nombre de personnalités, dont le sénateur Jean Cluzel, n'ont pas ménagé leurs efforts pour donner à Vichy et à l'Allier un visage moderne qui permette d'effacer celui de 1940.

« excentriques », trop populaires, car si le nouveau régime n'avait pas encore fait étalage de sa doctrine elle n'en existait pas moins et mettait à l'index les grandes villes corruptrices, d'où jaillissait ce « torrent de débauche, de dévergondage » que dénoncera, mais il ne sera ni le premier ni le seul, Mgr Guerry, coadjuteur de l'évêque de Cambrai, dans le numéro d'octobre de l'*Écho paroissial* de Foissiat[1].

Lyon laborieuse, secrète, où l'on a le sens des hiérarchies, le goût des petits plats, des vêtements un peu ternes, de la réussite cachée et de l'austérité hypocrite, aurait sans doute fait l'affaire, mais Édouard Herriot, maire et président de la Chambre des députés, homme d'immense culture, orateur de talent, aurait été un vis-à-vis encombrant et redoutable. Très rapidement, d'ailleurs, se seraient regroupés autour de lui, dans sa mairie[2], les parlementaires déçus par le nouveau régime, dont le chef, le maréchal Pétain, allait décider, lors du remaniement du 7 septembre, qu'aucun d'entre eux ne serait ministre, à l'exception de Pierre Laval, revenu au pouvoir le 23 juin, après le bref esclandre du 16[3].

À Clermont-Ferrand, Laval est chez lui.

Dans le livre qu'il lui a consacré, Fred Kupferman, dont le talent et l'intégrité nous manquent, l'a montré aussi souriant à Clermont qu'il était irrité à Bordeaux. Toute la France officielle s'est entassée dans cette petite ville où le sénateur du Puy-de-Dôme possède un journal, *Le Moniteur*, en passe de devenir « Journal officiel » du régime ; une imprimerie, excellemment placée pour recueillir les commandes ; des amitiés multiples, dont les plus anciennes dataient de son enfance dans ce gros village de Châteldon, à la limite du Bourbonnais et de l'Auvergne, où son père possédait le modeste Hôtel du Centre.

Mais Clermont-Ferrand triste, pittoresque, de ce pittoresque dont on se lasse vite, ne disposant ni d'hôtels assez nombreux ni de locaux administratifs assez vastes pour une ville à laquelle on demandait de tenir le rôle d'un « Paris de remplacement », mal reliée au reste de la province, ne pouvait convenir. Jeanneney[4] écrira, le 1er juillet 1940, dans son *Journal politique* : « Les ministres sont la plupart à Clermont, que Laval

1. Dans l'Ain.
2. Pour peu de temps, il est vrai, car M. Édouard Herriot sera rapidement révoqué.
3. Laval, on le sait, désirait être ministre des Affaires étrangères ; le maréchal Pétain lui ayant refusé ce portefeuille, Laval devait se retirer pour quelques jours, entraînant Adrien Marquet dans son sillage. Les deux hommes reviendront le 23 juin et assisteront au Conseil des ministres au cours duquel est approuvée la signature des clauses de l'armistice par le général Huntziger.
4. Il est allé, le 29 juin, de Bordeaux à La Bourboule.

voulait une capitale. Ils y sont si mal qu'ils ne pourront pas rester. Les ouvriers des usines Michelin ne sont pas non plus des voisins rassurants, paraît-il... »

C'est pourtant dans ce Clermont, où l'on est « si mal » que, le 29 juin, Pierre Laval va convaincre le maréchal Pétain de réviser la Constitution. Au cours du Conseil restreint qui, dans la matinée, autour du Maréchal, groupe Laval, Bouthillier, Baudouin et Alibert, deux thèses s'opposent : celle de Laval, et surtout d'Alibert, qui souhaitent la fin du parlementarisme, une mort à laquelle, affirment-ils, le pays applaudirait — et c'est sans doute vrai en juin 1940 tant est grande l'hostilité à l'égard des hommes politiques ; celle de Bouthillier (et de Baudouin qui a vu sans plaisir Laval revenir au pouvoir, car il sait qu'il désire, à sa place, devenir ministre des Affaires étrangères). « Pourquoi, disent-ils en substance, pourquoi tout vouloir bouleverser ? Ne suffit-il pas, afin que le Maréchal ne soit pas harcelé par le Parlement, de différer jusqu'au 15 janvier 1941 la réunion des Chambres ? »

Le Maréchal ne s'est pas encore prononcé lorsque, dans l'après-midi, Laval et Alibert, deux hommes si profondément différents mais unis dans l'hostilité au régime et à ses tares, vraies, fausses ou exagérées, proposent la solution qui sera bientôt mise en œuvre à Vichy : réunis en Assemblée nationale, sénateurs et députés voteraient un texte autorisant le Maréchal à promulguer, en un ou plusieurs actes, une nouvelle loi constitutionnelle.

Comme Baudouin et Bouthillier se récrient : « Vous ne trouverez jamais une majorité pour voter son suicide » ; que Pétain tergiverse : « Pour réformer la Constitution, il faudrait être à Paris, dans un Paris libre », Laval plaide alors la nécessité d'une transformation profonde et rapide du système politique — le Maréchal n'a-t-il pas lui-même parlé d'un « ordre nouveau » ? —, mais cette transformation et cet « ordre nouveau » ne seront jamais acceptés par les parlementaires (et notamment par ceux qui ont été élus sous la bannière du Front populaire) lorsque, le temps ayant passé, ils auront repris confiance en eux-mêmes ; plus ou moins retrouvé quelque crédit auprès de populations ayant oublié d'où « elles venaient » pour ne voir que leurs souffrances de l'hiver. Repousser, comme le proposent Bouthillier et Baudouin, les réformes fondamentales à une réunion de l'Assemblée nationale qui se tiendrait en janvier 1941, c'est courir, peut-être, à l'échec, en tout cas à d'inutiles conflits.

— Je ne dis pas non, finit par répondre le Maréchal, dont la passion avec laquelle Laval plaide l'urgence a ébranlé le scepticisme, mais votre projet ne peut se réaliser qu'avec le consentement du président de la République.

— Vous voulez l'avoir ? Eh bien, je me fais fort de l'obtenir sans difficulté.

Et Laval de se rendre de Royat, où Lebrun, que « les événements laissent lucide, mais trop calme, comme ébahi et finalement sans réaction[1] », va se laisser convaincre. Réformer la Constitution ? Pourquoi pas ? Mieux qu'un autre il en connaît les défauts. Que, dans son esprit, les mots n'aient pas la même valeur que dans l'esprit de Laval est sans importance pour le vice-président du Conseil qui transforme un « pourquoi pas ? » en une approbation qu'il dépose, une heure plus tard, aux pieds du Maréchal.

— Eh bien, vous l'avez !

— Quoi donc ?

— L'accord du président Lebrun !

Se rendant, le lendemain 30 juin, à Vichy, le Maréchal et Laval feront halte à Royat afin de rendre visite au président Lebrun. Un président qui n'est plus tout à fait dans les conditions d'esprit décrites par Laval, qui demande qu'on lui « prépare des textes », dit qu'il réfléchira... et que l'on bousculera.

Clermont-Ferrand, où, si l'on peut y tenir des Conseils restreints, il ne saurait être question de réunir les Assemblées, et encore moins de regrouper toutes les administrations, très vite jugée impossible, la caravane officielle se dirige vers la ville la plus proche et à l'équipement hôtelier le plus riche : Vichy.

« Caravane officielle », mot d'aujourd'hui qui fait lever de très précises images de voitures à fanions, d'escortes motocyclistes, de gendarmes placés aux carrefours.

Lorsqu'ils ont quitté Bordeaux le 29 juin — Bordeaux traversé, depuis deux jours, par des unités motorisées allemandes, qui, sous l'œil de badauds sans pudeur, s'engageaient en direction de Bayonne —, les Excellences françaises ont eu droit à un service d'ordre. Mais c'est une estafette allemande qui, sur sa moto, l'arme en bandoulière, leur a donné le signal du départ depuis la côte des Quatre-Pavillons.

Il était 8 h 15. « Tout au long de la route, à longs intervalles, des

1. Jugement de Jeanneney, dans son *Journal politique* à la date du 4 juillet.

soldats allemands sans arme apparente [...] casqués, discrets[1]. » Au pont de Libourne, une vigie, avec un disque indicateur de direction, oriente la caravane vers Montpont, ville frontière sur la nouvelle ligne de démarcation.

Montpont franchi, chacun est libre de sa route. Dans la soirée, cinq ministres sont installés à Brive, trois à Tulle, trois à Périgueux, un (Darlan) à Nérac. Quant à Jeanneney, président du Sénat, il est logé à La Bourboule, dans la confortable villa San Pedro, « à l'écart sur un chemin montant, encadrée de verdure et propre ». Le maréchal Pétain, Laval, Bouthillier, Alibert, Baudouin ont rejoint, on le sait, Clermont-Ferrand ; le président de la République est à Royat... Les députés et sénateurs, un peu partout, mêlés à la foule des réfugiés qui encombre villes et routes.

## Vichy : capitale miniature pour le temps d'une « saison » ?

Le désordre explique les lenteurs avec lesquelles ministres et parlementaires rejoindront Vichy, ville dont on a beaucoup dit qu'elle avait été choisie par Laval car, séparée de Châteldon par une vingtaine de kilomètres seulement, elle lui permettait, chaque soir, de cesser d'être ministre pour aller endosser « sa tenue de châtelain-paysan ». Le fils de Baptiste le boucher, cabaretier, roulier a — comme dans toutes les légendes — fini par acheter le château où, loin des parlementaires... et des soucis de l'occupation, « il peut s'occuper de ses vaches, de son verrat, de ses volailles, et prendre le pouls de l'opinion en bavardant avec les braves gens[2] ».

Que Laval soit heureux d'être proche de Châteldon, c'est l'évidence, mais la nécessité, et non le caprice, a imposé Vichy. Puisque le gouvernement et son chef — surtout son chef — désirent rester à l'écart de ces grandes villes auxquelles le Maréchal ne rendra visite que pour y recueillir l'hommage de foules enthousiastes, y écouter monter les ovations, y répandre quelques formules paternelles et prud'hommesques, Vichy, ville-accordéon où, de 25 000 habitants l'hiver, la population

1. Jeanneney, *Journal politique*.
2. Fred Kupferman, *op. cit.*

passait sans problème, puisque tout était fait pour cette expansion, à plus de 100 000 en août, Vichy s'imposait.

Le président Lebrun avait bien dit : « Si nous allons à Vichy on dira, en France et à l'étranger, que nous sommes un gouvernement de casino... », mais ils n'étaient plus très nombreux ceux qui écoutaient le président de la République.

Les nouveaux arrivants, ceux qui chassaient de tous les hôtels tous les occupants, pour s'installer dans l'improvisation, le désordre, la jalousie, parfois le ridicule lorsque, dans des chambres-bureaux, une table de nuit devenait objet de convoitises et de litiges ; ceux qui avaient installé la Guerre au Thermal Palace, les Finances au Carlton, la Marine au Helder, les Colonies à l'Hôtel d'Angleterre, étaient assurés de ne rester à Vichy que le temps d'une saison : celle d'une guerre courte qui s'achèverait sur la défaite de l'Angleterre.

Avant de regagner les États-Unis, l'ambassadeur Bullitt avait eu, le 1er juillet, un entretien avec le maréchal Pétain et l'amiral Darlan. Devant la presse américaine, il aura d'ailleurs des mots élogieux pour le maréchal Pétain : « Il est universellement respecté en France et est vraiment le patron. Il fait de son mieux pour faire surgir l'ordre au milieu d'un désordre épouvantable. Il jouit d'un prestige considérable et cherche à tirer le meilleur parti possible d'une situation extraordinairement compliquée. »

Mais c'est au président Roosevelt et à M. Cordell Hull qu'il fera le compte rendu de son entretien avec l'amiral Darlan : « [Il] me déclara être absolument certain que la Grande-Bretagne serait totalement conquise par l'Allemagne dans les cinq semaines[1]. »

La certitude d'un proche retour à Paris, ou à Versailles, « sorte de cité vaticane » selon le mot de Laval, nourrira donc les espérances... et empêchera — ne serait-ce qu'au niveau du chauffage — tous travaux dans la perspective d'un séjour de longue durée.

À Paris, le 29 août, Pierre Laval annoncera que ministres et journalistes — ces derniers en exil à Vichy, Limoges, Lyon où ils ne retrouvent ni leur habitudes ni leurs lecteurs — regagneront la capitale avant la fin du mois d'octobre.

1. Raymond Tournoux, dans *Pétain et la France*, publie l'intégralité du rapport de l'ambassadeur Bullitt. À Darlan qui a fait ce pronostic, Bullitt fera remarquer qu'« il semblait envisager cette perspective [celle de la conquête de l'Angleterre] avec grand plaisir et comme, au lieu de nier, il sourit, je lui dis avoir cru constater que les Français aimeraient voir conquérir l'Angleterre de façon que la France soit la province conquise favorite parmi toutes celles dont s'empareraient les Allemands. Il sourit à nouveau et acquiesça d'un signe de tête... »

Et à la table du Maréchal qui prend ses repas à l'Hôtel du Parc, « une volière d'où ses regards — écrira Du Moulin de Labarthète [1] — peuvent se poser, à l'heure du café, sur la foule des quémandeurs, des ruffians, des escrocs, des femmes de tout âge et de toute beauté, qui sont comme le bourbier mouvant de ces époques de transition [2] », il sera d'autant plus souvent question du retour à Paris que le chef de l'État sait la menace de dilution de son prestige et de son influence en zone occupée où les Allemands, et leur presse, cette presse de la collaboration, souvent plus acharnée contre Vichy que la radio de Londres, disposent seuls de la parole et de l'écrit.

Dans un message aux Français, n'a-t-il pas annoncé, dès le 11 juillet, qu'« afin de régler plus aisément certaines questions dont la réalisation présent[ait] un caractère de grande urgence », il avait demandé « au gouvernement allemand de libérer Versailles et le quartier des ministères à Paris » ; n'a-t-il pas affirmé, le 11 août, que Paris « demeur[ait] pour tous les Français le siège naturel de l'autorité gouvernementale » et que seules « des raisons d'ordre technique »..., mais il « ne s'agi[ssait] plus que d'un délai », retardaient ce retour ?

À la fin du mois de novembre 1940, les négociateurs français présents à Wiesbaden avaient indiqué que le haut commandement allemand s'était prononcé en faveur d'une réinstallation à Paris et à Versailles. Une date avait même été fixée : ce serait le 15 décembre.

Les études avaient été poussées loin, qu'il s'agisse des facilités de circulation et de déplacement, de la libre disposition de certains immeubles officiels parisiens, de l'armement (dix cartouches par homme), des 1 500 gardes mobiles, chargés d'assurer le service d'ordre à Versailles, du nombre des circuits téléphoniques entre Paris et Versailles. Les ministres de la Production industrielle et du Travail ; des Finances ; de l'Agriculture ; des Communications ; du Ravitaillement, devaient revenir à Paris, certains bureaux de la Guerre, de la Marine et de l'Aviation allant à Versailles avec les ministres de l'Intérieur et le ministre secrétaire d'État à la présidence du Conseil. Quant au maréchal Pétain, on restaurait pour lui, et pour Mme Pétain, à Versailles, un hôtel particulier de l'avenue de la Reine lorsque la décision du chancelier Hitler de remettre à la France les cendres du duc de Reichstadt vint faire échouer toute possibilité de retour.

---

1. *Le Temps des illusions.*

2. « Il faudra plus de deux mois, poursuit du Moulin, pour qu'un léger paravent protège, contre son gré, le chef de l'État de tant de regards indiscrets ; six mois encore pour qu'une cloison de carton sépare les appartements privés du Maréchal de ces tables

En 1934, Brinon, puis, en 1938, Georges Bonnet, ministre des Affaires étrangères, avaient évoqué devant Ribbentrop, ministre des Affaires étrangères du Reich, la restitution à la France du corps du fils de Napoléon et de Marie-Louise, déjà réclamée au siècle précédent par Napoléon III [1].

Que cette idée ait brusquement resurgi, dans l'après-midi du 11 décembre 1940, sous forme d'une invitation du Führer, ne pouvait que paraître suspect à l'entourage du Maréchal qui voyait avec irritation et crainte Brinon et Laval insister, dans la matinée du 13, pour son acceptation.

Au Maréchal, qui avait dit : « Je ne veux pas que les premières photographies publiées dans la presse de Paris me représentent entouré de soldats allemands », Laval et Brinon, jouant sur sa faiblesse, mais aussi sur son désir d'échapper à Vichy, expliqueront que de Paris — où les Allemands exigeaient qu'il vienne sans ses ministres — il lui serait possible de rendre visite à plusieurs grandes villes de zone occupée ; de revoir ses vieux amis ; de se rendre naturellement dans son appartement du square Latour-Maubourg, abandonné en juin. Pétain aurait cédé si, dans cette même journée du 13 décembre, les ministres, depuis longtemps hostiles à Laval, ne l'avaient convaincu [2] qu'à Paris il serait doublement prisonnier : prisonnier des Allemands, prisonnier du clan des Allemands. La volte-face du Maréchal sera si rapide, si brutale — le voyage à Paris annulé, Laval mis en état d'arrestation, puis délivré de façon compromettante par son « ami » Otto Abetz — qu'après le 13 décembre 1940 un retour à Paris ne sera plus envisageable.

Condamnés — ils le savent désormais — à vivre dans cette capitale miniature, jusqu'à l'imprévisible fin des hostilités, la plupart de ceux qui entourent le Maréchal éprouveront pour Vichy, « la mauvaise cité », la « haine » qui explose dans les souvenirs de Du Moulin de Labarthète [3].

---

de poker ou de whisky. » À l'Hôtel du Parc, les Affaires étrangères occupent le premier étage ; Laval et les services de l'Information le deuxième ; le Maréchal le troisième.

1. Mort à Schönbrunn, en 1832, Napoléon II, duc de Reichstadt, était enterré au couvent des Capucins de Vienne, parmi les Habsbourg.

2. Baudouin, Bouthillier, Peyrouton et Darlan tomberont d'accord, le 4 décembre, sur la nécessité d'éliminer Laval et de lui donner Pierre-Étienne Flandin pour successeur.

3. *Le Temps des illusions*. Du Moulin de Labarthète quittera cependant Vichy, le 24 avril 1942, au moment du retour au pouvoir de Pierre Laval.

Nous n'en sommes pas à ce 13 décembre 1940 qui va clouer le gouvernement à Vichy jusqu'au mois d'août 1944, nous en sommes à ce 2 juillet où, réunis en Conseil restreint autour du Maréchal, Laval, le général Weygand, Bouthillier, Baudouin et Marquet étudient rapidement le principe du projet de loi constitutionnelle évoqué à Clermont-Ferrand.

Si le débat sur le fond est reporté au lendemain, Laval a trouvé le Maréchal assez sensible à ses arguments pour prendre l'initiative de remettre à la presse un communiqué par lequel il convoque sénateurs et députés à Vichy, l'Assemblée nationale devant être saisie des « modifications aux institutions que la situation impose, afin que le gouvernement jouisse de l'autorité indispensable à la reconstruction du pays, dans l'ordre et le travail ».

Les ministres — ceux qui comptent, ceux qui assistent au Conseil restreint — devaient reprendre, le 3 juillet, l'examen du projet de loi constitutionnelle.

Mais l'ordre du jour sera bouleversé par l'annonce de l'ultimatum anglais à la flotte française de Mers el-Kébir puis, dans la soirée, par l'annonce de la canonnade et de l'énormité des pertes [1].

## Le coup de hache de Mers el-Kébir

Il est surprenant de constater le peu de place donné aujourd'hui, dans les livres consacrés à l'année 1940, au drame de Mers el-Kébir. Presque effacé des livres, comment ne le serait-il pas des mémoires alors qu'il est d'une importance morale considérable et que ses conséquences politiques seront les plus graves ?

L'attaque du 3 juillet, renouvelée le 6, la perte des cuirassés le *Bretagne* dont l'explosion et le chavirement ont provoqué la mort de 977 marins, le *Provence*, du contre-torpilleur *Mogador*, les graves avaries du *Dunkerque* provoquent, lorsqu'elles sont apprises — par la radio le 4, par les journaux le 5 —, une intense émotion, émotion dont l'écho s'est, avec les années, d'autant plus vite apaisé, sauf dans notre marine, que la plupart des historiens se sont attachés à rejeter sur l'amiral Gensoul une responsabilité qui était uniquement celle de Churchill.

1. Même si l'on en ignore encore le chiffre exact, on sait que le nombre des morts est considérable.

Mais, en juillet 1940, c'est l'émotion qui explique la colère de Darlan et des ordres qui auraient pu conduire à un conflit armé avec l'Angleterre ; qui explique qu'à Vichy, les 9 et 10 juillet, après l'attaque du 3, après celle du 6, après l'annonce de la capture de nos vaisseaux en Angleterre, du blocus et du désarmement de notre flotte d'Alexandrie [1], la publication, dans la soirée du 7, du bilan de Mers el-Kébir : 1 297 tués, 351 blessés, le torpillage et le bombardement du *Richelieu* le 8, en rade de Dakar, *aucun* parlementaire n'ose, lors des réunions du 9 et du 10, s'élever contre l'armistice, faire l'éloge de l'alliance anglaise, parler de la résolution de notre ex-alliée à poursuivre le combat, citer le nom du général de Gaulle.

Sur Mers el-Kébir, qui viendra rejoindre, dans la panoplie antibritannique des collaborateurs, Fachoda, Dunkerque, le bûcher de Rouen, Sainte-Hélène, et laissera un souvenir amer à ceux qui plaçaient toujours leurs espoirs dans le combat de l'Angleterre, de Gaulle écrira : « C'était dans nos espoirs un terrible coup de hache. Le recrutement des volontaires s'en ressentit immédiatement. Beaucoup de ceux, civils ou militaires, qui s'apprêtaient à nous rejoindre tournèrent alors les talons. En outre, l'attitude adoptée à notre égard par les autorités dans l'Empire français, ainsi que par les éléments militaires qui le gardaient, passa, la plupart du temps, de l'hésitation à la réprobation [2]. »

À la fin de décembre 1940, 24 877 hommes, marins (en majorité) et soldats, auront été rapatriés d'Angleterre en France, malgré les sollicitations gaullistes qui s'étaient multipliées dans ces camps, où les Anglais retenaient nos soldats, dans des conditions de désordre et de désagrégation de tout esprit militaire, aggravées par l'absence d'encadrement.

Lorsque l'on sait que du camp d'Elstree sept volontaires seulement rallieront la France libre et cinquante du camp d'Arrow Park, on mesure les effets désastreux de Mers el-Kébir.

Sans doute plusieurs raisons ont-elles été à l'origine des rapatrie-

---

1. À Alexandrie, la Force X comprenait le vieux cuirassé *Lorraine*, les croiseurs *Suffren*, *Tourville*, *Duquesne*, *Duguay-Trouin*, 3 torpilleurs, 1 sous-marin.

2. Le maréchal Pétain a toujours soupçonné le général de Gaulle d'avoir été l'instigateur de Mers el-Kébir, ce qui est faux, mais il le répétera à plusieurs reprises à Bouthillier (et sans doute à d'autres) qui porte témoignage dans *Le Drame de Vichy*. Le Maréchal songeait, sans doute, au discours du 2 juillet dans lequel le général de Gaulle avait déclaré : « Jeanne d'Arc, Richelieu, Louis XIV, Carnot, Napoléon, Gambetta, Poincaré, Clemenceau, le maréchal Foch auraient-ils jamais consenti à livrer toutes les armes de la France à ses ennemis pour qu'ils puissent s'en servir contre ses alliés ? Duquesne, Tourville, Suffren, Courbet, Guepratte auraient-ils jamais consenti à mettre à la discrétion de l'ennemi une flotte française intacte ? »

ments. Que dans les camps on ait parlé « femmes, enfants, soldes, gouvernement légal », c'est certain, mais il est impensable que seules des raisons banales aient joué. Quant à la « certitude » d'une rapide défaite anglaise, elle n'avait plus grand sens après septembre. Or, entre le 25 octobre[1] 1940 et le 10 janvier 1941, ce sont près de 11 000 hommes qui ont été rapatriés. Sans Mers el-Kébir, sans les scandaleuses vantardises de la presse britannique : « *Good News*[2] »... bonnes nouvelles, les meilleures depuis le sabordage du *Graf von Spee*[3] ; « *The stories of the great exploits* »... les exploits étant le massacre de marins dans l'impossibilité de se défendre[4], sans l'exaltation du discours, acclamé à la Chambre des communes, « *His finest hour* »... son heure la plus belle, par lequel Churchill avait notamment justifié l'attaque menée contre l'allié de la veille, il est certain que nombre de ceux qui, ulcérés et dégoûtés, rejoindront la France se seraient retrouvés chez de Gaulle.

Avec minutie, scrupule et honnêteté, avec difficulté aussi, les Anglais ayant systématiquement détruit des ordres et des télégrammes qui ne leur faisaient sans doute pas honneur[5], Hervé Coutau-Bégarie et Claude Huan ont « démonté » dans leur *Darlan* l'opération étudiée — je l'ai signalé — dans une forme « douce » le 19 mai, date où l'hypothèse d'une paix séparée entre la France et l'Allemagne a été, pour la première fois, envisagée par les chefs d'état-major britanniques, avant, le 17 juin, de revêtir sa forme brutale : préparatifs pour la concentration à Gibraltar de la force H qui aura bientôt pour mission de déployer « tous les efforts pour obtenir le contrôle de la flotte française, ou à défaut la couler ».

Si elle n'est que partiellement coulée, Churchill n'y est pour rien. Il la voulait coulée en totalité puisque, le *Richelieu* se trouvant à Dakar sous la surveillance du *Dorsetshire*, le commandant du croiseur britan-

1. Date du rapatriement vers Oran par le navire *Sphinx*.

2. *Evening Standard*.

3. Le *Graf von Spee*, cuirassé de poche de 10 000 tonnes, en réalité 14 000, intercepté par les navires de guerre britanniques, s'était, après le combat, réfugié dans le port de Montevideo, afin d'y procéder à des réparations nécessaires. Renonçant à tenter une sortie à l'annonce de l'arrivée de renforts britanniques (éloignés encore), le commandant Langsdorff sabordait son navire le 17 décembre 1940 et se suicidait.

4. Tous les navires français mouillés de l'avant ou amarrés de l'arrière sont à six heures d'appareillage mais, si leur personnel se trouve au complet, une partie des hommes a été envoyée en excursion.

5. Quelques mois avant sa mort (1979), lord Mountbatten a déclaré : « La tristesse de cet événement n'a cessé de hanter la Royal Navy ces trente-neuf dernières années. »

nique reçut, le 3 juillet, ce télégramme : « Si le *Richelieu* appareille et fait route au nord, suivez-le. S'il se dirige vers les Antilles, mettez tout en œuvre pour le détruire, et, si vous n'y réussissez pas, *abordez-le.* »

Devant le Conseil restreint[1] réuni à l'Hôtel du Parc à 15 h 30, Darlan, qui se trouvait à Nérac et qui n'a été informé de l'ultimatum anglais de 8 h 45 qu'à 12 h 30, annonce que « la destruction d'une partie de l'escadre française doit être maintenant un fait accompli », puisque l'ultimatum expirait à 15 heures. Baudouin, qui a laissé le récit de cette triste séance et rapporte les paroles de l'amiral, ajoute : « Nous restons tous silencieux, complètement atterrés. »

En réalité, le drame engagé n'en est pas arrivé à sa conclusion, l'amiral Sommerville[2] ayant informé l'amiral Gensoul, qui commande l'escadre française, qu'il prolongeait jusqu'à 17 h 30 un ultimatum dont il faut rappeler les trois solutions et dire exactement quelles furent les deux dernières phrases.

1. rallier un port britannique et continuer la guerre aux côtés des Anglais ;
2. conduire les bâtiments dans un port britannique, d'où les équipages seraient ensuite rapatriés ;
3. conduire les bâtiments, avec équipages réduits, dans un port des Antilles où ils seraient soit démilitarisés, soit placés sous contrôle américain pour la durée des hostilités après le rapatriement de leurs équipages.

Ce point 3 ne sera pas communiqué à l'Amirauté par Gensoul, et on lui en fera par la suite grief, comme si sa transmission et son acceptation par le gouvernement, en voie d'installation à Vichy (et qui n'a aucun délai de réflexion puisque, lorsque s'ouvre à 15 h 30 le Conseil restreint, Darlan — ignorant la prolongation de l'ultimatum — annonce que tout est fini depuis 15 heures), auraient pu éviter un drame sans immédiatement en déclencher un autre : la rupture de l'armistice.

Couteau-Bégarie et Huan[3] expliquent parfaitement, textes à l'appui, que le but de la proposition 3 était, non de laisser nos navires voguer vers les Antilles, mais « uniquement de [les] faire sortir du port [...] pour être capturés », ou sabordés par les équipages réduits présents à bord.

---

1. Y participent Pétain, Laval, Weygand, Darlan et Baudouin.
2. La force H de l'amiral Sommerville est composée de 3 cuirassés et du porte-avions *Ark Royal*.
3. *Darlan*, p. 278 et suiv.

La conclusion de l'ultimatum était la suivante : « Si vous refusez ces offres raisonnables, je devrai, avec un profond regret, vous requérir de saborder vos *navires dans un délai de six heures. En définitive, faute de ce qui précède, j'ai les ordres du gouvernement de Sa Majesté d'employer telle force qui sera nécessaire pour empêcher vos navires de tomber en des mains allemandes ou italiennes*[1]. »

La réponse de l'amiral Gensoul, qui a reçu l'ordre de l'Amirauté[2], de « répondre à la force par la force » ne saurait être que négative, mais Gensoul va tenter de gagner du temps dans l'espoir que la nuit empêchera les Anglais de passer à l'action ou encore que la menace de la flotte de Toulon alertée — il en a été prévenu à 16 h 18 et il a communiqué l'information aux Anglais — dissuadera Sommerville d'intervenir.

Cette précise mais lointaine menace et les impératives relances venues de Londres inciteront les Anglais à en finir. Alors que leur « négociateur » — le commandant Holland qui, sept mois durant, avait été officier de liaison auprès de l'Amirauté française — se trouve toujours à bord du *Dunkerque*, l'amiral Gensoul reçoit un quatrième message du *Hood* : « Si une des propositions britanniques n'est pas acceptée pour 17 h 30 — je dis 17 h 30 BST *(British Summer Time*, heure anglaise d'été, c'est-à-dire 16 h 30 française) —, il faut que je coule vos navires. »

Il est 16 h 35.

À 16 h 57 la flotte anglaise ouvre le feu : « *Am engaging ennemy* », télégraphie Sommerville à l'Amirauté.

Libre de sa manœuvre, disposant d'une écrasante supériorité de feu sur un « adversaire » qui n'a pu que hâter ses préparatifs d'appareillage, sans tenter, avant la première salve de 340, une manœuvre qui aurait paru une provocation[3], la flotte anglaise va tirer 36 salves jusqu'à 17 h 12, l'instant où l'amiral Gensoul adresse, par radio, ce message à l'amiral Sommerville : « Vous demande de cesser le feu. »

La riposte française — le *Provence*, avant de s'échouer, a tiré vingt-trois coups de 340, le *Dunkerque* a tiré, les contre-torpilleurs et les batteries côtières également — a causé peu de dégâts à l'*ennemi*.

Ennemi... « Ai engagé l'ennemi », avait câblé Sommerville à l'instant de commander l'ouverture du feu. Du côté français, le mot « ennemi » est prononcé dès le 3 juillet. Il sera de toutes les citations accordées aux navires comme aux hommes.

---

1. Souligné intentionnellement.
2. Non de l'amiral Darlan, en route vers Clermont-Ferrand, lors de la réception du premier message de Gensoul, mais de l'amiral Le Luc.
3. Les Anglais ont, dans la matinée, mouillé des mines magnétiques dans la passe.

C'est à dater de Mers el-Kébir que, pour un temps du moins, le mot « ennemi » cesse, dans la marine française, de désigner l'Allemand pour s'appliquer à l'Anglais.

## Darlan : « J'ai été trahi par mes frères d'armes »

À son ennemi on fait la guerre. En réplique à l'acte de guerre de Mers el-Kébir, la France va-t-elle déclarer la guerre à l'Angleterre ?

L'agression britannique a jeté l'amiral Darlan dans un état de compréhensible fureur. Le 3 juillet, à 20 heures, dans une réaction d'autodéfense, il a donné l'ordre d'attaquer tous les navires anglais aperçus. Cet ordre sera atténué dans les heures qui suivront, mais, le 4, tout rebondit lorsque l'amiral connaît (approximativement encore[1]) le nombre de morts, l'étendue des dégâts, lorsqu'il a sous les yeux le texte des communiqués mensongers de la BBC[2].

Dès 8 h 30, il est dans le bureau du Maréchal en présence de Laval et de Baudouin. Sa voix tremble :

— J'ai été trahi par mes frères d'armes. Ils n'ont pas cru à la parole que je leur ai donnée.

Il fait connaître alors les mesures de représailles qu'il a ordonnées.

— Mais, interrompt Baudouin, c'est la guerre avec l'Angleterre !

— Nous avons décidé, réplique Laval, de répondre par une attaque à l'attaque d'hier.

Sans s'inquiéter de Laval et de Darlan, Baudouin, appuyé par le général Weygand, fera le siège de Pétain, afin qu'il décide... de ne rien décider, d'attendre que l'émotion légitime soit retombée pour que l'action, s'il y a lieu, suive la réflexion au lieu de la précéder.

Les mesures militaires, voulues par Darlan et Laval, seront donc remplacées par la rupture des relations diplomatiques avec la Grande-

---

1. La presse du 7 annonce 200 morts ou disparus et 150 blessés graves sur le *Dunkerque* et le *Mogador*, et ajoute : « Le *Bretagne* n'a que 200 survivants. »

2. La BBC annonce (et le texte sera reproduit le 5 par certains journaux français, *cf. La Dépêche* de Toulouse) : « La flotte britannique a dû engager le combat devant Oran contre des unités importantes de la marine de guerre française qui, sous les menaces allemandes, s'apprêtaient à rentrer en France afin de se rendre aux autorités allemandes. »

Bretagne... relations qui n'existent plus depuis que l'ambassadeur et le personnel de l'ambassade britannique ont quitté Bordeaux.

L'attaque contre nos navires modifie dangereusement les rapports entre la France et l'Angleterre.

Elle les modifie, plus dangereusement encore, avec l'Allemagne.

Le 3 juillet, à Wiesbaden, siège de la Commission d'armistice, le général Huntziger a fait connaître au général von Stülpnagel, président de la délégation allemande, les informations, très sommaires, reçues de Vichy, ainsi que la décision française de répondre à la force par la force. Le 4 juillet, lorsque l'amiral Michelier lit la lettre par laquelle l'Amirauté française établit le bilan de Mers el-Kébir, « les officiers allemands manifestent leur émotion ». Les rapports français le soulignent et soulignent que « les événements d'Oran, comme la rupture des relations diplomatiques avec l'Angleterre », ont créé un « climat nouveau » dans la sous-commission Marine, « les Allemands cherchant à exploiter la situation à leur bénéfice contre la Grande-Bretagne ».

Ils y sont aidés par les Français qui, dès l'annonce de l'agression, ont réclamé la suspension de l'article 8 de la Convention d'armistice[1], le réarmement d'une partie de la flotte française et sa (relative) liberté de mouvement, liberté déjà prise puisque Darlan avait ordonné à tous nos navires de guerre de rallier Oran-Mers el-Kébir et de se mettre aux ordres de l'amiral Gensoul.

Deux heures plus tard, le Führer donne son assentiment à toutes les mesures improvisées par l'Amirauté française et dénonce, au passage, l'agression anglaise jugée par lui, qui, si souvent, avait violé ses promesses, « injustifiée », « déshonorante ». Dès le lendemain, un certain nombre de problèmes qui, du fait de l'opposition allemande, restaient bloqués — notamment le libre passage par Gibraltar — reçoivent une solution.

Le drame de Mers el-Kébir ne modifie pas seulement les rapports avec les Allemands. Le 5 juillet, le maréchal Badoglio demande à la France de lui céder, en Algérie, une base aérienne d'où appareils italiens et français coopéreraient contre les navires anglais. Et nous répondons favorablement ! Nous allons beaucoup plus loin encore, puisque, le 7 juillet — au lendemain de la seconde attaque contre Mers el-Kébir —, l'amiral Duplat, après avoir donné l'accord du gouvernement aux « facilités » réclamées[2] par les Italiens, dans la province d'Oran, demande à son correspondant, l'amiral Pintor, « comment le gouvernement italien envisagerait une demande du gouvernement français concernant une

1. Celui qui concernait la Flotte.
2. L'affaire n'aura pas de suites.

action navale française contre les forces navales britanniques d'Alexandrie en vue de dégager les forces françaises dans ce port ».

S'agit-il d'une action à mener en commun ? Non, mais plutôt d'une action à laquelle l'Italie donnerait son autorisation... et qui est sans objet puisque, à Alexandrie, malgré les ordres reçus de Darlan : « Combattez pour sortir ou pour être coulé [stop]. Au minimum œil pour œil », l'amiral Godfroy et, malgré les ordres reçus de Churchill de « réduire les équipages français », l'amiral Cunningham sont tombés d'accord pour éviter un massacre... Le cuirassé *Lorraine* se trouve à 200 mètres du porte-avions *Eagle*, à 500 ou 800 des cuirassés *Malaya, Romillies, Warspite*.

Entre les deux amiraux, il est entendu que nos navires, restant sous contrôle français, seront désarmés jusqu'à la signature de la paix. Lorsqu'il apprend la nouvelle, le 18 juillet seulement, et l'on voit, une fois encore, l'influence de la lenteur des communications (ici elle est bénéfique), Darlan aura le bon goût de féliciter son subordonné d'« avoir agi au mieux des circonstances ».

Comme nos navires, immobilisés, désarmés, placés sous le feu des canons anglais, n'auraient pu aller à la rencontre des vaisseaux venus de Toulon, l'opération contre Alexandrie sera rapidement abandonnée. Elle méritait cependant d'être rappelée comme l'une des « tentations de renversement d'alliance » directement provoquées par Mers el-Kébir.

En temporisant, en renvoyant toujours au lendemain les décisions militaires, Pétain, Weygand et Baudouin ont évité que l'attaque de Mers el-Kébir, voulue par Churchill, désireux de prouver au monde qu'il ne serait jamais l'homme du compromis et de la paix blanche, ne dégénère, aux applaudissements de la presse de Paris, à la grande satisfaction de l'Allemagne, *en conflit ouvert franco-britannique*.

Le scénario est toujours le même.

Le 14 juillet, Darlan, excédé par l'attaque menée le 8 à Dakar contre le *Richelieu*, arrache-t-il, dans la matinée, l'autorisation de bombarder Gibraltar où se trouve l'escadre anglaise, l'opération est annulée dans l'après-midi par Pétain dont Baudouin a fait le siège. Le lendemain, à la suite d'un violent discours de Churchill qui laisse prévoir de nouvelles mesures envers l'Empire français, il est décidé que le bombardement aura lieu du 16 au 17, mais Baudouin, une fois de plus, obtient du Maréchal, dont on voit combien il est sensible aux influences, un nouveau report. Ainsi, juillet et août, au gré des menaces de Churchill, des discours de De Gaulle contre le Maréchal « aux mornes justifications », des interceptions, par les croisières anglaises, de nos navires de commerce, verront-ils se succéder jours de colère où l'on est proche de ripostes aux imprévisibles conséquences et jours d'apaisement.

Du côté allemand on avait d'ailleurs frôlé le pire. Comme, à Wiesbaden, nos représentants sollicitaient le renforcement de nos défenses en Afrique et laissaient entendre — le général Doyen le dira en septembre — que la façon dont les Français avaient résisté aux Anglais et aux gaullistes devait « faire tomber ce qui restait de méfiance », les Allemands, imitant en cela les Italiens, mais avec un tout autre poids, prendront prétexte des menaces britanniques pour réclamer à la mi-juillet *huit bases aériennes* au Maroc et des facilités dans les ports méditerranéens.

Le 17 juillet, le Maréchal signera une lettre à Hitler, rédigée pour l'essentiel par Jacques Guérard (un proche de Laval), alors directeur du cabinet de Baudouin. Réponse ambiguë. C'est un « non » camouflé. « J'estime, écrit le Maréchal, que seule une négociation nouvelle peut apporter une solution à ce problème... », c'est-à-dire à l'exorbitante demande allemande. « Certes, ajoute Pétain (ou le rédacteur de la lettre, mais tous les termes en ont été pesés avec Weygand et Baudouin), certes l'Allemagne est en mesure de lui faire subir sa loi, mais le résultat d'une libre négociation avec la France a plus de valeur pour le vainqueur qu'une décision imposée par lui et subie par elle. »

La situation est à ce point tendue, les craintes d'une invasion de la zone libre à ce point réelles que, le 4 août, au cours d'une réunion qui sera tenue secrète, Pétain, Darlan et Baudouin examinent les conséquences d'un franchissement de la ligne de démarcation, qu'ils jugent proche. Il est convenu alors que, si le pire se produisait, la Flotte, sous le commandement de Darlan — et sans doute, même s'il n'y a pas fait allusion, l'amiral s'en souviendra-t-il en novembre 1942 —, rejoindrait immédiatement l'Afrique du Nord.

À Baudouin, qui réclamait un ordre écrit, le Maréchal a répondu : « Je ne veux pas d'ordre écrit, mais vous devez considérer mon ordre comme définitif, je ne reviendrai pas sur cette décision. D'autre part, il doit être bien entendu qu'il restera strictement entre nous trois. Personne d'autre ne doit le connaître. »

En représailles de l'attaque anglo-gaulliste, infructueuse mais sanglante, contre Dakar, un bombardement — presque symbolique [1] — de l'aviation française aura finalement lieu le 25 septembre 1940 sur la flotte anglaise de Gibraltar mais, par ses provocations, Churchill avait failli aboutir aux résultats qu'il craignait le plus : contre l'Angleterre

1. Sur les résultats, *cf.* le chapitre 9, « L'Empire ».

ranger la marine française, ou installer l'Italie en Tunisie, l'Allemagne au Maroc.

« C'était une tragédie grecque, écrira plus tard Churchill en évoquant Mers el-Kébir. Pourtant, jamais acte ne fut plus nécessaire à la vie de l'Angleterre. Je pensai aux paroles de Danton : "Jetons-leur une tête de roi." L'événement tout entier se situait dans cette perspective-là. »

Ce n'était pas *une* tête de roi que Churchill — avec l'accord de Roosevelt, parfaitement informé de l'opération — avait, le 3 et le 6 juillet, jetée au monde stupéfait et aux Anglais rassurés par cette « marque de fermeté » à l'égard de l'allié de la veille, mais 1 297 têtes de marins français.

Têtes ? En 1954, à l'occasion de travaux dans le port de Mers el-Kébir, on fouillera le *Bretagne*[1] où, prisonniers dans les fonds du navire chaviré, des hommes avaient attendu la mort pendant plusieurs jours. Leurs restes — « une caisse, ossements en vrac, réduit blindé A/TB » « une caisse, ossements en vrac. Local TSF » — seront transportés à Oran.

## Laval : « Le gouvernement a décidé de ne pas déclarer la guerre à l'Angleterre »

Si l'on ne met pas à sa place patriotique, sentimentale et politique le drame de Mers el-Kébir, même si fort étrangement il ne se trouve pas évoqué dans le *Journal* d'un homme comme Jeanneney, président du Sénat[2], on ne comprend pas les raisons pour lesquelles, entre le 4 et le 10 juillet, aucun député, aucun sénateur, je le répète, mais il y a des vérités qu'il est nécessaire de répéter, ne critique la demande d'armistice, ne fait publiquement allusion à la lutte qui se poursuit en Angleterre, à la courageuse et originale entreprise du général de Gaulle.

Les morts de Mers el-Kébir interdisent à certains opposants de s'exprimer comme ils voudraient le faire.

Les morts de Mers el-Kébir « favorisent », bien involontairement, l'action de Laval.

---

1. Sur le *Bretagne*, 1 012 morts et disparus.
2. Aussi surprenant que cela paraisse, le nom de Mers el-Kébir n'est pas mentionné entre le 4 et le 10 juillet par Jules Jeanneney dans son *Journal politique*. Il est en

Le 4 juillet, devant des ministres à l'esprit habité par les nouvelles qui arrivent d'Algérie, c'est rapidement que Laval lit le projet qu'il a l'intention de soumettre, six jours plus tard, à l'Assemblée nationale.

« *Article unique : l'Assemblée nationale donnera tous pouvoirs au gouvernement de la République, sous la signature et l'autorité du maréchal Pétain, président du Conseil, à l'effet de promulguer par un ou plusieurs actes la nouvelle Constitution de l'État français.*

« *Cette Constitution devra garantir les droits du Travail, de la Famille et de la Patrie. Elle sera ratifiée par les assemblées qu'elle aura créées.* »

Sa lecture achevée, Laval quitte le Conseil sur cette simple et désinvolte déclaration :

— Je m'excuse de ne pas vous laisser ouvrir une discussion à ce sujet : soixante sénateurs m'attendent, auxquels je dois des explications.

Le voici dans la salle des Conférences médicales, avenue Thermale, où des sénateurs l'attendent, en effet... sans s'attendre à sa première phrase :

— Le gouvernement a décidé de ne pas déclarer la guerre à l'Angleterre...

L'attaque de Mers el-Kébir aura pour conséquences — ce ne sera que l'une de ses conséquences — de donner à certains discours de Laval une violence parfois insoutenable, une âpreté qui ne doit rien à la comédie oratoire.

L'attaque de Mers el-Kébir condamne au silence des hommes qui, en d'autres circonstances, auraient vivement répliqué.

Une fois asséné ce premier coup, à des sénateurs qui voient l'ami, après l'ennemi, frapper et dépouiller la France, Laval poursuit en affirmant que le Parlement doit être dissous, la Constitution réformée pour s'aligner sur celle des États totalitaires[1]. « Si le Parlement n'y consent pas, ajoute-t-il, c'est l'Allemagne qui nous imposera toutes ces mesures avec, comme conséquence immédiate, l'occupation de toute la France. »

Par la violence de son propos, les menaces d'une entreprise tenant du viol plus que de la séduction — mais il saura changer de registre —, Laval décourage les faibles, les attentistes, les lâches, nombreux dans les Assemblées, aux heures de grand péril.

Le lendemain, 5 juillet, c'est devant quatre-vingts députés qu'il s'ex-

---

revanche longuement question d'un problème de préséance qui a opposé le président du Sénat à l'un de ses vice-présidents, Valadier (journée du 5 juillet, p. 89-90).

1. Qui, le 4 juillet, ne demandent rien de tel.

prime. Et comme, dans la salle du Casino, la salle des séances du Palais-Bourbon a été approximativement reconstituée, certains sont tentés de prononcer, dans le style de naguère, les discours de naguère. Marcel Héraud, député de Paris et le socialiste Georges Monnet seront du nombre.

Laval n'est pas monté sur la scène, où les services ont placé une tribune et un fauteuil présidentiel. Appuyé simplement de trois quarts à la rampe, il parle dans une attitude familière, mais ce qu'il dit et la façon dont il le dit sont assez révolutionnaires pour que Louis Noguères [1], député socialiste des Pyrénées-Orientales, qui le connaissait bien, puisse parler de la naissance d'un « nouveau Laval », délaissant le ton insinuant, « auvergnat », qui lui était habituel, pour un ton autoritaire de dompteur qui fait claquer le fouet.

Laval va parler ainsi pendant près d'une heure et demie.

Il n'a pas de plan ; il n'est guidé par aucun souci de cohérence ou de logique littéraire, la cohérence et la logique étant dans l'affirmation de quelques formules qu'il affûte et améliore à chaque répétition, avec la volonté — l'indiscutable volonté, car il ne joue pas — de faire comprendre à ceux qui l'écoutent, séduits, fascinés ou terrorisés, que les temps sont changés. Et Noguères votera « non » après avoir entendu Laval le 5 juillet, après avoir compris que ce jour-là, et ce jour-là seulement, il avait fait « exactement connaître le fond de sa pensée ».

Le Laval des années à venir, le Laval de Montoire, le Laval du « Je souhaite la victoire de l'Allemagne parce que sans elle... », est déjà dans ce discours sans discours, ce discours « vagabond » du 5 juillet, expression d'une âme débondée.

De ce qu'il dit, il faut retenir le plus symptomatique et le plus fort.

— Il ne s'agit pas, pour le gouvernement, d'appliquer je ne sais quel remède ou de procéder à je ne sais quelle réforme en conservant, dans l'ensemble, ce qui existe. Non. Nous voulons détruire la totalité de ce qui est. Ensuite, cette destruction accomplie, créer autre chose qui soit entièrement différent de ce qui a été, de ce qui est... De deux choses l'une : *ou bien vous accepterez ce que nous vous demandons et vous vous alignerez sur la Constitution allemande et sur la Constitution italienne, ou bien Hitler vous l'imposera* [...]. Nous sommes, aujourd'hui, au fond de l'abîme où [l'Angleterre] nous a conduits. La France n'a le droit de conserver pour elle et son Empire qu'une armée de cent mille

1. Louis Noguères évoquera « le souvenir du garçon rencontré une nuit de 1902 ou 1903 sur les "fortifs", partageant avec Jules Decossy un bout de cervelas posé sur un banc, là-bas à la porte de Saint-Ouen... Puis le confrère à la mine creusée, se glissant à la barre pour défendre "mon camarade terrassier".

hommes[1], voilà la réalité tragique de notre pays. Et je ne vois qu'un seul moyen de restituer à la France, *avec une armée digne d'elle, la place qui lui revient : c'est de nous ranger résolument aux côtés de l'Allemagne et de faire front avec elle contre l'Angleterre.*

Aurait-il pu parler ainsi avant le drame de Mers el-Kébir ?

Le 29 juin, à Clermont-Ferrand, Bouthillier, étonné par les propos d'Alibert et surtout de Laval qui proposaient que le Parlement, se dessaisissant de ses pouvoirs, vote sa mort, avait demandé :

— Et vous croyez que vous trouverez une majorité dans les Assemblées pour accepter ce suicide ?

Laval la trouvera.

Pour Robert Aron[2], Pierre Laval a, en six jours, « accompli un exploit sans précédent dans la politique française » et l'on « a du mal à concevoir qu'un seul homme l'ait mené à bien ».

Pour d'autres — Emmanuel Berl, par exemple, et Paxton pour qui « on a eu tort de penser qu'en s'immolant sur l'autel de Vichy, les 9 et 10 juillet, la IIIe République s'était laissé manœuvrer par Pierre Laval[3] » —, tout autre que Laval eût mieux réussi, *la pente des événements* conduisant fatalement à un régime fort, comme à un effacement des parlementaires.

Je crois cette thèse plus conforme à la réalité de juillet 1940 car des parlementaires voteront « non » pour manifester leur hostilité à Laval, alors qu'ils se seraient ralliés à un texte défendu avec moins de passion autoritaire et moins de références favorables aux dictatures et aux dictateurs.

Mais, puisque c'est lui qui sera le metteur en scène de ces journées de Vichy, comment Laval réussira-t-il à convaincre plus de cinq cent soixante parlementaires de voter, avec leur déchéance, celle de la République ?

Léon Blum, lors du procès Pétain, évoquera les « trois peurs » qui, selon lui, auraient corrompu « comme à vue d'œil, comme si on les avait plongés dans un bain toxique », des parlementaires dont beaucoup

1. C'est inexact. Le chiffre de 100 000 hommes concerne l'armée stationnée en métropole mais, dans tout l'Empire, nous conservons des troupes nombreuses, quoique pauvrement armées.

2. *Histoire de Vichy.*

3. *La France de Vichy.* « Comme il était commode, ajoute Paxton, d'avoir un paria sur qui rejeter tous les votes boiteux de ces deux journées. »

étaient des soldats de l'autre guerre et que l'on aurait pu croire moins sensibles à des peurs que Laval agitait, en effet, en habile montreur de diables.

Les « trois peurs » dénoncées par Léon Blum s'appelaient : « peur des bandes à Doriot dans la rue, peur des soldats de Weygand à Clermont-Ferrand, peur des Allemands qui se trouvaient à Moulins ».

Il est vrai qu'il y avait eu la phrase de Laval, le 5 juillet : « Vous vous alignerez sur la Constitution allemande et sur la Constitution italienne, ou bien Hitler vous l'imposera », mais, pour l'instant, les Allemands se désintéressaient de la forme que prendrait le nouveau gouvernement français.

À Clermont-Ferrand, les soldats, s'ils étaient bien, comme tous les soldats encore sous les armes, « les soldats de Weygand », ministre de la Guerre, étaient les soldats de cette 14e division, dont le chef, le général de Lattre de Tassigny, tenait à faire savoir, en multipliant prises d'armes et défilés, que ses hommes s'étaient bien battus, mais, tout en ne cachant pas son hostilité aux parlementaires, ne songeait nullement à leur faire tenir le rôle qu'avaient, en Brumaire an VIII, tenu les grenadiers de Murat [1].

Restaient « les bandes à Doriot dans la rue ». D'après Jean-Paul Brunet [2], elles étaient moins dans la rue que dans les tribunes, d'où une dizaine de membres du PPF aurait pris part à des manifestations hostiles aux parlementaires [3]. Rencontrant Marx Dormoy, ancien ministre socialiste de l'Intérieur, qui l'avait révoqué, en 1937, de sa mairie de Saint-Denis, Doriot l'avait alors invectivé : « Nous aurons ta peau, tu entends, Dormoy, ça ne tardera pas [4]. » Quant à Léon Blum, il avait été injurié à Bordeaux, et, à Vichy, des dîneurs le montraient du doigt : « Regardez ce salaud ! » Enfin Laval le mettra directement en cause devant l'Assemblée nationale, sans qu'il réplique, car de sa riposte serait né, sans doute, l'incident souhaité.

En vérité à Vichy, au début de juillet, chaque parlementaire juge le climat suivant les mouvements de son âme. La réaction de Léon Blum,

1. Paul Boulet, député de l'Hérault, affirme que, le 10 juillet, les plus timides chuchotaient aux plus fermes : « Si vous ne votez pas, le général Weygand va être ici et vous serez dispersés par la force », mais il ajoute que ce bruit ne se fondait sur rien.

2. *Jacques Doriot*, p. 314.

3. Jeanneney, qui présidait la séance du 10 juillet, ne fait aucune allusion à des manifestations.

4. Le 26 juillet 1941, Marx Dormoy était assassiné à Montélimar où il se trouvait assigné à résidence. Bien que la Cagoule ait été responsable du crime, il fut revendiqué par certains doriotistes, vraisemblablement par haine de Dormoy.

cible d'adversaires dont plus rien ne limitait l'audace, si elle est très loin d'être générale, se comprend et s'explique également par le reniement ou le « repliement » de beaucoup de socialistes qui s'éloignaient déjà de ce « chef » qui, même en réunion de groupe, même devant quelques amis, restait muet, se contentant de « lever les bras au ciel » lorsqu'on lui demandait de faire connaître sa position [1].

## L'effondrement des partis politiques : une chance pour Laval

Léon Blum ne prendra pas la parole.

Paul Reynaud, que l'on verra à Vichy, un pansement autour de la tête car il a été victime, en se rendant en Espagne, de l'accident d'auto qui a coûté la vie à Mme de Portes, ne prendra pas la parole et ne prendra pas part au vote [2]. Des vingt-sept parlementaires qui se trouvaient à bord du *Massilia*, auxquels le retour est interdit jusqu'à la fin de juillet [3] par une manœuvre dont Alibert est responsable, quel est celui qui aurait pu se faire entendre ? Mandel ? Cela paraît douteux. Plus que Blum il était haï, plus que Blum il aurait été menacé. Daladier ? L'effondrement de la France n'était-il pas — aussi excessif que cela soit — l'effondrement de sa politique ?

Laval va triompher sur l'effondrement des partis. Pour un temps, en effet, la défaite a fait éclater les anciennes structures politiques. Lorsque Laval entame l'opération qui conduira au vote du 10 juillet, il a autour de lui des hommes venus des horizons les plus divers : Xavier Vallat, qui arrive de l'extrême droite ; Marcel Déat et ses amis néo-socialistes,

---

1. Ernest Laroche, député socialiste du Puy-de-Dôme, rapporte que, le 9 juillet, avec deux de ses amis, Villedieu et Andraud, il interrogea Léon Blum « qui avait subitement perdu la parole. Il leva les bras au ciel sans nous répondre ». Le 4 juillet, Jules Jeanneney note avoir reçu Blum à 17 h 15 : « Il sent venir la grosse bourrasque [...] mais il ne réagit presque aucunement. À la vérité, il serait en médiocre posture pour prendre la tête d'une contre-attaque. »

2. « Il est venu, dit-il, pour défendre l'honneur de ses collaborateurs », Leca et Devaux, arrêtés en Espagne alors qu'ils transportaient sur ordre de Reynaud, qui croyait partir pour les États-Unis, lingots d'or et documents.

3. Ils débarqueront à Marseille le 20 juillet et s'y trouveront consignés une semaine encore.

qu'il a longuement « harangués[1] » ; le radical Jean Montigny ; un indépendant solitaire, Bergery, et quelques autres : Pietri, Georges Bonnet, Cayrel, Temple, Dommange qui, pour des raisons diverses, et parfois contradictoires, appuient son action, font les couloirs... ou les allées des jardins de Vichy et, partout, répandent la bonne parole.

Mais c'est de la gauche socialiste qu'arrive, le 6 juillet, en la personne de Spinasse, le ralliement le plus spectaculaire : ralliement, non à la personne de Laval, mais à l'une des idées-forces de Laval : la culpabilité du Parlement, l'urgence de rompre, sans espoir de retour avec le passé..., ralliement qui s'explique uniquement par le choc de la défaite, le poids de l'exode, la brutale prise de conscience de l'effondrement de toutes ces vraies-fausses valeurs dont les hommes politiques avec ambiguïté nourrissaient leurs discours.

Que dit Spinasse, ami et collaborateur de Léon Blum, mais, ce jour-là, ne parlant pas au nom du vieux « chef » ?

Que dit-il avec sa conviction habituelle[2], que dit-il de si juste ou, plus exactement, de si accordé au moment, pour que son improvisation fasse l'objet, le jour même et le lendemain, de commentaires dans lesquels passe l'évocation de la nuit du 4 août 1789 ?

— Le Parlement, affirme le député de la Corrèze, va se charger des fautes communes[3]. Ce *crucifiement* [il y a des mots qu'il faudrait souligner pour les retenir] est nécessaire pour éviter que le pays ne sombre dans la violence et l'anarchie. Notre devoir est de permettre au gouvernement de faire une révolution sans que coule le sang. Si l'autorité du maréchal Pétain rend possible cette tâche, alors le don qu'il nous fait de sa personne n'aura pas été vain. Que notre décision soit sans appel : elle engage définitivement la France. Nous devons rompre sans esprit de retour avec le passé. Celui-ci était plein d'illusions et, si les horizons du monde ont paru s'en approcher, ce n'était qu'un mirage. *Nous avons cru à la liberté individuelle, à l'indépendance de l'homme*. Ce n'était qu'une

1. « Laval seul pouvait conduire la manœuvre et seul il en avait les moyens », écrit Marcel Déat dans ses *Mémoires politiques*. Il ajoute : « Nous lui accordâmes notre appui, et je dois dire que cet appui se fit rapidement plus chaleureux, à mesure qu'arrivèrent les pétitions sur l'abominable massacre de Mers el-Kébir et que Laval, lui-même, eut commencé d'exposer ses intentions devant les parlementaires. »

2. « Il ne disait rien, écrira Louis Noguères, l'un des quatre-vingts opposants, qui ne fût l'expression d'une haute conscience. »

3. Les Français interrogés par l'IFOP en 1980 (sondage publié par *Le Figaro Magazine*, *cf.* p. 278) donneront pour première cause de la défaite française (56 %) la responsabilité des gouvernements de la IIIe République, avant (34 %) l'incompétence des généraux et (20 %) l'esprit de démission d'un peuple qui n'avait pas envie de se battre.

*anticipation sur un avenir qui n'était pas à notre portée. Une nouvelle foi doit naître sur des valeurs nouvelles.* Tout ne s'effacera d'un passé condamné que lorsque nous nous retrouverons Français sur la terre de France, héritiers d'un patrimoine commun qui conserve sa grandeur. Retrouvons un orgueil national [...] la France s'était abandonnée, il faut qu'elle se reprenne.

Quel que soit leur parti, les députés présents acclament Spinasse, l'ancien ministre du Front populaire, non parce que ses propos épousent ceux de Pierre Laval, mais parce que, exprimés avec noblesse, chaleur humaine et sincérité — tous sentiments que l'on prête malaisément à Laval —, ils traduisent leurs sentiments profonds.

Que l'on y prête attention. Tous, et même ceux des parlementaires qui s'affirmeront et seront « résistants » ; tous, et même ceux qui voteront « non », pratiquent, avec une triste volupté oratoire, l'autoflagellation. Tous désirent, avec une sincérité qui s'atténuera au fil des jours, un changement dans les mœurs politiques, changement qu'ils jugent imposé par les malheurs des temps.

La motion Badie (un opposant), à laquelle se rallieront vingt-sept parlementaires de gauche, débute ainsi : « Les parlementaires soussignés, après avoir entendu la lecture de l'exposé des motifs du projet concernant les pleins pouvoirs à accorder au maréchal Pétain, tiennent à affirmer solennellement qu'*ils n'ignorent rien de tout ce qui est condamnable dans l'état actuel des choses et des raisons qui ont entraîné la défaite de nos armes.* »

Le président Jeanneney, se faisant l'interprète de sénateurs dominés par « un sentiment fort honorable : la conscience des fautes et des mauvaises mœurs politiques », déclare, de son côté, le 9 juillet : « Il eût fallu épargner à nos enfants le *lamentable héritage* que nous allons leur léguer. *Ils expieront nos fautes*, comme ma génération a expié, puis réparé, celles d'un autre régime. »

Édouard Herriot, le 9 juillet toujours : « Au lendemain des grands désastres, on cherche des responsabilités. Elles sont de divers ordres. Elles se dégageront. L'heure de la justice viendra. »

De la droite à la gauche, le besoin de contrition est général, et c'est la France entière — parlementaires compris — qui assigne à la défaite de ses armes des causes morales.

Dans *La France de Vichy*, Robert O. Paxton s'étonne que la droite « antiparlementaire qui identifiait depuis longtemps la politique électorale à la déchéance du pays » ait été rejointe, dans sa volonté de contrition, par des hommes que tout aurait dû conduire à tenir un langage différent. Et de citer Daniel Halévy, qui saluera « le retour aux vérités » que le nouveau régime aide à redécouvrir sous « les cendres et les débris de la défaite [1] » ; Paul Valéry : « La guerre fut perdue pendant la paix » ; André Gide : « Indulgence, indulgences... Mollesse, abandon, relâchement dans la grâce et l'aisance, autant d'aimables qualités qui devaient nous conduire les yeux bandés à l'abîme. »

Paxton égrène le chapelet des citations et l'on pourrait l'égrener à sa suite. Reprenons plutôt ce qu'a dit Édouard Herriot : « Au lendemain des grands désastres, on cherche des responsabilités. »

Vichy n'innovera ni dans la philosophie ni dans la thérapeutique. Des péchés aux remèdes conseillés, tout se trouve avoir été déjà dit et écrit. « Nous avons remplacé la gloire par l'argent, le travail par l'agiotage, la fidélité et l'honneur par le scepticisme. » La France a calomnié « les actes et les doctrines pour se dispenser d'admirer, d'obéir et de croire ». Les phrases ne sont ni de l'un des parlementaires pénitents de juillet 1940 ni du maréchal Pétain, mais du républicain Jules Simon, le 26 octobre 1871, au lendemain d'une défaite moins soudaine, moins humiliante, historiquement moins grave pour le pays, mais profondément traumatisante puisque étaient vaincus les fils et petits-fils des soldats de Napoléon, comme, en 1940, avaient été vaincus les fils des soldats de Foch et de Pétain.

Pétain précisément. S'il refuse de paraître devant l'Assemblée nationale — et l'on se demande alors à combien les « quatre-vingts » auraient été réduits s'il avait, personnellement, demandé le vote de confiance —, s'il laisse Laval « faire le travail », Pétain est indiscuté par ceux-là mêmes qui voteront « non » et qui, pour faire échec à Laval, dont l'ambition les inquiète, proposent souvent de donner au Maréchal plus de pouvoirs encore que le texte du gouvernement n'en prévoyait.

Ainsi ces sénateurs anciens combattants qui s'opposeront pendant quarante-huit heures au projet de Laval, dont ils pensent, avec raison, qu'il menace le régime républicain, rédigent, dès le 5 juin, un communiqué dans lequel non seulement ils « saluent avec émotion et fierté leur chef vénéré, le maréchal Pétain, qui, en des heures tragiquement douloureuses, a fait don de sa personne au pays », mais « lui apportent leur confiance pour, *dans la légalité républicaine* [2], regrouper les forces

1. Daniel Halévy, « Le réformateur inconnu », *Le Temps*, 18 août 1940.
2. Souligné intentionnellement. C'est le mot essentiel.

nationales, galvaniser les énergies et préparer le terrain moral qui refera une France digne de leurs sacrifices ».

Reçue le 6 juillet par le Maréchal, leur délégation [1], si elle fait connaître son inquiétude devant des projets « aussi immenses que peu précis [...] dont on [Laval] leur disait seulement qu'ils s'aligneraient sur les régimes totalitaires », affirme qu'en revanche elle fait « confiance, et une confiance absolue, totale, corps et biens », à Philippe Pétain.

L'un des membres les plus représentatifs de la délégation, Paul-Boncour, sénateur du Loir-et-Cher, vieux routier de la politique, ministre pour la première fois en 1911, avant de l'être à quatre reprises après la première guerre [2] et, entre décembre 1932 et janvier 1933, de s'être trouvé au nombre de ces éphémères présidents du Conseil qui, sans la diriger vraiment, traversèrent la IIIe République, est catégorique :

— Maréchal, pour vous prouver, monsieur le Maréchal, à quel point ceux qui, avec moi, ne peuvent donner leur vote à un projet de Constitution dont on ne précise pas les bases [effectivement il votera « non »] sont prêts à vous donner, je dis à *vous*, tous les pouvoirs, je dis *tous*, que vous jugerez nécessaires pour maintenir l'ordre, rétablir, libérer et reconstituer ce pays et conclure la paix [à Vichy, de nombreux parlementaires parleront de « paix »], j'irais jusqu'à voter un texte qui dirait : « *La Constitution est suspendue jusqu'à la signature de la paix.* Le maréchal Pétain, chef du pouvoir exécutif, a pleins pouvoirs de prendre par décret toutes les mesures qu'il jugera nécessaires et, en même temps, d'établir, en *collaboration avec les Assemblées* [3], les bases d'une Constitution nouvelle. »

En juin 1950, la proposition de Paul-Boncour devait rétrospectivement émouvoir plusieurs membres de la Commission d'enquête parlementaire. Louis Marin, qui avait passé la plus grande partie de l'Occupation à Vichy, sans jamais être inquiété bien qu'il n'ait cessé de manifester son hostilité au régime, fera part de son indignation :

— Je voudrais savoir comment l'idée est venue à l'un quelconque d'entre vous de suspendre la Constitution ?

Le sénateur Taurines (qui conduisait la délégation reçue par le Maréchal le 6 juillet) se défendra en disant que c'était « la première fois

---

1. MM. Taurines, Jacquy, Paul-Boncour et Chaumié.

2. Ministre de la Guerre dans un cabinet Herriot en 1932 ; ministre des Affaires étrangères (décembre 1932-janvier 1933) dans le même temps où il est président du Conseil ; ministre de la Guerre à nouveau en 1934 et des Affaires étrangères en 1938. Après la mort d'Aristide Briand, Paul-Boncour avait été délégué permanent à la Société des Nations.

3. Souligné intentionnellement.

depuis juillet 1940 [dix années s'étaient écoulées, il faut le rappeler] qu'on lui posait cette question ». Il fera ensuite allusion à la « température » morale de juillet 1940.

Louis Marin insistant, M. de Barral, un combattant de 1940, viendra au secours de Taurines.

— M. Taurines vous a dit tout à l'heure, messieurs, une chose très juste. C'est très joli d'en parler maintenant, au bout de dix ans, et une fois les événements révolus... Mais reportons-nous un peu à l'état d'esprit qui régnait à cette époque...

Ce retour en arrière était difficile en 1950.

Il l'est certainement beaucoup plus aujourd'hui. Il n'en est pas moins indispensable.

Laval, qui se méfie des Assemblées, dont il sait par expérience combien vite elles changent d'humeur, s'il fait bon visage à la délégation Taurines-Paul-Boncour que Pétain lui a envoyée, mettra en charpie un projet prévoyant que les Constitutions nouvelles seraient préparées « en collaboration avec les commissions compétentes [1] ». Il poursuivra donc son chemin avec la ferme volonté de jeter bas les structures anciennes, en laissant croire au Maréchal qu'il était « le mandataire des Assemblées, et aux Assemblées qu'il était le mandataire du Maréchal [2] ».

Un seul homme pourrait lui faire obstacle : Pierre-Étienne Flandin, député de l'Yonne, ancien ministre des Affaires étrangères, ancien président du Conseil, qui parle le 7 juillet et dont le discours est acclamé (si le mot ne choquait pas, j'écrirais qu'il fut reçu avec « enthousiasme ») par des parlementaires aux yeux desquels il additionnait les avantages : il remettait le pouvoir au Maréchal pour une tâche ample, difficile, noble mais limitée dans le temps : « négocier avec les Allemands et [...] couvrir de son nom, de son prestige, la réorganisation française ». Il permettait de ne pas toucher à la Constitution, et, en épargnant la Constitution, il épargnait les députés et sénateurs. Pour Flandin et ceux qui l'approuvaient, il suffisait d'obtenir la démission du président de la République (le très oublié Albert Lebrun), le maréchal Pétain étant nommé [Flandin dit « nommé » et non « élu »] ensuite président de la République.

1. Du contre-projet inspiré par la proposition Paul-Boncour, Laval ne retiendra qu'une idée : celle de la ratification des Constitutions nouvelles par la nation.

2. Fred Kupferman, *Laval*.

« Ainsi, nous obtiendrions le résultat cherché tout en respectant la Constitution », une Constitution, a-t-il déclaré précédemment, des institutions que « l'on peut surtout nous faire le grief de n'avoir pas respectées ».

C'est très rapidement — tant la manœuvre séduit — que la délégation chargée d'aller demander au président Lebrun de céder la place sera constituée. Les gants beurre frais ne seront pas oubliés, mais le président Lebrun, qui ne s'attendait pas à pareille sollicitation, dira à Flandin, à Jean Mistler et à Gratien Candace, député de la Guadeloupe, qu'il reçoit, le 7 juillet, à 18 h 30[1], qu'il « réfléchira », mais que, l'Assemblée lui ayant conféré, pour sept ans, les pouvoirs dévolus au chef de l'État, il ne déserterait pas son poste. L'Assemblée nationale peut, évidemment, lui retirer ses pouvoirs. « Mais, si elle doit le faire, qu'elle en prenne la responsabilité[2]... »

Laval avait dit à Flandin, lorsqu'il lui avait fait part de son idée :

— Le Maréchal t'a donné son accord, mais il le donne à tout le monde... Je me rallie à ton projet si tu m'apportes la démission de Lebrun.

Il ne l'apportait pas.

La route était libre.

Le 9 juillet, Chambre des députés et Sénat tiennent séparément séance pour dire s'il y a lieu de réviser les lois constitutionnelles.

Parce qu'il n'y eut que trois opposants seulement sur trois cent quatre-vingt-dix-huit votants à la Chambre des députés, un seul au Sénat, on accorde peu d'importance à ces deux séances, alors qu'elles marquent combien, sur le fond — la nécessité de la révision[3] —, tous les parlementaires, conscients des défauts d'un système politique qui multipliait les causes de crise ministérielle et de blocage des décisions, étaient d'accord, même si, par le passé, ils avaient pris plaisir à des rites, à des jeux qui satisfaisaient leur vanité et comblaient leur vie.

---

1. Dans un salon du pavillon Sévigné.

2. Dans son *Journal politique*, Jules Jeanneney écrit avoir été reçu par le président Lebrun, en compagnie d'Édouard Herriot, le 8 juillet à 11 h 30. D'après son récit, Albert Lebrun a annoncé aux deux hommes son intention de démissionner « avant d'être démissionné ». Jeanneney et Herriot l'en dissuaderont : « Aller au-devant d'une mesure, c'est se donner l'apparence de l'approuver. »

3. Nécessité sur laquelle le général de Gaulle est, lui aussi, d'accord..., ce qui ne surprendra pas. Dans la « Déclaration organique », datée de Brazzaville 16 novembre

Ces séances du 9 juillet préparent, et préparent dans un climat « pétainiste », celles, décisives, du lendemain.

## Un climat de « vénération » propice au choix de Pétain

Selon Jeanneney, Laval, qui a compris qu'il avait partie gagnée, aurait alors, changeant de tactique, flatté ceux auxquels il allait demander de se suicider. « Le sort du parlementaire, écrit Jeanneney avec un lucide cynisme, n'est pas sans préoccuper au moins autant que celui du parlementarisme [1]. » Aussi affirme-t-il que Laval a multiplié les formules rassurantes. « Il ne promet pas seulement que le gouvernement tiendra à prendre conseil (et non pas à travailler "en collaboration", comme le demandaient les anciens combattants du Sénat) des commissions parlementaires ; il garantit que les Chambres survivront tant que de nouvelles assemblées ne les auront pas remplacées : l'indemnité parlementaire survivra donc, elle aussi. "Mais ensuite, a-t-on demandé, nos retraites ?" Anatole Manceau, questeur, a spécialement posé la question, et Laval aurait répondu que l'État les prendrait à sa charge. Plus d'un a gobé l'hameçon [2]. »

Il existe plusieurs formes d'hameçons.

Pourquoi les députés ne seraient-ils pas sensibles aux paroles par lesquelles Édouard Herriot, le 9 juillet, après avoir ouvert, à 9 h 30, la séance de la Chambre dans la salle du Grand Casino, rend hommage au Maréchal ?

— Autour de M. le Maréchal Pétain, dans la *vénération* [3] que son nom inspire à tous, notre Nation s'est groupée en sa détresse. Prenons garde à ne pas troubler l'accord qui s'est établi sous son autorité...

Pourquoi les sénateurs ne seraient-ils pas émus par les mots prononcés, dans l'après-midi, par le président Jeanneney ?

---

1940, on peut lire, « que sans nier qu'une révision de la Constitution pourrait être utile en soi... ».

1. *Journal politique*, p. 96.

2. Le 17 novembre 1940, toujours sous la plume de Jeanneney : « Les parlementaires fondent, paraît-il, des espérances sur Laval qui cherche à se rapprocher d'eux (reconduction du budget des Chambres, des cartes de circulation en chemin de fer). »

3. Souligné intentionnellement.

— J'atteste à M. le Maréchal Pétain notre *vénération*[1] et la pleine reconnaissance qui lui est due pour un don nouveau de sa personne. Il sait mes sentiments envers lui qui sont de longue date[2]. Nous savons la noblesse de son âme. Elle nous a valu des jours de gloire. Qu'elle ait carrière en ces jours de terribles épreuves et nous prémunisse au besoin contre toute discorde...

Des mots bien sûr, des mots ! « Éloquence conventionnelle », écrira Robert Aron[3], ce qui, en pareil jour, n'est guère flatteur pour Jeanneney.

Ceux qui écoutent ces mots en ont, dans leur longue carrière, beaucoup prononcé et beaucoup entendu ; mots sonores, ronflants, émouvants, creux, mots qui passaient et se retiraient, comme la vague passe et se retire du rocher qu'elle effleure, mais ce 9 juillet 1940, un jour comme il n'y en avait pas eu beaucoup d'aussi tristes dans toute notre histoire, comment imaginer, même s'ils sont « conventionnels », qu'ils n'aient pas eu, au moins sur les moins blasés de ces parlementaires blasés, un pouvoir d'émotion, comment imaginer qu'ils n'aient pas été reçus comme une invitation à voter, le lendemain 10 juillet, le texte gouvernemental ?

Le président Jeanneney avait préparé un discours d'un ton différent[4], auquel il renonça, car il mettait en cause « notre instrument militaire », et précisait ce qui était une idée juste : « Le parlementarisme n'aura pas seul des comptes à rendre, n'étant pas seul à avoir dans le désastre des sujets d'humilité. » Vérité qui n'était peut-être pas encore bonne à dire.

Pour excuser un discours prononcé, on ne saurait faire état d'un discours non prononcé. Au procès du maréchal Pétain, le président Jeanneney devait parfaitement, en tout cas, reconstituer le climat de l'époque :

— Et puis, à vrai dire, avait-on le choix ? Il est incontestable qu'à ce moment tous les yeux étaient tournés vers le maréchal Pétain. Il était même une sorte de bouée de sauvetage vers laquelle toutes les mains se tendaient. Il était certainement le seul nom autour duquel on pourrait faire l'union et la concorde dans notre pays. C'est pour avoir voulu cela que je me suis exprimé. Je vous laisse le soin de dire si j'ai eu tort.

M. Jeanneney n'avait certainement pas eu tort de dire *sa* vérité du moment, qui coïncidait avec la vérité de la majorité des Français, mais

1. Souligné intentionnellement.

2. Ses relations avec le Maréchal — Jeanneney l'expliquera au procès — remontaient en 1917. Jeanneney était alors membre du cabinet Clemenceau et en même temps secrétaire général du comité de guerre. Le général Pétain était venu à diverses reprises devant ce comité.

3. *Histoire de Vichy*, p. 139.

4. On en trouvera le texte (ou au moins les trois premiers paragraphes) dans son *Journal politique*, p. 95.

de laisser entendre, dans son *Journal*, qu'elle n'était qu'une demi-vérité, puisqu'il aurait été [1] « tenté » de voter « non » le 10 juillet.

Il ne participa pas au vote. Quant au président Herriot, il s'abstint volontairement.

Ainsi les deux hommes se retrouveront-ils, à la Libération, au nombre des premiers personnages de la IVe République, alors que la plupart de ceux qui, les ayant écoutés (ou pour les avoir écoutés [2]), avaient voté en faveur du texte gouvernemental étaient frappés d'inéligibilité.

## Ceux qui se refusent à voter un projet qui aboutirait à la disparition du régime républicain

Tout converge vers Pétain. Du moins en paroles.

Il est la « divinité » devant laquelle on ne peut que se prosterner, même si l'on hait le grand prêtre.

Les opposants à Pierre Laval, et à son entreprise antidémocratique, n'en sont donc que plus ardents à proposer pour Philippe Pétain, mais pour lui seul, qu'ils savent politiquement désarmé et auquel ils font d'autant plus volontiers confiance qu'ils l'imaginent plus faible, tout le pouvoir et tous les pouvoirs.

Le radical-socialiste Vincent Badie rédigera au nom de vingt-sept de ses collègues [3], dont les socialistes Bruguier, Louis Noguères, Joseph Roux, Audeguil, Léon Martin, Biondi, Philip, qui voteront « non », un texte dont quelques mots ont déjà été cités [4], mais qu'il faut reproduire :

« Les parlementaires soussignés, après avoir entendu la lecture de l'exposé des motifs du projet de loi [5] [exposé qui contient des passages

1. *Journal politique*, p. 98.

2. Au cours de la séance de l'Assemblée consultative provisoire du 17 novembre 1944, M. Poitou-Duplessy, dont l'inéligibilité allait être prononcée (il avait voté « oui » le 10 juillet), rappellera les discours des présidents Herriot et Jeanneney, « exhortations » au vote favorable. D'autres « inéligibles » en firent autant.

3. Six sénateurs et vingt et un députés. Ce texte a été rédigé le 8 juillet.

4. *Cf.* p. 393.

5. « Il faut tirer la leçon des batailles perdues. Revenir sur les erreurs commises, déterminer les responsabilités, rechercher les causes de nos faiblesses, cette œuvre nécessaire sera accomplie. Mais elle ne servirait de rien, si elle n'était la condition première

effectivement imprécis, donc inquiétants] concernant les pleins pouvoirs à accorder au maréchal Pétain et la nécessité d'une Révolution nationale, tiennent à affirmer solennellement :

« — qu'ils n'ignorent rien de tout ce qui est condamnable dans l'état actuel des choses et des raisons qui ont entraîné la défaite de nos armes,

« — qu'ils savent la nécessité impérieuse d'opérer d'urgence le redressement moral et économique de notre malheureux pays et de poursuivre les négociations en vue d'une paix durable dans l'honneur[1].

« À cet effet, ils estiment qu'il est indispensable d'accorder au maréchal Pétain, qui, *en ces heures graves, incarne* si parfaitement les vertus traditionnelles françaises, *tous les pouvoirs pour mener à bien cette œuvre de salut public et de paix.*

« *Mais se refusent à voter un projet qui aboutirait inéluctablement à la disparition du régime républicain.*

« *Les soussignés proclament qu'ils restent plus que jamais attachés aux libertés démocratiques pour la défense desquelles sont tombés les meilleurs fils de notre patrie*[2]. »

Ayant entendu Laval affirmer dans son commentaire de l'exposé des motifs qu'« un régime nouveau, audacieux, autoritaire, social, national » devait être substitué à « la démocratie parlementaire qui a perdu la partie » ; l'ayant entendu dire que « nous n'avons pas d'autre chemin à suivre que celui d'une collaboration loyale avec l'Allemagne et l'Italie[3] », il est logique et légitime que les signataires de la motion Badie soient inquiets. Ayant acquis le droit de revendiquer plus tard, avec fierté, leur vote

---

de notre relèvement, car il s'agit d'abord de refaire la France. [...] C'est dans la défaite militaire et dans le désordre intérieur que d'autres pays ont puisé la force de revivre et de se transformer. Au moment le plus cruel de son histoire, la France doit comprendre et accepter la nécessité d'une Révolution nationale. Elle doit y voir la condition de son salut dans l'immédiat et le gage de son avenir. [...] C'est dans cet esprit que le gouvernement s'est tourné vers les Chambres en leur demandant de rendre possible, par un acte solennel, dans l'ordre et dans la légalité républicaine, cet immense effort auquel sera associée une représentation nationale [...]. Il faut que le gouvernement ait tout pouvoir pour décider, entreprendre et négocier, tout pouvoir pour sauver ce qui doit être sauvé, pour détruire ce qui doit être détruit, pour construire ce qui doit être construit. »

1. Une fois encore, référence à la paix sans référence à l'Angleterre.

2. Souligné intentionnellement.

3. Laval parle aux députés le 8 juillet. Il s'adresse ensuite aux sénateurs. À eux qui lui ont demandé en quoi consisterait le régime nouveau, il précisera : « Je vais vous le dire. Les humbles, les travailleurs doivent être défendus et mieux protégés. L'intelligence doit avoir, dans la cité nouvelle, la place, toute la place qui lui revient de droit. Le capitalisme dans ce qu'il a d'abject doit disparaître. C'est sous le triple signe du travail, de la famille et de la Patrie que nous devons aller vers l'ordre nouveau. »

« non », ils ne pourront prétendre et, en leur mémoire, puisque les quatre-vingts ont tous aujourd'hui disparu, on ne devrait pas pouvoir prétendre, comme on le fait, dans un excès de simplification, alors que tout demeure ambigu, que leur vote contre Laval et ses projets était, en réalité, un vote contre ce Philippe Pétain auquel ils voulaient accorder tous les pouvoirs...

Rayonnant, transpirant, « plus mal cravaté et plus mal peigné que jamais », selon René Gillouin, Pierre Laval a rendu visite au Maréchal :

— Ce n'est pas un succès, c'est un triomphe, monsieur le Maréchal ! [...] Venez avec moi, l'Assemblée vous attend pour vous acclamer.

Qu'il ne se rende pas à l'Assemblée pour ne pas faire acclamer Laval derrière lui, il le dira presque dans l'instant ; qu'il se refuse à peser, par sa présence, sur les consciences et sur les votes ; qu'il éprouve quelque timidité de militaire face à des hommes politiques habiles au jeu des questions embarrassantes, ou qu'il fasse confiance à Pierre Laval, le seul qu'il juge capable d'évoluer habilement, à travers des récifs surestimés, le Maréchal restera, calme et solitaire, dans un Hôtel du Parc déserté, le Tout-Vichy assistant, dans l'après-midi du 10 juillet, à la séance de l'Assemblée nationale [1].

Aucun souci sur le résultat du scrutin ne l'habite puisque, en ce jour, il est l'axe indispensable de toutes les propositions, de toutes les combinaisons.

## Laval lit la lettre du Maréchal

Laval va parler en son nom. Comme tous les autres ? Oui mais, et l'argument se révélera décisif, il a en poche une lettre du Maréchal, lettre sans littérature, sans mots qui cherchent à faire naître l'émotion. Il se réserve de la produire à l'instant voulu.

Le président de séance, le sénateur Valadier, a lu le projet du gouvernement :

1. « Je le trouvai — vers 16 heures, écrit Alibert — penché sur quatre tableaux dactylographiés et numérotés qui résumaient des regroupements de ministères et portaient des noms. »

« L'Assemblée nationale donne tous pouvoirs au gouvernement de la République, sous la signature et l'autorité du maréchal Pétain, président du Conseil, à l'effet de promulguer, par un ou plusieurs actes, la nouvelle Constitution de l'État français.

« Cette Constitution sera ratifiée par les Assemblées qu'elle aura créées. »

Le sénateur Taurines s'est levé, au nom des sénateurs anciens combattants, pour déposer sur le bureau un contre-projet dont on sait[1] qu'il présentait, avec le texte gouvernemental, de notables différences puisque le Maréchal n'était plus chargé de *promulguer* la Constitution, mais de la *préparer*, qu'il n'aurait plus la possibilité d'agir *souverainement*, mais *en collaboration* avec les commissions des Assemblées, enfin que la Constitution devrait être *ratifiée par la nation*.

Le péril de ce contre-projet échappe d'autant moins à Laval que, bien qu'il en ait eu l'âge, il n'a jamais fait un jour de guerre. Il se trouve donc en état d'infériorité morale devant ces anciens combattants aux blessures et aux décorations nombreuses, devant ce Maurice Dormann qui, depuis sa voiture de mutilé, dit son hostilité à un projet susceptible de ne pas conserver à la France « la figure républicaine qui la fait aimer dans le monde ».

Et Dormann de rappeler, avec une émotion qui suscite l'émotion, que, si les sénateurs anciens combattants se veulent fidèles à la République, ils sont fidèles à Pétain. « Personne plus que les anciens combattants de 1914-1918 ne porte une vénération plus sincère que celle qu'ils portent à celui qui fut leur chef et qui les conduisit à la victoire, à cette victoire dont on n'a pas osé parler depuis qu'ils l'avaient acquise. *(Très bien ! Très bien !)* On *permettra bien à celui qui a laissé ses deux jambes à Verdun de rendre ici un hommage au vainqueur de Verdun*[2]. »

Verdun encore... et pour longtemps. Qui, de la fidélité au souvenir de Verdun ou de la fidélité à la République, va l'emporter chez les anciens combattants dont le porte-parole, Vincent Badie, insiste pour l'adoption

1. *Cf.*, p. 395.
2. Souligné intentionnellement.

d'un projet dont il dit qu'il a l'assentiment du Maréchal, ce qui l'empêche de se satisfaire de la modification proposée par Laval[1] ?

C'est alors que le vice-président du Conseil, « pour éviter tout malentendu » qui pourrait naître de l'opposition entre un projet approuvé par le Maréchal, celui des anciens combattants, et un projet gouvernemental, qui ne serait alors qu'un projet Laval, sort de sa poche la lettre arrachée, le 7 juillet au soir, à un Maréchal fluctuant qu'il entendait dire « oui » aussi bien à Flandin (ne pas toucher à la Constitution, mais faire du Maréchal le président de la République) qu'à Taurines (les réformes constitutionnelles se feraient en collaboration avec les commissions des Assemblées).

Avec la lettre de Pétain, Laval possède désormais, en quelque sorte, un morceau de la vraie Croix !... Il lit :

« Monsieur le Président,

« Le projet d'ordre constitutionnel déposé par le gouvernement que je préside viendra en discussion le mardi 9 et le mercredi 10 juillet devant les Assemblées. Comme il m'est difficile de participer aux séances, je vous demande de m'y représenter.

« Le vote du projet que le gouvernement soumet à l'Assemblée nationale me paraît nécessaire pour assurer le salut de notre pays.

« Veuillez agréer, mon cher Président, l'assurance de mes sentiments très cordiaux. »

Le Maréchal affirmant que le projet gouvernemental était le sien, peut-on lui en opposer un autre sans passer, sinon pour antipatriote, du moins pour trop attaché aux erreurs du passé ?

Laval met alors à profit le désarroi de l'Assemblée pour prononcer un long discours qui, dédaignant les astuces, bannissant les « ficelles », a le mérite de la sincérité. Il commence par dresser un état sommaire de la situation matérielle de la France : moyens de transport désarticulés ; stocks d'essence épuisés ; les trois quarts de nos mines de charbon situées en zone occupée ; une prévisible misère pour l'hiver.

Des effets remontant aux causes, il dénonce ensuite « le plus grand

1. « Par déférence envers les anciens combattants du Sénat, j'accepte, dit-il, de modifier le projet gouvernemental. La version actuelle stipule que "la Constitution sera ratifiée par les Assemblées qu'elle aura créées", je propose de substituer à cette phrase la formule suivante : "La Constitution sera *ratifiée* par la Nation et appliquée par les Assemblées qu'elle aura créées." »

crime qui ait été commis dans notre pays depuis longtemps » : la guerre déclarée sans avoir été préparée, la guerre « des Démocraties contre les Dictatures [...] on a lancé un défi, avec imprudence, avec une criminelle imprudence, on a jeté le défi et nous sommes battus ». Pouvait-on continuer la guerre sur le territoire métropolitain ? « Vous le savez bien, vous tous, lance-t-il à ces hommes, dont beaucoup ont vécu l'exode du peuple et des armées, vous le savez bien, vous avez compris qu'on ne pouvait plus se battre, que nous n'avions plus d'armes, que rien n'était possible contre cette formidable machine qui avait été montée par l'Allemagne. »

Un mot à l'intention de ceux qui regrettent — sans le dire — que la guerre n'ait pas été poursuivie en Afrique du Nord : « Partir ? C'était vouer ce qui restait de la France à l'invasion totale. On ne sauve pas la France en quittant son sol, ai-je dit, je le maintiens. » Un très long développement sur le drame de Mers el-Kébir, dont une fois de plus on mesure, ce jour-là, l'importance, sur le récent ultimatum adressé par les Anglais au *Richelieu* qui se trouve en rade de Dakar.

« Ainsi, poursuit-il, les officiers anglais bombardent nos bateaux, mitraillent nos marins qui, hier, se sacrifiaient pour l'Angleterre.

« J'ai voulu dire ces choses, pour ceux qui sont mal informés, et parce que l'Angleterre, non contente d'agir comme elle l'a fait, répand dans le monde ce mensonge indigne que la France ne voulait pas respecter les clauses de l'armistice et désirait livrer sa Flotte à l'Allemagne et à l'Italie. Vous savez bien que nous aurions préféré couler nos bateaux plutôt que de les livrer... »

Le discours aurait pu s'arrêter là... ou plus exactement sur les mots que prononce Laval après en avoir terminé avec l'évocation du drame de la Flotte : « Sentez-vous que le malheur est sur la France ? Sentez-vous comme tout cela est triste et douloureux ? », mais le vice-président du Conseil, profitant de la solennité du moment, entend placer les parlementaires, qu'inquiète leur sort, en face de l'avenir... et de leur avenir :

— Certains, poursuit-il en changeant de registre, déclarent que le projet gouvernemental c'est la condamnation du régime parlementaire. Je proclame qu'il n'en est rien, car c'est la condamnation, non pas seulement du régime parlementaire, *mais de tout un monde qui a été, et ne peut plus être...* Les Chambres — je le dis pour qu'il n'y ait pas de malentendus entre nous — auront une activité nécessairement réduite...

Jusqu'à cet instant, le discours de Laval avait été écouté dans le plus grand silence, mais il semble qu'en annonçant la réduction de l'activité des Chambres il ait touché au point le plus sensible. Les interruptions fusent. Des questions sont posées. Interruptions et questions lui sont alors comme un encouragement à préciser et à poursuivre, à dresser le tableau de l'État nouveau dans lequel la seule aristocratie sera celle du travail ; où tous les intérêts devront s'incliner devant l'intérêt supérieur de la nation ; d'un État dans lequel le patrimoine moral sera respecté, la famille honorée, l'autorité indiscutée.

Laval avait commencé son discours en lisant la lettre du Maréchal. Il l'achève en faisant référence à nouveau au Maréchal, ce qui constitue la meilleure façon d'appeler à lui, d'appeler sur lui, les applaudissements :

— Nous avons la chance, le bonheur d'avoir, en France, à travers le malheur que nous vivons, un soldat victorieux, un maréchal de France. L'univers entier a du respect pour cet homme qui incarne la plus belle page de notre Histoire. Nous avons la bonne fortune de l'avoir, de *pouvoir nous abriter derrière lui*[1], pour essayer d'assurer le salut de notre pays. C'est à cela que je vous convie et, ce soir, j'en suis sûr, il ne manquera pas un suffrage pour l'adoption du projet, parce que c'est à la France que vous le donnerez.

En lui succédant à la tribune, Pierre-Étienne Flandin, plutôt que de se présenter en adversaire courtois de Laval, se demande et demande : « Que se passerait-il en France si le projet était repoussé ? Que dirait-on à l'étranger ? » Ce qui le conduit tout naturellement à dire qu'il considère l'« adoption du texte gouvernemental comme nécessaire », qu'il votera donc en sa faveur. Les restrictions, les critiques qu'il exprimera par la suite, dans un très beau et très noble discours, qui recueillera les ovations d'une Assemblée tout entière debout, se trouveront comme affadies par son adhésion initiale.

Après avoir dit — ô combien avec raison — qu'il fallait « éviter le progrès de l'emprise allemande sur l'âme française » ; après avoir ajouté : « Une chose m'a inquiété dans votre discours, monsieur Laval : c'est cette allusion que vous avez faite à une sorte de nécessité d'alignement sur d'autres régimes » ; après avoir déclaré que la France n'avait nullement à copier « servilement » [des] institutions » dont elle ne retiendrait alors que « leurs faiblesses et, si le terme n'est pas trop gros, cette sorte de mépris de la personnalité humaine » ; après avoir exalté « la liberté de pensée qui a fait le rayonnement de la France dans le monde », toutes phrases sur lesquelles le gouvernement aurait dû régler sa politique, Flandin, acclamé, ovationné, va terminer sur des mots qui infligeront un nouveau démenti à tout ce qu'il vient d'exprimer avec courage et ferveur.

Quels sont, en effet, ses derniers mots ?

Avec plusieurs de ses collègues, « il va repartir pour la zone occu-

1. Souligné intentionnellement.

pée », avec eux il va « vivre, pendant des jours et des semaines [personne n'ose penser qu'il s'agira d'années], sous la menace constante de l'occupation étrangère », mais il espère qu'ayant rempli son devoir « nous [lui et les autres élus de la zone occupée] devons être assurés que nous laissons ici, pour nous remplacer, un gouvernement qui nous rendra notre pays libre, notre pays fort, notre pays vivant ! ».

## Pour : 569. Contre : 80

Lorsque Flandin descend de la tribune, Laval peut aller lui serrer chaleureusement la main.

Son seul adversaire de qualité, son seul adversaire susceptible d'être entendu par une Assemblée « pétainiste », en annulant, par son vote favorable, toutes les critiques que contenait son discours, vient de lui assurer la majorité.

Il est midi lorsque Gaston Bergery, député de Mantes, monte à son tour à la tribune pour lire le texte signé par soixante-neuf parlementaires. Tiré durant la nuit par l'Imprimerie nationale, ce texte a été distribué aux députés et sénateurs à l'entrée du Casino, si bien que le président Jeanneney peut faire admettre par Bergery que son intervention est superflue[1]. Vincent Badie qui, de son côté, avait l'intention de lire la « motion des vingt-sept » en sera dissuadé, Jeanneney lui promettant toutefois qu'il pourra s'exprimer, dans l'après-midi, au cours de la séance prévue pour 14 heures. Une séance qui ne débutera qu'avec un important retard.

Il faut, en effet, fixer tout d'abord le mode de calcul de la majorité.

Tiendra-t-on compte du nombre légal de parlementaires, la majorité serait alors de 467 suffrages mais, plusieurs députés communistes ayant été déchus de leur mandat au début de la guerre, il est suggéré de ne compter que les membres en exercice, la majorité tomberait à 426. C'est alors qu'au nom du gouvernement Laval demande, et obtient, que la majorité soit calculée en tenant uniquement compte des membres présents.

Pendant une heure encore, la séance est suspendue afin que le projet du gouvernement soit étudié par une commission spéciale

1. On trouvera le texte de Bergery reproduit in extenso dans Benoist-Méchin, *Soixante jours qui ébranlèrent l'Occident* (Bouquins), p. 969-974.

formée des membres de la commission de la législation du Sénat et de la commission du suffrage universel de la Chambre. C'est au cours de son audition par la commission spéciale que Laval précisera, avec une violence qui constitue parfois un aveu, certains points de son « programme ».

Au sénateur israélite Pierre Masse, qui parle des libertés individuelles, Laval laisse entendre que « les métèques et les étrangers » n'auront bientôt plus droit de cité ; au socialiste Marx Dormoy, qui s'inquiète des mesures antianglaises, il réplique : « Quand nous serons dans l'impossibilité de tirer sur les navires de Sa Majesté et que nous aurons, à côté, un gage à prendre, nous le prendrons, avec ou sans votre permission » ; à d'autres, il annonce que le Maréchal, une fois chargé de promulguer une nouvelle Constitution, s'attribuera à lui-même le *pouvoir législatif*, ce qui passe presque inaperçu, ce qui, en tout cas, ne soulève aucune objection, alors qu'en moins d'une minute Laval vient de faire admettre — et la commission spéciale vient d'accepter — que le Maréchal, ajoutant au pouvoir constituant les pleins pouvoirs exécutifs et législatifs, possède à l'avenir les droits d'un monarque absolu !

Lorsque la séance reprend à 17 h 15, M. Boivin-Champeaux, rapporteur de la commission spéciale, déclare : « Le texte soumis à l'Assemblée donne au gouvernement du maréchal Pétain les pleins pouvoirs constituants, exécutif et législatif, sans aucune restriction et de la façon la plus étendue... »

C'est donc en parfaite connaissance de cause que 569 sénateurs et députés vont se prononcer en faveur du texte gouvernemental, auquel M. Fernand Bouisson, ancien président de la Chambre, avait proposé que la priorité soit accordée, ce qui signifiait que les autres textes — le contre-projet Taurines, la motion de Vincent Badie — ne pourraient être examinés que dans le cas — impensable — où le projet gouvernemental aurait été rejeté.

Adopté à mains levées, le tour de passe-passe de M. Bouisson empêchera qu'il ne soit débattu — et c'est fort regrettable — du texte de Vincent Badie, privé de tribune par le président Jeanneney et par certains parlementaires hostiles à tout ce qui pourrait, en allongeant le débat, retarder et peut-être modifier le scrutin, dont voici le résultat :

| | |
|---|---|
| Votants | 666 |
| Majorité absolue | 334 |
| Pour l'adoption | 569 |
| Contre | 80 |
| Se sont abstenus | 17 |

Les remerciements de Pierre Laval : « Un seul mot, au nom du maréchal Pétain : je vous remercie pour la France », les cris « Vive la France ! », le cri de Marcel Astier, sénateur de l'Ardèche, « Vive la République quand même ! » se perdent dans le brouhaha du départ.

## Pétain : « Je prends le titre de chef de l'État »

10 juillet. 18 heures.

Une fois proclamé le résultat du vote, Alibert s'est empressé de le faire connaître au Maréchal et de lui demander ses instructions. Philippe Pétain, en apparence impassible, ne marque aucune hésitation :

— Je prends le titre de chef de l'État.

— Sous quelle forme ?

Selon Alibert, le Maréchal lui dicta alors l'acte constitutionnel n° 1, qui devait paraître au *Journal officiel* du 11 juillet.

*Nous, Philippe Pétain, Maréchal de France,*

*Vu la loi constitutionnelle du 10 juillet 1940,*

*Déclarons assumer les fonctions de chef de l'État français.*

*En conséquence nous décrétons :*

*L'article 2 de la loi constitutionnelle du 25 février 1875 [article selon lequel le président de la République est élu à la majorité des suffrages par le Sénat et par la Chambre des députés] est abrogé.*

Alibert, ayant fait remarquer que, la décision du Maréchal abrogeant, en pratique, la Constitution de 1875, il convenait de définir le pouvoir du chef de l'État, s'entendit répondre :

— Faites un projet !

Le Maréchal se contentant d'apporter quelques retouches, c'est donc Alibert qui rédigera cet acte constitutionnel n° 2, également publié le 11 juillet, acte constitutionnel n° 2 qui donnait au chef de l'État « la plénitude du pouvoir gouvernemental, le pouvoir législatif jusqu'à la formation des nouvelles Assemblées, la possibilité de déclarer l'état de siège dans une ou plusieurs régions du territoire mais non de *déclarer la guerre sans l'assentiment préalable des Assemblées législatives* ».

Assemblées qui (c'est l'acte constitutionnel n° 3) « subsisteront jusqu'à ce que soient formées les Assemblées constitutionnelles prévues par la loi constitutionnelle du 10 juillet 1940 », mais... sont « ajournées jusqu'à nouvel ordre ».

Lorsqu'il eut signé ces trois actes, le Maréchal se contenta de dire : « Voilà ! [1] »

Le 10 juillet, le socialiste Louis Noguères — l'un des quatre-vingts opposants — écrira dans son journal : « Et j'ai dormi !... C'est un fait que je n'avais pas, depuis longtemps, eu l'esprit aussi libre qu'après avoir accompli, le 10 juillet, le devoir que m'imposait ma conscience. »

Sommeil du « juste » que Noguères consigne avec satisfaction pour l'opposer aux insomnies dont, selon lui, souffriraient déjà les partisans du « oui ».

Qu'y a-t-il de vrai dans sa réaction ? Le vote des « quatre-vingts » tombe, en réalité, dans le silence d'une presse aux ordres et dans l'indifférence d'une opinion tout entière occupée par d'autres problèmes ; il ne prendra de l'importance qu'avec le temps lorsque, le général de Gaulle ayant dénoncé l'illégalité et l'illégitimité du régime de Vichy, ceux qui ont librement voté « non » le 10 juillet 1940 feront figure de « premiers résistants » — à leurs yeux et aux yeux d'une partie de l'opinion, mais non aux yeux de De Gaulle qui leur reprochera toujours de ne pas avoir dénoncé Pétain, l'armistice, la trahison, et aura ce mot cruel : « Ce n'est pas de la Résistance que de refuser de livrer son fromage [2]... »

Quel était le sentiment des Français ?

Sur l'instant, il était impossible de les consulter, mais, quarante ans plus tard, selon le sondage IFOP-*Le Figaro Magazine*, auquel j'ai fait à plusieurs reprises référence, ils étaient 41 % à dire que « le maréchal Pétain avait été régulièrement investi par le Parlement français », 5 % qu'il « avait été élu par les Français au suffrage universel », 5 % qu'il « avait réalisé un coup d'État [3] ».

---

1. On trouvera en annexe son discours du 11 juillet.
2. À Claude Guy, *En écoutant de Gaulle*.
3. 49 % déclaraient « ne pas savoir ». En faveur du coup d'État : 7 % chez les communistes, 6 % chez les socialistes, 4 % chez les UDF, 5 % chez les RPR, donc chez les partisans les plus fermes du général de Gaulle.

## Les hésitations de Guy de Pourtalès

Comment conclure ce moment si important de notre histoire ? En citant des passages du journal de Guy de Pourtalès [1], romancier [2], biographe [3] peut-être oublié aujourd'hui, mais esprit européen — il était né à Berlin, il mourra à Lausanne — d'une sensibilité d'autant plus frémissante et douloureuse que son fils Raymond, sous-lieutenant dans la 15e division, a été tué le 28 mai près de Lille, à quelques kilomètres du village où lui-même, du 1er janvier à fin avril 1915, avait passé quatre mois de guerre.

Descendant de huguenots émigrés, Pourtalès habite la Suisse au moment du drame, mais il suit, presque heure par heure, les épisodes de la bataille perdue.

S'il ne voit pas tout, s'il n'est pas mêlé à l'exode [4], s'il ne peut en imaginer tout le poids, toutes les conséquences, son *regard de Français vivant à l'étranger, les oscillations de ses sentiments, les évolutions de ses réactions* sont d'un vif intérêt. Tout étant noté à l'instant, nous pouvons aujourd'hui, grâce à Pourtalès, mieux comprendre les hésitations intellectuelles, politiques et morales d'un homme vivant, certes, de l'autre côté de la frontière mais, à partir du 10 mai, l'oreille collée au cœur de la France souffrante.

Le 13 juin, il juge sévèrement l'allocution adressée par Paul Reynaud au peuple de France, ainsi que son appel pathétique au président Roosevelt : « Cela ne convenait pas. La voix était grandiloquente, implorante, le ton volontairement dramatique, l'effet (chez nous et ailleurs) a été déplorable. Cet homme est un nerveux, un agité, qui ferait bien mieux de se taire et de laisser la parole à Weygand. »

Le 14 juin, l'occupation de Paris — « une espèce de deuil général enveloppe le monde occidental » — lui inspire cette réflexion : « L'occupation de Paris, ce n'est pas à la défaite que nous la devons, mais à la négligence, à l'insouciance et à la bêtise de nos politiciens [...]. Depuis cinquante ans, le plus mince parlementaire s'est cru homme d'État : amoral et profitard, c'est lui qui a perdu la France. »

---

1. Publié sous le titre *Journal 1919-1941* (Gallimard).
2. *Marins d'eau douce, La Pêche miraculeuse, Montclar.*
3. *Chopin, Louis II de Bavière, Nietzsche en Italie, Wagner, Berlioz et l'Europe romantique.*
4. Mais il en a des échos par les nombreux réfugiés qui arrivent en Suisse.

Le 16 juin, à l'instant où il apprend la démission de Reynaud, il note : « Vers minuit, la radio nous apprend brusquement la démission du gouvernement P. Reynaud. Il serait remplacé par un cabinet Pétain, dont la composition aurait un caractère militaire. Tant mieux. [...]. Ce sont des vertus *humaines* que doit montrer aujourd'hui un chef de gouvernement dans la crise tragique que traverse la France ; un caractère à l'épreuve du feu ; une intelligence ferme et *majestueuse*[1]. »

Le 17 juin, à l'annonce de la demande de l'armistice, Pourtalès est bouleversé : « À ce grand malheur s'ajoute la honte de lâcher les Anglais après leur avoir promis de ne pas traiter une paix séparée [...], mais la France est brisée, écrasée. »

Le 18, il se montre sensible au discours dans lequel Churchill affirme sa résolution de poursuivre le combat jusqu'à la victoire ; il est désireux de voir les armées françaises — ce qu'il en reste — continuer à résister encore : « Nous n'avons plus rien à perdre que l'honneur. Gardons-le. »

L'armistice, « une erreur de vieillard », le désole et l'indigne. Le 22 juin, il note que de Gaulle « dénonce l'acte du gouvernement de Bordeaux et rallie autour de lui les Français qui, hors de France, ont résolu de continuer la lutte jusqu'au bout ». Aussi, le lendemain, participe-t-il à une réunion qui regroupe, à Genève, des Français hostiles à l'armistice, hostiles aux « capitulards de Bordeaux » et qui, logiquement, prennent contact avec de Gaulle. Pourtalès croit, lui aussi, que « la Flotte est livrée », que « le nord de l'Afrique démilitarisé [est] en partie occupé et sous le contrôle germano-italien ». Le discours de Pétain du 23 juin, en réponse à celui par lequel Churchill accusait la France, lui semble « lâche et puéril ».

À plusieurs reprises, Pourtalès a signalé, dans son journal, l'intensité des bobards. Le 26 juin, se faisant l'écho de rumeurs sans fondement, il note : « Blum, Herriot, Delbos, toute la vieille clique s'est réfugiée à Londres. Espérons que de Gaulle ne les embarquera pas sur son esquif encore léger, et qui risquerait bien vite le naufrage sous la dent de ces vieux rongeurs socialo-républicains. »

Il plaçait ses espoirs en de Gaulle mais, mauvais prophète (ce n'est pas cela qui importe, ce sont ses réactions), il écrit, le 29 juin : « Il [de Gaulle] ne peut rien espérer d'autre qu'une petite formation de légionnaires pour combattre à côté des Anglais, dans leur île. Politiquement, il est annulé. »

Le 3 juillet, ayant appris que son fils avait été tué au combat, il cesse

1. Souligné par l'auteur.

d'écrire jusqu'au 9. Il reprend la plume pour évoquer « l'épisode d'Oran »-Mers el-Kébir comme « le plus sombre que nous ayons vécu jusqu'ici, car il divise deux peuples unis depuis trente-six ans pour la cause de la liberté du monde ».

Les réunions des parlementaires à Vichy, les 9 et 10 juillet, ne lui inspirent que mépris pour les chefs de la classe politique : « Ce sont eux qui ont mené la France à l'abîme, qui se chargent de la refaire, de lui rendre une moralité. Si ce n'était pas abject, ce ne serait que ridicule. »

Ainsi oscille-t-il jusqu'à ce 18 juillet, jour où, le général de Gaulle lui ayant demandé s'il voulait « prendre la direction d'une organisation de la « France libre » en Suisse », *il refuse* et s'en explique : « Je ne trouverai personne à enrôler », écrit-il d'abord [1].

« J'ai ajouté, d'ailleurs, que j'estimais impossible, quelles que puissent être mes sympathies pour l'Angleterre, de ne pas me ranger pour le moment derrière le gouvernement Pétain. La France ne doit pas être divisée tant que les Allemands l'occuperont. Il lui faut présenter un front national uni. Dès lors que nos colonies d'Afrique se sont ralliées à Pétain et que *la flotte française a été attaquée par les Anglais* [2], l'opposition a perdu la partie. »

Jusqu'à sa mort en juin 1941 — mais il cesse d'écrire en janvier —, Pourtalès évoluera encore au gré des événements. Voici les dernières lignes politiques de son *Journal*. Elles sont datées du 25 décembre 1940. « Le maréchal Pétain a adressé un message de Noël à la nation empreint vraiment d'une grande noblesse et rédigé dans le plus beau style français. »

Ainsi ce Français, vivant à l'étranger, n'avait-il cessé, dans les mois suivant la défaite, d'hésiter entre deux hommes dont l'un incarnait la Patrie souffrante, l'autre la Patrie résistante.

1. « Les commerçants sont craintifs et ne s'exposeront pas. Les professeurs, médecins, universitaires, etc., sont appointés par la Suisse, laquelle ne pourrait admettre qu'ils fissent, chez elle, acte d'opposition politique. »

2. Souligné intentionnellement.

# 12.

# REVANCHE ET CONTRITION

Cet avant-dernier chapitre pourrait commencer ainsi :

« Que sentaient les Français ? L'Allemand occupait leur pays [...]. La tristesse, le silence, la stupeur régnaient partout [...]. La précarité de toutes choses faisait peur et, à l'angoisse, à la fatigue éprouvées, se mêlait un sentiment de repentir. Cela était nouveau... »

Dans *La Fin des notables*, Daniel Halévy commence par ces mots le chapitre : « Juin 1871 ».

Les phrases de Daniel Halévy valent, soixante-neuf ans plus tard, pour juin 1940 comme pour les mois qui suivront.

Ce « sentiment de repentir » dont Halévy écrit qu'il était nouveau, en juin 1871, voilà qu'il resurgit en juin 1940.

On n'a jamais assez prêté attention, me semble-t-il, au texte que le général Weygand remet le 28 juin au maréchal Pétain et à quelques membres du gouvernement.

On est allé, avec raison, chercher très loin les inspirateurs de la Révolution nationale ; on s'est demandé qui en avait élaboré la doctrine ; on a tenté d'établir, en étudiant les premiers discours du Maréchal, quelle avait été la part de Maurras et de ses disciples — René Benjamin, Du Moulin de Labarthète, René Gillouin, l'amiral Fernet — au gouvernement et dans l'entourage du chef de l'État car, en quatre ans, Charles Maurras ne devait venir que quatre fois à Vichy[1]. On s'est également

1. En quatre ans, Maurras ne viendra, effectivement, que quatre fois à Vichy ; la première fois, le 27 juillet 1940. René Benjamin, qui assista à la rencontre, la décrira

interrogé sur la part des « personnalistes » : René Belin, secrétaire adjoint de la CGT, adversaire de la politisation des organisations ouvrières dont Pétain fera un ministre ; Gaston Bergery[1], dont le rapport sur « ce qu'on ne fait pas à Vichy et ce qu'on devrait y faire », sera à l'origine du long discours programme du 11 octobre ; Robert Loustau, ingénieur des mines « épris de questions sociales et de doctrines économiques [...] qui s'était vainement efforcé de faire pénétrer ses idées [limiter les prérogatives du capitalisme financier, éviter les excès du nationalisme de droite comme ceux de la démagogie de gauche] dans les mouvements de La Rocque et de Doriot[2] », et qui, directeur de cabinet au ministère des Affaires étrangères, aura, par Baudouin, une réelle influence.

On s'est penché sur ceux qui, s'ils ne tiennent pas toujours la plume, car ils sont « fournisseurs » d'idées, de mots, de brouillons que le Maréchal façonne à sa façon jalouse d'« amalgameur[3] », pour reprendre le mot de Robert Aron, ont cependant pu avoir une certaine influence. Ils

---

en ces termes — mais il faut prendre garde à Benjamin, au style fleuri et excessivement laudateur : « Dès qu'il vit Maurras, il [Pétain] se leva. Maurras s'élança, mit sa main dans la main du Maréchal et se releva radieux. Et les yeux de ces deux hommes croisèrent leurs feux. Ce furent deux éclairs ; je crois les voir encore : la lumière du respect ; la flamme de l'admiration [...]. Maurras eut envie de s'écrier : Sauveur, ô sauveur magnifique ! »

1. Bergery, fondateur d'un mouvement, « le Frontisme », dont il était l'unique représentant au Parlement, avait voté contre les crédits de guerre. Il était également directeur de l'hebdomadaire *La Flèche* qui dénonçait les puissances d'argent. Le 10 juillet 1940, il avait signé avec dix-neuf autres parlementaires, dont Marcel Déat et Xavier Vallat (une cinquantaine d'autres y adhérèrent), une déclaration qui sera distribuée, mais non lue en séance.

Dans cette déclaration, dont il était l'auteur, Bergery écrivait qu'aucun des « vieux partis », « aucun gouvernement » n'avait voulu comprendre que la défense de l'État, la défense de la Nation, impliquait la lutte sur deux fronts et que « l'ordre nouveau devait être autoritaire, national, social ». S'agissant des rapports avec l'Allemagne que l'on avait en 1918 « écrasée suffisamment pour lui donner l'envie de la revanche, insuffisamment pour lui en enlever la possibilité », le texte évoquait une « collaboration qui n'équivaille pas à une servitude ». J'évoquerai à nouveau la déclaration de Bergery.

2. Robert Aron, *Histoire de Vichy*, p. 204.

3. « À Vichy, écrit Du Moulin de Labarthète, les discours de Pétain font l'objet d'un culte, d'une sorte d'amour maniaque : on se penche sur eux, à deux, à trois, comme autour du berceau d'un nouveau-né. Que de soins attentifs avant de les mettre à l'épreuve [...]. Il est vrai que les idées et les formules viennent ainsi du Maréchal, même si ce n'est pas proprement sa plume qui les exprime. Son goût, sa simplicité ou plus exactement sa volonté d'être simple, sont passés par là [...]. À ces messages, le Maréchal consacrait trop de temps. Il les limait, les corrigeait, les polissait indéfiniment [...], mais ne sacrifia[it] que rarement la pensée à l'expression » *(Le Temps des illusions)*.

s'appellent Emmanuel Berl, auteur de quelques-unes des plus fameuses formules, du « Je hais les mensonges qui vous ont fait tant de mal », au « La terre, elle, ne ment pas » ; Bouthillier, ministre des Finances ; René Gillouin ; Bergery, je l'ai dit, pour l'important message du 11 octobre 1940 ; Robert Loustau, pour celui de Saint-Étienne, à l'intention des ouvriers le 1er mars 1941 ; Henri Massis ; Du Moulin de Labarthète ; d'autres encore.

Dans un livre qui s'intéresse non seulement aux noms de ceux qui ont participé à la gestation et à la « fabrication » des messages, mais à leur diffusion, au nombre d'exemplaires auxquels ils furent imprimés, et même au prix de revient unitaire[1], Jean-Claude Barbas a dit ce que fut le travail de chacun.

Sans doute, mais ces hommes, qui appartiennent à ce que Robert Aron a justement appelé « le premier Vichy », ce Vichy « de l'optimisme et du désordre », pour reprendre le mot de Du Moulin de Labarthète[2], ne font souvent[3] que « mettre en musique » le papier que Weygand, catholique intransigeant, soldat aux jugements abrupts, homme intègre, de cette intégrité qui force le respect, même lorsque son expression n'emporte pas l'adhésion, a remis au maréchal Pétain le 28 juin. Et Weygand écrit — il faut le remarquer — comme si, déjà, le vote du 10 juillet à Vichy était acquis !

## Weygand : les propos contre-révolutionnaires du 28 juin

Lisons-le sans sauter un mot. Il n'en est pas d'inutile. Il écrit comme Pétain aime que l'on écrive : « Pour les phrases, le sujet, le verbe, le complément, c'est encore la façon la plus sûre d'exprimer ce que l'on veut dire. Pas d'adjectifs, l'adjectif c'est ridicule, c'est comme ces ceintures de soie que portent les officiers dans les armées d'opérette[4]. »

Les mots de Weygand sont destructeurs — et si la phrase : « du passé faisons table rase », était de son vocabulaire, on pourrait l'appliquer à

1. Philippe Pétain, *Discours aux Français, 17 juin 1940-20 août 1944*. Textes établis, présentés et commentés par Jean-Claude Barbas (Albin Michel, 1989).
2. *Le Temps des illusions*.
3. Au moins dans l'été de 1940.
4. Dit en 1935 à Loustaunau-Lacau, l'un de ses officiers d'ordonnance.

son texte... révolutionnaire, lui aussi, ou plus exactement, contre-révolutionnaire puisque c'est 1789 qu'il entend jeter bas.

« L'ancien ordre des choses, c'est-à-dire un *régime de compromissions maçonniques, capitalistes et internationales*, nous a conduits où nous sommes.

« La France n'en veut plus...

« La famille doit être remise à l'honneur.

« La *vague de matérialisme*, qui a submergé la France, l'esprit de jouissance et de facilité sont la cause profonde de nos faiblesses et de nos abandons. *Il faut revenir au culte et à la pratique d'un idéal résumé dans ces quelques mots : Dieu, Patrie, Famille.*

« L'éducation de notre jeunesse est à réformer.

« Ces réformes sont trop fondamentales pour qu'elles *puissent être accomplies par un personnel usé qui n'inspire plus confiance.* La France ne comprendrait pas qu'on la livre encore une fois à lui. Elle en perdrait toute foi en son redressement.

« *À programme nouveau, hommes nouveaux.*

« Le temps nous presse. Les vieux cadres responsables, qui craignent le châtiment, travaillent dans l'ombre pour reconquérir le pouvoir. *L'ennemi occupe notre sol et cherche à s'y faire une clientèle.* Demain, il sera trop tard.

« Aujourd'hui, c'est une équipe composée d'un petit nombre d'hommes nouveaux sans tâches, ni attaches, animés de la seule volonté de servir qui doit, *sous la direction du maréchal Pétain*, chef reconnu de tous, *proclamer son programme* et se mettre à l'œuvre. »

## L'idée du désastre rédempteur

Lorsqu'un personnage de l'importance de Weygand plaide en faveur de Dieu, des réformes morales, d'un retour à la spiritualité, et nécessairement du rejet du matérialisme[1], comment l'Église — qui a souvent précédé — ne suivrait-elle pas, avec une ferveur d'autant plus grande qu'à la « faveur », si l'on ose écrire, de la défaite, les églises sont pleines, les confessions et communions nombreuses, les repentirs éclatants, puisque les nantis se sont mis les premiers de la partie pour fouet-

1. Le 20 juin, le maréchal Pétain avait déjà condamné « l'esprit de jouissance qui l'a emporté sur l'esprit de sacrifice ».

ter une France « corrompue », cependant, dans un passé récent, si indulgente à leurs « corruptions »...

Gide, le 20 juin, c'est-à-dire le jour du discours dans lequel le Maréchal a dénoncé « l'esprit de jouissance » : « Je m'accommoderais assez volontiers des contraintes, me semble-t-il, et j'accepterais une dictature qui, seule, je le crains, nous sauverait de la décomposition. Ajoutons en hâte que je ne parle ici que d'une dictature à la française. »

Gide encore, le 17 juillet, cette fois : « Oui, bien avant la guerre, la France puait la défaite à plein nez. Elle se défaisait déjà d'elle-même, au point que ce qui pouvait la sauver *c'était, c'est peut-être ce désastre même où retremper des énergies.* »

Morand, le Paul Morand de *L'Europe galante*, d'*Ouvert la nuit*, de *Lewis et Irène*, le Paul Morand époux d'Hélène Soutzo, l'heureux propriétaire de la luxueuse demeure de l'avenue Charles-Floquet, le 31 janvier 1941, dans l'hebdomadaire catholique *Voix françaises* : « Le Français descendait dans son assiette [Mon Dieu, pas tous, il y en avait qui ne mangeaient pas à leur faim], il faisait corps avec la table, ainsi nous nous endormions [...] au fond d'une épaisse pelisse de chaude margarine qui nous protégeait et nous isolait [...] il est bien triste d'avoir faim, mais il fallait que nous fussions touchés au ventre pour être sauvés. »

Cette idée du désastre rédempteur, de la faim salvatrice, n'est pas neuve. Après la défaite de 1870, elle a été revendiquée par la plupart des écrivains français, Michel Mohrt l'a excellemment montré[1], mais le malheur étant plus grand, la libération du territoire ne succédant pas aussi rapidement qu'en 1871 à son invasion[2], le repentir, la contrition et la pénitence se devaient d'être à la mesure d'un drame dans lequel l'Église allait immédiatement s'engouffrer.

Ce peuple paysan et ouvrier que j'ai décrit, dans un premier chapitre, sage, travailleur et conformiste ; éloigné, par l'absence de médias réfléchissant jusqu'aux provinces l'agitation du grand, du petit et du demimonde parisien, méritait-il la volée de verges qui lui sera administrée et qu'il acceptera apparemment sans révolte ?

1. Michel Mohrt, *Les Intellectuels devant la défaite de 1870.*

2. La période d'occupation, après le traité de Francfort du 20 mai 1871, s'acheva le 16 septembre 1873 par l'évacuation de Verdun. Paris avait été occupé *deux jours*, en mars 1871.

## La Wehrmacht, « instrument de la Justice divine » ?

« Pour avoir chassé Dieu de l'école, des prétoires de la nation,
Pour avoir supporté une littérature malsaine, la traite des blanches,
Pour la promiscuité dégradante des bureaux, des ateliers, des usines,
Seigneur, nous vous demandons pardon...
Quel usage avons-nous fait de la victoire de 1918 ?
Quel usage aurions-nous fait d'une victoire facile en 1940 ? »

À la dernière question posée par Mgr Saliège, archevêque de Toulouse, dans son mandement, publié, le 28 juin, par *La Croix*, Mgr Gerlier a répondu, le 4 juillet : « Victorieux, nous serions probablement restés emprisonnés dans nos erreurs », et Mgr Feltin, archevêque de Bordeaux : « Une victoire miraculeuse n'aurait pas [...] mis fin à nos péchés, elle ne nous aurait pas décidés à entreprendre résolument l'œuvre de régénération intime, qui est la condition première de notre relèvement. »

Mots écrits, paroles dites avec une très relative retenue. « Traduits », par l'abbé Menier, ce prêtre qui parle à Dunières [1], à l'occasion d'une cérémonie pour les morts, ils deviennent : « Imaginons-nous ce qui se serait passé si la justice divine ne nous avait pas frappés. Encouragés par le succès de nos armées, nous aurions été confirmés dans notre orgueil, nous aurions oublié que ce triomphe, demandé à Dieu, avait été autorisé par Lui. Notre victoire aurait été l'apothéose d'une nation devenue pratiquement athée. »

Ainsi, la Wehrmacht, en battant à plate couture les armées françaises, en tuant 85 000 de ses soldats dans les six semaines de grande bataille, en en capturant 1 900 000, en chassant devant elle des millions de pauvres gens qui fuyaient les menaces et les réalités des bombardements, aurait été « l'instrument de la justice divine » !...

On mesure à quels dérèglements du jugement et de l'intelligence l'effroyable désastre, que je me suis efforcé de reconstituer, peut entraîner des hommes qui ont, beaucoup plus que nous ne l'imaginons aujourd'hui, des responsabilités morales et spirituelles accrues, une influence de jour en jour augmentée.

Si des dizaines de millions de Français allaient signer sur le livre d'or du pétainisme, cardinaux, archevêques, évêques prendront la tête du long cortège du peuple catholique, un peuple grossi par la foule de tous ceux que la défaite faisait provisoirement revenir vers les autels.

---

1. Dans la Loire.

À l'adhésion de principe des catholiques pour tout gouvernement légitime (et dans les domaines qui ne touchent pas au dogme) s'ajoute, à l'égard du chef de l'État, chez les évêques et les prêtres, une adhésion personnelle, une adhésion du cœur, souvent une adhésion d'ancien combattant, mais également une adhésion politique. Lorsque Mgr Feltin, l'un des prélats qui se manifestaient avec le plus de prudence, parle le 31 janvier 1941[1] du « sens politique avisé » du Maréchal ; lorsque Mgr Roland-Gosselin[2], évêque de Versailles, célèbre, le troisième dimanche de décembre 1940, dans un message qui doit être lu à tous les offices « l'admirable maîtrise [avec laquelle le Maréchal] a entrepris l'œuvre de redressement de la France » ; lorsque Mgr Delay, évêque de Marseille, affirme : « Les sept étoiles du maréchal de France, chef de l'État, forment une constellation brillante qui, elle aussi, montre la route — c'est la bonne route », n'est-ce pas prendre politiquement parti même si, dans leur réunion du 15 janvier 1941, cardinaux et archevêques de zone occupée rappellent la nécessité, pour l'Église, d'« éviter tout agissement politique ou partisan » ?

D'une nouvelle réunion des cardinaux et archevêques, qui se tiendra le 24 juillet 1941 à Paris, naîtra un texte riche en contradictions. Il y est bien réaffirmé que l'Église entend demeurer « aujourd'hui plus que jamais sur le seul plan religieux, en dehors de toute politique de parti, malgré les appels qui pourraient nous être adressés de quelque côté que ce soit », mais le même texte encourage les fidèles « à se placer à ses côtés [aux côtés du Maréchal] dans l'œuvre de redressement qu'il a entreprise sur les trois terrains de la famille, du travail, de la patrie, en vue de réaliser une France forte, unie, cohérente ».

La date de ce texte n'est pas neutre : 24 juillet 1941, plus d'un an après l'armistice, neuf mois après Montoire, un mois après l'invasion de l'URSS par l'Allemagne et alors que les grandes options du régime — et jusqu'à ses hésitations, qui constituent autant d'options — sont connues.

Le 6 septembre 1941, des doutes se faisant jour, à la question « L'Église suit-elle le Maréchal ? » (le Maréchal, et non son gouvernement et non ceux qui se réclament souvent abusivement de lui[3]),

1. Dans *l'Aquitaine.*

2. Le même Mgr Roland-Gosselin écrira, en avril 1941, que « les premiers actes de son gouvernement [celui du Maréchal] nous inspirent une pleine confiance ».

3. Il faut rappeler, dans le texte du 24 juillet, les mots : « en dehors de toute politique de parti, malgré les appels qui pourraient nous être adressés de quelque côté que ce soit », et des hebdomadaires parisiens comme *Je suis partout* reprochent déjà (fin 1941) à l'Église son excessive prudence.

Mgr Roques, archevêque de Rennes, renvoie à la déclaration des cardinaux et archevêques « qui se sont exprimés récemment avec tant de clarté que seuls pourraient demeurer encore dans l'hésitation ceux qui se laisseraient diriger par le caprice au lieu de suivre la raison ».

Que le mot « raison » soit employé là où, un an plus tôt, on trouvait les mots « pleine confiance, reconnaissance » est certes révélateur d'une évolution, mais l'Église et le Maréchal, pour un temps encore, marchent la main dans la main.

## Les voyages du Maréchal

Cette association des « bien-pensants » — presque tout le monde dans l'été, l'automne et l'hiver 1940, puisque les « mal-pensants » se repentent, se taisent ou se trouvent, sauf à Paris, où une partie de la presse de la collaboration dénonce « le bruit de bottes dans les sacristies [1] », dans l'impossibilité de s'exprimer à leur guise — trouve sa justification au cours des voyages de Pétain dans les grandes villes de la zone non occupée.

Voyages dont l'Église n'est jamais absente.

La cathédrale est, en effet, l'un des hauts lieux où se retrouve le peuple des fidèles — qui se confond avec le peuple pétainiste. Les paroles qui tombent de la chaire accréditent l'idée de l'homme providentiel, idée acceptée par les foules immenses qui se rassemblent sans qu'il soit besoin de les y inviter longuement. On ne reverra les mêmes foules dans les mêmes villes, et les films, les photos, les reportages font preuve, que lors des voyages du général de Gaulle dans l'automne de 1944.

Des paroles du cardinal Gerlier à Lyon, en novembre 1940, paroles, comme bien d'autres, généralement imparfaitement citées, *« Les cris de "Vive l'Armée", "Vive la France", "Vive Pétain" se confondent, car la*

1. *La France au travail*, quotidien soutenu, si ce n'est inventé par les Allemands, dans l'espoir de toucher le public populaire, réagit immédiatement et vigoureusement contre la politique, de Vichy favorable à l'Église. « Il manquait quelque chose au bonheur de la France. Dieu soit loué. Les jésuites reviennent !... L'armée et le clergé s'aimeront d'amour tendre, on entendra un bruit de bottes dans les sacristies. On respirera un parfum d'encens dans les casernes. On combattra sournoisement l'Ordre nouveau au nom des vérités éternelles et l'on organisera dévotement la Revanche. »

*France c'est Pétain. Toute la France est derrière vous*[1] » ; aux comparaisons que fera naître, dans certains journaux ou hebdomadaires catholiques, la visite du Maréchal à Notre-Dame-du-Puy : « ainsi se renouait une tradition religieuse et patriotique, à laquelle les rois de France étaient toujours restés fidèles[2] », tout concourt à faire du Maréchal un personnage inaccessible à la critique.

D'ailleurs, qui prêche qui ?

« Notre défaite est venue de nos relâchements. L'esprit de jouissance détruit ce que l'esprit de sacrifice a édifié. C'est à un redressement intellectuel et moral que d'abord je vous convie. » Appel du 25 juin 1940.

« Pour notre société dévoyée, l'argent trop souvent serviteur et instrument du mensonge était un moyen de domination... » Message du 11 juillet 1940.

« Mes enfants, Noël ne l'oubliez pas, c'est la nuit de l'espérance, c'est la fête de la Nativité. Une France nouvelle est née. Cette France, ce sont vos épreuves, vos *remords*[3], vos sacrifices qui l'ont faite. » Message du 24 décembre 1940.

« Seul le don de soi donne son sens à la vie individuelle en la rattachant à quelque chose qui la dépasse, qui l'élargit et la magnifie. »

À quel moment dans notre histoire a-t-on entendu un chef de l'État tenir pareil langage ?

## Jacques Chevalier : « l'école sans Dieu a donc vécu »

Si l'Église ne manque jamais de remercier le ciel d'avoir envoyé à la France malheureuse le maréchal Pétain, elle a, en ce qui la concerne, bien des raisons de remercier le chef de l'État pour l'aide qu'il lui prodigue et la sollicitude qu'il lui manifeste.

---

1. Partant le même jour, à Lyon, devant les journalistes — ce qui est rare, car, dit-il, « ils lui font un peu peur » — le maréchal Pétain tiendra à préciser : « Vous avez compris qu'aujourd'hui la France est la France. Ces acclamations, ces ovations enthousiastes, ce n'est pas à moi qu'elles s'adressent, c'est à la France. »

2. La visite à Notre-Dame-du-Puy a lieu le 2 mars 1941. Le maréchal Pétain était la veille à Saint-Étienne. L'article, dont un extrait est cité, a été publié dans *L'Aquitaine* du 7 mars 1941.

3. Souligné intentionnellement.

Philippe Pétain — même s'il y est encouragé par son entourage plus que par inclination personnelle — va, en effet, abolir plusieurs décennies de laïcité officielle, en reconnaissant avec éclat l'importance morale du catholicisme français, en facilitant son action par l'abaissement de ses adversaires, comme par l'aide matérielle et morale qu'il lui apporte de façon si éclatante qu'il y aura parfois confusion entre ce qui *avait* été réalisé par la IIIe République finissante et ce qui sera l'œuvre de Vichy.

C'est ainsi que le retour des moines à la Grande-Chartreuse, retour qui arrachera ce cri à Claudel : « C'est le premier coup porté aux lois infâmes [1] », sera mis au crédit du Maréchal alors que la décision avait été prise, quelques jours avant la défaite... par Georges Mandel, ministre de l'Intérieur de Paul Reynaud.

Sans doute, si les événements militaires n'avaient pas marché aussi vite, le gouvernement Reynaud, désireux de se concilier les catholiques, aurait-il poursuivi dans la voie de l'apaisement des querelles religieuses — un apaisement auquel la guerre de 1914 avait beaucoup contribué —, mais c'est au maréchal Pétain qu'il appartiendra, par une loi du 3 septembre 1940, d'abroger la loi de 1901 qui frappait d'interdiction d'enseigner les membres des congrégations religieuses et de prendre, en faveur de l'Église, certaines mesures financières qui, si elles ne constituaient pas, ainsi que l'écrira Jacques Duquesne [2], « un bouleversement radical dans les relations entre l'Église et l'État », n'en avaient pas moins, dans un climat revanchard, allure de victoire de la droite sur la gauche et notamment sur l'école laïque.

En août 1940, traitant dans le bulletin diocésain *L'Aquitaine* du problème de l'école, Mgr Feltin ne s'était pas contenté de souligner le dénuement dans lequel se trouvaient certains maîtres de l'enseignement libre [3], il avait demandé, puisque, selon lui, « le monde sans Dieu, sans obligation, ni sanction » avait fait faillite, que l'enfant ne soit pas soumis à l'école « à un enseignement qui critique sournoisement les idées religieuses ».

Le gouvernement de Vichy va s'efforcer de combler le vœu de Mgr Feltin. Il dépassera d'ailleurs celui des évêques les plus lucides, qui

1. Il s'agit naturellement des lois qui, à l'instigation de Waldeck-Rousseau (en 1901) mais surtout d'Émile Combes, président du Conseil, ministre de l'Intérieur et du Culte à partir de mai 1902, aboutirent à l'interdiction pour toutes les congrégations d'enseigner, puis à leur expulsion de France.

2. *Les Catholiques français sous l'occupation.*

3. Le maréchal Pétain demandera le 18 juillet 1941 à Jérôme Carcopino, son ministre de l'Éducation, de réaliser au profit de l'enseignement libre une « construction équitable et pratique ». En 1942, le gouvernement versera 386 millions aux écoles libres, somme qui sera augmentée d'une centaine de millions en 1943.

n'en demandaient pas tant, lorsqu'il supprimera les Écoles normales, ce qui lui vaudra, dans *La Croix*, les félicitations de Marcellin Lissorgues pour lui, c'est en effet par l'École normale que « les puissances ténébreuses empoisonnent la nation » et surtout lorsque Jacques Chevalier, ministre de l'Instruction publique, annoncera le 6 décembre 1940 que, désormais, l'école publique enseignera dans ses cours de morale « les devoirs envers Dieu ».

Ce faisant, il avait « la conviction de reprendre la vraie tradition de l'école publique française ».

Après avoir expliqué qu'il était nécessaire d'enseigner aux enfants non seulement « les devoirs particuliers qui leur incombent dans leur famille comme dans leur vie scolaire : respect, obéissance, travail, qu'il semblait passé de mode de recommander », mais aussi des « leçons pratiques de politesse, de tenue et de savoir-vivre », il ajoutait que devaient être « exposés » ce qu'il appelait « les fins de la morale : le bien et le bonheur ; les sanctions morales ; l'idéal moral ; l'appel du héros et du saint ; Dieu ».

La déclaration de Jacques Chevalier s'achevait sur cette phrase . « *L'école sans Dieu a donc vécu*[1]. L'école laïque, c'est-à-dire l'école non confessionnelle, subsiste, mais elle sera comme régénérée [...] puisque les enfants recevront des instituteurs et institutrices une formation morale qui retentira profondément sur les destinées de la France[2]. »

Jacques Chevalier ne l'avait pas emporté sans résistance de la part de certains de ses collègues (aussi bons catholiques que lui), qui avaient fait remarquer qu'il y avait quelque danger et beaucoup de ridicule à vouloir confier à des athées la tâche d'enseigner les devoirs envers Dieu, mais, enfin, il l'avait emporté et son successeur, Jérôme Carcopino, recteur de l'Académie de Paris, aura beaucoup de mal à faire remplacer le mot « Dieu » par « les valeurs spirituelles », « la Patrie », « la civilisation chrétienne ». Parce qu'il refuse de faire entrer « au nom de la loi » le curé à l'école, on le dénoncera comme soumis à la franc-maçonnerie, adversaire numéro un de l'Église !...

Ceux qui parlaient et agissaient comme Jacques Chevalier ne croyaient pas seulement être fidèles à l'enseignement et aux vœux de l'Église ; ils s'imaginaient être dans la ligne du maréchal Pétain dont on savait qu'il était, bien avant la guerre, partisan d'une profonde réforme de l'enseigne-

1. « Le régime des cuistres est fini », écrit dans *Le Jour* du 10 septembre 1940. M. Fernand-Laurent, à la suite du projet de réforme des manuels scolaires décidé par M. Ripert, secrétaire d'État à l'Instruction publique.

2. On trouvera ce texte dans le *Bulletin* n° 15 daté du 10 décembre 1940 publié par le ministère des Affaires étrangères à l'intention de ses agents en poste à l'étranger.

ment. Réforme qui lui avait inspiré un long article publié dans *La Revue des Deux Mondes* du 15 septembre 1940, article dans lequel s'élevant contre l'idée qu'il suffirait « d'instruire les esprits pour former les cœurs et pour tremper les caractères », il dénonçait l'école d'hier, celle de l'« individualisme » et donnait pour but à « l'école de demain » d'enseigner « dans le respect de la personne humaine, la famille, la société, la patrie », d'être « nationale avant tout » et de ne pas prétendre à la neutralité car « la vie n'est pas neutre. Elle consiste à prendre parti hardiment ».

## Weygand : les « compromissions maçonniques... la France n'en veut plus »...

Revenons aux premiers mots de la note du 28 juin, citée au début de ce chapitre : « L'ancien ordre des choses, c'est-à-dire un régime de *compromissions maçonniques, capitalistes et internationales, nous a conduits où nous sommes* : *la France n'en veut plus...* »

De ces lignes écrites par le général Weygand, il faut détacher les mots les plus importants : « *compromissions maçonniques* ».

À Versailles, où se trouve le dépôt des bulletins paroissiaux, je crois bien avoir été l'un des premiers — sinon le premier — à défaire, en 1976, les poussiéreuses et cassantes ficelles qui les tenaient toujours liés.

Leur lecture est instructive. Les échos de la vie religieuse du diocèse sont précédés d'un éditorial émanant, le plus souvent, d'une agence de presse, éditorial qui, s'il n'attaque pas les juifs, attise jusque dans les modestes villages une haine antimaçonnique dont, aujourd'hui, il est difficile de prendre la stupéfiante mesure.

En 1940, il est vrai, les souvenirs de l'expulsion des congrégations étaient aussi vifs dans certaines familles qu'avaient pu l'être, pendant plus d'un siècle, les souvenirs des guerres de Vendée. À ces blessures religieuses, il faut ajouter l'exaspération d'une grande partie de l'opinion de droite, devant la place occupée par les francs-maçons — politiquement majoritairement situés à gauche — dans tous les gouvernements de la III^e^ République, comme dans le monde de la finance, des affaires, de l'administration — et même dans l'armée [1].

1. Sur la franc-maçonnerie dans l'armée, cette réflexion de l'aviateur Jules Roy : « Les francs-maçons connaissaient la disgrâce. Je m'en félicitais. Dans l'armée avant la guerre [en 1939] pour avancer, il fallait posséder de solides appuis dans les loges » *(Le*

Avant la guerre, des hebdomadaires comme *Je suis partout* et *Gringoire* avaient mené la chasse aux francs-maçons. Après la défaite, ils redoubleront de violence.

Afin de montrer comment la franc-maçonnerie gouvernait la France « ouvertement, sans pudeur, à visage découvert », *Gringoire, qui paraît en zone libre*, cite, dans son numéro du 1er août 1940, quelques-uns de ces ministres qui, lors de la constitution du cabinet Chautemps, en 1937, « surgirent, comme par enchantement, des cavernes du Grand Orient, de la Grande Loge et du Droit humain » : Chautemps (dont Pétain avait fait cependant, le 17 juin 1940, son vice-président du Conseil), 32e Sublime Prince du Royal Secret ; Violette, 32e Souverain Grand Commandeur Élu ; Sarraut ; Yvon Delbos ; Daladier ; Vincent Auriol ; Pierre Cot ; Jean Zay ; Marius Moutet ; William Bertrand ; Rivière ; Georges Monnet.

Que le gouvernement Chautemps ait été le gouvernement des loges maçonniques donnait des arguments à tous ceux qui estimaient que la France était gouvernée par des hommes qui ne la représentaient pas.

Aussi la loi du 13 août 1940 portant dissolution des sociétés secrètes — le nom de la franc-maçonnerie n'était pas écrit mais elle était première visée [1] — sera-t-elle accueillie par les catholiques avec « une sainte joie », pour reprendre les mots de l'un des bulletins paroissiaux.

« Enfin une bastille vient de tomber », peut-on lire dans le bulletin du Fleix [2] ; « Enfin ! oui, enfin la franc-maçonnerie est supprimée », dans l'*Écho paroissial* de Foncine-le-Haut [3] ; le Maréchal « a supprimé la franc-maçonnerie, secte antipatriotique et antireligieuse, agissant dans les ténèbres contre les meilleurs Français », ces mots d'approbation se trouvent dans le bulletin de l'église Saint-Joseph de Pau.

---

*Grand Naufrage)*. À l'assemblée du Grand Orient tenue le 18 septembre 1945, le frère Villard, évoquant le problème des archives, dira : « Nous avions fait aussi un fichier militaire pendant les hostilités parce que toutes les loges nous demandaient s'il y avait un F∴ dans tel régiment, dans tel état-major. Sans que l'esprit d'avancement pousse nos FF∴, il y avait de leur part le désir d'établir un contact avec d'autres F∴ dans une même formation militaire. »

Dans son *Weygand*, Destremau écrit, à propos de la note du 28 juin, que les « compromissions maçonniques » avaient, « quarante ans durant, heurté l'esprit de Weygand, depuis les officiers "fichés" par le dignitaire maçon de la garnison parce qu'ils allaient à la messe ». Destremau signale également l'appui de la maçonnerie à Sarrail, nommé à Beyrouth à la place de Weygand.

1. Le ministre René Belin, ancien syndicaliste, avait demandé la suppression de toutes les associations secrètes..., donc du Comité des Forges.

2. Dordogne.

3. Jura.

À Paris, l'hebdomadaire *Au Pilori* publiera systématiquement à partir du 29 novembre 1940 (c'est-à-dire bien avant cette loi du 11 août 1941 qui, renforçant les rigueurs de la loi du 13 août 1940, ordonnera la publication au *Journal officiel* des noms des dignitaires de la franc-maçonnerie) la liste des 33e, 32e, 31e et 30e grades. L'éditorial paru sous le titre « Ces hommes ont juré "la Haine" » s'achève sur ces mots : « Français ! voilà les meurtriers de la France et leurs noms ! La liste commence aujourd'hui. Elle sera longue. Gardez-la. Nous en aurons besoin. »

Combien de francs-maçons en France ? Nul n'en sait rien.

Du Moulin de Labarthète écrira : « 100 000 membres au total, dont 46 000 payaient leur cotisation », mais il répète un chiffre qu'il serait bien incapable de justifier puisque les archives du Grand Orient, transportées pendant l'exode à Bordeaux, chez le frère Pinèdre, avaient été détruites — elles tenaient en sept caisses — dans le temple de la rue Ségalier. Quant à la Grande Loge de France qui, selon Du Moulin, aurait eu 13 000 cotisants, ses archives avaient été brûlées à Niort, si bien que lorsque le Service des Sociétés secrètes voudra recenser, notamment à fin de publication au *Journal officiel*, les noms des francs-maçons, il ne disposera d'aucun fichier à jour et devra se contenter de documents partiels.

## Vichy : renouvellement du personnel ?

Envoyé en France par de Gaulle, qu'il avait rallié dès les premiers jours [1], André Weil-Curiel écrit, avec une claire vision des choses, que le gouvernement de Vichy se créait « tous les jours des opposants parmi un personnel qui, par servilité professionnelle, ne demandait qu'à être loyal ».

Le mot « servilité professionnelle » est excessif sous la plume d'un opposant... professionnel, mais si le jugement de Weil-Curiel sur la facilité presque puérile avec laquelle, par volonté et goût de revanche, le gouvernement de Vichy allait se créer inutilement, sottement, mécham-

1. Il appartenait à une mission française installée dans la capitale londonienne.

ment des adversaires chez des Français, comme les autres, accablés par la défaite, n'avait pas été fondé, pourquoi, alors, *dès le 13 août 1940*, dans la bouche du Maréchal, cette plainte : « J'ai pu constater en mainte circonstance, avec une peine réelle, que les intentions du gouvernement étaient travesties et dénaturées par une propagande perfide, et que des mesures mûrement réfléchies étaient empêchées de porter leurs fruits par l'inertie, l'incapacité ou la trahison d'un trop grand nombre d'agents d'exécution » ?

Dans la même allocution, prononcée le jour où paraît la loi sur les sociétés secrètes, le maréchal Pétain évoque « la démoralisation et la désorganisation qui, comme une gangrène, avaient envahi le corps de l'État en y introduisant la paresse et l'incompétence, parfois même le sabotage systématique aux fins de désordre social ou de révolution internationale », et il conclut : « La France nouvelle réclame des serviteurs animés d'un esprit nouveau, elle les aura. »

« À programme nouveau hommes nouveaux », c'était ce qu'avait écrit le général Weygand le 28 juin... ajoutant avec un pessimisme que rien ne justifiait dans l'étourdissement de l'effondrement : « Les vieux cadres responsables qui craignent le châtiment travaillent dans l'ombre pour reconquérir le pouvoir. » Le 28 juin 1940, les « vieux cadres responsables »... étaient prêts à se blottir à l'ombre de Pétain.

Les « cadres » francs-maçons comme les autres.

On ignore généralement que, le 7 août — une semaine donc avant la loi de dissolution du 13 —, deux membres du conseil de l'ordre du Grand Orient, les frères Groussier et Villard avaient adressé au maréchal Pétain une lettre dans laquelle, après avoir rappelé les principes qui guidaient la franc-maçonnerie, ils disaient avoir décidé[1] que le Grand Orient de France cessait « son fonctionnement et que toutes les loges qui en relev[aient] de[vaient] immédiatement renoncer à poursuivre leurs travaux si elles ne [l'avaient] déjà fait[2] ».

Un an après la libération de Paris, le problème de « la lettre à Pétain » allait être porté devant l'assemblée générale du Grand Orient. Ne se terminait-elle pas sur une formule de politesse par laquelle les signatai-

1. Les frères Groussier et Villard prirent leur décision malgré l'impossibilité où ils se trouvaient de réunir l'assemblée ou le conseil du Grand Orient, mais « s'appuyant sur la confiance qui leur avait été maintes fois accordée ».

2. Le 6 août 1940, les trois Vénérables de Saint-Étienne avaient informé le préfet de la dissolution de leurs ateliers ; le 10 août, les responsables des Loges de Lyon avaient versé leurs documents à la Bibliothèque municipale de Villeurbanne ; ceux de Lons-le-Saunier, d'Albertville, d'Aix-les-Bains, de Grenoble, avaient décidé une dissolution volontaire.

res assuraient le chef de l'État de leur « profond respect » ? Ne constituait-elle pas une adhésion au « redressement moral » et à la Révolution nationale ?

Or, le 18 septembre 1945, le rapport moral du F∴ Viaud, approuvant la conduite des dirigeants de la maçonnerie pendant la guerre, donc la lettre à Pétain, était voté à une voix de majorité (113 contre 112[1]) par l'assemblée générale du Grand Orient.

Une voix de majorité pour approuver « la lettre à Pétain » *dans le climat de 1945*, quel résultat inattendu !

Climat contre climat.

Quelle avait été la défense du F∴ Groussier ? Il avait expliqué que, pour juger, il fallait « considérer l'époque et les conditions dans lesquelles la lettre avait été écrite[2] ».

À une voix de majorité, les francs-maçons du Grand Orient s'étaient montrés plus intelligents, plus proches de la réalité que la plupart des juges de 1945, en estimant qu'en effet, « pour juger », il fallait « considérer l'époque ».

Avait-on eu, à Vichy, en 1940, la même attitude raisonnable ; avait-on considéré alors que le désastre national exigeait un grand coup d'éponge sur le passé ; nécessitait pansement et non excitation des plaies ; fin et non redoublement des querelles ? Avait-on tenu, aussi strictement à l'écart qu'il l'aurait fallu, les aboyeurs et les hurleurs à la mort de la presse parisienne ? Non, non, même si Vichy ne montrait pas le même entrain dans la revanche, il existait des catégories de réprouvés envers lesquels il se montrait aussi sévère (les francs-maçons) ou plus sévère (les instituteurs) que Paris.

Il est vrai que Pétain n'aimait pas la maçonnerie. On sait son mot : « Un juif n'est jamais responsable de ses origines ; un franc-maçon l'est toujours de son choix. » On dira même[3] qu'en signant la loi du 13 août, rangée, par Du Moulin, au nombre de ces lois signées à la hâte, et presque sans examen, comme il y en eut un certain nombre dans les débuts du régime, il aurait voulu prendre une lointaine revanche sur ceux qui, avant la consécration par le feu de 1914, auraient retardé son avancement. Or, si

1. Il y eut également 1 bulletin blanc et 2 abstentions.
2. Il avait ajouté qu'aucun « maçon [ne lui avait] fait même une observation amicale » et que les critiques ouvertes n'étaient venues qu'après la Libération.
3. Plumyène dans son *Pétain*.

son avancement n'avait pas été rapide, il n'avait nullement été anormal. Philippe Pétain ne semble pas avoir souffert des « fiches » inquisitoriales du général André qui, renseigné par la maçonnerie, bloquait la carrière des officiers « réactionnaires », la réaction étant associée, le plus souvent, à l'assistance aux offices religieux... offices dont Pétain n'était d'ailleurs pas un habitué ; dans ses très nombreuses lettres à celle qui deviendra sa femme, je n'ai trouvé, entre 1912 et 1940, aucune allusion à des brimades dont il aurait pu rendre les loges responsables.

Signant la loi contre les sociétés secrètes, je crois qu'il a cédé à « l'air du temps » ; qu'il a été influencé par l'attitude et la note de Weygand ; par la pression d'Alibert et de bien d'autres ; par les souvenirs des portails des églises enfoncés, des moines chassés de France au début du siècle ; par des conversations de mess, des démissions de camarades, par toute une littérature qui ne pouvait lui avoir échappé, même s'il n'en faisait pas son quotidien.

Le système mis en place par Vichy sera un système de sanction collective : tous sont frappés, mais des exemptions légales existent, petites fenêtres (il s'agit presque toujours de faits de guerre) par lesquelles le réprouvé peut échapper à la sanction — ce sera vrai pour les francs-maçons, ce sera vrai initialement pour les juifs —, et il est toujours possible de solliciter la grâce du chef de l'État.

Lorsque Alban Delrieu, président de la Légion des combattants de Haute-Garonne, découvre son nom sur la liste des maçons ayant souscrit une fausse déclaration[1], il écrit au Maréchal que son adhésion a été obtenue « sous la contrainte matérielle et morale », qu'il n'a assisté qu'à six réunions et, depuis des années, ne paie plus ses cotisations. Le Maréchal lui répondra : « Aujourd'hui, la loi est donc respectée et il m'est permis d'user de mon droit de grâce vis-à-vis des bons serviteurs du pays. »

## Les enseignants rendus, en grande partie, responsables du désastre

Les enseignants francs-maçons seront, de tous les francs-maçons, les plus ardemment dénoncés, par Vichy tout au moins, car l'échelle des répulsions n'est pas la même en zone non occupée et en zone occupée.

1. Il y en aura — officiellement — 357.

Lorsque Georges Ripert, secrétaire d'État à l'Instruction publique, publie, en septembre 1940, le décret qui fixe le nouveau programme de l'enseignement primaire élémentaire, dans lequel l'enseignement des vertus individuelles et familiales, des devoirs envers l'État et la Patrie, prend la première place, ce qui entraînera une révision totale des manuels, certains utilisent ce texte pour, sans nuances, mettre en accusation l'école d'hier.

Dans *Le Jour* du 19 septembre, M. Fernand Laurent, écrit ainsi : « La faute [1] de notre désastre incombe en grande partie à un criminel enseignement de notre jeunesse. On a voulu créer une génération de "pacifistes", on n'y est que trop bien parvenu. On a représenté l'uniforme comme une livrée, l'armée comme une servitude barbare, l'officier comme un ennemi, la discipline comme une tyrannie indigne d'un peuple libre ; l'héroïsme comme un sentiment stupide [...]. Plus de famille, plus de foi, plus de discipline, plus d'honneur, plus de patrie. »

Il y a plus grave que cette littérature manichéenne. Le 15 novembre 1940, Georges Ripert écrit aux recteurs et inspecteurs d'Académie qu'il a l'intention de prononcer, par application de la loi, le relèvement de fonctions de ceux qui « ont consacré une partie de leur temps à une agitation politique contraire aux intérêts de la France [...] ou de ceux qui ont été nommés aux fonctions qu'ils occupent par faveur politique et sans titres réels », et il est clair que son texte vise alors les francs-maçons.

Restons en zone non occupée, car en zone occupée tout est porté au plus vif, au plus violent. Mais il est évident qu'en zone non occupée les dénonciations de *Gringoire*, les attaques de la Légion qui, d'accueillante, est rapidement devenue sectaire, attaques exprimées au cours d'émissions radiophoniques, dont la première [2] assure que le franc-maçon « est dans tous les cas pour l'Angleterre et contre la France », tendent à créer, auprès d'une opinion privée, sur ce sujet en tout cas, d'autre information qu'officielle, une nouvelle catégorie d'exclus. Exclus, montrés du doigt ou objets de commérages dans la petite ville ou le village. Alors il en « était » ? « Il », le coiffeur, le percepteur, le médecin, le receveur des Postes, l'instituteur.

Plus encore que les révocations comptera, dans le climat de l'été et de l'automne 40, la création de catégories de réprouvés puisqu'il y aura chez les francs-maçons socialement (et provisoirement) à l'index davantage d'hommes concernés, dénoncés, qu'effectivement frappés.

---

1. Il s'agit plutôt de la responsabilité.
2. Le 31 juillet 1941.

En relevant dans le *Journal officiel* les décrets de révocation, Robert Aron [1] a pu obtenir, pour 1940, des chiffres qui sont, il le souligne, approximatifs.

Le nombre des fonctionnaires de tous grades atteints, *en six mois*, par la loi du 17 juillet permettant de relever de leurs fonctions par simple décret ministériel tout magistrat, fonctionnaire, agent civil et militaire de l'État, *comme par les six lois qui suivront* [2], aurait été d'environ 2 282, dont 686 appartenaient au ministère des Finances, 435 au ministère de la Guerre (il s'agit du personnel civil) ; 285 au ministère de la Justice, 335 à celui de l'Intérieur, 137 à celui de l'Instruction publique, et 125 à celui de la Marine [3].

Aron fait remarquer que, parmi les « épurés », la proportion des hauts fonctionnaires a été la plus importante et que l'Administration préfectorale a vu près de la moitié de ses cadres supérieurs révoqués : 49 préfets, 58 sous-préfets et secrétaires généraux. Dans le personnel des Affaires étrangères, « un grand nombre d'ambassadeurs [4] » parmi les 35 limogés. Ainsi, en six mois, 3 sur 1 000 des fonctionnaires auraient été révoqués.

Reprenons la conclusion d'Aron : « En valeur absolue, cette quantité de victimes innocentes apparaît scandaleuse dans le pays qui, moins de cinquante ans plus tôt, lors de l'affaire Dreyfus, s'était passionné pour le cas d'un homme seul. En valeur relative, le nombre de ces victimes confirme qu'au début la répression fut brutale, mais limitée [5]. »

---

1. Cf. *Histoire de Vichy*.

2. Loi du 17 juillet interdisant l'accès aux emplois publics de toute personne née d'un père étranger ; loi du 22 juillet prescrivant la révision des naturalisations intervenues depuis 1927 ; loi du 23 juillet prononçant la déchéance de la nationalité française à l'égard des personnes ayant quitté le territoire métropolitain, pour se rendre à l'étranger entre le 10 mai et le 30 juin 1940 ; loi du 30 juillet instituant une cour de justice pour juger les ministres et anciens ministres de la IIIe République « accusés d'avoir commis des crimes ou délits dans l'exercice ou à l'occasion de leurs fonctions ou d'avoir trahi les devoirs de leurs charges » ; loi du 13 août visant les sociétés secrètes ; loi du 4 septembre contre les « gaullistes » ; loi du 3 octobre *(J.O.* du 18) portant statut des juifs.

3. Pour la Gironde, 81 fonctionnaires, juifs et non juifs, ont été frappés entre juillet 1940 et janvier 1941, ce qui représente une forte proportion par rapport au chiffre indiqué par Robert Aron.

4. *Histoire de Vichy*

5. Paru alors que j'étais en train d'achever ce livre, *Servir l'État français* de Marc Olivier Baruch (Fayard, 1997) donne, à la date d'avril 1942, le bilan suivant pour l'application du statut des Juifs : loi du 3 octobre 1940, 2 910 ; loi du 2 juin 1941, 512, soit un total de 3 422. De tous les ministères, celui de l'Éducation nationale a été le plus touché : 1 111 révocations.

Ces hauts fonctionnaires, ces fonctionnaires dont, le 28 juin, le général Weygand parlait comme d'un « personnel usé qui n'inspire plus confiance », quel regard portaient-ils sur le nouveau régime ?

De peu de livres on peut écrire qu'il s'agit de « livres essentiels », d'œuvres faisant progresser la connaissance d'une époque à travers les hommes qui ont fait l'époque. J'aurai, dans les prochains volumes de cette histoire, l'occasion de citer à nouveau le livre de François Bloch-Lainé et Claude Gruson : *Hauts Fonctionnaires sous l'Occupation*[1], mais, sans plus tarder, il faut dire combien, par son honnêteté — dans un temps de manichéisme —, il enrichit le lecteur soucieux de « revivre » les événements tels qu'ils se sont vraisemblablement passés et les évolutions telles qu'elles se sont produites[2].

C'est donc « sans forcer la réalité selon [leurs] états d'âme postérieurs » que François Bloch-Lainé et Claude Gruson, tous deux jeunes[3] inspecteurs des Finances (ils n'appartiennent pas à ce « personnel usé » dont parle Weygand, si tout au moins il fait allusion à l'âge), tous deux ayant voté, en 1936, pour le Front populaire, tous deux plaçant leurs espoirs dans une victoire anglaise, tous deux appartenant, à partir de 1943, à la Résistance active, racontent comment, *à Paris*[4], s'est déroulée « leur première année » de fonctionnaires de Vichy.

Témoignage important. Voici celui de Claude Gruson, qui, après avoir appartenu depuis août 1939 jusqu'au 16 juin 1940 au cabinet de Paul Reynaud, a accepté de travailler avec Jean Bichelonne, « un personnage prestigieux[5]. Travailler avec lui, c'était une chance ».

« Ni l'un ni l'autre, écrit-il [le livre étant conçu sous forme de dialogue entre Bloch-Lainé et Gruson], ni l'un ni l'autre à ce moment-là, nous ne nous sommes posé la question de savoir si nous quitterions la fonction publique métropolitaine. On aurait pu envisager, en tout cas, moi, j'aurais pu envisager d'aller à Londres avec le général de Gaulle

1. Éditions Odile Jacob, 1996.

2. François Bloch-Lainé a, entre autres fonctions, été directeur du Trésor et directeur de la Caisse des dépôts et consignations ; Claude Gruson a notamment conçu la comptabilité nationale et dirigé l'INSEE.

3. Bloch-Lainé a vingt-huit ans en 1940 ; Gruson trente ans.

4. Je souligne, l'argument me paraissant important.

5. Sorti major de l'École polytechnique avec un total de points supérieur à celui d'Arago, Jean Bichelonne (1904-1944), « mathématicien égaré dans la politique », séduisait tous ceux qui l'approchaient par sa prodieuse intelligence. Arrêté par les Allemands pour avoir refusé l'envoi outre-Rhin de machines-outils, françaises, il défendera par la suite la collaboration. A-t-il été victime du syndrome du « pont de la rivière Kwaï » ? C'est possible.

puisque je l'avais rencontré au début, de sa carrière politique, je ne l'ai pas envisagé une seconde. D'une part, je venais de me marier, ma femme était enceinte, je ne pouvais pas l'abandonner. *D'autre part, membre de la fonction publique, j'avais une place dans le monde que je ne pouvais pas quitter sur un coup de tête*[1]. Il y avait là — je ne dirais pas une vocation, le mot est trop fort — *un métier*[1] qui avait sa noblesse, par conséquent qui imposait ses obligations. »

Femme, enfant attendu, métier... il faut un courage certain pour revendiquer aujourd'hui, où la quasi-totalité des livres et des discours sur l'an 40 bruissent d'héroïques résolutions et d'immédiates prises de position résistantes, des raisons de *non-engagement* aussi familières, aussi banales, aussi simplement humaines.

Que dit de son côté François Bloch-Lainé ? Prisonnier de guerre, il a rapidement été libéré grâce à l'intervention de l'inspection des Finances. Rentré à Paris vers le 15 août, séduit, lui aussi, par Bichelonne, il s'en éloigne dès qu'il a compris que le grand inventaire de l'industrie française, mis en chantier au sein de ce ministère nouveau — car le ministère de la Production industrielle est une création de l'après-juin 1940[2] —, était, en partie, réalisé à l'intention et au profit des Allemands, et il revient alors aux Finances.

Sa position ? Même s'il sait qu'avec « le nom qu'il porte » il aurait « à prendre des précautions particulières » et « devrai[t] [s']attendre à des épreuves », il n'est nullement question pour lui de « rejoindre une dissidence dont [il] ne savait rien encore[3] » : « J'avais déjà trois enfants, poursuit-il. Il s'agissait pour moi comme pour tant d'autres, de retrouver une assise dans *mon métier.* »

« Métier », mot fort employé par Gruson ; mot fort employé par Bloch-Lainé.

---

1. Souligné intentionnellement.
2. Claude Gruson explique (p. 24-25 et aussi p. 29 et s.) qu'après l'armistice naquit « l'idée de créer un ministère de la Production industrielle [faisant] suite à l'amorce de politique industrielle qu'avait engagée le ministère de l'Armement mais dans une perspective tout autre, puisqu'il n'était plus question de s'armer. Il s'agissait de la rénovation de l'appareil industriel de la France. Il y avait donc eu, dans le gouvernement de Vichy, cette idée de procéder à une rénovation de l'appareil industriel de la France et, à cette fin, de créer un ministère avec l'aide de personnalités brillantes : Bichelonne était le secrétaire général de la Production industrielle ; Lafond était le secrétaire général de l'Énergie ».
3. Au début de l'automne de 1940.

Dans une méditation finale où il entre beaucoup de lucidité, de mesure et de noblesse, puisqu'elle a l'ambition de contribuer, à travers l'expérience d'hier, à « l'armement moral » du citoyen d'aujourd'hui, François Bloch-Lainé, après avoir écrit : « Tout ce que l'on peut dire, c'est que, dans la conjoncture française de l'été 1940, l'abandon du service public n'était pas un devoir », va jusqu'au bout d'une analyse, interdisant que l'on détache sa phrase du contexte, pour l'utiliser à couvrir des fins malhonnêtes.

« Dès lors, poursuit-il, que l'on ne partait pas pour continuer ailleurs la lutte, il fallait bien, de sa place antérieure, faire en sorte que la population souffrît le moins possible, en actionnant "au mieux" une machine à laquelle on appartenait et dont le pays ne pouvait se passer. Il convenait seulement de demeurer attentif à ce qui pouvait rendre le zèle rédhibitoire, c'est-à-dire s'attacher à des principes *sur lesquels toute transaction à toute époque est déshonorante. On n'est jamais obligé de prêter la main à des crimes en servant de près quelque pouvoir que ce soit, de nier par son soutien actif ou passif des convictions fondamentales.* Dans la fonction publique, on peut toujours se mettre à l'abri des compromissions, au prix de quelque courage, à l'appui d'un clair discernement. Or *nombre de nos contemporains ne l'ont pas fait, faute d'avoir identifié en temps utile, selon des critères préalablement adoptés*, le seuil de l'*acte déshonorant.* »

## L'antisémitisme au grand jour

La note du 28 juin écrite par le général Weygand ne comporte pas le mot « juif ». C'est vrai, mais ne rusons pas. Dans la phrase « compromissions maçonniques, capitalistes et internationales », les mots « capitalistes et internationales » évoquent dans l'esprit de tout lecteur et sans doute du scripteur[1] — dont on peut rappeler qu'un soir de décembre 1898, capitaine au 9e dragons de Lunéville, il avait participé à une souscription en faveur du commandant Henry[2] —, plus encore que la finance

1. Sur ce point, je me sépare de Bernard Destremau, qui enlève aux mots « capitalistes et internationales » tout sous-entendu.

2. Le commandant Henry, chef du service de la section de contre-espionnage de l'armée, en 1894, convaincu, en 1898, d'avoir rédigé le « faux » (une lettre de l'attaché militaire italien à son homologue allemand) qui devait accabler le capitaine Dreyfus,

juive, « l'invasion juive » dans le monde de la politique comme dans celui de l'information, « invasion » dénoncée — surtout depuis l'arrivée de Hitler au pouvoir — par les quotidiens et, plus encore, par les hebdomadaires qu'ont lus et que lisent les hommes de la vieille France « tirés, par une sorte de miracle, du sol bouleversé, crevassé par le désastre [1] » pour aller occuper le pouvoir.

Lorsque Xavier Vallat, qui deviendra le premier commissaire aux Questions juives, interpellera Léon Blum dans la mémorable séance du 6 juin 1936, il aura, à l'adresse du nouveau président du Conseil, les mots dont j'ai rapporté les principaux, mais il poursuivra ainsi : « J'ajoute que, lorsque le Français moyen pensera que les décisions de M. Blum auront été prises dans un cénacle où figureront, à leur ordre d'importance, son secrétaire, M. Blumel, son secrétaire général, M. Moch, ses confidents, MM. Caïn et Lévy, son porte-plume, M. Rosenfeld, il sera inquiet. » Répercutée, répétée, sa phrase apportera des arguments au déjà flamboyant antisémitisme.

En 1946, lors de son procès, Xavier Vallat, après avoir refusé de répondre, lui, « ancien officier de chasseurs », aux questions de « M. Benjamin Kriegel dit Kriegel-Valrimont », vice-président de la Haute Cour de justice, mais « fils d'Isaac, français depuis moins de vingt ans [2] », invoquera pour sa défense — de Dagobert à Napoléon, du pape Honorius au cardinal Borghèse — ces précédents historiques, auxquels plus personne, sauf le grand mutilé de guerre qui était dans le prétoire, n'osait faire référence après la Libération, mais qui, au même titre que l'évocation toujours ambiguë de l'affaire Dreyfus, ayant fait partie des traditions familiales, journalistiques et politiques d'une certaine droite, avaient rendu les premières mesures antisémites « acceptables », « logiques » en somme pour une partie non négligeable d'une population depuis longtemps mise en condition.

*Je suis partout* ne tire pas à des millions d'exemplaires. L'hebdomadaire parisien, qui prend constamment Vichy à partie, n'aura pas le droit de pénétrer en zone non occupée, mais à sa lecture, une bonne partie de

---

et interdire toute révision du procès, s'était suicidé dans sa cellule du Mont-Valérien.

La liste des donateurs sera publiée dans *La Libre Parole*, ce qui vaudra à Weygand, comme à tous les officiers qui ont versé leur obole, quatre jours d'arrêt de rigueur. Pour lui, sa seule punition.

1. Daniel Halévy, *La Fin des notables*.

2. La position de Xavier Vallat, affirmée par lui dès le début du procès, sera à l'origine de nombreux incidents. De son côté, M. Kriegel-Valrimont ayant, avant l'ouverture du procès, pris publiquement à partie tous les justiciables de la Haute Cour, dont Vallat, aurait dû renoncer à siéger.

l'opinion s'était, *dans les années d'avant-guerre,* accoutumée à trouver « normal » l'antisémitisme d'un Rebatet ou d'un Brasillach, dont l'indiscutable talent servait la plus mauvaise des causes.

Pourquoi se scandaliser alors du *numerus clausus* professionnel, rapidement imposé aux juifs par l'État français ? Devant « l'invasion des métèques » ne trouvait-on pas l'idée excellente lorsque Rebatet le réclamait, en 1939, quelques mois avant la guerre ?

Les tableaux et statistiques de l'exposition « Le Juif et la France » sur le cinéma, le barreau, la médecine, la banque, la confection, conquêtes juives, ne surprendront guère puisque tableaux et statistiques reflétaient, en le grossissant encore, ce qui avait été écrit librement jusqu'à cette loi du 21 avril 1939 [1] qui interdisait les attaques de presse contre les collectivités religieuses ou sociales et les « habitants » de la France. Interdisait... en principe car dans un article du 31 mars 1939, titré :

> La question singe
> il nous faut organiser
> un « antisimiétisme »
> de raison et d'État,

Brasillach se moquera de la loi et, à l'exception des intéressés, amers et humiliés, intriguera, amusera ou choquera tout Paris, fera doubler le tirage de *Je suis partout*, en écrivant : « Quel tribunal oserait nous condamner si nous dénonçons l'envahissement extraordinaire de Paris et de la France par les singes... On va au théâtre ? La salle est remplie de singes... Dans l'autobus, dans le métro ? Des singes... En province, dans les marchés, les foires, des stands entiers sont occupés par des singes, avec un grand fracas de casseroles en solde et d'étoffes prises à des faillites... Ce que nous appelons l'antisimiétisme (veuillez bien lire, je vous prie) devient chaque jour une nécessité plus urgente. »

Pourquoi s'étonner ou se scandaliser des premières mesures antisémites ? *Je suis partout* ne les a-t-elle pas, depuis plusieurs années, dites nécessaires ? Ce titre, le 7 octobre 1938 : « En prison le parti de la guerre » identifie les bellicistes au monde politique juif ; ct ccs articles qui accablent Mandel : « Qui est le chef du parti de la guerre ? Mandel [...] Qui doit être chassé du gouvernement français ? Mandel. Qui doit être traduit en Haute Cour ? Mandel [2] », imagine-t-on qu'ils puissent être sans conséquences ?

Si Mandel est le plus haï, d'autres que lui, avec lui, sont hebdomadai-

1. Loi Marchandeau, du nom du ministre de la Justice.
2. *Je suis partout*, janvier 1939.

rement dénoncés : Léon Blum, Grumbach, Lazurick, Schumann, Lazareff, Jean Zay, Jules Moch, Émile Kahn, Félix Lévitan...

Articles. Caricatures. Au même titre que les articles, plus fortement sans doute, car par sa simplification le dessin s'impose, elles répandent l'image du juif apatride, uniquement soucieux de faire fortune, voguant de pays « d'accueil » en pays « d'accueil », riche, gros, gras, sale, inspirant la répulsion — et pendant la drôle de guerre *Je suis partout* « ornera » les blancs que lui impose la censure de la caricature d'une juive maniant un sécateur !

Avant le début du conflit mondial les caricatures antisémites avaient vocation d'exaspérer le « Français moyen », parfois chômeur, souvent pauvre, face à l'arrivée de juifs chassés en grand nombre par les pogroms.

Le 14 janvier 1938, Phil, dessinateur attitré de *Je suis partout*, montre ainsi plusieurs juifs fraîchement débarqués de leur ghetto interrogeant un sergent de ville.

— Le ministère ?

— Lequel ?

— Pas d'importance, nous y serons partout chez nous.

Chez les journalistes, les dessinateurs, les lecteurs de *Je suis partout*, qui n'est certes pas le seul journal antisémite mais qui, par l'âpre talent de ses journalistes, de ses dessinateurs, est politiquement le plus efficace, intellectuellement le plus habile à nourrir la haine, il y a ainsi hostilité, joyeuse et vicieuse et permanente hostilité, « danse du scalp », avant que les persécutions ne viennent donner, à partir de 1941, un sens terrible au mot.

## Juifs français, Juifs étrangers

Chez les Juifs français, il y a d'ailleurs inquiétude devant l'afflux de ces juifs venus de l'est de l'Europe et dont les « différences » avec les Juifs de France éclataient avec une évidence qui ne s'impose plus aujourd'hui... et qui est même niée.

Dans *Ce que j'ai cru comprendre*, Annie Kriegel, dont les parents appartenaient à une très ancienne famille judéo-alsacienne, installée à Paris, raconte que son père remontait souvent dans l'appartement en bougonnant : « Ils nous font du tort. *Ils*, ajoute-t-elle, c'étaient les juifs originaires d'Europe centrale qui se réunissaient en grappes sur les trottoirs de la rue Dupetit-Thouars, face au marché du Temple, pour traiter de leurs affaires dans la langue qui leur était maternelle et commune, le yiddish : "Pourquoi, protestait mon père, parlent-ils dans leur jargon ?" Cet homme de haute moralité, ce républicain avancé, perdait alors toute mesure et toute générosité. »

Annie Kriegel assure que « cette intolérance rogue, cette sécheresse de cœur devant la misère et le courage de ces immigrés de fraîche date furent évidemment balayées par la communauté imprévue de destin à laquelle tous les juifs, quel que fût leur statut national antérieur, furent exposés dans la période de la grande persécution ».

Sans doute... Encore verra-t-on, Vichy ayant créé des exemptions au bénéfice des anciens combattants ou des juifs qui s'étaient illustrés au service de la France, que les choses ne seront pas toujours aussi naïvement et spontanément généreuses qu'imaginées par Annie Kriegel et que les communautés, si elles peuvent être unies, peuvent aussi être divisées par le malheur. Rajfus a, sur ce point, écrit bien des pages tristes [1].

Lettre de M. Naquet chassé par la loi du 3 octobre 1940 — je vais en parler — de son poste d'administrateur des Hospices de Bordeaux, lettre adressée le 11 novembre à Adrien Marquet, ministre de l'Intérieur, maire de Bordeaux et président des Hospices : « Ainsi des Français de *vieille souche se trouvent confondus avec des naturalisés de fraîche date* [2] et écartés d'œuvres de solidarité sociale, dont toute politique est exclue. Je veux espérer, Monsieur le Président, que l'*on ne tardera pas à se rendre compte de cette fâcheuse confusion* [2] et que le gouvernement apportera les modifications qui s'imposent aux articles 3 et 8 du statut, afin de permettre *à tous ceux qui en sont dignes de continuer à servir avec le même dévouement* [2]. »

Faut-il commenter ? Non. Faut-il généraliser ? Non, sans doute, mais je crois qu'il fallait citer.

Dénonciation du juif « envahisseur » qui, grâce à un réseau de complicités de race, finit par « maîtriser » une profession entière ; dénonciation, lorsque la guerre menace, du juif qui, pour défendre les juifs persécutés, envoie les autres se faire tuer.

Un dessin de Phil, encore. Le 2 septembre 1938, au moment de la crise tchèque, qui a provoqué une mobilisation partielle, Phil, dans un numéro furieusement anti-interventionniste de *Je suis partout*, qui a pour

---

1. *Des Juifs dans la collaboration,* EDI, 1980 ; *Drancy, un camp de concentration très ordinaire (1941-1944),* Le Cherche-Midi, 1996.

2. Souligné intentionnellement.

titre « Ils veulent “leur” guerre », représente un juif face à un Français. La légende est la suivante :

— Vous en avez de bonnes avec votre Japon, votre Tchécoslovaquie, je suis dans l'infanterie, moi, et vous ?

— Dans les affaires.

L'une des premières mesures de Vichy sera, le 27 août 1940, l'abrogation de la loi du 21 avril 1939 sur les excès antisémites et xénophobes dans la presse. Tous les contre-pouvoirs ayant alors disparu, la loi du 27 août 1940 donnera libre cours aux passions et aux haines, aux vengeances et aux délations.

Alors les lectrices d'*Au Pilori* — l'une des feuilles les plus ignobles d'un temps riche en feuilles ignobles — pourront, *en janvier 1941*, participer à un grand concours doté — c'est un signe des temps de restrictions — pour le premier prix de trois paires de bas de soie naturelle, pour le second de deux paires, pour le troisième d'une paire.

Pour concourir, il suffit de répondre à cette seule question : « Où les fourrer [les juifs], toute mesure de restriction radicale étant admise ? »

Suscitées par l'appât du gain ou, surtout, par la passion, les réponses « pleuvent », affirme l'hebdomadaire. Réponses signées. Réponses affreuses. Une Mlle Gisèle J..., qui a dix-huit ans, propose d'envoyer « les juifs dans la jungle indienne en proie aux fauves et à la lèpre, vêtus simplement d'un pagne et sans provisions ». Le four crématoire « *pour tous et sans exception, du plus vieux au nouveau-né* [1] », a la préférence de Mme H..., qui ne gagnera cependant pas le concours, les trois paires de bas de soie naturelle allant à une Mme Charlotte B... de Clichy qui a imaginé l'addition de trois solutions : la stérilisation, après recensement, de « tous les israélites résidant en France et aux colonies » ; le port obligatoire d'un brassard distinctif (cela viendra) ; le groupement des juifs « dans un quartier qui leur sera affecté. Ceci renouera avec les saines traditions de la chrétienté ».

*Au Pilori*, interdit en zone non occupée, ne franchit pas la ligne de démarcation, attaque Pétain dès son deuxième numéro — c'est l'une des seules publications osant, dans l'été 40 [2], s'en prendre au Maréchal « aux mains débiles » ; parler de Laval comme du « prototype du profiteur de cette démocratie enjuivée » et demander que le chef de l'État ne vienne

1. Souligné intentionnellement.
2. Le premier numéro date de juillet 1940.

pas à Paris « exhiber son équipe sous l'œil narquois des Allemands », mais c'est bien Vichy qui, en abrogeant la loi du 21 avril 1939, a donné licence au *Pilori* d'être ce qu'il est...

## Les semailles antisémites et xénophobes de 1940

Pour quelle raison ce qui a pu paraître une digression ?

Pour permettre au lecteur de comprendre sur quel sol préparé tomberont les semailles antisémites et xénophobes de 1940.

Sol préparé à les recevoir par la presse, on en a trouvé quelques exemples, mais également par des mesures antérieures à la défaite.

On oublie trop, en effet, le rapport émanant du président du Conseil — alors Daladier —, du ministre de l'Intérieur, du garde des Sceaux et du ministre des Finances adressé, le 2 mai 1938, au président de la République.

Il est nécessaire d'en citer quelques lignes, en rappelant que les événements de la guerre d'Espagne contribuent et contribueront à grossir le flot des immigrés, qui ne sont plus uniquement des juifs fuyant les persécutions hitlériennes.

« Monsieur le Président,

Le nombre sans cesse croissant d'étrangers résidant en France impose au gouvernement [...] d'édicter certaines mesures que commande impérieusement le souci de la sécurité nationale, de l'économie générale du pays et de la protection de l'ordre public.

Et tout d'abord la France ne veut plus chez elle d'"d'étrangers clandestins", d'hôtes irréguliers : ceux-ci devront, dans le délai d'un mois fixé par le présent texte, s'être mis en règle avec la loi ou, s'ils le préfèrent, avoir quitté notre sol... »

Les décrets des 2 et 4 mai n'ayant pas obtenu tout l'effet recherché, un rapport du 12 novembre 1938, également adressé au président de la République, signalera l'ouverture de « centres spéciaux » dans lesquels les étrangers aux « activités dangereuses pour la sécurité nationale » et l'ordre public ne jouiraient plus de « la liberté encore trop grande que leur conserve l'assignation à résidence ».

La déclaration de guerre à l'Allemagne conduira « naturellement » à l'arrestation puis à l'internement de douze mille Allemands et de cinq mille Autrichiens, suspects comme tels. Sans examen sérieux de leur situation, de leurs antécédents, de leurs sentiments politiques, examens pour lesquels faisaient défaut les « examinateurs » compétents, ne serait-ce qu'en langue allemande, ils seront jetés dans des camps — Le Vernet, Gurs, Les Milles — aux lamentables conditions d'hygiène, à la nourriture exécrable et dans lesquels le désordre ajoutera encore à la cruauté d'une situation ubuesque puisque des juifs fuyant les persécutions et des opposants au régime hitlérien vont se trouver en grand nombre parmi les internés.

Sans doute la première réaction des pays en guerre est-elle de traiter sans indulgence les « ressortissants étrangers » présents sur leur territoire — et l'on a appris, avec grand retard certes, la façon avec laquelle, à partir de 1942, les Américains s'étaient comportés à l'égard des Japonais vivant aux États-Unis — mais, en France, lorsque survint la défaite, peu avait été fait pour libérer [1] les hommes et les femmes *arbitrairement* arrêtés, peu avait été fait pour améliorer, fût-ce modestement, les conditions de vie des suspects.

Alors, en direction de ces camps de l'Ariège, des Pyrénées-Orientales, des Basses-Pyrénées, ont été poussées de nouvelles troupes d'hommes, de femmes (Allemands, Autrichiens, Dantzigois) dont la moitié de juifs, arrêtés notamment dans la région parisienne alors que Mandel est ministre de l'Intérieur [2] ; tandis qu'à Saint-Cyprien, dans les Pyrénées-Orientales, arriveront de Belgique six mille réfugiés soupçonnés d'appartenir à la « cinquième colonne ».

Les drames se succédant, 17 783 juifs seront expulsés d'Alsace par les Allemands ; puis, dans la nuit du 24 au 25 octobre, ce sont 6 500 juifs originaires du pays de Bade qui arriveront à Gurs [3]. Leur succéderont,

1. À partir de janvier 1940, de nombreuses libérations intervinrent, les étrangers, hommes de 18 à 40 ans, étant incorporés dans des groupements de travailleurs. La circulaire du 4 février 1940 (ministère de l'Intérieur) précisait qu'ils étaient partiellement assimilés aux mobilisés et que leurs familles avaient droit à des allocations. La circulaire du 6 février ajoutait (article 7) que des « étrangers, non munis de titres de séjour réguliers, réfugiés politiques et raciaux [...] éloignés de certaines zones, sont ainsi privés de leurs moyens de subsistance. Il importe, par souci d'humanité, de ne pas laisser démunies de ressources les familles desdits étrangers, nomades et vagabonds. »

2. Lorsque, le 30 août, une commission allemande a terminé l'inspection des camps de zone libre où sont internés des ressortissants allemands, sur 37 000 personnes, elle a dénombré 7 500 Allemands dont 5 000 juifs. Selon Serge Klarsfeld (*Le Calendrier de la persécution des juifs en France*, p. 20), ces chiffres auraient été inférieurs à la réalité, quelques chefs de camp ayant camouflé des juifs.

3. 150, écrit Klarsfeld (*Le Calendrier...*, p. 51). Le sort des Juifs allemands envoyés en zone libre par les Allemands... comme s'il s'agissait de juifs expulsés d'Alsace (ce qui provoquera une vive protestation de Vichy) sera particulièrement cruel puisque, retirés des camps français, ils seront envoyés à Auschwitz.

en nombre évidemment moins important, des Juifs luxembourgeois dont les plus chanceux réussiront à s'embarquer à Marseille pour les États-Unis.

## Française et allemande : deux machines à broyer les Juifs

Pendant que, par milliers, des hommes et des femmes vivent ainsi dans l'incertitude des lendemains, la machine à piéger, la machine à broyer, s'est mise en route.

En vérité, deux « machines » travailleront en parallèle : machine française et machine allemande, l'une prenant de l'avance sur l'autre, puis étant rattrapée, l'une ayant des ratés, des hésitations, l'autre rodée par des années d'expérience.

C'est la machine française qui, la première, prendra le départ (même s'il est exact que Ribbentrop ait, dès le 20 août, demandé à Abetz l'introduction des « mesures préliminaires contre les Juifs [1] ») avec cette loi sur la révision des naturalisations, réclamée depuis longtemps dans nombre de milieux qui, tous, n'étaient pas de droite. À la fureur des Allemands, cette révision, voulue très importante, se terminera sur un échec.

Il s'agit là, en effet, et il faut le signaler, d'un exemple du résultat auquel pouvait aboutir la (volontaire) passivité administrative. Entre 1927 et 1940, le nombre des naturalisations s'était élevé à 539 000, mais la commission présidée par le conseiller d'État Jean-Marie Roussel, assisté notamment d'André Mornet, président de Cour honoraire et futur procureur général (en juillet 1945) lors du procès du maréchal Pétain [2], allait retenir 16 508 dossiers, dont 6 307 concernaient des juifs [3]. Sans doute s'agissait-il de 16 508 dossiers de trop, mais, au 26 août 1943, soit trois ans après la mise en place de la commission, ils représentaient

1. M. Bloch, *Ribbentrop,* Plon, p. 307.

2. Sa position au sein de la commission de dénaturalisation lui sera vivement reprochée lors des procès de la libération et il se défendra très mal (dans l'ignorance sans doute des griefs allemands) en plaidant ce que plaidaient ceux contre lesquels il requérait : la thèse du double jeu.

3. Dans une lettre au major Hagen en date du 27 août 1943, Fernand de Brinon a donné des chiffres quelque peu différents. Selon lui, la commission aurait proposé, au 31 juillet 1943, le maintien de la nationalité française à 579 435 personnes, le retrait à 17 964 dont 7 053 juifs, 26 800 dossiers étant réservés.

3 % des dossiers à traiter, chiffre scandaleusement modeste aux yeux du major Hagen qui exigea de Fernand de Brinon la dissolution de la commission et le renvoi de Mornet.

Il faudra revenir sur le « travail » de cette commission — comme sur le refus de Laval que *tous* les juifs naturalisés, soit après 1919, soit après 1927, se voient privés de la nationalité française, ce qui les aurait rendus beaucoup plus facilement déportables — pour donner un exemple des obstacles que l'administration française pouvait placer devant les exigences de l'occupant. Et qu'elle aurait pu (et dû) placer beaucoup plus souvent...

Plus immédiatement redoutable que la loi sur la révision des naturalisations est le « Statut des juifs » du 3 octobre 1940, publié au *Journal officiel* du 18, statut qui, comportant une définition raciale [1], a pour objet d'exclure les juifs d'un certain nombre de fonctions publiques et de mandats : ceux de chef de l'État, de membres du gouvernement, de fonctionnaires de tous grades attachés au service du public, d'enseignants, de journalistes, de réalisateurs de « films cinématographiques ».

Le statut prévoit également d'exclure les juifs de ces professions libérales — médecine [2], barreau [3] — qui ouvrent la possibilité d'exercer une « influence politique ou intellectuelle » ; un *numerus clausus* devant être précisé, profession par profession, à partir de juillet 1941.

C'est le 3 octobre que le maréchal Pétain, Pierre Laval et six ministres signent — on y reviendra — le Statut des juifs. Et c'est également le 3 octobre que débutent, en zone occupée, les opérations de recensement rendues obligatoires par l'ordonnance allemande du 27 septembre 1940.

Combien de juifs en France ? Plus encore que pour les francs-maçons, les chiffres les plus fantaisistes étaient répandus au gré des fantasmes. En 1942, l'Institut d'études des Questions juives ira jusqu'à écrire que la France comptait 1 200 000 juifs pour 42 millions d'habitants... et qu'elle en compterait 10 à 15 millions en 2042 « si la colonisation juive se développait » à la même allure.

Or, en 1942, les résultats du recensement étaient connus, et bien peu

1. Article 1. Est regardée comme juif pour l'application de la présente loi toute personne issue de trois grands-parents de race juive ou de deux grands-parents de la même race si son conjoint est juif.

2. Loi du 16 août 1940.

3. Loi du 10 septembre 1940.

de juifs avaient omis de se présenter dans les commissariats de police parisiens à l'appel des journaux annonçant qu'afin « d'éviter une trop longue attente » (on prendra bientôt moins de précautions !) les juifs habitant Paris étaient « invités » à suivre l'ordre alphabétique. Ainsi les A ont « rendez-vous » le 3 octobre, les B le 4, et le philosophe Bergson, presque mourant, se présentera ce jour-là, le recensement s'achevant le 19 avec les W, X, Y, Z.

Plus tard, je veux dire après la Libération, en France, mais aussi en Israël, des juifs s'indigneront que leurs coreligionnaires aient facilité la tâche de ceux qui les arrêteront bientôt, alors qu'ils auraient pu échapper à une opération d'une importance capitale puisque, permettant l'établissement du fichier juif, elle facilitera les arrestations de 1941, les rafles de 1942 (donc les déportations vers Auschwitz). La réponse, à ce que l'on considère aujourd'hui comme une aberration, tient en peu de mots : *les juifs ne savaient pas et surtout n'imaginaient pas*.

Répondant en 1982 à deux journalistes allemands Ernst Weisenfeld et René Wintzen, que disait Raymond Aron, peu suspect en la circonstance, sur ce problème si important de la connaissance et de l'ignorance ? « Aujourd'hui nous disons : ils (les juifs allemands) auraient dû dès 1933 comprendre que les débuts annonçaient bien pire. Même moi, très pessimiste sur le régime hitlérien, je disais à tous mes amis israélites : il faut partir, parce qu'il n'y a plus d'existence pour vous dans l'Allemagne hitlérienne. Je ne leur disais pas : partez, parce que un jour ou un autre, vous allez être assassinés. Personne n'a imaginé l'*Endlösung*. Il faut bien ajouter que, jusqu'en 1941, la thèse hitlérienne, c'était : expulser les juifs et non pas les exterminer. La décision a été prise pendant la guerre pour des raisons encore obscures [1]. »

Philippe Erlanger, haut fonctionnaire, chef du Service des échanges artistiques internationaux, écrira, de son côté, que des « optimistes » étaient allés se faire inscrire « avec l'idée rassurante qu'ils se mettraient ainsi à l'abri et se protégeraient contre toute confusion » ! Il n'aura pas les mêmes illusions..., mais ne s'abstiendra pas, ne restera pas chez lui !

D'ailleurs les non-juifs, puisque les Allemands interdisaient aux juifs le franchissement de la ligne de démarcation, n'avaient-ils pas eu obligation, au retour de l'exode, de se faire inscrire dans leur mairie ? Les inscriptions des juifs n'avaient-elles pas lieu dans des bâtiments officiels *français*, bâtiments dans lesquels se trouvaient des gardiens de la paix *français* et non des soldats *allemands*, premier exemple d'une redoutable

1. Texte publié en 1982 dans *Documents. Revue des questions allemandes, 4, 1982,* et reproduit dans le numéro 68 de *Commentaire,* hiver 1994/1995.

confusion et du piège — insoupçonné encore de tous — dans lequel beaucoup allaient tomber ?

Les juifs étant recensés dans les commissariats à Paris, dans les sous-préfectures, dans les départements de zone occupée — car *en zone non occupée le recensement n'aura lieu qu'à partir de l'été de 1941*, en exécution de la loi du 2 juin 1941 —, est-il possible de connaître le nombre de juifs vivant en France ? En zone occupée, à peu près certainement 165 000. En zone non occupée, où il y a eu des abstentions [1], les chiffres oscilleront entre 109 983, 140 000 et 180 000 [2].

Il est moins important de connaître ces statistiques que de prendre conscience de ce fait important, pour la suite d'une tragique histoire : avant même les rafles de 1942, qui inciteront nombre de juifs à franchir clandestinement la ligne de démarcation, l'exode, les interdictions allemandes à tout retour en zone occupée, les expulsions des Juifs alsaciens et lorrains ont totalement modifié la répartition géographique qui était celle des juifs avant la guerre.

À Lyon, Nice, Cannes et Menton où ils n'étaient que 3 000 avant 1939, leur nombre sera « estimé » entre 40 000 et 70 000... À Vichy, 300 juifs avant 1939 ; 2 500 après la défaite ; 2 500 dont Xavier Vallat demandera le départ car, écrit-il, « n'ayant rien à faire, ils [sont] constamment aux abords des ministères et dans les allées du Parc ».

## L'éviction : des lois bien françaises

En quelques jours d'octobre, les lois *françaises* ont chassé les juifs de l'administration, leur ont fermé les portes de certaines professions (3 octobre) ; ont organisé l'internement des juifs étrangers (4 octobre) ; privé (7 octobre) les Juifs algériens de la nationalité française acquise le 24 octobre 1870 par le décret Crémieux ; elles ont brutalement coupé les juifs de la nation à laquelle ils appartenaient ou auprès de laquelle ils avaient trouvé refuge.

Qui est responsable ?

---

1. Le 10 juillet 1941 une note des Renseignements généraux signale que, « par conversation et par correspondance, une véritable cabale se mont[ait] [en zone non occupée] en vue d'un boycottage du recensement ».

2. Xavier Vallat, qui annonce et 140 000 et 180 000, estime à 8 ou 10 % le chiffre des défaillants.

# D'autres mesures contre les Juifs vont bientôt être prises en zone occupée

Le décret du 27 septembre 1940 sur les juifs n'a pas été compris de tout le monde.

Certains Français se demandent encore s'ils sont juifs ou considérés comme tels ou s'ils ne le sont pas.

Le graphique ci-dessous leur permettra de se faire une opinion.

Ce n'est en somme qu'une ques-

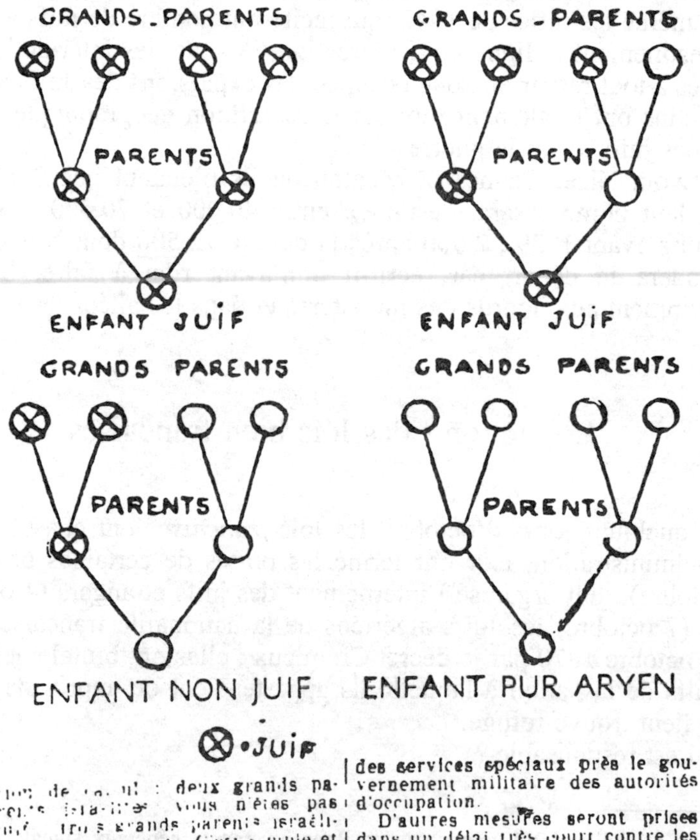


[illegible] : deux grands parents israélites vous n'êtes pas [illegible] trois grands parents israéli-[illegible] C'est simple et [illegible] d'occupation considère [illegible] de juifs en [illegible] pendant la période de guerre présente pour eux un réel danger.

C'est pourquoi ils entreprennent dès maintenant le recensement des israélites. Ceux-ci doivent se faire inscrire sur des registres tenus par les sous-préfets sous la direction de Feldkommandants. A Paris les registres seront centralisés dans des services spéciaux près le gouvernement militaire des autorités d'occupation.

D'autres mesures seront prises dans un délai très court contre les israélites. De son côté le gouvernement de Vichy met au point un projet de loi visant l'activité [illegible] juifs en France.

Michael R. Marrus et Robert D. Paxton, dans leur livre *Vichy et les juifs*[1], après avoir écrit que les mesures de Vichy avaient pour premier but d'« empêcher toute nouvelle immigration de réfugiés, en particulier de réfugiés juifs, dans un pays qui s'estimait à peine en mesure de nourrir et d'employer ses propres nationaux » ; pour deuxième but d'« encourager le départ des réfugiés, dans la mesure où les restrictions du temps de guerre le permettaient » ; pour troisième but « la réduction de l'élément étranger, inassimilable, "non français" dans la vie publique, dans l'économie et dans la vie culturelle française », ajoutent : « À la vérité, le Maréchal *ne parla jamais publiquement à notre connaissance des Juifs. Il préférait voir les choses de très haut en mentionnant une politique générale d'exclusion*[2]. »

Marrus et Paxton font alors référence aux discours et message du maréchal Pétain des 13 août et 10 octobre (auxquels il faut joindre celui du 11 juillet) ainsi qu'aux articles publiés dans *La Revue des Deux Mondes*. Il s'agit, en effet, de textes fondateurs. Que disent-ils ?

## « L'ordre nouveau » défini par le Maréchal

*Sur le plan d'une administration*, que le chef de l'État désire à la fois *concentrée* et *décentralisée*, que « les fonctionnaires ne [soient] plus entravés dans leur action par des règlements trop étroits et par des contrôles trop nombreux ; ils agiront donc plus vite mais ils seront responsables de leurs fautes[3] ».

« La responsabilité des fonctionnaires ne sera plus un vain mot. La révolution par en haut, comme on l'a appelée, descendra de proche en proche, jusqu'aux assises mêmes de l'État et de la Nation[4]. »

*Sur le plan économique*, Philippe Pétain souhaite, après une période transitoire, nécessitée par les travaux de reconstruction, que l'économie française soit placée sous la tutelle de « *principes généraux qui s'appliqueront à tous les métiers*[5] », que soient « organisées » des organisations professionnelles se limitant à leur domaine assurant, « sous l'autorité de

1. Pages 26-27.
2. Souligné intentionnellement
3. 11 juillet 1940
4. 13 août 1940
5. 10 octobre 1940

l'État, la rédaction et l'exécution des conventions de travail », « garantissant la dignité de la personne du travailleur, en améliorant ses conditions de vie jusque dans sa vieillesse » ; tout en évitant les conflits « par l'interdiction absolue des lock-out et des grèves, par l'arbitrage obligatoire de tribunaux de travail ».

*Sur le plan de la politique intérieure*, « le régime nouveau [doit être] une hiérarchie sociale. Il ne reposera plus sur une idée fausse de l'égalité naturelle des hommes mais sur l'idée nécessaire de l'égalité des "chances" données à tous les Français de prouver leur aptitude à "servir". *Seuls le travail et le talent deviendront le fondement de la hiérarchie française. Aucun préjugé défavorable n'atteindra un Français du fait de ses origines sociales* »...

Il faut s'arrêter à cette phrase... au mot *Français*, qui laissait — et laissera — des espérances [1] aux Juifs français ; aux mots « *origines sociales...* » qui, dans la logique du discours, auraient dû être suivis du mot « ... *et religieuses* ». L'oubli n'est sans doute pas involontaire.

« Certains, ajoute le Maréchal dans son message du 10 octobre, certains craindront peut-être que la hiérarchie nouvelle ne détruise une liberté à laquelle ils tiennent et que leurs pères ont conquise au prix de leur sang. Qu'ils soient sans inquiétude [2]. [...] Que signifierait d'ailleurs, en 1940, la liberté — l'abstraite liberté — pour un ouvrier chômeur ou pour un petit patron ruiné, sinon la liberté de souffrir sans recours au milieu d'une nation vaincue ? »

Au régime qui vient de s'effondrer, le maréchal Pétain, tout en reconnaissant qu'il était aimé « par beaucoup » de Français, a consacré d'ailleurs le sixième environ de son long message du 10 octobre, expliquant que « jamais, dans l'histoire de la France, l'État n'a[vait] été plus asservi qu'au cours des vingt dernières années », asservi « successivement et parfois simultanément par des coalitions d'intérêts économiques et par des équipes politiques ou syndicales prétendant, fallacieusement, représenter la classe ouvrière ».

Définissant « l'ordre nouveau », le Maréchal écrit, car le texte, très long, sera lu à la radio, non par lui, mais par Jean-Louis Tixier-Vignancour, chargé de l'Information, qu'« il ne peut en aucune manière impliquer un retour, même déguisé, aux erreurs qui nous ont coûté si cher ».

« On ne saurait davantage, avait-il ajouté, y découvrir les traits d'une sorte d'"ordre moral" ou d'une revanche des événements de 1936. » Ce

1. Rapidement déçues.

2. Il faut naturellement laisser ce discours à sa date. En octobre 1940, nul ne saurait imaginer les drames et les horreurs de la période mars 1941-août 1944.

passage sera supprimé [1], et la suppression témoigne au moins de la prise de conscience d'une volonté de « revanche » !

« L'ordre nouveau ne peut, poursuit le Maréchal, *être une imitation servile d'expériences étrangères*, certaines de ces expériences ont leur sens et leur beauté, mais chaque peuple doit concevoir un régime adapté à son climat et à son génie. »

National, *mais* libéré de ces « amitiés ou de ces inimitiés dites traditionnelles » (c'est-à-dire, même si cela n'est pas exprimé clairement, de l'amitié anglaise comme de l'hostilité à l'égard de l'Allemagne), le régime renoncera à « se concentrer sur lui-même » et la France recherchera la collaboration internationale « dans tous les domaines, avec tous ses voisins » et d'abord avec le voisin et vainqueur allemand car « le problème des rapports franco-allemands, si *criminellement* traité dans le passé, continuera de déterminer son avenir [2] ».

Suit ce que l'on peut considérer comme un fragile « avertissement » à l'Allemagne, libre, « au lendemain de sa victoire sur nos armées, [de] choisir entre une paix traditionnelle d'oppression et une paix toute nouvelle de collaboration »... le mot étant prononcé *vingt jours* avant le discours du 30 octobre dans lequel le Maréchal annoncera qu'il vient, le 24, de rencontrer, à Montoire, « le chancelier du Reich. »

Il y aurait encore bien des points à relever dans ce très long texte fondamental. Ne s'y trouve pas la formule *Travail, Famille, Patrie* dont, aujourd'hui encore, on parle, dans la presse modérée, comme d'une « trilogie maudite [3] », formule qui, pour un temps, allait remplacer les mots *Liberté, Égalité, Fraternité*, dont le maréchal Pétain s'était appliqué, dans un texte publié, à l'intention des « jeunes gens et jeunes filles », par *La Revue des Deux Mondes* du 15 septembre, à diminuer non l'importance mais la portée [4]. On y trouve, en revanche, des mots très durs...

---

1. On ignore à la demande de quel membre du comité de rédaction dont faisaient partie aux côtés du Maréchal, Du Moulin, le général Huntziger, Bouthillier et Belin, ainsi que Bergery qui se trouve, on le sait, à l'origine du message. C'est en vain que Laval tentera d'empêcher la diffusion du message. Elle aura lieu le dimanche 10 octobre, dans la soirée.

2. L'avenir de la France.

3. *Cf. Le Figaro*, 26 août 1997. Eric Zemmour, « Cette droite qui se voulait moderne... ». En 1988, M. Raymond Barre déclencha un beau tapage médiatique pour avoir prononcé les trois mots... dans le désordre.

4. Le texte s'adresse aux jeunes. « Nous leur dirons qu'il est beau d'être libre, mais que la "liberté" réelle ne peut s'exercer qu'à l'abri d'une autorité tutélaire qu'ils doivent respecter, à laquelle ils doivent obéir [...]. Nous leur dirons ensuite que l'"Égalité" est une belle chose, sur certains plans et dans certaines limites [...]. Nous leur dirons que la "Fraternité" est un idéal magnifique, mais que, dans l'état de nature où nous voici retom-

et peut-être inattendus « sur la faillite universelle de l'économie libérale » ; sur la nécessité de briser « la puissance des trusts et leur pouvoir de corruption », de mettre la monnaie « au service de l'économie », afin que soit maintenu le pouvoir d'achat des Français...

Mais, dans ce message, rien contre les juifs.

Les seules *allusions* à la question juive, et aux problèmes qu'ils peuvent poser aux yeux du chef de l'État, comme aux yeux de ceux qui lui soumettent des projets, des corrections ou des ajouts, je les trouve dans l'allocution du 13 août et dans celle du 9 octobre 1940.

Le mardi 13 août, le Maréchal évoque, en effet, « l'épuration de nos administrations, parmi lesquelles se sont glissés trop de Français de fraîche date » ; le 9 novembre, annonçant le message du lendemain, il parle, en les liant à l'« effort d'assainissement et de reconstruction », de « la révision des naturalisations, [de] la loi sur l'accès à certaines professions, [de] la dissolution des sociétés secrètes [et de] la répression de l'alcoolisme ».

Qu'il y ait eu tentation d'aller plus loin, c'est certain puisque, et nous le savons grâce au précieux travail de Jean-Claude Barbas [1], une note manuscrite jointe à l'un des deux projets du message du 10 octobre [2] prévoyait que soient annoncés, avec la dissolution des partis politiques, l'exclusion des francs-maçons de « l'administration française » et le statut des juifs qui cesseraient alors d'être citoyens pour devenir sujets.

Sur la note manuscrite, retrouvée par Jean-Claude Barbas, les *six lignes du projet concernant les juifs sont rayées*. En marge, cette annotation non identifiée mais d'un évident intérêt : « *Pas encore, le pays n'est pas antisémite et Paris se contente* [Paris, est-ce les Allemands ou les journaux parisiens de la collaboration ?] *de mesures contre avocats et médecins juifs.* »

Donc Pétain ne se trouverait pas directement mêlé à l'élaboration de ce Statut des juifs qui porte, évidemment, sa signature...

Que Pétain ait eu bon nombre d'amis juifs, qu'hostile aux francs-maçons il n'ait personnellement pas été antisémite, il faut l'écrire, mais il faut écrire également qu'il se montrera en apparence insensible — ou peu sensible — à toutes les lettres qui lui seront adressées par des juifs

---

bés, il ne saurait y avoir de fraternité véritable qu'à l'intérieur de ces groupes naturels que sont la famille, la cité, la Patrie. »

1. *Philippe Pétain, Discours aux Français* (textes établis, présentés et commentés par Jean-Claude Barbas).

2. Ils datent respectivement du 8 et du 20 septembre. Le premier, rédigé par Yves Bouthillier ; sur le second, des initiales M.C. Le Maréchal a corrigé et annoté les deux projets.

dont beaucoup parlaient des combats de 1914-1918, parlaient de Verdun ; par des enfants qui, comme tous les enfants ayant chanté « Maréchal nous voilà », se tournaient vers lui comme vers un grand-père ; par certains de ses familiers qu'effrayaient les conséquences humaines et morales de lois qui devaient conduire au pire, en justifiant légalement le pire, voilà qui blesse et choque.

Je reviendrai dans le deuxième volume de cette œuvre, qui s'intitulera *Les Fractures de l'automne*, sur ce point douloureux. Il n'était cependant pas possible de le passer sous silence.

## Raphaël Alibert, seul coupable ?

Si à l'origine de la loi du 3 octobre on ne trouve pas Pétain, alors qui ?

Tous s'accordent pour désigner Alibert. Dans *Le Temps des illusions*[1], Du Moulin de Labarthète est formel : « Les premiers actes du gouvernement s'inspiraient de ce rêve [celui des hommes meurtris]. Santé physique : répression de l'alcoolisme, organisation des camps de jeunesse, restauration des sports, compagnonnage. Santé morale : “promotion” du père de famille, législation restrictive du divorce. Il n'était pas jusqu'à l'élimination des corps étrangers qui n'apparût, par le retrait des nationalisations hâtives, comme l'une des plus sûres recettes de cette prophylaxie nationale. *Le malheur fut que l'on alla trop loin et que, “Raphaël peignant à la fresque” — ainsi désignait-on le goût d'Alibert pour les trop larges ensembles —, le gouvernement se crut invité à prendre certaines nausées de l'opinion pour un encouragement à l'antisémitisme. Le premier statut des juifs fut bâclé. Mais nul, sauf peut-être le Maréchal, ne s'avisait d'en pressentir déjà les lointaines conséquences.* [...] *Cette* loi [du 3 octobre] *semblait prendre ses consignes de l'étranger, de l'ennemi*[2]. Elle amorçait, d'écrémages en *numeri clausi*, une stérilisation de certaines professions, que les juristes de l'ancienne France n'auraient jamais faite. »

Alibert pour Du Moulin.

Alibert pour Font-Réault, maître des requêtes au Conseil d'État et son

1. P. 39.
2. Souligné intentionnellement.

plus proche collaborateur, selon lequel son patron « a rédigé les principales lois politiques émanant du ministère de la Justice[1] ».

Alibert pour Pomaret, ministre de l'Intérieur, puis du Travail du premier gouvernement Pétain : « ... Il n'a pas attendu les ordres allemands, il est allé au-devant d'eux. Il a satisfait par avance à des demandes qui n'étaient pas encore formulées. Sa passion politique l'aveuglait[2]. »

Alibert pour le maréchal Pétain, répondant, le 1er juillet 1945, au magistrat qui l'interroge :

— Alibert me faisait l'effet d'un excité qu'il ne fallait pas exciter davantage.

— Si c'était un excité, comment se fait-il que vous l'ayez pris à votre cabinet en mai 1940 ?

— Il fallait vraiment que je n'aie pas trouvé mieux. Et je reconnais que si, plus tard, il est devenu garde des Sceaux, c'était la dernière des choses à faire.

Alibert encore pour Xavier Vallat, premier commissaire aux Questions juives.

Alibert pour la Haute Cour de justice qui le condamnera à mort par contumace le 7 mars 1947[3] ; « considérant qu'il a... introduit en France la législation raciale, conforme aux principes hitlériens[4] ».

Alibert pour les témoins.

Alibert pour les historiens : pour Aron, pour Klarsfeld, pour Marrus et Paxton, pour Kaspi.

Sans doute, mais Raphaël Alibert, dont son fils Jacques[5] me dira : « C'était un mélange de chouan, de moine et de disciple de Joseph de Maistre. Il eût été parfaitement heureux au XIIIe siècle, je le vois bien en légiste de Saint Louis... », rejettera la responsabilité sur Peyrouton qui, ministre de l'Intérieur, aurait, en Conseil des ministres, déclaré « à l'improviste » que, « les agissements des juifs étant de nature à causer des difficultés, il convenait de prendre des mesures à leur égard ».

Toujours selon Raphaël Alibert, Peyrouton aurait demandé à son collègue « la définition du juif, donnée par la législation étrangère [alle-

1. Alibert avait été nommé ministre de la Justice, garde des Sceaux le 13 juillet 1940.

2. *Bordeaux 40 ou Bazaine II.*

3. En exil dans une Trappe belge, Raphaël Alibert devait mourir en juin 1963, âgé de soixante-seize ans.

4. La Haute Cour ne découvrira aucun contact entre Alibert et l'occupant.

5. M. Jacques Alibert m'a permis de consulter des textes écrits par son père qui souhaitait ainsi réfuter les accusations de la Haute Cour.

mande évidemment] » et, cette législation en main, aurait « seul rédigé la loi portant statut des juifs ».

Lors de sa déposition au procès Pétain — une prodigieuse partie de cache-cache des hommes avec leurs responsabilités — Peyrouton se contenta de répondre d'une phrase sèche, à l'instant où seront évoquées les lois raciales : « Je n'y suis pour rien[1]... »

Mais si tous s'accordent pour rejeter la faute sur Alibert, faisons encore remarquer que le maréchal Pétain, « séduit depuis 1936[2] par le savoir d'Alibert, la clarté de ses exposés et la rigueur de ses raisonnements », l'a consulté avant la guerre sur toutes les questions d'ordre juridique.

Le Maréchal, après en avoir fait son directeur de cabinet lorsque, à l'appel de Reynaud, il était arrivé d'Espagne, le nommera, le 16 juin, sous-secrétaire d'État à la présidence du Conseil, avant, le 13 juillet, d'en faire son ministre de la Justice. Et chaque jour, jusqu'à la fin de l'année 1940, il le recevra à sa table. Aucun autre ministre ne bénéficiera de ce constant privilège.

Faisons également remarquer que, le 18 octobre 1940, Jacques Guérard — du cabinet de Baudouin, ministre des Affaires étrangères — adresse à Gaston Henri Haye, ambassadeur français à Washington, un télégramme indiquant les arguments dont ses services « pourront faire état pour expliquer *les raisons du gouvernement* » ; le nombre des juifs : « À partir de 1936, profitant de l'influence prépondérante de l'élément israélite au sein du Front populaire, ils sont entrés par centaines de mille » ; leur « mentalité très particulière [qui] en a porté un grand nombre à s'attaquer à toutes les notions dont [...] les Français ne s'étaient jamais écartés ».

« Nous avons ainsi été amenés à la conviction, poursuit Guérard, qu'une des conditions du relèvement national était l'éloignement des israélites d'un certain nombre de carrières qui leur permettent d'exercer sur nos administrations, sur l'opinion publique et sur la jeunesse une influence qui a été reconnue comme néfaste.

« Aucun esprit de représailles n'a inspiré la loi qui vient d'être promulguée », achevait Guérard[3]...

Ce ne pouvait être l'avis du grand rabbin de France, Isaïe Schwartz,

---

1. Dans son manuscrit en défense Alibert écrira que Peyrouton, « radical-socialiste, franc-maçon notoire, gendre de Malvy », avait recommencé dans le gouvernement « la manœuvre du cheval de Troie ».

2. Il lui avait été présenté par Lémery.

3. *Cf.* André Kaspi, *Les Juifs pendant l'Occupation*, p. 61-62.

qui protesta, le 10 octobre [1], contre une discrimination « contraire aux règles du droit public international, aussi bien qu'à l'idéal de civilisation que notre pays représente dans la plus grande France et dans le monde entier ».

Ce ne pouvait être l'avis du grand rabbin de Paris, Julien Weil, qui fit part, le 23 octobre, au maréchal Pétain de la « douloureuse émotion » de la communauté israélite de Paris. Fait remarquable, le grand rabbin Weil après avoir écrit que, d'après les données de l'anthropologie, il n'y avait pas de race « juive », et que l'exécution de la loi n'était possible qu'« en se plaçant, comme le fait l'ordonnance allemande, sur le terrain religieux », ajoutait ces mots :

« Quelles que soient les rigueurs de la loi nouvelle, je vous prie de croire, Monsieur le Maréchal, que les citoyens français de religion juive restent fidèlement attachés à leur patrie. Ils savent que, si la France a été battue par les armes, aucune force humaine n'a pu et ne pourra jamais avoir raison de son âme noble et chevaleresque. La France doit se relever et nous sommes unanimes à donner notre entier concours, malgré l'état d'infériorité où nous sommes réduits... »

Du Maréchal, il ne reçut, le 12 novembre, qu'une réponse ambiguë. Après avoir rappelé que « l'obéissance à la loi [était] un des principes essentiels de tout État et une des conditions indispensables au redressement de la France », le Maréchal ajoutait qu'il « faisait appel au dévouement et, si besoin, à l'esprit de sacrifice de tous [ses] concitoyens, dans quelques conditions qu'ils se trouvent placés », avant de terminer sur cette phrase qui ne correspondait vraisemblablement pas aux sentiments du grand rabbin Julien Weil : « Je suis heureux de constater que vous êtes animé de ces mêmes sentiments et je vous remercie de les avoir exprimés. »

Il se peut toutefois que ces mots aient contribué à entretenir une confusion qui mettra assez longtemps à se dissiper. Lorsqu'ils protestent — et ce sera particulièrement lisible dans la résolution du Consistoire central du 25 mai 1941 —, les « Français israélites » veulent croire — et l'écrivent — que « les persécutions dont ils sont l'objet sont *entièrement* [2] imposées par les autorités occupantes et que les représentants de la France s'efforcent d'en atténuer au maximum les rigueurs [3] ».

Des mots qui étonnent de la part du Grand Rabbin, après la promulgation des décrets d'octobre 1940, comme ces mots : « Français, qui ne

1. Et qui envoie une nouvelle protestation le 22 octobre.
2. Souligné intentionnellement.
3. Cité par Maurice Moch et Alain Michel, *L'Étoile et la francisque*.

séparons pas le culte de nos pères de l'amour du sol natal, nous continuerons à respecter les lois de l'État » peuvent se comprendre, en 1940, à travers ce que Raul Hilberg écrit, dans *La Destruction des juifs d'Europe*[1], des deux caractéristiques essentielles du schéma de comportement des juifs consistant en une « alternance de supplique et de soumission. Ils espéraient que, d'une façon ou d'une autre, la pression allemande s'émousserait. Cet espoir se fondait sur deux mille ans d'expérience ».

« La pression allemande » n'ayant fait que croître, les victimes, par millions, s'étant ajoutées aux victimes, la leçon « vieille de deux mille ans » selon laquelle « pour survivre ils [les juifs] devaient se garder de résister » n'a plus aucun sens pour des hommes et des femmes qui, depuis la fin de la Seconde Guerre mondiale, ont compris que, par les armes — s'agissant d'Israël — ou par les médias, la meilleure façon de survivre était encore de résister.

Mais nous sommes en 1940. Quelles furent donc les réactions des non-juifs à ces lois antijuives d'octobre, auxquelles aujourd'hui il est fait si souvent référence parce qu'elles se trouvent effectivement à la genèse du drame, qu'elles sont mieux, beaucoup mieux connues de nous qu'elles ne l'étaient de nos parents ou de nos grands-parents ?

Il faut écrire la vérité.

Approuvées par la presse parisienne de la collaboration qui leur accordèrent des titres de première page, tout en les trouvant encore insuffisantes, elles n'émurent nullement une population aux multiples soucis, aux nombreuses angoisses. Selon Marrus et Paxton[2], seul un tiers des préfets y ont fait allusion dans leurs rapports[3]..., ce qui signifie que « les deux tiers des préfets ne trouvèrent rien à dire sur le sujet en 1940... *L'indifférence,* écrivent-ils, *semble avoir été l'attitude dominante*[4]. »

De cette indifférence, ou plus exactement de cette *non-prise de conscience,* j'ai trouvé confirmation dans le livre de Pierre Limagne, *Éphémérides de quatre années tragiques.*

Qui est Limagne ? Un journaliste estimé de tous ses confrères. Infor-

---

1. P. 896-897.
2. *Vichy et les juifs*, p. 28.
3. Selon Marrus et Paxton, 12 préfets auraient fait état de l'approbation de la population, 4 de sa désapprobation.
4. Souligné intentionnellement.

mateur politique au journal *La Croix* qui s'est replié à Limoges, hostile, dès le premier jour, au vainqueur, plus que réservé à l'égard du régime de Vichy dont la présence se manifeste « au marbre » par des censeurs aux observations stupides ou tatillonnes, prenant rapidement une part active à la Résistance, Limagne a décidé *de tout écrire, de tout noter*, jour après jour, à partir du 1er juillet 1940.

Le « tout » de Limagne représente trois volumes totalisant 2 200 pages, des pages — ce qui est rare — de 56 à 57 lignes. Journaliste, Limagne possède naturellement — et malgré les obstacles que l'on imagine — des informations inconnues du grand public.

En temps de guerre et d'occupation, une interdiction émanant de la censure est une information ; les « bruits » et rumeurs qui, de Vichy, arrivent jusqu'à Limoges sont des informations ; les démentis que le lecteur ne connaîtra jamais en sont également...

Limagne rapporte chaque jour, à travers communiqués anglais — ils sont publiés dans la presse de zone non occupée — et communiqués allemands, l'évolution d'une guerre qui, de juillet 1940 à la fin de l'année, se déroule dans les airs et sur le front albanais où les Grecs tiennent en échec les Italiens.

Limagne suit également les événements diplomatiques, mais comment ne s'intéresserait-il pas prioritairement aux problèmes de la France *non occupée* ? Le lisant, on découvre alors combien — je l'ai trop rapidement signalé [1] — l'existence de ce petit morceau de France fut menacée après Mers el-Kébir, les Allemands prétendant alors, on l'a vu, s'installer dans huit bases de notre Afrique du Nord.

La « zone libre » sera-t-elle envahie ? Pétain résistera-t-il à Laval et aux furieux de Paris qui doivent avoir, aux yeux des Allemands, la réalité du pouvoir ? Limagne se pose à de nombreuses reprises la question, comme on se la posait autour de lui.

« Contrairement à ce que l'on avait prévu, nous sommes encore en “liberté”. L'occupation du sud-est de la France n'est pas encore pour cette fois-ci », note-t-il le 17 septembre 1940 et, le 14 novembre : « On parle à nouveau d'invasion de la zone “libre” mais, cette fois, sans y croire beaucoup. »

Dans les jours qui suivent le renvoi par Pétain de Pierre Laval — 13 décembre 1940 —, Limagne enregistre « pas mal de mouvements de troupes allemandes en bordure de la zone occupée [2] ». Le 6 janvier, après

1. *Cf.* chapitre 11, « Vichy et le canon de Mers el-Kébir ».
2. Le 27 décembre.

avoir écrit[1] qu'il était « impossible d'avoir confirmation du bruit d'appareillage de la Flotte pour l'Afrique », il revient sur la menace allemande : « On a beaucoup redouté ces jours-ci une invasion de la zone libre. »

Et le problème juif ?

Du 1er juillet au 31 décembre 1940, Limagne, qui est, je le souligne, un très honnête et bon Français, lui consacre *moins de vingt lignes sur trois mille sept cents.* Ce n'est pas beaucoup, mais cette vérité de 1940 a plus de valeur que toutes les vérités post-fabriquées.

Deux lignes le 11 septembre à l'occasion de la loi réglementant l'accès au barreau ; une ligne pour évoquer le refus allemand de laisser les étrangers, les juifs, les « gens de couleur », pénétrer en zone occupée.

Limagne se contente-t-il cependant d'enregistrer sans commenter ? Non, en quelques occasions il laisse percer sentiment, émotion. Le 12 septembre 1940, il indique que la censure n'a pas arrêté un papier dans lequel il écrivait que l'on ne reconstruirait pas la France « en brisant — comme cela s'était fait à Paris, en juillet — les vitrines des commerçants présumés juifs » ; le 17 octobre il écrit : « *Nous avons maintenant un statut des juifs !!!* » — et les points d'exclamation valent points d'indignation.

Deux notations encore, l'une d'une ligne, le 10 novembre : « L'*Osservatore Romano* a flétri les mesures antisémites prises par nos dirigeants » ; l'autre de deux lignes, le 29 novembre : « Vichy impose à toute la presse la signature d'une odieuse déclaration, en vue de s'assurer de l'origine non sémite des rédacteurs de journaux. »

Il faudra attendre le 13 mai 1941 pour que Limagne, journaliste, chrétien, résistant en esprit — ait, à propos de l'exaspérante inquisition concernant les origines raciales des journalistes de *La Croix*, cette remarque forte : « Une fois encore nous préciserons que nul, parmi nous, n'est juif ; les indiscrets seront obligés de se déclarer satisfaits et n'auront pas lieu de l'être *puisque le "Patron" est juif et que nous imprimons sur chaque numéro du journal, à la place d'honneur, l'image de son corps cloué sur une croix supportant l'étiquette "Jésus de Nazareth, roi des Juifs"*[2]. »

1. Le 28 décembre.
2. Souligné intentionnellement.
Pendant de très longues années, un crucifix figurait effectivement, en première page, « à la place d'honneur » du journal *La Croix*.

# 13.

## UN GÉNÉRAL DE QUARANTE-NEUF ANS

*Être grand ce n'est ne guerroyer point sans grande cause, mais c'est trouver grande cause dans un fétu dès que ce qui est en jeu c'est l'honneur.*

Shakespeare — *Hamlet*

Nous connaissons trop bien le de Gaulle des années de victoires et de règne pour ne pas avoir oublié le solitaire de juin 1940.

Regardons-le dans l'avion du général Spears qui l'arrache au désordre, aux intrigues et aux tristesses de Bordeaux. Spears l'emmène, faute d'avoir pu convaincre Reynaud, Mandel, Herriot, Jeanneney, ou quelques autres de ces hommes politiques dont il croit encore — et Churchill le croira — qu'ils pourraient avoir une influence sur un peuple français qui s'était détourné pour un temps, sinon pour longtemps, de la politique et des politiciens.

Avec lui un seul compagnon : le lieutenant Geoffroy de Courcel qui appartient à l'armée française de Syrie, mais qui se trouvait en permission lorsque, scellant ainsi son destin, l'état-major de Weygand l'a désigné, le 6 juin, comme officier d'état-major du nouveau sous-secrétaire d'État à la Guerre.

Pour viatique, les 100 000 francs pris sur les fonds secrets — 18 millions — que Dominique Leca lui a remis le 16 juin avec l'accord de Paul Reynaud, qui n'est cependant plus président du Conseil[1].

La clef du petit appartement de Seamore Place, loué par Jean Laurent, l'un de ses collaborateurs. Un pantalon de rechange. Quatre chemises. Et une photo de famille.

Rien ? Il l'écrit dans ses *Mémoires de guerre.* Il n'écrit pas « Je n'avais rien » en faisant allusion à la modestie de son bagage, mais « Je n'étais rien au départ », et poursuit par ces mots, longtemps incompris des Anglais, des Américains, de ses proches eux-mêmes, alors qu'ils étaient la clef du personnage : « Mais ce dénuement même me traçait une ligne de conduite. »

Ceux qui plaindront sa solitude, aussi bien que ceux qui s'en gausseront, n'ont pas compris que, le privant de concurrents redoutables qui l'auraient relégué, elle était sa force dès l'instant où, ayant l'orgueil de l'assumer, il s'en servirait pour modifier, aux yeux du monde, la détestable image de la France tombée, et pour faire évoluer lentement ces Français qui rêvaient d'une complicité secrète[2] entre les deux hommes, plutôt que d'un combat sans merci.

« Je n'étais rien »..., mais il porte en lui son avenir.

Tout ce qu'il va dire à partir du 18 juin, tous ces mots, tous ces discours, toutes ces prises de position qui, aujourd'hui, nous paraissent naturels et presque banals, étaient *extraordinaires* si on les replace dans le contexte d'une défaite torrentielle qui, à presque tous, semblait devoir être sans recours.

1. Dominique Leca écrit : « Je puisai sans hésiter dans les 18 millions les 100 000 francs demandés. Était-ce régulier, je m'en moquais bien. La seule chose que je regrette, aujourd'hui encore, est que la demande n'ait pas été plus considérable. J'eusse consenti au centuple avec la même spontanéité. » Leca ajoute que Paul Reynaud, informé, ratifia la subvention, et décida que les fonds secrets ne seraient pas remis intégralement au gouvernement mais qu'un « partage » serait effectué *(La Rupture de 1940).*

2. Dans le sondage IFOP pour le *Figaro Magazine* (sondage SOFRES) publié en mai 1980, 59 % des personnes interrogées répondaient qu'une entente secrète entre le maréchal Pétain et le général de Gaulle aurait été souhaitable contre 16 % qui étaient d'un avis contraire (25 % de sans opinion). Chez les 50 à 64 ans, il y avait 67 % d'opinions favorables, 63 % chez les 65 ans et plus, ces deux catégories d'âge représentant des personnes ayant vécu les événements.

## De Gaulle : le style, la passion et l'orgueil

Que porte-t-il donc en lui qui le fait différent des autres ?

La passion d'une histoire élargie aux dimensions du monde, dont il est l'un des seuls à avoir compris qu'elle n'était plus alors, et ne serait plus jamais, celle de sa rêveuse enfance marquée par 1870 ; de son âge mûr marqué par les sacrifices de la Grande Guerre ; la maîtrise de l'écriture acquise chez les meilleurs Français et dont il se servira avec intelligence et habileté auprès d'un peuple toujours sensible aux vertus du grand style ; l'orgueil. Loustaunau-Lacau qui, comme de Gaulle, avait servi sous Pétain, Loustaunau-Lacau qui sera résistant, déporté, qui, témoin au procès Pétain, lâchera ses quatre vérités [1] aux magistrats et aux jurés, Loustaunau-Lacau rappellera à de Gaulle dans une lettre ouverte [2] cette phrase du Maréchal prononcée à Toulon, devant un groupe d'officiers : « J'interdis que l'on dise devant moi que de Gaulle est un traître, c'est un orgueilleux », orgueil qui ancrera en lui un grand nombre de certitudes. Enfin, la jeunesse, cette jeunesse, « à quarante-neuf ans, j'entrais dans l'aventure », qu'il opposera, on ne l'a peut-être pas assez remarqué, mais ce sera rapidement l'un de ses arguments majeurs, à la « sénilité » des hommes de Vichy.

Historien qui se penche sur la mappemonde dès l'appel du 18 juin. « Car la France n'est pas seule ! Elle n'est pas seule ! Elle n'est pas seule ! Elle a un vaste Empire derrière elle. Elle peut faire bloc avec l'Empire britannique qui tient la mer et continue la lutte. Elle peut, comme l'Angleterre, utiliser sans limites l'immense industrie des États-Unis. Cette guerre n'est pas limitée au territoire malheureux de notre pays. *Cette guerre n'est pas tranchée par la bataille de France. Cette guerre est une guerre mondiale* [3]. »

---

1. « Je ne dois rien au Maréchal [qui ne s'était nullement manifesté lorsqu'il avait été arrêté par la Gestapo] ; mais cela ne m'empêche pas d'être écœuré par le spectacle de ceux qui, dans cette salle, essaient de refiler à un vieillard presque centenaire l'ardoise de toutes leurs erreurs. »
2. On la trouvera notamment dans *Légendes et Histoire* de Louis de Fouquières.
3. En annexe, on trouvera l'Appel du 18 juin, ainsi que six discours du général de Gaulle.

Encore quatre jours et, le 22 juin, de Gaulle avance des chiffres de rêve pour les vaincus de mai 1940 : « Les mêmes conditions qui nous ont fait battre par 5 000 avions et 6 000 chars peuvent donner la victoire par 20 000 chars et 20 000 avions. » Ils peuvent paraître ambitieusement ridicules, ces chiffres, lorsque l'Angleterre ne dispose plus, sur son territoire, que de 324 chars légers, 72 chars moyens et 32 chars lourds ; ils seront considérablement dépassés, le 6 juin 1944, lorsque les alliés débarqueront en Normandie.

Quatre jours seulement entre l'appel du 18 juin et ce 22 juin où il ajoute ces mots, qui valent pour les États-Unis toujours neutres, et pour l'URSS, alliée de l'Allemagne : « *Nul ne peut prévoir si les peuples qui sont neutres aujourd'hui le resteront demain, ni si les alliés de l'Allemagne resteront toujours ses alliés*[1]. »

Sans doute, ce qu'il affirme le 18 juin, ce qu'il ne cessera d'affirmer, jusqu'à l'instant où éclateront les évidences, l'a-t-il dit à Weygand, à Reynaud dans les premiers jours de juin. Sans être entendu, tant étaient grands les malheurs qui empêchaient les meilleurs esprits de voir plus loin que l'immédiate défaite, mais c'est désormais par la magie de l'écriture, qu'il a lente, appliquée, travaillée mais souveraine, qu'il va passer de la conversation, des échanges avec Weygand et Reynaud, aux discours aux Français.

Sur de petits carnets il a, par le passé, noté les citations des auteurs qu'il aimait. Collectionneur de citations qu'il épingle dans ses carnets de prisonnier de guerre qui sont ses boîtes aux papillons. Entre tous les siècles, il préfère le XVIII<sup>e</sup> et le XIX<sup>e</sup>. Entre tous les écrivains, les moralistes : Vauvenargues, Chamfort. Et c'est en 1917 qu'il a recopié cette phrase de Chamfort dont il se souviendra pour la citer à plusieurs reprises pendant la guerre : « Les raisonnables ont duré, les passionnés ont vécu. » Mais l'écrivain de son cœur demeure Chateaubriand. Ses carnets sont remplis de citations de Chateaubriand. Il ne prend pas la peine de recopier la signature, se contentant des deux premières lettres *Ch ; Ch ; Ch* répétées plusieurs fois par page, et page après page.

De Chateaubriand, de Gaulle aime les images contrastées, le rythme ternaire, chaque adjectif appelant deux adjectifs, procédé d'orateur plus que d'écrivain, les métaphores de l'arbre courbé mais non rompu par le grand vent, de la longue route vers les sommets, de la tempête, des tempêtes, ces tempêtes qui tiendront une si grande place dans les discours londoniens.

Son style est déjà formé lorsqu'il aborde la grande aventure de 1940, et

1. Souligné intentionnellement.

l'on sait bien que sa première grande querelle avec Pétain a été querelle d'écrivain. Le Maréchal qui, d'éclatante façon, avait protégé sa carrière, lui avait demandé, en 1925, de rédiger avec lui — *sous* lui [1] serait plus exact — un livre qui rendrait hommage au soldat français de tous les temps, et les deux hommes allaient échanger, entre le 20 mars 1925 et le 7 octobre 1938 — longue période, on en conviendra — des lettres qui prendront, lorsqu'elles seront signées de Gaulle, un ton de plus en plus agressivement et habilement revendicatif, lorsqu'elles seront signées Pétain, un ton paternellement — de père du régiment — grognon.

Pour avoir un exemple de la conscience que de Gaulle a déjà de son « génie » littéraire, il faut lire cet extrait de la lettre du 23 janvier 1928, lettre qui touche à l'essentiel puisque de Gaulle, s'il accepte de voir Pétain signer *son* travail, refuse catégoriquement que d'autres « plumes » soient associées à la sienne comme le souhaitait le Maréchal, qui avait demandé au colonel Audet de « revoir » le manuscrit, façon d'agir dont le commandant de Gaulle, dans une lettre au colonel Audet [2], disait qu'elle aurait pour résultat de « triturer [ses] idées, [sa] philosophie et [son] style ».

« Or, vous le savez, Monsieur le Maréchal, l'œuvre que je vous ai apportée n'est pas celle d'un rédacteur. [...] Vous avez discerné et de bons juges vous ont dit que ce travail est tout autre chose qu'un honorable exposé [...] on a reconnu dans ces chapitres — c'est vous qui me l'avez dit — "un sens de l'histoire, une compréhension philosophique, un éclat du style qui sont l'effet du talent". C'est pourquoi je vous demande, Monsieur le Maréchal, avec une respectueuse instance, de ne soumettre à aucune autre plume ce que je n'ai remis qu'à vous.

« Et, puisqu'il vaut mieux ne point quitter ce sujet qu'il ne soit épuisé, permettez-moi, Monsieur le Maréchal, à propos de notre collaboration, d'ajouter quelque chose d'essentiel [...]. Si, par dévouement à votre égard et par désir de donner à certaines idées, dans l'intérêt général, toute l'autorité de votre nom, *je consens de grand cœur* [3] à vous voir signer seul l'ouvrage, je ne puis renoncer à ce que j'y ai mis de moi-même. D'ailleurs, y renoncerais-je que *l'avenir se chargerait fatalement* [3] de remettre les choses en place. Ce tour de la pensée et du style qui se trouvent dans *Le Soldat, certains le connaissent déjà* [3]. Par la force des choses, d'autres le découvriront plus tard. D'autre part, si le

---

1. « Votre travail, lui écrira-t-il, en 1935, fut fait aux heures de bureau : il avait donc le caractère d'un travail d'état-major. Il m'appartenait puisque j'en avais commandé l'exécution et dirigé la rédaction. »
2. Lettre du 16 janvier 1928.
3. Souligné intentionnellement.

monde entier sait ce que vaut dans l'action et dans la réflexion le maréchal Pétain, mille renseignés connaissent sa répugnance à écrire. Pour répondre d'avance aux questions, pour fermer la bouche aux malveillants, *surtout pour être juste*[1], il est nécessaire, Monsieur le Maréchal, que vous fassiez *hautement*[1], dans une préface ou un avant-propos, *l'aveu*[1] de votre collaboration. Habile générosité qui assurera dans l'ordre littéraire, comme dans les autres, l'intégrité de votre gloire[2]. »

Le talent d'écriture, lorsque l'on est un très honorable suiveur, permet de passer pour un novateur.

Sur l'armée de métier, le général Estienne — grâce auquel l'armée française avait disposé, pour son offensive de 1918, de 3775 blindés, avait dit, en 1920, dans une conférence prononcée au Conservatoire des arts et métiers, tout ce qu'il fallait dire[3], et c'est chez lui — et non chez de Gaulle — que les Allemands auraient pu chercher leur inspiration, à condition qu'ils n'aient lu ni Buat, ni Laure, ni Doumenc, ni Fuller, ni Liddel Hart, ni l'Autrichien Von Eimannsberger.

Qu'y a-t-il entre Estienne et de Gaulle ? Un fossé : l'immense différence qui existe entre un exposé privé d'imagination, sans envolée, tous les mots à l'alignement, et un exercice de haute voltige littéraire autour d'une idée mise en valeur par le chatoiement et l'originalité de phrases et formules qui, s'il leur arrive de côtoyer la lapalissade[4], frappent toujours l'esprit.

---

1. Souligné intentionnellement.

2. Cette lettre comme toutes les lettres concernant « la querelle littéraire » a été publiée dans la revue en fascicules *En ce temps-là de Gaulle*.

3. Dans *Vers l'armée de métier*, le Français sera, par exemple « un laborieux nonchalant », un « jacobin qui crie "vive l'Empereur" » l'Allemand un oppresseur « qui veut être aimé, un chevalier du myosotis ».

4. « Quel formidable avantage stratégique et tactique prendrait sur les lourdes armées du récent passé 100 000 hommes capables de couvrir 80 kilomètres en une nuit, dans une direction quelconque. Il suffirait de 8 000 camions automobiles et de 4 000 chars montés par une troupe de 20 000 hommes. Voici d'abord les chars de rupture écrasant tous les obstacles ; les premières lignes sont rompues... et voici maintenant les rapides chars d'exploitation entrant en action pour achever la victoire. » Les Allemands ne mèneront pas une autre forme de guerre de septembre 1939 à novembre 1941 en Pologne, en Belgique, en France, dans les Balkans et jusque devant Moscou. Aux chars ils ont, il est vrai, ajouté les avions, en masses nombreuses, sans cesse déplacées, agissant comme une artillerie céleste, ce que n'avait pas prévu Estienne et ce que n'avait pas davantage prévu de Gaulle dans *Vers l'armée de métier*. En 1944, dans une réédition de ce livre parue, à Alger, neuf à dix lignes ajoutées tendront à faire croire que de Gaulle

Le style n'est pas seulement pour de Gaulle, ainsi que l'écrira Maurice Druon, « une façon d'assumer le grand héritage français », il lui permet de faire oublier ceux qui, avant lui, ont vu juste mais n'ont pas su trouver les mots pour le dire.

## « Mener les nations par les songes »

Chateaubriand, *Ch...*, *Ch...*, *Ch,...* lu, aimé, su par cœur.

En 1940 dans l'avion de Spears, n'aurait-il en mémoire qu'une phrase de *Ch*, ce serait : « Mener les nations par les songes. »

Comme il va s'y employer.

De quelques hommes il fait une armée.

Écoutez son discours du 13 juillet 1940 : « Je suis en mesure d'annoncer qu'il existe déjà sous mes ordres une force militaire appréciable, capable de combattre *à tout instant* sur terre, dans les airs et sur mer. »

De combien de soldats la France libre dispose-t-elle en Angleterre ? Pour l'armée de terre, de 1994, dont 101 officiers et 125 sous-officiers, la plupart venant de ces troupes qui ont lutté en Norvège avec le général Béthouart, pris Narvik, et qui, ramenées en Bretagne, se sont retrouvées en Angleterre après quelques jours — ou quelques heures — de lutte sur le sol français.

D'un fétu il fera une gerbe.

De trois aviateurs une aviation.

Écoutons ce discours du 23 juillet 1940 dans lequel il annonce à la France que « le 21 juillet, le combat a repris entre les forces françaises et l'ennemi. Il a repris dans les airs au-dessus du territoire allemand... ».

Combien d'avions, et pour quel raid ? Ceux qui, en France, encore rares, l'écoutent, sont libres d'imaginer. En réalité, ce sont trois aviateurs, le lieutenant pilote Raymond Roques, le lieutenant observateur André Jacob, le sergent-chef mitrailleur Marcel Morel qui ont participé chacun, avec un équipage britannique différent, à un bombardement au-dessus de la Rhur.

---

avait tout prévu en écrivant notamment qu'en frappant elle-même à vue « directement et profondément, l'aviation devient par excellence l'arme dont les effets foudroyants se combinent le mieux avec les vertus de rupture et d'exploitation des grandes unités mécanisées ». La phrase, dénoncée par Alfred Fabre-Luce comme une tricherie, devait être supprimée des éditions suivantes.

Pour le général de Gaulle en juin, juillet, août 1940 — et pendant d'autres mois de solitude encore — le nombre des soldats importe moins que le pouvoir multiplicateur du symbole.

Aux Français, humiliés dans leur armée vaincue, dispersée, captive, de Gaulle annonce qu'ils possèdent toujours une armée. Mille, dix mille, cent mille ? Quelle importance. Dans un temps d'immense ignorance, on prête aux mots : « force militaire appréciable » lancés, le 13 juillet, une valeur et une vertu qu'ils sont loin d'avoir.

Alors, utilisation équivoque par de Gaulle de figurants dont, comme au Châtelet, les faisant défiler deux ou trois fois, le nombre se trouverait artificiellement gonflé ? Non. Avant tout, acte de foi dans la vertu conquérante d'exemples qu'il importera d'amplifier grâce à une radio — il est heureux que la télévision n'ait pas existé, elle n'aurait pu montrer que des défilés squelettiques — qui se fera l'écho d'actes de guerre qui, en *temps normal*, n'auraient jamais été mentionnés.

Mais les Français ne vivent pas des temps normaux. Pour consoler leur deuil, l'exagération est un mensonge nécessaire.

De Gaulle l'a immédiatement compris.

Lorsque le 27 août 1940, trois cent soixantième jour de la guerre *mondiale* [il prononce à nouveau le mot et il a bien raison de le répéter car il est porteur d'espérance], il cite à l'ordre de l'Empire le territoire du Tchad qui s'est rallié en « *dépit d'une situation militaire et économique particulièrement dangereuse* », il ne peut expliquer, ce qu'il révélera dans ses *Mémoires de guerre*[1], que « fonctionnaires et commerçants français, ainsi que [les] chefs africains, ne pens[ai]ent pas sans inquiétude à ce que deviendrait la vie économique du Tchad si son débouché normal, le Nigeria britannique, se fermait à lui tout à coup ». La raison était venue au secours du courage, elle avait eu part à la décision. On ne pouvait l'avouer en août 1940.

Mener les nations par les songes...

Lorsqu'il arrive à Londres le 17 juin, les éditions spéciales des journaux annoncent :

FRANCE SURRENDERS.

Les mots lui font horreur et il est décidé à réagir dans l'instant.

Qu'il renonce à s'exprimer à la radio immédiatement, après un

1. Page 91.

premier entretien avec Churchill, c'est parce que les Britanniques, ayant mis à la disposition de Monick, de René Pleven et de Jean Monnet un hydravion de trente places — ce qui serait assez pour ramener en Angleterre des hommes politiques « représentatifs » devant lesquels il ne pourrait que s'effacer — attendent de connaître le résultat de la pêche miraculeuse espérée. Il sera décevant [1], on le sait, mais il faudra dix jours encore avant que Churchill et le cabinet de guerre britannique, ayant admis l'échec des tentatives de séduction effectuées à Bordeaux, et l'échec de Mandel au Maroc, ne « prennent le parti » — le mot est de De Gaulle, et il montre bien qu'il y a eu du côté anglais résignation plus qu'enthousiasme — de le reconnaître comme chef des Français libres.

Pour toujours mieux comprendre la réticence des Français « représentatifs » à rejoindre l'Angleterre ; les craintes du gouvernement du maréchal Pétain de voir les Anglais utiliser nos territoires ou nos vaisseaux comme une « monnaie d'échange » et pour prendre la mesure du péril que courait alors la Grande-Bretagne, il n'est pas inintéressant de lire ce qu'au temps des *Mémoires de guerre*, c'est-à-dire en 1954, de Gaulle a écrit sur les « tractations délicates » que menèrent, pour aboutir à l'accord du 13 août, du côté britannique, M. Strang, et du côté de la France libre le professeur René Cassin.

« Envisageant, d'une part l'hypothèse où les vicissitudes de la guerre amèneraient *l'Angleterre à une paix de compromis* [2], considérant, d'autre part, que les Britanniques pourraient, d'aventure, être tentés par telle ou telle de nos possessions d'outre-mer, j'insistai pour que la Grande-Bretagne garantît le rétablissement des frontières entre la métropole et l'Empire français. Les Anglais acceptèrent finalement de promettre la restauration intégrale de l'indépendance et de la grandeur de la France, *mais sans engagement relatif à l'intégrité de nos territoires* [2]. »

## « Moi, général de Gaulle »

Entre le 18 et le 28 juin, de Gaulle n'est pas resté « l'arme au pied », puisqu'il a accès à la BBC où, tout d'abord, il se contente de lire sans

1. De Bordeaux ne partiront avec Pleven et Monnet que Mme Pleven et ses enfants, ainsi que Henri et Hellé Bonnet.
2. Souligné intentionnellement.

passion apparente un texte, dont il détache systématiquement chaque phrase et presque chaque mot, mais dont il apprendra rapidement à se servir, jouant des mots en grand artiste, assourdissant l'un, claironnant l'autre, faisant siffler les voyelles méprisantes, ne prononçant jamais : « France », « Français », sans faire trembler d'émotion et d'orgueil ceux qui l'écoutent, il parlera les 18, 19, 22, 24, 26 et 28 juin, six fois donc, avant la reconnaissance formelle par les Britanniques de son mouvement.

A-t-on assez prêté attention à l'extrême personnalisation de ses discours ?

Le 18 juin 1940 : « *Moi, général de Gaulle*[1], actuellement à Londres, j'invite les officiers et soldats français qui se trouvent en territoire britannique ou qui viendraient à s'y trouver, avec leurs armes ou sans leurs armes, j'invite les ingénieurs et les ouvriers spécialistes des usines d'armement qui se trouvent en territoire britannique ou qui viendraient à s'y trouver, *à se mettre en rapport avec moi*[1]. »

Le 19 juin : « Devant la confusion des âmes françaises, devant la liquéfaction d'un gouvernement tombé sous la servitude ennemie, devant l'impossibilité de faire jouer nos institutions, *moi, général de Gaulle, soldat et chef français, j'ai conscience de parler au nom de la France*[1]. »

Le 22 juin, dans ce discours si important au cours duquel il dégage, contre l'armistice, les trois idées-forces : l'honneur, le bon sens, l'intérêt supérieur de la Patrie, qui justifient « de grouper partout où cela se peut, une force française aussi grande que possible ». « *Moi, général de Gaulle, j'entreprends ici, en Angleterre, cette tâche nationale*[1]. »

Le 24 juin, l'armistice avec l'Allemagne ayant été signé : « *Ce soir, je dirai simplement, parce qu'il faut que quelqu'un le dise, quelle honte, quelle révolte se lèvent dans le cœurs des bons Français*[1]. »

Le 26 juin enfin, le maréchal Pétain ayant, la veille, expliqué aux Français les motifs des deux armistices, il lui réplique : « Hier, j'ai entendu votre voix que je connais bien », il critique ses choix militaires de l'après-guerre et, se plaçant à sa hauteur, se pose en concurrent pour la possession des âmes françaises.

---

1. Souligné intentionnellement.

Lorsque le 28 juin Churchill reconnaît de Gaulle comme chef de tous les Français libres [1] il l'est déjà, en vérité, puisque, le général Noguès, à qui il avait télégraphié le 19 juin qu'il se tenait « à [sa] disposition, soit pour combattre sous [ses] ordres, soit pour toute démarche qui pourrait [lui] paraître utile » n'ayant pas répondu, il n'a jamais réitéré sa proposition. Il offrait la place, « sa » place, depuis la veille, mais il en savait assez sur les réactions lentes et conformistes des militaires de haut rang ; son passage de quelques jours au gouvernement lui en avait suffisamment appris sur la médiocrité de tout le personnel politique, pour qu'il ne craigne pas de se voir concurrencer sur le terrain qu'il venait de choisir : celui de la rupture et de la solitude.

Témoignant, en mai 1978, au cours d'un colloque dont les travaux ont été publiés sous le titre *L'entourage et de Gaulle*, M. Geoffroy de Courcel, qui avait vécu auprès du général de Gaulle les douze jours pendant lesquels il avait été sous-secrétaire d'État à la Guerre ; qui, entre Bordeaux et Londres, le 17 juin, avait été son unique compagnon français, qui l'avait accompagné à la B.B.C. le 18, et connaissait bien les pensées d'un homme qu'il voyait chaque jour « naître » à une vie sans commune mesure avec sa vie passée, plaidera pour la *sincérité* de l'offre faite à Noguès mais aussi pour la *lucidité* du Général qui, « compte tenu de l'effondrement des élites », offrait un poste et des responsabilités dont il savait que nul ne se présenterait pour les occuper.

Qu'avait-il dit, en 1927, à l'occasion des trois conférences données à l'École supérieure de guerre, sous la présidence du maréchal Pétain ? « Face à l'événement, c'est à soi-même que recourt l'homme de caractère. Son mouvement est d'imposer à l'action sa marque, de la prendre à son compte, d'en faire son affaire... »

Treize ans plus tard, en lançant l'*Appel* du 18 Juin, il impose « à l'action sa marque », la « prend à son compte », en fait « son affaire ».

Qui a entendu *l'Appel* et les appels qui suivront, invitant « les officiers et les soldats français », les « ingénieurs et les ouvriers spécialistes des usines d'armement » qui se trouvaient en territoire britannique » (appel du 18 juin) puis « tous les Français qui veul[voulaient] rester libres » (discours du 22 juin) ? Dans la France du désordre du 18 juin et des

1. Avec tous les avantages que cela représente.

jours qui suivent, une France aux moyens de communication incertains ou rompus, véritablement peu de monde.

Maurice Schumann, qui se trouvait, le 18 juin, à Saint-Nazaire, et avait refusé de prendre le départ avec l'unité britannique auprès de laquelle il était détaché, écrit : « Le même soir, à Niort, j'avais eu le *rare* (il faut souligner le mot) privilège d'entendre la voix du général de Gaulle [1]. »

Ayant gagné Bordeaux, s'étant procuré auprès de Daniel Rops, éditeur de Charles de Gaulle, une lettre d'introduction, il part pour Saint-Jean-de-Luz où il embarquera à bord du *Batory*, en compagnie d'Albert Messiah, qui sera le premier Français à pénétrer en vainqueur à Berchtesgaden, en 1945.

« Rare privilège », cela signifie que bien peu ont entendu, dans un monde qui n'était pas — faut-il le répéter ? — celui du transistor et dans lequel, sur l'écoute hasardeuse de postes de TSF qui répétaient les mêmes effroyables nouvelles, l'emportaient les difficultés des heures de bataille, de retraite ou d'exode. Ayant entendu, disant avoir entendu, car il s'est établi des confusions entre l'appel du 18 et celui du 19, ou même celui du 21, Mendès France, qui se trouve à Bordeaux, chez l'un de ses cousins ; Étienne Hirsch, qui s'embarquera à La Pallice sur un charbonnier britannique, le commandant Georges-Benoît Guyod, qui, lui, note sur son journal : « 18 juin 1940... Réconfortant message du général de Gaulle à la B.B.C. Haut les cœurs ! Courage ! Espoir ! Rien n'est perdu ». Et, loin de France, des officiers, sur toutes les longueurs d'onde, à l'écoute de la tragédie française : le capitaine Randier, en poste à Douala ; le capitaine Droux et le docteur Marcotteau qui télégraphient à de Gaulle depuis l'Oubangui-Chari ont entendu, comme ces anciens combattants du Maroc qui, le 19 juin, adressent un télégramme « d'admiration » au Général.

Il y a ceux qui ont « entendu » l'*Appel*... infiniment moins nombreux qu'on ne l'a dit plus tard. Il y a ceux qui l'ont lu... et qui, pour la plupart, ont oublié que l'*Appel* diffusé, par le réseau Havas, grâce au journaliste Pierre Maillaud — futur Pierre Bourdan — alors en poste à Londres, avait été reproduit parfois intégralement, le plus souvent en quelques lignes, dans des journaux de la zone non encore atteinte par l'armée allemande, journaux réduits à une feuille et que l'on imagine lus et relus avec angoisse et passion par des millions de Français. Que les mots de

1. Maurice Schumann : *Une rare imprudence* (Flammarion).

de Gaulle n'aient retenu l'attention que de quelques-uns constitue une preuve supplémentaire de l'état d'abattement et de résignation du peuple comme de ses élites.

C'est en lisant *Le Petit Provençal* qui, le 19 juin, publie in extenso *l'Appel*, en première page, et sous le titre : « *Un appel du général de Gaule* » *(sic),* que Pierre Messmer, jeune lieutenant de l'armée de Terre, breveté « observateur » par l'armée de l'Air quelques semaines plus tôt, et Jean Simon, lieutenant d'infanterie coloniale, ont décidé non de partir pour l'Angleterre — ils y étaient bien décidés et cherchaient un embarquement à Marseille —, mais de partir pour l'Angleterre avec l'intention de rejoindre ce général dont ils ont, pour la première fois, lu le nom.

Il existe également des gaullistes « avant de Gaulle » à l'exemple de Christian Fouchet, qui, dans une atmosphère de fin du monde, termine son stage d'aviateur à Bordeaux-Mérignac et s'envole pour l'Angleterre *le 17 au matin* en compagnie d'une vingtaine de pilotes tchèques, de huit jeunes Français et du capitaine Ottensooer ; à l'exemple du capitaine Pierre de Chevigné, révolté par le discours du maréchal Pétain, « s'évadant » le 17 juin de l'hôpital de Dax où il était en traitement après sa blessure de Rethel et réussissant à embarquer à Saint-Jean-de-Luz ; à l'exemple d'Hettier de Boislambert, mais lui connaît de Gaulle, puisque il a participé aux batailles de mai avec la 4e division cuirassée. Le 16 juin, Boislambert quittera Brest. Avec lui, sur le *Guinean*, une vingtaine d'agents de liaison, qu'il a littéralement « arrachés » aux gendarmes français qui voulaient les obliger à rejoindre le camp de La Courtine. Avec lui également des aspirants : Julitte, Girard, Porgès, Saint-André, qui, bientôt, compteront parmi les premiers agents de renseignements de la France libre en zone occupée.

C'est la mer qui sera la grande alliée du gaullisme à ses débuts.

Elle apporte les cent trente-trois marins de l'île de Sein qui, faute d'électricité sur l'île, n'ont pas entendu l'*Appel*, mais qui, le 24 et le 26 juin, fuient, par la mer, ces Allemands dont on dit qu'ils emprisonnent tous les hommes de dix-huit à cinquante ans.

Arrivent ainsi des garçons qui, mourant jeunes, ne se feront pas un grand nom dans l'Histoire, mais dont il faut sauver la mémoire : Alain Taburet, débarque le 17 juin : il a dix-sept ans [1]. C'est l'âge de Jacques Duchêne qui, avec son frère Jean [2], a réussi à trouver une place sur un bananier en partance de Saint-Jean-de-Luz. René Hainaut qui arrive sur un chalutier belge avec sa mère et ses deux sœurs, a quinze ans ; Gérard

1. Il sera tué le 29 janvier 1945, près de Sélestat.
2. Leur père, chef de bataillon, a été tué pendant la bataille de France.

de Corville[1], seize ans et demi lorsqu'il quitte le port de Brest ; quant à Guy Pierrepont, quinze ans, qui arrive de Lille, un bateau de pêche l'a amené, le 19 juin, dans un port anglais.

Après avoir rappelé le départ pour l'Afrique du Nord de la majorité des marins, chasseurs et légionnaires, ulcérés par Mers el-Kébir, influencés par leurs officiers[2], Pierre Messmer[3] écrit : « Presque tous les volontaires de la France libre sont jeunes, donc sans grade ou de grade subalterne. »

Les volontaires sont jeunes. Et de Gaulle a quarante-neuf ans.

Alors qu'à Vichy règne un homme aux quatre-vingt-quatre ans trompeurs, dont tous — et pas seulement les thuriféraires, les fidèles de l'église pétainiste — célèbrent l'extraordinaire santé, le pas de soixante-quinze centimètres, « la canne de compagnie et non de vieillard », l'excellent appétit, « l'allure digne et noble » — ces derniers mots sont de Camille Chautemps — le regard « simple et bon » — ceux-là sont de Léon Blum, en 1957 — et le voient entrer à Tulle, en 1942, « droit comme un jeune saint-cyrien[4] », de Gaulle va *immédiatement* s'employer à détruire l'image physique de Pétain, à lui donner plus que son âge !

Ses quarante-neuf ans se lancent à l'assaut des quatre-vingt-quatre ans du Maréchal. C'est le meurtre du père — étant entendu que ne seront pas épargnés les vieillards — les « hommes d'un autre temps » disait-il à Reynaud — qui entourent le Vieillard. Que Vichy ait été choisi pour siège du gouvernement lui est, dès le 3 août 1940, un argument facile : « Les vieillards qui se soignent à Vichy emploient leur temps et leur passion à faire condamner ceux qui sont coupables de continuer à combattre pour la France[5]. »

« Très vieux maréchal et vieux généraux vaincus », c'est dit le 12 août ; « très vieux maréchal », le mot revient deux fois dans le dis-

1. Il sera tué le 4 août 1944 à Rosporden (Finistère).

2. *Cf.* chapitre « Vichy et le canon de Mers el-Kébir ».

3. Compagnon de la Libération, Pierre Messmer s'était engagé peu après son arrivée en Angleterre dans la 13e demi-brigade de la Légion Étrangère dans les rangs de laquelle il combattra notamment à Bir-Hakeim. Il a publié ses *Mémoires* sous le titre *Après tant de batailles*.

4. Jacques Leroy Ladurie, *Mémoires* (Plon, 1997).

5. Il est vrai que le 2 août il a été condamné à mort par le tribunal militaire siégant à Clermont-Ferrand. Sa réaction est donc compréhensible.

cours du 22 août ; « vieillard de quatre-vingt-cinq ans », l'argument sera repris le 17 mai 1941, et l'image sera, si j'ose dire, portée à la perfection de l'écriture hostile dans ce discours du 18 juin 1941 qui commence par la mise en accusation de « l'équipe mixte du défaitisme et de la trahison », cloue au pilori « politiciens tarés, affairistes sans honneur, fonctionnaires arrivistes et mauvais généraux » pour en venir enfin à Pétain : « Un vieillard de quatre-vingt-quatre ans, triste enveloppe d'une gloire passée, [...] hissé sur le pavois de la défaite pour endosser la capitulation et tromper le peuple stupéfait. »

Analysez les adjectifs : ils sont faits pour tuer dans l'esprit des Français moins un régime — auquel, à la vérité, ils ne s'intéressent guère — que celui qui le dirige et va toujours de triomphe en triomphe dans les villes de la zone non occupée, triomphes dont de Gaulle, dans sa solitude londonienne, voit les images, perçoit l'écho.

Briser le phénomène Pétain, détruire le mythe, ce n'est pas si simple à réussir même chez les gaullistes qui, tous, ne vibrent pas au ton employé par le Général lorsqu'il condamne le Maréchal.

Il n'a pas été prêté grande attention au questionnaire adressé en janvier 1941 par le général de Gaulle à ceux — les meilleurs, les hommes des premiers jours difficiles : Leclerc, Muselier, Catroux, le gouverneur général Éboué, le médecin général Sicé, le professeur Cassin, le capitaine de vaisseau d'Argenlieu — qui forment le Conseil de défense de l'Empire.

« Dans la situation actuelle, leur était-il demandé — il s'agissait de la première question [1] — c'est-à-dire tant que Vichy accepte de vivre sous le régime de l'armistice et de la collaboration, estimez-vous que nous devons, en ce qui nous concerne, exclure toutes relations avec Vichy ? »

La question ne faisait aucune référence au maréchal Pétain. Or, sur les sept membres du Conseil de défense interrogés, trois parleront du Maréchal pour dire : « Notre devoir est de ne pas attaquer le maréchal Pétain », c'est l'opinion du général Catroux ; « Éviter de prendre à partie publiquement la personne du Maréchal », tel est l'avis du capitaine de vaisseau d'Argenlieu ; quant au professeur Cassin il recommande : « Pas d'attaques actuelles contre Pétain. » Cassin, qui a la charge d'établir une note de synthèse, conclura sur ces mots : « Il y a unanimité pour continuer à refuser d'admettre l'autorité de Vichy, *sans polémiques personnelles contre le Maréchal.* »

Quant à la radio de Londres, que l'on appelle aujourd'hui « gaullis-

1. Trois questions étaient posées. Je reviendrai dans le tome II sur cet intéressant questionnaire du 18 janvier 1941.

te », pour simplifier, alors qu'elle fut travaillée de courants contradictoires, mais fort heureusement ignorés des auditeurs, on peut l'entendre déclarer le 15 août 1940 — c'est Jacques Duchesne qui parle [1] : « Avant hier nous avons écouté le maréchal Pétain ; personnellement, je ne peux pas écouter le maréchal Pétain sans éprouver du respect et sans être naturellement ému. J'ai vu Pétain venir remonter le moral des troupes pendant la dernière guerre en 1917. Sa voix à la T.S.F. était évidemment la voix de l'honnêteté [2]... »

Le 10 décembre 1940, donc bien après Montoire, sera lue sur la B.B.C une lettre adressée par une Marseillaise au maréchal Pétain. Lettre anti-allemande, qui s'achève sur ces mots : « Nous restons confiants en nos amis (anglais), dans le général de Gaulle qui marchera la tête haute jusqu'au bout. Ayez aussi confiance, Maréchal, vous redeviendrez le seul et grand Maréchal de France. Celui que nous avions appris à aimer et à vénérer comme le héros de Verdun. Mais tenez ferme ! »

Ces lignes sont moins surprenantes que les mots par lesquels le commentateur de la France Libre les fait suivre... le 10 décembre 1940 : « Cette Française exprime simplement ce que nous pensons ici : elle respecte le Maréchal et elle souffre de voir le nom, la gloire du Maréchal mêlés aux tractations actuelles. »

Complexité des évolutions dans le camp « gaulliste ». Complexité des évolutions dans la presse clandestine. Ce n'est pas avant mai 1941 que les uns *((Libération)*, mai 1942 que les autres *(Combat)*, voire décembre 1942 *(Résistance)*, mettront, si l'on peut dire, Pétain, Laval et Darlan dans « le même sac ». Pour eux, il a longtemps été « le vieux soldat » à l'entourage « suspect » [3].

1. Si, à la B.B.C Maurice Schumann, dont des millions de Français se souviennent toujours, est le porte-parole quotidien du général de Gaulle, en revanche les commentateurs d'*Ici Londres*, Jacques Duchesne de son vrai nom Michel Saint-Denis (hostile à Vichy) favorable au Maréchal ; Oberlé (gaulliste), Pierre Bourdan (qui n'aime pas de Gaulle) sont d'opinions opposées.

2. Duchesne fait allusion au discours dans lequel, le 13 août, le Maréchal a mis en cause « de faux amis qui sont souvent de vrais ennemis [qui] ont entrepris de vous persuader que le gouvernement de Vichy, comme ils disent, ne pense pas à vous, ne fait rien pour vous, ne se soucie ni des besoins communs à l'ensemble de la population française, ni de ceux qui concernent nos compatriotes les plus éprouvés. » Cette allocution est, évidemment, une réponse aux discours du général de Gaulle.

3. Il y a des exceptions, c'est évident. C'est ainsi que *L'Homme libre*, qui paraît dès octobre 1940, clandestinement, en zone interdite, refuse de choisir entre « Pétain et

Dans son *Adieu, Monsieur le Maréchal*, publié le 18 mai 1941, le clandestin *Libération* a, sous la signature de François Berteval[1], des mots assez pathétiques : « En juillet 1940, nous vous avons fait confiance. Nous l'avons fait parce qu'après tous les politiciens sans scrupules qui avaient conduit la France à la défaite[2], vous représentiez tout de même une figure honnête, un de ces hommes qu'un chèque ou un poste honorifique ne suffisent pas pour acheter... »

Quant à la presse communiste — clandestine puisque les envoyés du Parti auprès de la Propagandastaffel ont été arrêtés par la police française avant la fin de tractations pouvant conduire à la reparution de l'*Humanité*[3] — en se privant, pendant six mois *au moins*[4], au nom du soutien au pacte germano-soviétique, d'attaquer Hitler et l'hitlérisme, elle se prive d'un argument capital contre Philippe Pétain et son gouvernement puisque *elle ne dénonce pas la collaboration.*

Le combat mené contre Pétain par le Parti communiste et sa presse ne diffère donc guère, par le ton et les arguments, du combat mené contre Blum, Daladier ou Reynaud. Sans doute est-il simplement moins violent, oui, un peu moins violent.

Plus tard, lorsque seront passées ces années chaudes de l'après-libération où beaucoup de vérités n'étaient bonnes ni à dire, ni à reconnaître, les communistes donneront un portrait assez fidèle de leurs positions au cours des six derniers mois de 1940 et ils accepteront cette idée neuve : l'évolution des sentiments.

---

Laval ». *L'Homme libre* a été fondé par les socialistes Van Wolput, Jean Lebas et Augustin Laurent.

1. Il s'agit d'un pseudonyme. Utilisé indifféremment par Christian Pineau, Jean Cavailles et Jean Texcier, hommes de gauche.

2. *Libération* du 18 mai 1941 dit : « adieu au Maréchal » à la suite du « honteux accord du 11 mai » conclu entre Darlan et le général Vogel, accord par lequel la France accorde aux Irakiens révoltés contre la Grande-Bretagne une aide en armes et munitions. Cette aide sera acheminée depuis la Syrie sous mandat français. Par ailleurs, autorisation est donnée à des appareils allemands d'utiliser les terrains syriens. En réaction, le 8 juin 1941, des forces anglo-gaullistes pénétront en Syrie.

3. Les communistes ont longtemps nié ces contacts avant d'admettre (en 1975) que la « démarche » avait été une « erreur ».

4. *Au moins...* Dans les seize consignes données par le Parti à l'occasion du 1er mai 1941, *pas une seule* ne concerne l'occupant allemand, dont le nom est rarement écrit avant le 22 juin 1941, date de l'invasion de l'URSS. Hitler était, pour *L'Humanité*, « M. Hitler ». Le 8 juillet 1941, il est devenu « chef de gangsters », « nouvel Attila ».

Dans le texte qui précède, ou encadre la publication[1] des numéros de *L'Humanité* clandestine, les commentateurs admettront « que le mythe du maréchal Pétain sauveur et protecteur » demeurait solide. Dans une situation qui paraissait irréversible au plus grande nombre, n'était-il pas « le seul capable d'obtenir du vainqueur concessions et ménagements qui permettent au pays de vivre » ?

Il était bien difficile d'ailleurs d'attaquer frontalement un chef de l'État auquel Virgile Barel : « ex-député des Alpes-Maritimes, détenu à la prison de Valence » et six autres députés communistes[2], internés par Daladier à la suite du pacte germano-soviétique, avaient, le 11 novembre, adressé une lettre dans laquelle, sans souffler mot de la collaboration, sans évoquer Montoire, ils se mettaient au service de la justice du Maréchal et réclamaient d'être entendus « comme témoins à charge à la barre du tribunal de Riom ».

Dans leurs lettres, les ex-députés communistes rappelaient la lutte que leur parti avait menée en 1939 « contre la guerre impérialiste », c'est-à-dire contre la guerre déclarée à Hitler et à l'Allemagne nazie[3] !...

Daladier et Reynaud accusés — dans le cadre du procès de Riom — « d'avoir voulu et déclaré illégalement la guerre dont notre pays subit et subira les terribles conséquences », ils se proposaient donc de venir en accusateurs.

Que leur offre n'ait pas été retenue est sans grande importance puisqu'il suffit de savoir que, formulée en termes respectueux, elle limitait momentanément les attaques contre le Maréchal et les cantonnait — au moins jusqu'au 7 décembre 1940 — au domaine du ravitaillement. Pétain sera ainsi « le vieux maréchal », « le maréchal famine » (28 avril 1941), avant d'être « le vieillard sinistre » (1er mai 1941), « le maréchal tortionnaire » (20 juin 1941), puis, la guerre entre l'Allemagne et la Russie ayant libéré injures et outrances, le « criminel octogénaire qui, en 1917, fit fusiller un soldat sur dix », « lèche les bottes du caporal Hitler », « le vieillard sinistre qui ne pense pas français, mais pense et agit boche ».

Dans l'été de 1940, les Français sont encore fort éloignés des divisions telles que nous les imaginons aujourd'hui.

---

1. *Éditions Sociales*, Institut Maurice Thores, 1975
2. MM. Billoux, Costes, Berlioz, Cornavin, Levy et Midol
3. Dans le même temps où ces lettres étaient adressées au Maréchal, la police multipliait en zone non occupée les rafles contre les communistes.

Si le général de Gaulle rallie une minorité des Français — car les résistants sont d'abord des solitaires, la résistance, une addition de solitudes —, il n'arrive pas à les faire, encore, penser en noir et blanc.

Les gens de Vichy, pas davantage.

Veut-on une image — la dernière — de ces moments où n'existe pas encore le camp — interchangeable — des « bons » et celui des « mauvais » ?

Les forces « gaullistes » — de petites forces, une vingtaine de Français portés par trois canots indigènes — commandées par Leclerc et Boislambert viennent, par une sombre nuit d'août 1940, de s'emparer de Douala, au Cameroun.

Les ralliements ont été nombreux.

Il y a cependant des fonctionnaires et des soldats qui refusent de rejoindre la France libre. On leur permet d'embarquer sur deux baleinières.

Ils s'éloignent mais, arrivés au milieu du fleuve, crient :

— Vive la France !

De la rive jaillit la réponse :

— Vive la France !

Le courant emporte les « Vichystes » mais, groupés à l'arrière des baleinières, ils crient encore :

— Vive la France. Vive la France !

et de la rive des « Gaullistes » répondent :

— Vive la France, vive la France !

C'était et ce n'était plus tout à fait la même France.

L'automne approchait et, avec lui, les premières fractures.

Le prochain volume,
le deuxième de

*Pour en finir avec*
*VICHY*

aura pour titre :

*Les fractures*
*de l'automne.*

# ANNEXES

## 1

Les 23 conditions d'armistice
(21 juin 1940).

## 2

Discours du maréchal Pétain
et du général de Gaulle
du 19 juin au 11 juillet 1940.

## 3

Chronologie.

## LES CONDITIONS D'ARMISTICE

1° Le gouvernement français ordonne la cessation des hostilités contre le Reich allemand, sur le territoire français, protectorats et territoires sous mandat et sur les mers. Il ordonne que les troupes françaises déjà encerclées par les troupes allemandes déposent immédiatement les armes.

2° En vue de sauvegarder les intérêts du Reich allemand, le territoire français situé au nord et à l'ouest de la ligne tracée sur la carte annexée sera occupé par les troupes allemandes. Dans la mesure où les régions du territoire occupé ne se trouvent pas encore au pouvoir des troupes allemandes, leur occupation sera effectuée immédiatement après la conclusion de la présente convention.

3° Dans les régions occupées de la France, le Reich allemand exerce tous les droits de la puissance occupante. Le gouvernement français s'engage à faciliter par tous les moyens les réglementations relatives à l'exercice de ces droits et à leur mise en exécution avec le concours de l'administration française. Le gouvernement français invitera immédiatement toutes les autorités et tous les services administratifs français du territoire occupé à se conformer aux réglementations des autorités militaires allemandes et à collaborer avec ces dernières d'une manière correcte.

Le gouvernement français est libre de choisir son siège dans le territoire non occupé ou bien, s'il le désire, de le transférer même à Paris. Dans ce dernier cas, le gouvernement allemand s'engage à accorder toutes les facilités nécessaires au gouvernement et à ses services administratifs centraux, afin qu'il soit en mesure d'administrer de Paris les territoires occupés et non occupés.

4° Les forces armées françaises sur terre, sur mer et dans les airs devront être démobilisées et désarmées dans un délai encore à déterminer. Sont exemptées de ces obligations les troupes nécessaires au maintien de l'ordre intérieur. Leurs effectifs et leurs armements seront déterminés par l'Allemagne ou par l'Italie respectivement.

Les forces armées françaises stationnées dans les régions à occuper par l'Allemagne devront être rapidement ramenées sur le territoire non occupé et seront démobilisées. Avant d'être ramenées en territoire non occupé, ces troupes déposeront leurs armes et leur matériel aux endroits où elles se trouvent au moment de l'entrée en vigueur de la présente convention. Elles seront responsables de la remise régulière du matériel et des armes aux troupes allemandes.

5° Comme garantie de la stricte observation des conditions d'armistice, il pourra être exigé que toutes les pièces d'artillerie, les chars de combat, les engins antichars, les avions militaires, les canons de D.C.A., les armes d'infanterie, tous les moyens de traction et les munitions des unités de l'armée française engagés contre l'Allemagne, et qui se trouvent, au moment de l'entrée en vigueur de la présente convention, sur le territoire qui ne sera pas occupé par l'Allemagne, soient livrés en bon état. La Commission allemande d'armistice décidera de l'étendue de ces livraisons.

6° Les armes, munitions et matériel de guerre de toute espèce restant en territoire français non occupé — dans la mesure où ceux-ci n'auront pas été laissés à la disposition du gouvernement français pour l'armement des unités françaises autorisées — devront être entreposés ou mis en sécurité sous contrôle allemand ou italien respectivement. Le Haut Commandement allemand se réserve le droit d'ordonner à cet effet toutes les mesures nécessaires, pour empêcher l'usage abusif de ce matériel. La fabrication de nouveau matériel de guerre en territoire non occupé devra cesser immédiatement.

7° Toutes les fortifications terrestres et côtières avec leurs armes, munitions et équipement, les stocks et installations de tous genres se trouvant dans les régions à occuper, devront être livrés en bon état. Devront être remis, en outre, les plans de ces fortifications, ainsi que les plans de celles déjà prises par les troupes allemandes. Tous les détails sur les emplacements de mines, les barrages de mines, les fusées à retardement, les barrages chimiques, etc., sont à remettre au Haut Commandement allemand. Ces obstacles devront être enlevés par les forces françaises, sur la demande des autorités allemandes.

8° La flotte de guerre française — à l'exception de la partie qui est laissée à la disposition du gouvernement français pour la sauvegarde de ses intérêts dans son empire colonial — sera rassemblée dans des ports à déterminer et devra être démobilisée et désarmée sous le contrôle de l'Allemagne ou respectivement de l'Italie.

La désignation de ces ports sera faite d'après les ports d'attache des navires en temps de paix. Le gouvernement allemand déclare solennellement au gouvernement français qu'il n'a pas l'intention d'utiliser pendant la guerre, à ses propres fins, la flotte de guerre française stationnée dans les ports sous contrôle allemand, sauf les unités nécessaires à la surveillance des côtes et au dragage des mines.

Il déclare en outre, solennellement et formellement, qu'il n'a pas l'intention de formuler de revendications à l'égard de la flotte de guerre française lors de la conclusion de la paix. Exception faite de la partie de la flotte de guerre française à déterminer qui sera affectée à la sauvegarde des intérêts français dans l'Empire colonial, tous les navires de guerre se trouvant en dehors des eaux territoriales françaises devront être rappelés en France.

9° Le Haut Commandement français devra fournir au Haut Commandement allemand des indications précises sur toutes les mines posées par la France, ainsi que sur tous les barrages dans les ports ou en avant des côtes, ainsi que sur les installations militaires de défense et de protection.

Le dragage des barrages de mines devra être effectué par les forces françaises, dans la mesure où le Haut Commandement allemand l'exigera.

10° Le gouvernement français s'engage à n'entreprendre à l'avenir aucune action hostile contre le Reich allemand avec aucune partie des forces armées qui lui restent, ni d'aucune autre manière.

Le gouvernement français empêchera également les membres des forces armées françaises de quitter le territoire français et veillera à ce que ni des armes, ni des équipements quelconques, ni navires, ni avions, etc., ne soient transférés en Angleterre ou à l'étranger [1].

Le gouvernement français interdira aux ressortissants français de combattre contre l'Allemagne au service d'États avec lesquels l'Allemagne se trouve encore en guerre. Les ressortissants français qui ne se conformeraient pas à cette prescription seront traités par les troupes allemandes comme francs-tireurs [2].

11° Jusqu'à nouvel ordre, il sera interdit aux navires de commerce français de tous genres, y compris les bâtiments de cabotage et les bâtiments de port, se trouvant sous le contrôle français, de sortir des ports. La reprise du trafic commercial est subordonnée à l'autorisation préalable du gouvernement allemand ou du gouvernement italien, respectivement.

Les navires de commerce français se trouvant en dehors des ports français seront rappelés en France par le gouvernement français et, si cela n'est pas possible, ils seront dirigés sur des ports neutres.

Tous les navires de commerce allemands arraisonnés se trouvant dans les ports français seront rendus en bon état si la demande en est faite.

12° Une interdiction de décollage à l'égard de tous les avions se trouvant sur le territoire français sera prononcée immédiatement. Tout avion décollant sans autorisation préalable du commandement allemand sera considéré par l'aviation militaire allemande comme un avion ennemi et sera traité comme tel.

Les aérodromes et les installations terrestres de l'aviation militaire en territoire non occupé seront placés sous le contrôle allemand ou italien respectivement. Il peut être exigé qu'on les rende inutilisables. Le gouvernement français est tenu de mettre à la disposition des autorités allemandes tous les avions étrangers se trouvant en territoire non occupé ou de les empêcher de poursuivre leur route. Ces avions devront être livrés aux autorités allemandes.

13° Le gouvernement français s'engage à veiller à ce que, dans le territoire à occuper par les troupes allemandes, toutes les installations, tous les établissements et stocks militaires soient remis intacts aux troupes allemandes.

Il devra, en outre, veiller à ce que les ports, les entreprises industrielles et les chantiers navals restent dans l'état dans lequel ils se trouvent actuellement, et à ce qu'ils ne soient endommagés d'aucune façon, ni détruits. Il en est de même pour les moyens et voies de communication de toute nature, notamment en ce qui concerne les voies ferrées, les routes et voies navigables, l'ensemble des réseaux télégraphiques et téléphoniques, ainsi que les installations d'indication de navigabilité et de balisage des côtes. En outre, le gouvernement français s'engage, sur l'ordre du Haut Commandement allemand, à procéder à tous les travaux de remise en état nécessaires.

---

1. Ce paragraphe et le suivant ont été rajoutés, à la suite des appels du général de Gaulle à la radio de Londres, les 18 et 19 juin 1940.

2. Ce paragraphe reproduit les dispositions de la Convention internationale de La Haye (1911).

Le gouvernement français veillera à ce que, sur le territoire occupé, soient disponibles le personnel spécialisé nécessaire et la quantité de matériel roulant de chemins de fer et autres moyens de communication correspondant aux conditions normales du temps de paix.

14° Tous les postes émetteurs de T.S.F. se trouvant en territoire français doivent cesser sur-le-champ leurs émissions. La reprise des transmissions par T.S.F., dans la partie du territoire non occupé, sera soumise à une réglementation spéciale.

15° Le gouvernement français s'engage à effectuer le transport en transit des marchandises entre le Reich allemand et l'Italie, à travers le territoire non occupé, dans la mesure requise par le gouvernement allemand.

16° Le gouvernement français procédera au rapatriement de la population dans les territoires occupés, d'accord avec les services allemands compétents.

17° Le gouvernement français s'engage à empêcher tout transfert de valeurs à caractère économique et de stocks du territoire à occuper par les troupes allemandes dans le territoire non occupé ou à l'étranger. Il ne pourra être disposé de ces valeurs et stocks se trouvant en territoire occupé qu'en accord avec le gouvernement allemand, étant entendu que le gouvernement du Reich tiendra compte de ce qui est nécessaire à la vie des populations des territoires non occupés.

18° Les frais d'entretien des troupes d'occupation allemandes sur le territoire français seront à la charge du gouvernement français.

19° Tous les prisonniers de guerre et prisonniers civils allemands, y compris les prévenus et condamnés qui ont été arrêtés et condamnés pour des actes commis en faveur du Reich allemand, doivent être remis sans délai aux troupes allemandes.

Le gouvernement français est tenu de livrer sur demande tous les ressortissants allemands désignés par le gouvernement du Reich et qui se trouvent en France, de même que dans les possessions françaises, les colonies, les territoires sous protectorat et sous mandat.

Le gouvernement français s'engage à empêcher le transfert de prisonniers de guerre ou de prisonniers civils allemands de France dans les possessions françaises ou bien à l'étranger. Pour tout ce qui concerne les prisonniers déjà transférés hors de France, de même que les prisonniers de guerre allemands malades, inévacuables ou blessés, les listes exactes portant la désignation de l'endroit de leur séjour doivent être présentées.

Le Haut Commandement allemand s'occupera des prisonniers de guerre allemands, malades ou blessés.

20° Les membres des forces armées françaises qui sont prisonniers de guerre de l'armée allemande resteront prisonniers de guerre jusqu'à la conclusion de la paix.

21° Une Commission d'armistice allemande, agissant sous les ordres du Haut Commandement, réglera et contrôlera l'exécution de la Convention d'armistice.

La Commission d'armistice est, en outre, appelée à assurer la concordance nécessaire de cette Convention avec la Convention d'armistice italo-française. Le gouvernement français constituera, au siège de la Commission d'armistice allemande, une délégation chargée de représenter les intérêts français et de recevoir les ordres d'exécution de la Commission allemande d'armistice.

22° Cette Convention d'armistice entrera en vigueur aussitôt que le gouvernement français sera également arrivé, avec le gouvernement italien, à un accord relatif à la cessation des hostilités. La cessation des hostilités aura lieu six heures après que le gouvernement italien aura annoncé au gouvernement du Reich la conclusion de cet accord.

Le gouvernement du Reich fera connaître par radio ce moment au gouvernement français.

23° La présente Convention d'armistice est valable jusqu'à la conclusion du traité de paix. Elle peut être dénoncée à tout moment pour prendre fin immédiatement, par le gouvernement allemand, si le gouvernement français ne remplit pas les obligations par lui assumées dans la présente Convention.

# DISCOURS DU MARÉCHAL PÉTAIN ET DU GÉNÉRAL DE GAULLE (17 juin-11 juillet 1940)

Il nous a paru utile de permettre au lecteur de prendre connaissance, dans l'ordre où ils ont été prononcés, des appels, discours, message du maréchal Pétain -5- et du général de Gaulle -8-, entre le 17 juin et le 11 juillet 1940.

## MARÉCHAL PÉTAIN

### *Appel du 17 juin 1940*

Français,

À l'appel de M. le président de la République, j'assume à partir d'aujourd'hui la direction du gouvernement de la France. Sûr de l'affection de notre admirable armée, qui lutte avec un héroïsme digne de ses longues traditions militaires contre un ennemi supérieur en nombre et en armes. Sûr que, par sa magnifique résistance, elle a rempli nos devoirs vis-à-vis de nos alliés ; sûr de l'appui des anciens combattants que j'ai eu la fierté de commander, sûr de la confiance du peuple tout entier, je fais à la France le don de ma personne pour atténuer son malheur.

En ces heures douloureuses, je pense aux malheureux réfugiés qui, dans un dénuement extrême, sillonnent nos routes. Je leur exprime ma compassion et ma sollicitude. C'est le cœur serré que je vous dis aujourd'hui qu'il faut cesser le combat.

Je me suis adressé cette nuit à l'adversaire pour lui demander s'il est prêt à rechercher avec moi, entre soldats, après la lutte et dans l'honneur, les moyens de mettre un terme aux hostilités.

Que tous les Français se groupent autour du gouvernement que je préside pendant ces dures épreuves et fassent taire leur angoisse pour n'obéir qu'à leur foi dans le destin de la patrie.

## GÉNÉRAL DE GAULLE

### *18 juin 1940*
### *Discours prononcé à la radio de Londres*

Les chefs qui, depuis de nombreuses années, sont à la tête des armées françaises ont formé un gouvernement.

Ce gouvernement, alléguant la défaite de nos armées, s'est mis en rapport avec l'ennemi pour cesser le combat.

Certes, nous avons été, nous sommes, submergés par la force mécanique, terrestre et aérienne, de l'ennemi.

Infiniment plus que leur nombre, ce sont les chars, les avions, la tactique des Allemands qui nous font reculer. Ce sont les chars, les avions, la tactique des Allemands qui ont surpris nos chefs au point de les amener là où ils en sont aujourd'hui.

Mais le dernier mot est-il dit ? L'espérance doit-elle disparaître ? La défaite est-elle définitive ? Non !

Croyez-moi, moi qui vous parle en connaissance de cause et vous dis que rien n'est perdu pour la France. Les mêmes moyens qui nous ont vaincus peuvent faire venir un jour la victoire.

Car la France n'est pas seule ! Elle n'est pas seule ! Elle n'est pas seule ! Elle a un vaste Empire derrière elle. Elle peut faire bloc avec l'Empire britannique qui tient la mer et continue la lutte. Elle peut, comme l'Angleterre, utiliser sans limites l'immense industrie des États-Unis.

Cette guerre n'est pas limitée au territoire malheureux de notre pays. Cette guerre n'est pas tranchée par la bataille de France. Cette guerre est une guerre mondiale. Toutes les fautes, tous les retards, toutes les souffrances, n'empêchent pas qu'il y a, dans l'univers, tous les moyens nécessaires pour écraser un jour nos ennemis. Foudroyés aujourd'hui par la force mécanique, nous pourrons vaincre dans l'avenir par une force mécanique supérieure. Le destin du monde est là.

Moi, Général de Gaulle, actuellement à Londres, j'invite les officiers et les soldats français qui se trouvent en territoire britannique ou qui viendraient à s'y trouver, avec leurs armes ou sans leurs armes, j'invite les ingénieurs et les ouvriers spécialistes des industries d'armement qui se trouvent en territoire britannique ou qui viendraient à s'y trouver, à se mettre en rapport avec moi.

Quoi qu'il arrive, la flamme de la résistance française ne doit pas s'éteindre et ne s'éteindra pas.

Demain, comme aujourd'hui, je parlerai à la Radio de Londres.

## GÉNÉRAL DE GAULLE

*19 juin 1940*
*Discours prononcé à la radio de Londres*

À l'heure où nous sommes, tous les Français comprennent que les formes ordinaires du pouvoir ont disparu.

Devant la confusion des âmes françaises, devant la liquéfaction d'un gouvernement tombé sous la servitude ennemie, devant l'impossibilité de faire jouer nos institutions, moi, Général de Gaulle, soldat et chef français, j'ai conscience de parler au nom de la France.

Au nom de la France, je déclare formellement ce qui suit :

Tout Français qui porte encore des armes a le devoir absolu de continuer la résistance.

Déposer les armes, évacuer une position militaire, accepter de soumettre n'importe quel morceau de terre française au contrôle de l'ennemi, ce serait un crime contre la patrie.

À l'heure qu'il est, je parle avant tout pour l'Afrique du Nord française, pour l'Afrique du Nord intacte.

L'armistice italien n'est qu'un piège grossier.

Dans l'Afrique de Clauzel, de Bugeaud, de Lyautey, de Noguès, tout ce qui a de l'honneur a le strict devoir de refuser l'exécution des conditions ennemies.

Il ne serait pas tolérable que la panique de Bordeaux ait pu traverser la mer.

Soldats de France, où que vous soyez, debout !

## MARÉCHAL PÉTAIN

*Appel du 20 juin 1940*

Français,

J'ai demandé à nos adversaires de mettre fin aux hostilités. Le gouvernement a désigné hier des plénipotentiaires chargés de recueillir leurs conditions.

J'ai pris cette décision, dure au cœur d'un soldat, parce que la situation militaire l'imposait. Nous espérions résister sur la ligne de la Somme et de l'Aisne. Le général Weygand avait regroupé nos forces. Son seul nom présageait la victoire. Pourtant la ligne a cédé et la pression ennemie a contraint nos troupes à la retraite.

Dès le 13 juin, la demande d'armistice était inéluctable. Cet échec vous a surpris. Vous souvenant de 1914 et de 1918, vous en cherchez les raisons : je vais vous les dire.

Le 1er mai 1917, nous avions encore trois millions deux cent quatre-vingt mille hommes aux armées malgré trois ans de combats meurtriers. À la veille de la bataille actuelle, nous en avions cinq cent mille de moins. En mai 1918, nous avions quatre-vingt-cinq divisions britanniques ; en mai 1940, il n'y en avait que dix. En 1918, nous avions avec nous les cinquante-huit divisions italiennes et les quarante-deux divisions américaines.

L'infériorité de notre matériel a été plus grande encore que celle de nos effectifs. L'aviation française a livré à un contre six ses combats.

Moins forts qu'il y a vingt-deux ans, nous avions aussi moins d'amis, trop peu d'enfants, trop peu d'armes, trop peu d'alliés. Voilà les causes de notre défaite.

Le peuple français ne conteste pas ses échecs. Tous les peuples ont connu tour à tour des succès et des revers. C'est par la manière dont ils réagissent qu'ils se montrent faibles ou grands.

Nous tirerons la leçon des batailles perdues. Depuis la victoire, l'esprit de jouissance l'a emporté sur l'esprit de sacrifice. On a revendiqué plus qu'on a servi. On a voulu épargner l'effort ; on rencontre aujourd'hui le malheur.

J'ai été avec vous dans les jours glorieux. Chef du gouvernement, je suis et resterai avec vous dans les jours sombres. Soyez à mes côtés. Le combat reste le même. Il s'agit de la France, de son sol, de ses fils.

## GÉNÉRAL DE GAULLE

*22 juin 1940*
*Discours prononcé à la radio de Londres*

Le gouvernement français, après avoir demandé l'armistice, connaît maintenant les conditions dictées par l'ennemi.

Il résulte de ces conditions que les forces françaises de terre, de mer et de l'air seraient entièrement démobilisées, que nos armes seraient livrées, que le territoire français serait occupé et que le gouvernement français tomberait sous la dépendance de l'Allemagne et de l'Italie.

On peut donc dire que cet armistice serait, non seulement une capitulation, mais encore un asservissement.

Or, beaucoup de Français n'acceptent pas la capitulation ni la servitude, pour des raisons qui s'appellent : l'honneur, le bons sens, l'intérêt supérieur de la Patrie.

Je dis l'honneur ! Car la France s'est engagée à ne déposer les armes que d'accord avec les Alliés. Tant que ses Allies continuent la guerre, son gouvernement n'a pas le droit de se rendre à l'ennemi. Le gouvernement polonais, le gouvernement norvégien, le gouvernement belge, le gouvernement hollandais, le gouvernement luxembourgeois, quoique chassés de leur territoire, ont compris ainsi leur devoir.

Je dis le bon sens ! Car il est absurde de considérer la lutte comme perdue. Oui, nous avons subi une grande défaite. Un système militaire mauvais, les fautes commises dans la conduite des opérations, l'esprit d'abandon du gouvernement pendant ces derniers combats, nous ont fait perdre la bataille de France. Mais il nous reste un vaste Empire, une flotte intacte, beaucoup d'or. Il nous reste des alliés, dont les ressources sont immenses et qui dominent les mers. Il nous reste les gigantesques possibilités de l'industrie américaine. Les mêmes conditions de la guerre qui nous ont fait battre par 5 000 avions et 6 000 chars peuvent donner, demain, la victoire par 20 000 chars et 20 000 avions.

Je dis l'intérêt supérieur de la Patrie ! Car cette guerre n'est pas une guerre franco-allemande qu'une bataille puisse décider. Cette guerre est une guerre mondiale. Nul ne peut prévoir si les peuples qui sont neutres aujourd'hui le resteront demain, ni si les alliés de l'Allemagne resteront toujours ses alliés. Si les forces de la liberté triomphaient finalement de celles de la servitude, quel serait le destin d'une France qui se serait soumise à l'ennemi ?

L'honneur, le bon sens, l'intérêt de la Patrie, commandent à tous les Français libres de continuer le combat, là où ils seront et comme ils pourront.

Il est, par conséquent, nécessaire de grouper partout où cela se peut une force française aussi grande que possible. Tout ce qui peut être réuni, en fait d'éléments militaires français et de capacités françaises de production d'armement, doit être organisé partout où il y en a.

Moi, Général de Gaulle, j'entreprends ici, en Angleterre, cette tâche nationale.

J'invite tous les militaires français des armées de terre, de mer et de l'air, j'invite les ingénieurs et les ouvriers français spécialistes de l'armement qui se trouvent en territoire britannique ou qui pourraient y parvenir, à se réunir à moi.

J'invite les chefs et les soldats, les marins, les aviateurs des forces françaises de terre, de mer, de l'air, où qu'ils se trouvent actuellement, à se mettre en rapport avec moi.

J'invite tous les Français qui veulent rester libres à m'écouter et à me suivre.

Vive la France libre dans l'honneur et dans l'indépendance !

## MARÉCHAL PÉTAIN

### *Appel du 23 juin 1940*

Français,

Le gouvernement et le peuple français ont entendu hier, avec une stupeur attristée, les paroles de M. Churchill.

Nous comprenons l'angoisse qui les dicte. M. Churchill redoute pour son pays les maux qui accablent le nôtre depuis un mois.

Il n'est pourtant pas de circonstances où les Français puissent souffrir, sans protester, les leçons d'un ministre étranger. M. Churchill est juge des intérêts de son pays : il ne l'est pas des intérêts du nôtre. Il l'est encore moins de l'honneur français.

Notre drapeau reste sans tache. Notre armée s'est bravement et loyalement battue. Inférieure en armes et en nombre, elle a dû demander que cesse le combat. Elle l'a fait, je l'affirme, dans l'indépendance et dans la dignité.

Nul ne parviendra à diviser les Français au moment où leur pays souffre.

La France n'a ménagé ni son sang, ni ses efforts. Elle a conscience d'avoir mérité le respect du monde. Et c'est d'elle, d'abord, qu'elle attend le salut. Il faut que M. Churchill le sache. Notre foi en nous-mêmes n'a pas fléchi. Nous subissons une épreuve dure. Nous en avons surmonté d'autres. Nous savons que la patrie demeure intacte tant que subsiste l'amour de ses enfants pour elle. Cet amour n'a jamais eu plus de ferveur.

La terre de France n'est pas moins riche de promesses que de gloire.

Il arrive qu'un paysan de chez nous voie son champ dévasté par la grêle. Il ne désespère pas de la moisson prochaine. Il creuse avec la même foi le même sillon pour le grain futur.

M. Churchill croit-il que les Français refusent à la France entière l'amour et la foi qu'ils accordent à la plus petite parcelle de leurs champs ?

Ils regardent bien en face leur présent et leur avenir.

Pour le présent, ils sont certains de montrer plus de grandeur en avouant leur défaite qu'en lui opposant des propos vains et des projets illusoires.

Pour l'avenir, ils savent que leur destin est dans leur courage et dans leur persévérance.

## GÉNÉRAL DE GAULLE

*24 juin 1940*
*Discours prononcé à la radio de Londres*

Ce soir, je dirai simplement, parce qu'il faut que quelqu'un le dise, quelle honte, quelle révolte, se lèvent dans le cœur des bons Français.

Inutile d'épiloguer sur les diverses conditions des armistices franco-allemand et franco-italien. Elles se résument en ceci : la France et les Français sont, pieds et poings liés, livrés à l'ennemi.

Mais si cette capitulation est écrite sur le papier, innombrables sont chez nous les hommes, les femmes, les jeunes gens, les enfants, qui ne s'y résignent pas, qui ne l'admettent pas, qui n'en veulent pas.

La France est comme un boxeur qu'un coup terrible a terrassé. Elle gît à terre. Mais elle sait, elle sent, qu'elle vit toujours d'une vie profonde et forte. Elle sait, elle sent, que l'affaire n'est pas finie, que la cause n'est pas entendue.

Elle sait, elle sent, qu'elle vaut beaucoup mieux que la servitude acceptée par le gouvernement de Bordeaux.

Elle sait, elle sent que, dans son Empire, des forces puissantes de résistance sont debout pour sauver son honneur. Déjà, en beaucoup de points des terres françaises d'outre-mer, s'est affirmée la volonté de poursuivre la guerre.

Elle sait, elle sent, que ses Alliés sont plus résolus que jamais à combattre et à vaincre.

Elle perçoit dans le nouveau monde mille forces immenses matérielles et morales qui, peut-être, se lèveront un jour pour écraser les ennemis de la liberté.

Il faut qu'il y ait un idéal. Il faut qu'il y ait une espérance. Il faut que, quelque part, brille et brûle la flamme de la résistance française.

Officiers français, soldats français, marins français, aviateurs français, ingénieurs français, où que vous soyez, efforcez-vous de rejoindre ceux qui veulent combattre encore. Un jour, je vous le promets, nous ferons ensemble l'armée française de l'élite, l'armée mécanique terrestre, navale, aérienne, qui, en commun avec nos Alliés, rendra la liberté au monde et la grandeur à la Patrie.

## MARÉCHAL PÉTAIN

### *Appel du 25 juin 1940*

Je m'adresse aujourd'hui à vous, Français de la métropole et Français d'outre-mer, pour vous expliquer les motifs des deux armistices conclus, le premier, avec l'Allemagne, il y a trois jours, le second avec l'Italie.

Ce qu'il faut d'abord souligner, c'est l'illusion profonde que la

France et ses alliés se sont faite sur leur véritable force militaire et sur l'efficacité de l'arme économique : liberté des mers, blocus, ressources dont elle pouvait disposer. Pas plus aujourd'hui qu'hier, on ne gagne une guerre uniquement avec de l'or et des matières premières. La victoire dépend des effectifs, du matériel et des conditions de leur emploi. Les événements ont prouvé que l'Allemagne possédait, dans ce domaine, en mai 1940, une écrasante supériorité à laquelle nous ne pouvions plus opposer, quand la bataille s'est engagée, que des mots d'encouragement et d'espoir.

La bataille des Flandres s'est terminée par la capitulation de l'armée belge en rase campagne et l'encerclement des divisions anglaises et françaises. Ces dernières se sont battues bravement. Elles formaient l'élite de notre armée ; malgré leur valeur, elles n'ont pu sauver une partie de leurs effectifs qu'en abandonnant leur matériel.

Une deuxième bataille s'est livrée sur l'Aisne et sur la Somme. Pour tenir cette ligne, soixante divisions françaises, sans fortifications, presque sans chars, ont lutté contre cent cinquante divisions d'infanterie et onze divisions cuirassées allemandes. L'ennemi, en quelques jours, a rompu notre dispositif, divisé nos troupes en quatre tronçons et envahi la majeure partie du sol français.

La guerre était déjà gagnée virtuellement par l'Allemagne lorsque l'Italie est entrée en campagne, créant contre la France un nouveau front en face duquel notre armée des Alpes a résisté.

L'exode des réfugiés a pris, dès lors, des proportions inouïes : dix millions de Français rejoignant un million et demi de Belges, se sont précipités vers l'arrière de notre front, dans des conditions de désordre et de misère indescriptibles.

À partir du 15 juin, l'ennemi, franchissant la Loire, se répandait à son tour sur le reste de la France.

Devant une telle épreuve, la résistance armée devait cesser. Le gouvernement était acculé à l'une de ces deux décisions : soit demeurer sur place, soit prendre la mer. Il en a délibéré et s'est résolu à rester en France, pour maintenir l'unité de notre peuple et le représenter en face de l'adversaire. Il a estimé que, dans de telles circonstances, son devoir était d'obtenir un armistice acceptable, en faisant appel chez l'adversaire au sens de l'honneur et de la raison.

L'armistice est conclu.

Le combat a pris fin.

En ce jour de deuil national, ma pensée va à tous les morts, à tous ceux que la guerre a meurtris dans leur chair et dans leurs affections.

Leur sacrifice a maintenu haut et pur le drapeau de la France. Ils demeurent dans nos mémoires et dans nos cœurs.

Les conditions auxquelles nous avons dû souscrire sont sévères.

Une grande partie de notre territoire va être temporairement occupée. Dans tout le Nord, et dans l'Ouest de notre pays, depuis le lac de Genève jusqu'à Tours, puis le long de la côte, de Tours aux Pyrénées, l'Allemagne tiendra garnison. Nos armées devront être démobilisées, notre matériel remis à l'adversaire, nos fortifications rasées, notre flotte désarmée dans nos ports. En Méditerranée, des bases navales seront démilitarisées. Du moins l'honneur est-il sauf. Nul ne fera usage de nos avions et de notre flotte. Nous gardons les unités terrestres et navales nécessaires au maintien de l'ordre dans la métropole et dans nos colonies. Le gouvernement reste libre, la France ne sera administrée que par des Français.

Vous étiez prêts à continuer la lutte. Je le savais. La guerre était perdue dans la métropole. Fallait-il la prolonger dans les colonies ?

Je ne serais pas digne de rester à votre tête si j'avais accepté de répandre le sang des Français pour prolonger le rêve de quelques Français mal instruits des conditions de la lutte.

Je n'ai placé hors du sol de France ni ma personne, ni mon espoir.

Je n'ai jamais été moins soucieux de nos colonies que de la métropole. L'armistice sauvegarde le lien qui l'unit à elles ; la France a le droit de compter sur leur loyauté.

C'est vers l'avenir que désormais nous devons tourner nos efforts. Un ordre nouveau commence.

Vous serez bientôt rendus à vos foyers. Certains auront à les reconstruire.

Vous avez souffert, vous souffrirez encore. Beaucoup d'entre vous ne retrouveront pas leur métier ou leur maison. Votre vie sera dure.

Ce n'est pas moi qui vous bernerai par des paroles trompeuses. Je hais les mensonges qui vous ont fait tant de mal.

La terre, elle, ne ment pas. Elle demeure votre recours. Elle est la patrie elle-même. Un champ qui tombe en friche, c'est une portion de France qui meurt. Une jachère à nouveau emblavée, c'est une portion de France qui renaît.

N'espérez pas trop de l'État. Il ne peut donner que ce qu'il reçoit. Comptez, pour le présent, sur vous-mêmes et, pour l'avenir, sur les enfants que vous aurez élevés dans le sentiment du devoir.

Nous avons à restaurer la France. Montrez-la au monde qui l'observe, à l'adversaire qui l'occupe, dans tout son calme, tout son labeur et toute sa dignité.

Notre défaite est venue de nos relâchements. L'esprit de jouissance détruit ce que l'esprit de sacrifice a édifié.

C'est à un redressement intellectuel et moral que, d'abord, je vous convie.

Français, vous l'accomplirez et vous verrez, je vous le jure, une France neuve surgir de votre ferveur.

## GÉNÉRAL DE GAULLE

*26 juin 1940*
*Discours prononcé à la radio de Londres*

Monsieur le Maréchal, par les ondes, au-dessus de la mer, c'est un soldat français qui va vous parler.

Hier, j'ai entendu votre voix que je connais bien et, non sans émotion, j'ai écouté ce que vous disiez aux Français pour justifier ce que vous avez fait.

Vous avez d'abord dépeint l'infériorité militaire qui a causé notre défaite. Puis vous avez dit qu'en présence d'une situation jugée désespérée vous aviez pris le pouvoir pour obtenir des ennemis un armistice honorable.

Vous avez ensuite déclaré que, devant les conditions posées par l'ennemi, il n'y avait pas eu d'autre alternative que de les accepter en restant à Bordeaux ou de les refuser et passer dans l'Empire pour y poursuivre la guerre et que vous avez cru devoir rester à Bordeaux.

Enfin, vous avez reconnu que le sort du peuple français allait être très cruel, mais vous avez convié ce peuple à se relever malgré tout par le travail et la discipline.

Monsieur le Maréchal, dans ces heures de honte et de colère pour la Patrie, il faut qu'une voix vous réponde. Ce soir, cette voix sera la mienne.

En effet, notre infériorité militaire s'est révélée terrible. Mais cette infériorité, à quoi tenait-elle ?

Elle tenait à un système militaire mauvais. La France a été foudroyée, non point du tout par le nombre des effectifs allemands, non point du tout par leur courage supérieur, mais uniquement par la force mécanique offensive et manœuvrière de l'ennemi. Cela, tous les combattants le savent. Si la France n'avait pas cette force mécanique, si elle s'était donné une armée purement défensive, une armée de position, à qui la faute, Monsieur le Maréchal ?

Vous qui avez présidé à notre organisation militaire après la guerre de 1914-1918, vous qui fûtes généralissime jusqu'en 1932, vous qui fûtes ministre de la Guerre en 1935, vous qui étiez la plus haute personnalité militaire de notre pays, avez-vous jamais soutenu, demandé, exigé la réforme indispensable de ce système mauvais ?

Cependant, vous appuyant sur les glorieux services que vous avez rendus pendant l'autre guerre, vous avez revendiqué la responsabilité de demander l'armistice à l'ennemi.

On vous a fait croire, Monsieur le Maréchal, que cet armistice, demandé à des soldats par le grand soldat que vous êtes, serait honorable pour la France. Je pense que maintenant vous êtes fixé. Cet armistice est déshonorant. Les deux tiers du territoire livrés à l'occupation de l'ennemi et de quel ennemi ! Notre armée démobilisée. Nos officiers et nos soldats prisonniers maintenus en captivité. Notre flotte, nos avions, nos chars, nos armes, à livrer intacts, pour que l'adversaire puisse s'en servir contre nos propres Alliés. La Patrie, le gouvernement, vous-même, réduits à la servitude. Ah ! pour obtenir et pour accepter un pareil acte d'asservissement, on n'avait pas besoin de vous, Monsieur le Maréchal, on n'avait pas besoin du vainqueur de Verdun ; n'importe qui aurait suffi.

Mais vous avez jugé, dites-vous, que vous pouviez, que vous deviez y souscrire. Vous avez tenu pour absurde toute prolongation de la résistance dans l'Empire. Vous avez considéré comme dérisoire l'effort que fournit et celui que fournira notre allié, l'Empire britannique. Vous avez renoncé d'avance aux ressources offertes par l'immense Amérique. Vous avez joué perdu, jeté nos cartes, fait vider nos poches, comme s'il ne nous restait aucun atout. Il y a là l'effet d'une sorte de découragement profond, de scepticisme morose, qui a été pour beaucoup dans la liquéfaction des suprêmes résistances de nos forces métropolitaines.

Et c'est du même ton, Monsieur le Maréchal, que vous conviez la France livrée, la France pillée, la France asservie, à reprendre son labeur, à se refaire, à se relever. Mais dans quelle atmosphère, par quels moyens, au nom de quoi, voulez-vous qu'elle se relève sous la botte allemande et l'escarpin italien ?

Oui, la France se relèvera. Elle se relèvera dans la liberté. Elle se relèvera dans la victoire. Dans l'Empire, dans le monde, ici même, des forces françaises se forment et s'organisent. Un jour viendra où nos armes, reforgées au loin, mais bien aiguisées, se joignant à celles que se feront nos alliés, et peut-être à d'autres encore, reviendront triomphantes sur le sol national.

Alors, oui, nous referons la France !

## GÉNÉRAL DE GAULLE

*28 juin 1940*
*Discours prononcé à la radio de Londres*

L'engagement que vient de prendre le gouvernement britannique, en reconnaissant dans ma personne le Chef des Français libres, a une grande importance et une profonde signification.

Cet engagement permet aux Français libres de s'organiser pour continuer la guerre aux côtés de nos Alliés.

Cet engagement signifie que l'effort des Français libres et celui de nos Alliés ne forment qu'un jusqu'à la victoire.

Je décide ce qui suit :

1° Je prends sous mon autorité tous les Français qui demeurent en territoire britannique ou qui viendraient à s'y trouver ;

2° Il sera formé immédiatement une force française terrestre, aérienne et navale. Cette force sera composée pour l'instant de volontaires. Cette force concourra d'abord à toute résistance française qui se fera, où que ce soit, dans l'Empire français. J'appelle tous les militaires français de terre, de mer et de l'air, à venir s'y joindre. J'invite à s'y enrôler tous les jeunes gens et tous les hommes en âge de porter les armes ;

3° Tous les officiers, soldats, marins, aviateurs français, où qu'ils se trouvent, ont le devoir absolu de résister à l'ennemi. Si les circonstances les mettent dans le cas d'avoir à livrer leurs armes, leur avion, leur navire, ils doivent rejoindre immédiatement, avec leurs armes, leur avion, leur navire, la résistance française la plus proche. S'il n'y a pas, à leur portée, de résistance française, ils doivent rejoindre immédiatement le territoire britannique où ils se trouveront sous mes ordres ;

4° Il est créé ici une organisation française de fabrication et d'achat d'armement et une organisation française de recherche et de perfectionnement concernant le matériel de guerre.

Généraux ! Commandants supérieurs ! Gouverneurs dans l'Empire ! mettez-vous en rapport avec moi pour unir nos efforts et sauver les terres françaises. Malgré les capitulations déjà faites par tant de ceux qui sont responsables de l'honneur du drapeau et de la grandeur de la patrie, la France libre n'a pas fini de vivre. Nous le prouverons par les armes.

## GÉNÉRAL DE GAULLE

*2 juillet 1940*
*Discours prononcé à la radio de Londres*

Il y a aujourd'hui neuf jours que le gouvernement qui fut à Bordeaux a signé la capitulation exigée par l'Allemagne.

Il y a sept jours que le même gouvernement a signé la capitulation exigée par l'Italie.

Inutile d'énumérer de nouveau les conséquences affreuses de cette double capitulation. Mais il y en a une qu'un soldat a le devoir de souligner. Et je la souligne.

Cette conséquence, c'est la crise des consciences françaises.

Après l'effondrement moral du commandement et du gouvernement par l'action foudroyante de la force mécanique allemande, deux voies se sont ouvertes.

L'une était la voie de l'abandon et du désespoir. C'est celle qu'a choisie le gouvernement de Bordeaux. Rompant l'engagement qui liait la France à ses Alliés, ce gouvernement s'est, suivant le mot de Tacite, « rué à la servitude ».

L'autre voie est celle de l'honneur et de l'espérance. C'est cette voie-là qu'ont choisie mes compagnons et moi-même.

Mais beaucoup de Français se trouvent déchirés entre les deux chemins. D'une part, l'appel des gouvernants tombés au pouvoir de l'ennemi ; d'autre part, l'appel de la France qui crie vers la délivrance.

Ces bons Français, ces simples Français, ces Français qui font passer la France avant la cause de l'orgueil, de la terreur ou des intérêts, je les adjure de se demander ceci :

Jeanne d'Arc, Richelieu, Louis XIV, Carnot, Napoléon, Gambetta, Poincaré, Clemenceau, le maréchal Foch, auraient-ils jamais consenti à livrer toutes les armes de la France à ses ennemis pour qu'ils puissent s'en servir contre ses Alliés ? Duquesne, Tourville, Suffren, Courbet, Guépratte, auraient-ils jamais consenti à mettre à la discrétion de l'ennemi une flotte française intacte ?

Dupleix, Montcalm, Bugeaud, le maréchal Lyautey, auraient-ils jamais consenti à évacuer, sans combattre, les points stratégiques de l'Empire, auraient-ils jamais supporté, sans même avoir livré combat, le contrôle de l'ennemi sur l'Empire ?

Que les bons Français se posent ces questions ! Ils comprendront aussitôt où est l'honneur, où est l'intérêt, où est le bon sens. Ils comprendront aussitôt où est l'âme de la France.

L'âme de la France ! Elle est avec ceux qui continuent le combat par tous les moyens possibles, actifs ou passifs, avec ceux qui ne renoncent pas, avec ceux qui, un jour, seront présents à la Victoire.

## GÉNÉRAL DE GAULLE

*8 juillet 1940*
*Discours prononcé à la radio de Londres*

Dans la liquidation momentanée de la force française, qui fait suite à la capitulation, un épisode particulièrement cruel a eu lieu le 3 juillet. Je veux parler, on le comprend, de l'affreuse canonnade d'Oran.

J'en parlerai nettement, sans détour, car, dans un drame où chaque peuple joue sa vie, il faut que les hommes de cœur aient le courage de voir les choses en face et de les dire avec franchise.

Je dirai d'abord ceci : il n'est pas un Français qui n'ait appris avec douleur et avec colère que des navires de la flotte française avaient été coulés par nos Alliés. Cette douleur, cette colère, viennent du plus profond de nous-mêmes.

Il n'y a aucune raison de composer avec elles ; quant à moi, je les exprime ouvertement. Aussi, m'adressant aux Anglais, je les invite à nous épargner et à s'épargner à eux-mêmes toute représentation de cette odieuse tragédie comme un succès naval direct. Ce serait injuste et déplacé.

Les navires d'Oran étaient, en réalité, hors d'état de se battre. Ils se trouvaient au mouillage, sans aucune possibilité de manœuvre ou de dispersion, avec des chefs et des équipages rongés depuis quinze jours par les pires épreuves morales. Ils ont laissé aux navires anglais les premières salves qui, chacun le sait, sont décisives sur mer à de telles distances. Leur destruction n'est pas le résultat d'un combat glorieux. Voilà ce qu'un soldat français déclare aux alliés anglais, avec d'autant plus de netteté qu'il éprouve à leur égard plus d'estime en matière navale.

Ensuite, m'adressant aux Français, je leur demande de considérer le fond des choses du seul point de vue qui doive finalement compter, c'est-à-dire du point de vue de la victoire et de la délivrance. En vertu d'un engagement déshonorant, le gouvernement qui fut à Bordeaux avait consenti à livrer nos navires à la discrétion de l'ennemi. Il n'y a pas le moindre doute que, par principe et par nécessité, l'ennemi les aurait un jour employés, soit contre l'Angleterre, soit contre notre propre Empire. Eh bien ! je dis sans ambages qu'il vaut mieux qu'ils aient été détruits.

J'aime mieux savoir, même le *Dunkerque*, notre beau, notre cher, notre puissant *Dunkerque*, échoué devant Mers el-Kébir, que de le voir un jour, monté par des Allemands, bombarder les ports anglais, ou bien Alger, Casablanca, Dakar.

En amenant cette canonnade fratricide, puis en cherchant à détourner sur des Alliés trahis l'irritation des Français, le gouvernement qui fut à Bordeaux est dans son rôle, dans son rôle de servitude.

En exploitant l'événement pour exciter l'un contre l'autre le peuple anglais et le peuple français, l'ennemi est dans son rôle, dans son rôle de conquérant.

En tenant le drame pour ce qu'il est, je veux dire pour déplorable et détestable, mais en empêchant qu'il ait pour conséquence l'opposition morale des Anglais et des Français, tous les hommes clairvoyants des deux peuples sont dans leur rôle, dans leur rôle de patriotes.

Les Anglais qui réfléchissent ne peuvent ignorer qu'il n'y aurait pour eux aucune victoire possible si jamais l'âme de la France passait à l'ennemi.

Les Français dignes de ce nom ne peuvent méconnaître que la défaite anglaise scellerait pour toujours leur asservissement.

Quoi qu'il arrive, même si l'un des deux est, pour un temps, tombé sous le joug de l'ennemi commun, nos deux vieux peuples, nos deux grands peuples, demeurent liés l'un à l'autre. Ils succomberont tous les deux ou bien ils gagneront ensemble.

Quant à ceux des Français qui demeurent encore libres d'agir suivant l'honneur et l'intérêt de la France, je déclare en leur nom qu'ils ont, une fois pour toutes, pris leur dure résolution.

Ils ont pris, une fois pour toutes, la résolution de combattre.

## MARÉCHAL PÉTAIN

### *Message du 11 juillet 1940*

Français,

L'Assemblée nationale m'a investi de pouvoirs étendus. J'ai à vous dire comment je les exercerai.

Le gouvernement doit faire face à une des situations les plus difficiles que la France ait connues. Il lui faut rétablir les communications du pays, rendre chacun à son foyer, à son travail, assurer le ravitaillement. Il lui faut négocier enfin et conclure la paix.

En ces derniers jours, une épreuve nouvelle a été infligée à la France. L'Angleterre, rompant une longue alliance, a attaqué à l'improviste et a détruit des navires français immobilisés dans nos ports et partiellement désarmés.

Rien n'avait laissé prévoir une telle agression. Rien ne la justifie.

Le gouvernement anglais a-t-il cru que nous accepterions de livrer à l'Allemagne et à l'Italie notre flotte de guerre ? S'il l'a cru, il s'est trompé. Et il s'est trompé aussi quand il a pensé que, cédant à la menace, nous manquerions aux engagements pris à l'égard de nos adversaires. Ordre a été donné à la marine française de se défendre et, malgré l'inégalité du combat, elle l'a exécuté avec résolution et vaillance.

La France vaincue dans des combats héroïques, abandonnée hier, attaquée aujourd'hui par l'Angleterre à qui elle avait consenti de si nombreux et de durs sacrifices, demeure seule en face de son destin. Elle y trouvera une raison nouvelle de tremper son courage, en conservant toute sa foi dans son avenir.

Pour accomplir la tâche immense qui nous incombe, j'ai besoin de votre confiance. Vos représentants me l'ont donnée en votre nom. Ils ont voulu, comme vous et comme moi-même, que l'impuissance de l'État cesse de paralyser la nation.

J'ai constitué aussitôt un nouveau gouvernement.

Douze ministres se répartiront l'administration du pays. Ils seront assistés par des secrétaires généraux qui dirigeront les principaux services de l'État, des gouverneurs placés à la tête des grandes provinces françaises.

Ainsi, l'administration sera à la fois concentrée et décentralisée.

Les fonctionnaires ne seront plus entravés dans leur action par des règlements trop étroits et par des contrôles trop nombreux. Ils seront plus libres ; ils agiront donc plus vite, mais ils seront responsables de leurs fautes.

Afin de régler plus aisément certaines questions dont la réalisation présente un caractère de grande urgence, le gouvernement se propose de siéger dans les territoires occupés. Nous avons demandé, à cet effet, au gouvernement allemand, de libérer Versailles et le quartier des ministères à Paris.

Notre programme est de rendre à la France les forces qu'elle a perdues. Elle ne les retrouvera qu'en suivant les règles simples qui ont, de tout temps, assuré la vie, la santé et la prospérité des nations.

Nous ferons une France organisée où la discipline des subordonnés réponde à l'autorité des chefs dans la justice pour tous. Dans tous les ordres, nous nous attacherons à créer des élites et à leur conférer le commandement, sans autre considération que celle de leurs capacités et de leurs mérites.

Le travail des Français est la ressource suprême de la patrie. Il doit être sacré. Le capitalisme international et le socialisme international qui l'ont exploité et dégradé font également partie de l'avant-guerre. Ils ont été d'autant plus funestes que, s'opposant l'un et l'autre en apparence, ils se ménageaient en secret. Nous ne souffrirons plus leur ténébreuse alliance. Nous supprimerons dans un ordre nouveau, fondé sur la justice, les dissensions dans la cité. Nous ne les admettrons pas à l'intérieur des usines et des fermes.

Pour notre société dévoyée, l'argent, trop souvent serviteur et instrument du mensonge, était un moyen de domination. Nous ne renonçons ni au moteur puissant qu'est le profit, ni aux réserves que l'épargne accumule. Mais la faveur ne distribuera plus de prébendes. Le gain restera la récompense du labeur et du risque. Dans la France refaite, l'argent ne sera que le salaire de l'effort.

Votre travail sera défendu, votre famille aura le respect et la protection de la nation.

La France rajeunie veut que l'enfant remplisse vos cœurs de l'espoir qui vivifie, et non plus de la crainte qui dessèche. Elle vous rendra, pour son éducation et son avenir, la confiance que vous aviez perdue.

Les familles françaises restent les dépositaires d'un long passé d'honneur. Elles ont le devoir de maintenir, à travers les générations, les antiques vertus qui font les peuples forts.

Les disciplines familiales seront sauvegardées.

Mais, nous le savons, la jeunesse moderne a besoin de vivre avec la jeunesse, de prendre sa force au grand air, dans une fraternité salubre qui la prépare au combat de la vie. Nous y veillerons.

Ces vieilles traditions qu'il faut maintenir, ces jeunes ardeurs qui communieront dans un zèle nouveau, forment le fond de notre race.

Tous les Français fiers de la France, la France fière de chaque Français, tel est l'ordre que nous voulons instaurer.

Nous y consacrerons nos forces. Consacrez-y les vôtres.

La patrie peut assurer, embellir et justifier nos vies fragiles et chétives. Donnons-nous à la France. Elle a toujours porté son peuple à la grandeur.

## CHRONOLOGIE

### 1939

| | |
|---|---|
| 23 août | Allemands et Soviétiques signent à Moscou un pacte de non-agression. |
| 24 août | Saisie de *L'Humanité* et de *Ce Soir*. |
| 31 août | Les Italiens proposent, vainement, une conférence de paix. |
| 1er septembre | Les troupes allemandes envahissent la Pologne.<br>En France, le Conseil des ministres décide la mobilisation générale et la convocation du Parlement. |
| 2 septembre | Les Chambres françaises votent les crédits militaires (69 milliards). |
| 3 septembre | La Grande-Bretagne (à 11 heures), la France (à 17 heures) déclarent la guerre à l'Allemagne. Winston Churchill devient Premier lord de l'Amirauté. |
| 6 septembre | Débuts de « l'offensive » française en Sarre. En Pologne, la situation militaire se détériore. |
| 10 septembre | Entrée en guerre du Canada. |
| 17 septembre | Les troupes soviétiques pénètrent en Pologne. |
| 18 septembre | Le bureau de la C.G.T. rompt avec le Parti communiste. |
| 26 septembre | Dissolution du Parti communiste. |
| 28 septembre | À Moscou, Molotov et Ribbentrop signent un traité qui officialise le partage de la Pologne. Ils laissent prévoir une prochaine offensive de paix. |
| 29 septembre | Les Allemands prennent Varsovie après un siège de plusieurs jours. À la Chambre des députés, les communistes forment le groupe « ouvrier et paysan » (43 membres). |
| 30 septembre | En Sarre, nos unités avancées se replient volontairement. |
| 1er octobre | Florimond Bonte et Arthur Ramette adressent, au nom du Groupe ouvrier et paysan, une lettre à Édouard Herriot, président de la Chambre des députés, lettre demandant la réunion des Assemblées en vue de l'examen des propositions de paix qui vont être faites par l'Allemagne. |
| 4 octobre | Désertion de Maurice Thorez. |
| 5 octobre | Perquisition chez les députés communistes. |
| 6 octobre | Hitler propose la réunion d'une conférence de paix. |
| 8 octobre | Arrestation de 35 députés communistes, officiellement pour reconstitution d'un parti dissous. |

| | |
|---|---|
| 10 octobre | Édouard Daladier repousse les propositions de paix allemandes. |
| 12 octobre | Le Premier ministre anglais (Neville Chamberlain) adopte la même attitude. |
| 7 novembre | La reine Wilhelmine de Hollande et le roi Léopold de Belgique offrent à tous les belligérants leurs bons offices en faveur de la paix. |
| 8 novembre | À Munich, une bombe explose après un discours de Hitler |
| 30 novembre | Attaque de la Finlande par l'Union soviétique. |
| 14 décembre | L'U.R.S.S. est exclue de la Société des Nations. |
| 17 décembre | Le cuirassé allemand *Admiral Graf-Spee*, poursuivi par la flotte anglaise, se saborde au large de Montevideo. |
| 22 décembre | À la Chambre des députés, vote unanime des crédits militaires pour le premier semestre de 1940. |

## 1940

| | |
|---|---|
| 10 janvier | Un avion allemand fait un atterrissage forcé en Belgique. Sur le pilote, on trouve les plans d'invasion de la Belgique. Spaak (Premier ministre belge) demande l'aide éventuelle de l'Angleterre. |
| 15 janvier | Le Conseil des ministres belge décide de ne pas faire appel à l'armée française. |
| 16 janvier | Nos troupes, massées à la frontière belge, rompent leur dispositif. |
| 30 janvier | Le député communiste André Marty, qui se trouve en U.R.S.S., est déchu de la nationalité française. Thorez le sera le 21 février. |
| 20 février | La Chambre des députés vote la déchéance des députés communistes. |
| 22 février | Gamelin adresse au Quai d'Orsay une étude sur nos possibilités d'action au Caucase. Le plan de guerre français pour 1940 préconise une attitude passive sur le front occidental. |
| 25 février | Le gouvernement soviétique adresse des propositions de paix à la Finlande. Français et Anglais étudient la possibilité d'occuper des ports norvégiens pour venir en aide à la Finlande. |
| 12 mars | À Moscou, les Finlandais, dont la ligne de résistance principale a craqué, signent un traité de paix avec les Russes. |
| 19-20 mars | La Chambre des députés se réunit en comité secret. À la suite de onze interpellations, et à 3 heures du matin, le gouvernement Daladier obtient 239 voix contre 1 et 300 abstentions. |

| | |
|---|---|
| | Daladier offre sa démission au président Lebrun qui fait appel à Paul Reynaud.<br>Ouverture du procès des députés communistes. |
| 22 mars | Le cabinet Reynaud obtient de justesse la confiance par 268 voix contre 156 et 111 abstentions. |
| 28 mars | À Londres, au cours d'une réunion du Conseil suprême, Paul Reynaud signe avec Chamberlain l'accord franco-britannique prévoyant que les deux pays s'engagent à ne pas conclure de paix séparée. |
| 9 avril | Le Danemark et la Norvège sont envahis. |
| 13 avril | Bataille navale de Narvik. |
| 16 avril | La Chambre des députés accorde, à l'unanimité, sa confiance au cabinet Reynaud.<br>En Norvège, la situation des troupes anglo-franco-norvégiennes se détériore. |
| 9 mai | Conseil de cabinet et très violent réquisitoire de Paul Reynaud contre Gamelin que Daladier, ministre de la Guerre, défend et veut conserver au poste de commandant en chef. Reynaud décide que le gouvernement est démissionnaire.<br>En Allemagne, Hitler et Keitel lancent l'ordre d'attaquer.<br>En Angleterre, Chamberlain abandonne le pouvoir. |
| 10 mai | Les Allemands attaquent la Belgique, le Luxembourg et la Hollande. La Luftwaffe bombarde, dès l'aube, les gares et terrains d'aviation alliés. Les Allemands s'emparent de plusieurs ponts sur la Meuse et franchissent le canal Albert.<br>Paul Reynaud reste au pouvoir.<br>Winston Churchill devient Premier ministre. |
| 11 mai | Un commando allemand prend le fort d'Eben-Emael.<br>Roosevelt déclare qu'il fera tout pour tenir les États-Unis hors de la guerre. |
| 12 mai | Repli général des troupes belges et des troupes hollandaises. |
| 13 mai | Capitulation de Rotterdam. Les Allemands franchissent la Meuse à Dinant et à Sedan : c'est la percée. La reine Wilhelmine quitte la Hollande et arrive à Londres. |
| 14 mai | Près de 2 000 chars allemands disloquent sur la Meuse et au-delà le dispositif français. |
| 15 mai | Capitulation de l'armée hollandaise. Les Allemands élargissent toujours les brèches créées l'avant-veille sur la Meuse ; nos divisions cuirassées sont incapables de les arrêter. Le général Gamelin téléphone à Daladier que la bataille est perdue, la route de Paris ouverte.<br>Paul Reynaud demande au maréchal Pétain, ambassadeur en Espagne, de revenir d'urgence à Paris. |

| | |
|---|---|
| 16 mai | Le général Gamelin ordonne à nos armées, avancées en Belgique, de se replier. Paris est menacé. Paul Reynaud rappelle le général Weygand qui se trouve à Beyrouth. Au Quai d'Orsay, les archives sont brûlées. Churchill arrive à Paris, les Français sollicitent, avec plus d'insistance encore, l'aide de la R.A.F. L'exode des populations s'accélère. |
| 17 mai | Les blindés allemands franchissent la Sambre et atteignent l'Oise. La 4e division cuirassée française (de Gaulle) contre-attaque dans la région Laon-Montcornet.<br>Le président Roosevelt voudrait voir la flotte anglaise se réfugier en Amérique. |
| 18 mai | Le maréchal Pétain accepte la vice-présidence du Conseil. Remaniement du cabinet Reynaud. Churchill envisage de retirer le corps expéditionnaire britannique. |
| 19 mai | Les blindés allemands, qui ont fait leur jonction à Saint-Quentin, foncent vers la mer.<br>Weygand est nommé généralissime. Le général Gamelin est destitué. Le gouvernement se rend à Notre-Dame. |
| 20 mai | Les Allemands sont à Cambrai, Abbeville, Amiens, Péronne, et arrivent à la mer.<br>Visite de M. Nordling, consul général de Suède, à Paul Reynaud. Il a rencontré Goering et parle d'armistice. Churchill évoque la possibilité pour la flotte anglaise de servir de « monnaie d'échange » dans le cas d'une négociation avec le Reich. Reynaud réclame l'aide de l'Amérique. |
| 21 mai | Attaque anglaise au sud d'Arras. Voyage de Weygand dans le Nord. Conférence avec Léopold III et le général Billotte, qui sera blessé mortellement quelques heures plus tard. Discours de Paul Reynaud au Sénat. Il fait l'éloge de Pétain. |
| 22 mai | Les troupes belges retraitent sur l'Yser.<br>Conseil de guerre interallié à Vincennes. |
| 23 mai | Dans le Nord, le manque de liaisons entre Français et Anglais compromet l'exécution du plan Weygand.<br>Reynaud donne l'ordre de faire venir des troupes d'Afrique du Nord. |
| 24 mai | Les Britanniques évacuent Arras et leur état-major prépare un repli sur Dunkerque. Contre-attaques françaises en direction de Péronne, d'Amiens, de Bapaume. Elles échouent toutes.<br>Violentes attaques contre l'armée belge. Hitler arrête les blindés allemands et décide que l'aviation et l'infanterie termineront seules la bataille de Dunkerque. |
| 25 mai | Rupture du front belge. Le roi Léopold III refuse d'abandonner ses troupes. Les Anglais décident de ne plus participer aux |

offensives prévues dans le cadre du plan Weygand, qui est donc abandonné.
La création d'une tête de pont autour de Calais, Dunkerque et Ostende est envisagée. Réunion du comité de guerre à l'Élysée. La situation est désespérée et Paul Reynaud évoque la possibilité d'un armistice.
Arrivée à Paris du général Spears, envoyé de Churchill, auprès de Reynaud.

26 mai — L'armée belge dans une position de plus en plus critique. Les Anglais se replient vers la côte. Paul Reynaud, en voyage à Londres, ne prévient pas les Anglais de la nécessité où nous nous trouvons d'arrêter prochainement le combat.
Message de Roosevelt proposant sa médiation à Mussolini qui prépare l'entrée en guerre de l'Italie.

27 mai — Les Allemands à sept kilomètres de Dunkerque. Le roi Léopold décide de capituler. Nouvel appel de Paul Reynaud à Roosevelt pour qu'il envoie des « nuées d'avions ».

28 mai — Échec de la percée tentée par sept divisions françaises encerclées autour de Lille. Organisation du camp retranché de Dunkerque où les embarquements se multiplient. Tentative de la 4e DCR (de Gaulle) pour réduire la tête de pont d'Abbeville.
Reynaud dénonce l'attitude « inqualifiable » du roi des Belges.

29 mai — Weygand informe Reynaud de la gravité de la situation militaire. La Ire armée française est encerclée. Paul Reynaud évoque le « réduit breton ».

30 mai — Très vives discussions entre Français et Anglais à propos des évacuations de Dunkerque où la proportion, entre les deux armées, n'est pas respectée. Échec définitif de la contre-attaque de la 4e DCR (de Gaulle) dans la région d'Abbeville.

31 mai — Reddition des troupes françaises encerclées à Lille. À Dunkerque, les embarquements sont de plus en plus difficiles. Churchill à Paris. Il s'efforce de relever le courage des Français et annonce que l'Angleterre ne capitulera pas. Spears à Pétain : « Nous vous bombarderons. »

1er juin — Nouvelles querelles franco-anglaises à propos de la situation à Dunkerque. Mussolini décide d'entrer en guerre le 10 juin.

2 juin — À Dunkerque, les Français restent seuls en face des Allemands ; vives protestations de Reynaud, de Weygand et de Darlan auprès des Anglais. Noguès fait part de la pénurie d'armement dont souffre l'Afrique du Nord. Il ne peut pas recevoir plus de 20 000 hommes.

3 juin — Des navires anglais procèdent à l'évacuation des troupes françaises de Dunkerque. Raid de l'aviation allemande sur Paris.

| | |
|---|---|
| 4 juin | Les Allemands entrent dans Dunkerque. Français et Anglais attaquent à nouveau, sans pouvoir la réduire, la tête de pont d'Abbeville. Nouvel appel de Reynaud au président Roosevelt. Churchill annonce à la Chambre des communes : « Nous nous battrons sur les mers, nous nous battrons dans les champs et dans les rues, nous nous battrons sur nos plages et sur nos collines. » |
| 5 juin | Offensive allemande. La bataille de France commence. Rommel franchit la Somme. Reynaud remanie son cabinet, de Gaulle nommé sous-secrétaire d'État à la Guerre. |
| 6 juin | Recrudescence des attaques allemandes. Sur l'Ailette, la Bresle, vers Péronne, la situation de nos troupes s'aggrave. Reynaud évoque la possibilité du réduit breton et de la poursuite de la guerre en Afrique du Nord. |
| 7 juin | Les Allemands enfoncent la ligne Weygand. Churchill refuse que Reynaud évoque devant la Commission de l'armée du Sénat « l'aide » anglaise ; elle a été trop faible. Reynaud devant les sénateurs : « Il faut tenir jusqu'en octobre. » Nos pertes en matériel ne peuvent être réparées. |
| 8 juin | Le G.Q.G. français ordonne le repli général des troupes.<br>Nos armées ont ordre de s'établir sur la Basse-Seine, devant Paris et sur l'Ourcq. Le général de Gaulle rend visite au général Weygand à son Q.G. de Montry. |
| 9 juin | L'Oise est franchie par les Allemands. Voyage du général de Gaulle à Londres. Il rencontre Churchill ; il est séduit. |
| 10 juin | L'Italie déclare la guerre à la France et à l'Angleterre. Le gouvernement quitte Paris. |
| 11 juin | Paris déclaré « ville ouverte ».<br>Nouvelle retraite des forces françaises : Dieppe, Reims, Épernay sont pris. Installation du gouvernement en Touraine. Réunion du Conseil suprême en présence de Churchill. Weygand déclare que « nous sommes sur la lame du couteau ». De Gaulle avait proposé le remplacement de Weygand par le général Huntziger. Churchill demande que Paris soit défendu « maison par maison » et que les Français organisent la guérilla. |
| 12 juin | Encerclement de Paris. Menace sur nos armées de l'Est.<br>Dissensions entre Churchill, Reynaud, Pétain, Weygand et de Gaulle sur les décisions à prendre. De Gaulle à Rennes pour l'organisation du « réduit breton ». Il étudie aussi le transport de 900 000 hommes en Afrique du Nord. |
| 13 juin | Reynaud décide de transférer le gouvernement à Bordeaux et demande à Churchill, qui est arrivé à Tours, de délier la France |

de ses engagements. Compréhension de Churchill. Mauvaise humeur de MM. Jeanneney, Herriot, Mandel. « Consternation » du général de Gaulle. Conseil des ministres orageux. Les ministres furieux de n'avoir pas entendu Churchill qui est reparti de Tours. Fausse nouvelle d'un coup de force communiste à Paris. Weygand insiste pour qu'il soit mis fin aux combats.

14 juin Les Allemands entrent dans Paris, ils prennent Le Havre et menacent Caen et Alençon. Suprême appel de Reynaud à Roosevelt pour que l'Amérique intervienne.

Le gouvernement s'installe à Bordeaux. De Gaulle part pour Londres où il doit préparer l'évacuation des troupes vers l'Afrique du Nord.

15 juin Les troupes anglaises, encore en France, ne seront plus aux ordres du général Georges. Le Q.G. français transporté à Vichy. De Gaulle à Rennes pour organiser le réduit breton, puis en Angleterre. Weygand refuse de capituler comme le lui demande Reynaud.

Conseil des ministres houleux où Reynaud et Weygand s'affrontent autour de l'idée d'armistice. Proposition transactionnelle de Chautemps. Reynaud (et Lebrun) menace de démissionner. Reynaud remet à Spears une note pour Churchill. La réponse de Roosevelt à la demande de Reynaud d'une promesse d'intervention américaine est négative.

16 juin Les Allemands franchissent la Loire. Prise de Besançon ; nos armées de l'Est dans une situation désespérée. Jeanneney et Herriot donnent leur accord à un transfert du gouvernement en Afrique du Nord. Conseil des ministres, le Maréchal veut démissionner.

À Londres, Monnet soumet à de Gaulle le plan de l'Union franco-britannique auquel Churchill se rallie. Télégrammes anglais envoyés à Reynaud concernant le sort de la flotte française : qu'elle rejoigne l'Angleterre. De Gaulle téléphone à Reynaud le texte du projet d'union. Les télégrammes anglais sont retirés. Conseil des ministres. Reynaud lit le texte du projet d'union, qui ne soulève que désapprobation. Aggravation de la situation militaire. La proposition Chautemps (de consulter les Allemands) paraît l'emporter.

Reynaud donne sa démission. Lebrun charge Pétain de constituer un gouvernement. De Gaulle arrive à Bordeaux. Le nouveau gouvernement (auquel Laval n'appartient pas) fait demander leurs conditions aux Allemands.

17 juin Les Allemands avancent partout à une rapidité prodigieuse. Prévenu de la démarche française, Hitler demande à Mussolini de venir s'entretenir avec lui à Munich.

De Gaulle s'envole pour Londres dans l'avion de Spears. Appel du Maréchal aux Français, il annonce qu'il a demandé l'armistice et qu'il faut « cesser le combat », phrase malheureuse qui entraîne de nombreuses redditions et augmente considérablement le nombre des prisonniers.

Depuis la veille, Hitler étudie les conditions d'armistice. Il les veut relativement modérées, particulièrement en ce qui concerne la flotte française.

Décision de déclarer « villes ouvertes » toutes les villes de plus de 20 000 habitants, ce qui entraîne un effondrement de la résistance. Dans tous les ports de l'Atlantique encore libres, les préparatifs de départ de la flotte française sont accélérés.

18 juin — Le gouvernement décide qu'en aucun cas la Flotte ne sera livrée. Les amiraux anglais rendent visite à Darlan. Le maréchal Pétain offre à Paul Reynaud (qui accepte) l'ambassade de Washington. Le général Noguès se dit prêt à continuer la guerre. Herriot propose de scinder le gouvernement en deux. Le Maréchal refuse de quitter la France mais annonce qu'il « couvrira » les partants. Le *Massilia* est mis à leur disposition.

Premier appel radiodiffusé du général de Gaulle.

« La guerre n'est pas tranchée par la bataille de France.

« Foudroyés aujourd'hui par la force mécanique, nous pourrons vaincre dans l'avenir par une force mécanique supérieure. »

19 juin — Le général de Gaulle demande aux représentants de l'Empire de poursuivre le combat aux côtés de l'Angleterre.

Le *Jean-Bart* s'évade de Saint-Nazaire. Défense des « cadets » de Saumur. Le gouvernement prépare son départ pour Perpignan.

Arrivée à Bordeaux de lord Lloyd et de lord Alexander qui, inquiets du sort réservé à la flotte française, reçoivent des apaisements du Maréchal et de l'amiral Darlan.

Bombardement de Bordeaux.

20 juin — La délégation française d'armistice quitte Bordeaux, elle arrive aux lignes allemandes et gagne Paris. Les Allemands ont franchi la Loire à l'est de Tours et à Saumur.

Le départ du gouvernement pour Perpignan est ajourné, M. Alibert ayant annoncé que les Allemands n'avaient pas franchi la Loire.

Départ du *Massilia*.

21 juin — À Rethondes, dans le wagon dans lequel, en 1918, Foch avait dicté les conditions alliées aux Allemands, le chef de la délégation française, le général Huntziger, reçoit de Hitler les

conditions allemandes. Huntziger les téléphone à Bordeaux où elles sont étudiées par le Conseil des ministres qui, sur plusieurs points, présente des amendements.
Une délégation de parlementaires, conduite par Pierre Laval, se rend chez le président Lebrun et lui demande de ne pas quitter la France.

22 juin Le gouvernement français ayant donné son accord, le général Keitel et le général Huntziger apposent leur signature au bas de la convention d'armistice.
Dans les Vosges, 500 000 hommes sont faits prisonniers.
La flotte française est autorisée, en principe, à stationner dans les ports d'Afrique du Nord.
Hitler fait savoir que Bordeaux est situé — pour quelques jours — hors de la zone de guerre.
Laval et Marquet entrent au gouvernement.

23 juin Les Allemands occupent Rouen et Poitiers. Succès défensifs de nos troupes contre les Italiens.
À Rome, la délégation française a un premier entretien avec les Italiens. Elle reçoit les conditions d'armistice. Atmosphère moins tendue qu'à Rethondes.
Le général de Gaulle rayé des cadres de l'armée.
En Afrique du Nord, les consuls britanniques essaient toujours de convaincre les responsables français de poursuivre la lutte.

24 juin Le gouvernement ayant accepté les conditions italiennes et obtenu certains assouplissements, la délégation française est autorisée à signer, ce qu'elle fait à 19 h 15.
Message de Darlan à tous les commandants de navires de guerre : « Ne jamais livrer la Flotte. »
Le *Massilia* arrive à Casablanca.

25 juin À 0 h 35, les deux armistices deviennent effectifs. Les combats cessent sauf en certains points de la ligne Maginot. Journée de deuil national. Le Maréchal dresse le bilan de l'infériorité des Franco-Anglais dans la lutte qui les opposait aux Allemands et répète qu'il ne quittera pas « le sol de France ».

26 juin Nos navires de guerre bloqués en Angleterre et à Alexandrie (Force X). Les Allemands évacuent le territoire au sud de la ligne de démarcation mais avancent le long de la côte atlantique qu'ils occuperont jusqu'à la Bidassoa. Ordres de sabordage renouvelés de Darlan dans le cas où l'ennemi voudrait s'emparer de nos navires.

27 juin Les Anglais décident l'opération « Catapult » contre la flotte française.

28 juin Le gouvernement britannique reconnaît officiellement le général de Gaulle comme « chef des Français libres ».

| | |
|---|---|
| 29 juin | Le gouvernement français quitte Bordeaux, qui se trouve désormais en zone occupée, pour Clermont-Ferrand, vite jugé incommode. Laval propose de réformer la Constitution. |
| 30 juin | Les Allemands autorisent officiellement le stationnement de nos navires à Toulon et en Afrique du Nord. |
| 1er juillet | Installation à Vichy. |
| 2 juillet | Hitler fait préparer les plans d'invasion de l'Angleterre. |
| 3 juillet | Brutale attaque anglaise contre les vaisseaux de guerre français amarrés, près d'Oran, en rade de Mers el-Kébir.<br>L'escadre française d'Alexandrie est neutralisée. Tous les navires français se trouvant dans des ports britanniques sont saisis. |
| 4 juillet | À Vichy, le Conseil des ministres sursoit à toutes mesures de représailles contre l'Angleterre. Darlan donne ordre à tous les navires français de rallier des ports français.<br>Les parlementaires sont convoqués à Vichy.<br>Lecture d'un projet de loi visant à réformer la Constitution. |
| 5 juillet | Le gouvernement français décide de rompre les relations diplomatiques avec la Grande-Bretagne.<br>Premières réunions, à Vichy, des députés et sénateurs convoqués pour l'Assemblée nationale. |
| 6 juillet | Attaque aérienne anglaise contre le cuirassé *Dunkerque*, avarié lors du premier bombardement de Mers el-Kébir. Les deux attaques britanniques ont fait 1 297 morts. |
| 7 juillet | À Dakar, les Anglais adressent un ultimatum au commandant du *Richelieu*. À Vichy, les sénateurs anciens combattants rédigent un contre-projet dont ne veut pas Laval. Arrivée de Pierre-Étienne Flandin. Il se montre hostile à Laval. Le président Lebrun ne veut pas donner sa démission. Les sénateurs anciens combattants chez le Maréchal. |
| 8 juillet | Les Anglais bombardent le cuirassé *Richelieu* qui se trouve en rade de Dakar. À Vichy, grande activité de Laval auprès des sénateurs et des députés. |
| 9 juillet | Par 398 voix contre 3, la Chambre des députés et, par 230 contre 1, le Sénat décident qu'il y a lieu de réviser les lois constitutionnelles. |
| 10 juillet | Par 569 voix contre 80, l'Assemblée nationale délègue le pouvoir constituant au maréchal Pétain. |
| 11 juillet | Promulgation à Vichy des actes constitutionnels I, II et III. Le maréchal Pétain prend le titre de chef de l'État, adresse un message au pays sur les réformes à entreprendre et annonce qu'il a demandé à l'Allemagne la libération de Versailles et du quartier des ministères à Paris. |

| | |
|---|---|
| 12 juillet | Laval est nommé vice-président du Conseil. Remaniement ministériel. |
| 13 juillet | Albert Lebrun n'est plus président de la République. |
| 16 juillet | Hitler donne l'ordre de préparer l'invasion de l'Angleterre et réclame vainement des bases dans l'Afrique du Nord française. |
| 17 juillet | Première tentative pour envoyer un agent secret de la France libre en zone occupée. |
| 19 juillet | Laval rencontre Abetz à Paris. |
| 22 juillet | Loi permettant la révision des naturalisations.<br>Ralliement des Nouvelles-Hébrides au général de Gaulle. |
| 30 juillet | Création des Chantiers de la jeunesse. |
| 31 juillet | Les Anglais décident le blocus des côtes de France et d'Afrique du Nord. |
| 1er août | Des filières d'évasion de prisonniers se constituent en Alsace. |
| 2 août | Ultimatum japonais à l'amiral Decoux, gouverneur général de l'Indochine.<br>Le général de Gaulle est condamné à mort par le tribunal militaire de Clermont-Ferrand. |
| 3 août | Estonie, Lituanie puis Lettonie (le 6) deviennent des Républiques soviétiques.<br>Abetz rend compte à Hitler de son entretien avec Laval. |
| 4 août | Invasion de la Somalie britannique par les Italiens. |
| 7 août | L'Alsace et la Lorraine sont rattachées au Reich.<br>Accord entre de Gaulle et les Anglais sur l'organisation des Forces françaises libres. |
| 13 août | Message du maréchal Pétain : « La France nouvelle réclame des serviteurs animés d'un esprit nouveau. »<br>Loi interdisant les sociétés secrètes. |
| 15 août | Texte du maréchal Pétain dans *La Revue des Deux-Mondes* sur la politique sociale et l'éducation.<br>Henri Frenay et Maurice Chevance décident de créer une armée de libération.<br>Intensification des attaques aériennes sur l'Angleterre. |
| 26 août | Ralliement du Tchad à la France libre. |
| 27 août | Ralliement du Cameroun à la France libre. |
| 28 août | Ralliement du Congo à la France libre. |
| 29 août | Création en zone libre de la Légion des combattants.<br>Ralliement de l'Oubangui-Chari à la France libre. |
| 2 septembre | Ralliement de Tahiti à la France libre. |

# BIBLIOGRAPHIE

ABETZ (Otto) : *Histoire d'une politique franco-allemande. Mémoires d'un ambassadeur* (Stock, 1953).
— *Pétain et les Allemands. Mémorandum d'Abetz sur les rapports franco-allemands* (Éd. Gaucher, 1948).

*Activités des organisations juives en France* (C.D.J.C. 1947).

ADREY (Georges) : *Journal d'un replié* (Debresse).

ALENGRY (F.) : *La Philosophie sociale et politique du Maréchal Pétain* (Éd. Ch. Lavauzelle, 1943).

ALLARD (Paul) : *Ici Londres* (Éd. de France, 1942).

ALMIRA : *Thèses pour la Révolution nationale. Du libéralisme économique à une politique sociale* (Peyronnet, 1943).

ALPHAND (Hervé) : *L'étonnement d'être. Journal 1939-1973* (Fayard, 1977).

AMBRIÈRE (Francis) : *Les grandes vacances* (Nouvelle France).

AMOUROUX (Henri) : *La vie des Français sous l'occupation* (Fayard, 1961).
— *Le 18 juin 1940* (Fayard, 1964).
— *Pétain avant Vichy* (Fayard, 1967).
— *Le Peuple du désastre* (Laffont, 1976).
— *Quarante millions de pétainistes* (Laffont, 1977).
— *Les Beaux Jours des Collabos* (Laffont, 1978).

ANTHERIEU (Étienne) : *Le drame de l'armée de l'armistice* (Éd. des Quatre Vents).

ARBELLOT (Simon) : *La presse française sous la francisque* (L'écho de la Presse et de la Publicité).

ARON (Raymond) : *Chronique de guerre, La France libre* 1940-1945 (Gallimard 1990).
— *Le Spectateur engagé* (Julliard, 1981).
ARON (Robert) : *Histoire de Vichy* (Fayard, 1954).
ASTER (Sidney) : *Les Origines de la Seconde Guerre mondiale* (Hachette).
AUDIAT (Pierre) : *Paris pendant la guerre* (Hachette).
AUPHAN (amiral) et MORDAL (Jacques) : *La Marine française pendant la Seconde Guerre mondiale* (Hachette, 1958).
AZEAU (Henri) : *La Guerre franco-italienne* (Presses de la Cité).
AZÉMA (Jean-Pierre) : *De Munich à la Libération* (Seuil, 1979).
AZÉMA (Jean-Pierre) et BÉDARIDA (François) : *Vichy et les Français* (Fayard, 1992).
— *La France des années noires* (Seuil, 1993).

BADINTER (Robert) : *Un antisémitisme ordinaire, Vichy et les avocats juifs* (Fayard, 1997).
BARDEL (René) : *Quelques-uns des chars* (Arthaud).
BARDOUX (Jacques) : *Journal d'un témoin de la Troisième* (Fayard).
BARRÈS (Philippe) : *Charles de Gaulle* (Plon, 1941).
BARTH (Carl) : *Une question et une prière aux protestants de France*, octobre 1940.
BARUCH (Marc-Olivier) : *Servir l'Etat Français* (Fayard).
BAUDOT (Marcel) : *L'opinion publique sous l'occupation. L'exemple d'un département français, 1939-1945* (P.U.F., 1960).
BAUDOUIN (Paul) : *Neuf mois au gouvernement, avril-décembre 1940* (La Table Ronde, 1948).
BAUMONT (Maurice) : *Les origines de la Deuxième Guerre mondiale.*
BEARN (Pierre) : *De Dunkerque à Liverpool.*
BEAU DE LOMENIE (Emmanuel) : *Mort de la Troisième République* (Éd. du Conquistador).
— *Les responsabilités des dynasties bourgeoises* (Denoël).
BEAU et GAUBUSSEAU : *Dix erreurs, une défaite* (Presses de la Cité).
BEAUFRE (général) : *Le drame de 1940* (Plon).
BECHTEL (Guy) : *Laval, vingt ans après* (La Table Ronde, 1963).
BELIN (René) : *La politique sociale de Vichy.*
— *Du secrétariat de la CGT au gouvernement de Vichy* (Albatros).
BELLANGER : *Histoire générale de la presse française* (P.U.F, 1969-1976).
BELOT (contre-amiral R. de) : *La Marine française pendant la campagne 1939-1940* (Plon).
BENJAMIN (René) : *Le printemps tragique* (Plon, 1940).
— *Le Maréchal et son peuple* (Plon, 1941).
— *Vérités et rêveries sur l'éducation* (Plon, 1941).

BENOIST-MECHIN (Jacques) : *La moisson de 40. Journal d'un prisonnier de guerre* (Albin-Michel, 1941).
— *Soixante jours qui ébranlèrent l'Occident* (Laffont, Bouquins, 1981).
BENOIT-GUYOT (Cdt Georges) : *L'invasion de Paris* (Scorpion).
BERBEN (Paul), ISELIN (Bernard) : *Les panzers passent la Meuse* (Robert Laffont, 1960).
BERL (Emmanuel) : *La fin de la Troisième République* (Gallimard).
BERTEIL (Louis) : *L'armée de Weygand* (Éd. Albatros, 1975).
BERTHELOT (Jean) : *Sur les rails du pouvoir* (R. Laffont, 1968).
BILLIG (Joseph) : *Le commissariat général aux questions juives* (C.D.J.C., 1955).
BIRBAUM (Pierre) : *La France aux Français, histoire des haines nationalistes* (Seuil).
BLOCH (Marc) : *L'Étrange Défaite* (1946, Gallimard, 1990).
BLOCH-LAINÉ (François) - GRUSON (Claude) : *Haut fonctionnaire sous l'Occupation* (Odile Jacob, 1996).
BLOND (Georges) : *Pétain. 1856-1951* (Presses de la Cité, 1966).
BLUM (Léon) : *L'histoire jugera* (Éd. de l'Arbre, 1943).
— *A l'échelle humaine* (Gallimard, 1945).
BOEGNER (Pasteur) : *L'exigence œcuménique. Souvenirs et perspectives* (Albin-Michel, 1968).
— « Interventions auprès de Vichy » dans *Les Clandestins de Dieu*, CIMADE (Fayard, 1968).
BOISANDRE (André de) : *Petit catéchisme antijuif* (Paris, librairie antisémite, 1899).
BOISSON (Jeanine), DELPAL (Bernard) et GARMIER (Monique) : *Les réactions des chrétiens d'après les semaines religieuses de 5 diocèses de zone libre* (Colloque de Grenoble, 1976).
BONNEFOUS (Édouard) : *Histoire politique de la III^e République*, tome VII (P.U.F.).
— *La réforme administrative* (P.U.F.).
— *Avant l'Oubli, la vie de 1900 à 1940* (Laffont, Nathan).
BONNET (Georges) : *Le Quai d'Orsay sous trois républiques* (Fayard). — *De Munich à la guerre* (Plon).
BORDEAUX (Henri) : *Les murs sont bons* (Fayard, 1941).
— *Images du Maréchal Pétain* (Sequana, 1941).
BOTREL (Lucien) : *Histoire de la Franc-Maçonnerie française sous l'Occupation* (éd. Detrad).
BOURDAN (Pierre) : *Carnets des jours d'attente, juin 1940-juin 1944* (Éd. Pierre Trémois, 1945).
BOURGET (Pierre) : *Histoires secrètes de l'occupation de Paris. T. I : Le joug* (Hachette, 1970).
— *Un certain Philippe Pétain* (Casterman, 1956).
BOURRAT (Charles) : *L'Agonie de Metz* (Éd. Le Lorrain).

BOURRET (général) : *La Tragédie de l'armée française* (La Table Ronde).
BOUTHILLIER (Yves) : *Le drame de Vichy* (Plon, 1950-1951) !
BOUVIER (René) : *Le redressement de la Prusse après Iéna* (1941).
BRASILLACH (Robert) : *Notre avant-guerre* (Plon, 1941).
— *Journal d'un homme occupé* (Les Sept Couleurs, 1955).
BRINON (Fernand de) : *Mémoires* (Imprimeries réunies, 1949).
BRIVET (René) ·*Carnets de guerre 1940-1945* (La Pensée Universelle, 1978).
BRUGE (Roger) : *Faites sauter la ligne Maginot* (Fayard).
BURRIN (Philippe) : *Hitler et les Juifs. Genèse d'un génocide* (Seuil, 1989).
— *La France à l'heure allemande* (Seuil, 1995).

*Cahiers d'histoire : Occupants, collaborateurs et résistants 1940-1944* (XXII-1977).
CARCOPINO (Jérôme) : *Souvenirs de sept ans* (Flammarion).
CASSOU (Jean) : *Le pillage par les Allemands des œuvres d'art et des bibliothèques appartenant à des Juifs en France* (Éd. du Centre).
CASTAGNEZ (Jean) : *Précisions oubliées ! Vichy 9-10 juillet 1940* (impr. Serge Mignard, 1943).
CATHALA (Pierre) : *Face aux réalités. La direction des finances françaises sous l'Occupation* (éd. du Triolet).
CATOIRE (Maurice) : *La direction des services de l'armistice* (Berger-Levraud, 1955).
CATTAUI : *Charles de Gaulle* (Éd. Universitaires).
CAZENEUVE (Jean) : *La psychologie du prisonnier de guerre* (P.U.F 1944).
CERÉ (Roger) et ROUSSEAU (Charles) : *Chronologie du conflit mondial* (Société d'éditions françaises et internationales).
CERNAY (L.) : *Le maréchal Pétain. L'Alsace et la Lorraine* (Les Iles d'Or).
CHARDONNE (Jacques) : *Chronique privée de l'an 1940* (Stock, 1941).
CHARLES-ROUX : *Cinq mois tragiques aux Affaires étrangères.*
CHARLOT (Jean) : *Le gaullisme* (Armand Colin, 1970).
CHASTENET (Jacques) : *De Pétain à de Gaulle. Juillet 1940-août 1944* (Fayard, 1970).
— *Quatre fois vingt ans* (Plon).
— *Winston Churchill* (Fayard).
— *Histoire de la Troisième République* (Hachette).
CHAUTEMPS (Camille) : *Cahiers secrets de l'Armistice.*
CHAUVEL (Jean) : *Commentaire* t.1 : *De Vienne à Alger* (Fayard).
CHURCHILL (Winston) : *Mémoires sur la Deuxième Guerre mondiale* (Plon).
CIANO (comte) : *Journal.*
COINTET (Jean-Paul) : *La France Libre* (P.U.F., 1975).
— *Pierre Laval* (Fayard, 1993).

COINTET (Michèle) : *Le Conseil national de Vichy,* 1940-1944 (Aux amateurs de livres).
— *Vichy capitale* (Perrin).
*Commission consultative* des dommages et réparations : Paris (Impr. nat., 1947).
*Communauté (la) Française* : Trois faux dogmes. Trois réalités vivantes (Impr. Mont-Louis, 1941).
CONAN (Eric) et ROUSSO (Henry) : *Vichy, un passé qui ne passe pas* (Fayard, 1994).
CONQUET (Alfred) : *Auprès du maréchal Pétain* (Éd. France-Empire).
COSTON (Henri) : « Les causes cachées de la IIe Guerre mondiale », *Lectures françaises,* no spécial.
— *La république du Grand Orient* (La Librairie Française, 1964).
COULET (Père) : *Les Catholiques et la Révolution Nationale.* Conférences (Toulouse, 1942).
COUTAU-BÉGARIE (Hervé) — HUAN (Claude) : *Darlan* (Fayard, 1989).
COUTOIS (Stéphane) et RAYSKI (Adam) : *Qui savait quoi ? L'extermination des Juifs,* 1941-1945 (La Découverte, 1987).
CRAS (médecin en chef de 1re classe, Hervé) : *L'Armistice de juin 1940 et la crise franco-britannique* (Service historique de la Marine Nationale).
CRÉMIEUX-BRILHAC (Jean-Louis) : *Les Français de l'an 40, t.1 : La guerre, oui ou non ?* (Gallimard, 1990).
CROUZET (Paul) : *L'enseignement est-il responsable de la défaite ?* (Privat-Didier, 1943).
CULMANN (Henri) : *À Paris sous Vichy* (La Bruyère, 1978).

DAIX (Pierre) : *J'ai cru au matin* (R. Laffont, 1976).
DALADIER (Édouard) : *Journal de captivité 1940-1945* (Calmann-Lévy, 1991).
DARLAN (Alain) : *L'amiral Darlan parle...* (Amiot-Dumont, 1952).
DAWIDOWICZ (Lucy S.) : *La guerre contre les juifs 1933-1945* (Hachette, 1977).
DÉAT (Marcel) : *Mémoires politiques* (Denoël, 1989).
DEBAT (Georges) : *Marine oblige* (Flammarion, 1974).
DECAUX (Alain) : *Alain Decaux raconte, tomes I et II* (Lib. académique Perrin, 1978-1979).
*Délégation (la) française auprès de la Commission allemande d'Armistice* (5 vol. Imprimerie Nationale, 1947-1959).
DELPERRIE DE BAYAC (Jacques) : *Les brigades internationales* (Fayard).
— *Histoire du Front Populaire* (Fayard).
DELPLA (François) : *Churchill et les Français.*
DEMEY (Evelyne) : *Paul Reynaud, mon père* (Plon, 1980).
DESTREM (Maja) : *L'Été 39* (Fayard).
DESTREMAU (Bernard), *Weygand* (Pervin, 1989).

DHERS (Pierre) : *Regards nouveaux sur les années quarante* (Flammarion, 1958).
DIAS (Joseph) : *Travail, Famille, Patrie. Debout les jeunes* (Impr. moderne, 1940).
*Dictionnaire commenté de l'œuvre du général de Gaulle* (Plon, 1975).
*Dictionnaire de la Deuxième Guerre mondiale* (Larousse, 1979).
DIDIER (Marcel) : *Les rapports sociaux de la Révolution Nationale* (Clermont, 1940).
DOCTEUR (vice-amiral) : *La vérité sur les amiraux* (Ed. de La Couronne, 1949).
*Documents maçonniques (les)* publiés sous la direction de Bernard Faÿ octobre 1941-3e trimestre 1944.
DORGELES (Roland) : *La drôle de guerre* (Albin Michel).
DOUEIL (Pierre) : *L'Administration locale à l'épreuve de la guerre* (1939-1944) (Librairie du recueil Sirey).
DREYFUS (François-Georges) : *Histoire de Vichy.*
DRUON (Maurice) : *Circonstances* (éd. du Rocher).
DUBOIS (Édmond) : *Paris sans lumière* (Payot).
DUCLOS (Jacques) : *Mémoires* (Fayard).
DUHAMEL (Georges) : *Chroniques des saisons amères* (Hartmann, 1940-1943).
DUPUY (Ferdinand) : *Quand les Allemands entrèrent à Paris.*
DUQUESNE (Jacques) : *Les Catholiques français sous l'occupation* (Grasset, 1966).
DURAND (Yves) : *La Captivité, histoire des prisonniers de guerre français*, 1939-1945.
DURANT (Yves) : *Vichy*, 1940-1944 (Bordas).
DUROSELLE (Jean-Baptiste) : *L'Abîme* (Seuil, 1990).
— *La Grande Guerre des Français* (Perrin, 1994).
— *Histoire diplomatique de 1919 à nos jours* (Dalloz, 1993).

ERLANGER (Philippe) : *La France sans étoile* (Plon, 1974).
*Événements survenus en France de 1933 à 1945* : Témoignages et documents recueillis par la Commission d'enquête parlementaire — 9 vol. (P.U.F.).

FABRE-LUCE (Alfred) : *Journal de la France 1939-1944* (Fayard, 1969).
— *Vingt-cinq années de liberté* (Julliard). *Journal de la France (mars 1939-juillet 1940).*
FAUCHER (Jean-André) et RICKER (Achille) : *Histoire de la Franc-Maçonnerie en France.*
FAUVET (Jacques) : *Histoire du parti communiste français*, 2 vol. (Fayard, 1965).
FAVREAU (Bertrand) : *Georges Mandel* (Fayard, 1996).

FERNET (vice-amiral) : *Aux côtés du maréchal Pétain* (Plon, 1953).
FERRO (Marc) : *Pétain* (Fayard).
FLEMING (Peter) : *Invasion 40.*
FONVIELLE-ALOUIER (François) : *Les Français dans la drôle de guerre* (Robert Laffont, 1971).
FOVILLE (Jean-Marc de) : *L'entrée des Allemands à Paris* (Calmann-Lévy).
FRENAY (Henri) : *La nuit finira* (R. Laffont, 1973).
— *Volontaires de la nuit* (R. Laffont, 1975).

GALIMAND (Lucien) : *Vive Pétain ! Vive de Gaulle !* (Éd. de la Couronne, 1948).
GALLO (Max) : *Cinquième colonne 1939-1940* (Plon).
GALTIER-BOISSIÈRE (Jean) : *Mémoires d'un Parisien* t. III (La Table Ronde).
GAMELIN (général Maurice) : *Servir* (Plon, 3 vol.).
GANIER-RAYMOND (Philippe) : *Une certaine France. L'antisémitisme 40-44* (Balland, 1975).
GASCAR (Pierre) : *Histoire de la captivité des Français* (Gallimard).
GATTINO : *Principes et méthodes d'une révolution nationale* (Éd. spéciales pour la Légion Française des Combattants, 1942).
GAUCHER (Roland) : *Histoire secrète du parti communiste français* (Albin Michel, 1974).
GAULLE (Charles de) : *La France et son armée* (Plon, 1969).
— *Mémoires de guerre* (Plon, 1994)
— *Discours et messages*, 1940-1946 (Plon, 1970).
— *Le Fil de l'épée* (Imp. Nat., 1996).
GÉRARD-LIBOIS (J.) et GOBOVITCH (J.) : *L'an 40. La Belgique occupée* (Éd. CRISP, 1971).
GERVEREAU (Laurent) et PECHANSKI (Denis) : *La Propagande sous Vichy*, 1940-1944 (B.D.I.C.).
GIDE (André) : *Journal* (Pléiade).
GILLET (Marcel) : *39-40 et la suite. Notes d'un prisonnier* (Baudinière, 1942).
GILLOIS (André) : *Histoire secrète des Français à Londres* (Hachette, 1973).
GILLOUIN (René) : *J'étais l'ami du maréchal Pétain* (Plon, 1956).
GIOLITTO (Pierre) : *Histoire de la jeunesse sous Vichy* (Perrin).
GIRAUDOUX (Jean) : *Armistice à Bordeaux* (Éd. du Rocher, 1945).
GISCLON (Jean) : *Ils ouvrirent le bal* (France-Empire).
GOGUEL (François) : *Géographie des élections françaises sous la III*e *et la IV*e *République* (Armand Colin).
GOSSET (Pierre et Renée) : *Expédients provisoires* (Fasquelle).
GOUNELLE (Claude) : *Le dossier Laval* (Plon, 1969). — *De Vichy à Montoire* (Presses de la Cité).
GOUTARD (A.) : *1940. La Guerre des occasions perdues* (Hachette).

*Gouvernement de Vichy (le)* 1940-1942, Fondation nationale des Sciences Politiques, n° 18, 1970.

*Grand-Orient de France* : Compte rendu aux Ateliers de la Fédération des Travaux de l'Assemblée Générale, 17 au 20 septembre 1945.

GRANET (Marie) et MICHEL (Henri) : *Combat*, histoire d'un mouvement de résistance de juillet 1940 à juillet 1943 (P.U.F., 1957).

GRIFFITHS (Richard) : *Pétain et les Français* 1914-1951 (Calmann-Lévy, 1974).

GRIOTTERAY (Alain) : *Si la France parlait* (Fayard, 1973).

GROSSER (Alfred) : *Une vie de Français* (Flammarion, 1997).

GUÉHENNO (Jean) : *Journal des années noires 1940-1944* (Gallimard).

GUERRY (Mgr.) : *L'Église catholique en France sous l'occupation* (Flammarion).

GUICHARD (Alain) : *Les Francs-Maçons* (Grasset, 1971).

GUY (Claude) : *En écoutant le général de Gaulle* (Grasset, 1996).

HALÉVY (Daniel) : *La Fin des notables* (Hachette).

HARCOURT (Robert d') : *Lettre à la jeunesse française* (Février, 1941).

HART (Liddell) : *Histoire de la Seconde Guerre mondiale* (Fayard).

— *Les généraux allemands parlent* (Stock, 1948).

HAUTECLOCQUE (Françoise de) : *La Guerre chez nous. En Normandie (1939-1944)* (Éd. Colbert).

HERRIOT (Edouard) : *Épisodes (1940-1944)* (Flammarion).

*Hitler parle à ses généraux*, présentation de Helmut Heiber (Albin Michel).

HOFFMANN (Stanley) : *Essai sur la France, Déclin ou renouveau ?* (Seuil).

— *Cinquante ans après, quelques conclusions essentielles* (Esprit, *Que faire de Vichy ?*).

HOOVER INSTITUTE : *La vie de la France sous l'occupation*, 3 vol. (Plon).

*Humanité (l') clandestine 1939-1944*, publié sur l'initiative de Victor Joannès sous la direction de Germaine Willard (Éd. sociales, 1975).

*Ici Londres 1940-1944*. T.I. *Les voix de la liberté*. T. II. *Le monde en feu*. Édition établie sous la direction de J.-L. Crémieux-Brilhac (La Documentation française, 1975).

*Idées politiques et sociales de la Résistance*, 1940-1944 *(les)*.

ISMAY (Lord) : *Memoirs*.

ISORNI (Jacques) : *Philippe Pétain* (La Table Ronde).

JACKEL (Eberhard) : *La France dans l'Europe de Hitler* (Fayard, 1968).

JACOMET (Robert) : *L'armement de la France* (Lajeunesse).

JAMET (Claude) : *Carnets de déroute* (Sorlot, 1942).

JARRIGEON (André) : *Les Journées historiques de juin 1940 à Blois*.

JEANNENEY (Jules) : *Journal politique. Septembre 1939-juillet 1942* (Armand Colin, 1972).

JOUFFRAULT (général P.) : *Les Spahis au feu* (Ch. Lavauzelle).
*Juifs en France (Histoire des).* (Éd. Privat, 1972).
*Juifs sous l'Occupation (les),* Recueil des textes français et allemands (1940-1944) : (C.D.J.C.).
JUNGER (Ernst) : *Jardins et routes : 1939-1940* (LGF, 1982).

KAMMERRE (Albert) : *La Vérité sur l'Armistice* (Éd. Médicis).
KAPLAN (le grand rabbin) : *Justice pour la foi juive* (Éd. le Centurion, 1977).
KASPI (André) : *Les Juifs pendant l'Occupation* (Seuil, 1991).
KLARSFELD (Serge) : *Vichy-Auschwitz : le rôle de Vichy dans la solution finale de la question juive en France.* 2 vol. (Fayard, 1983 et 1985).
— *Calendrier de la persécution des Juifs en France*(F.F.D.J.F.).
KUPFERMANN (F.) : *Pierre Laval* (Masson, 1976).

*La Bataille de Gien (15 juin-19 juin),* (Imprimerie Jeanne d'Arc, Gien).
LA HIRE (Jean de) : *Le crime des évacuations* (Tallandier).
LABUSQUIÈRE : *Vérités sur les combattants* (Lardanchet).
LACOUTURE (Jean) : *De Gaulle* (Seuil, 1965).
LACROIX (J.) et VIALETOUX (J.) : « Le mythe Pétain », *Esprit, N° 9, sept. 1951.*
LANGER (William L.) : *Le jeu américain à Vichy* (Plon, 1949).
LANGERON (Roger) : *Paris, juin 1940* (Flammarion).
LANGLOIS (Claude) : « Le régime de Vichy et le clergé », *Revue Française de Sciences Politiques*, N° 4, août 1972.
LAPIE (P.O.) : *Herriot* (Fayard). — *De Léon Blum à de Gaulle* (Fayard).
LATREILLE (André) : *La Seconde Guerre mondiale* (Hachette).
— *Le problème de l'épiscopat français sous l'occupation et à la Libération* (Colloque de Lyon, 1978).
LAUNAY (Jacques de) : *Secrets diplomatiques 1939-1945* (Brépols).
— *La France de Pétain* (Hachette, 1972).
LAURE (général) : *Pétain* (Berger-Levrault).
LAURENT (Jacques) avec la collaboration de Gabriel Jeantet : *Année 40* (La Table Ronde).
LE GENTIL (René) : *La Tragédie de Dunkerque.*
LE GOYET (Pierre) : *Le Mystère Gamelin* (Presses de la Cité).
LE ROY LADURIE (Jacques) : *Mémoires*, 1902-1945 (Flammarion/Plon, 1997).
LEAUTAUD (Paul) : *Journal* (Mercure de France).
LEBRUN (Albert) : *Témoignages* (Plon).
LEFRANC (Georges) : *Les Gauches en France, 1789-1972* (Payot, 1973).
*Légion des Combattants vous parle (la)* : Émissions radiophoniques, mai 1941-mars 1942 (Impr. Théolier).
LEGRIS (François) : *En écoutant Weygand* (Éditions latines).

LEHMANN (Othon) : *Épinal. L'histoire de la guerre 1939-1944* (Imp. coopérative).
LÉMERY (Henry) : *D'une république à l'autre* (La Table Ronde).
LHOTTE (Céline) : *Et pendant six ans...* (Bloud et Gay).
*Libération :* reproduction en fac-similé de 35 numéros du journal clandestin (Londres, 1944).
LIMAGNE (Pierre) : *Ephémérides de quatre années tragiques* (Bayard, 1945).
*Livre blanc anglais :* Documents concernant les traitements infligés en Allemagne aux Nationaux Allemands (Paris, messageries Hachette, 1939).
LOUSTAUNAU-LACAU (Georges) : *Mémoires d'un Français rebelle* (Éd. de Crémille, 1975).
LUBETZKI (J.) : *La condition des Juifs en France sous l'occupation allemande* (Centre de documentation juive contemporaine, 1945).
LYET (commandant Pierre) : *La Bataille de France* (Payot).

MADIRAN (Jean) : *Brasillach* (Imp. Réunies, 1958).
MAHIEU (Armand) : *Drôle de guerre.*
MALLET (Alfred) : *Pierre Laval*, 2 vol. (Amiot-Dumont, 1954-1955).
MANSTEIN (maréchal von) : *Victoires perdues* (Plon).
Marine nationale. Service historique : *Les Forces maritimes de l'Ouest : Le Théâtre méditerranéen ; Les Forces maritimes du Nord.*
MARRUS (Michaël R.)-PAXTON (Robert O.) : *Vichy et les Juifs.*
MARTIN DU GARD (Maurice) : *La chronique de Vichy. 1940-1944* (Flammarion, 1975).
MASSENET (Pierre et Marthe) : *Journal d'une longue nuit.* Carnet de route de deux Français moyens 39-44 (Fayard, 1971).
MASSIS (Henri) : *Maurras et notre temps* (Plon).
— *Chefs* (Plon).
MASSON (André) : *Entre deux mondes* (Lagrange, 1943).
MAURRAS (Charles) : *La seule France. Chronique des jours d'épreuve* (Lardanchet, 1941).
Mémorial de la France. *Faits d'armes de la guerre 1939-1940* (Sequana).
MENDÈS FRANCE : *Liberté. Liberté chérie* (Didier, New York).
MENDRAS (Henri) : *La fin des paysans* (Sedeis, 1967).
MENGIN (Robert) : *De Gaulle à Londres* (La Table Ronde, 1965).
*Messages aux Français.* Classement analytique des paroles et des écrits du Chef de l'État, juin 1940-avril 1942 (Coll. Le Chef et ses jeunes, Uriage, 1942).
MEY (Eugène) : *Le drame de l'Alsace* (Berger-Levrault).
MICHEL (Henri) : *La Seconde Guerre mondiale*, t. I (P.U.F.). — *La drôle de guerre* (Hachette). — *Vichy année 40* (Laffont, 1966). — *Pétain, Laval, Darlan. Trois politiques ?* (Flammarion, 1972).
MILLER (Alain-Gérard) : *Les pousse-au-jouir du Maréchal Pétain* (Seuil, 1975).

Ministère des Armées : *Les grandes unités françaises*. Historiques succincts, 5 tomes (Imprimerie nationale).
MIQUEL (Pierre) : *La Grande guerre* (Fayard, 1983).
MITTERRAND (Jacques) : *La politique des Francs-Maçons* (Éd. Rollot, 1973).
MOCH (Jules) : *Le Front populaire* (Librairie Académique Perrin).
— *Une si longue vie* (Robert Laffont, 1976).
*Mois de Juin 1940* (Le) en Franche-Comté et dans le pays de Gex.
MONICK (Emmanuel) : *Pour mémoire*.
MONTAGNE (général A.) : *La Bataille pour Nice et la Provence (11-25 juin 1940)* (Éd. des Arceaux).
MONTIGNY (Jean) : *Toute la vérité sur un mois dramatique de notre histoire* (Éd. Mont-Louis).
MONZIE (Anatole de) : *Ci-devant* (Flammarion).
MORHT (Michel) : *Les intellectuels devant la défaite de 1870*.
MORSE (Arthur D.) : *Pendant que six millions de Juifs mouraient* (Laffont, 1968).
MOUCHOTTE (René) : *Carnets (1940-1943)* (Flammarion et J'ai Lu).
MOULIN DE LA BARTHÈTE (Henri du) : *Le temps des illusions* (Éd. du Cheval ailé, 1947).
MOURIN (Maxime) : *Les Tentatives de paix dans la Seconde Guerre mondiale (1939-1945)* (Payot). — *Les relations franco-soviétiques* (Payot).
MOUSSINAC (Léon) : *Le Radeau de la Méduse* (Éd. Hier et Aujourd'hui).

NAVARRE (Henri) : *Le service de renseignements 1871-1944* (Plon, 1978).
— *Le temps des vérités* (Plon, 1979).
NETTER (Nathan) : *La Patrie égarée et la Patrie renaissante* (Metz, Paul Even, 1947).
NICOLLE (Pierre) : *Cinquante mois d'armistice. Vichy, 2 juillet 1940-26 août 1944* (André Bonne, 1947).
NICOLSON (Harold) : *Journal des années tragiques 1936-1942* (Grasset).
NOBECOURT (Jacques) et PLANCHAIS (Jean) : *Une histoire politique de l'Armée*, t. I ; *De Pétain à Pétain*, t. II : *De de Gaulle à de Gaulle* (Seuil).
NOBECOURT (Jacques) : *Les secrets de la propagande allemande en France occupée* (Fayard).
NOBECOURT (R.-G.) : *Rouen désolée (1939-1944)* (Éd. Médicis).
NOËL (Geneviève) : *La Mort étrange de la III<sup>e</sup> République* (Scorpion).
NOEL (Léon) : *Comprendre de Gaulle* (Plon, 1972).
NOGUÈRES (Henri) : *Histoire de la Résistance en France*, 4 vol. (Laffont).
NOGUÈRES (Louis) : *La Haute Cour de Libération* (Fayard, 1955). — *Le véritable procès du maréchal Pétain* (Fayard).
NOLI (Jean) : *Le choix. Souffrances et gloire de la marine française pendant la Seconde Guerre mondiale* (Fayard, 1972).
NORDMANN (Jean-Thomas) : *Histoire des Radicaux 1820-1973* (La Table Ronde).

NORDMANN (Joë) - BRUMEL (Anne) *Aux vents de l'Histoire* (Actes Sud, 1996).

OBERLÉ (Jean) : *Jean Oberlé vous parle*. (La Jeune Parque, 1945).
ODIN (Jean) : *Les Quatre-vingts* (Tallandier, 1946).
*Œuvre du maréchal(l')*, juillet 1940-juillet 1941. Exposé du programme de la Révolution Nationale.
*Office Français d'Information* : Dépêches. Interdits. Statistiques. Correspondances. Paris-Berlin 1er juillet 1940-21 sept. 1944.
*Office français d'Informations :* Dépêches, interdits, statistiques, correspondance, Paris-Berlin. 1er juillet 1940-21 septembre 1944 (Bibliothèque de Documentation Internationale Contemporaine, Université de Nanterre) 263 dossiers, 4° 1179/1 à 263.
OLLIER (Nicole) : *L'exode sur les routes de l'an 40* (Robert Laffont, 1970).
ORDIONNI (Pierre) : *Le secret de Darlan, 1940-1942* (Éd. Albatros, 1976).
*Organisation de la Légion des Combattants et des volontaires de la Révolution Nationale*, novembre 1941.
ORNANS (Noël d') : *Les jeudis du Maréchal* (Éd. G.P., 1943).

PAILLOLE (Paul) : *Services spéciaux, 1935-1945* (Laffont, 1975).
*Parti (le) communiste français dans la résistance* (Éd. Sociales, 1967).
PASSY (Colonel) : *Souvenirs* (Solar, 1947).
PAXTON (Robert O.) : *La France de Vichy* (Seuil, 1973).
PELLISTRANDI (Stan-Michel) : *Les mystères de l'Opinion publique 1940-1944*, dans « Les grandes énigmes de l'Occupation » (Genève, 1970).
*Persécution (la) des Juifs en France* (C.D.J.C., 1947).
PERTINAX : *Les Fossoyeurs* (Sagittaire).
PETER (C.) : *Charles Maurras et l'idéologie d'Action française* (Seuil, 1972).
PEYREFITTE (Christel) : *Les premiers sondages d'opinion* (Fondation nationale des Sciences politiques).
PEYROUTON (Marcel) : *Du service public à la prison commune* (Plon, 1950).
PIERRARD (Pierre) : *Juifs et catholiques français* (Fayard, 1970).
PIERRE-BLOCH (Jean) : *Mes jours heureux* (Éd. du Bateau ivre, 1947). — *Le temps d'y penser encore* (J.-C. Simoën, 1977).
PIERREFEU : *Pétain tel que je l'ai vu*. Centre d'Expansion Française (Cahiers de la Jeune France).
PIGEAT (Henri) : *Médias et déontologie* (PUF 1997).
PINEAU (Christian) : *La simple vérité, 1940-1945* (Julliard, 1960).
PINELLI (Noël) : *Les journées de Juin 40 à Paris*. Conférence le 16 février 1951 au Centre d'études des Questions Actuelles.
PLANCHAIS (Jean) : *Une histoire politique de l'armée* (Seuil).
PLANES (L.G.) et DUFOURG (R.) : *Bordeaux, capitale tragique* (Éd. Médicis).
PLUMYENE (Jean) : *Pétain* (Seuil).

POLIAKOV (Léon) : *La condition des juifs en France sous l'occupation italienne* (C.D.J.C., 1946).
— *L'étoile jaune* (C.D.J.C. 1949).
POMARET (Charles) : *Le dernier témoin* (Presses de la Cité).
PORTHAULT : *L'armée du sacrifice* (Guy Victor).
POURTALÈS (Guy de) : *Journal* 1919-1941 (Gallimard, 1991).
PRETELAT (général) : *Le Destin tragique de la ligne Maginot* (Berger-Levrault).
*Procès du maréchal Pétain*, compte rendu sténographique, t. I et II (Albin Michel).
*Procès (les) de Collaboration :* Fernand de BRINON, Joseph DARNAND, Jean LUCHAIRE (Albin Michel, 1948).

RAÏSSAC (Guy) : *Un soldat dans la tourmente* (Albin Michel, 1963).
— *Un combat sans merci. L'affaire Pétain-de Gaulle* (Albin Michel, 1966).
— *De la marine à la justice* (Albin Michel, 1972).
RAJFUS (Maurice) : *Des juifs dans la collaboration l'U.G.I.F. (1941-1944)* (Études et documentation internationales, 1980).
— *La police de Vichy* (Le Cherche-Midi, Éd. 1995).
RAPHAËL-LEYGUES (Jacques) : *Chroniques des années incertaines* (France-Empire, 1977).
REBATET (Lucien) : *Les Décombres* (Denoël).
*Relations franco-britanniques (Les), de 1935 à 1939.* Communications présentées aux colloques tenus à Londres en 1971 et 1975 (C.N.R.S.).
RÉMOND (René) : *Introduction à l'histoire de notre temps*, t. III (Seuil).
— *Le fichier juif* (Plon, 1997).
— *Le gouverneur de Vichy et la Révolution nationale.*
— *L'anticléricalisme en France de 1815 à nos jours.*
— *Notre siècle, 1915-1992.*
REQUIN (général) : *Combats pour l'honneur* (Charles Lavauzelle).
REYNAUD (Paul) : *Le Problème militaire français* (Flammarion).
— *La France a sauvé l'Europe* (Flammarion).
— *Mémoires*, t. II : « Envers et contre tous » (Flammarion).
— *Au cœur de la mêlée* (Flammarion).
RIGAUD (Jacques) : *Le Bénéfice de l'âge* (Grasset, 1993).
RIST (Charles) : *Une saison gâtée, journal de guerre et d'Occcupation*, 1939-1945 (Fayard, 1983).
ROBRIEUX (Philippe) : *Histoire intérieure du Parti communiste* (Fayard, 1984).
ROMMEL (maréchal) : *La Guerre sans haine* (Amiot-Dumont).
RONARCH (vice-amiral) : *L'Évasion du « Jean-Bart » (juin 1940)*, (Flammarion).
ROSSI (A.) : *Les communistes français pendant la drôle de guerre* (Éd. d'histoire et d'art).

ROSSI-LANDI (Guy) : *La drôle de guerre* (Armand Colin).
ROUSSEL (Éric) : *Jean Monnet* (Fayard, 1996).
ROUSSO (Henry) : *Le Syndrome de Vichy* (Seuil, 1990).
ROY (Bernard) : *Les Grandes Heures de Nantes et Saint-Nazaire (1939-1945)*, (éd. Ozanne).
ROY (Jules) : *Le grand Naufrage.*
RUBY (général) : *Sedan, terre d'épreuve* (Flammarion).
RUDAUX (Ph.) : *Les Croix de feu et le P.S.F.* (France Empire).
RUFFIN (Raymond) : *Journal d'un J3* (Presses de la Cité, 1979).

SAINT-EXUPÉRY (Antoine de) : *Pilote de guerre* (Gallimard, 1942).
SANDAHL (Pierre) : *De Gaulle sans képi* (La Jeune Parque).
SAUVY (Alfred) : *De Paul Reynaud à Charles de Gaulle. Scènes, tableaux et souvenirs.* (Casterman, 1972).
SCHRAMM (Anna) et WORMEIER (Barbara) : *Vivre à Gurs* (Maspero, 1979).
SCHRAMM (Maurice) : *Une grande imprudence* (Flammarion, 1986).
— *La voix du couvre-feu* (Plon, 1964).
— *Un certain 18 juin* (1980).
SERRANO-SUNER (Ramon) : *Entre les Pyrénées et Gibraltar* (Le Cheval ailé).
SHIRER (William L.) : « Mon journal à Berlin (1934-1941) », *La Revue moderne* (Montréal).
— *La chute de la III^e République* (Stock).
SORLIN (Pierre) *L'antisémitisme allemand* (Flammarion, 1969).
SPAAK (Paul-Henri) : *Combats inachevés* (Goemaere, 1982).
SPEARS (général) : *Témoignage pour une catastrophe* (Presses de la Cité).
— *Pétain-de Gaulle (1917-1940). Deux hommes qui ont sauvé la France* (Presses de la Cité).
SPEER (Albert) : *Au cœur du III^e Reich* (Fayard, 1971).
SPENS (Willy de) : *Derniers étés* (Table ronde).
SPILLMANN (Georges) : *Les cas de conscience de l'officier* (Librairie académique Perrin, 1970).
SPIRAUX (Alain) : *La dénonciation* (Sedimo, 1967).
STEIN (Gertrude) : *Paris, France* (Édmond Charlot).
STEINBERG (Lucien) : *Les Allemands en France 1940-1944* (Albin Michel, 1980).
STÉPHANE (Roger) : *Chaque homme est lié au monde* (Le Sagittaire, 1946).

TERRES (Robert) : *Double jeu pour la France 1939-1944* (Grasset, 1977).
TOESCA (Maurice) : *Cinq ans de patience. 1939-1945* (Émile-Paul, 1975).
TORRIS (M.-J.) : *Narvik* (Flammarion).
TOURNOUX (Raymond) : *Secrets d'État.* T.II : *Pétain et de Gaulle* (Plon, 1964).
— *Pétain et la France* (Plon, 1980).

TRACOU (Jean) : *Le Maréchal aux liens* (André Bonne, 1948).
TRUCHET (André) : *L'Armistice de 1940 et l'Afrique du Nord* (P.U.F.).

VALLAT (Xavier) : *Le nez de Cléopâtre* (les 4 fils Aymon, 1957).
VALLERY-RADOT : *La Franc-Maçonnerie vous parle* (Plon, 1941).
VALOIS (G.) : *La Révolution Nationale* (Nouvelle Librairie nationale).
VARENNE (Francisque) : *Georges Mandel mon patron* (Éd. Défense de la France).
VERNOUX (général M.) : *Wiesbaden 1940-1944* (Berger-Levrault, 1954).
VIDALENC (Jean) : *L'Exode de mai-juin 1940* (P.U.F.). — *Le second conflit mondial* (S.E.D.E.S.).
*Vie et mort des Français 1939-1945.* Textes et documents réunis et présentés par Jacques Meyer (Hachette, 1971).
*Vie (la) de la France sous l'occupation*, 3 vol. (Hoover Institute, 1957).
VILLELUME (général de) : *Journal d'une défaite* (Fayard).
VULLIEZ (Albert) : *Brest au combat (1939-1944)* (Ozanne).

WALTER (Gérard) : *La vie à Paris sous l'occupation* (A. Colin).
WEIL-CURIEL (André) : *Éclipse en France* (Éd. du Myrte, 1946).
WEILL (Dr Joseph) : *Contribution à l'histoire des camps d'internement dans l'anti-France* (C.D.J.C., 1946).
WELLERS (Georges) : *L'étoile jaune à l'heure de Vichy* (Fayard, 1973).
WELLES (Summer) : *L'Heure de la décision* (Bretano's, 1946).
WERTH (Léon) : *Déposition, journal d'un témoin,* 1940-1944 (Grasset, 1958).
WEYGAND (général M.) : *Mémoires*, t. III : « Rappelé au service » (Flammarion).
— *En lisant les « Mémoires » du général de Gaulle* (Flammarion, 1965).
WEYGAND (Jacques) : *Le Serment* (Flammarion, 1960).
— *Weygand, mon père* (Flammarion).
WILLARD (Germaine) : *La drôle de guerre et la trahison de Vichy* (Éd. Sociales).
WORMSER (Olivier) : *Les Origines doctrinales de la Révolution nationale* (Vichy, 10 juillet 1940 - 31 mars 1941) (Plon).

ZAY (Jean) : *Souvenirs et solitude* (Talus d'approche, 1987).

# TABLE

*Achevé d'imprimer en avril 1998*
*sur presse Cameron*
*par* ***Bussière Camedan Imprimeries***
*à Saint-Amand-Montrond (Cher)*
*pour le compte de France Loisirs*
*123, boulevard de Grenelle, Paris*

*Cet ouvrage a été imprimé*
*sur du papier sans bois et sans acide*

*Imprimé en France*

N° d'édition : 27425. N° d'impression : 982228/4.
Dépôt légal : mai 1998.